L'IDENTITÉ ÉCONOMIQUE DE LA FRANCE

Libre-échange et protectionnisme
(1814-1851)

DAVID TODD

L'IDENTITÉ ÉCONOMIQUE DE LA FRANCE

Libre-échange et protectionnisme
(1814-1851)

BERNARD GRASSET
PARIS

COLLECTION DIRIGÉE PAR
PATRICK WEIL

ISBN 978-2-246-71181-0

AVERTISSEMENT

Dans les citations, les passages entre crochets sont de nous ; les passages en italique étaient déjà soulignés dans le texte original. Sauf mention contraire, les citations de textes originaux en anglais et en allemand sont traduites par nous. L'orthographe et la syntaxe des titres d'ouvrage et des citations ont été modernisées, mais les fautes offrant une indication sur le milieu social ou l'origine étrangère de leur auteur ont été conservées. La ponctuation et les majuscules originales ont été respectées.

ABRÉVIATIONS

AASMP : Archives de l'Académie des sciences morales et politiques
ACCM : Archives de la chambre de commerce de Mulhouse
AD : Archives des Douanes
ADBR : Archives départementales du Bas-Rhin
ADCO : Archives départementales de la Côte-d'Or
ADG : Archives départementales de la Gironde
ADH : Archives départementales de l'Hérault
ADHR : Archives départementales du Haut-Rhin
ADM : Archives départementales de la Moselle
ADMM : Archives départementales de Meurthe-et-Moselle
ADN : Archives départementales du Nord
ADTN : Association pour la défense du travail national
ADV : Archives départementales du Var
ALE : Association pour la liberté des échanges
AMM : Archives municipales de Mulhouse
AN : Archives nationales
ASIM : Archives de la Société industrielle de Mulhouse
BJL : Brynmore Jones Library (University of Hull)
BL : British Library
BMB : Bibliothèque municipale de Bordeaux
BNF : Bibilothèque nationale de France
BOL : Bodleian Library (University of Oxford)
CCB : Chambre de commerce de Bordeaux
CERARE : Centre rhénan d'archives et de recherches économiques
CICE : Comité de l'Industrie cotonnière de l'Est
FO : Foreign Office
NAF : Nouvelles acquisitions françaises
SR : Stadtarchiv Reutlingen
TNA : The National Archives (Londres)

Introduction

La France n'aime pas le libre-échange. Pour une majorité de Français, l'expression évoque d'abord des souffrances économiques, la concurrence avec les pays à bas salaires, la réduction de la protection sociale, ou les délocalisations. L'économie française est en pratique largement aussi ouverte aux échanges que celles des autres pays développés. Mais le cœur n'y est pas. Une récente enquête internationale a montré que 55 % des Français étaient hostiles à « la libéralisation des échanges ». Seuls 22 % des Allemands, 21 % des Italiens, 14 % des Polonais et 12 % des Britanniques ont exprimé la même opinion [1].

Cette culture protectionniste de la France remonte à la fin des années 1840. Elle est le fruit d'un débat passionné de cinquante ans, entre la chute de Napoléon Ier et l'avènement de Napoléon III. Cette période a vu naître les grandes idéologies politiques contemporaines, comme le libéralisme, le nationalisme et le socialisme. Mais les controverses idéologiques de l'époque ont aussi porté sur la question du commerce international. A priori complexe et technique, ce sujet a provoqué des discussions d'une intensité sans précédent parmi les hommes politiques, les journalistes et les acteurs économiques. Deux nouveaux pôles d'idées en sont nés : le « libre-échange » et le « protectionnisme ». La victoire, dans l'opinion, du second sur le premier a façonné l'identité économique de la France contemporaine.

Le libre-échange et le protectionnisme reposent en partie sur des théories économiques. Mais ce sont d'abord des croyances, idéologi-

---

1. The German Marshall Fund of the United States, *Perspectives on Trade and Poverty Reduction*, octobre 2006, http://www.gmfus.org/trade/research/survey.cfm.

ques, à connotation religieuse et surtout politique. Elles sont apparues, progressivement, au lendemain des guerres napoléoniennes [1].

Le débat intellectuel sur le commerce international remonte certes au moins au XVIIe siècle. Les écrivains mercantilistes préconisaient l'adoption de restrictions à l'importation et à l'exportation pour obtenir une « balance du commerce » favorable. Les philosophes des Lumières écossaises – David Hume, Adam Smith – et françaises – François Quesnay, Turgot, Condorcet – remirent en cause leurs raisonnements. Soulignant que les gains de l'échange étaient mutuels, ils affirmèrent que tous les pays avaient intérêt à s'ouvrir aux échanges commerciaux [2].

Mais ces discussions restaient confinées au pouvoir et à ses antichambres. La controverse publique sur le commerce international, qui a mobilisé de façon exceptionnelle tous les groupes sociaux, depuis la bourgeoisie industrielle et commerçante jusqu'aux artisans et aux ouvriers, n'a commencé qu'après l'élargissement de la sphère politique par la Révolution française. L'état de guerre, presque ininterrompu en Europe de 1792 à 1815, l'a encore retardée jusqu'à la chute du Premier Empire. A partir de cette date, en Grande-Bretagne, en France et en Allemagne, écrivains et hommes politiques se sont lancés à la conquête de l'opinion publique, pour la persuader des bienfaits de la liberté des échanges internationaux ou de la solidarité économique nationale.

L'invention de nouvelles expressions a consacré cette transformation. *Free trade* a acquis son sens contemporain en anglais dans les années 1820. Ses équivalents « libre-échange » et *Freihandel* se sont répandus en français et en allemand dans les années 1840. Les mots *protectionism*, « protectionnisme » et *Protektionismus* sont aussi apparus, presque simultanément dans les trois langues, vers 1845 [3].

---

1. Sur la controverse du libre-échange en Europe au XIXe siècle, voir Paul Bairoch, « European Trade Policy, 1815-1914 », in Hrothgar Habakkuk et al. (dir.), *The Cambridge Economic History of Europe*, 8 vol., Cambridge, Cambridge University Press, 1966-1989, t. 8, pp. 1-160 ; et Lars Magnusson, « The Controversy on Free Trade and Protection – An Introduction », in *id.*, *Free Trade : 1793-1886*, 4 vol., Londres, Routledge, 1997, t. 4, pp. 1-18.

2. Istvan Hont, *The Jealousy of Trade : International Competition and the Nation-State in Historical Perspective*, Cambridge, Mass., Harvard University Press, 2005.

3. *Oxford English Dictionary*, 20 vol., Oxford, Clarendon, 1989, t. 6, p. 168, et t. 12, p. 679 ; *Dictionnaire historique de la langue française*, 2 vol., Paris, Le Robert, 1992, t. 1, p. 647, et t. 2, p. 1656 ; *Ursprung der Wörter*, Wiesbaden, VMA, 1998, p. 140, et *Etymologisches Wörterbuch des Deutschen*, 2 vol., Berlin, Académie Verlag, 1993, t. 2, p. 57.

Ces mots nouveaux ne désignaient pas de nouveaux concepts d'analyse économique. Les libre-échangistes puisaient encore leurs arguments dans les ouvrages d'Adam Smith et des autres fondateurs de la science ou doctrine de l'économie politique. Prenant en compte les critiques libérales, les protectionnistes ont abandonné le langage de la balance du commerce, et mis l'accent sur le développement de la production intérieure. Mais ils n'ont pas élaboré une théorie capable de rivaliser, par sa rigueur intellectuelle, avec l'économie politique.

Les termes « libre-échange » et « protectionnisme » désignaient en fait de nouvelles idéologies. On emploie ici idéologie dans son sens commun de discours simplifié, ancré dans des valeurs politiques ou religieuses, qui aide à susciter l'enthousiasme des classes moyennes ou des masses. Le libre-échangisme et le protectionnisme du XIX⁰ siècle n'étaient pas parfaitement cohérents. De nombreux libre-échangistes ignoraient ou critiquaient l'économie politique. Certains protectionnistes voulaient encourager le développement d'industries modernes, d'autres désiraient le ralentir pour maintenir les cadres de la société traditionnelle.

Ces nouvelles idéologies étaient plutôt des langages économiques à connotation politique : libéral pour les libre-échangistes, nationaliste pour les protectionnistes. En invoquant « la liberté » et « la nation », libre-échange et protectionnisme ont progressivement pénétré les couches moyennes et populaires des sociétés européennes.

L'adhésion à une idéologie relève d'abord de la croyance, puis de la conviction intellectuelle. Mais elle est aussi influencée par l'intérêt matériel, en fonction des secteurs d'activité ou des classes sociales.

De nombreux travaux ont désigné ces motivations matérialistes comme le principal facteur des débats sur le libre-échange et le protectionnisme au XIX⁰ siècle [1]. Pourtant, l'accent mis sur le rôle des intérêts matériels ne sert souvent qu'à escamoter celui joué par les idées. La monumentale *Histoire économique et sociale de la France*, réalisée sous la direction d'Ernest Labrousse et de Fernand Braudel, traite de la politique commerciale française au XIX⁰ siècle en quatre

---

1. Les travaux des spécialistes américains de science politique, qui ont élaboré des modèles complexes pour représenter les interactions entre intérêts économiques et politiques commerciales, sont parmi les plus intéressants ; voir Ronald Rogowski, *Commerce and Politics : How Trade Affects Domestic Political Alignments*, Princeton, Princeton University Press, 1989 ; Judith Goldstein, *Ideas, Interests, and American Trade Politics*, Ithaca, Cornell University Press, 1993.

pages et se contente d'affirmer, à propos de la domination du protectionnisme : « La pression de l'opinion ne reposait pas sur une idéologie précise, elle correspondait seulement à l'influence des intérêts dominants [1]. »

La primauté de l'intérêt comme déterminant des comportements et des idées a une histoire dans la philosophie occidentale [2]. Elle ne tombe donc pas sous le sens, même si elle fournit une approximation sociologique acceptable dans l'Occident contemporain. Mais reconnaître la contribution de l'intérêt matériel dans la détermination des opinions n'équivaut pas à nier celle de la pensée et des sentiments. Même la théorie marxiste, l'une des plus matérialistes, lorsqu'elle est réaliste et raisonnable, comme chez Antonio Gramsci et Georg Lukács, souligne le rôle des idées comme ressort du pouvoir économique et politique.

Pour comprendre comment le protectionnisme l'a emporté sur le libre-échange dans l'opinion française, il faut donc analyser les mécanismes de la persuasion idéologique et de la dissémination des idées économiques.

Cette approche s'inspire des travaux de Mary Furner et Barry Supple sur les différentes catégories de « savoir économique » : savoir professionnel des économistes, savoir pratique des chefs d'entreprise et des fonctionnaires, et valeurs ou croyances d'une société [3]. Elle s'inscrit dans la démarche d'Emma Rothschild, qui a étudié l'influence des idées politiques, des aspects concrets de la vie commerciale et des sentiments sur les origines de l'économie politique [4]. Elle doit également beaucoup aux travaux de Martin Daunton sur la légitimité politique de l'action économique de l'Etat, et à ceux de Frank Trentmann sur la constitution d'une culture libre-échangiste en Grande-Bretagne [5].

---

1. Fernand Braudel et Ernest Labrousse (dir.), *Histoire économique et sociale de la France*, 4 tomes, Paris, PUF, 1976-1982, t. III.2, pp. 155-159, citation p. 156.

2. Albert O. Hirschman, *Les passions et les intérêts : justifications politiques du capitalisme avant son apogée*, Paris, PUF, 1997 (1ᵉ éd. américaine en 1977).

3. Mary O. Furner et Barry Supple, « Ideas, Institutions and State in the United States and Britain : an Introduction », in Mary O. Furner et Barry Supple (dir.), *The State and Economic Knowledge*, Cambridge, Cambridge University Press, 1990, pp. 3-39.

4. Emma Rothschild, *Economic Sentiments : Adam Smith, Condorcet, and the Enlightenment*, Cambridge, Mass., Harvard University Press, 2001.

5. Martin Daunton, *Trusting Leviathan : the Politics of Taxation in Britain, 1799-1914*, Cambridge, Cambridge University Press, 2001 ; Frank Trentmann, « Political Economy and Political Culture : Interest, Ideology and Free Trade », *Review of International Political Economy*, n° 5, 1998, pp. 217-251 ; *id.*, *Free Trade Nation : Commerce,*

De telles études, qui mettent en valeur le rôle des idées dans les débats économiques, et leur dimension politique, manquent sur la France du XIXᵉ siècle. Une exception notable est l'ouvrage de Jean-Pierre Hirsch sur l'attitude ambivalente des entrepreneurs lillois à l'égard de la liberté du commerce [1]. Mais la plupart des travaux existants traitent les débats sur le libre-échange comme une controverse purement intellectuelle [2], ou attribuent des schémas de pensée anachroniques aux Français de la Restauration et de la Monarchie de Juillet [3]. Il convient au contraire d'examiner comment se sont propagées les idées libre-échangistes et protectionnistes, en les resituant dans leur contexte politique et social.

Trois facteurs principaux sont nécessaires à ce processus de diffusion : des faiseurs d'opinion économique, les médias qui véhiculent leur propagande, et les groupes de pression qui les financent.

Les propagateurs du libre-échange et du protectionnisme sont parfois des théoriciens, comme l'économiste Jean-Baptiste Say. La plupart sont cependant des personnalités moins célèbres ou peu connues pour leur participation aux débats économiques. Ces prédicateurs insufflent un enthousiasme messianique au concept de libre circulation des marchandises, ou confèrent un caractère sacré à la protection contre la concurrence étrangère. Par leur caractère passionné, par leur ambition et par leur passé ancré dans la période révolutionnaire et impériale, ces individus rappellent souvent les personnages des romans de Balzac.

Ces propagateurs du libéralisme commercial et du nationalisme économique écrivent des ouvrages de vulgarisation économique. Mais ils ont surtout recours aux grands médias de la première moitié du XIXᵉ siècle, les journaux et les brochures. La presse s'imposait alors

---

Consumption, and Civil Society in Modern Britain, Oxford, Oxford University Press, 2008.

1. Jean-Pierre Hirsch, *Les deux rêves du commerce. Entreprise et institution dans la région lilloise (1780-1860)*, Paris, EHESS, 1991. Voir aussi, sur un thème plus vaste, William M. Reddy, *The Rise of a Market Culture : the Textile Trade and French Society, 1750-1900*, Cambridge/Paris, Cambridge University Press/EHESS, 1984.

2. Voir par exemple Joël Ravix, « Le libre-échange et le protectionnisme en France », in Yves Breton et Michel Lutfalla (dir.), *L'économie politique en France au XIXᵉ siècle*, Paris, Economica, 1991, pp. 485-525.

3. Voir par exemple l'étude s'inspirant des théories de la modernisation et du vocabulaire de la politique industrielle des années 1970-1980 par Francis Démier, *Nation, marché et développement dans la France de la Restauration*, thèse de doctorat d'histoire, Université Paris X, 1990.

comme un contre-pouvoir de premier ordre [1]. Les brochures sont de petits ouvrages in-8°, le plus souvent de dix à trente pages. D'après un préfet royaliste du Haut-Rhin en 1827, elles sont un « poison » plus nocif encore que les journaux, parce qu'elles restent plus longtemps sous les yeux des lecteurs « et font sur les esprits une impression d'autant plus profonde [2] ».

Les livres et les autres écrits ne font pas les révolutions [3]. Mais ils rendent possibles les transformations politiques et idéologiques, en répandant de nouvelles manières de penser. Des témoignages individuels permettent d'identifier les écrits sur le commerce international les plus influents. Des estimations quantitatives du tirage des livres, des journaux et des brochures permettent d'en évaluer l'impact et la portée sociale [4].

L'insertion d'articles dans les journaux, l'impression de publications et les autres formes d'appels à l'opinion publique avaient un coût financier. Les propagateurs d'idées libre-échangistes ou protectionnistes étaient eux-mêmes souvent rémunérés. Pour financer ces activités et organiser la lutte pour ou contre le libre-échange, les producteurs se sont organisés, à partir de la fin des années 1820, en groupes de pression. Cette tendance a culminé au milieu des années 1840 avec la création de deux organisations rivales : l'Association pour la liberté des échanges et l'Association pour la défense du travail national. Ces associations ont non seulement publié leur propre journal et fait circuler des brochures, mais aussi organisé des meetings, fait coller des affiches et distribué des tracts.

Pendant cinquante ans, ces efforts de propagande ont suscité l'intérêt croissant de l'opinion, qui s'est divisée entre partisans de la liberté commerciale et défenseurs de la protection nationale. Sans doute les idées véhiculées par les propagandistes et les groupes de pression

---

1. Daniel L. Rader, *The Journalists and the July Revolution in France*, La Haye, Nijhoff, 1973.
2. AN, F7 6771, dossier n° 10, rapport du préfet du Haut-Rhin au ministre de l'Intérieur, 4 octobre 1827.
3. Roger Chartier, *Les origines culturelles de la Révolution française*, Paris, Le Seuil, 1990, rééd. 2000.
4. Ces chiffres reposent notamment sur les archives de la direction de l'Imprimerie et de la Librairie, service du ministère de l'Intérieur qui surveillait le marché de l'édition. Sur cette source, déjà utilisée en histoire de la littérature, voir David Bellos, « Le marché du livre à l'époque romantique : recherches et problèmes », *Revue française d'histoire du livre*, n° 20, 1978, pp. 647-659 ; et Frédéric Barbier, « The Publishing Industry and Printed Output in Nineteenth-Century France », in Kenneth E. Carpenter (dir.), *Books and Society in History*, New York, Bowker, 1983, pp. 199-230.

reflétaient des intérêts matériels. Mais leur instrumentalisation confirme plus qu'elle n'infirme le rôle autonome des idées dans la controverse sur le libre-échange.

D'abord, l'intéressement n'exclut pas la sincérité, grâce au mécanisme de la fausse conscience. C'est le cas, par exemple, de John Bowring, agent du ministère du Commerce britannique, qui a cherché à répandre les idées libre-échangistes en France entre 1831 et 1834. Bowring était grassement rémunéré par son gouvernement pour obtenir la libre importation des produits britanniques en France. Mais sa correspondance privée ne laisse aucun doute sur sa conviction d'agir ainsi dans l'intérêt des Français et de l'humanité. Les idéologues croient souvent en leur propre idéologie.

Surtout, les motifs des propagateurs d'idées libre-échangistes ou protectionnistes importent moins que l'impact de leur propagande : même employée avec cynisme, celle-ci témoigne du pouvoir des idées, pourvu qu'elle suscite des croyants. Or les croyants dans le libre-échange et le protectionnisme n'ont pas manqué dans la France du XIXe siècle. La preuve la plus nette en est le revirement, sous l'influence de nouvelles idées, de plusieurs groupes sociaux et régionaux sur la question du commerce international entre 1814 et 1851.

Enfin, les débats français doivent être resitués dans leur contexte européen. La Grande-Bretagne servait d'inspiration aux libre-échangistes et de contre-modèle aux protectionnistes. Les nationalismes économiques français et allemand se sont réciproquement influencés. L'identité économique de la France s'est aussi définie par rapport à d'autres pays de référence, en particulier la Grande-Bretagne et l'Allemagne.

En se diffusant et en se politisant, les débats sur le commerce international ont façonné la culture protectionniste de la France. La controverse sur le libre-échange ne portait pas seulement sur les meilleurs moyens commerciaux d'encourager la croissance au début de la Révolution industrielle. Elle était aussi un conflit d'interprétation sur le sens de la Révolution française, conflit qui a fini par rompre le lien entre libéralisme démocratique et libéralisme économique. Une fois les idées réactionnaires vaincues en 1830, les partisans de la liberté des échanges, héritiers de la critique de l'absolutisme par les Lumières, semblaient devoir triompher. Mais des libéraux orléanistes modérés se sont appuyés sur un autre concept hérité de la tradition révolutionnaire, la nation, pour réclamer le maintien de la protection douanière. Ce *nouveau nationalisme économique* a remporté l'adhésion de la majorité de l'opinion, y compris de la gauche, grâce à ses accents égalitaires et sociaux.

Ces débats ont laissé une empreinte profonde sur la société française. Depuis le milieu du XIXᵉ siècle jusqu'à nos jours, l'ancrage politique des opinions sur le commerce international a fait preuve d'une continuité remarquable. Les parallèles sont en vérité étonnants. Nous montrerons, en conclusion de ce livre, comment les acteurs et les partis politiques de la France actuelle rejouent actuellement, sans le savoir, face à la mondialisation, des partitions écrites pour l'essentiel il y a cent cinquante ans.

Plusieurs étapes se sont succédé dans le processus de formation de cette culture protectionniste française au milieu du XIXᵉ siècle, qui constituent les quatre grandes parties de ce livre. D'abord, trois discours distincts sur le commerce international ont émergé, les uns après les autres, dans un ordre chronologique assez net : le discours réactionnaire des « prohibitions » (1814-1824) ; le discours de la « liberté » (1825-1834) ; et le discours de la « nation » (1834-1844). Puis, au cours d'un débat passionné, quatrième temps de ce processus de cristallisation idéologique, le discours libéral pur a été marginalisé, celui de la nation l'a emporté et a déterminé les caractéristiques d'un « protectionnisme » devenu élément stable de la culture politique du pays (1845-1851).

PREMIÈRE PARTIE

PROHIBITIONS
(1814-1824)

Après la chute de Napoléon, les débats de politique commerciale reprennent là où les avait laissés la Révolution. Le système des prohibitions ou « prohibitif » est l'héritier des systèmes mercantiles de l'Ancien Régime. Ses partisans défendent une conception monarchique de la politique commerciale, qui protégerait de manière équitable les différents corps de producteurs interdépendants. Ses opposants s'inspirent des Lumières pour critiquer non seulement les préjugés mercantilistes des royalistes, mais aussi le caractère arbitraire, vexatoire et « privilégiaire » des prohibitions.

Le système des prohibitions reste fondé sur la doctrine de la balance du commerce. Contestée à la fin du XVIIIe siècle, la conception mercantiliste des échanges internationaux a été réhabilitée sous Napoléon. Elle prédomine encore au début de la Restauration, parmi les élites comme parmi les autres couches de la société française. Les principes mercantilistes légitiment l'adoption d'une législation douanière prohibitive, qui interdit en fait ou en droit – au moyen de tarifs très élevés – une large gamme d'importations, depuis les tissus de coton et de laine jusqu'aux céréales et au bétail en passant par les objets en fer et le charbon. Cette législation est aussi d'inspiration conservatrice, voire réactionnaire. Reposant sur une représentation organiciste de la société, elle doit préserver un équilibre harmonieux entre les trois principales branches de la production : l'agriculture, les manufactures et le commerce. La lutte contre la contrebande est envisagée comme une entreprise de purification, après les désordres moraux de la Révolution et de l'Empire.

Une administration des Douanes renforcée met en œuvre les prohibitions. Son directeur général, Pierre de Saint-Cricq, devient le symbole du système prohibitif. La répression douanière frappe en priorité les adversaires du régime. Mais elle provoque la résistance des populations frontalières, l'exaspération des marchands et l'inquiétude des libéraux. Les adversaires des prohibitions emploient eux aussi un langage plus politique qu'économique. Ils ne remettent que rarement en cause le principe de protection douanière contre la concurrence étrangère. En revanche ils soulignent les risques que la législation prohibitive fait peser sur les libertés individuelles et les libertés traditionnelles du commerce.

Les concepts de liberté des échanges internationaux et de développement économique national restent peu employés au cours de ces débats. Le libre-échange et le protectionnisme sont encore balbutiants.

Chapitre 1

Le néomercantilisme sous Napoléon et la Restauration

Au lendemain des guerres napoléoniennes, le mercantilisme reste le mode de pensée économique dominant, en France comme dans le reste de l'Europe. Apparue au XVIᵉ siècle, la pensée mercantiliste repose sur une conception de l'échange comme jeu à somme nulle. Elle débouche sur des politiques monopolistiques, qui visent à enrichir le souverain et les corps privilégiés du royaume. A la fin du XVIIIᵉ siècle, plusieurs penseurs des Lumières remettent en cause les principes du mercantilisme. Mais les guerres révolutionnaires et, en France, l'influence de Napoléon contribuent à leur réhabilitation.

Le mercantilisme n'est pas une école de pensée dogmatique. Les auteurs mercantilistes assignent à la politique économique des objectifs différents, en fonction de leurs convictions intellectuelles et des circonstances propres à chaque Etat. Mais la plupart voient dans le commerce extérieur l'un des principaux moyens d'enrichissement. Il s'agit selon eux d'obtenir une « balance du commerce » favorable, grâce à un excédent des exportations sur les importations. Pour atteindre cet objectif, ils recommandent l'emploi de moyens radicaux, notamment l'interdiction de droit – par des « prohibitions » – ou de fait – par des droits de douane « prohibitifs » – d'importer certaines marchandises. Le mercantilisme annonce, à plusieurs égards, le protectionnisme moderne. Mais il s'en distingue par la rigueur de ses méthodes, par son recours systématique à d'autres pratiques monopolistiques que la protection douanière et par le rôle clé qu'il accorde aux échanges extérieurs. Là est la différence fondamentale : alors que les mercantilistes cherchent à étendre à tout prix un commerce extérieur qu'ils conçoivent comme la continuation de la rivalité militaire entre Etats, les protectionnistes voudront accroître la production intérieure en isolant le marché national du marché mondial.

La résurgence du mercantilisme, entamée sous Napoléon, s'accentue sous la Restauration. Plusieurs écrivains, souvent de tendance politique réactionnaire, combattent les arguments avancés par les philosophes des Lumières contre les théories de la balance du commerce. Des institutions commerciales semblables à celles existant avant la Révolution sont rétablies. Dans le champ économique comme dans le champ politique, le régime des Bourbons restaurés essaie de ressusciter, en partie, certaines idées et pratiques de l'Ancien Régime.

Le mercantilisme : ni libéral ni protectionniste

Le mercantilisme ne correspond ni à une pensée fixe, ni à un programme économique précis. Le terme même de « mercantilisme » a été inventé par les historiens de la fin du XIXᵉ siècle pour désigner les idées et les politiques économiques avant la fondation de l'économie politique classique. Tout au plus parle-t-on avant cette date de « système mercantile », une expression employée pour la première fois par Adam Smith dans *La richesse des nations* (1776)[1]. Mais on peut considérer le mercantilisme comme une forme de discours ou de langage sur les liens entre production, échange et richesse. Les auteurs mercantilistes ne disposent pas d'un « ensemble établi de principes et de solutions reposant sur une méthodologie commune » mais ils emploient « une terminologie commune » et essaient de répondre « à un certain nombre de questions », telles que les moyens de rendre une nation riche, la nature de la richesse, ou encore le rôle de la monnaie[2].

---

1. Philippe Steiner, « Marchands et princes. Les auteurs dits "mercantilistes" », in Alain Béraud et Gilbert Faccarello (dir.), *Nouvelle histoire de la pensée économique*, 3 vol., Paris, La Découverte, 1992-2000, t. 1, pp. 95-140.
2. Lars Magnusson, *Mercantilism : the Shaping of an Economic Language*, Londres, Routledge, 1994, pp. 14-15.

L'un des principaux éléments de ce langage commun est la « balance du commerce ». Puisque les richesses dans le monde sont limitées, affirment les auteurs mercantilistes, un Etat, pour s'enrichir, doit exporter plus qu'il n'importe. L'excédent commercial obtenu, soldé en or et en argent, augmente le stock de métaux précieux ou « trésor » du royaume. Les mercantilistes, à quelques exceptions près, ne confondent pas métaux précieux et richesse. S'ils souhaitent accroître la quantité de numéraire (monnaie d'or et d'argent) en circulation, c'est aussi pour multiplier les moyens de paiement et donc stimuler la création de richesses. A partir de la fin du XVIIe siècle, certains mercantilistes proposent même une conception plus subtile de la balance du commerce, qui vise à encourager le travail productif plutôt qu'à accumuler des métaux précieux. Selon eux, il faut soutenir la fabrication de produits finis – riches en travail – en interdisant les importations de produits manufacturés et les exportations de matières premières, et en versant des primes aux fabricants pour les aider à exporter leurs produits [1].

La croyance commune dans la balance du commerce débouche sur des stratégies économiques différentes. Les politiques d'inspiration mercantiliste font preuve d'un grand pragmatisme. Telle mesure de réglementation commerciale est adoptée ou non parce qu'elle semble devoir améliorer le solde commercial ou augmenter les revenus du fisc. Le mercantilisme n'est ni libéral, ni protectionniste : essayer de décrire les politiques mercantilistes d'après des catégories économiques inventées au XIXe siècle – comme le « libéralisme » ou le « protectionnisme » – est une démarche condamnée à l'anachronisme.

La logique du mercantilisme est en fait celle des privilèges. En France comme en Grande-Bretagne, l'attribution d'avantages spécifiques – exemptions fiscales et monopoles industriels ou commerciaux – à certains individus ou groupes sociaux est l'une des principales modalités de la construction de l'Etat moderne. Ces privilèges associent au pouvoir les élites nobiliaires, commerciales et manufacturières, et tissent un réseau de droits unifiant les différentes composantes du royaume [2].

Le mercantilisme correspond ainsi à un moment clé de la construction étatique en Europe et de l'expansion militaro-commerciale des

---

1. *Ibid.*, pp. 147-173.
2. Hilton L. Root, *The Fountain of Privilege : Political Foundations of Markets in Old Regime France and England*, Berkeley, University of California Press, 1994.

Etats européens en Amérique, en Afrique et en Asie entre 1500 et 1800[1]. Il s'est aussi avéré une étape cruciale de l'avènement du capitalisme – celle de l'accumulation primitive du capital et des débuts de l'ascension de la bourgeoisie selon la terminologie marxiste. Mais le capitalisme n'est pas le libéralisme économique. Le mercantilisme repose sur des réglementations extrêmement contraignantes pour les agents économiques. L'économie politique classique et le libéralisme économique se constituent même, à partir d'Adam Smith, contre les idées et les pratiques mercantilistes.

Le mercantilisme n'est pas non plus ou du moins pas seulement « protectionniste ». Pour empêcher les exportations de métaux précieux, la plupart des systèmes mercantiles européens ont certes recours à des « prohibitions » à l'importation des marchandises ou à des droits de douane très élevés dits « prohibitifs ». Mais les politiques mercantilistes comprennent également la création de grandes compagnies dotées de privilèges pour le commerce avec les Indes Orientales (Asie) ou occidentales (Amériques); l'établissement de comptoirs et de colonies dans les zones tropicales; l'exploitation de ces colonies par des centaines de milliers d'esclaves et par le régime de « l'exclusif », qui interdit le commerce des colonies avec d'autres nations que la métropole; et dans certains pays, une stricte réglementation de la production manufacturière, pour garantir la qualité des produits fabriqués et encourager les exportations[2]. La protection douanière n'est donc qu'un aspect du mercantilisme, qui est tourné vers l'expansion du commerce extérieur. Le protectionnisme moderne, en revanche, privilégiera l'accroissement de la production nationale par le développement du marché intérieur. En outre, les protectionnistes seront hostiles aux entraves à la liberté économique à l'intérieur des frontières, et ils préféreront des tarifs de douanes modérés aux prohibitions.

Le mercantilisme est même compatible avec l'absence de protection douanière. Plusieurs auteurs préconisent la réduction des droits de douane au nom de la balance du commerce : la baisse consécutive du prix des denrées permettra selon eux une augmentation des

---

1. Immanuel Wallerstein, *Le mercantilisme et la consolidation de l'économie-monde européenne, 1600-1750*, Paris, Flammarion, 1984 (1ʳᵉ éd. américaine en 1980).
2. Pour une description détaillée des différentes politiques mercantilistes, voir l'ouvrage de référence d'Eli Heckscher, *Mercantilism*, Londres, Routledge, 1994 (1ʳᵉ éd. suédoise en 1931).

exportations qui fera plus que compenser la hausse des importations. Cette politique parfois qualifiée de « mercantilisme libéral [1] » est notamment pratiquée par les Provinces-Unies (Pays-Bas), la première puissance commerciale du monde au XVIIᵉ siècle. Mais la prospérité néerlandaise repose d'abord sur le monopole des échanges avec l'Asie accordée à la *Vereenigde Oostindische Compagnie* [2].

Les principaux rivaux des Provinces-Unies, en revanche, ont largement recours à la protection douanière. A compter de la dictature d'Oliver Cromwell dans les années 1650, l'Angleterre – qui devient la Grande-Bretagne après son union avec l'Ecosse en 1707 – érige l'un des systèmes mercantiles les plus agressifs en Europe, caractérisé par de puissantes compagnies de commerce (*East* et *West India Companies*), un vaste domaine colonial contraint de commercer exclusivement avec la Grande-Bretagne, des « lois de navigation » réservant le commerce britannique aux vaisseaux battant pavillon national, et des tarifs de douane élevés – souvent plus de 100 % de la valeur des marchandises – encore augmentés à de nombreuses reprises au cours du XVIIIᵉ siècle [3].

En partie inspirée par le modèle anglais et sous l'impulsion de Jean-Baptiste Colbert, la France de Louis XIV crée les compagnies françaises des « Indes orientales » et des « Indes occidentales », acquiert des colonies et augmente ses tarifs de douanes. Le colbertisme est plus interventionniste que le mercantilisme anglais sur le plan intérieur, parce qu'il encourage la formation de grandes manufactures sous l'égide de l'Etat et qu'il institue des contrôles de qualité systématiques sur la production des corporations [4]. Mais sur le plan extérieur, la France n'adopte pas de lois de navigation comparables à celles de l'Angleterre. En outre, ses tarifs de douanes sont beaucoup

---

1. Robert Caillemer et Albert Schatz, « Le mercantilisme libéral à la fin du XVIIᵉ siècle. Les idées économiques et politiques de M. de Belesbat », *Revue d'économie politique*, nº 20, 1906, pp. 559-574, pp. 630-642 et pp. 791-816.
2. Jonathan I. Israel, *Dutch Primacy in World Trade, 1585-1740*, Oxford, Clarendon, 1989; Jan De Vries et Adrianus M. van der Woude, *The First Modern Economy*, Cambridge, Cambridge University Press, 1997, p. 341 et pp. 350-504.
3. Kenneth Morgan, « Mercantilism and the British Empire, 1688-1815 », in Patrick O'Brien et Donald Winch (dir.), *The Political Economy of British Historical Experience, 1688-1914*, Oxford, Oxford University Press, 2002, pp. 165-192; Ralph David, « The Rise of Protection in England, 1689-1786 », *Economic History Review*, nº 19, 1966, pp. 306-317.
4. Charles W. Cole, *Colbert and a Century of French Mercantilism*, Londres, Frank Cass, 1939, rééd. 1964; Philippe Minard, *Etat et industrie : la fortune du colbertisme dans la France des Lumières*, Paris, Fayard, 1998.

moins efficaces que les tarifs anglais[1]. L'étendue des frontières terrestres du royaume en rend le contrôle extrêmement difficile. Surtout, jusqu'à la Révolution, l'unification du marché intérieur français reste inachevée : de nombreux droits de douane subsistent entre les provinces et certaines, comme l'Alsace et la Lorraine, demeurent au-delà des lignes de douanes françaises[2].

Les auteurs mercantilistes et les acteurs économiques de l'Ancien Régime emploient parfois les termes de « liberté », « protection » et « nation ». Mais dans la plupart des cas, ils leur donnent des sens radicalement différents de leur acception moderne. Ainsi Colbert invoque-t-il souvent dans ses instructions « la liberté du commerce » au sens d'encouragement, pour justifier de mesures que l'on qualifierait aujourd'hui d'interventionnistes[3]. Les villes, les corporations et les marchands se prévalent des « libertés » de leur commerce pour défendre en fait leurs privilèges. Une confusion semblable règne dans les mondes anglophone et germanophone autour des expressions *free trade* et *Handelsfreiheit*[4]. De même, la « protection » du commerce n'est pas le contraire mais le complément de sa « liberté » : la protection de l'Etat est ce qui permet aux commerçants d'agir librement[5]. Enfin, les termes de « patrie » et de « nation » font leur apparition dans les débats économiques au cours des décennies précédant la Révolution. Mais il s'agit de promouvoir la « vertu » patriotique contre le luxe corrupteur, et cette rhétorique proto-nationaliste sert à réclamer l'abolition des réglementations mercantilistes plutôt que leur maintien[6].

---

1. Jusqu'au milieu du XIXᵉ siècle ; voir John V. Nye, « The Myth of Free-Trade Britain and Fortress France : Tariffs and Trade in the Nineteenth Century », *Journal of Economic History*, n° 51, 1991, pp. 23-46, et *id.*, « Guerre, commerce, guerre commerciale », *Annales ESC*, n° 47, 1992, pp. 613-632.

2. John F. Bosher, *The Single Duty Project : a Study of the Movement for a French Customs Union in the Eighteenth Century*, Londres, Athlone, 1964, pp. 5-7.

3. Lionel Rothkrug, *Opposition to Louis XIV : the Political and Social Origins of French Enlightenment*, Princeton, Princeton University Press, 1965, pp. 181-182.

4. Anne-Marie Piuz, « Note sur l'acception ancienne de Free Trade (XVIᵉ-XVIIᵉ siècle) », in Jürgen Schneider (dir.), *Wirtschaftskräfte und Wirtschaftswege. Festschrift für Hermann Kellenbenz*, 4 vol., Nuremberg, Klett-Cotta, 1978, t. 4, pp. 585-597 ; P. Steiner, « Marchands et princes », in A. Béraud et G. Faccarello (dir.), *Nouvelle histoire de la pensée économique, op. cit.*, t. 1, pp. 107-110.

5. Simone Meyssonier, *La balance et l'horloge. La genèse de la pensée libérale en France au XVIIIᵉ siècle*, Montreuil, Editions de la Passion, 1989, pp. 25-26 ; Catherine Larrère, *L'invention de l'économie au XVIIIᵉ siècle. Du droit naturel à la physiocratie*, Paris, PUF, 1992, pp. 134-138.

6. John Shovlin, *The Political Economy of Virtue : Luxury, Patriotism, and the Origins of the French Revolution*, Ithaca/Londres, Cornell University Press, 2006.

Cette absence de polarisation entre liberté et protection ou entre liberté et nation s'explique en partie par la faible intensité des débats économiques sous l'Ancien Régime. Le monarque et ses ministres prennent alors les principales décisions de politique commerciale. Ils consultent certains organes représentatifs, tels que le Conseil du commerce (Bureau du commerce après 1721) et les chambres de commerce établies dans les principales villes du royaume [1]. Mais la plupart des débats sont conduits à l'intérieur de l'administration. Les Français qui souhaitent exprimer leur opinion sur les questions économiques ne peuvent qu'adresser aux autorités des pétitions individuelles rédigées sous forme de suppliques [2]. Le langage des privilèges sur lequel s'appuie le mercantilisme ne s'adresse pas à « l'opinion publique », un concept qui n'émerge que progressivement à partir des années 1750 [3].

Éclipse et retour en grâce du mercantilisme

Les dernières décennies de l'Ancien Régime voient s'éroder la domination des idées et des pratiques mercantilistes. En France, les « Economistes » ou Physiocrates, menés par François Quesnay, l'auteur du *Tableau économique* (1758), condamnent les politiques en faveur de la production manufacturière héritées de Colbert. En Grande-Bretagne, David Hume et Adam Smith dénoncent les contradictions du système de la balance du commerce [4]. Les écrits économiques des philosophes britanniques connaissent un vif succès auprès du public français, qui s'accentue encore après le début de la Révolution : en 1802, *La richesse des nations* compte déjà trois traductions publiées et au moins onze éditions ou réimpressions [5]. Plusieurs

---

1. Thomas J. Schaeper, *The French Council of Commerce, 1700-1715 : a Study of Mercantilism after Colbert*, Colombus, Ohio State University Press, 1983, pp. 273-275.

2. Michael Kwass, *Privilege and the Politics of Taxation in Eighteenth-Century France*, Cambridge, Cambridge University Press, 2000, pp. 119-154.

3. Keith Baker, « Public Opinion as Political Invention », in *id., Inventing the French Revolution. Essays on French Political Culture in the Eighteenth Century*, Cambridge, Cambridge University Press, 1990, pp. 167-199.

4. I. Hont, *Jealousy of Trade, op. cit.*, pp. 66-82, pp. 281-283.

5. Kenneth E. Carpenter, *The Dissemination of the Wealth of Nations in French and in France, 1776-1843*, New York, The Bibliographical Society of America, 2002, pp. v-vi, pp. xxi-lvii.

auteurs français ou d'expression française – Germain Garnier, Jean-Charles Sismonde de Sismondi et surtout Jean-Baptiste Say – s'attachent à vulgariser la nouvelle économie politique libérale [1].

Ces courants de pensée encouragent une réforme du système mercantile français. Après une vive controverse sur la liberté de circulation et d'exportation des blés dans les années 1760, le ministère de Turgot s'attaque en 1774-1776 à de nombreux monopoles et privilèges. En 1786, un traité de commerce avec la Grande-Bretagne, proposé par la France, abaisse les barrières douanières entre les deux pays [2]. Au cours des premières années de la Révolution française, la législation mercantiliste est presque entièrement abolie. L'Assemblée constituante révoque les privilèges des compagnies de commerce, supprime les douanes intérieures et dissout les corporations. Elle adopte un tarif de douanes modéré et établit pour le percevoir une nouvelle régie des Douanes, en remplacement de la très impopulaire Ferme générale. La Convention complète le démantèlement du système mercantile en prononçant la dissolution de la Compagnie des Indes orientales et en abolissant l'esclavage [3].

Mais ce processus de libéralisation se heurte à de fortes résistances. Une grande partie des réformes de Turgot échoue ou est abolie quand il est révoqué en 1776. Des protestations s'élèvent contre le traité de commerce conclu avec la Grande-Bretagne, et en 1789 de nombreux cahiers de doléances réclament le renforcement de la protection

---

1. German Garnier, *Abrégé élémentaire des principes de l'économie politique*, Paris, 1796 ; Jean-Charles Sismonde de Sismondi, *De la richesse commerciale*, Paris, 1803 ; Jean-Baptiste Say, *Traité d'économie politique,* Paris, 1803.

2. Steven L. Kaplan, *Bread, Politics and Political Economy in the Reign of Louis XV*, La Haye, Nijhoff, 1976 ; Marie Donaghay, « The Exchange of Products of the Soil and Industrial Goods in the Anglo-French Commercial Treaty of 1786 », *Journal of European Economic History*, n° 19, 1990, pp. 377-401 ; Donald C. Wellington, « The Anglo-French Commercial Treaty of 1786 », *Journal of European Economic History*, n° 21, 1992, pp. 325-338 ; et sur la libéralisation du commerce colonial, voir Jean Tarrade, *Le commerce colonial de la France à la fin de l'Ancien Régime : l'évolution du régime de « l'Exclusif » de 1763 à 1789*, 2 vol., Paris, PUF, 1972.

3. Jean Clinquart, *L'administration des Douanes sous la Révolution*, Neuilly-sur-Seine, Association pour l'histoire de l'administration des Douanes, 1978, rééd. 1989, pp. 65-71, pp. 96-121 ; Yves Durand, *Les fermiers généraux au XVIIIe siècle*, Paris, PUF, 1971, rééd. Maisonneuve et Larose, 1996, pp. 638-647 ; Philippe Haudrère, *La Compagnie française des Indes au XVIIIe siècle*, 2 vol., Paris, Les Indes savantes, 2005, t. 2, pp. 810-815 ; Laurent Dubois, *Les esclaves de la République. L'histoire oubliée de la première émancipation (1789-1794)*, Paris, Calmann-Lévy, 1998 ; Jeremy J. Whiteman, « Trade and the Regeneration of France, 1789-1791 : Liberalism, Protectionism, and the Commercial Policy of the Constituent Assembly », *European History Quarterly*, n° 31, 2001, pp. 171-204.

contre la concurrence étrangère [1]. L'enthousiasme des Lumières et des premiers révolutionnaires pour la libre circulation des marchandises reposait autant, sinon plus, sur des motifs politiques – l'abolition de la gestion arbitraire des individus par l'Ancien Régime – que sur le désir de promouvoir une économie de marché [2]. Ces motifs ne résistent pas aux nécessités de la guerre économique contre la Grande-Bretagne, le principal adversaire de la France révolutionnaire et impériale.

Dès 1793, la Convention prohibe l'importation de produits fabriqués en Grande-Bretagne. En 1796, le Directoire ordonne la saisie des produits britanniques introduits en fraude, non plus aux seules frontières mais sur l'ensemble du territoire. En 1801, Napoléon réorganise les Douanes en une administration quasi militaire et après la rupture de la paix d'Amiens (1802-1803), il décrète l'interdiction d'importer « toutes marchandises venant directement ou indirectement d'Angleterre », une prohibition qui vise notamment les exportations britanniques de denrées coloniales : sucre, café, coton, etc. Sous l'Empire, les prohibitions antibritanniques s'étendent, en même temps que la domination militaire de la France napoléonienne, à la quasi-totalité du continent européen : les décrets de Berlin et Milan, en 1806 et 1807, déclarent les îles Britanniques « en état de blocus ». Ces mesures provoquent le développement d'une contrebande de masse. Pour la réprimer, Napoléon renforce encore le pouvoir des Douanes, et il institue un nouvel ordre de juridiction, composé de tribunaux ordinaires des douanes et de cours d'appel douanières [3].

Les révolutionnaires français – Girondins, Montagnards ou Thermidoriens – n'étaient pas partisans du système mercantile. Ils reconnaissaient, en théorie, les avantages de la liberté du commerce et concevaient la prohibition des importations britanniques comme une mesure exceptionnelle, justifiée par la guerre [4]. La politique de

1. Alfred Cobban, *Le sens de la Révolution française*, Paris, Julliard, 1984 (1ʳᵉ éd. britannique en 1964), pp. 87-89 ; John Markoff et Gilbert Shapiro, *Revolutionary Demands : a Content Analysis of the Cahiers de Doléances of 1789*, Stanford, Stanford University Press, 1998, pp. 260-261.

2. E. Rothschild, *Economic Sentiments*, *op. cit.*, p. 72 ; *id.*, « An Alarming Commercial Crisis in Eighteenth-Century Angoulême : Sentiments in Economic History », *Economic History Review*, n° 51, 1998, pp. 268-293.

3. Jean Clinquart, *L'administration des Douanes sous le Consulat et l'Empire*, Neuilly-sur-Seine, Association pour l'histoire de l'administration des Douanes, 1979 ; Bertrand de Jouvenel, *Napoléon et l'économie dirigée*, Bruxelles/Paris, Editions de la Toison d'Or, 1942, pp. 58-62, pp. 69-73, pp. 167-169.

4. François Hincker, « Y eut-il une pensée économique de la Montagne ? », in Gilbert Faccarello et Philippe Steiner (dir.), *La pensée économique pendant la Révolution*

« Blocus » ou « Système continental » poursuivie par Napoléon pousse en revanche la logique mercantiliste jusqu'à son paroxysme. En privant la Grande-Bretagne de débouchés, Napoléon veut épuiser le numéraire de son adversaire et provoquer la faillite du gouvernement britannique, accablé sous le poids de la dette énorme qu'il a contractée pour financer les guerres contre la France. De même, la gestion des pays alliés et satellites de la France relève moins d'une politique d'intégration économique du continent que des méthodes traditionnelles du mercantilisme : il s'agit d'accroître les exportations françaises pour augmenter le solde de la balance du commerce [1].

En plus du Blocus continental, Napoléon renoue ou essaie de renouer avec plusieurs autres pratiques mercantilistes. Il s'efforce de reconstituer l'empire colonial français, en tâchant de reprendre le contrôle de Saint-Domingue (Haïti, la plus riche des colonies françaises sous l'Ancien Régime) avec l'expédition malheureuse de 1802-1803, en se faisant rétrocéder la Louisiane par l'Espagne avant de la vendre aux Etats-Unis en 1803, et en rétablissant l'esclavage dans les colonies qui restent à la France en 1802 [2]. Ces espoirs s'évanouissent après l'anéantissement de la marine française à la bataille de Trafalgar en octobre 1805. Napoléon envisage aussi de recréer des compagnies commerciales privilégiées, d'abord la Compagnie des Indes orientales et plus tard une « Factorerie du Nord » pour le commerce avec la Russie. En métropole, il fait étudier le rétablissement des corporations, qui a lieu dans deux secteurs clés pour l'alimentation des populations urbaines, la boulangerie et la boucherie. Il ressuscite plusieurs impôts indirects inspirés de la fiscalité d'Ancien Régime, y compris un lourd impôt sur le sel dont la perception est confiée à l'administration des Douanes, comme auparavant la gabelle à la Ferme générale. Les chambres de commerce, abolies avec les autres corps intermédiaires par la Constituante, réapparaissent pour restituer

---

française, Grenoble, Presses universitaires de Grenoble, 1990, pp. 211-224 ; James Livesey, « Agrarian Ideology and Commercial Republicanism in the French Revolution », *Past and Present,* n° 157, 1997, pp. 94-121.

1. B. de Jouvenel, *Napoléon et l'économie dirigée, op. cit.,* pp. 165-167, pp. 396-397 ; Eli Heckscher, *The Continental System : an Economic Interpretation,* Oxford, Clarendon, 1922, pp. 30-32, pp. 51-58 ; Stuart J. Woolf, *Napoleon's Integration of Europe,* Londres, Routledge, 1991, pp. 134-156.

2. Yves Benot, *La démence coloniale sous Napoléon,* Paris, La Découverte, 1992, rééd. 2006 ; Thierry Lentz et Pierre Branda, *Napoléon, l'esclavage et les colonies,* Paris, Fayard, 2006.

aux intérêts commerciaux et manufacturiers leur ancien mode de représentation auprès du pouvoir [1].

Le bilan des politiques mercantilistes poursuivies par Napoléon est mitigé. Le Blocus continental ne parvient pas à provoquer l'effondrement économique de la Grande-Bretagne. En revanche, le blocus du continent par cette dernière étouffe le commerce maritime européen. La sévérité de la répression contre la contrebande contribue à la chute de popularité de Napoléon à la fin de son règne. Mais le Blocus continental n'a pas pour seul effet de comprimer les échanges. L'Empire napoléonien, dont les 130 départements comprennent la Belgique, les Pays-Bas, la Rhénanie, le Piémont et la Toscane, forme un marché unifié sans précédent de près de 40 millions d'habitants. Les exportations de produits manufacturés français sur le continent augmentent sensiblement. Le Blocus entraîne moins un recul commercial qu'une transformation des structures économiques de la France et de l'Europe occidentale. Les ports de l'Atlantique déclinent, mais de nouvelles régions manufacturières dans le nord-est de la France, en Belgique et en Allemagne occidentale prennent leur essor [2]. A l'intérieur de l'Empire, le retour à l'équilibre budgétaire et la création d'une monnaie stable, le « franc Germinal », permettent de surmonter le désordre des finances révolutionnaires [3].

Renaissance de la pensée mercantiliste

La politique économique napoléonienne s'accompagne d'une ré-habilitation presque officielle des idées mercantilistes. Après la rupture de la paix d'Amiens, la censure s'oppose à la réédition ou à la parution d'ouvrages d'économie politique libérale. On ne compte

---

1. B. de Jouvenel, *Napoléon et l'économie dirigée, op. cit.,* pp. 129-134, pp. 275-277 ; Pierre Rosanvallon, *L'Etat en France,* Paris, Le Seuil, 1990, rééd. 1992, pp. 116-117. Sur les débats autour du rétablissement des corporations, voir Philippe Minard, « Le métier sans institution : les lois d'Allarde-Le Chapelier de 1791 et leur impact au début du XIXe siècle », in Steven L. Kaplan et Philippe Minard (dir.), *La France, malade du corporatisme ? (XVIIIe-XXe siècle),* Paris, Belin, 2004, pp. 81-95.

2. François Crouzet, *L'économie britannique et le Blocus continental, 1806-1813,* Paris, PUF, 1958, rééd. Economica, 1987 ; *id.,* « Guerre, blocus et changement économique », article reproduit in François Crouzet, *De la supériorité de l'Angleterre sur la France,* Paris, Perrin, 1985, pp. 280-298.

3. Jacques Wolff, *Napoléon et l'économie,* Paris, JAS éditions, 2006.

sous l'Empire qu'une seule réimpression autorisée de *La richesse des nations*, en 1806. De même, Jean-Baptiste Say et les autres interprètes français d'Adam Smith sont interdits de publication jusqu'à la chute du régime [1].

Napoléon encourage en revanche les ouvrages favorables au système mercantile. Le plus influent est *Du gouvernement considéré dans ses rapports avec le commerce*, publié en 1805 par François Ferrier, sous-inspecteur des Douanes à Bayonne. Porté par ce succès, Ferrier gravit rapidement les échelons de la hiérarchie douanière : inspecteur à Worms sur le Rhin en 1805, inspecteur à Livourne sur la côte ligure en 1808, directeur à Rome dans le département du Tibre en 1810 et enfin directeur général des Douanes impériales à Paris de 1812 à 1814, position qu'il retrouve pendant les Cent Jours de mars à juin 1815. Sous la Restauration, Ferrier est rétrogradé au rang de directeur à Dunkerque. Mais il reste une personnalité influente dans les questions douanières. Son traité est réédité en 1821 et en 1822, et il publie encore plusieurs brochures sur la politique commerciale française.

Adolphe Blanqui, disciple de Say, décrira plus tard Ferrier comme le « Pindare de la douane » et, en référence au poète grec qui dénigra les œuvres d'Homère, le « Zoïle d'Adam Smith [2] ». Ferrier, cependant, n'est pas sans admiration pour Smith. Dans *Du gouvernement*, il souligne comme le penseur écossais le rôle primordial des relations commerciales dans l'histoire. Mais il rejette les « rêveries » des « écrivains anti-administratifs », qui souhaitent une « révolution libérale » en matière de commerce extérieur. Surtout, il n'admet pas que la monnaie soit – comme l'affirme Smith – une simple marchandise : « Il semble cependant qu'il suffise d'ouvrir les yeux pour reconnaître que partout l'argent est le grand ressort du commerce, et de là à l'induction qu'il fait essentiellement partie de la richesse d'un Etat, l'intervalle est-il donc si grand [3] ? »

Ferrier cite à l'appui plusieurs auteurs français mercantilistes du XVIIIᵉ siècle : Jean-François Melon, Charles Dutot, François Véron de

---

1. K. E. Carpenter, *Dissemination of the Wealth of Nations*, op. cit., p. 223 ; Richard Whatmore, *Republicanism and the French Revolution : an Intellectual History of Jean-Baptiste Say's Political Economy*, Oxford, Oxford University Press, 2000, p. 183.

2. Jean-Baptiste Say, « Théorie de M. Ferrier », in *Œuvres diverses de Jean-Baptiste Say*, texte établi, annoté et commenté par Charles Comte, Eugène Daire et Horace Say, Paris, 1848, note 1, p. 355.

3. François Ferrier, *Du gouvernement considéré dans ses rapports avec le commerce*, Paris, 1805, pp. 14-15, p. 37.

Forbonnais. Il compare comme eux la circulation de l'argent dans le corps social à celle du sang dans le corps humain et il pose des principes de politique commerciale conformes à ceux du système mercantile : « Une nation économe échange de préférence l'excédent de ses besoins, ou une partie de ses besoins, ou une partie de cet excédent, contre des matières premières et du numéraire ; elle augmente ainsi ses moyens de produire ; elle s'enrichit. Une nation prodigue échange et consomme à tout prix ; elle exporte sa monnaie ; elle tue ses travailleurs ; elle se ruine [1]. »

Plusieurs auteurs ont vu dans Ferrier l'un des premiers théoriciens du protectionnisme contemporain [2]. Karl Marx lui-même a injustement accusé le penseur protectionniste allemand Friedrich List d'avoir plagié Ferrier [3]. En réalité, List est un adversaire des théories de la balance du commerce. Ferrier, en revanche, est indiscutablement un auteur mercantiliste, qui veut réhabiliter la sagesse commerciale de l'époque prérévolutionnaire. Il affirme dans *Du gouvernement* que « la balance du commerce est l'une des meilleures institutions économiques des peuples modernes », évoque avec nostalgie la régulation de la production par les corporations et recommande le maintien du régime de l'exclusif dans les colonies françaises [4]. Les deux rééditions de *Du gouvernement* sous la Restauration rejettent plus radicalement encore l'économie politique de Smith et de ses disciples. Dans une nouvelle conclusion, Ferrier va jusqu'à accuser Smith d'avoir délibérément répandu de faux principes « dont l'adoption livrerait infailliblement à son pays le marché de l'univers [5] ».

Les idées de Ferrier sont représentatives de la conception du commerce international qui prévaut parmi les hauts fonctionnaires du régime napoléonien. Des vues similaires sont avancées par Vivent Magnien, ancien administrateur de la Ferme générale devenu l'un des dirigeants de l'administration des Douanes ; par Eugène de Vitrolles, ancien émigré rallié à Napoléon ; par Joseph Bosc, membre du

---

1. *Ibid.*, p. 225.
2. F. Démier, *Nation, marché et développement, op. cit.*, p. 252 ; P. Rosanvallon, *L'Etat en France, op. cit.*, p. 210.
3. Dans un manuscrit rédigé en 1845 et resté inédit jusqu'en 1971 ; voir Roman Szporluk, *Communism and Nationalism : Karl Marx versus Friedrich List*, New York/Oxford, Oxford University Press, 1988, p. 39.
4. F. Ferrier, *Du gouvernement*, éd. 1805, *op. cit.*, pp. 206-208, pp. 389-390.
5. F. Ferrier, *Du gouvernement considéré dans ses rapports avec le commerce*, Paris/Lille, 1821, pp. 569-570 ; le texte de la troisième édition parue en 1822 est presque identique à celui de la seconde.

Tribunat, l'une des assemblées législatives du régime; par J. Blanc de Volx, directeur des Contributions publiques du royaume de Naples, un état satellite de la France; par Joseph Dutens, ingénieur en chef des Ponts-et-Chaussées dans le département annexé du Léman [1]; ou encore par le comte d'Hauterive, diplomate proche de Talleyrand, qui dénonce dès 1800 dans *De l'état de la France* les « invasions commerciales de l'Angleterre » et négocie pendant l'Empire les traités commerciaux de la France [2].

La réhabilitation du mercantilisme sous Napoléon n'est pas politiquement neutre. La monarchie napoléonienne, en même temps qu'elle consolide plusieurs acquis révolutionnaires, s'accompagne d'un retour à de nombreuses pratiques et croyances antérieures à la Révolution, depuis le rétablissement du catholicisme comme religion officielle en 1801 jusqu'à la création d'une nouvelle noblesse en 1808. Les politiques mercantilistes préconisées par les hauts fonctionnaires napoléoniens visent aussi à réconcilier la nouvelle avec l'ancienne France.

Les opinions politiques de Ferrier sont révélatrices de ces tendances réactionnaires. L'auteur de *Du gouvernement* est un protégé du royaliste Joseph Fiévée, conseiller occulte de Napoléon puis personnalité conservatrice influente au début de la Restauration. Fiévée a corrigé le manuscrit de la première édition de *Du gouvernement* et s'est occupé de sa publication [3]. Peu après la chute de l'Empire, dans sa correspondance avec son protecteur, Ferrier affirme que son « auteur favori quand [il veut] écrire sur la politique née de la révolution » est Edmund Burke, auteur des très conservatrices *Réflexions sur la révolution en France* (1790). Ferrier se définit lui-même comme un adversaire du « gouvernement représentatif ». Il souhaite « un gouvernement fort, fût-il dur. [...] Le Français a surtout besoin d'être gouverné, et il ne trouve pas du tout mauvais qu'on le gou-

---

1. Vivent Magnien, *De l'influence que peuvent avoir les douanes sur la prospérité de la France*, Paris, 1801 ; Eugène de Vitrolles, *De l'économie politique réduite à un principe*, Paris, 1801 ; Joseph Bosc, *Considérations sur l'accumulation des capitaux*, Paris, 1801 ; J. Blanc de Volx, *L'état commercial de la France au commencement du XIXᵉ siècle*, Paris, 1803 ; Joseph Dutens, *Analyse raisonnée des principes fondamentaux de l'économie politique*, Paris, 1804.

2. Alexandre-Maurice d'Hauterive, *De l'état de la France à la fin de l'an VIII*, Paris, 1800, pp. 165 ; voir aussi *id.*, *Eléments d'économie politique*, Paris, 1817.

3. Lettres de Fiévée à Ferrier, 9 novembre 1803 et 16 avril 1804, in *Correspondance de Joseph Fiévée et de François Ferrier (1803-1837)*, texte établi, annoté et commenté par Etienne Hofmann, Berne/Paris, P. Lang, 1994, pp. 19-24, pp. 42-44.

verne. C'est un enfant gâté dont on fait tout ce qu'on veut en le tenant un peu de court [1] ».

La conjonction entre mercantilisme et idées politiques réactionnaires se renforce après le retour des Bourbons sur le trône de France. La Charte constitutionnelle « octroyée » par Louis XVIII en 1814 contient l'embryon d'un régime parlementaire, mais son préambule annonce l'intention du régime de « renouer la chaîne des temps ». Cette volonté de refouler l'héritage révolutionnaire s'affirme pendant la Terreur blanche de 1815-1816 et sous le ministère du comte de Villèle de 1821 à 1828 [2]. Les écrivains « ultra-royalistes », les plus nostalgiques de l'Ancien Régime, se rallient au système de la balance du commerce.

Les grands intellectuels contre-révolutionnaires, Louis de Bonald et Joseph de Maistre, accordent peu d'attention aux questions de politique commerciale. Dans un essai sur « la richesse des nations » rédigé en 1810, Bonald reprochait seulement à Adam Smith de donner une définition matérielle de la richesse, quand la véritable richesse des nations réside dans leur « force morale ». Il tournait également en ridicule la préoccupation des Etats européens pour leur balance du commerce, attitude qu'il attribuait à la montée en puissance de la bourgeoisie marchande depuis le XVe siècle : la noblesse, elle, dépensait et importait sans compter [3].

Mais sous la Restauration, Bonald écrit une recension favorable d'un ouvrage radicalement hostile à Smith et à ses disciples, *Du système d'impôt fondé sur les principes de l'économie politique*

---

1. Lettres de Ferrier à Fiévée, 5 juin et 20 juin 1816, in *Correspondance de Joseph Fiévée et de François Ferrier, op. cit.*, p. 138, p. 142.

2. Emmanuel de Waresquiel et Benoît Yvert, *Histoire de la Restauration*, Paris, Perrin, 1996, pp. 56-63, pp. 149-154, pp. 331-402. Sur le mouvement contre-révolutionnaire et son influence après 1815, voir Jean-Jacques Oechslin, *Le mouvement ultra-royaliste sous la Restauration : son ideologie et son action politique*, Paris, Librairie générale de droit et de jurisprudence, 1960 ; et James Roberts, *The Counter-Revolution in France, 1787-1830*, Londres, Macmillan, 1990, pp. 77-111.

3. Louis de Bonald, « De la richesse des nations », 23 décembre 1810, in *Œuvres complètes de M. de Bonald*, texte établi par l'Abbé Migne, 2 vol., Paris, 1864, t. 2, pp. 307-318. Quant à Joseph de Maistre, l'index de ses *Œuvres complètes* ne contient qu'une seule entrée pour « commerce », qui renvoie à une lettre de 1816 dans laquelle il rejette à la fois « la liberté universelle » et « la prohibition stricte » en matière de commerce extérieur. Mais Maistre a écrit cette lettre au ministre russe des Finances en sa qualité d'ambassadeur du roi de Sardaigne à Saint-Pétersbourg, dans l'espoir d'obtenir une réduction des restrictions à l'importation des soieries piémontaises. Il n'est donc pas sûr qu'elle reflète son opinion personnelle. Voir *Œuvres complètes de Joseph de Maistre*, 14 vol., Lyon, 1884-1886, réimpression Genève, Slatkine, 1979, t. 13, p. 108.

(1820), par le vicomte Auguste de Saint-Chamans. Emigré de l'intérieur sous l'Empire, celui-ci devient maître des requêtes au Conseil d'Etat en 1820 et député ultra-royaliste de la Marne de 1824 à 1827 [1]. Dans *Du système d'impôt*, il maintient que « l'argent qui sort appauvrit » et que « l'argent qui entre enrichit », parce que l'abondance de numéraire encourage à la fois la production et la consommation. Il se déclare par conséquent partisan du « *système mercantile* ou *système de la balance du commerce* [2] ». Saint-Chamans a été emprisonné pendant la Terreur et il lie explicitement son rejet de la liberté absolue du commerce à sa méfiance envers les idées libérales en politique : « je sais », déclare-t-il, « ce que nous ont coûté et ce que nous coûtent encore tant de principes généraux sur telle ou telle liberté complète ; et [...] j'ai vu que le triomphe d'un principe absolu, fort libéral en théorie, conduit rarement au bonheur les gens à qui on en fait l'application [3] ». Il réaffirme peu après son adhésion au système mercantile dans un *Nouvel essai sur la richesse des nations* [4].

La majorité des écrivains réactionnaires qui traitent des questions commerciales partagent les vues mercantilistes de Saint-Chamans. Charles d'Agoult, évêque de Pamiers avant la Révolution et auteur d'un pamphlet intitulé *Bon Dieu, qu'ils sont bêtes, ces Français* (1790), définit dans *Des impôts indirects et des droits de consommation* (1817) le commerce extérieur comme un conflit entre nations et affirme que « c'est à qui vendra le plus à sa rivale et achètera le moins d'elle ». A.-L. Ecrement, un vérificateur des Douanes favorable à la suprématie du catholicisme et à la fin de la tolérance « philosophique » pour les juifs, publie en 1817 des *Entretiens et vues sur l'économie politique*, dans lesquels il propose la création d'« une maison de commerce nationale » qui revendra à l'étranger, même à perte, les marchandises françaises excédant la consommation intérieure, afin d'accroître la circulation de numéraire en France. Le comte de Vaublanc, ministre de l'Intérieur pendant la Terreur blanche de 1815-1816, puis l'un des chefs de file du parti ultra à la Chambre

---

1. Louis de Bonald, « Sur l'économie politique », in *Œuvres complètes, op. cit.*, t. 2, pp. 298-307 ; l'édition donne comme date de publication originale 1810, mais c'est une erreur puisque Bonald évoque la loi électorale de 1820 et l'ouvrage de Saint-Chamans paru la même année : la recension date donc probablement de 1820 ou 1821.
2. Auguste de Saint-Chamans, *Du système d'impôt fondé sur les principes de l'économie politique*, Paris, 1820, pp. 180-193.
3. *Ibid.*, pp. 243-244.
4. Auguste de Saint-Chamans, *Nouvel essai sur la richesse des nations*, Paris, 1824.

des députés, défend lui aussi le système mercantile dans *Du commerce de la France* (1822) [1].

Les défenseurs de la balance du commerce sous la Restauration, de tendance napoléonienne ou royaliste, se rattachent encore à la tradition mercantiliste par leur refus de choisir entre la liberté et la protection. Ils ne rejettent pas la liberté du commerce, mais la liberté « absolue » ou « illimitée ». Ils invoquent à l'appui plusieurs auteurs de l'Ancien Régime. Ferrier cite ainsi la définition donnée par Montesquieu, au chapitre 12 du livre 20 de l'*Esprit des Lois* (1748) : « La liberté du commerce n'est pas une faculté accordée aux négociants de faire ce qu'ils veulent ; ce serait bien plutôt sa servitude. » Saint-Chamans pour sa part reproduit la définition donnée par Jean-François Melon, qui affirmait dans son *Essai politique sur le commerce* (1734) que « la liberté dans le commerce » est comme la « liberté dans un gouvernement » : elle « ne consiste pas dans une licence à chacun de faire ce qu'il juge à propos, mais seulement de faire ce qui n'est pas contraire au bien général [2] ».

Rétablissement des institutions mercantilistes

La fin de l'Empire et les débuts de la Restauration voient aussi renaître les organes de décision économique caractéristiques du système mercantile. Ces institutions sont fidèles aux principes de la balance du commerce, tandis que l'influence de l'opinion publique reste limitée.

La Charte de 1814 a créé une Chambre des députés et une Chambre des pairs. Au cours de leur première session en 1814, après vingt-cinq ans de guerre et de révolution, ces deux chambres consacrent plus de 20 % de leurs débats aux questions douanières, et de 1814 à 1822, elles n'adoptent pas moins de treize lois concernant la réglementation

---

1. Charles d'Agoult, *Des impôts indirects et des droits de consommation*, Paris, 1817, p. 129 ; A.-L. Ecrement, *Entretiens et vues sur l'économie politique*, Paris/Lille, 1817, rééd. 1818, pp. 171-173, pp. 295-302 ; Vincent Marie Viénot de Vaublanc, *Du commerce de la France*, Paris, 1822, rééd. 1824.

2. F. Ferrier, *Du gouvernement*, éd. 1821, *op. cit.*, p. 526 ; A. de Saint-Chamans, *Du système d'impôt*, *op. cit.*, pp. 259-260.

du commerce extérieur[1]. Ces chiffres très élevés témoignent de l'importance accordée par les élites de l'époque à la redéfinition de la politique commerciale de la France après l'effondrement du Blocus continental.

Mais la Charte institue une « monarchie limitée » plutôt qu'un régime parlementaire. Les deux chambres, aux compétences mal définies, restent à mi-chemin entre des organes législatifs modernes et les conseils du roi en matière législative de l'Ancien Régime. La très grande majorité des Français ne participe pas à la désignation de leurs membres. Les pairs sont nommés par le roi et les députés sont élus au suffrage censitaire par moins de 100 000 électeurs – les hommes payant plus de 300 francs d'imposition directe par an – pour une population totale d'environ 30 millions d'habitants[2]. Comme l'a montré l'exemple britannique aux XVIIe et XVIIIe siècles, des institutions parlementaires élues au suffrage censitaire sont compatibles avec une politique d'inspiration mercantiliste : elles permettent même la participation des représentants de l'aristocratie et de la haute bourgeoisie à la répartition des privilèges commerciaux.

Les débats parlementaires restent d'ailleurs dominés, de manière écrasante, par le langage de la balance du commerce. Dès novembre 1814, Bertrand Fornier de Saint-Lary, député modéré des Hautes-Pyrénées, exprime son désarroi de voir « professer avec tant d'unanimité, dans cette enceinte, ces maximes [de la prohibition et de la balance du commerce] que l'ignorance des temps passés pouvait justifier, mais qui ne peuvent trouver d'excuse au commencement du dix-neuvième siècle, lorsque la science de l'économie politique a fait de si grands progrès ». Les parlementaires jugent presque toutes les modifications du tarif en fonction de leur impact sur la circulation de numéraire en France. Pierre-Bernard de Pontet, député royaliste de la Gironde, explique en avril 1816 que « la balance des échanges » doit déterminer la législation douanière, car « le commerce est avantageux

---

1. Soit 374 pages consacrées aux débats douaniers sur 1 823 pages pour la session de 1814. Au cours des neuf sessions de 1814 à 1822, la part des débats parlementaires consacrée aux douanes atteint 7 % (1 201 pages sur 16 412), ce qui en fait le sujet le plus débattu après le budget. Nos calculs, à partir de Jérôme Mavidal et Emile Colombey (dir.), *Archives parlementaires, recueil complet des débats législatifs et politiques des chambres françaises de 1800 à 1860*, 126 vol., Paris, 1862-1912 (AP), vol. 12, 13, 14 et 52.
2. Pierre Rosanvallon, *La monarchie impossible. Les chartes de 1814 et 1830*, Paris, Fayard, 1994, pp. 29-89 ; Alain Laquièze, *Les origines du régime parlementaire en France (1814-1848)*, Paris, PUF, 2002, pp. 37-76.

pour un peuple, quand il a à recevoir un solde ; il est égal quand il ne redoit rien pour solde ; il est plus ou moins désavantageux suivant la quotité du solde à payer, quand il règle son compte général [1] ».

Les autres organes de décision économique sous la Restauration sont encore plus conformes que les chambres parlementaires à la pratique française du mercantilisme. Le ministère du Commerce et des Manufactures, établi en 1811 par Napoléon pour superviser la politique du Blocus continental, est supprimé en 1814. Ses attributions sont réparties entre le ministère des Finances, auquel est rattachée l'administration des Douanes, et le ministère de l'Intérieur, où la Direction générale de l'agriculture, du commerce et des manufactures traite de la politique douanière. Au sein de cette direction, le Bureau de la balance du commerce recueille les données disponibles sur les exportations et les importations et élabore des statistiques. Ces statistiques ne sont pas publiées et restent à l'usage exclusif des ministres et de l'administration [2].

Trois organes consultatifs conseillent le gouvernement sur les questions économiques : le Conseil général des manufactures, établi par Napoléon en 1810 ; le Conseil général du commerce, institué en 1816 ; et le Conseil général de l'agriculture, créé en 1820. Par leur composition et par leur mode de fonctionnement, ces Conseils ressemblent aux institutions économiques d'avant 1789 [3]. Leurs membres sont nommés par le ministre de l'Intérieur parmi les grands manufacturiers, négociants ou propriétaires terriens. Ces grands notables exercent leurs fonctions à titre gratuit. Mais ils les utilisent avant tout pour promouvoir les intérêts des activités économiques qu'ils représentent, voire leurs intérêts personnels. Une telle confusion entre intérêts privés et intérêt public était caractéristique de l'Ancien Régime. Le plus influent des trois est le Conseil général des manufactures. Il se réunit une fois par semaine pendant les sessions parlementaires et donne son avis sur chaque projet de loi susceptible d'affecter les industries manufacturières [4]. Les recommandations qu'il

---

1. AP, vol. 13, séance du 19 novembre 1814, p. 630 ; AP, vol. 17, séance du 15 avril 1816, p. 257.
2. René Mantel, *La balance du commerce et ses bureaux, 1664-1825*, thèse de droit, université de Paris, 1969.
3. Documents relatifs à l'organisation des Conseils généraux dans les cartons AN, F12 2491/A et F12 2491/B.
4. Bertrand Gille, *Le Conseil général des manufactures. Inventaire analytique des procès-verbaux*, Paris, SEVPEN, 1961 ; Richard J. Barker, « The Conseil Général des

prodigue au gouvernement et aux chambres sont en tout point conformes aux principes du système mercantile [1].

Les chambres de commerce, rétablies par Napoléon en 1802, exercent aussi une influence sensible quoique plus diffuse sur la législation douanière. Leurs membres sont recrutés par cooptation, avec l'accord du préfet du département. Ces fonctions sont gratuites et caractérisées par la même confusion entre intérêts privés et publics que pour les Conseils généraux. Les chambres de commerce ne sont pas autorisées à s'exprimer publiquement. L'interdiction, parfois enfreinte sous la Restauration, ne tombera en désuétude qu'après 1830. Mais elles font pression sur l'administration en lui adressant un grand nombre de pétitions, mémoires et statistiques soulignant la nécessité de protéger les industries locales. Les chambres consultatives des arts et manufactures, établies par Napoléon dans les villes trop modestes pour accueillir une chambre de commerce, jouent un rôle similaire, mais elles se réunissent moins régulièrement [2].

Au moment de refondre la législation commerciale de la France en juin 1814, le ministère de l'Intérieur prend soin de consulter les chambres de commerce ou des arts et manufactures et demande à chacune d'exprimer ses vœux dans un « mémoire méthodique » sur « le système commercial de la France ». Il reçoit en réponse 133 mémoires [3]. La lecture de ces documents confirme la prégnance du mode de pensée mercantiliste au lendemain des guerres napoléoniennes. La chambre de commerce de Nantes espère que la restitution à la France de ses colonies – stipulée par les traités de paix – permettra « de procurer du travail aux marins et aux ouvriers de nos ports » et « d'empêcher la sortie du numéraire de France à l'étranger [4] ».

Comparée aux demandes répétées des Conseils généraux et des

Manufactures : Business Leaders and the State Economic Administration during the Empire and Restoration », *Consortium on Revolutionary Europe 1750-1850*, n° 19, 1989, pp. 47-66.

1. AN, F12 1941, arrêté du Conseil général des manufactures sur les « principes » devant déterminer la législation douanière, 14 juin 1817 ; AN, F12 196, procès-verbaux du Conseil général des manufactures, séance du 18 mars 1819, f°s 51-57.

2. Claire Lermercier, *Un si discret pouvoir. Aux origines de la chambre de commerce de Paris, 1803-1853*, Paris, La Découverte, 2003, p. 11, pp. 22-30.

3. Les cartons AN, F12 633-637 et F12 638 contiennent une grande partie de ces mémoires et d'environ 200 autres émanant d'autorités locales et de fabricants, qui sont méthodiquement classés, résumés et analysés par la Direction générale de l'agriculture, du commerce et des manufactures.

4. AN, F12 633-637, chambre de commerce de Nantes à la Direction générale de l'agriculture, du commerce et des manufactures, mémoire 132, s.d., 1814.

chambres de commerce, la pression exercée par l'opinion publique joue un rôle négligeable. Les traités de Ferrier et Saint-Chamans sont lus principalement par les élites politiques et administratives. Fiévée, qui surveille la vente de *Du gouvernement* à sa première parution, informe son protégé que le livre « ne se vend pas comme un roman, mais comme un ouvrage d'administration », et se borne à espérer que les lecteurs ne se limitent pas aux autres fonctionnaires des Douanes [1]. Seuls 500 exemplaires – un chiffre modeste, même pour l'époque – de *Du système de l'impôt* par Saint-Chamans sont imprimés à Paris en 1820 [2].

Sous la Restauration, les principaux médias restent la presse et les brochures occasionnelles. Or jusque vers le milieu des années 1820, sauf dans quelques cas exceptionnels, ils ne prêtent guère attention à la politique commerciale. Au cours des mois d'octobre et novembre 1814, alors que la Chambre des députés discute quatre lois de douanes et que se décide l'avenir des politiques économiques napoléoniennes, seuls deux brefs articles traitent de la politique douanière dans les six principaux journaux nationaux. Le premier, dans *Le Journal de Paris*, se plaint d'ailleurs que cette question est « à peine remarquée » par l'opinion. Le second, dans *Le Journal des Débats*, reconnaît que la politique douanière n'intéresse que « cette portion éclairée du public qui s'occupe d'objets d'utilité générale ». La presse nationale reste silencieuse lors des autres grands débats douaniers à la Chambre, en avril 1816 et en juillet 1822 [3].

Le nombre de brochures consacrées aux questions douanières témoigne que l'intérêt pour le sujet n'est pas nul dans l'opinion publique : entre mars 1815 et décembre 1821, au moins cinquante-quatre sont imprimées à Paris, avec un tirage moyen proche de 800 exem-

---

1. Lettres de Fiévée à Ferrier, 8 janvier et 29 mars 1805, in *Correspondance de Joseph Fiévée et de François Ferrier, op. cit.,* p. 54, p. 57.
2. AN, F18*II 7, impression 1420, 18 mai 1820.
3. *Le Journal de Paris*, 1ᵉʳ octobre 1814 ; *Le Journal des Débats*, 16 novembre 1814. Nous avons consulté chaque numéro du *Journal des Débats*, du *Journal général de France*, du *Journal de Paris*, de *La Gazette de France*, de *La Quotidienne* et du *Journal royal* pour les mois d'octobre et novembre 1814, sans trouver d'autre article sur les questions douanières. Nous avons consulté de même les numéros du *Journal des débats*, du *Journal général de France*, du *Constitutionnel*, de *La Quotidienne* et de *La Gazette de France* pour le mois d'avril 1816, sans trouver aucun article sur le sujet ; et nous n'avons trouvé que deux brefs articles dans *Le Journal des Débats, Le Constitutionnel, La Quotidienne, La Gazette de France, Le Courrier français, Le Journal de Paris* au mois de juillet 1822. Sur la presse française sous la Restauration, voir Claude Bellanger et al. (dir.), *Histoire générale de la presse française*, 5 vol., Paris, PUF, 1969-1976, t. 2, pp. 33-90.

plaires [1]. Ces chiffres sont cependant très inférieurs aux tirages des brochures sur la politique commerciale après 1825. De plus, seule une minorité de ces brochures (huit titres sur cinquante-quatre) traite explicitement du système de douanes ou de la question de la liberté du commerce. La majorité est consacrée à des questions plus concrètes, telles que la législation sur les droits d'entrepôt et de transit des marchandises (quatorze titres), la recherche des produits textiles prohibés prescrite par la loi du 28 avril 1816 (douze titres) et l'organisation de l'administration des Douanes et la répression de la contrebande (sept titres). On verra dans le chapitre 4 que ces débats concrets portent souvent plus sur des questions de libertés individuelles que sur les objectifs économiques de la politique douanière.

Le faible tirage et la formulation de ces brochures, qui souvent s'adressent aux pairs et aux députés, suggèrent que beaucoup ne sont que des pétitions imprimées et distribuées aux parlementaires. Les pétitions restent le mode de réclamation économique le plus fréquent. De 1814 à 1818, la Chambre des députés en reçoit chaque année environ vingt-cinq qui portent sur la politique commerciale [2]. Le contenu de ces pétitions offre une nouvelle preuve de la prévalence des idées mercantilistes jusque dans les couches moyennes et inférieures de la société française. Un petit fabricant près de Belfort (Haut-Rhin) réclame en décembre 1817 une forte hausse du droit sur les potasses pour empêcher l'étranger « de faire pencher en sa faveur la balance des échanges ». De même, une vingtaine de fabricants de bouchons en liège de la commune de La Garde-Freinet (Var) demandent en janvier 1818 la prohibition de l'importation de bouchons en liège, parce que « ce numéraire *[sic]* que les consommateurs étrangers échangent avec nos bouchons entretient l'activité dans les manufactures [et] donne l'existence et même l'aisance à une classe nombreuse de français [3] ».

La prépondérance des idées mercantilistes va permettre la transformation du Blocus continental en un « système prohibitif » de douanes presque aussi répulsif des marchandises étrangères que la

---

1. Le tirage moyen tombe à 650 exemplaires si l'on omet le cas extraordinaire d'une brochure – sur le droit de transit pour les marchandises par l'Alsace – tirée à 8 000 exemplaires ; AN, F18*II 1 à F18*II 7, 20 mars 1815 au 31 décembre 1821.
2. AN, C*2395 à C*2406, registres de pétitions à la Chambre des députés, sessions 1814 à 1818.
3. AN, C 2036, 6 décembre 1817 et 24 janvier 1818.

législation napoléonienne. Mais le système prohibitif mis en place par la Restauration à partir de 1814 ne repose pas seulement sur la croyance dans la balance du commerce. Il s'inspire aussi d'une conception réactionnaire des institutions politiques, de l'organisation sociale et des mœurs dans la France post-révolutionnaire.

Chapitre 2

Le système prohibitif : une politique économique réactionnaire (1814-1822)

La monarchie restaurée des Bourbons adopte une législation commerciale aussi et parfois plus restrictive que le Blocus continental. Afin de rendre cette législation efficace, la Restauration renforce les pouvoirs des Douanes et exige des autres administrations qu'elles prêtent leur concours à la lutte contre la contrebande. Les interdictions d'importer certains produits, des droits très lourds sur d'autres et les mesures de répression de la fraude forment ensemble le « système prohibitif des douanes ».

Le système prohibitif vise non seulement à enrichir la France grâce à une balance du commerce favorable, mais aussi à restaurer les valeurs traditionnelles de la monarchie [1]. En distribuant des privilèges économiques aux manufactures, au commerce et à l'agriculture, la Restauration cherche à rétablir une conception organique de la société. Les classes dirigeantes décrivent le corps social comme constitué par des groupes de producteurs interdépendants plutôt que par des individus-consommateurs. Elles accordent des mesures de protection douanière pour exprimer leur bienveillance envers ces « intérêts » socio-économiques. En retour, elles attendent des marques de déférence de la part des producteurs. Enfin, en combattant la

---

[1]. David Todd, « Before Free Trade : Commercial Discourse and Politics in Early Nineteenth-Century France », in Martin Daunton et Frank Trentmann (dir.), *Worlds of Political Economy*, Basingstoke, Palgrave, 2004, pp. 47-68.

contrebande qui prolifère aux frontières, le régime royaliste cherche à purifier la moralité économique du pays et à éliminer un désordre potentiellement subversif.

Législation prohibitive et organicisme social

Les partisans d'une législation prohibitive emploient les termes « protection » et « protéger » de manière presque incantatoire. Cette « protection » n'est pas qu'économique – contre la concurrence étrangère –, elle est aussi politique et sociale – dressée contre l'instabilité et l'insécurité dont la France a souffert depuis 1789. Le député royaliste modéré Charles Francoville, présentant à la Chambre son rapport sur le projet de loi qui rend permanentes les prohibitions des guerres révolutionnaires et impériales, affirme ainsi le 12 novembre 1814 : « Protégeons la main-d'œuvre : que le fabricant considère son établissement comme le plus bel héritage de sa famille, que les professions, en s'ennoblissant, deviennent plus fixes ; alors chacun renoncera à cette mobilité qui déplace sans cesse la condition des hommes. Quand la Révolution n'est plus dans les choses, faites qu'elle ne soit plus dans les esprits [1]. »

Les députés et les pairs approuvent le projet de loi à une large majorité. Quatre lois supplémentaires sont discutées et adoptées à l'automne 1814. L'une augmente le tarif sur les fers. Deux autres réduisent les restrictions à l'exportation des produits agricoles (céréales et laines). Une quatrième rétablit la « franchise » du port de Marseille, statut aboli par la Convention en 1793 et qui place le port phocéen en dehors du territoire douanier français pour en faciliter le commerce de réexportation. Le terme de franchise renvoie au vocabulaire politique de l'Ancien Régime [2]. Après l'épisode des Cent Jours et Waterloo, en avril 1816, une nouvelle loi augmente les droits d'entrée sur les denrées coloniales et en prohibe l'introduction par les frontières terrestres. Les lois de douane de mars 1817, avril 1818 et juin 1820 augmentent encore quelques tarifs secondaires [3].

---

1. AP, vol. 13, séance du 12 novembre 1814, p. 540.
2. Cette franchise s'avère cependant peu bénéfique au commerce marseillais et sera abrogée dès septembre 1817.
3. Pour une description détaillée de la législation douanière au début de la Restaura-

Cette législation est adoptée dans un climat consensuel. La loi de douanes de 1820, par exemple, reçoit les suffrages de 185 députés contre 1 seul qui s'y oppose, résultat qui provoque l'hilarité de la Chambre [1]. Ce consensus reflète une adhésion unanime aux principes de la « protection ». Les débats sur la législation douanière portent moins sur l'orientation libérale ou restrictive de la politique commerciale que sur la juste répartition de la protection entre les trois grands « intérêts » qui constituent la société française : agriculture, manufactures et commerce.

Une telle division organique ou « organiciste » de la société en intérêts interdépendants est caractéristique de la pensée conservatrice [2]. On la rencontre notamment chez Bonald. Dans son essai sur « la richesse des nations », celui-ci distingue plusieurs « ordres de nations » et plusieurs « ordres de citoyens » selon leur principale occupation : agricole, manufacturière ou commerciale [3]. De même, Ecrement, l'auteur des *Entretiens et vues sur l'économie politique*, distingue « trois règnes » dans l'industrie humaine, liés les uns aux autres comme les parties vitales d'un corps : « l'agriculture et les manufactures fixent notre pensée, en se présentant à elle comme deux mamelles qui auraient le commerce pour siphon, ou plutôt dont le commerce constituerait les veines et l'argent formerait le sang [4] ».

Ces intérêts, ordres ou règnes que le gouvernement doit protéger sont composés de producteurs dépendants les uns des autres et non de consommateurs autonomes. Les écrivains favorables au système prohibitif minimisent ou nient l'importance des consommateurs. Pour Saint-Chamans, les dangers d'une législation commerciale reposant sur leurs intérêts sont comparables à ceux d'une démocratie : « Comme en politique ceux qui veulent tout décider par les intérêts apparents de la majorité arrivent à la loi agraire, de même ici par

---

tion, voir Léon Amé, *Etude sur les tarifs de douanes et sur les traités de commerce*, 2 vol., Paris, 1876, t. 1, pp. 65-120, et Emile Levasseur, *Histoire du commerce de la France*, 2 vol., Paris, A. Rousseau, 1911-1912, t. 2, pp. 107-124.

1. AP, vol. 27, séance du 10 mai 1820, p. 548.

2. Keith M. Baker, « Representation », in *id.* (dir.), *The Political Culture of the Old Regime*, Oxford, Pergamon, 1987, pp. 469-492 ; sur le discours économique conservateur en Grande-Bretagne au début du XIXe siècle, voir Anna Gambles, *Protection and Politics : Conservative Economic Discourse, 1815-1852*, Woodbridge, Royal Historical Society, 1999.

3. L. de Bonald, « De la richesse des nations », in *Œuvres complètes, op. cit.*, t. 2, pp. 307-318.

4. A.-L. Ecrement, *Entretiens, op. cit.*, pp. 47-49.

l'intérêt apparent des consommateurs, on arriverait à la destruction de toute propriété [...] un pillage universel serait pour un moment dans l'intérêt des consommateurs [1]. »

La plupart des députés, notamment ceux du centre – royalistes modérés ou constitutionnels – et de la droite – ultra-royalistes –, s'appuient sur la même division tripartite dans leurs discours sur la législation douanière. Le marquis de Saint-Géry, ancien émigré et député ultra du Tarn, affirme en avril 1816 qu'il existe « trois [intérêts] principaux : l'industrie agricole, l'industrie manufacturière, et l'industrie d'échange ou le commerce proprement dit ». Ce sont ces producteurs que les lois de douanes doivent protéger. « En vain veut-on invoquer l'intérêt des consommateurs », insiste le royaliste modéré Duvergier de Hauranne au cours du même débat : « comme Français, [les consommateurs] doivent se soumettre à ce qui est d'intérêt général, et s'ils se considèrent sous les rapports de leur état dans la société, magistrats, propriétaires, commerçants, artisans, et même salariés du gouvernement, ils doivent concevoir que toute combinaison qui, en multipliant les occasions de travail, augmente les productions, les moyens d'échange, et, par conséquent, l'aisance générale [2] ».

Duvergier le redit en mars 1818 : « tout se tient dans une société bien organisée : la prospérité de l'un fait celle de l'autre ; tous ont un égal intérêt à ce que les productions agricoles et industrielles soient abondantes [3] ». Conformément à cette conception organique des rapports économiques et sociaux, le gouvernement doit « concilier » les intérêts de l'agriculture, des manufactures et du commerce, c'est-à-dire, selon François Dufougerais, député ultra de la Vendée, « mettre ces grands intérêts en présence, les peser avec impartialité, et chercher le point d'équilibre » entre eux [4].

La protection est moins une direction donnée aux activités productrices qu'un moyen de préserver des relations économiques et sociales harmonieuses. Charles Richard, ancien insurgé royaliste de Vendée et député ultra de la Loire-Inférieure, compare ainsi les débats parlementaires sur les lois de douanes à des « procès » au cours desquels les députés s'efforcent de trancher équitablement entre plusieurs inté-

---

1. A. de Saint-Chamans, *Du système d'impôt*, *op. cit.*, pp. 249-250.
2. AP, vol. 17, séance du 8 avril 1816. p. 149, p. 153.
3. AP, vol. 21, séance du 17 mars 1818, p. 331.
4. AP, vol. 12, séance du 26 septembre 1814, p. 721.

rêts[1]. Il s'agit de faire acte de justice plutôt que de mettre en œuvre une politique économique.

Pour accomplir leur œuvre de conciliation, les députés comparent les mérites respectifs des trois intérêts. Ils étudient leur contribution matérielle, mais aussi politique, sociale et morale au bien-être du pays. Le plus souvent, ils reconnaissent la primauté de l'agriculture, « cette nourrice du genre humain » selon Georges Chabron de Solihac, ancien insurgé vendéen et député de la Haute-Loire. Mais les productions agricoles françaises sont encore peu menacées par la concurrence étrangère. De nombreux députés préfèrent donc souligner l'utilité de la protection pour les manufactures. Le comte Beugnot, ancien administrateur napoléonien en Allemagne rallié aux Bourbons, député de la Seine-Inférieure, affirme en mars 1817 que « l'agriculture se défend déjà elle-même, et un tarif des douanes doit se proposer plutôt de défendre le commerce et l'industrie nationale ». Selon Beugnot, les manufactures méritent la plus grande part de la protection, en raison de « l'immense accroissement [qu'elles] procurent à la masse des richesses » et du plus grand « esprit public » des manufacturiers[2]. Le commerce, le négoce international en particulier, a moins de défenseurs. Certains en louent le rôle « civilisateur », mais la majorité des députés exprime de la méfiance à l'égard de « l'esprit cosmopolite » des négociants[3].

La législation adoptée reflète cette hiérarchie implicite. L'agriculture et surtout les manufactures sont les grandes bénéficiaires des lois prohibitives, tandis que les avantages concédés au commerce profitent principalement au négoce atlantique, de réputation royaliste, au détriment des marchands de la frontière terrestre du nord-est, de réputation libérale.

L'attribution de privilèges économiques est aussi un moyen de raffermir les valeurs traditionnelles de bienveillance et de déférence. Accéder aux demandes de protection des producteurs est un acte de compassion. Le vicomte de Dampmartin, député du Gard, qui a servi

---

1. AP, vol. 21, séance du 26 mars 1818, p. 484.

2. AP, vol. 25, séance du 7 juillet 1819, p. 598 ; AP, vol. 19, séances des 7 et 8 mars 1817, p. 377, p. 414.

3. Sur le thème du commerce civilisateur, voir par exemple le discours d'André Dufort, député ultra de la Gironde, AP, vol. 12, séance du 1ᵉʳ octobre 1814, p. 765 ; sur le caractère cosmopolite du commerce, voir le discours de Louis-Dominique Bouffey, député de l'Orne, ancien médecin personnel du comte de Provence, futur Louis XVIII, AP, vol. 13, séance du 3 octobre 1814, pp. 1-3.

dans l'armée contre-révolutionnaire du prince de Condé en 1792, déclare en octobre 1814 que « les infortunés ne sauraient pousser des plaintes, qui ne soient recueillies et soulagées avec une bienveillance paternelle. Le trône et les deux chambres sont des asiles constamment ouverts pour protéger l'innocence ainsi que le malheur ». De même, selon Beugnot en mai 1819, « il est du devoir pour la chambre [des députés] d'embrasser dans une égale sollicitude tous les intérêts qui lui sont confiés ; et jamais les principes de l'économie politique, que l'on fait sonner si haut, n'ont défendu de venir de préférence au secours de la partie la plus souffrante de l'ordre social [1] ». Ces formules impriment aux débats parlementaires une coloration paternaliste et conservatrice.

Réciproquement, les chambres de commerce et les pétitionnaires qui réclament des mesures de protection douanière emploient un langage empreint de déférence. Dans un *Mémoire sur la nécessité de maintenir le système prohibitif* (1814), la chambre de commerce de Rouen affirme que les chambres de commerce ont été instituées pour permettre aux manufacturiers de « faire parvenir aux pieds du trône l'expression de leurs vœux ». Elle s'en remet pour le maintien des prohibitions aux « intentions paternelles » d'un « gouvernement essentiellement tutélaire [2] ». Dans un mémoire adressé au ministre de l'Intérieur, la chambre de commerce de Troyes supplie en juillet 1814 « Sa Majesté, animée de cette paternelle et bienveillante protection qu'elle accorde à tous ses sujets », de ne pas exposer « des pères de famille, des chefs de manufacture, qui, depuis plusieurs années, alimentent une foule d'ouvriers des deux sexes, à une ruine totale [3] ».

De même, en novembre 1817, les fabricants de colle Hulot et Michel sollicitent dans une pétition à la Chambre des députés, en leur nom et en celui de leurs ouvriers, la « bienveillance » de la Chambre en vue d'une hausse du droit sur les importations de colles étrangères. « Pleins de confiance » dans la « sagesse » des députés, les deux pétitionnaires se disent « humbles », « obéissants » et animés du « plus grand respect » pour le gouvernement. La déférence va parfois

---

1. AP, vol. 12, séance du 1ᵉʳ octobre 1814, p. 763 ; AP, vol. 24, séance du 8 mai 1819, p. 275.
2. Chambre de commerce de Rouen, *Mémoire sur la nécessité de maintenir le système prohibitif*, Rouen, 1814, p. 1.
3. AN, F12 1941, pétition de la chambre de commerce de Troyes au ministre de l'Intérieur et au directeur général de l'agriculture, du commerce et des manufactures, 28 juillet 1814.

jusqu'au ridicule, comme dans le cas de Gendre, manufacturier en potasse, dans sa pétition au vicomte de Laîné, président de la Chambre des députés : « Monsieur le premier président, je n'ai pas le bonheur d'être connu de vous, mais le cri du malheureux, la pureté de mon intention et la plus grande confiance en la bonté, si bien connue, de votre caractère et en vos lumières me font espérer que vous daignerez jeter un regard favorable sur le présent exposé, et dans le cas où vous le jugeriez digne de quelque attention de votre part, de daigner ainsi le prendre en considération [1]. »

Le discours de la protection n'impose donc pas un choix entre liberté économique et interventionnisme étatique. Il s'agit plutôt d'établir une hiérarchie entre les intérêts que le gouvernement doit protéger. Le rôle de l'Etat, selon une formule de Duvergier de Hauranne, consiste « à laisser faire et à protéger [2] ».

La grande peur de la contrebande

La politique de protection comporte une dimension morale liée à la lutte contre la fraude. Les prohibitions révolutionnaires et impériales ont entraîné le développement d'une contrebande massive, notamment sur les frontières du nord et de l'est. Les plaintes contre la fraude, souvent mêlées de récriminations contre le désordre moral des vingt-cinq années précédentes, se multiplient au cours des premières années de la Restauration.

Les auteurs d'écrits théoriques favorables au système mercantile ne sont pas les derniers à dénoncer les effets démoralisants de la contrebande. Après « la peste et la famine », affirme Ecrement, rien n'est « plus redoutable que ce fléau ». Selon Ferrier, en plus des pertes pour le Trésor et du tort causé aux producteurs français, la contrebande entraîne « une foule de désordres », « elle favorise la mauvaise foi au préjudice de la probité » et « accoutume le négociant à transiger avec sa conscience ». Plus grave encore : « Les facilités que certaines frontières offrent à la fraude y font affluer les aventuriers de tous les

---

1. AN, C 2037, pétition de MM. Hulot et Michel à la Chambre des députés, 6 novembre 1817 ; AN, C 2036, pétition de M. Gendre à la Chambre des députés, 6 décembre 1817.
2. AP, vol. 21, séance du 17 mars 1818, p. 332.

pays ; les campagnes se peuplent de vagabonds qui donnent l'exemple de tous les vices, et remplissent le pays de désordres [1]. »

Dès leur retour en France, par les ordonnances des 23 et 26 avril 1814, les Bourbons ont aboli une grande partie de l'appareil répressif du Blocus continental, à commencer par les tribunaux des douanes et les cours d'appel douanières. De plus, suite à la défaite militaire de 1814, la France est ramenée à ses frontières de 1792. La réorganisation des lignes de douanes prend du temps. Les entreprises de contrebande prospèrent autant, si ce n'est plus, que sous Napoléon.

Un rapport de janvier 1815 par le préfet du Haut-Rhin au ministère de l'Intérieur dresse un tableau inquiétant de la situation aux frontières. « La contrebande », écrit-il, « ce fléau de l'industrie française, a redoublé ses excès depuis quelque temps ; elle se fait dans mon département avec une telle audace, qu'elle rendrait entièrement illusoire le système prohibitif sagement établi par nos lois. » Alors que la « prime d'assurance » – pourcentage de la valeur des marchandises payé aux contrebandiers pour les introduire en fraude – se situait il y a un an encore entre 30 et 40 %, elle n'est désormais plus que de 10 à 12 %, et « plusieurs de nos départements, le mien surtout, sont actuellement inondés des produits des manufactures étrangères [2] ».

A l'intérieur du pays, les producteurs dénoncent la mode qui incite les consommateurs à acheter des marchandises prohibées, surtout les textiles anglais. Des fabricants d'Amiens évoquent « une prévention, une préférence inexplicable, accordée par les Français aux marchandises étrangères sur celles de leurs propres fabriques. En maintes occasions on les a vus avec chagrin, s'attacher par caprice à une marchandise étrangère moins belle et plus chère que celle française [3] ». Cette mode incite un certain Saint-Ybert, marchand d'étoffes parisien, à peindre en vert sur la devanture de sa boutique « Seul magasin de toutes sortes d'étoffes étrangères », en contravention flagrante avec la prohibition sur les importations de produits textiles. Mais une enquête de la police parisienne révèle que les étoffes vendues par Saint-Ybert sont de fabrication française : le marchand avait marqué ses produits avec « des estampilles de fabri-

---

1. A.-L. Ecrement, *Entretiens, op. cit.,* pp. 241-242 ; F. Ferrier, *Du gouvernement,* éd. 1821, *op. cit.,* pp. 510-511.
2. ADHR, 5 P 66, lettre du préfet du Haut-Rhin au directeur général de l'agriculture, du commerce et des manufactures, janvier 1815.
3. AN, F12 1941, pétition de Lenoir-Pallard, Desmoulins et al. au ministre de l'Intérieur, 22 juin 1814.

cant anglais [...] et cela pour flatter le goût qui existe en France en faveur des objets qui viennent de ce pays » et les vendre « beaucoup plus cher que s'il les annonçait comme français ». La police renonce à poursuivre Saint-Ybert, de peur de rappeler les persécutions du Blocus continental [1].

Afin de remédier à l'invasion réelle ou – dans l'affaire Saint-Ybert – imaginaire de produits étrangers, le gouvernement recommande plus de sévérité. Le 28 janvier 1815, une circulaire du ministre de l'Intérieur attribue la prolifération de la fraude au laxisme des autorités municipales : « La contrebande reçoit une protection ouverte et criminelle dans la plupart des communes frontières. Partout les maires négligent leur devoir : non seulement ils ne surveillent pas la conduite des gens suspects, mais ils favorisent le désordre et refusent d'aider de leur autorité les employés des Douanes. Partout les contrebandiers ne sont aussi nombreux et n'ont autant d'audace que parce qu'ils sont encouragés par le succès et qu'ils trouvent partout des gens qui peuvent impunément guider leurs pas, couvrir leurs démarches, leur donner asile et s'armer pour leur défense [2]. »

D'après la même circulaire, « ce n'est que par l'appareil des poursuites, une police sévère et la rigueur des châtiments qu'on peut arrêter le cours de ces délits ». Toutes « les petites hôtelleries isolées qui ne servent que les fraudeurs et les espions qu'ils emploient » doivent être fermées par les autorités. Les contrebandiers notoires doivent être « désarmés et surveillés de manière à ce qu'aucune de leurs démarches, aucune de leurs manœuvres ne soit ignorée ». Les maires qui refusent de coopérer doivent être destitués. Ce n'est pas seulement dans l'intérêt du Trésor ou de l'industrie que les préfets doivent agir, mais surtout pour garantir « la sûreté de l'Etat » : à cause de la contrebande, « le pays se maintient dans un état perpétuel de guerre et de sédition ; il se peuple de tous ceux que le joug des lois et de l'autorité fatigue ; la multitude se déprave, prend les mœurs de vagabondage et peut devenir un instrument pour quiconque aurait de l'ambition et de l'audace ».

Les préfets de la frontière est mettent rapidement en œuvre leurs

---

1. AN, F12 1944, délibération du Conseil général des manufactures, 8 septembre 1814 ; lettre du directeur général de l'agriculture, du commerce et des manufactures au délégué pour la police de Paris, 9 décembre 1814 ; rapport d'Arnould, chef de la 3e division de la Direction générale de l'agriculture, du commerce et des manufactures, 21 décembre 1814.
2. ADMM, P8, circulaire du ministre de l'Intérieur, 28 janvier 1815.

instructions. Le 6 février 1815, celui de la Moselle prend un arrêté qui annonce « des mesures sévères » contre la contrebande, y compris l'arrestation des contrebandiers notoires, la fermeture des cabarets, auberges et moulins susceptibles d'être utilisés par les fraudeurs et des visites domiciliaires chez les individus sur lesquels pèsent des soupçons. L'arrêté est transmis aux autorités locales afin d'être affiché dans chaque commune du département [1]. Le 11 février 1815, le préfet du Haut-Rhin prend un arrêté semblable qui doit être affiché dans chaque commune du département et lu aux habitants « le premier dimanche de chaque mois, à l'issue du service divin [2] ».

Cinq jours plus tard, le même préfet montre l'exemple aux autres fonctionnaires du département, en interrogeant personnellement des suspects après que des gendarmes eurent saisi une charrette contenant quatre ballots de marchandises prohibées. A l'issue d'un long interrogatoire – 30 pages de notes d'une écriture serrée –, le fermier Georges Witz avoue qu'il est bien un « commissionnaire » de contrebande : avec l'aide d'un jeune garçon de 17 ans qui travaille sur sa ferme, Jacques Haury, il emmagasine des marchandises prohibées à l'auberge *L'enseigne du soleil* à Aspach, grâce à la complicité du propriétaire Jacques Hing [3].

Le retour de Napoléon en mars 1815 se termine par une nouvelle défaite et une nouvelle invasion en juin 1815. Une fois de plus, les lignes de douanes sont désorganisées. Les forces britanniques, prussiennes, autrichiennes et russes, qui occupent une grande partie du territoire national jusqu'en 1818, conduisent elles-mêmes des opérations de contrebande. Plusieurs incidents ont lieu entre douaniers français et soldats prussiens ou bavarois [4], tandis qu'un pétitionnaire de la Meurthe compare les garnisons britanniques à « des boutiques » dans lesquelles s'écoulent les marchandises prohibées [5].

Les manifestations d'exaspération contre l'accroissement de la contrebande se multiplient au cours des premiers mois de la seconde Restauration. En septembre 1815, des manufacturiers en coton de

---

1. ADM, 6 P4, arrêté du préfet de la Moselle, 6 février 1815.
2. ADHR, 5 P 66, circulaire et arrêté relatifs à la répression de la contrebande, 11 février 1815, et lettre du préfet du Haut-Rhin au ministère de l'Intérieur, 12 février 1815.
3. ADHR, 5 P 77, procès-verbaux des interrogatoires, 16 février 1815.
4. AN, BB18/b3/970/3035, assassinat d'un soldat prussien par des douaniers français en Lorraine en février 1817 et AN, BB18/1020/a5/522, meurtre d'un douanier français par des soldats bavarois à Cellancourt (Moselle) en avril 1817.
5. AN, F12 2503, pétition de Scipion Mourgue, fabricant dans la Meurthe, au ministre de l'Intérieur, 30 septembre 1817.

Paris se plaignent de ce que « l'introduction des fils et tissus de coton étrangers s'opère librement sur tous les points de la frontière ». En mars 1816, la chambre de commerce de Lille dénonce « les importations frauduleuses au moyen desquelles la France est couverte du produit des fabriques étrangères ». D'après les représentants de l'industrie et du commerce lillois, la contrebande « ne se fait plus aujourd'hui par des hommes isolés [...] dont les succès ne pourraient être marquants pour la masse. La fraude se fait aujourd'hui par des bandes de cinquante, soixante, quatre-vingts hommes à cheval, armés à l'extérieur d'énormes massues et d'armes à feu cachées sous leurs vêtements, quand ils ne jugent pas à propos d'en faire parade [1] ».

En mars 1816, une pétition au ministre de l'Intérieur signée par environ deux cents habitants du département du Nord – mais le texte précise que ces « réflexions auraient été signées de vingt mille personnes et plus si l'on n'avait pas cru qu'il était urgent de les faire parvenir le plus tôt possible au Ministre » – décrit en termes désespérés la situation sur la frontière avec la Belgique : « Le commerce y est *anéanti*, la détresse s'y fait sentir, et ses résultats seront les plus sinistres, si, bientôt, la cause du mal n'est pas abolie. Cette cause est la Fraude, à laquelle se livre une multitude innombrable d'individus [...] cette multitude de fraudeurs est telle, qu'on peut la comparer à des essaims d'Abeilles dont chaque individu n'apportant à la Ruche que des atomes recueillis sur des fleurs, parviennent néanmoins, en peu de mois, à fournir des quintaux et des milliers de leurs produits suffisant à la consommation annuelle de tout un pays ou de plusieurs provinces. » Selon les pétitionnaires, la contrebande est « un crime de Lèse-Majesté ». Ils demandent que ces « barbares » – les contrebandiers – soient frappés par « une peine effrayante », par exemple « LA MARQUE ET LES FERS, OU LES TRAVAUX FORCÉS [2] ».

L'abeille est un symbole napoléonien : la pétition associe les contrebandiers aux ennemis de la monarchie. D'autres pétitions véhiculent des images semblables de loi et d'autorité bafouées aux frontières. En mars 1816, un négociant en coton de Rouen affirme qu'à Calais les douaniers français se chargent eux-mêmes de conduire les introduc-

---

1. AN, F12 2502, mémoire des manufacturiers de coton de la Ville de Paris, 15 septembre 1815, et lettre de la chambre de commerce de Lille au ministre de l'Intérieur, 6 mars 1816.

2. AN, F12 2502, « Réflexions sur la fraude et sur les moyens de la réprimer », 31 mars 1816.

tions en fraude. Le préfet de la Seine-Inférieure recommande l'adoption urgente de mesures répressives qui « calmeraient les inquiétudes du commerce ». Le préfet du Var s'indigne de la contrebande à grande échelle qui s'exerce dans son département, « d'autant plus criminelle » qu'elle peut « introduire dans ces contrées la Contagion qui règne sur les côtes de la mer Adriatique [1] ».

Plusieurs brochures aux accents réactionnaires réclament également un renforcement de la répression contre la fraude. *Sur les douanes*, une brochure anonyme, insiste pour que les autorités soient sans pitié pour les contrebandiers, « ces français dégradés qui n'ont d'autre patrie que le recoin obscur où ils peuvent pratiquer leurs frauduleuses manœuvres ». « Ont-ils », ajoute la brochure, « des droits à la protection tutélaire des lois, ces hommes qui ne rougissent pas d'enfreindre les lois les plus sacrées [...] ? Sont-ils dignes de votre intérêt, ces voleurs publics qui ne craignent pas d'associer leur criminelle cupidité à celle d'étrangers déshonorés comme eux, qui souvent dans une seule nuit, volent à l'Etat plus d'impôts que n'en payent, en un an, vingt communes réunies, qui privent le trésor royal du plus liquide de son revenu, et qui ôtent à notre bon Roi les moyens d'adoucir les charges de son peuple, de venir au secours de ces villages ruinés, fumant encore sous leurs décombres, et dont ils prolongent ainsi l'affreuse misère [2] ? »

Un autre pamphlet anonyme, *De l'influence désastreuse de la fraude*, raconte l'histoire probablement imaginaire d'un aristocrate, ancien émigré dont tous les biens ont été confisqués pendant la Révolution. Rentré en France sous Napoléon, l'aristocrate a établi sur son ancien domaine une manufacture de coton afin d'offrir un moyen de gagner leur vie à ses anciens paysans, eux aussi rendus misérables par la Révolution. Mais depuis la fin de la guerre, les produits étrangers « ont inondé le sol français » et l'aristocrate compatissant est à nouveau ruiné. La même brochure attaque l'« engouement aveugle » des Françaises « qui se vêtissent [...] au préjudice de notre industrie ». La femme française court au théâtre « pour s'attendrir sur des situations imaginaires » et satisfaire son goût pour les « impressions fortes », mais reste insensible au sort des milliers d'ouvriers que sa

---

1. AN, F12 2502, lettre de Ricard, fabricant et négociant à Rouen, au ministre de l'Intérieur, [mars] 1816 ; préfet de la Seine-Inférieure au ministre de l'Intérieur, 10 février 1816 ; lettre du préfet du Var au ministre de l'Intérieur, 7 mars 1816.
2. Anonyme, *Sur les douanes*, Paris, 1816, pp. 6-7.

« frivolité » réduit à la mendicité. *De l'influence désastreuse de la fraude*, qui porte en exergue « Protection à l'industrie ; guerre à la contrebande !!! », réclame en conclusion une réforme complète de « la police des douanes » et l'« épaississement » des lignes de douanes [1].

La diffusion de ces brochures est limitée. *Sur les douanes* et *De l'influence désastreuse de la fraude* ne sont imprimés qu'à respectivement 400 et 500 exemplaires [2]. Mais comme les pétitions des manufacturiers et les rapports des préfets, elles rencontrent un écho favorable auprès de la majorité ultra de la Chambre des députés.

Tarir les sources de la corruption révolutionnaire : la loi du 28 avril 1816

La seconde Restauration, à partir de juin 1815, marque aussi les débuts de la « Terreur blanche » contre les adversaires réels ou supposés de la monarchie [3]. Aux élections d'août 1815, les ultra-royalistes obtiennent la majorité des sièges dans une Chambre dite « introuvable » parce que plus royaliste que Louis XVIII et ses ministres. Malgré les résistances du ministère, la Chambre impose des représailles sévères contre les partisans de Napoléon au cours des Cent Jours. Quand la loi de finances est présentée à la chambre basse en avril 1816, les députés royalistes appliquent leur souci de reprise en main à la question de la fraude. Attribuant la contrebande de masse à la dégradation des mœurs pendant la Révolution, ils font insérer dans la loi budgétaire du 28 avril plusieurs mesures répressives pour restaurer la moralité commerciale des Français.

De nombreux députés reprennent et amplifient les réclamations des pétitionnaires. Duvergier de Hauranne décrit le contrebandier comme « un ennemi public ». Il souhaite qu'« une peine infamante, telle, par exemple, que l'exposition » en place publique soit prescrite contre la contrebande, « qui n'est pas un simple délit, mais [...] un crime envers la société ». Selon Jean-Marie Pardessus, député ultra du Loir-et-Cher, les contrebandiers constituent « une classe ennemie avec

---

1. A. G* et A. P*, *De l'influence désastreuse de la fraude sur l'industrie française et sur les finances de l'Etat*, Paris, 1816, pp 3-4, pp. 16-17.

2. AN, F18*II 2, impression 3772, 26 janvier 1816, et impression 4221, 13 mars 1816.

3. Daniel P. Resnick, *The White Terror and the Political Reaction after Waterloo*, Cambridge, Mass., Harvard University Press, 1966.

laquelle la société est constamment en guerre, et contre laquelle il faut des moyens plus effrayants et plus rapides que ceux qui ont eu lieu jusqu'à ce jour [1] ».

Plusieurs députés attribuent la prolifération de la contrebande au déclin de la moralité consécutif à la Révolution. Charles Cornet d'Incourt, député ultra de la Somme, soutient que des châtiments plus sévères contre les contrebandiers sont nécessaires « dans un pays où de fatales discordes ont altéré l'esprit public, dans un pays où l'égoïsme et la cupidité ont fait de si funestes progrès ». Selon Antoine Dussumier-Fonbrune, ancien émigré et député ultra de la Gironde, la France doit la transformation de la contrebande « en un système complet de commerce » à « notre désastreuse révolution ». « Il était naturel », ajoute-t-il, « que, tarissant toutes les sources de l'industrie loyale, la Révolution en ouvrît d'aussi impures. » De même que les institutions monarchiques ont souffert aux mains des révolutionnaires, d'« honorables » et « antiques établissements » ont été « presque totalement renversés » par la contrebande : « mais vous relèverez ceux-ci, Messieurs, en renversant à votre tour leurs criminels antagonistes [2] ».

Parce qu'elle rend effectives les prohibitions prescrites en 1814, la loi de finances du 28 avril 1816 sera plus tard perçue comme l'acte fondateur du système prohibitif. D'après Cornet d'Incourt en 1816, la nouvelle loi doit protéger la France contre « le fléau de la contrebande » aussi bien que la Grande-Bretagne s'en prémunit par « ses armées navales et les flots de l'Océan ». A la session suivante, le député nantais Richard la qualifie de « véritable acte de navigation » français, « ou de garantie de notre industrie nationale [3] ». Plusieurs pétitionnaires remercient bientôt le gouvernement pour ce « rayon d'espérance et de consolation [4] ». Confrontés aux premières réclamations en faveur de la liberté commerciale en 1829, des pétitionnaires rouennais demanderont « la stricte exécution de la loi du 28 avril 1816 », soit selon eux « le maintien du principe fondamental des prohibitions [5] ».

---

1. AP, vol. 17, séance du 8 avril 1816, p. 152, et séance du 16 avril 1816, pp. 263-264.
2. AP, vol. 17, séance du 16 avril 1816, p. 262, et séance du 9 avril 1816, p. 164.
3. AP, vol. 17, séance du 16 avril 1816, p. 262 ; AP, vol. 19, séance du 8 mars 1817, p. 411.
4. AN, F12 2503, « Mémoire pour les manufacturiers et négociants français », par Demontrey, « notable », s.d., fin 1816, et « Réflexions sur les moyens de maintenir les dispositions de la loi du 28 avril 1816 », par des fabricants de Nancy, s.d., décembre 1816.
5. AN, F12 2506, pétition par « les manufacturiers, fabricants, négociants et commerçants de la Seine-Inférieure », s.d., printemps 1829.

La loi augmente les droits sur plusieurs denrées coloniales comme les sucres. Mais surtout, quatre ensembles de mesures doivent réduire la contrebande et faire respecter les prohibitions [1]. D'abord, les pouvoirs de l'administration des Douanes sont étendus. Les procédures de contrôle et de dédouanement des marchandises aux frontières, déjà pénibles pour les voyageurs et les marchands, sont rendues encore plus contraignantes (on les décrira au chapitre 3). Le « rayon des douanes » ou distance depuis la frontière jusqu'à laquelle les douaniers jouissent de droits exorbitants pour rechercher et saisir les marchandises est augmenté et passe de 20 à 25 kilomètres. Une troisième ligne de douanes, dite « mobile », est insérée entre les deux lignes de bureaux douaniers qui ceignent le territoire.

En second lieu, les sanctions et les peines encourues par les fraudeurs sont accrues. En plus de la saisie des marchandises introduites illégalement, la loi prescrit une amende de 500 francs ou du double de la valeur des marchandises. Elle prévoit aussi trois jours de prison pour les cas de fraude ordinaires et jusqu'à trois ans de prison pour les cas impliquant au moins six contrebandiers à pied ou trois contrebandiers à cheval. En cas de port d'armes et de résistance à l'autorité, les contrevenants sont passibles des peines encourues pour actes de rébellion. Les actes de contrebande ordinaire passent du ressort des juges de paix à celui des cours correctionnelles et les cas les plus graves du ressort des cours correctionnelles à celui des cours prévôtales. Ces dernières sont des cours exceptionnelles établies en décembre 1815 pour punir les « traîtres » des Cent Jours. Elles rendent leurs jugements sans jury et sans appel.

En troisième lieu, la loi du 28 avril 1816 prévoit la recherche des produits textiles étrangers prohibés sur tout le territoire français. Les douaniers, mais aussi les maires, les gendarmes et les forces de police doivent rechercher et saisir les fils et tissus de laine et de coton « à l'intérieur », c'est-à-dire au-delà du rayon des douanes. Les représentants de l'autorité publique sont autorisés à procéder à des visites domiciliaires. Des échantillons des produits saisis à l'issue de ces perquisitions sont envoyés à un jury assermenté qui doit déterminer si les produits sont de fabrication française ou étrangère. Les membres

---

1. AP, vol. 16, séance du 9 mars 1816, pp. 470-486, projet de loi modifié par la Commission des douanes ; voir aussi AP, vol. 17, séances des 6, 8, 9, 16 et 17 avril 1816, pp. 115-156, pp. 163-173, pp. 252-267, pour les amendements adoptés au cours des débats à la Chambre des députés.

du jury, qui siège à Paris, sont nommés par le Conseil général des manufactures.

Enfin, les importations de denrées coloniales – appellation qui englobe la plupart des produits importés d'Amérique, d'Afrique ou d'Asie – sont prohibées par voie de terre. Cette mesure doit faciliter les contrôles de douane sur les frontières terrestres, en établissant la présomption que les denrées coloniales trouvées à leur proximité ont été introduites en fraude. Cette nouvelle prohibition vise également à encourager la renaissance du commerce maritime : les importations de denrées coloniales à destination du marché français doivent être débarquées dans des ports français plutôt qu'à Anvers ou Amsterdam. Pour compléter l'interdiction, les députés réservent les droits d'« entrepôt réel » aux villes maritimes : Bordeaux, Nantes, Marseille, Dunkerque et Le Havre.

La législation sur les entrepôts remonte au Consulat (loi du 8 floréal an XI). Elle permet au pouvoir de contrôler les flux de marchandises et d'encourager le commerce dans certaines villes. Les « entrepôts réels » sont des bâtiments publics gérés par les chambres de commerce et surveillés par l'administration des Douanes, dans lesquels les négociants peuvent entreposer des marchandises sans payer de droits de douane pour une durée d'un an – étendue à trois ans en 1826. Grâce aux entrepôts, les négociants peuvent introduire les marchandises sur le marché français quand ils le jugent approprié, ou les réexporter. Des droits d'« entrepôt fictif » autorisent aussi les commerçants à entreposer certaines marchandises importées dans leurs propres magasins. Mais l'entrepôt fictif ne concerne que des marchandises pondéreuses ou de peu de valeur, pour lesquelles la fraude est jugée impossible ou peu avantageuse. A côté des droits d'entrepôt, une procédure de « transit » permet aux négociants de réexporter certaines marchandises sans payer de droits de douane. Elle reste cependant soumise à des contrôles draconiens, notamment le plombage des ballots, qui la rendent peu intéressante pour le commerce [1].

Les mesures répressives introduites ou renforcées par la loi du 28 avril ont reçu peu d'attention de la part des historiens, parce qu'elles n'augmentent pas le niveau nominal de la protection douanière. Pourtant, ces mesures et la répartition inégale des privilèges de l'en-

---

1. On trouve une description des droits d'entrepôt et de transit dans l'ouvrage d'un receveur des Douanes de La Rochelle, M. Fasquel, *Recueil raisonné de tous les moyens de fraude et de contrebande déjoués par les douanes,* Paris, 1816, pp. 111-112.

trepôt, plus que le niveau élevé des tarifs, vont nourrir l'impopularité du système prohibitif jusqu'en 1830.

Le ministère Villèle et le renforcement de la législation prohibitive

De nouvelles mesures restrictives sont adoptées par la droite ultra après 1820 : elles complètent la mise en place du système prohibitif et confirment la conjonction qui s'est opérée depuis 1814 entre conceptions mercantilistes et idées réactionnaires.

L'indignation qui suit l'assassinat du duc de Berry en février 1820 provoque une accentuation du caractère réactionnaire de la Restauration. Ecartés du pouvoir après la dissolution de la Chambre introuvable en septembre 1816, les ultras, grâce à la loi du « double vote » qui renforce la représentation de la propriété terrienne, retrouvent une majorité relative après les élections de novembre 1820. Le comte de Villèle, l'un des chefs de la droite royaliste, prend la direction du gouvernement en décembre 1821 et la conserve jusqu'en janvier 1828. Le gouvernement Villèle nourrit les espoirs ou les craintes d'un retour à l'Ancien Régime : une loi crée un délit de « tendance » politique en matière de presse (1822), une autre rétablit le crime de « sacrilège » en matière religieuse (1825) et une indemnité de près d'un milliard de francs est accordée aux émigrés dont les biens ont été confisqués pendant la Révolution (1825).

Cette réaction politique s'accompagne d'une aggravation de la législation prohibitive. Dès juillet 1819, une première loi céréalière, inspirée par la *Corn Law* britannique de 1815 et adoptée sous la pression de la droite de la Chambre, institue un système de droits gradués à l'importation pour remédier à la chute des prix du blé depuis 1818 [1]. Mais la baisse des prix s'aggrave après l'excellente récolte de 1820. Au début du printemps 1821, la nouvelle majorité

---

1. La loi céréalière de juillet 1819 prévoit aussi la prohibition des importations quand les prix tombent en dessous de certains seuils, mais ceux-ci sont trop bas pour influer sur les quantités de céréales importées avant 1821 ; voir E. Levasseur, *Histoire du commerce, op. cit.,* t. 2, pp. 118-122. Sur la question de la liberté du commerce des grains après 1815, qui relève à la fois de la politique douanière et de la police du marché intérieur, voir Judith A. Miller, *Mastering the Market : the State and the Grain Trade in Northern France, 1700-1860*, Cambridge, Cambridge University Press, 1999 ; et Nicolas Bourguinat, *Les grains du désordre. L'Etat face aux violences frumentaires dans la première moitié du XIXe siècle*, Paris, EHESS, 2002.

royaliste impose au gouvernement modéré du duc de Richelieu une prohibition de fait sur le blé étranger en fixant un prix – variable selon les régions – en dessous duquel l'importation est interdite. En établissant ces seuils à des niveaux très supérieurs aux cours du blé, la Chambre institue une prohibition quasi permanente : l'interdiction d'importer des blés étrangers sous la Restauration ne sera suspendue que pour quelques mois pendant la disette de l'hiver 1829-1830 [1].

Alors que les débats parlementaires sur les douanes avant 1820 étaient consensuels, celui qui conduit à l'adoption de la loi céréalière de 1821 est plus controversé. Il oppose la droite et le centre, favorables à la prohibition, à la gauche libérale, qui en majorité s'y oppose. Villèle, quelques mois avant de prendre la tête du gouvernement, est l'un des principaux orateurs favorables au projet. Il prononce un discours passionné en faveur de « la protection de l'agriculture », qui produit « une sensation générale » dans la Chambre. Parmi les principaux opposants au projet, on trouve Benjamin Constant, théoricien du régime représentatif et chef de file de l'extrême gauche à la Chambre. Constant dénonce à la tribune « cet enthousiasme de renchérissement » et insinue que les députés, en majorité grands propriétaires terriens, se comportent en accapareurs : « vous faites renchérir les denrées que vos terres produisent, et dont vos greniers sont remplis ». Ses propos suscitent « les plus violents murmures [...] à droite et au centre » de la Chambre. La solide majorité dont disposent les royalistes permet néanmoins l'adoption du projet par 282 contre 54 voix [2].

Devenu le chef officieux du gouvernement, Villèle fait adopter dès juillet 1822 une nouvelle loi de douanes qui établit des droits prohibitifs sur trois articles de première importance : les fers, afin de défendre la production française au bois contre les fers au coke étranger ; les sucres étrangers, pour réserver le marché français aux sucres des colonies françaises ; et le bétail, pour arrêter les importations croissantes en provenance d'Allemagne et de Suisse. La loi de 1822 augmente aussi les droits sur de nombreux articles moins importants, tels que

---

1. Le projet de loi présenté à la Chambre en mars 1821 ne prévoit que des modifications techniques, notamment sur le choix des marchés régulateurs ; c'est la commission de la Chambre des députés qui refond le projet en avril pour élever le prix au-dessous duquel les importations de blé sont interdites ; voir AP, vol. 30, séances des 8 mars et 10 avril 1821, pp. 288-291, pp. 674-682.
2. AP, vol. 30, séance du 10 avril 1821, pp. 674-682 ; AP, vol. 31, séances du 23 avril, 28 avril et 4 mai 1821, pp. 130-135, pp. 222-223, p. 254.

les faux, les lins, les fils de lin et de chanvre, le sumac, les marbres, l'alquifoux, le riz, le millet et l'huile d'olive [1].

Présentant en personne le projet de loi de douanes à la Chambre, Villèle explique que le texte vise à confirmer les principes « posés en 1816 », « ces principes protecteurs de tous les genres d'industrie et de travail ». Le rapporteur du projet est Louis Bourrienne, ancien secrétaire intime de Napoléon reconverti en ultra fervent depuis 1815. Son rapport réaffirme sans nuance les principes mercantilistes : « Le peuple le plus riche est toujours celui qui exporte le plus et qui importe le moins », et il appelle à reléguer au second plan les intérêts du marchand, « cosmopolite par situation et par intérêt [2] ».

Le débat parlementaire est à nouveau un affrontement entre droite et gauche. Les orateurs favorables au projet appartiennent tous à la majorité royaliste et ultra. Villèle lui-même dresse un tableau effrayant des conséquences qu'entraînerait la libre circulation des marchandises : « Supposons un instant le système de prohibition aboli. Odessa vous inonde de ses blés, l'Angleterre de ses fers, de ses quincailleries, de ses tissus, de presque tous les objets d'un usage habituel et de commodité où elle a la même supériorité que nous avons sur elle dans les objets de luxe et dans les productions de notre sol [...]. Le Bengale et le Brésil vous envoient leurs sucres à des prix bien inférieurs à celui de vos colonies. Les Américains vous envoient leur tabac, leur coton, leur morue. Je dis plus, vous perdez votre commerce : car si vous tarissez la source de tous ces produits, il n'existe plus de moyens d'échange [3]. »

Les principaux opposants au projet sont des libéraux modérés ou radicaux. Ils accusent Villèle de vouloir rétablir l'Ancien Régime en matière commerciale : Alexandre d'Estourmel souligne le caractère « féodal » des péages de douane, Gabriel Laisné de Villevesque dénonce « le monopole avide des compagnies de commerce » que semble faire renaître la hausse des droits sur les sucres étrangers, et Benjamin Constant reproche aux principes défendus par Villèle d'être « dangereux pour les spéculations commerciales, en même temps que destructifs de toute justice ». Alexandre de Laborde conclut : « En tout, Messieurs, la loi que vous allez rendre est essentiellement une

---

1. E. Levasseur, *Histoire du commerce*, op. cit., t. 2, pp. 127-128.
2. AP, vol. 34, séance du 19 janvier 1822, p. 82 ; AP, vol. 36, séance du 8 avril 1822, pp. 123-124.
3. AP, vol. 37, séance du 27 juin 1822, p. 59.

loi *privilégiaire* ; c'est une prime que toute la France va payer aux colons, aux maîtres de forges, aux nourrisseurs de bestiaux de la Normandie. » La majorité royaliste adopte le texte par 217 contre 78 voix : la politique prohibitive ne fait plus l'unanimité des députés [1].

La presse quotidienne reste avare de commentaires, peut-être à cause du rétablissement de la censure. Quelques brefs articles confirment cependant la polarisation croissante droite-gauche des opinions sur le système prohibitif. Le seul journal national à se prononcer contre la loi est *Le Courrier français*, organe des libéraux radicaux, qui voit dans les débats parlementaires la preuve que « la majorité de cette chambre est étrangère aux vraies connaissances économiques ». A droite en revanche, la très royaliste *Gazette de France* accuse les protestations contre la hausse des droits de douane français en Alsace, en Suisse et en Allemagne d'être inspirées par « la faction qui s'agite en Europe pour essayer de renverser les pouvoirs légitimes [2] ».

Le système prohibitif mis en place entre 1814 et 1822 apparaît donc comme un projet d'inspiration réactionnaire autant que mercantiliste. Cette perception n'est pas seulement ancrée dans le discours organiciste et moralisateur des adversaires de la liberté du commerce : elle découle aussi de la « guerre » que livre, sans craindre d'enfreindre plusieurs libertés fondamentales, l'administration des Douanes à la contrebande.

---

1. AP, vol. 36, séance du 24 juin 1822, p. 733, p. 737 ; AP, vol. 37, séances des 28 juin, 29 juin et 4 juillet 1822, p. 77, p. 94, p. 173.
2. « De la loi de douanes », *Le Courrier français*, 3 juillet 1822 ; *La Gazette de France*, 31 juillet 1822.

Chapitre 3

La guerre des douanes (1814-1824)

La lutte contre la contrebande mérite le nom de « guerre ». Elle est la continuation, à une échelle réduite, du Blocus continental, une politique commerciale d'inspiration militaire. Sur les côtes et surtout sur les frontières terrestres, la puissante administration des Douanes tend des embuscades, contrôle, fouille, saisit, arrête et livre aux autorités judiciaires de nombreux suspects. De fortes amendes et de lourdes peines de prison sont libéralement distribuées. Les populations des zones frontalières supportent mal cette répression et répondent par des actes de violence collective. Les marchands se plaignent des contrôles tatillons effectués par les douaniers, du coût exorbitant des formalités et des pots-de-vin qu'ils doivent verser pour en être exemptés.

La dimension répressive du système prohibitif n'est pas anecdotique. Elle rend les lois de douane effectives : sans elle, les interdictions d'importer et les tarifs auraient pour seul effet le paiement de modestes commissions ou « primes d'assurance » aux contrebandiers. Pour les Français des régions frontalières, des ports et des grandes villes où se concentrent les opérations de recherche des textiles prohibés, la répression douanière constitue la réalité quotidienne du système prohibitif. Cette répression nourrit l'inquiétude des milieux libéraux. Les peines excessives et les sanctions arbitraires rappellent l'Ancien Régime, tandis que les restrictions à l'entrée sur le territoire visent non seulement les marchandises, mais aussi les livres, les journaux et les réfugiés politiques jugés indésirables par le régime.

L'armée des douanes

Présentant à la Chambre des députés un nouveau projet de loi de douanes en février 1818, le baron – comte à partir de 1819 – de Saint-Cricq, directeur général des Douanes, regrette « d'entendre des esprits chagrins se récrier sur ce qu'ils appellent *l'armée des douanes* ». Il accuse les mécontents de ne vouloir reconnaître « ni le terrain que cette sorte de milice, généralement trop peu apprécié, doit garder et défendre, ni le genre d'ennemis qu'elle a à combattre, ni les moyens de séduction auxquelles elle est sans cesse exposée, ni les incroyables fatigues du service auquel elle est dévouée [1] ».

L'emploi de la métaphore militaire à propos des Douanes est fréquent et justifié. Les douaniers aux frontières sont armés de fusils, revêtus d'un uniforme vert foncé et portent le shako, un casque réservé à certaines unités d'élite sous l'Empire. Leur nombre, s'il ne soutient pas la comparaison avec l'armée proprement dite, en fait une branche à part de l'administration, avec environ 25 000 hommes, chiffre à peu près constant entre 1815 et 1848 [2]. Saint-Cricq reconnaît l'existence de 26 463 douaniers et agents des Douanes [3], soit potentiellement un homme tous les deux cents mètres de frontière terrestre ou maritime [4].

Ce sont des chiffres élevés à une époque où l'appareil d'Etat reste modeste par comparaison avec le XXᵉ ou le début du XXIᵉ siècle. Sachant qu'on évalue le nombre d'agents de l'Etat – en dehors de l'armée – entre 125 000 et 150 000 dans la France de 1815, les douaniers représentent jusqu'à 20 % du total. Les Douanes sont numériquement la première administration française et de loin la plus

---

1. AP, vol. 20, séance du 14 février 1818, p. 730.

2. Jean Clinquart, *L'administration des Douanes sous la Restauration et la Monarchie de Juillet*, Neuilly-sur-Seine, Association pour l'histoire de l'administration des Douanes, 1981, pp. 221-225, p. 283.

3. AP, vol. 20, séance du 14 février 1818, p. 730 ; Saint-Cricq précise que sur les 26 463 agents, 26 321 sont employés en dehors de la capitale.

4. Pour des frontières terrestres et maritimes totales s'étendant sur 1 200 lieues, soit environ 4 800 kilomètres. La densité d'agents surveillant *en permanence* les frontières est bien sûr inférieure : Saint-Cricq évoque le chiffre de trois hommes par lieue, soit environ un tous les 1 300 mètres ; voir AP, vol. 25, séance du 16 juin 1819, p. 153.

importante des forces d'ordre public, devant la gendarmerie, composée d'environ 15 000 hommes, et une police encore embryonnaire [1].

Le Consulat a réorganisé cette administration selon un mode centralisé et hiérarchique. En dessous du directeur général, on trouve, à la tête de chaque direction régionale, des directeurs, puis des inspecteurs, sous-inspecteurs, receveurs, contrôleurs, vérificateurs, liquidateurs, lieutenants, préposés, commis, visiteurs et même des visiteuses pour fouiller les voyageuses [2]. Un rapport du directeur des contributions indirectes daté d'août 1814 sur le fonctionnement des Douanes évoque comment cette organisation pyramidale et autoritaire doit encourager une discipline sévère : « Le service des brigades est organisé de manière à ce que les préposés soient constamment surveillés ; des contrôleurs de brigades chargés de les diriger et de les stimuler, font des tournées de jour et de nuit et rendent compte, jour par jour et heure par heure, de l'emploi de leur temps. Les inspecteurs surveillent par eux-mêmes et les brigades et les contrôleurs, en sorte que l'administration toujours tenue au courant de la conduite des employés, peut aisément entretenir parmi eux l'émulation et l'activité nécessaire en récompensant ceux qui se distinguent par leur zèle et en changeant ou révoquant ceux dont la conduite est équivoque [3]. »

A la tête de cette hiérarchie, le directeur général des Douanes est un personnage influent. Titulaire du poste presque sans interruption de 1814 à 1824, Saint-Cricq, selon l'expression de son rival le comte de Vaublanc, est « le principal moteur de la législation commerciale [4] ». Député à partir de 1815, il présente les projets de loi de douanes aux parlementaires et défend à chaque fois avec vigueur les principes du système prohibitif. En janvier 1822, par exemple, il déclare vouloir « encourager [...] par de forts droits sur les produits du dehors, défendre même, par des prohibitions, toutes les exploitations du sol, tous les efforts de l'industrie [5] ».

En juin 1819, en réponse à un amendement de Benjamin Constant qui contestait les pouvoirs excessifs de son administration, Saint-

---

1. P. Rosanvallon, *L'Etat en France, op. cit.,* pp. 283-287 ; Jean-Marc Berlière, *Le monde des polices en France, XIXe-XXe siècle,* Bruxelles, Complexe, 1996, pp. 15-39.
2. Jean Clinquart, *L'administration des Douanes sous le Consulat, op. cit.,* pp. 68-86 ; id., *L'administration des Douanes sous la Restauration , op. cit.,* pp. 241-310.
3. AN, F12 2502, lettre du directeur général des contributions indirectes au directeur général de l'agriculture, du commerce et des manufactures, 10 août 1814.
4. V.-M. de Vaublanc, *Du commerce de la France , op. cit.,* éd. 1824, p. 92.
5. AP, vol. 34, séance du 19 janvier 1822, p. 83.

Cricq assume la militarisation des Douanes et s'en décrit comme le « général », chargé de conduire « la guerre faite à la contrebande ». Concédant la nécessité d'un chef unique, Constant réplique que ce chef doit être placé sous la responsabilité du gouvernement et non pas, comme Saint-Cricq, « être lui-même une espèce de ministre, ayant sous lui deux mille employés à sa nomination, affranchi de toute responsabilité, entouré d'une clientèle innombrable, et investi d'une influence rivale [1] ».

Saint-Cricq est en effet autant un homme politique qu'un fonctionnaire de carrière [2]. Noble du Béarn destiné à l'état ecclésiastique avant la Révolution, il rejoint l'administration des Douanes en 1801. Royaliste modéré, il doit sa place aux Bourbons, la perd pendant les Cent Jours et la retrouve après Waterloo. En 1815-1816, il procède à une épuration mesurée de l'administration des Douanes, mais dont les libéraux lui tiennent rigueur : Constant évoque dans son attaque de juin 1819 « les destitutions de 1815, ces destitutions de masse, sur des dénonciations calomnieuses, sans motifs, sans justice, sans humanité [3] ». Saint-Cricq entretient néanmoins de bonnes relations avec son prédécesseur François Ferrier, qui décrit le nouveau directeur général comme son « ami » et dont il approuve la politique [4].

Saint-Cricq est aussi député, d'abord de la Seine-et-Marne (1815-1820), puis des Basses-Pyrénées (1820-1833). A la Chambre, il vote avec la majorité royaliste et se prononce pour le renforcement de la censure au lendemain de l'assassinat du duc de Berry. Il reste toutefois suspect aux yeux de certains ultras parce qu'il a servi Napoléon. Peu après l'avènement de Charles X, il est remplacé par le marquis de Vaulchier, royaliste fervent [5].

Vaulchier et ses successeurs ne joueront toutefois qu'un rôle effacé dans les dernières années de la Restauration. Saint-Cricq, en revanche, conservera une grande partie de son influence. Il sera président

---

1. AP, vol. 25, séance du 16 juin 1819, p. 153, p. 156.
2. Jean Bordas, *Les directeurs généraux des Douanes. L'administration et la politique douanière, 1801-1939*, Paris, Comité pour l'histoire économique et financière de la France, 2004, pp. 481-502.
3. AP, vol. 25, séance du 16 juin 1819, pp. 156-157.
4. Lettre de Ferrier à Fiévée, 5 juin 1816, in *Correspondance de Joseph Fiévée et François Ferrier, op. cit.*, p. 139.
5. J. Bordas, *Les directeurs généraux des Douanes, op. cit.*, pp. 503-516 ; *ibid.*, pp. 519-541, sur les deux successeurs de Vaulchier jusqu'en 1830, Barthélemy de Castelbajac et Joseph Romée de Villeneuve-Bargemont, également liés au parti ultra-royaliste.

du Bureau du commerce et des colonies de 1825 à 1828 et occupera la nouvelle fonction de ministre du Commerce de 1828 à 1829. Il présentera encore à la Chambre, au nom du gouvernement, les projets de loi de douanes de 1825, 1826 et 1829, dominant les débats par sa maîtrise de la législation douanière et de la statistique du commerce extérieur.

Plusieurs contemporains lui attribuent un pouvoir presque hypnotique sur les députés. Le journaliste libéral bordelais Henri Fonfrède écrit en 1829 que les discours de Saint-Cricq « produisent un grand effet à la chambre : il y arrive de pied en cape de chiffres, d'états calculés, de tableaux comparatifs ; [...] il obtient chaque fois qu'il paraît à la tribune, ou l'adhésion de ses auditeurs, ou du moins le silence de ses adversaires qui ne savent que lui répondre [1] ».

Saint-Cricq personnifiera le système prohibitif jusque dans les premières années de la Monarchie de Juillet, à laquelle il se ralliera et qui l'élèvera à la pairie en 1833. Il est encore surnommé « l'enfant et le gendarme [...] du système continental » par le négociant lyonnais François-Barthélemy Arlès-Dufour en 1832 [2], « ce tarif incarné » *(that tariff incarnate)* par le diplomate britannique George Villiers en 1833 [3], ou encore « le directeur suprême de l'économie prohibitive » par Fonfrède en 1834 [4].

Contrôler, surveiller et punir

La guerre des douanes est un état de belligérance permanent, sans victoire finale possible. Mais il est possible de mesurer l'efficacité de la répression par l'évolution du taux de l'assurance, prime payée par les commissionnaires de contrebande aux contrebandiers et qui correspond au taux réel de protection dont jouissent les industries françaises. Dès 1818, Saint-Cricq crie victoire à la Chambre, affirmant que la prime d'assurance moyenne a augmenté de 10 à 30 % en

---

1. *L'Indicateur bordelais,* 20 juillet 1829.
2. *L'Echo de la fabrique,* 19 août 1832, cité dans Jacques Canton-Debat, *Un homme d'affaire lyonnais : Arlès-Dufour (1797-1872),* thèse de doctorat d'histoire, Université Lyon II, 2000, p. 238.
3. BOL, fonds Clarendon, MS 546/1/2, f° 83, lettre de Villiers à Charles Poulett Thomson, 22 février 1833.
4. *Le Mémorial bordelais,* 6 mars 1834.

deux ans. Un an plus tard, il exprime à nouveau sa satisfaction aux députés et évalue le taux de l'assurance entre 25 et 40 %, selon les frontières et les marchandises [1]. Les documents internes à l'administration évoquent des chiffres comparables : un inspecteur des Douanes du département du Nord estime en 1818 que le taux de l'assurance est remonté à 25 % sur les filés et 30 ou 35 % sur les tissus de coton [2].

En quoi consiste la guerre des douanes ? On peut distinguer trois aspects : le contrôle effectué par les bureaux de douane, qui cherche surtout à dissuader la fraude « par filtration » ; la surveillance des frontières par les douaniers pour contrecarrer les opérations de contrebande ; et la répression judiciaire, menée en partie par les cours prévôtales jusqu'en 1818 puis exclusivement par les tribunaux réguliers. La disparition des archives des Douanes lors de l'incendie du ministère des Finances pendant la Commune de 1871 rend impossible une analyse exhaustive ou détaillée de la répression douanière. Mais les textes législatifs et réglementaires, certaines archives judiciaires ou du ministère de l'Intérieur, ainsi que les plaintes formulées par les chambres de commerce ou certains négociants, permettent d'en reconstituer les traits essentiels.

La loi du 28 avril 1816 récapitule les obligations faites aux marchands et voituriers qui importent des marchandises en France. Au premier bureau de douane qu'ils rencontrent, ils doivent remplir plusieurs formulaires, indiquant notamment les lieux exacts de provenance et de destination, ainsi que les nom, domicile, état et profession du destinataire. Ils doivent également faire une « déclaration détaillée » des marchandises importées qui en précise le poids ou la valeur exacte, selon le mode de prélèvement des droits. Les douaniers procèdent ensuite à la vérification, pour chaque colis ou ballot de marchandises, de la conformité de la déclaration aux marchandises transportées. Le marchand ou voiturier paie alors les droits dus, les marchandises sont rechargées dans la cour du bureau de douane, et le déclarant se voit remettre un acquit de paiement qui indique la route que les marchandises doivent suivre jusqu'à leur destination finale et qu'il doit faire viser par le bureau de douane le plus proche de celle-

---

1. AP, vol. 20, séance du 14 février 1818, p. 726 ; AP, vol. 25, séance du 16 juin 1819, p. 154.
2. AN, F12 2503, lettre de M. Dizié, inspecteur des Douanes, à M. de Saint-Cricq, 27 septembre 1817.

ci. Il peut être procédé à un nouveau contrôle approfondi au bureau de la seconde ligne de douanes, environ 25 kilomètres plus à l'intérieur, à la discrétion des douaniers.

A côté de cette procédure type existent plusieurs régimes dérogatoires, presque aussi contraignants. Certaines marchandises peuvent ne faire l'objet que d'une déclaration sommaire au premier bureau de douane, à condition que le chargement soit ensuite recouvert en totalité par une toile fixée par des plombs apposés par les douaniers, puis, après délivrance d'un acquit à caution, escorté par deux préposés jusqu'au second bureau où il est procédé à une vérification approfondie. Les marchandises prohibées pour lesquels le commerce de transit est autorisé doivent également être plombées – procédure coûteuse et qui risque d'endommager les produits transportés – et souvent escortées par des douaniers jusqu'à leur sortie du territoire français. Tous les transporteurs et les voyageurs sont également soumis à une fouille personnelle. Enfin, les habitants du rayon des douanes (jusqu'à 25 kilomètres de la frontière), sauf pour les produits vivriers de première nécessité et les jours de foire ou de marché, doivent être munis de certificats visés par les Douanes ou passavants lorsqu'ils transportent des marchandises [1].

Jusqu'en 1818, la lutte contre les opérations de contrebande, seconde composante de la répression douanière, bénéficie de l'appui des cours prévôtales, qui jugent sans appel. Au cours de l'hiver 1816-1817, une affaire de contrebande dans le Var, qui s'étend alors jusqu'à la frontière avec le comté de Nice, illustre le rôle de ces tribunaux d'exception dans le démantèlement des réseaux établis à l'époque napoléonienne [2].

En janvier 1817, Gaspard Giacomini, militaire de l'Ancien Régime emprisonné pendant la Terreur et prévôt (c'est-à-dire président) de la cour prévôtale du Var, se rend de Draguignan à Antibes pour enquêter sur une opération de contrebande empêchée de justesse par les Douanes locales. Ayant appris qu'une tentative d'introduction de marchandises prohibées était imminente sur la plage de Veaugrenier, une vingtaine de douaniers d'Antibes, Cagnes et Loup se postent en

---

1. Loi du 28 avril 1816, « Titre IV : Police des importations par terre et du rayon frontière », in *Lois et règlements des douanes françaises*, 98 vol., Lille/Paris, 1819-1960, t. 8, pp. 136-142.
2. ADV, 2 U 180, dossier « Affaire d'Antibes », procès-verbaux de l'enquête, actes d'accusation et jugements.

embuscade, dans la nuit du 26 au 27 décembre 1816, « sur les devants et derrières de Veaugrenier ». Un lieutenant part seul reconnaître la plage, mais « une soixantaine d'hommes la plupart armés de gros bâtons, lesquels l'ayant immédiatement reconnu pour employé aux douanes l'ont entouré, lapidé, saisi et désarmé ». Quatre préposés, venus secourir le lieutenant, subissent le même sort. Les quinze derniers douaniers se rendent alors ensemble sur la plage, mettent la bande en fuite, arrêtent plusieurs de ses membres et libèrent leurs camarades.

Giacomini reste à Antibes pendant quatre jours et procède à une quarantaine d'interrogatoires de suspects et de témoins. Les seize suspects appréhendés sur la plage ou dans les jours suivants par les Douanes sont des petits fermiers, des métayers, des ouvriers agricoles ou des muletiers. Ils déclarent que l'opération a été organisée par Thomas Augier, propriétaire terrien près de Veaugrenier, le Sieur Reboul, commerçant à Antibes, et Jean Girard-Sardou, marchand parfumeur au Cannet. Les porteurs de contrebande devaient recevoir chacun entre 4 et 6 francs pour convoyer trente-trois barriques de rhum et plusieurs balles de tissus de coton. Mais selon l'un des suspects, le commanditaire ultime était « un Anglais », qui achetait des marchandises au port franc de Marseille, les faisait transporter à Nice (Piémont) et de là les introduisait en France sur de petites embarcations.

Giacomini fait mettre en accusation huit suspects, dont Augier, Girard-Sardou et Reboul. Reboul et deux autres inculpés ayant pris la fuite, ils sont condamnés par contumace à des peines de deux à six ans de prison, tandis qu'Augier et deux autres accusés parviennent à se disculper. Deux individus, Girard-Sardou et Antoine Rougier, métayer de 47 ans, sont condamnés à des peines exemplaires : cinq ans de prison chacun, une amende solidaire de 1 115 francs, et une exposition infamante sur la place du marché de Draguignan, où ils sont attachés au carcan pendant une heure avec « au-dessus de leur tête [...] un écriteau portant en caractères gros et lisibles leurs noms, leur profession, leur domicile, leur peine et la cause de leur condamnation ».

Après l'abolition des cours prévôtales en février 1818, les Douanes reçoivent encore l'aide des autres administrations dans leurs efforts pour démanteler les organisations de contrebande. En juin 1822, le préfet du Bas-Rhin communique à son collègue de la Meurthe une rumeur faisant état d'un réseau qui entreposerait des marchandises prohibées dans la Meurthe, hors d'atteinte des douaniers alsaciens. D'après le préfet du Bas-Rhin, des marchandises d'une valeur d'au moins 15 000 francs seraient dissimulées dans une auberge à Laudrefang et dans les bois environnants. De là, les marchandises seraient introduites chaque nuit au compte-gouttes dans la ville de Nancy, « où des femmes les colportent dans des maisons particulières [1] ».

Le préfet de la Meurthe transmet ces informations au sous-préfet de l'arrondissement de Château-Salins, qui confie l'enquête au directeur des contributions indirectes et à la brigade de gendarmerie de Dieuze. Trois gendarmes conduisent quelques interrogatoires à Laudrefang et deux sections de gendarmerie patrouillent le canton deux nuits consécutives, mais sans résultat. Le directeur des contributions indirectes de Dieuze, qui s'apprête à aller interroger lui-même quatre aubergistes et deux cabaretiers de Laudrefang, est toutefois pessimiste : cette partie de la Lorraine est germanophone et le directeur des contributions indirectes de Dieuze, qui a servi auparavant comme « employé de surveillance » en Alsace, souligne « la difficulté de se ménager des intelligences dans un pays où on est sur [sic] d'être protégé et favorisé, si on ne parle pas français ».

Les affaires d'Antibes et Laudrefang montrent que la lutte mobilise, au-delà des Douanes, tout l'appareil d'Etat. Elles témoignent aussi de la résistance des populations et de leur refus de considérer la contrebande comme un commerce illégitime. Plusieurs des suspects interrogés par Giacomini à Antibes nient certes les faits qui leur sont reprochés, mais adoptent une attitude de défi : Augier affirme que s'il avait monté l'opération, il aurait d'abord fait assommer et enlever les douaniers, pour ensuite débarquer les marchandises sans encombre [2]. Les propos désabusés du directeur des contributions indirectes de Dieuze sur les difficultés rencontrées par les fonctionnaires français dans les régions non francophones reflètent une situation probablement largement répandue : vers 1820, les frontières de la France sont encore loin de correspondre aux limites linguistiques. Les affinités culturelles entre germanophones (à l'est), entre francophones (aux frontières avec la Wallonie, la Suisse ou la Savoie piémontaise), entre italophones (à la frontière avec le Piémont) ou entre Catalans (à la

---

1. ADMM, P 8, dossier « Association de contrebandiers à Laudrefang ».
2. ADV, 2 U 180, 23ᵉ interrogatoire, Thomas Augier, 19 janvier 1817.

frontière espagnole) pèsent parfois plus lourd que le sentiment national.

De toutes les provinces frontalières, l'Alsace et la Lorraine semblent les plus rétives au système prohibitif. La protection accordée par les populations de ces provinces aux activités de contrebande ne découle pas seulement de leurs affinités linguistiques avec le grandduché de Bade et le royaume de Bavière, mais aussi probablement du caractère récent de la transformation du Rhin en frontière économique. Jusqu'en 1791, l'Alsace et la Lorraine étaient demeurées hors du territoire douanier français. Elles commerçaient plus librement avec les États allemands qu'avec le reste de la France. Sous Napoléon, les annexions de territoires allemands et le système continental devaient encore stimuler le commerce entre l'est de la France et l'Allemagne [1]. Le tracé des frontières de 1815 et la législation prohibitive ont aboli le cadre légal de ces échanges traditionnels.

Dans l'est de la France, les autorités locales se montrent particulièrement peu coopératives en matière de lutte contre la contrebande. « Je ne dois pas vous dissimuler qu'il est impossible de compter sur les maires pour obtenir des renseignements », écrit le sous-préfet de Lunéville au préfet de la Meurthe en 1815. « La crainte de l'exposition aux vengeances », ajoute-t-il, « les rend muets [2]. » Les officiers municipaux se livrent parfois eux-mêmes au commerce de contrebande : au cours d'une embuscade en novembre 1817, des douaniers découvrent le maire de Lobsann (Bas-Rhin) à la tête d'une bande armée [3].

L'assentiment ou la participation active des populations aux violences perpétrées contre les douaniers suggèrent que pour elles, ce sont les Douanes et non la contrebande qui enfreignent la morale économique. Cette attitude rappelle les émeutes antifiscales et frumentaires de l'Ancien Régime. Elle évoque aussi « l'économie morale de la foule » décrite par l'historien britannique Edward P. Thompson : les émeutiers, décrits comme des criminels par les autorités, défendent ce qu'ils perçoivent comme leurs droits traditionnels [4].

---

1. Geoffrey J. Ellis, *Napoleon's Continental Blockade : the Case of Alsace*, Oxford, Clarendon, 1981, pp. 149-197.
2. ADMM, P 8, lettre du sous-préfet de Lunéville au préfet de la Meurthe, 6 février 1815.
3. Cité dans Paul Leuilliot, *L'Alsace au début du XIXᵉ siècle*, 3 vol., Paris, SEVPEN, 1959-1960, t. 2, p. 272.
4. Edward P. Thompson, « The Moral Economy of the English Crowd in the Eighteenth Century », reproduit dans *id., Customs in Common*, Londres, Merlin Press, 1991, pp. 185-258 ; sur le cas français, voir Cynthia Bouton, « Les mouvements de subsistances

Le 4 janvier 1815 à Dodenhoven (aujourd'hui Roussy-le-Village) en Moselle, deux contrebandiers battent un préposé des Douanes « presque jusqu'à la mort », sous les regards approbateurs et les encouragements des habitants du village [1]. En décembre 1815, le préfet du Haut-Rhin impose une amende collective de 668 francs à une commune de son département dont les habitants ont attaqué avec succès un convoi de marchandises escorté par des douaniers [2]. En janvier 1818, la population de Lixhausen dans le Bas-Rhin empêche quatre douaniers d'arrêter une bande de neuf contrebandiers notoires [3]. Entre 1816 et 1822, on compte au total six douaniers tués ou grièvement blessés, par des contrebandiers ou par la population des villages frontaliers, dans le seul département du Haut-Rhin [4].

Un rapport sur un acte de « rébellion » antidouanière survenu à Fort-Louis dans le Bas-Rhin en septembre 1819 illustre le rejet des contrôles par les populations. Au cours d'une embuscade, deux douaniers laissent s'échapper un groupe de contrebandiers, mais parviennent à s'emparer de quatre charges de contrebande qui contiennent du sel, du sucre et du tabac. Mais lorsque les douaniers rapportent les quatre ballots de marchandises à Fort-Louis, ils sont, « à leur entrée dans la commune, assaillis par différents individus qui cherchèrent à les intimider par des menaces, en les sommant de restituer les marchandises capturées ». Les deux douaniers appellent au secours et reçoivent le renfort d'un lieutenant et d'un autre préposé. En vain : « L'attroupement alla en augmentant et se composa bientôt d'une cinquantaine de personnes qui lancèrent une grêle de pierres aux employés, les frappèrent avec de grandes perches et autres objets dont elles étaient armées. » Se servant de leurs armes, les douaniers parviennent à rejoindre le bureau avec les marchandises saisies. Mais le lieutenant est « terrassé » (grièvement blessé) et les autres douaniers ont subi « des contusions et des meurtrissures ». La nuit suivante, l'un des contrebandiers pousse l'audace jusqu'à pénétrer chez le lieutenant blessé et menace de le tuer s'il ne retire pas la plainte qu'il a déposée contre les habitants du bourg [5].

---

et le problème de l'économie morale sous l'Ancien Régime et la Révolution française », *Annales historiques de la Révolution française*, n° 319, 2000, pp. 71-100.

1. ADM, 6 P 4, lettre du directeur de Metz au directeur général, 9 janvier 1815.
2. ADHR, 5 P 77, lettre du ministre de l'Intérieur au préfet du Haut-Rhin, janvier 1816.
3. ADBR, P 319, directeur de Strasbourg au directeur général, s.d., janvier 1818.
4. ADHR, 5 P 73, « Affaires de préposés tués ou maltraités ».
5. ADBR, P 319, directeur de Strasbourg au directeur général, 12 septembre 1819.

Même quand les douaniers parviennent à empêcher une introduction frauduleuse de marchandises, les contrebandiers leur échappent fréquemment. Les jugements « en matière douanière » des tribunaux correctionnels sont rendus en majorité contre des « inconnus fugitifs » et se contentent d'enregistrer les marchandises saisies. C'est notamment le cas des prises les plus importantes, comme celle enregistrée par la cour de Hazebrouck (Nord) en janvier 1818 : « 54 kg 3hg de café, 95 kg de sucre candi, 37 kg de sucre blanc, 124 kg de sucres bruts, 564 kg de sel blanc, 86 kg de clous de fer, un kg 5 hg de thé, 6 hg de faïence, 7 kg 4 hg de poivre, 48 jeux de carte, 9 kg 9 hg de tabac en feuilles, 15 kg de nankins, 57 m 90 cm de mousseline brochée, 11 m 50 cm de velours [illisible], 2 m 80 cm de velours blanc, 4 m 18 cm de velours bleu céleste, 8 m de draps de coton [1] ».

Les contrebandiers qui comparaissent devant la justice sont condamnés à de lourdes peines. L'absence fréquente d'information sur les contrevenants dans les registres judiciaires et la perte de nombreux registres rendent impossible un traitement statistique. Mais les registres que nous avons consultés suggèrent que la grande majorité des contrebandiers individuels sont des « voituriers » (conducteurs d'un moyen de transport routier) ou des « journaliers » (ouvriers agricoles). Les peines auxquelles ils sont condamnés semblent souvent hors de proportion avec la fraude commise : ainsi en 1823, le tribunal de Sarreguemines en Moselle condamne Jean Wagner, journalier âgé de 22 ans et résidant à Arzviller, qui a essayé d'introduire en France pour 9 francs de marchandises prohibées, à la confiscation des marchandises, 507 francs d'amende et frais de justice, et 20 jours de prison [2].

La répression judiciaire de la contrebande se conforme encore à l'économie des peines de l'Ancien Régime. Une majorité des contrebandiers échappe probablement à la justice. Mais les contrevenants jugés sont condamnés à des châtiments exemplaires.

Répression politique

L'administration des Douanes est aussi un instrument de contrôle politique. Comme Saint-Cricq le dit pudiquement, ses agents concou-

---

1. ADN, 3 U 259/2, Hazebrouck, jugements de douane, 7 janvier 1818.
2. ADM, 6 U 227, Sarreguemines, jugements de douane, 23 ja nvier 1823.

rent « à toutes les mesures d'ordre public [1] ». Moins que l'Empire qui la précède mais plus que la Monarchie de Juillet qui lui succède, la Restauration a recours à des méthodes administratives autoritaires : police secrète, réseaux d'informateurs, censure de la presse et ouverture du courrier des opposants présumés. Les Douanes jouent un rôle non négligeable dans cet édifice répressif.

Elles doivent prévenir l'entrée sur le territoire des individus jugés politiquement dangereux. Cette catégorie comprend les libéraux espagnols qui cherchent à se réfugier en France après le rétablissement de l'absolutiste Ferdinand VII sur le trône d'Espagne en 1823 [2]. Mais l'aspect le plus systématique de la répression politique exercée par les Douanes est le contrôle des idées introduites en France, sous forme de livres ou de journaux, pour prévenir les encouragements aux opinions « révolutionnaires ».

Toute importation de livres est soumise à un contrôle douanier. A l'issue de celui-ci, le « vérificateur de la librairie étrangère » et un contrôleur des Douanes délivrent un certificat stipulant que les ouvrages « ne contenaient rien de contraire au gouvernement ni à l'intérêt de l'Etat [3] ». Les colis de livres sont alors doublement plombés et doivent atteindre leur destination en France dans les quinze jours qui suivent la vérification [4]. Les procès-verbaux de ces procédures permettent d'estimer par leur masse les quantités d'ouvrages importés en France : en un peu moins de deux mois, du 24 octobre au 21 décembre 1821, le bureau de douane de Lille autorise l'importation de 601 kilos de livres (21 kilos d'ouvrages en langue française, 62 kilos en langues mortes et 518 kilos en langues étrangères). Strasbourg joue un rôle plus important encore dans le commerce des livres, puisqu'en seulement 25 jours, du 5 au 29 juin 1821, le bureau de douane de la ville autorise l'importation de plus de 1,3 tonne de livres (170 kilos en langue française et 1 176 kilos en langues mortes ou étrangères) [5].

L'administration centrale des Douanes ordonne également la saisie à la frontière de certains ouvrages ou titres de presse. Le 27 avril 1822, Saint-Cricq, à la requête du ministre de l'Intérieur, décrète la

---

1. AP, vol. 20, séance du 14 février 1818, p. 730.
2. AD, 3 B 21, registre d'ordres du bureau de Bordeaux, années 1823 et 1824.
3. AN, F18 178, certificats délivrés par le bureau de Lille, année 1821.
4. AN, F18 176/A, procès-verbaux du vérificateur du bureau de Strasbourg, année 1817.
5. AN, F18 178, liasses de certificats « Lille » et « Strasbourg », année 1821.

« prohibition » à l'importation du *Morning Chronicle* et du *Traveller*, deux journaux radicaux anglais. Deux semaines plus tard, le 11 mai 1822, le directeur général étend la même prohibition à *The Examiner*, parce que cette feuille libérale s'est permis de publier la traduction d'une chanson hostile aux Bourbons intitulée *Le cordon sanitaire* [1]. Le 8 octobre de la même année, Saint-Cricq ordonne aux directions locales de rechercher et saisir tous les exemplaires qu'elles découvrent d'une *Vie de Napoléon*, « un ouvrage séditieux et outrageant pour la famille royale [2] ». En mai 1823, il ordonne la saisie du *Courrier des Pays-Bas*, journal de Bruxelles qui contient des « propos inconvenants » sur la personne du roi, et d'une « feuille périodique intitulé "British Press" [qui] a été signalée comme étant écrite dans un esprit entièrement révolutionnaire [3] ».

Les Douanes enfreignent encore les libertés publiques en commettant de nombreux abus de pouvoir. Les procédés de ses agents nourrissent un ressentiment comparable à celui suscité par les administrations de l'Ancien Régime ou la Ferme générale. Les principales victimes de ces abus sont les négociants, les marchands et leurs commis.

Dans une pétition adressée au préfet du Bas-Rhin en novembre 1816, le marchand Abraham Dudrap affirme que les employés de la douane de Strasbourg ont confisqué, sans raison apparente, deux de ses chevaux alors qu'il rentrait d'Allemagne. Dudrap ne parvient à récupérer ses chevaux qu'après plusieurs heures de négociations et le paiement d'une somme de 180 francs, qu'il a versée sans recevoir de quittance. Le marchand a perdu l'espoir de se faire rembourser. Mais il souhaite dénoncer au préfet cette « circonstance [...] absolument fâcheuse, nuisant à l'ordre voulu, et au salut du genre humain [4] ».

Les voyageurs sont également victimes d'abus de pouvoir. En mai 1821, le Britannique John Parbly propose un « pourboire » de cinq francs aux douaniers de Zuydcoote (Nord) contre la promesse de ne pas procéder à la fouille de sa voiture. Les douaniers acceptent le pourboire. Ils procèdent pourtant à une visite approfondie de la voiture et endommagent le contenu de plusieurs bagages du voyageur. Parbly proteste et les douaniers refusent de lui délivrer un certificat. Vingt kilomètres plus loin, il doit subir une nouvelle fouille à un

---

1. ADH, 5 P 86, registre d'ordres du bureau de Montpellier, 11 mai 1822.
2. AD, 3 B 21, registre d'ordres du bureau de Bordeaux, 8 octobre 1822.
3. ADG, 5 P 215, registre d'ordres du bureau de La Rochelle, 28 mai 1823.
4. ADBR, P 319, pétition d'Abraham Dudrap au préfet du Haut-Rhin, 1816.

second bureau de douane. La plainte du voyageur déclenche une enquête qui révèle un véritable système du pourboire à Zuydcoote. Un sous-lieutenant est dégradé et un préposé déplacé dans un autre bureau [1].

L'un des procédés les plus décriés est le droit de préemption dont jouissent les douaniers : si la valeur déclarée par l'importateur leur paraît significativement inférieure à la valeur réelle, ils peuvent acquérir les marchandises importées sans l'accord du déclarant contre paiement d'une indemnité égale à la valeur déclarée plus 10 %. Les douaniers peuvent ensuite revendre les marchandises pour leur propre compte. Cette procédure doit réduire les risques de sous-estimation de la valeur des marchandises importées. Elle est la cause de nombreux abus.

En 1819, par exemple, un commis de la société Ott de Strasbourg déclare au bureau de douane de la ville 233 chapeaux et 172 calottes en provenance de Toscane pour une valeur totale de 4 740 francs. « Aussitôt », rapporte le commis, les douaniers « s'emparèrent de quelques chapeaux qu'ils firent porter auprès de quelques marchands de modes pour s'informer des prix au détail, et ils finirent par déclarer qu'ils entendaient s'emparer de la marchandise [...] en acquittant dans la quinzaine le montant et dix pour cent en sus ». Le commis doit transiger parce que plusieurs clients attendent ses chapeaux. L'honneur de la société Ott est en jeu. Les douaniers lui remettent ses chapeaux contre le paiement, en plus des 528 francs de droits à l'importation, d'un pot-de-vin de 1 200 francs. Dans la plainte qu'il adresse au directeur général des Douanes, le commis affirme que de tels abus compromettent « journellement la fortune des commerçants en les livrant à des arbitraires et des incertitudes contre lesquels ils seraient nécessairement sans moyens [2] ».

Les archives du ministère de l'Intérieur concernant la recherche de produits textiles prohibés « à l'intérieur » du territoire, mieux préservées que celles de l'administration des Douanes, se prêtent à un traitement statistique. Elles suggèrent également un lien entre la lutte contre la fraude et le harcèlement systématique des milieux commerçants du nord-est de la France, perçus comme hostiles au régime.

Ces archives contiennent les registres de 5 458 décisions rendues

---

1. AD, fonds Leducq, 1 R 21, dossier « Suites données à une plainte d'un voyageur anglais », 1821.
2. ADBR, 79 J 107, pétition de M. Papelier au directeur général des Douanes, 1819.

entre 1816 et 1844 par le jury assermenté, nommé par le Conseil général des manufactures et qui doit déterminer si les textiles saisis sont de fabrication française ou étrangère. Le nombre de saisies est particulièrement élevé dans les premières années de la Restauration : d'une moyenne d'environ 400 par an en 1816-1818, il décroît jusqu'à moins de 200 en 1828-1829 et au-dessous de 100 en 1843-1844 (voir graphique 1).

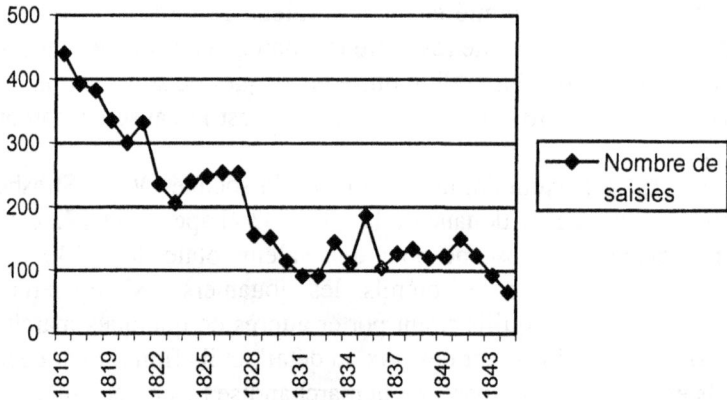

Graphique 1 – Saisies de textiles prohibés, 1816-1844
Source : AN, F12* 5694 à F12* 5704.

La répression est concentrée sur les grandes villes commerçantes et sur le nord-est du royaume. Pour 532 saisies effectuées entre le 19 mai 1818 et le 9 novembre 1819, près de la moitié le sont dans les seuls départements de la Seine (184 saisies) et du Rhône (65). Puis viennent le Jura (50 saisies), le Nord (35), le Doubs (30) et le Haut-Rhin (20). Dans 466 affaires sur 532, le jury assermenté juge que les textiles saisis sont entièrement ou en partie « de fabrication étrangère ». La valeur totale des marchandises confisquées en quinze mois s'élève à près d'un million de francs [1].

La géographie de la répression reflète certes les filières de la contrebande en produits textiles britanniques par les frontières belge et suisse. Mais le nord-est, Paris et Lyon sont aussi des foyers d'opi-

---

1. AN, F12 5696 et F12 5697, saisies du 19 mai 1818 au 9 novembre 1819. Le chiffre d'un million de francs ne comprend pas les marchandises jugées de fabrication française et restituées à leurs propriétaires.

nions libérales. Presque aucune saisie, en revanche, n'est effectuée dans les grands ports atlantiques et méditerranéens, de réputation royaliste : Bordeaux, Nantes et Marseille. Une telle répartition suggère que les recherches de produits textiles répondent aussi à des motivations politiques : elles veulent intimider les manufacturiers et commerçants soupçonnés de libéralisme. A la veille des élections législatives de février 1824, le préfet du Haut-Rhin menace de visites douanières les manufacturiers libéraux de Mulhouse [1].

Les cibles de la répression appartiennent en majorité aux mondes du commerce et du transport. Sur un échantillon de 152 individus accusés de posséder des textiles étrangers entre le 1er janvier 1842 et le 31 décembre 1843 [2], on compte soixante-dix négociants ou marchands, quatorze commis, quatorze voituriers, quatre entrepreneurs de messageries, un directeur d'une compagnie de navigation, un garçon d'écurie et un garçon de caisse. Vient ensuite le monde des manufactures, avec onze fabricants et onze ouvriers [3].

Les visites domiciliaires qui précèdent souvent les saisies sont des expériences terrifiantes pour les victimes. Elles peuvent ruiner leur réputation s'ils sont commerçants. Dans une circulaire adressée aux préfets en mai 1816, le ministre de l'Intérieur recommande de frapper de préférence les grands commissionnaires de contrebande et, autant que possible, d'agir au grand jour, pour inspirer une peur salutaire [4]. Pourtant, l'une des premières victimes de la répression est Jean-Baptiste Bourgogne, petit commerçant de la ville de Condé (Nord). Les Douanes perquisitionnent sa boutique le 2 juillet 1816, au lendemain même de l'entrée en vigueur de la loi. Les marchandises saisies sont peu importantes : deux pièces de molton de coton, dix pièces de drap, trois demi-pièces de drap, une pièce de casimir et vingt-sept petits articles de coton.

---

1. P. Leuilliot, L'Alsace, op. cit., t. 1, p. 436.
2. Les procès-verbaux n'indiquent qu'exceptionnellement la profession des accusés avant les années 1840. Nous avons donc étudié un échantillon plus tardif.
3. AN, F12 5705, saisies du 1er janvier 1840 au 31 décembre 1844. Les autres accusés sont quatre domestiques, trois aubergistes ou cabaretiers, deux maîtres d'hôtel, un banquier, un courtier d'assurance, un propriétaire terrien, deux rentiers, un dentiste, un employé, une institutrice, une tenancière d'hôtel, un maréchal-ferrant, un menuisier et une concierge.
4. ADMM, P 8, circulaire du ministre de l'Intérieur aux préfets, 8 mai 1816 ; voir aussi les instructions du directeur général des Douanes sur l'application de la loi, circulaires 151 et 158, 1er et 8 mai 1816, in Lois et règlements des douanes, op. cit., t. 8, pp. 192-195, pp. 215-218.

Dans une lettre au jury assermenté, Bourgogne affirme son innocence et proteste contre les procédés des douaniers : « Je n'ai jamais
entendu contrevenir aux volontés de mon Roi, j'étais loin de
soubçonner *[sic]* [...] que ce serait contre moi seul en la ville de
Condé que les préposés des Douanes exercerait *[sic]* d'une manière
aussi peu convenable et que pour aggraver la position d'un boutiquier
comme moi dont toutes les ressources sont dans mon petit commerce,
ils emploieraient le mensonge au point de mettre dans leur procès-
verbal que je l'avais signé, tandis qu'il n'en est rien parce que je m'y
suis obstinément refusé, vu la relation qu'ils ont placé *[sic]* dans leur
procès-verbal qu'ils avaient trouvé dans mes papiers un passavant
belge pour cent vingt-deux mètres de drap, tandis que je suis certain
de ne jamais avoir eu cette pièce, et que si elle a été ramassée chez
moi, elle n'a pu y être placé *[sic]* que par quelqu'ennemis *[sic]* de
mon repos. » Bourgogne joint à sa lettre un certificat signé par le
commissaire de police de la ville de Condé, qui corrobore ses dires et
souligne « l'effroi » dans lequel la perquisition a jeté la famille Bourgogne [1].

En février 1817, le maire de Metz écrit au préfet de la Moselle pour
appuyer une pétition de plusieurs négociants de la ville contre les
perquisitions : « c'est moins des visites en elles-mêmes dont se
plaignent les négociants, que des procédés des douaniers qui se
comportent, comme ils pourraient le faire envers des contrebandiers
qu'ils auraient arrêtés ; ils parcourent toute la maison, renversent et
culbutent tout, et se conduisent mal avec des personnes honnêtes qui
méritent des égards [2] ».

Evoquant la saisie de 256 kilos de divers tissus faite dans sa boutique le 27 mars 1818, Lazare Dockès, commerçant de Colmar (Haut-
Rhin), affirme que cet événement a jeté « la consternation et le
désespoir dans une famille de dix personnes ». Dockès souligne le
caractère humiliant des procédés employés par les douaniers au cours
de la perquisition : « j'ai été rebuté, repoussé, mes papiers (que je
produisais pour ma justification) ont été jetés dans la rue ; et pour
rendre l'opération encore plus dure ou plus difficile pour moi, on a
choisi pour l'exécuter le vendredi après-midi ; parce que l'on savait
qu'au coucher du soleil, commençait déjà pour moi israélite, le jour

---

1. AN, F12 1973-1974, lettre de Jean-Baptiste Bourgogne aux membres du jury assermenté, 30 août 1816.
2. ADM, 6 P 4, lettre du maire de Metz au préfet de la Moselle, 5 février 1817

du Sabbath, pendant lequel nous devons nous abstenir de toutes affaires mondaines [1] ».

L'accusation de persécution religieuse n'est peut-être pas sans fondement. En Alsace comme en Gironde, les préfets de la Restauration perçoivent les juifs (et les protestants) comme des opposants naturels au régime [2].

Les plaintes contre le caractère vexatoire des contrôles restent fréquentes jusqu'au milieu des années 1820. Elles nourrissent les protestations libérales contre les excès du système prohibitif. On ne saurait pourtant les confondre avec des opinions libre-échangistes. Bourgogne, Dockès, le maire et les négociants de Metz admettent le bien-fondé de la protection douanière. Loin d'invoquer des principes économiques libéraux, ils se contentent de signaler au gouvernement des abus de pouvoir et demandent que la protection du commerce – ou, selon la formule respectueuse employée par Bourgogne, « la volonté bien manifeste de notre auguste MONARQUE relativement aux boutiquiers [3] » – fasse contrepoids aux privilèges accordés aux manufactures.

---

1. AN, F12 1977, lettre de Lazare Dockès au ministre de l'Intérieur, 15 avril 1818.

2. Le préfet de la Gironde, en juillet 1829, stigmatise « les commis d'avocats et de négociants, et surtout les jeunes juifs » comme les « perturbateurs » les plus actifs de Bordeaux. En août de la même année, le préfet du Haut-Rhin ordonne aux Douanes d'arrêter les « colporteurs juifs », principaux receleurs selon lui de brochures bonapartistes et libérales imprimées en Suisse. AN, F7 6769, dossier n° 7, rapport du préfet de la Gironde au ministre de l'Intérieur, 6 juillet 1829, et AN, F7 6771, dossier n° 10, rapport du préfet du Haut-Rhin au ministre de l'Intérieur, 11 août 1829.

3. AN, F12 1973-1974, lettre de Bourgogne aux membres du jury assermenté, 30 août 1816.

Chapitre 4

La défense des libertés du commerce
(1816-1824)

La répression douanière suscite de nombreuses protestations dans les milieux libéraux et commerçants. Mais cette contestation s'inspire de la défense des libertés traditionnelles du commerce plutôt que d'un libéralisme économique encore peu sûr de lui. Elle critique plus les violations des droits individuels entraînées par les restrictions douanières que leur impact négatif sur la création de richesses. Cette conception de la liberté du commerce correspond encore à celle exposée par Montesquieu au milieu du XVIIIᵉ siècle. Selon l'auteur de l'*Esprit des lois*, « ce qui détruit cette liberté », ce n'est pas le principe des restrictions douanières, mais la douane elle-même, « par ses vexations, par l'excès de ce qu'elle impose [...] par les difficultés qu'elle fait naître, et les formalités qu'elle exige [1] ».

Jusqu'au milieu des années 1820, la critique du système prohibitif demeure davantage politique et morale qu'économique. Les écrivains d'économie politique et les autres auteurs libéraux dénoncent la dégradation des mœurs provoquée par la répression douanière comme par la contrebande de masse. Le négoce parisien proteste contre les rigueurs de la recherche de produits textiles prohibés. Les marchands alsaciens réclament une répartition plus juste des droits de transit entre le commerce maritime et le commerce par voie de terre. La

---

1. Montesquieu, *De l'esprit des lois*, 2 vol., Paris, GF-Flammarion, 1979, t. 2, pp. 17-18 (1ʳᵉ éd. en 1748).

chambre de commerce de Bordeaux critique les lenteurs et le coût des formalités douanières. Mais aucun de ces groupes ne demande l'abolition de la protection douanière contre la concurrence étrangère.

Une perte de liberté autant qu'une perte de richesse

Les penseurs libéraux ont été impressionnés par l'appareil répressif du Blocus continental. Ils craignent la survivance des pratiques despotiques de l'Empire ou la résurrection des abus de l'Ancien Régime. A leurs yeux, le système prohibitif représente autant, sinon plus, une menace pour les libertés publiques et individuelles qu'une politique nuisible à la création de richesses. Même les écrivains inspirés par Adam Smith se montrent nuancés dans leurs critiques de la protection douanière. En revanche, ils dénoncent avec vigueur la « démoralisation » des populations qu'entraînent les prohibitions.

L'adversaire le plus radical du système mercantile en France est sans doute Jean-Baptiste Say, auteur d'un *Traité d'économie politique* (1803) qui reprenait déjà plusieurs arguments de Smith contre les restrictions commerciales. La seconde édition refondue de son *Traité*, publiée immédiatement après l'abdication de Napoléon en 1814, comprend une nouvelle section intitulée « De la balance du commerce ». Say y pose comme axiome que « les produits s'échangent contre des produits » et en tire la conséquence que les échanges extérieurs d'un pays sont toujours équilibrés. Que les exportations se fassent en marchandises traditionnelles ou en numéraire importe peu selon lui, parce que le numéraire est une marchandise comme les autres. Il est donc vain de vouloir rendre la balance du commerce « favorable [1] ».

Pourtant, Say fait plusieurs concessions de taille aux partisans de la protection douanière. D'abord, comme Smith, il admet les prohibitions pour les productions utiles à la défense nationale, telles que la poudre ou les armements. Plus conciliant que Smith, il reconnaît le bien-fondé des restrictions commerciales visant à encourager de nouvelles productions, au point d'affirmer que « la protection [douanière] accordée à un emploi de travail et d'argent vraiment

---

1. Jean-Baptiste Say, *Traité d'économie politique*, 2 vol., Paris, 1814, t. 1, pp. 179-200.

profitable, peut devenir un bienfait pour le pays ». Enfin, défendant les droits de douane comme ressource fiscale, il affirme que les droits sur les produits importés en France devraient être plus élevés que les droits à l'importation dans les autres pays européens pour compenser les impôts plus lourds subis par les producteurs français [1].

Les autres écrivains inspirés par Adam Smith sont encore moins critiques quant au principe de la protection douanière que Say. Dans son *Traité d'économie politique* (1815), le philosophe Antoine Destutt de Tracy traite à peine de la politique commerciale et se contente de souligner les avantages de la division internationale du travail [2]. Dans ses *Nouveaux principes d'économie politique* (1819), Jean-Charles Sismonde de Sismondi remet en cause l'équilibre entre production et consommation postulé par Smith et Say. Cet ouvrage hétérodoxe reste hostile aux prohibitions, mais pour des raisons opposées à celles avancées par les disciples de Smith : Sismondi ne reproche pas au système prohibitif de nuire à l'émulation entre les producteurs, mais au contraire de provoquer « l'accroissement immense et démesuré de la production, sans aucun rapport avec la consommation [3] ».

Plusieurs auteurs qui se réclament de Smith défendent même le principe de protection douanière. Partisan de la Révolution jeté en prison pendant la Terreur, le député libéral Charles Ganilh, dans sa *Théorie de l'économie politique* (1815), préconise un système de « liberté limitée » des échanges internationaux. Il veut surtout protéger les productions manufacturières. Il invoque la plus grande productivité des manufactures par rapport à l'agriculture et au commerce. Mais comme certains auteurs mercantilistes, il exprime également la crainte qu'une circulation illimitée des marchandises n'excite « l'envie, la haine et toutes les passions anti-sociales [4] ».

---

1. *Ibid.*, t. 1, pp. 213-225.
2. Ce traité est inclus dans le quatrième volume des *Eléments d'idéologie*, 4 vol., Paris, 1815, t. 4, pp. 120-122 sur le commerce international ; il est aussi publié séparément, d'abord aux Etats-Unis, dans une traduction du président Thomas Jefferson, sous le titre *Treatise on Political Economy*, Georgetown, D.C., 1817, puis en France, *Traité d'économie politique*, Paris, 1822 ; voir Edgard Allix, « Destutt de Tracy économiste », *Revue d'économie politique*, n° 26, 1912, pp. 424-451.
3. Jean-Charles Sismonde de Sismondi, *Nouveaux principes d'économie politique*, 2 vol., Paris, 1819, t. 1, pp. 409-424.
4. Charles Ganilh, *Théorie de l'économie politique*, 2 vol., Paris, 1815, t. 2, pp. 197-228, citations pp. 219-220, p. 228 ; Ganilh publie aussi, sous la Restauration, une seconde édition de son ouvrage *Systèmes d'économie politique*, Paris, 1821 (1ʳᵉ éd. en 1809) et une seconde édition de sa *Théorie* en 1822.

Le plus influent des auteurs libéraux qui approuvent la politique de protection douanière est le comte Chaptal, chimiste de sympathie girondine pendant la Révolution et ministre de l'Intérieur sous le Consulat. Dans *De l'industrie française* (1819), il affirme que les douanes doivent garantir « l'indépendance industrielle de la France » et protéger la main-d'œuvre, « principale source de richesses ». Chaptal s'est opposé aux excès du Blocus continental à la fin de l'Empire. Il souhaiterait des droits protecteurs modérés plutôt que l'interdiction formelle d'importer des produits étrangers. Mais même les prohibitions lui semblent indispensables pour assurer la survie d'industries encore récentes comme la fabrication de fils et de tissus de coton. Elles correspondent aussi, selon lui, à « un juste droit de représailles » contre « le principe constamment suivi par les Anglais, depuis un siècle, [qui] consiste à prohiber tout ce qu'ils peuvent fabriquer [1] ».

L'impact de ces ouvrages sur l'opinion publique reste limité au début de la Restauration. Certes, les tirages des traités libéraux sont plus élevés que ceux des ouvrages mercantilistes : 2 000 exemplaires pour la troisième édition du *Traité* de Jean-Baptiste Say en 1816, 3 000 exemplaires pour le *Traité* de Destutt de 1815 à 1817, 2 000 exemplaires pour les *Nouveaux principes* de Sismondi en 1819, 3 000 exemplaires pour *De l'industrie française* de Chaptal et 1 000 exemplaires pour la seconde édition de la *Théorie* de Ganilh en 1821 [2]. Mais il s'écoule au début du XIXᵉ siècle jusqu'à dix ans entre l'impression d'un ouvrage et son épuisement chez les libraires [3]. Ce délai, la modération des recommandations libérales faites par les disciples français de Smith et le temps de maturation intellectuelle requis pour la compréhension de nouveaux principes théoriques expliquent pourquoi l'économie politique, jusqu'au milieu des années 1820, influence peu les discussions publiques sur la régulation du commerce extérieur.

Au début de la Restauration, les critiques des dommages immaté-

---

1. Jean-Antoine Chaptal, *De l'industrie française*, Paris, 1819, rééd. 1993, chapitre 15 « Des douanes » et chapitre 16 « Des prohibitions », pp. 476-502, citations p. 479 ; ces deux chapitres font l'objet d'une édition à part aux Etats-Unis par le publiciste Matthew Carey, avec pour titre *Des douanes et des prohibitions*, Philadelphie, 1819.
2. AN, F18*II 1, impression 756, 15 juin 1815 ; AN, F18*II 3, impression 1598, 30 juin 1817, impression 5822, 30 septembre 1816 ; AN, F18*II 5, impression 6776, 24 novembre 1818, impression 7605, 19 janvier 1819 ; et AN, F18*II 7, impression 2864, 12 septembre 1821.
3. David Bellos, « La conjoncture de la production », in Roger Chartier et Henri-Jean Martin (dir.), *Histoire de l'édition française*, 4 vol., Paris, 1983, rééd. 1990, t. 2, pp. 730-740.

riels ou « moraux » des prohibitions par les disciples français d'Adam Smith ont une influence plus sensible dans l'opinion. Ils dénoncent avec vigueur, d'une part, les abus de pouvoir des douaniers et, de l'autre, l'incitation irrésistible à faire de la contrebande, qui « démoralise » les populations. Say accuse la législation prohibitive « de rendre criminel par les lois, une action qui est innocente en elle-même, et d'avoir à punir des gens qui, dans le fait, travaillent à la prospérité générale », c'est-à-dire les contrebandiers. Selon Sismondi, les prohibitions présentent « l'inconvénient grave d'établir le régime vexatoire des douanes, de couvrir les frontières d'une armée de commis, et d'une autre armée, non moins redoutable, de contreban-diers, enfin d'accoutumer les sujets à la désobéissance [1] ».

La critique des conséquences démoralisantes du système prohibitif occupe une place plus importante encore chez les auteurs libéraux dont l'économie politique n'est pas la spécialité. Benjamin Constant [2], dans ses *Réflexions sur les constitutions* (1818), souligne que les prohibitions n'entraînent pas seulement une « perte de richesse » et la distribution injuste de celle-ci au sein de la société : « les moyens dont l'autorité doit se servir pour maintenir le privilège et pour repousser de la concurrence les individus non privilégiés, sont inévitablement oppressifs et vexatoires. Il y a donc encore, pour la nation toute entière, perte de liberté ». Il ajoute, au sujet des contre-bandiers et des douaniers, que les prohibitions « forment une pépi-nière d'hommes qui se préparent à tous les crimes, en s'accoutumant à violer les lois, et une autre pépinière d'hommes qui se familiarisent avec l'infamie, en vivant du malheur de leurs semblables [3] ».

Comme son ancien ami Benjamin Constant, Germaine de Staël, opposante libérale au régime napoléonien, désapprouve la politique prohibitive pour des raisons autant morales qu'économiques. Avec son accord et probablement en collaboration avec elle [4], son secrétaire

---

1. J.-B. Say, *Traité*, éd. 1814, *op. cit.*, t. 1, p. 213 ; J.-C. Sismonde de Sismondi, *Nouveaux principes*, *op. cit.*, t. 1, pp. 413-414.

2. Sur Benjamin Constant et l'économie politique, voir Richard Whatmore, « The Politics of Political Economy in France from Rousseau to Constant », in Mark Bevir et Frank Trentmann (dir.), *Markets in Historical Context : Ideas and Politics in the Modern World*, Cambridge, Cambridge University Press, 2004, pp. 46-69.

3. Benjamin Constant, « De la liberté d'industrie », Note Y des *Réflexions sur les constitutions*, reproduite in Benjamin Constant, *Ecrits politiques*, texte établi et présenté par Marcel Gauchet, Paris, Gallimard, 1997, pp. 545-562.

4. Pauline de Pange, *Auguste-Guillaume Schlegel et Madame de Staël*, Paris, Albert, 1938, pp. 401-402.

particulier Auguste Schlegel publie en 1813 une brochure intitulée *Sur le système continental* qui dénonce « l'injustice, l'absurdité et les suites funestes de ce système [1] ». Dans ses *Considérations sur les principaux événements de la Révolution française* (1818), publiées un an après sa mort, Madame de Staël condamne à nouveau « l'absurdité tyrannique » du Blocus napoléonien, soulignant à la fois l'inefficacité et la nocivité morale des « prohibitions armées [2] ».

Henri de Saint-Simon, distinct des autres intellectuels libéraux par ses vues autoritaires sur l'organisation industrielle de la société post-révolutionnaire, partage leur opinion sur les prohibitions. Dans *L'industrie* (1817), rédigé avec l'aide de son secrétaire Augustin Thierry, il dénonce la politique du monopole commercial comme un « calcul immoral » autant qu'un « sot calcul ». Il s'attarde sur les conséquences politiques et psychologiques du système prohibitif : « On s'entourera donc d'une armée de visiteurs, de douaniers, de soldats ; on aura un système réglé d'impôts, d'amendes à lever sur chaque produit de l'étranger, afin de ne recevoir que ce qu'on voudra bien en recevoir ; cela est facile à organiser. Il suffit d'arracher vingt mille hommes, dont on fera des officiers et des soldats du fisc, c'est-à-dire des ennemis armés de tous les intérêts des citoyens laborieux, aux dépens de qui ils vivront : vingt mille hommes qu'on vouera à la haine et au mépris publics, qu'on dépravera en les avilissant [3]. »

Jusqu'au début des années 1820, la dénonciation des effets délétères du système prohibitif sur la moralité est plus répandue que les arguments contre les méfaits économiques de la protection douanière. Une brochure anonyme, datée de 1815 et hostile aux prohibitions reproche aux « lois *prohibitives, importatives* ou *exportatives* » non de s'inspirer de la balance du commerce, mais de lui nuire en faisant augmenter les prix français et diminuer les exportations. En fait, le principal grief de l'auteur contre le système prohibitif est la prolifération des douaniers, dont il porte le nombre au chiffre fantastique de 200 000 : « Et cet établissement des douanes, quel est-il, et que produit-il ? C'est une armée de plus de deux cent mille individus

---

1. [August-Wilhelm von Schlegel], *Sur le système continental et ses rapports avec la Suède*, Hambourg, 1813, pp. 20-21 ; une édition britannique portant comme nom d'auteur Madame de Staël-Holstein est publiée la même année, *Appeal to the Nations of Europe against the Continental System,* Londres, 1813.
2. Germaine de Staël, *Considérations sur les principaux événements de la Révolution française*, 3 vol., Paris, 1818, t. 2, pp. 349-350.
3. *Œuvres de Claude-Henri de Saint-Simon*, 6 vol., Paris, Anthropos, 1966, t. 2, p. 75

arrachés à l'agriculture et aux arts ; c'est un composé d'êtres plus ou moins corrompus, qui démoralisent les villes et les campagnes ; c'est un amas de fainéants qui, dans l'exercice de leurs honteuses fonctions, font une guerre intestine et sourde à leurs propres concitoyens ; qui les arrêtent sur les grandes routes, et leur font éprouver la perte d'un temps souvent très précieux pour leurs affaires ; qui osent les fouiller jusqu'à blesser la décence sur leurs personnes mêmes ; qui les exproprient, qui les ruinent, qui les maltraitent, qui les emprisonnent, qui les traduisent devant leurs tribunaux iniques autant que sanguinaires, et qui, pour des objets de la plus mince valeur, finissent par les envoyer aux galères ou à l'échafaud [1]. »

Cette exaspération contre la répression douanière provoque à plusieurs reprises l'indignation de l'opinion publique, notamment au sujet de la recherche de textiles prohibés et des restrictions au transit des marchandises.

Réclamations contre la recherche de textiles prohibés

C'est du négoce parisien qu'émanent les premières protestations publiques contre les rigueurs du système prohibitif. La recherche de produits textiles prohibés « à l'intérieur », instituée par la loi du 28 avril 1816, est appliquée avec une sévérité particulière, on l'a vu, à Paris : environ un tiers des saisies sont effectuées dans le département de la Seine.

Entre mars 1816 et mars 1817, au moins sept brochures hostiles à la recherche de textiles prohibés sont ainsi publiées dans la capitale. Elles dénoncent le caractère rétroactif de la loi, qui s'applique aux textiles introduits en France avant 1816, et la violation des libertés publiques qu'elle consacre, en permettant des visites domiciliaires sans l'autorisation du juge. Ces brochures, toutes anonymes, ont des accents libéraux. Plusieurs accusent la loi de ne pas respecter les promesses de la Charte octroyée en 1814 [2]. Une indication en marge

---

1. Anonyme, *Des moyens de réduire à son minimum le prix des denrées*, Paris, 1815, pp. 20-21.

2. Anonyme, *Réflexions sur les articles 58, 59, 61, 62 et 63 du projet de loi sur le budget de 1816*, Paris, 1816 ; Anonyme, *Réflexions sur l'article 61 du projet de loi de budget de 1816*, Paris, 1816 ; Anonyme, *Mémoire sur la prohibition des mousselines*, Paris, 1816 ; Anonyme, *Observations à Messieurs les députés contre les articles 59 et*

d'un registre de la Direction de la Librairie précise que l'auteur de l'une de ces brochures, *Quelques idées sur les prohibitions commerciales*, est Xavier Audouin, qui fut secrétaire du club des Jacobins pendant la Terreur [1].

Au total, environ 4 500 exemplaires des sept brochures sont imprimés et distribués à Paris [2]. Parmi elles, celle qui rencontre le plus de succès est un *Mémoire sur les mousselines* (1 000 exemplaires). Ses « sophismes captieux » sont répandus « avec une telle profusion » dans la ville qu'elles suscitent une *Réfutation* (500 exemplaires) également anonyme. Une autre réplique, signée par quatorze fabricants parisiens et intitulée *Mémoire des manufacturiers de coton* (1 500 exemplaires), prétend que le *Mémoire sur les mousselines* a ému jusqu'aux « lingères » et « brodeuses » de la capitale, qui craignent que l'interruption des importations de filés britanniques prohibés ne les mette au chômage [3].

L'auteur du *Mémoire sur les mousselines*, un « spéculateur » en produits de contrebande établi rue Quincampoix selon l'auteur de la *Réfutation*, soutient que la prohibition est inapplicable, parce que seuls les Britanniques produisent les fils fins nécessaires à la fabrication des mousselines et d'autres produits textiles de qualité. Il accuse aussi la loi du 28 avril 1816 d'être « immorale », parce qu'elle force les commerçants à frauder pour éviter la faillite, d'être « impolitique », parce qu'elle prolonge l'état de guerre entre la France et les autres puissances européennes, et d'être « tyrannique », parce qu'en augmentant les prix elle réduit le niveau de vie des ouvriers français [4].

En février 1817, l'auteur du *Mémoire sur les mousselines* publie une seconde brochure intitulée *Le pour et le contre* (1 000 exemplaires) – le titre fait allusion à une brochure favorable aux revendications

---

suivants du titre 6 de la loi sur les douanes, Paris, 1816 ; [Xavier Audouin], *Quelques idées sur les prohibitions commerciales*, Paris, 1816 ; Anonyme, *Le pour et le contre*, Paris, 1817 ; Anonyme, *Questions sur les prohibitions*, Paris, 1817.

1. AN, F18*II 3, impression 6467, 13 décembre 1816.

2. AN, F18*II 2, impression 4289, 21 mars 1816, impression 4666, 8 mai 1816, impression 5465, 19 août 1816 ; AN, F18*II 3, impression 6367, 4 décembre 1816, impression 6467, 13 décembre 1816, impression 374, 8 février 1817, impression 598, 4 mars 1817.

3. Anonyme, *Réfutation du mémoire intitulé : mémoire sur la prohibition des mousselines*, Paris, 1816, p. 21 ; *Mémoire des manufacturiers de coton de Paris*, Paris, 1816, pp. 10-11 ; pour le nombre d'exemplaires imprimés, voir AN, F18*II 3, impression 5847, 2 octobre 1816, impression 81, 8 janvier 1817.

4. Anonyme, *Réfutation, op. cit.*, p. 3 ; Anonyme, *Mémoire sur la prohibition, op. cit.*, pp. 11-19.

du Tiers-Etat à la veille de la convocation des Etats généraux en 1789. Il maintient que les fabricants parisiens, en dépit de leurs protestations, sont incapables de produire des filés fins d'aussi bonne qualité que les filés britanniques. L'auteur anonyme assure cependant ne pas vouloir remettre en cause « l'avantage des prohibitions », mais seulement la rigueur des moyens employés pour les mettre en œuvre [1].

La polémique attire l'attention de l'administration et des Chambres. Le 8 mars 1817, le député ultra Charles Richard fait part à la tribune de son inquiétude au sujet des brochures « largement disséminées » dans la capitale : il juge que les critiques formulées par ces brochures et les méthodes utilisées pour les répandre dans l'opinion ne sont « pas seulement irrégulières, mais dangereuses ». Saint-Cricq lui répond que les brochures ne reflètent guère que les vues de quelques commerçants intéressés à la contrebande et rassure les députés sur la détermination du gouvernement à poursuivre la recherche de textiles prohibés sur tout le territoire [2].

Certes, plusieurs brochures invoquent l'autorité d'Adam Smith, de Jean-Baptiste Say ou des « écrivains éclairés » pour justifier leur opposition à la loi du 28 avril 1816. Mais toutes rejettent la « liberté absolue » ou « illimitée » du commerce comme utopique et certaines reconnaissent que la prohibition des produits textiles étrangers est en elle-même « une mesure pleine de sagesse ». Leurs critiques portent avant tout sur les modalités de sa mise en œuvre, jugée « subversive de la liberté individuelle » par l'une des brochures [3].

Non sans ironie compte tenu de son soutien aux dispositions de la Grande Terreur en 1794, Audouin se soucie particulièrement des effets délétères de la recherche des textiles prohibés sur les mœurs politiques. « Et pour ces recherches » de tissus étrangers, demande-t-il, « créera-t-on une police spéciale ? [...] Des espions spéciaux se renfermeront-ils dans le cercle qui leur sera tracé, ne voudront-ils pas acquérir quelque importance en s'immisçant en toute autre surveillance ? A la suspicion commerciale ne verra-t-on pas succéder une suspicion politique [4] ? »

Ces protestations reflètent donc surtout les anxiétés proprement politiques des libéraux pendant et au lendemain de la Terreur blanche.

---

1. Anonyme, *Le pour et le contre*, *op. cit.*, pp. iii-iv.
2. AP, vol. 19, séance du 8 mars 1817, pp. 410-412.
3. Anonyme, *Réflexions sur l'article 61*, *op. cit.*, pp. 3-5 ; [X. Audouin], *Quelques idées*, *op. cit.*, pp. 10-12.
4. [X. Audouin], *Quelques idées*, *op. cit.*, pp. 69-70.

Elles s'apaisent à partir de 1817, quand le régime semble s'orienter vers une politique de modération.

La campagne pour le transit par l'Alsace

Pourtant, une autre question de douane, en apparence mineure, provoque une controverse sans précédent en 1818-1819 : le « transit par l'Alsace ». La querelle porte sur la possibilité pour les négociants alsaciens de réexporter en Suisse les produits coloniaux en provenance des Pays-Bas. Elle met en évidence les principales caractéristiques des débats sur le système prohibitif au début de la Restauration : la prévalence d'une représentation mercantiliste des échanges, les peurs réciproques de la contrebande et des vexations douanières, l'imbrication entre opinions commerciales et politiques, et l'absence d'opposition systématique entre idées libérales et nationalistes.

La campagne en faveur du transit par l'Alsace a ses racines dans les droits traditionnels du commerce et le souvenir des privilèges commerciaux de l'Alsace sous l'Ancien Régime. Jusqu'à la Révolution, les denrées coloniales débarquées à Anvers ou Amsterdam et destinées à l'Allemagne méridionale ou la Suisse ont été transportées par voie fluviale jusqu'à Strasbourg, puis, comme le Rhin cesse d'être navigable, par la route sur la rive française du fleuve : les marchands et les voituriers alsaciens sont les principaux bénéficiaires de ce commerce. Quand l'Alsace intègre le territoire douanier français en 1791, l'Assemblée constituante maintient à titre exceptionnel le libre transit par les départements du Bas-Rhin et du Haut-Rhin. La Convention montagnarde abolit ce privilège en juillet 1793. Le commerce légal de réexportation des denrées coloniales est de toute façon interrompu par la guerre et le blocus britannique des côtes continentales.

Ce commerce reprend après la paix de 1815. Mais, en raison de la prohibition sur les importations de denrées coloniales par les frontières terrestres, les marchandises en provenance des Pays-Bas empruntent désormais un nouvel itinéraire, à travers le grand-duché de Bade, sur la rive allemande du Rhin, plus long de quelques kilomètres que l'ancien itinéraire par l'Alsace. En réclamant le rétablissement du droit de transit, les marchands alsaciens espèrent récupérer une partie au moins de ce commerce lucratif.

Les principaux artisans de la campagne pour le rétablissement du transit par l'Alsace sont les députés du Bas-Rhin et les négociants de la chambre de commerce de Strasbourg. Parmi eux, deux personnages jouent un rôle de premier plan. Jean-Charles Magnier-Grandprez, directeur des Douanes à Strasbourg sous l'Empire, s'est enrichi en protégeant la fraude sur le Rhin pendant le Blocus continental. Il est désormais député royaliste constitutionnel du Bas-Rhin. Georges Humann, épicier strasbourgeois au début de la Révolution, a acquis une fortune considérable en se livrant à la contrebande entre 1800 et 1815. Il sera plusieurs fois ministre des Finances sous la Monarchie de Juillet [1].

Au cours des débats parlementaires précédant l'adoption de la loi du 28 avril 1816, Magnier-Grandprez est l'un des seuls opposants au projet. Selon lui, les multiples dispositions concernant la répression de la contrebande vont raviver les dissensions politiques : « Que de moyens de persécution ces mesures n'offriraient-elles pas à une multitude d'agents ? Que de ressentiments, que de haines n'excite-raient-elles pas, surtout dans les circonstances actuelles [2] ? » Peu après la promulgation de la loi, il écrit à la chambre de commerce de Strasbourg pour regretter qu'on ait « sextuplé les formalités et les dépenses d'administration, pour les expéditions de douanes, pour la circulation des marchandises » et en souligne le résultat malheureux : « l'Alsace occupée dans toute sa profondeur par *trois* lignes de douanes [3] ».

Les marchands alsaciens sont en effet parmi les principales victimes de la nouvelle législation prohibitive. Ils concentrent bientôt leurs critiques sur la question du transit des denrées coloniales. Se conformant aux conseils de Magnier-Grandprez, les membres de la chambre de commerce de Strasbourg publient en 1817 une pétition défendant le droit au transit des marchandises en général et le transit par l'Alsace en particulier. La pétition affirme que « l'échange » est « le véritable principe du commerce ». Elle présente surtout la question alsacienne comme un choix entre le commerce français et le commerce allemand : « est-ce à la France ou à l'étranger qu'il nous

---

1. Sur Magnier-Grandprez, voir P. Leuilliot, *L'Alsace, op. cit.,* t. 2, pp. 257-258 ; et G. Ellis, *Napoleon's Continental Blockade, op. cit.,* pp. 207-208. Sur Humann, voir Félix Ponteil, *Un type de grand bourgeois sous la monarchie parlementaire, Georges Humann (1780-1842),* Paris, Ophrys, 1977.
2. AP, vol. 17, séance du 6 avril 1816, p. 130.
3. ADBR, 79 J 70, lettre de Magnier-Grandprez à un membre non identifié de la chambre de commerce de Strasbourg, 9 septembre 1816.

importe d'assurer, sur une route de 150, de 250 lieues, la subsistance et l'aisance d'une quantité innombrable de voituriers, cultivateurs, charrons, bourreliers, maréchaux, ouvriers de toute sorte [1] ? ».

Les députés du Bas-Rhin déposent en mars 1817 un amendement qui accorderait aux départements alsaciens des droits limités de transit et d'entrepôt des denrées coloniales. Les représentants de Bordeaux et de Nantes font aisément repousser la proposition, en soutenant qu'elle nuirait à la navigation en réduisant le commerce de transit entre les ports français et la Suisse et qu'elle offrirait des facilités à la contrebande par les frontières de terre [2].

Les négociants strasbourgeois font une nouvelle tentative l'année suivante. Ils obtiennent du gouvernement qu'il insère une disposition autorisant le transit par l'Alsace dans le projet de loi de douanes en préparation. Mais ils craignent l'opposition des ports de la façade atlantique et les réticences de l'administration des Douanes. Pour faire contrepoids, ils veulent rallier l'opinion publique à leur cause. Humann et deux autres délégués de la chambre de commerce de Strasbourg se rendent à Paris. En mars et avril 1818, ils publient et répandent dans la capitale trois brochures, dont 11 000 exemplaires sont imprimés : *Du transit d'Alsace* (1 000 exemplaires), *Quelques observations en faveur du transit d'Alsace* (8 000 exemplaires) et *Encore un mot du transit d'Alsace* (2 000 exemplaires) [3].

Les brochures nient que le transit par l'Alsace se ferait au détriment des ports de mer ou que les marchands alsaciens espèrent obtenir plus de facilités pour mener des opérations de contrebande. Surtout, les brochures présentent à nouveau la question comme un choix entre privilégier « les bateliers allemands » ou « les bateliers français ». A la première page de *Du transit d'Alsace*, une carte dépliable représente les deux voies possibles d'acheminement des denrées coloniales depuis Mayence jusqu'à Bâle : la « route Française » ou la « route Allemande ». Les pamphlets, loin de s'appuyer sur l'économie politique de Smith et Say, mettent en évidence les quantités de numéraire que le transit par l'Alsace ferait gagner à la France [4].

---

1. Les membres de la chambre de commerce de Strasbourg, *Pétition aux fins de l'établissement du transit général par la France et subsidiairement du transit de l'Allemagne en Suisse, par l'ancienne Alsace,* Strasbourg, 1817, p. 7, p. 12.

2. AP, vol. 19, séance du 8 mars 1817, pp. 406-409.

3. AN, F18*II 4, impression 3933, 23 février 1818, impression 4247, 18 mars 1818, impression 4334, 24 mars 1818.

4. Georges Humann, Saum l'aîné et Charles Schattenmann, *Du transit d'Alsace*, Paris,

Les brochures sont distribuées aux députés, à des négociants et aux journaux libéraux, qui en reproduisent de larges extraits. A la Chambre, le baron Morgan de Belloy, député royaliste de la Somme et rapporteur du projet de loi de douanes, dénonce la distribution des textes et leur reproduction par les journaux comme « un phénomène inouï ». Selon lui, cette campagne obéit à des « motifs politiques [1] ». Inversement, Charles-Henri Schattenmann, l'un des délégués strasbourgeois venus à la capitale avec Humann, affirme triomphalement : « Le transit d'Alsace est devenu une affaire populaire à Paris, tout le monde s'en occupe, dans les salons et les antichambres, dans les comptoirs comme dans les boutiques [2]. »

La plupart des débats parlementaires sur la législation douanière sont consensuels. Celui sur le transit alsacien fait en revanche l'objet d'une vive controverse. Un député hostile se dit certain que le commerce de contrebande est « la véritable raison, la raison cachée, qui le fait réclamer avec tant de chaleur ». D'après un autre, on ne saurait faire aucune exception « au principe de la clôture absolue » des frontières, car « la porte entrouverte ne tarderait pas à s'ouvrir tout à fait [3] ». Emmenés par Magnier-Grandprez, les députés du Bas-Rhin rappellent que le transit par l'Alsace profiterait à la balance du commerce de la France et qu'il serait soumis à des vérifications douanières très strictes pour empêcher la contrebande. De plus, il reconnaîtrait les « Français des bords du Rhin [...] comme enfants de la grande famille, comme enfants de la même patrie au moment du danger [4] ».

Les ministres soutiennent les députés alsaciens. Pourtant, le 27 mars 1818, la Chambre rejette le transit par l'Alsace à une courte majorité : 101 voix contre 96 [5]. Il y a certes l'hostilité intéressée des députés des ports de mer. Mais les délégués strasbourgeois attribuent aussi leur défaite législative à trois autres facteurs. Le premier est l'opposition de principe des royalistes à tout relâchement du système prohibitif. Décrivant les résultats du vote à la Chambre, Schattenmann affirme que

---

1818 ; *Quelques observations présentées à la chambre des députés en faveur du transit d'Alsace*, Paris, 1818 ; *Encore un mot sur le transit d'Alsace,* Paris, 1818.

1. AP, vol. 21, séance du 24 mars 1818, p. 464.

2. ADBR, 79 J 70, lettre de Schattenmann à Schertz, vice-président de la chambre de commerce de Strasbourg, 5 avril 1818.

3. AP, vol. 21, séances des 18 et 26 mars 1818, p. 364, pp. 484-485.

4. AP, vol. 21, séance du 18 mars 1818, pp. 354-359.

5. AP, vol. 21, séance du 27 mars 1818, p. 495 ; selon le sténographe, le résultat du vote provoque « une vive et longue agitation » parmi les députés.

« le côté droit de l'assemblée s'est levé en entier pour le rejet du transit [1] ».

Comme second facteur, Magnier-Grandprez et Humann désignent l'opposition secrète de Saint-Cricq et son influence auprès des députés. D'après Humann, le directeur général des Douanes « nous aime, nous autres négociants de la frontière de terre, comme Saturne aimait ses enfants ». Il ajoute une dizaine de jours plus tard que Saint-Cricq « lui-même relève, renforce, augmente l'opposition, il ameute contre nous tous les membres de la chambre des députés qu'il peut atteindre de son influence et vous jugez bien qu'ayant vingt-six mille places à donner son ascendant n'a pas peu de force [2] ».

Enfin, troisième facteur, Schattenmann et Humann soulignent la peur de la contrebande parmi les députés, peur accentuée par l'origine notoire de la fortune personnelle de Magnier-Grandprez. Dès le début de la campagne, Humann avertissait le vice-président de la chambre de commerce de Strasbourg que « Monsieur Grandprez [...] nuit à nos intérêts plus qu'il ne les sert, on est parvenu et M. de Saint-Cricq n'y est certainement pas étranger, à le déconsidérer à un point extrême. Un député des ports a dit à Monsieur Renouard [député du Bas-Rhin] que l'inquiétude de la fraude [dans la question du transit par l'Alsace] était justifiée par le fait que notre département a envoyé à la chambre des députés un homme tellement connu pour avoir fait de la contrebande que son nom est devenu proverbial [3] ».

Néanmoins, les négociants strasbourgeois sont confiants que la Chambre finira par autoriser le transit par l'Alsace. Ils ont obtenu l'appui de l'opinion publique et cela « vaut plus que cinq voix [4] ». Et en effet, le gouvernement met en place une commission d'enquête qui conclut au début de 1819 que le transit sur la rive gauche du Rhin ne pose de menace sérieuse, ni au commerce des places maritimes, ni à la répression de la contrebande. Avec réticence, la Chambre renverse sa position et approuve le transit par l'Alsace en mai 1819. Mais elle rejette la proposition complémentaire d'accorder des droits d'entreposage des marchandises à Strasbourg, en invoquant encore les risques de contrebande [5].

---

1. ADBR, 79 J 70, lettre de Schattenmann à Schertz, 27 mars 1818.
2. ADBR, 79 J 71, lettres de Humann à Schertz, 13 et 25 février 1818.
3. ADBR, 79 J 71, « lettre confidentielle » de Humann à Schertz, 7 janvier 1818.
4. ADBR, 79 J 71, lettre de Humann à Schertz, 27 mars 1818.
5. AP, vol. 24, séances des 4, 7 et 8 mai 1819, pp. 193-196, pp. 239-252, pp. 268-283.

Il ne s'agit donc que d'une demi-victoire. Le coût et les délais entraînés par les formalités douanières empêcheront les négociants alsaciens de reprendre le contrôle du commerce de denrées coloniales le long de la vallée du Rhin. Au cours de la décennie suivante, ils réclameront en vain l'abolition de la prohibition des importations par voie de terre et des procédures de transit moins contraignantes [1]. Ils n'obtiendront gain de cause qu'après la Révolution de Juillet, en 1831 [2].

Les réclamations alsaciennes correspondent moins à un libéralisme commercial, inspiré par l'économie politique, qu'à un libéralisme « douanier », à connotation politique. Elles restent formulées dans le langage du système mercantile et de la protection du commerce. L'accent sur le caractère français des voituriers et des bateliers alsaciens préfigure même le patriotisme économique des futurs protectionnistes. Magnier-Grandprez et Humann se prononceront d'ailleurs en faveur du système protecteur dans les premières années de la Monarchie de Juillet [3].

L'ambivalence du négoce bordelais

L'irritation provoquée par les contrôles douaniers se manifeste, sous une forme plus diffuse qu'à Paris ou en Alsace, dans la plupart des places et régions commerçantes de France. Le cas de Bordeaux mérite une mention particulière, puisque la ville deviendra à partir des années 1830 un bastion du libre-échange en France. Sous la Restauration, les négociants bordelais sont exaspérés par les procédures tatillonnes des Douanes. Pourtant, jusqu'au milieu des années 1820, ils réclament le maintien, voire le renforcement de mesures prohibitives favorables au commerce maritime.

Lorsque Saint-Cricq inspecte en personne le port de Bordeaux en juin 1818, la chambre de commerce énumère dans une lettre-pétition les doléances douanières des négociants. Ils souhaitent notamment le

---

1. Voir, par exemple, la pétition bilingue imprimée et signée par les maires de plusieurs communes du Bas-Rhin *Transit par l'Alsace. Transit durch das Elsaß*, Strasbourg, 1819.
2. Voir chapitre 8, p. 174.
3. Voir Jean-Charles Magnier-Grandprez, *De la prospérité de l'agriculture et du commerce en France*, Paris, 1833 ; F. Ponteil, *Un type de grand bourgeois, op. cit.*, pp. 147-148.

relâchement des procédures contraignantes et coûteuses du pesage des marchandises importées – obligatoire avant leur entreposage – et du plombage de celles en transit. Saint-Cricq se montre peu flexible : il ne consent qu'à lever l'obligation du plombage sur des marchandises de peu de valeur [1].

Les négociants bordelais ne cessent par la suite de réitérer leurs plaintes contre les excès de la réglementation douanière. A plusieurs reprises, la chambre de commerce réclame l'aménagement de la procédure de plombage pour éviter d'endommager les marchandises les plus fragiles : caisses de vin ou de prunes, futailles de sucre raffiné. Pour démontrer l'absurdité de la réglementation, elle évoque le cas du navire *Le César*, dont la cargaison de 400 caisses de vin pour l'île Bourbon (Réunion) doit être escortée par deux douaniers – aux frais de l'armateur – pour être dispensée de plombage. La chambre proteste aussi contre le tarif exorbitant du plombage : 50 centimes par caisse ou ballot de marchandises [2].

En 1824, dès le remplacement de Saint-Cricq par Vaulchier à la tête des Douanes, la chambre de commerce récapitule dans une pétition « les abus qui s'opposent à la prospérité de [leur] commerce ». Deux nouvelles pétitions, au cours de l'hiver 1824-1825, réclament la réforme de la procédure de pesage. Les marchandises débarquées sur le port doivent être transportées dans la cour de l'hôtel des Douanes, puis remportées au port pour être entreposées en magasin. Il en coûte jusqu'à trois francs par barrique de sucre, aux frais du commerce : « on trouve plus naturel et plus facile de faire transporter ainsi, à grands frais, toute une cargaison que de déplacer un de ces Messieurs les vérificateurs » sur le quai de débarquement [3]. Le ton trahit l'irritation des négociants.

Pourtant, le négoce de Bordeaux reste favorable au système prohibitif. En 1815, la chambre de commerce réclame la hausse des droits sur les produits importés en France par des navires étrangers. La lettre-pétition présentée à Saint-Cricq en juin 1818 demande aussi

---

1. ADG, 02/081/277, registre 1818-1822, f°s 7-10, f° 16, lettres de la chambre de commerce de Bordeaux (CCB) à Saint-Cricq, 16 juin et 12 août 1818.

2. ADG, 02/081/277, registre 1818-1822, f° 14, f°s 108-112, f° 128, lettres de la CCB à Saint-Cricq, 31 juillet 1818 et 27 octobre 1820, et lettre de la CCB aux députés de la Gironde, 27 avril 1821.

3. ADG, 02/081/277, registre 1822-1825, f°s 101-102, f°s 108-109, f°s 116-119, lettres de la CCB au directeur général des Douanes, 30 septembre 1824, 15 décembre 1824 et 6 janvier 1825.

de remettre en vigueur la loi du 3 septembre 1793, un « acte de navigation » inspiré du modèle britannique, adopté par la Convention et suspendu dès le 27 vendémiaire an II parce qu'il pouvait nuire aux approvisionnements des armées révolutionnaires : il interdisait l'accès des ports français aux navires étrangers autres que ceux transportant des marchandises du pays dont il battaient pavillon. Les négociants bordelais renouvellent cette demande en 1820 [1].

En 1818, les Bordelais s'opposent bec et ongles au transit par l'Alsace. Selon eux, ce « n'est que par une prohibition totale, absolue, que la surveillance des douanes sur la frontière [de terre] est devenue possible ; ce n'est que par elle que le commerce maritime peut obtenir les garanties nécessaires à sa prospérité, ce n'est enfin que par elle qu'on peut opposer une digue efficace à la fraude, ce fléau qui ruine à la fois le trésor de l'Etat, le commerce et la morale publique [2] ». Ce langage n'est ni libéral, ni libre-échangiste.

L'interdiction des importations de denrées coloniales par les frontières terrestres est l'un des privilèges commerciaux des places maritimes. Le droit d'entrepôt réel en est un autre, peut-être le plus important aux yeux des Bordelais. D'après la chambre de commerce, il permettra à Bordeaux de redevenir « un lieu de dépôt pour les productions des deux Indes qui d'ici peuvent se répartir dans le reste de l'Europe », comme elle l'était avant la Révolution [3]. L'attachement des Bordelais au système prohibitif est nourri par les souvenirs de la formidable prospérité du port de la Gironde au XVIIIe siècle [4].

Pour permettre aux négociants de profiter pleinement de leurs droits d'entrepôt réel, la chambre de commerce décide en 1821 de construire un nouveau bâtiment. L'« entrepôt Laîné », situé dans le quartier commerçant des Chartrons, est achevé en 1824. Sa construction a nécessité deux emprunts d'un montant total de 1,2 million de

---

1. ADG, 02/081/276, registre 1815-1818, f° 26, lettre de la CCB au président de la Chambre des députés, 23 décembre 1815 ; ADG, 02/081/277, registre 1818-1822, f°s 7-8, f°s 108-112, lettre de la CCB à Saint-Cricq, 16 juin 1818 et 27 octobre 1820.

2. ADG, 02/081/276, registre 1815-1818, f°s 136-138, lettre de la CCB à Saint-Cricq, 2 février 1818.

3. ADG, 02/081/277, registre 1818-1822, f°s 7-8, lettre de la CCB à Saint-Cricq, 16 juin 1818.

4. Paul Butel, *Les négociants bordelais, l'Europe et les îles au XVIIIe siècle*, Paris, Aubier, 1974, en particulier pp. 152-188 sur le commerce d'entrepôt ; sur le déclin commercial de Bordeaux après 1800, voir *id.,* « Crise et mutation de l'activité économique à Bordeaux sous le Consulat et l'Empire », *Revue d'histoire moderne et contemporaine*, n° 17, 1970, pp. 540-558.

francs, soit un investissement considérable. L'entreprise connaît néanmoins un succès immédiat. Dès février 1825, la chambre de commerce contracte un emprunt de 400 000 francs pour adjoindre une annexe à l'entrepôt principal [1]. Mais les privilèges des places maritimes, à commencer par l'entrepôt réel, vont être contestés avec une vigueur accrue après 1825. Ils seront abolis après la Révolution de Juillet. Leur remise en cause jouera un rôle décisif dans la conversion des négociants bordelais au libre-échange.

La protection douanière contre la concurrence étrangère jouit encore du statut d'évidence au début de la Restauration. A l'exception de quelques intellectuels libéraux dont l'influence reste modeste, même ceux qui protestent contre les excès du système prohibitif – contre la recherche de textiles prohibés à Paris, contre les restrictions au transit des denrées coloniales en Alsace, contre le coût du pesage et du plombage des marchandises à Bordeaux – adhèrent encore aux principes fondamentaux du système mercantile. Ces protestations reflètent moins des opinions économiques libérales que la défense des libertés du commerce contre les abus de l'administration des Douanes. La domination des idées prohibitives ne se dissipe, progressivement, que dans les dernières années de la Restauration, en même temps que l'opinion rejette les politiques réactionnaires de Charles X, monté sur le trône en septembre 1824.

---

1. ADG, 02/081/277, registre 1818-1822, f°s 135-136, lettre de la CCB au maire de Bordeaux, 7 août 1821 ; ADG, 02/081/305, registre 1823-1825, f° 46, f° 78, procès-verbaux de la CCB, 19 juillet 1824 et 9 mars 1825.

DEUXIÈME PARTIE

LIBERTÉ
(1825-1834)

A partir de 1825, le langage de la liberté commerciale se répand dans l'opinion publique. Son succès entraîne le déclin des idées prohibitives. Mais ce succès est précaire. Pour une majorité de l'opinion, la liberté commerciale reste avant tout le prolongement de la liberté politique, qui triomphe avec la Révolution de Juillet 1830.

La liberté commerciale est pourtant d'abord un concept économique. Ses premiers défenseurs sont l'économiste Jean-Baptiste Say et ses disciples. Leurs efforts pour disséminer l'économie politique discréditent la doctrine mercantiliste de la balance du commerce. En se propageant, les idées économiques libérales sont néanmoins réinterprétées. La critique de l'économie politique par Henri Fonfrède, publiciste libéral bordelais, illustre ce phénomène : son inflexion agrarienne du discours des économistes facilite l'adhésion des notables de Gironde à la liberté commerciale et leur ralliement au parti libéral. Le libéralisme commercial des Bordelais, hostile à l'industrialisation, se répand dans les régions viticoles, frappées par une chute des prix du vin. Les protestations des viticulteurs forcent le gouvernement à organiser une enquête sur la législation commerciale. Aucune réforme d'envergure n'est pourtant entreprise avant l'avènement, en 1830, de la Monarchie de Juillet.

Le nouveau régime célèbre la liberté politique mais aussi commerciale. Il réforme les aspects les plus impopulaires de la législation prohibitive. Mais ces réformes ne satisfont pas tous les partisans de la libéralisation des échanges, notamment les Bordelais, qui sont privés de leurs privilèges commerciaux sans compensation. John Bowring, agent du gouvernement britannique, attise ces frustrations. A Paris et en province, il mobilise journalistes et négociants pour qu'ils demandent la « véritable » liberté commerciale, c'est-à-dire l'abolition de la protection douanière. A Bordeaux, il crée des groupes de pression pour la réduction des tarifs. En 1834, ces groupes de pressions réclament solennellement l'établissement de la liberté économique, complément naturel de la liberté politique. Emmenés par Fonfrède, ils s'efforcent de populariser une conception radicale de la liberté des échanges.

Un libéralisme économique est né. Mais sa popularité est fragile. Les encouragements britanniques à la réduction des tarifs français éveillent la méfiance des libéraux les plus « patriotes ».

Chapitre 5

La diffusion des idées économiques libérales (1825-1829)

Au cours des années 1820, les défenseurs de l'économie politique pensent que leur doctrine est achevée. Leur discipline leur paraît une science, au même titre que la physique et la chimie. « Il ne s'agit donc plus », selon Jean-Baptiste Say, « que de répandre, de *vulgariser* pour ainsi dire ce genre de connaissances pour en tirer de très heureuses conséquences, et entre autres une tendance positive vers des communications amicales entre les hommes et entre les nations [1] ». Say lui-même joue un rôle de premier plan dans ces efforts de diffusion. Il peut s'appuyer, à partir du milieu de la décennie, sur un cercle grandissant de disciples et d'émules. On appelle ces adeptes les « économistes » : le terme ne désigne plus, comme au XVIIIe siècle, les membres de la secte physiocratique mais les partisans de la nouvelle orthodoxie libérale.

Les économistes recommandent une liberté économique intégrale. L'Etat, selon eux, ne doit plus s'immiscer dans les rapports entre producteurs et consommateurs. Comme les restrictions commerciales constituent à l'époque la principale forme d'intervention étatique dans l'économie, les doctrines mercantilistes et les prohibitions sont des

---

1. BNF, NAF, MS 26237, f°s 68-75, note manuscrite de Say intitulée « De l'état actuel de nos connaissances en économie politique », s.d., vers 1825.

cibles prioritaires. La liberté commerciale qu'ils exigent conserve néanmoins une dimension politique. Les économistes la comparent sans cesse aux autres libertés, civiles et religieuses. La plupart d'entre eux sont liés au « parti libéral », dont l'opposition au pouvoir se durcit sous Charles X.

Jean-Baptiste Say et la dissémination de l'économie politique

La contribution intellectuelle de Say à l'économie politique est aujourd'hui discutée. On a souvent tourné en ridicule sa « loi des débouchés », selon laquelle la consommation se porte toujours au niveau de la production. Sa vision dynamique de l'entrepreneur et sa conception de l'équilibre économique ont en revanche trouvé grâce auprès des historiens de la pensée économique [1]. Mais sa notoriété au XIXᵉ siècle doit beaucoup à ses efforts pour disséminer l'économie politique en France et en Europe.

Issu d'une famille protestante de Nîmes, Say s'est initié au commerce à Lyon et à Londres avant de collaborer, pendant la Révolution, au *Courrier de Provence*, journal patronné par Mirabeau. Sous le Directoire, il est l'un des principaux rédacteurs de la *Décade philosophique*, périodique proche des « Idéologues », des penseurs libéraux favorables au régime directorial. Contraint au silence par Napoléon, Say reste fidèle à ses idéaux républicains modérés et devient une figure majeure de l'opposition libérale sous la Restauration [2].

Déjà en 1803, il avait décrit la première édition de son *Traité d'économie politique* comme une présentation ordonnée des idées contenues dans *La richesse des nations*. Smith selon Say « manque de clarté dans quelques endroits et de méthode presque partout ». La deuxième édition refondue du *Traité* en 1814, ainsi que les troisième (1817), quatrième (1819) et cinquième (1826) font preuve du même souci de limpidité, qui doit rendre les théories de l'économie politique accessibles au plus grand nombre. Son *Traité*, affirme-t-il dans le discours préliminaire commun aux cinq éditions, n'est pas destiné aux autres écrivains ou aux seuls hommes publics, mais à « la classe

---

1. A commencer par Joseph A. Schumpeter, in *Histoire de l'analyse économique*, 3 vol., Paris, Gallimard, 1983 (1ʳᵉ éd. britannique en 1954), t. 2, pp. 157-160, pp. 322-335.
2. R. Whatmore, *Republicanism and the French Revolution, op. cit.*, p. 12, pp. 189-201.

mitoyenne », dans laquelle « naissent les lumières » et d'où « elles se répandent chez les grands et chez le peuple [1] ».

Dans une note manuscrite datant probablement des années 1820, Say définit sa démarche par opposition à celle des auteurs britanniques d'économie politique – James Mill, David Ricardo, Thomas Malthus –, qui n'auraient écrit, selon lui, que « les uns pour les autres ». « J'ai suivi », explique Say, « une marche différente. Je me suis occupé du public uniquement [2]. » Il manifeste ce souci de vulgarisation dès 1815 en publiant un *Catéchisme de l'économie politique*. Les bienfaits de la nouvelle science y sont présentés sous la forme didactique de questions et de réponses, en une centaine de pages [3]. Une deuxième et une troisième édition du *Catéchisme* paraissent en 1821 et en 1826.

Les ouvrages de Say rencontrent un immense succès auprès du public. En 1827, une recension de la cinquième édition du *Traité*, dans *La Revue encyclopédique*, affirme qu'« on doit à monsieur Say d'avoir popularisé l'économie politique en Europe ». Selon l'auteur de l'article, 12 000 exemplaires environ des cinq éditions du *Traité* et 6 000 exemplaires des trois éditions du *Catéchisme* ont été vendus en France et à l'étranger, sans compter les multiples traductions [4]. La correspondance privée de Say et les archives du ministère de l'Intérieur confirment l'ordre de grandeur des chiffres avancés par *La Revue encyclopédique* [5].

C'est beaucoup pour l'époque. En 1830, la première édition du *Rouge et le Noir* de Stendhal est tirée à 750 exemplaires ; en 1834, la première partie de la *Démocratie en Amérique* d'Alexis de Tocqueville à 600 [6]. Les tirages et ventes de Say soutiennent avantageuse-

---

1. Jean-Baptiste Say, *Traité d'économie politique*, 2 vol., Paris, 1803, t. 1, p. xxiv, p. xxviii.
2. BNF, NAF, MS 26237, f° 150, note manuscrite, s.d., seconde moitié des années 1820.
3. Jean-Baptiste Say, *Catéchisme de l'économie politique*, Paris, 1815.
4. Charles Dunoyer, « Traité d'économie politique », *La Revue encyclopédique*, n° 34, 1827, pp. 63-90.
5. AN, F18*II 1, impression 762, 17 juin 1815, et AN, F18*II 7, impression 3673, 14 novembre 1821, indiquant que 3 500 exemplaires ont été imprimés au total des deux premières éditions du *Catéchisme* ; AN, F18*II 3, impression 5822, 30 septembre 1816, et AN, F18*II 6, impression 9673, 22 juillet 1819, indiquant que 5 000 exemplaires ont été imprimés au total des troisième et quatrième éditions du *Traité* ; BNF, NAF, MS 26253, f° 113, lettre de Say à son libraire, Rapilly, 5 mai 1826, indiquant que 3 000 exemplaires ont été imprimés de la cinquième édition du *Traité*.
6. AN, F18*II 19, impression 2056, 8 mai 1830 ; AN, F18*II 24, impression 4757, 8 novembre 1834.

ment la comparaison avec les *Principes d'économie politique* (1848) de John Stuart Mill, manuel classique de la science économique victorienne : Mill, dans son autobiographie, relate avec satisfaction le « rapide succès » qu'a rencontré son ouvrage avec trois éditions et un tirage total de 3 250 exemplaires entre 1848 et 1852 [1].

Comment Say est-il parvenu à un tel succès ? L'élégance de son style et la clarté de son exposition sont universellement reconnues. Mais il y a aussi l'attention accordée à la commercialisation du *Traité* et du *Catéchisme*. Say supervise lui-même l'envoi d'exemplaires aux libraires du Palais-Royal à Paris et à ceux de Genève, Londres ou New York. Il joint parfois « un modèle d'annonce pour les gazettes » ou des exemplaires à offrir en cadeau « qui ne feront point tort à la vente, et au contraire la favoriseront en faisant parler » de l'ouvrage [2].

Say s'enquiert fréquemment du succès de ses ventes. Au libraire genevois Jean-Jacques Paschoud, il demande à propos de la seconde édition du *Traité* : « Que dit-on de mon livre à Genève ? avez-vous écoulé les exemplaires que vous aviez eus ? » L'année suivante, il se plaint au même de l'absence de ventes en Suisse et en Italie : « Permettez-moi à ce sujet de douter des soins que vous vous êtes donnés pour répandre dans ces deux pays mon *Traité d'économie politique* [3]. » Say se montre particulièrement soucieux de toucher le public étranger. En août 1814, il envoie des exemplaires gratuits du *Traité* à des sociétés savantes ou des journaux de Berlin, Munich, Leipzig, Zurich, Göttingen, Iéna, Halle et du canton de Vaud. En juillet 1815, il fait cartonner « à l'anglaise » une douzaine des 62 exemplaires du *Catéchisme* qu'il envoie au libraire Delaunay à Paris, parce que « cela plaît aux Anglais et aux Allemands [4] ». La diffusion à l'étranger est assurée par de nombreuses traductions, dont cinq éditions du *Traité* en allemand entre 1807 et 1831 et sept éditions en anglais aux Etats-Unis entre 1821 et 1836 [5].

---

1. John Stuart Mill, *Autobiography*, Londres, 1873, rééd. Londres, Penguin, 1989, p. 178.

2. BNF, NAF, MS 26253, f°⁵ 88-89, f°⁵ 94-96, lettres de Say à Paschoud, 31 mai et 1ᵉʳ juin 1814, lettre de Say à Delaunay, 12 juillet 1814, lettre de Say à Murray, 4 août 1815, et lettre de Say à Derham, 4 août 1815.

3. BNF, NAF, MS 26253, f° 92, f° 95, lettres de Say à Paschoud, 3 septembre 1814 et 25 juillet 1815.

4. BNF, NAF, MS 26253, f° 91, f° 94, lettre de Say à Estery, 6 août 1814, et lettre de Say à Delaunay, 12 juillet 1815.

5. Philippe Steiner dénombre, outre les éditions françaises du *Traité*, une édition anglaise, sept éditions américaines, cinq éditions allemandes, une édition italienne, sept

Say s'occupe avec le même soin de la diffusion de ses ouvrages en France. Lors de la parution de la seconde édition du *Catéchisme* en 1821, il fait insérer des extraits dans les principaux journaux et périodiques libéraux, « le *Courrier*, le *Journal du commerce*, *La Revue encyclopédique*, et [...] le *Constitutionnel* », contre la remise de deux exemplaires gratuits aux rédacteurs. Say change fréquemment de libraire-éditeur – on en compte quatre différents pour les cinq éditions françaises du *Traité* – non seulement parce qu'il recherche des conditions financières plus avantageuses, mais aussi pour accélérer le débit de ses œuvres. En 1826, il s'excuse auprès de son ami Deterville, chargé de diffuser la quatrième édition, d'avoir confié la cinquième à Rapilly parce que ce dernier lui a fait une offre plus intéressante « et qui mettant la vente dans le quartier de la bourse et des banquiers, la rendra je crois plus rapide [1] ».

La dissémination de l'économie politique dans les couches lettrées de la société française et européenne est donc l'un des grands projets de Say. Dans ses manuscrits non publiés, on trouve des considérations sur l'enseignement de l'économie politique aux jeunes Français dès le lycée, ainsi que de brefs essais pour montrer « Qu'un poète doit savoir l'Economie Politique » et que tous les « littérateurs » doivent acquérir au moins « une teinture » de cette science, afin d'être eux-mêmes en mesure de la diffuser [2]. En décembre 1820, il envisage de rédiger un petit volume in-18° qui serait intitulé « Economie politique à l'usage des dames, ou Entretiens d'une jeune fille sur l'Economie générale et particulière ». Avant d'abandonner ce projet, il rédige une notice pour un futur prospectus dans lequel il affirme : « Personne, et les femmes aussi bien que les hommes, n'est complètement instruit, à moins d'avoir des notions justes sur la population, sur les différentes professions de la société, sur les monnaies, les impôts, les fonds

---

éditions espagnoles, une édition suédoise et une édition danoise ; et pour le *Catéchisme* hors de France, une édition anglaise, une édition américaine, deux éditions allemandes, cinq éditions italiennes, quatre éditions espagnoles, une édition suédoise, une édition danoise et une édition grecque, voir « Introduction : l'économie politique comme science de la modernité », in Jean-Baptiste Say, *Cours d'économie politique et autres essais*, texte établi et présenté par Philippe Steiner, Paris, Flammarion, 1996, p. 17.

1. BNF, NAF, MS 26253, f°s 104-105, f° 112, lettre de Say à Bossange, 9 novembre 1821, et lettre de Say à Deterville, 8 avril 1826.

2. BNF, NAF, MS 26238, f° 28, f° 35, f° 37, notes manuscrites intitulées « Pour prouver que l'Economie Politique devrait entrer dans l'enseignement public », « Qu'un poète doit savoir l'Economie Politique », « Qu'une teinture, tout au moins, des sciences, est nécessaire aux simples littérateurs », s.d., années 1820.

publics, etc. voilà ce qu'il fallait mettre à la portée des personnes du sexe sans excéder un volume in-18° [1]. »

L'économie politique est pour Say un moyen d'établir sur des bases solides la société post-révolutionnaire, conception qui dépasse la seule question des échanges internationaux [2]. Mais le commerce extérieur occupe une place importante dans ses écrits et son opinion sur ce sujet se radicalise à chaque nouvelle édition de ses ouvrages. On a mentionné au chapitre précédent les concessions faites aux partisans de la protection contre la concurrence étrangère dans la deuxième édition du *Traité*. Ces concessions disparaissent progressivement dans les éditions de 1816, 1819 et 1826. Dans cette dernière, loin de reprocher à Smith son intransigeance sur la question de la protection douanière, comme il le faisait en 1814, Say condamne l'exception faite par le philosophe écossais en faveur des industries d'armement pour des motifs de sécurité nationale [3]. De même, dans la première édition du *Catéchisme* en 1815, Say concentre ses critiques sur la « prohibition absolue » d'importation. Dans les seconde et troisième éditions de 1821 et 1826, un chapitre supplémentaire attaque la théorie de la balance du commerce et appelle à établir « un système qui diminuerait autant que possible les entraves et les frais qui accompagnent le commerce avec l'étranger [4] ».

Say donne aussi des cours et des conférences publiques. De 1816 à 1819, il donne un cours d'économie politique en huit leçons à l'institut privé l'Athénée et, à partir de 1820, un cours annuel d'« économie industrielle » en une trentaine de leçons au Conservatoire des arts et métiers [5]. Les notes – incomplètes – du cours à l'Athénée suggèrent que Say n'y abordait pas la question de la politique commerciale. Mais celle-ci occupe une place grandissante dans ses cours du Conservatoire, jusqu'à trois leçons sur trente à partir de 1824. En marge du programme de l'année 1826-1827, Say remarque que la leçon 28

---

1. BNF, NAF, MS 26253, f°ˢ 101-102, lettre de Say à Audot, libraire établi rue des Mâcons-Sorbonne, qui projetait la publication d'une « Encyclopédie des dames » en plusieurs volumes spécialisés, 20 décembre 1820.

2. R. Whatmore, *Republicanism and the French Revolution*, *op. cit.*, pp. 136-169.

3. Comparer J.-B. Say, *Traité*, éd. 1814, t. 1, pp. 213-225, *id.*, *Traité*, éd. 1817, t. 1, pp. 209-221, *id.*, *Traité*, éd. 1819, t. 1, pp. 223-236, et *id.*, *Traité*, éd. 1826, t. 1, pp. 266-281.

4. Comparer J.-B. Say, *Catéchisme*, éd. 1815, pp. 130-136, *id.*, *Catéchisme*, éd. 1821, pp. 97-111, et *id.*, *Catéchisme*, éd. 1826, pp. 92-106.

5. Philippe Steiner, « Jean-Baptiste Say et l'enseignement de l'économie politique en France, 1816-1832 », *Cahiers de l'ISMEA*, Série PE, n° 6, 1986, pp. 63-95.

sur la balance du commerce « a fait plaisir » à son audience, « peut-être à cause des animadversions [qu'il y a] restituées », entendons le ton polémique de la leçon [1].

Des informateurs du ministère de l'Intérieur assistent aux cours de Say pour en évaluer le caractère subversif. Ils nous apprennent que la majorité des auditeurs font partie des milieux libéraux de la capitale : « des individus qui fréquentent journellement les Cabinets littéraires les plus mal famés de la capitale, des négociants du quartier Saint-Martin, et quelques-uns de ces petits littérateurs qui se qualifient eux-mêmes du nom d'hommes de lettres », ainsi que des réfugiés politiques espagnols. Mais on trouve aussi parmi les auditeurs « des groupes nombreux d'artisans », une présence qui suggère que les idées répandues par Say pénètrent jusque dans les couches populaires de la société parisienne [2].

Disciples et émules de Say

Des élèves, comme Adolphe Blanqui, s'associent à ses efforts de propagation. Le succès obtenu par Say incite aussi d'autres apprentis économistes, comme Charles Dupin, à répandre autant que possible les principes de la nouvelle « science ».

Adolphe Blanqui est le frère aîné d'Auguste, le révolutionnaire socialiste [3]. Né à Nice en 1798, d'un père ancien conventionnel girondin, Blanqui aîné s'installe à Paris au début de la Restauration. Il y rencontre Say et s'enthousiasme pour l'économie politique. En 1826, Blanqui publie un *Précis élémentaire d'économie politique*, dans lequel il affirme que les questions industrielles et commerciales ont été « à peu près résolues » par Smith, Say et Ricardo. L'objet de son *Précis* n'est donc pas de proposer de nouvelles idées, mais de « représenter d'une manière simple, claire et précise, les principes établis par les hommes illustres que nous venons de citer. Cette

---

1. BNF, NAF, MS 26249, programme de cours, année 1826.
2. Rapport du préfet de police au ministre de l'Intérieur, 28 décembre 1824, cité dans André Liesse, « Un professeur d'économie politique sous la Restauration : Jean-Baptiste Say, au Conservatoire des arts et métiers », *Journal des économistes*, cinquième série, n° 44, 1901, pp. 3-22, pp. 161-174.
3. Francis Démier, *Adolphe Blanqui, 1798-1854. Un économiste libéral face à la révolution industrielle*, thèse de doctorat d'histoire, Université Paris X, 1979.

marche était la plus convenable à l'exposition d'une science dont les bases sont assez fixes pour permettre de les asseoir solidement dans un très petit espace [1] ».

La notion de « petit espace » est à prendre au sens littéral puisque le *Précis* est un ouvrage in-32° (environ 12 × 8 cm), élément d'une collection intitulée l'*Encyclopédie portative*. Il en est probablement tiré environ 2 000 exemplaires [2]. Le *Précis* est écrit dans un langage simple et fourmille d'exemples concrets. Pour montrer que le système commercial inspiré par la balance du commerce « a causé plus de mal au genre humain que l'Inquisition n'en a fait à l'Espagne », Blanqui souligne le caractère réciproque des échanges en étudiant l'exemple d'un teinturier de Bayonne, qui vend ses toiles peintes contre du bois de campêche à un marchand d'Alvarado en Espagne, ou encore celui d'un négociant de Bordeaux qui échange six mille bouteilles de château-lafite contre cent kilogrammes de fer suédois, faisant ainsi gagner 10 000 francs à la France sans rien faire perdre à la Suède. Dans un « Vocabulaire analytique des principaux termes d'économie politique » placé à la fin de l'ouvrage, il offre cette définition laconique de la contrebande : « Châtiment infligé aux gouvernements prohibitifs [3] ».

De 1827 à 1829, Blanqui donne des cours d'économie politique à l'Athénée [4]. A la veille de la Révolution de 1830, il fonde un nouveau périodique, *La Revue nationale*, dont l'objet est de « populariser la science économique ». L'économie politique, explique Blanqui dans la première livraison – seuls trois volumes paraîtront au total –, n'est pas seulement une « science d'abstraction » : au contraire, « ses principes sont applicables aux intérêts les plus essentiels des peuples, à nos besoins immédiats, à nos affaires de tous les jours [5] ». Sous la Monarchie de Juillet, Blanqui poursuivra ses efforts de vulgarisation avec son *Histoire de l'économie politique* (1837), rééditée trois fois jusqu'en 1860 [6].

---

1. Adolphe Blanqui, *Précis d'économie politique*, Paris, 1826, pp. i-ii ; nouvelles éditions en 1842 et 1857.

2. Estimation d'après le nombre d'exemplaires imprimés de deux autres volumes de l'*Encyclopédie portative*, AN, F18*II 17, impressions 405 et 406, 29 janvier 1829.

3. A. Blanqui, *Précis*, op. cit., pp. 92-113, p. 246.

4. Martin S. Staum, « French Lecturers in Political Economy, 1815-1848 : Varieties of Liberalism », *History of Political Economy*, n° 30, 1998, pp. 95-120.

5. *Revue nationale. Recueil d'économie politique* , n° 1, 1830, p. 20.

6. Adolphe Blanqui, *Histoire de l'économie politique en Europe*, Paris, 1837 ; réédition en 1842, 1845 et 1860.

Sans être à proprement parler les disciples de Say, les écrivains Charles Comte et Charles Dunoyer font partie de son cercle rapproché. Comte épouse la fille de Say en 1818. Dans leur revue *Le Censeur*, au début de la Restauration, Comte et Dunoyer ont exposé leur doctrine « industrialiste », qui voulait faire reposer la société post-révolutionnaire sur l'« industrie », au sens de travail productif plutôt que d'industrie manufacturière [1]. Leur hostilité au régime vaut à Dunoyer un an de prison en 1820 et à Comte cinq ans d'exil en Suisse et en Grande-Bretagne entre 1820 et 1825. Dunoyer, dans *L'industrie et la morale* (1825), et Comte, dans son *Traité de législation* (1826-1827), défendent un libéralisme politique et économique radical [2]. Ils publient également des articles en faveur de la liberté commerciale dans plusieurs revues et Comte envisage en 1828 de rédiger un ouvrage de vulgarisation sur l'économie politique : Say essaie de négocier un contrat d'édition pour son gendre, mais le projet n'aboutit pas [3].

Charles Dupin est une figure originale de la dissémination des idées économiques libérales. Son cas est important parce qu'il deviendra l'un des principaux défenseurs du système protecteur après 1830. Né en 1784 dans une famille de juristes nivernais, élève de Gaspard Monge à l'Ecole polytechnique et lui-même mathématicien de talent, il devient ingénieur militaire et sert dans la marine napoléonienne à Boulogne, Anvers, Gênes, Toulon et dans les îles Ioniennes. De 1816 à 1824, il séjourne à six reprises en Grande-Bretagne pour étudier les arsenaux maritimes britanniques [4]. Dupin sert à la même époque de courrier aux libéraux français, qui craignent de voir

---

1. Sur les rapports entre Say et l'industrialisme de Comte et Dunoyer, voir Edgard Allix, « Jean-Baptiste Say et les origines de l'industrialisme », *Revue d'économie politique*, n° 24, 1910, pp. 303-313 et pp. 341-363 ; *id.*, « La déformation de l'économie politique libérale après Jean-Baptiste Say : Charles Dunoyer », *Revue d'histoire des doctrines économiques et sociales*, n° 4, 1911, pp. 115-47 ; Ephraïm Harpaz, « *Le Censeur européen* : histoire d'un journal industrialiste », *Revue d'histoire économique et sociale*, n° 37, 1959, pp. 185-219 et pp. 328-357 ; voir aussi Marc Pénin, « Charles Dunoyer, 1786-1862. L'échec d'un libéralisme », in Y. Breton et M. Lutfalla, *L'économie politique, op. cit.*, pp. 33-81.
2. Charles Dunoyer, *L'industrie et la morale considérées dans leurs rapports avec la liberté*, Paris, 1825 ; Charles Comte, *Traité de législation*, 4 vol., Paris, 1826-1827.
3. BNF, NAF, MS 26253, f° 116, lettre de Say à Colas, 25 juillet 1828.
4. Fernand Perrin, *La vie et l'œuvre de Charles Dupin (1784-1873), mathématicien, ingénieur et éducateur*, thèse de doctorat d'histoire, EHESS, 1983 ; sur ses séjours outre-Manche, voir Margaret Bradley et Fernand Perrin, « Charles Dupin's Visits to the British Isles, 1816-1824 », *Technology and Culture*, n° 32, 1991, pp. 47-68.

leur correspondance ouverte par les fonctionnaires des Postes ou des Douanes. Dans une lettre confiée à Dupin et destinée au philosophe Jeremy Bentham, Say dit de son courrier qu'il est « homme d'honneur autant qu'homme d'esprit [1] ».

Dupin publie à partir de 1821 des *Voyages dans la Grande-Bretagne*, qui louent les progrès technologiques et économiques effectués par les îles Britanniques depuis le début du siècle. L'ouvrage fait aussi l'éloge des institutions politiques de la Grande-Bretagne. Dupin est en conséquence suspendu de ses fonctions au ministère de la Marine [2]. En 1826, il donne un cours d'économie politique à l'Athénée et en 1827, il est élu député libéral du Tarn. La même année, il publie les *Forces productives et commerciales de la France*, description statistique des progrès agricoles et industriels de la France depuis 1814 [3]. L'ouvrage est apprécié par le public et exercera une influence notable sur les débats économiques français et européens. Il en est tiré 2 000 exemplaires, auxquels s'ajoutent 900 exemplaires d'une édition à part de l'introduction [4]. Dans cette dernière, Dupin appelle la moitié sud de la France à prendre modèle sur la moitié nord et à relever le défi industriel britannique.

En 1827-1828, pour disséminer son message productiviste, Dupin publie une collection intitulée *Le petit producteur français* et décrite par l'auteur comme un résumé des *Forces productives* [5]. Les six volumes in-18° du *Petit producteur*, à 75 centimes l'un, sont en effet plus accessibles que les deux volumes in-4° des *Forces productives*, qui coûtent chacun 25 francs. Il est imprimé entre 3 000 et 4 000 exemplaires de chaque volume du *Petit producteur* [6]. Chacun traite d'une occupation particulière : il y a ainsi *Le petit fabricant*, *Le petit propriétaire* (terrien), *L'ouvrier français*, etc.

Le quatrième volume, intitulé *Le petit commerçant*, concerne

---

1. University College London, Ogden Papers, MS 62, f° 25, lettre de Say à Bentham, 8 juillet 1820.
2. Charles Dupin, *Voyages dans la Grande-Bretagne*, 5 vol., Paris, 1821-1824.
3. Charles Dupin, *Forces commerciales et productives de la France*, 2 vol., Paris, 1827 ; l'introduction est aussi publiée à part sous le titre *Situation progressive des forces de la France depuis 1814*, Paris, 1827.
4. AN, F18*II 14, impression 801, 10 février 1827, impression 2526, 10 mai 1827, impression 2896, 1er juin 1827, impression 3437, 3 juillet 1827, impression 3486, 5 juillet 1827.
5. Charles Dupin, *Le petit producteur français*, 6 vol., Paris, 1827-1828.
6. AN, F18*II 14, impression 4517, 7 septembre 1827, impression 5063, 17 octobre 1827, impression 6115, 22 novembre 1827 ; AN, F18*II 15, impression 1512, 24 mars 1828.

l'activité du marchand et tourne en ridicule les défenseurs réactionnaires du système prohibitif. L'ouvrage consiste en un dialogue entre
Lefranc, un jeune homme de 22 ans d'opinion libérale, et Monsieur
Prohibant, un « vieillard robuste de 67 ans », ancien employé de la
Ferme générale et d'opinion royaliste. Lefranc vient de terminer ses
cours à une école de commerce parisienne. Afin de compléter son
éducation, le père de Lefranc, un négociant, fait voyager son fils à
travers la France, lui donnant Prohibant comme guide et compagnon
de voyage. Les deux personnages se rendent dans le nord et l'est du
pays : ils y longent la « triple ligne de protecteurs du commerce, je
veux dire de douaniers » selon l'expression employée par Prohibant,
depuis Abbeville jusqu'à Genève en passant par Dunkerque, Lille,
Metz, Strasbourg, Mulhouse et Besançon [1].

Au cours de son voyage avec Lefranc, Prohibant défend les prohibitions et leurs conséquences jusqu'à l'absurde. Près de Calais, leur
diligence croise un groupe d'hommes condamnés au bagne pour avoir
introduit des tulles (tissus en fils de coton ou de soie très fin) britanniques en contrebande. Lefranc s'émeut de leur sort, à quoi Prohibant
réplique : « Vous ne voulez donc pas protéger les manufactures françaises, imprudent et jeune cosmopolite ? » L'ancien fermier général
se lance ensuite dans une apologie presque délirante de la contrebande : elle enrichit les habitants des frontières les plus rusés et ne
dégrade pas les mœurs, car les contrebandiers sont nés avec « la bosse
de la filouterie » comme d'autres naissent avec la bosse des mathématiques. « Tout cela », conclut le narrateur libéral, « démontrait de
plus en plus au jeune Lefranc l'inutilité, l'immoralité et la barbarie
des prohibitions absolues, ou des restrictions excessives [2]. »

Dupin dépeint Prohibant comme un réactionnaire fanatique. Le
personnage est hostile à toutes les innovations, depuis les bateaux à
vapeur jusqu'à la tolérance religieuse. Il éprouve de la nostalgie pour
la plupart des institutions de l'Ancien Régime, y compris les barrières
douanières entre provinces françaises. A Arras, il se rend à la cathé-
drale afin de prier « pour toutes les prohibitions intellectuelles et
physiques ». Il se méfie des Français non catholiques et exprime son
admiration pour les jésuites qui « ont prohibé d'un seul coup quatre-
vingt mille familles » protestantes en obtenant la révocation de l'édit

---

1. Charles Dupin, *Le petit commerçant*, Paris, 1827, pp. 51-53.
2. *Ibid.*, pp. 63-67.

de Nantes en 1686. Prohibant rend aussi hommage à l'inquisiteur espagnol Tomás de Torquemada, parce que ce dernier « brûlait les hérétiques comme des marchandises anglaises aux temps heureux du blocus continental » et que « son saint ordre », les dominicains, « prohibait les libertés humaines [1] ».

Des extraits du *Petit commerçant* seront encore reproduits dans la presse libre-échangiste des années 1840 [2]. Son impact est impossible à mesurer. Mais l'ouvrage est représentatif de la vogue des écrits économiques libéraux dans les dernières années de la Restauration.

La multiplication des écrits économiques

La dissémination des idées économiques libérales s'accentue dans les années précédant immédiatement la Révolution de 1830. En 1828, Say commence la publication d'un nouvel ouvrage en six volumes, inspiré par ses cours du Conservatoire des arts et métiers, le *Cours complet d'économie politique pratique*. Son objet, selon le sous-titre, est de « mettre sous les yeux des hommes d'Etat, des propriétaires fonciers et des capitalistes, des savants, des agriculteurs, des manufacturiers, des négociants et en général de tous les citoyens, l'économie des sociétés [3] ».

Dans son introduction au premier volume, Say souligne les progrès réalisés par l'économie politique dans l'opinion. Mais il trouve ceux-ci encore insuffisants, comme le prouve la survivance des idées qui inspirent le système prohibitif. Si les nations « n'étaient pas encore coiffées de la balance du commerce et de l'opinion qu'une nation ne peut prospérer si ce n'est au détriment d'une autre, on aurait évité, durant le cours des deux derniers siècles, cinquante années de guerre ; et nous autres peuples nous ne serions pas maintenant parqués, chacun dans notre enclos, par des armées de douaniers et d'agents de police, comme si la partie intelligente, active et pacifique des nations, n'avait pour but que de faire du mal ». C'est pour dissiper ces erreurs

---

1. *Ibid.*, pp. 70-72.
2. Le dialogue est reproduit en feuilleton par l'hebdomadaire *Le Libre-Echange*, du 20 juin au 1ᵉʳ août 1847.
3. Jean-Baptiste Say, *Cours complet d'économie politique pratique*, 6 vol., Paris, 1828-1829.

et « répandre dans toutes les classes de la société des notions qu['il croit] importantes pour tout le monde » que Say publie ce nouvel ouvrage [1].

Dans la centaine de pages qu'il consacre au système prohibitif, il s'exprime avec simplicité et emploie des images concrètes. Soulignant le renchérissement des produits entraîné par les obstacles aux importations, il affirme par exemple qu'au nom de la balance du commerce « nous sommes ordinairement sacrifiés en notre qualité de consommateurs, c'est-à-dire dans la fonction que nous exerçons le plus constamment, pendant tous les jours de l'année, pendant toutes les heures du jour, pendant notre sommeil même ; car les draps de lit dans lesquels nous sommes couchés, nos matelas, la couchette, nos rideaux, notre ameublement, notre appartement, l'ardoise ou la tuile qui nous couvrent, sont des objets que nous consommons en dormant [2] ».

Parce qu'il pense que l'économie politique doit demeurer accessible à tous, Say s'oppose aussi à l'emploi de plus en plus fréquent de la statistique dans les débats de politique commerciale. Depuis une controverse à la Chambre des députés entre Saint-Cricq et Vaublanc – deux partisans du système prohibitif – sur le volume de l'excédent commercial de la France, l'administration des Douanes publie chaque année, à partir de 1825, un *Tableau général du commerce de la France* qui donne le détail des exportations et importations françaises [3]. Selon Say, il ne faut accorder aucune confiance à de tels tableaux. Ils font toujours apparaître une balance du commerce favorable parce qu'ils reposent sur des déclarations frauduleuses et parce que « les ministres et directeurs des douanes, pour relever leur utilité » ne peuvent résister à la tentation d'en manipuler les données [4].

Reprenant une opinion paradoxale qu'il avait déjà exposée dans *La Revue encyclopédique*, Say affirme même que des statistiques commerciales authentiques feraient toujours apparaître une balance du commerce défavorable. Selon lui, le prix d'une marchandise est toujours plus élevé dans son pays de destination que dans son pays d'origine, différence sans laquelle elle ne serait pas exportée : sachant que « les produits s'échangent contre des produits », la valeur totale des importations d'un pays donné aux prix du marché national doit

---

1. *Ibid.*, t. 1, p. 42, p. 119.
2. *Ibid.*, t. 3, p. 360.
3. F. Démier, *Nation, marché et développement*, *op. cit.*, pp. 1534-1543.
4. J.-B. Say, *Cours complet*, *op. cit.*, t. 3, pp. 322-326.

donc être supérieure à la valeur totale des exportations du même pays aux prix du marché national. Mais même un tableau exact de la balance du commerce, ajoute Say, serait « un document plutôt curieux qu'utile », puisqu'il ne ferait pas apparaître les véritables bénéfices de l'échange, qui tiennent à la division internationale du travail [1].

Environ 2 500 exemplaires du *Cours complet* sont imprimés en 1828-1829 [2]. Un projet de réclame à insérer dans les journaux souligne la nécessité pour les jeunes gens de connaître les principes de l'économie politique « dans un siècle plus avancé que celui dans lequel ont vécu leurs pères ». Il vante l'utilité autant que l'accessibilité de l'ouvrage. C'est pour les guider dans leur carrière ou dans leurs affaires, affirme la réclame, « que l'économie politique, non pas systématique, comme celle de ce bon Dupont de Nemours [un physiocrate], non pas métaphysique comme celle de Ricardo, mais pratique comme celle de M. J.B. Say est faite pour intéresser les négociants, les manufacturiers et les propriétaires agricoles ». « Il y a peu de lectures plus profitable que celle-là », conclut la réclame, « et nous ne craindrons pas d'ajouter, moins fatigante [3]. »

Une fois de plus, Say supervise la diffusion de son ouvrage. En juin 1828, il transmet des instructions à son éditeur Rapilly, parti en province faire la tournée des libraires : « Je vous engage à dire aux libraires et aux particuliers relativement à mon *Cours complet*, que mon intention a été de remplacer par un seul ouvrage en six volumes les six cents volumes qu'on a publiés depuis cent cinquante ans sur cette matière. [...] Vous pouvez ajouter que tous ceux qui s'occupent d'administration et d'industrie, les propriétaires qui font valoir jusqu'aux plus gros négociants et depuis tous ceux qui veulent être maires jusqu'à ceux qui veulent être députés, ne peuvent se passer de cet ouvrage, s'ils veulent être au courant des affaires publiques et particulières [4]. »

En 1829 paraissent les quatre derniers volumes du nouvel ouvrage de Say. Cette même année, trois autres livres visent à populariser l'économie politique : *De la richesse* par J.-A. Robert-Guyard ; un

---

1. *Ibid.*, t. 3, pp. 326-328 ; voir aussi Jean-Baptiste Say, « De l'objet et de l'utilité des statistiques », *La Revue encyclopédique*, n° 35, 1827, pp. 529-553.
2. AN, F18*II 15, impression 262, 16 janvier 1828 ; voir aussi BNF, NAF, MS 26253, f°s 115-116, lettre de Say à Deterville, 1828.
3. BNF, NAF, MS 26236, f°s 115-117, « Du progrès des connaissances économiques », s.d., 1828 ; une note dans la marge indique que « c'était le projet d'un article que le libraire [Rapilly] voulait faire insérer dans *Le Journal du commerce* » : la réclame n'est donc probablement pas publiée.
4. BNF, NAF, MS 26253, f° 115, lettre de Say à Rapilly, 26 juin 1828.

Traité des richesses sociales par le comte Fryderyk Skarbek, professeur de science politique et administrative à l'université de Varsovie ; et *Economie politique* par Joseph Droz, homme de lettres parisien [1]. Des trois ouvrages, celui de Droz est le plus influent : il en est imprimé 1 500 exemplaires [2] et il sera réédité trois fois jusqu'en 1874 [3].

Droz est un ancien soldat des armées de la Convention, reconverti en professeur à l'Ecole centrale de Besançon sous le Directoire, puis en fonctionnaire de l'administration des Droits réunis (impôts indirects) sous le Consulat. Il se fait un nom en publiant plusieurs ouvrages de philosophie et de morale sous l'Empire et devient membre de l'Académie française en 1825. La versatilité de Droz et son intérêt soudain pour l'économie politique sont suggestifs de l'engouement suscité par la nouvelle science.

« Un livre nous manque », explique Droz dans son introduction à *Economie politique*, un livre qui doit aider à « commencer l'étude » de la matière ». Les ouvrages existants sont trop « volumineux » ou bien requièrent encore des connaissances préalables comme le *Précis* de Blanqui. *Economie politique*, en revanche, se propose selon son auteur « d'aller toujours du connu à l'inconnu, dans un volume qui n'aurait pas assez d'étendue pour fatiguer l'attention ; [...] de ne jamais laisser perdre de vue les rapports intimes de l'économie politique avec le bonheur des hommes ». Les principaux lecteurs auxquels l'ouvrage s'adresse sont « les jeunes gens » ambitieux et « les gens du monde » qui veulent éviter de se ridiculiser en laissant paraître leur ignorance des questions économiques [4].

Droz consacre une grande partie de son traité à la politique commerciale. Il dénonce les « mesures inquisitoriales » qui accompagnent les prohibitions et demande : « Pour donner à chaque Etat des produits abondants, au meilleur compte, pour multiplier, autant qu'il serait possible, les richesses de tous les peuples, ne faudrait-il pas une entière liberté de commerce ? ne faudrait-il pas renverser les barrières

---

1. J.-A. Robert Guyard, *De la richesse, ou essais de ploutonomie*, Paris, 1829 ; Fryderyk Skarbek, *Théorie des richesses sociales, suivi d'une bibliographie de l'économie politique*, Paris, 1829 ; Joseph Droz, *Economie politique, ou principes de la science des richesses*, Paris, 1829.
2. Contre 1 000 exemplaires de *De la richesse* et autant du *Traité des richesses sociales*. AN, F18*II 16, impression 4261, 28 août 1828, impression 5344, 3 novembre 1828 ; AN, F18*II 17, impression 661, 13 février 1829.
3. En 1846, en 1854 et en 1874.
4. J. Droz, *Economie politique*, *op. cit.*, pp. vi-x.

qui s'élèvent entre les différentes contrées? C'est aujourd'hui la question la plus importante de l'économie politique. » Dressant un parallèle avec les luttes politiques en France depuis la Révolution, Droz affirme aussi que la question douanière fait partie du conflit entre les « principes » et les « passions », entre « le génie du bien et le génie du mal », qui « n'ont jamais déployé plus d'efforts que depuis cinquante ans [1] ».

Les efforts conjugués de Say, Blanqui, Dupin et Droz aident les idées économiques libérales à se répandre. La réclame rédigée en faveur du *Cours complet* de Say en 1828 peut décrire comme une évidence la transformation qui s'est opérée depuis le début de la Restauration : « Quand on lit des discours de tribune [parlementaire] ou des articles de journaux publiés il y a dix à douze ans, et qu'on les compare à ceux d'à présent, on est frappé de la supériorité de ces derniers. Les auteurs et le public ont des idées infiniment plus justes maintenant de l'économie des nations, des avantages de la liberté du commerce [2]. »

Charles Comte, Dunoyer, Dupin et Blanqui rédigent des articles économiques dans *La Revue encyclopédique* [3] et dans la presse quotidienne, en particulier *Le Courrier français*. Tous les journaux libéraux demandent l'abolition du système prohibitif, avec d'autant plus de vigueur qu'ils sont plus à gauche sur l'échiquier politique [4]. Ferrier l'admet à regret : « L'économie politique est fort en vogue aujourd'hui. [...] des hommes de beaucoup de talent se plaisent à la produire, non pas en suppliante qui a un procès à gagner et qui s'explique modestement avec son juge, mais comme une reine qui triomphe et qui sent le besoin d'appesantir son sceptre pour ôter aux faibles jusqu'à la pensée qu'elle puisse être illégitime ». Autre signe inquiétant selon l'ancien directeur des Douanes impériales : l'économie politique séduit presque tous les « jeunes gens », alors que seuls les « vieillards » comme lui-même restent fidèles aux principes du système mercantile [5].

---

1. *Ibid.*, pp. 172-173, p. 182, pp. 195-196.
2. BNF, NAF, MS 26236, f° 115, « Du progrès des connaissances économiques », s.d., 1828.
3. Voir par exemple Adolphe Blanqui, « Essai sur la révolution commerciale qui se prépare en France », *La Revue encyclopédique*, n° 42, 1829, pp. 34-49.
4. Voir chapitre 7, p. 147-148.
5. François Ferrier, *Du système maritime et commercial de l'Angleterre au dix-neuvième siècle*, Paris, 1829, pp. 173-174.

Un de ces jeunes gens est Tanneguy Duchatel, âgé de 25 ans en 1828, journaliste économique au *Globe*, un hebdomadaire influent dans les milieux libéraux français et européens [1]. Duchatel condamne dans les colonnes du *Globe* les « préjugés administratifs » en économie politique. Il affirme qu'« il est au contraire heureusement vrai et démontré que la prospérité de chacun est gage et moyen de prospérité pour les autres, et que tout échange libre étant nécessairement avantageux aux deux parties, les soins du législateur et ceux de l'administration ne sauraient être plus utilement employés qu'à favoriser partout la création et l'accès des produits dont se composent les échanges, afin de multiplier ceux-ci au grand avantage moral et économique de tous en général, et de chacun en particulier [2] ».

En 1829, Duchatel rédige sans le signer un *Mémoire sur le système actuel des douanes* au nom des viticulteurs français. Dans cette brochure d'une centaine de pages, il expose les « principes généraux » de l'économie politique et conclut : « Les restrictions mises à l'importation des marchandises étrangères imposent une taxe à la nation, sans profit pour le trésor. Elles arrêtent l'accroissement de la richesse et les progrès de l'industrie [3]. » D'après les registres de la Librairie, 6 000 exemplaires du *Mémoire* sont imprimés, ce qui en fait l'une des publications économiques les plus diffusées en France dans la première moitié du XIXe siècle [4]. Après la Révolution de 1830, Duchatel jouera encore un rôle important dans les débats économiques en tant que négociateur commercial avec la Grande-Bretagne en 1831-1833 et ministre du Commerce en 1834-1836.

Le *Mémoire* rédigé par Duchatel reflète une tendance plus générale à la multiplication des écrits économiques. De janvier à juin 1829, au moins 35 brochures portant sur la politique commerciale sont publiées à Paris : le nombre total d'exemplaires imprimés atteint près de 43 000, soit autant en six mois qu'au cours des sept premières années

---

1. Jean-Jacques Goblot, *La jeune France libérale : « Le Globe »*, Paris, Plon, 1995, pp. 305-336 ; D. L. Rader, *The Journalists and the July Revolution op. cit.*, pp. 17-35.
2. « Du système prohibitif considéré comme principe de la législation des douanes pour l'encouragement de l'industrie », *Le Globe*, 22 octobre 1828.
3. [Tanneguy Duchatel], *Mémoire sur le système actuel des douanes*, Paris, 1829, pp. 5-6 ; de notoriété publique, la rédaction du *Mémoire* par Duchatel est attestée par une lettre de félicitations adressée par Say à Duchatel, mars 1829, reproduite in Jean-Baptiste Say, *Mélanges et correspondance d'économie politique*, texte établi et présenté par Charles Comte, Paris, 1833, p. 173.
4. AN, F18*II 17, impression 1780, 15 avril 1829.

de la Restauration [1]. La majorité de ces brochures est désormais hostile au système prohibitif. Trois d'entre elles, par exemple, sont l'œuvre d'Alexandre Anisson-Dupéron, directeur de l'administration de la Librairie, mais qui démissionne en 1829 pour protester contre la politique réactionnaire du régime. Dans *De l'affranchissement du commerce*, Anisson-Dupéron compare la liberté commerciale à la « liberté civile et religieuse » et prévoit une « révolution » dans un avenir proche, dont une « grande réforme commerciale » sera l'un des principaux objets [2].

Cette floraison d'écrits témoigne du succès de Say, de ses élèves et de ses imitateurs. La propagation de l'économie politique remet en cause l'adhésion unanime aux principes mercantilistes. Selon Say, les écrivains qui défendent la balance du commerce n'attirent désormais plus que l'attention due au « ridicule ». Anisson-Dupéron qualifie cette balance de « vieille absurdité classique », Robert-Guyard de « vain fantôme », et Droz la range au nombre des erreurs « qui se sont évanouies après avoir longtemps régné [3] ». Sans doute exagérés, ces cris de victoire n'en illustrent pas moins la fin du consensus sur le bien-fondé de la protection douanière.

Le succès intellectuel et idéologique des économistes repose cependant sur des bases fragiles. Le nouvel enthousiasme pour la « liberté commerciale » n'est pas seulement nourri par la force de persuasion intellectuelle de l'économie politique, mais aussi par les ambiguïtés du terme « liberté » appliqué aux champs de la production et des échanges. Les uns interprètent cette liberté comme la poursuite de la lutte contre les abus de l'administration des Douanes. D'autres l'associent à la réduction des impôts indirects. D'autres encore voient en elle le prolongement naturel de la liberté politique. Ce n'est qu'au prix de telles équivoques que le discours économique libéral engrange une popularité croissante dans les dernières années de la Restauration.

---

1. AN, F18*II 17, impressions 106, 187, 201, 245, 248, 265, 340, 353, 472, 526, 625, 626, 642, 733, 792, 793, 796, 861, 881, 887, 1048, 1127, 1128, 1232, 1331, 1407, 1530, 1552, 1780, 2232, 2474, 2543, 2622, 2732, 2765 ; voir pp. 39-40 pour les tirages de brochures traitant de politique commerciale au début de la Restauration.

2. Alexandre Anisson-Dupéron, *De l'affranchissement du commerce et de l'industrie*, Paris, 1829, pp. 5-9 ; les deux autres brochures d'Anisson-Dupéron sont *De l'enquête sur les fers*, Paris, 1829 et *Examen de l'enquête commerciale sur les sucres*, Paris, 1829.

3. J.-B. Say, *Cours complet, op. cit.*, t. 3, p. 330 ; A. Anisson-Dupéron, *De l'affranchissement, op. cit.*, p. 5 ; J.-A. Robert-Guyart, *De la richesse, op. cit.*, p. 172 ; J. Droz, *Economie politique, op. cit.*, p. 199.

Chapitre 6

Henri Fonfrède et la réinterprétation de l'économie politique en Gironde (1825-1828)

Favorables aux privilèges commerciaux jusqu'en 1825, les négociants et propriétaires viticoles bordelais deviennent, après cette date, progressivement « libéraux » en matière de commerce extérieur. Ce ralliement est le fruit d'une interaction complexe combinant diffusion de l'économie politique, progrès du parti libéral et pression des intérêts viticoles. Mais le libéralisme commercial girondin est, contrairement à celui des économistes, agrarien et hostile à la modernité industrielle. La conversion des notables du département à la liberté commerciale reste de toute façon incomplète à la fin de la Restauration, parce qu'ils demeurent attachés au privilège de l'entrepôt.

Le publiciste régional Henri Fonfrède joue un rôle clé dans ces transformations. Méfiant vis-à-vis de la nouvelle économie politique, il s'appuie sur ce qu'il appelle le « vrai libéralisme » pour critiquer « l'industrialisme » des économistes parisiens. Il emploie aussi ces arguments économiques pour convaincre les royalistes girondins de se rallier au parti libéral. Il attribue les difficultés économiques du département à la politique douanière restrictive de la Restauration et affirme que la liberté économique sera la conséquence nécessaire de la liberté politique. Ses idées et sa verve journalistique ont des échos nationaux. Mais elles servent surtout de ferment aux progrès des idées libérales dans une partie du sud-ouest après 1825. Son action illustre l'importance des réinterprétations locales du discours des économistes à la fin de la Restauration. Le nouveau libéralisme économique peut changer de signification politique et sociale au fur et à mesure qu'il se diffuse dans la société et dans certaines régions françaises.

Bordeaux face à la contestation du privilège de l'entrepôt

On a souligné l'attachement des négociants bordelais aux privilèges commerciaux conférés aux ports de mer par la Restauration, en particulier celui de l'entrepôt réel [1]. Ces privilèges ne permettent pas à Bordeaux de renouer avec sa prospérité du XVIIIᵉ siècle. Mais ils aident au rétablissement de l'activité portuaire, après son anéantissement presque complet pendant le Blocus continental [2]. Troisième ville de France après Paris et Lyon en 1790, avec 110 000 habitants, Bordeaux avait fourni ses principaux dirigeants au parti girondin pendant la Révolution. Son déclin économique l'a reléguée à la quatrième place, derrière Marseille, avec 90 000 habitants en 1820 [3]. Mais elle reste un foyer d'idées originales et conserve son influence sur le sud-ouest.

De la fin de l'Empire au milieu des années 1820, elle est un bastion royaliste. La ville a été la première à reconnaître les Bourbons en avril 1814 et la Gironde élit par la suite des députations marquées à droite. Aux élections des 26 février et 6 mars 1824, les huit députés élus par la Gironde sont encore tous royalistes. Mais trois ans et demi plus tard, à l'issu des élections de novembre 1827, sept des huit députés girondins sont libéraux [4]. Cette évolution ne reflète qu'en partie une tendance nationale, puisque le nombre de députés libéraux à la Chambre passe d'environ 40 en 1824 à un peu moins de 200 – sur environ 450 – en 1827 [5]. Les progrès du parti libéral en Gironde

---

1. Voir chapitre 4, pp. 97-100.
2. André-Jean Tudesq, « La Restauration : renaissance et déceptions », in Charles Higounet (dir.), *Histoire de Bordeaux*, 7 vol., Bordeaux, Fédération historique du Sud-Ouest, 1962-1972, t. 6, pp. 35-59.
3. Jean-Pierre Poussou, « Les structures démographiques et sociales », in C. Higounet, *Histoire de Bordeaux, op. cit.*, t. 5, pp. 325-369.
4. Robert Dupuch, « Le parti libéral à Bordeaux et dans la Gironde sous la deuxième Restauration », *Revue philomathique de Bordeaux*, n° 5, 1902, pp. 21-31, pp. 77-86, pp. 172-188.
5. Sherman Kent, *The Election of 1827 in France*, Cambridge, Mass., Harvard University Press, 1975, pp.157-183.

témoignent aussi de la désaffection des négociants et des propriétaires de vignes pour le régime. La remise en cause du privilège de l'entrepôt, entre 1825 et 1827, est pour beaucoup dans ce rejet.

Les négociants parisiens ont déjà réclamé, en 1814 puis 1819, que le droit d'entrepôt réel soit étendu à la capitale et aux autres villes « de l'intérieur [1] ». Le gouvernement ne donne pas suite à leurs réclamations en raison de l'opposition catégorique des ports de mer. Ce refus, inspiré par un ressentiment croissant contre le poids de la capitale dans la vie économique et politique, reste formulé dans le langage organiciste de la protection. Une pétition de la chambre de commerce du Havre admet en 1819 que la capitale est « la tête du corps politique », mais rappelle qu'en contrepartie « les provinces en sont les membres et en possèdent le cœur : ce cœur plein de toutes les vertus ; d'amour pour le Roi ; de soumission aux lois et d'attachement au travail et à la modeste économie [2] ».

A la fin de 1824, les négociants parisiens entament une nouvelle campagne pour obtenir le droit d'entreposer des marchandises. Leur effort s'avère plus menaçant que les tentatives précédentes. Alors que leurs pétitions, en 1814 et en 1819, étaient adressées au gouvernement, les Parisiens se tournent désormais vers l'opinion publique. Ils font paraître plusieurs brochures et des articles dans *Le Journal du commerce*, quotidien libéral acquis à leurs intérêts. Les négociants de Strasbourg, Metz et Lille, qui souhaitent aussi l'extension du droit d'entrepôt réel, leur apportent leur soutien. En janvier 1825, la rumeur se répand que Charles X, lors d'une visite à la Bourse de la capitale, aurait eu des paroles encourageantes sur la question de l'entrepôt parisien [3].

Les négociants parisiens et leurs alliés emploient un langage libéral qui séduit l'opinion. Ce langage libéral est économique, au sens où il souligne les avantages matériels de la libre circulation des marchandises. Selon les Parisiens, la création d'entrepôts dans les villes de l'intérieur permettra de réduire le prix des denrées de consommation et celui des matières premières. Accompagné d'une extension des droits de transit, il encouragera les exportations et les réexportations

---

1. F. Démier, *Nation, marché et développement*, op. cit., pp. 471-495, pp. 893-924.
2. AN, F12 2594, pétition imprimée intitulée *Observations sur la demande faite par la chambre de commerce de Paris, de l'établissement d'un entrepôt dans la capitale*, Le Havre, s.d., 1819, p. 12.
3. F. Démier, *Nation, marché et développement*, op. cit., pp. 1434-1457.

vers l'Allemagne, la Suisse et les pays d'Europe centrale. Paris et Strasbourg étaient les principales bénéficiaires de ce courant d'échange, actif avant 1815. Mais ce langage libéral est aussi politique. Les négociants parisiens, strasbourgeois et messins invoquent l'égalité juridique promise par la Charte. Ils dénoncent le caractère injuste d'un droit réservé à certaines villes et refusé à d'autres [1].

Dès le 7 décembre 1824, la chambre de commerce de Bordeaux adresse au ministre de l'Intérieur un mémoire protestant, au nom des droits traditionnels de la ville, contre la « cupidité » parisienne. Elle craint que la capitale ne se transforme en un « marché unique » des denrées coloniales. Au printemps 1825, le succès rencontré par la campagne parisienne jette l'alarme parmi les commerçants bordelais, « depuis le comptoir du négociant [...] jusque dans la moindre boutique du marchand et l'atelier de l'artisan, qui souffrent immédiatement et toujours de la réaction d'une grande catastrophe commerciale [2] ».

Elie Gautier, député royaliste de la Gironde, représentant du négoce bordelais à Paris, presse la chambre de commerce de Bordeaux de s'adresser elle aussi à l'opinion publique. La chambre de commerce se résout à faire imprimer puis distribuer à Paris 900 exemplaires du mémoire rédigé en décembre. Mais elle s'excuse auprès du gouvernement d'être contrainte par la campagne de « calomnie » parisienne de recourir à un tel procédé « pour que [ses] moyens de défense soient aussi connus et répandus que ceux qu'on [lui] oppose avec la plus grande publicité ». A la fin du mois de juin 1825, l'effet produit par le mémoire bordelais aide Gautier à obtenir du président du Conseil, Villèle, la promesse que le gouvernement ne cédera pas aux demandes parisiennes [3]. Mais le négoce de la capitale renouvelle ses réclamations dès 1827. La crainte de voir s'établir un entrepôt réel à Paris va hanter les commerçants bordelais jusqu'en 1830.

---

1. *De la nécessité de l'entrepôt à Paris*, Paris, 1824; *Observations à l'appui de la supplique présentée au Roi pour l'obtention d'un entrepôt réel de marchandises*, Paris, 1825; de Kermellec, *De l'établissement d'entrepôts pour les denrées coloniales dans les villes de l'intérieur*, Paris, 1825; François Larréguy, *Des entrepôts intérieurs*, Paris, 1825; D.-L. Rodet, *Du commerce extérieur et de la question d'un entrepôt à Paris*, Paris, 1825.

2. ADG, 02/081/277, registre 1822-1825, f°s 102-105, lettre de la CBB au ministre de l'Intérieur, 7 décembre 1824; ADG, 02/081/278, registre 1825-1828, f° 1, lettre de la CCB au président du Conseil, 20 mai 1825.

3. ADG, 02/081/305, registre 1823-1825, f°s 87-88, f° 92, procès-verbaux de la CCB, 3 mai, 10 mai et 29 juin 1825; ADG, 02/081/277, registre 1822-1825, f° 160, lettre de la CCB au président du Conseil, 14 mai 1825; ADG, 02 081/278, registre 1825-1828, f° 1, lettre de la CCB à Gautier, 20 mai 1825.

Fonfrède, libéral régionaliste contre les libéraux industrialistes

Les négociants parisiens sont liés au parti libéral. Leurs revendications auraient pu renforcer, par contrecoup, le royalisme de la Gironde. La peur que le gouvernement finisse par accorder l'entrepôt à Paris pour apaiser l'opposition et la popularité déclinante du langage des privilèges jettent en fait les Bordelais dans les bras du publiciste libéral Henri Fonfrède. Celui-ci s'impose, à partir de 1827, comme le porte-parole des intérêts économiques de la Gironde.

Né en 1788, Fonfrède est le fils de Jean-Baptiste Boyer-Fonfrède, député de la Gironde à la Convention, exécuté par le gouvernement révolutionnaire en octobre 1793. Sous la Restauration, Henri Fonfrède devient associé de la maison de commerce bordelaise Journu Frères. Il s'en retire en 1827 après avoir perdu une grande partie des fonds qu'il avait investis. Il est aussi propriétaire d'une vigne d'une trentaine d'hectares à Saint-Louis de Montferrand, à quelques kilomètres au nord de Bordeaux. Son activité majeure est cependant le journalisme politique. Elle lui permet de devenir le chef de file des libéraux en Gironde [1].

De décembre 1819 à mars 1820, Fonfrède est le principal rédacteur de l'éphémère *Tribune de Bordeaux*, feuille d'extrême gauche soutenue par Benjamin Constant. La censure fait vite cesser la parution du journal. Fonfrède lui-même échappe de justesse à une condamnation en cour d'assises pour le caractère séditieux de ses articles. A partir de 1824, il écrit dans *L'Indicateur bordelais*, journal à peine plus modéré dans son opposition au pouvoir royaliste.

Dès juillet 1827, le préfet de la Gironde signale « Henri Fonfrède, fils d'un régicide » (son père a voté la mort de Louis XVI) comme « le chef » apparent des libéraux dans son département. Il ajoute : « C'est un homme de beaucoup de talent comme orateur et comme écrivain, de mœurs assez douces dans le commerce de la société, mais d'un fanatisme sans bornes lorsqu'il s'agit d'opinions politiques. Il a

---

1. Jean-Jacques Hémardinquer, « Henri Fonfrède ou l'homme du Midi révolté (1827-1838) », *Annales du Midi*, n° 88, 1976, pp. 451-464 ; Edouard Feret, *Statistique de la Gironde*, 3 vol., Bordeaux, 1889, t. 3, p. 253 ; Jean Cavignac, *Les vingt-cinq familles : les négociants à Bordeaux sous Louis-Philippe*, Bordeaux, Institut aquitain d'histoire sociale, 1985, pp. 182-187.

la volonté et les moyens de se porter aux plus violentes extrémités. En un mot, je le considère comme un des hommes les plus dangereux du parti » des adversaires de la monarchie [1]. En octobre 1829, l'association *Aide-toi, le ciel t'aidera*, qui encourage les électeurs libéraux à déjouer les manipulations électorales des préfets, nommera Fonfrède son correspondant officiel en Gironde [2].

Le terme de fanatisme employé par le préfet n'est pas sans justification. Amateur de pêche et de chasse, Fonfrède se dévoue sinon aux affaires publiques. Il reste célibataire et abandonne, en 1831, son logement à Bordeaux pour vivre retiré sur sa propriété de Montferrand, en compagnie de ses deux sœurs également célibataires. La correspondance de Fonfrède – certes expurgée après sa mort par son ami Charles-Alcée Campan – ne contient aucune allusion à une relation autre que d'amitié. Lui-même se décrit, en 1832, comme « le plus insipide des vieux garçons et des hermites ». « Voilà tantôt deux mois », ajoute-t-il, « que je ne suis allé à Bordeaux. En revanche personne ne vient me voir, et quelques-uns de ces jours je m'éveillerai transformé en hibou [3]. »

Cette réclusion n'empêche pas Fonfrède de mener une vie intellectuelle et politique active. Il entretient une correspondance abondante avec les libéraux de son département et avec plusieurs grandes figures de l'opposition libérale sous la Restauration, comme le général La Fayette ou le compositeur Pierre-Jean de Béranger. Après la Révolution de 1830, il correspond également avec des politiciens de premier plan comme François Guizot et Adolphe Thiers. Austère, Fonfrède peut être à l'occasion chaleureux et facétieux. Il signe souvent « l'hermite de Montferrand » ou « Baron de Fonfrède de Montferrand ». Il interpelle parfois le fonctionnaire qui lira la lettre avant son destinataire, écrivant par exemple en 1828 : « aussi, très moral et très adroit employé des postes qui décachetteras cette lettre, sois à l'avance bien averti, qu'elle ne t'apprendra pas ce que tu voudrais savoir, et garde-toi bien de croire tout ce que tu y verras, car je ne demande pas mieux que de t'induire en erreur [4] ».

1. AN, F7 6769, dossier n° 7, rapport du préfet de la Gironde au ministre de l'Intérieur, 2 juillet 1827.

2. Bibliothèque municipale de Bordeaux (BMB), MS 1095, vol. 1, f°s 21-22, lettre du secrétaire national de *Aide-toi* à Fonfrède, 18 octobre 1829.

3. BMB, MS 1087, lettre de Fonfrède à son ami Charles-Alcée Campan, 17 février 1832.

4. BMB, MS 1087, lettre de Fonfrède à Campan, 1er décembre 1828.

Fonfrède est avant tout un journaliste de talent. L'*Histoire générale de la presse française* le désigne comme le fondateur d'une presse de qualité en province [1]. Il applique son éloquence journalistique aux questions politiques et économiques, en particulier à la défense des intérêts matériels de la Gironde et du midi de la France. Il maîtrise les concepts et le langage de l'économie politique, mais il combat les tendances « matérialistes » de plusieurs économistes, notamment Comte, Dunoyer et Dupin.

Fonfrède expose sa conception anti-industrialiste de la liberté commerciale en 1827, dans une série d'articles intitulée « Des départements du Nord et du Midi ». La série est d'abord une réponse à Dupin, qui a récemment attribué la plus grande prospérité du nord de la France à son plus haut niveau d'instruction, mesuré par le taux de scolarisation à l'école primaire, et sa plus grande moralité, mesurée par le taux des naissances illégitimes [2]. Le « Nord » tel que le définit Dupin correspond à 32 départements situés environ au-dessus de l'axe Saint-Malo-Genève. Les travaux du mathématicien préfigurent donc ceux de Louis Maggiolo, qui mettra en évidence en 1877 la répartition inégale de l'analphabétisme sur le territoire français.

Dans L'*Indicateur*, Fonfrède rejette les conclusions de Dupin. Il attribue d'abord la pauvreté relative du Midi au « système restrictif des douanes ». L'instruction moins répandue dans le sud et l'ouest de la France ne serait pas selon lui la cause, mais la conséquence de cette pauvreté relative [3]. Fonfrède affirme qu'avant la Révolution, le Midi et l'Ouest étaient plus riches que le Nord-Est, en particulier grâce au commerce colonial conduit depuis Bordeaux et les autres ports de la façade atlantique. Le déclin du Midi a commencé avec la Convention montagnarde, qui a cherché à établir « l'égalité absolue » en nivelant les richesses par le bas. Les Girondins, représentants des intérêts du Sud et vaincus par la Montagne en juin 1793, poursuivaient un objectif plus modéré, « l'égalité relative » des conditions. Fonfrède présente la Terreur comme une revanche économique du

---

1. C. Bellanger et al., *Histoire générale de la presse française, op. cit.*, t. 2, pp. 163-164.
2. Ces travaux de Dupin sont aussi publiés sous forme de brochures : Charles Dupin, *Effets de l'enseignement populaire sur les prospérités de la France*, Paris, 1827 et *id.*, *Conclusion sur les rapports de l'instruction populaire avec la moralité des diverses parties de la France*, Paris, 1827.
3. « Des départements du Nord et du Midi » (« Des départements »), 1ᵉʳ article, L'*Indicateur*, 31 décembre 1826.

Nord sur un Sud « spécialement proscrit » par le régime de Robespierre [1].

Le Blocus napoléonien a confirmé ce basculement de richesses : « l'industrie manufacturière du Nord prit un immense développement », alors que « la déchéance des départements agricoles du Midi fut radicalement achevée ». Ces conséquences économiques de la période révolutionnaire et impériale expliquent les attitudes politiques respectivement adoptés en 1814 par le Nord, resté fidèle à Napoléon, et le Midi, qui « s'est levé pour la Restauration dont il attendait le remède à ses maux ». Si quelques esprits d'élite peuvent être mus par les idéaux de patrie et de légitimité, « la race humaine, prise par masse, n'est pas assez désintéressée pour agir ainsi ; elle sent son malheur ou son bien-être plus qu'elle n'en comprend la cause : ses opinions ne viennent donc pas de ses principes, mais de ses intérêts [2] ». Ce déterminisme économique est un avertissement à la Restauration, qui a déçu les espérances placées en elle par le Midi.

Selon Fonfrède, le système prohibitif établi depuis 1814 a encore aggravé la condition économique des exportateurs méridionaux. La Restauration, dans l'espoir de se concilier les industriels du Nord, leur a accordé « le monopole absolu de la consommation française ». Sous l'Empire, les producteurs du Sud jouissaient au moins d'un accès illimité aux marchés de l'Europe continentale sous domination française. Comme autres causes de l'appauvrissement du Midi, Fonfrède cite l'augmentation de la dette publique, qui place les richesses méridionales dans les mains des banquiers parisiens, et le maintien d'impôts indirects élevés sur les produits de la vigne [3].

Fonfrède revient ensuite sur les travaux de Dupin. Il tourne en dérision la démonstration statistique selon laquelle le nord de la France est plus moral que le Midi. Selon le journaliste bordelais, il est absurde de prétendre que « la chaussée d'Antin et la rue Vivienne », les bastions de la grande bourgeoisie parisienne corrompue par ses spéculations financières, « offrent plus de mœurs que les plaines de la Gironde, de l'Agenais et du Languedoc ». Au contraire, l'agiotage des puissants et le « mécanisme servile » imposé aux ouvriers des manufactures du Nord ont produit des « individualités dégénérées ». Sans adhérer à la thèse de Rousseau, selon lequel « les peuples ignorants et

---

1. « Des départements », 2ᵉ article, *L'Indicateur*, 4 janvier 1827.
2. *Ibid.*
3. « Des départements », 3ᵉ et 4ᵉ articles, *L'Indicateur*, 11 et 20 janvier 1827.

pauvres étaient seuls vertueux et libres », Fonfrède dénonce « les princes de la banque, les seigneurs suzerains du Pactole [qui] affirment que les peuples riches sont seuls libres et vertueux [1] ! ».

Selon Fonfrède, Dupin a commis une erreur de méthode en réduisant la question de la moralité à celle des naissances illégitimes, la moins grave des corruptions parce que « l'entraînement de la jeunesse, les égarements de l'amour, sont plutôt des faiblesses que des vices ! ». Dans sa tentative pour mesurer la moralité, Dupin a oublié, du côté négatif, « l'adultère, l'agiotage, la violation des serments, l'égoïsme, la dureté de cœur, l'ingratitude, l'avarice, la dissimulation, l'improbité politique, l'infâme espionnage, l'amour du jeu, la soif du pouvoir et les crimes qu'elle fait commettre » et, du côté positif, « l'amour fidèle, l'amitié dévoué, la fraternité dans le danger, la patriotisme, la charité, la reconnaissance, l'hospitalité ». Plus généralement, Fonfrède rejette l'emploi de la statistique comme outil des sciences politiques et morales : « Apprécier le moral des hommes avec des chiffres est une véritable dérision. *Le Globe* [dans une recension favorable des travaux de Dupin] appelle cela simplifier une question. Je pense, moi, que c'est singulièrement la rétrécir et la fausser, et c'est une bien grande erreur de croire qu'on peut traiter mathématiquement la philosophie morale [2]. »

Cette condamnation conduit Fonfrède à attaquer « le fanatisme de la nouvelle école qui a inscrit sur ses bannières : *Hors l'industrie, point de salut !* ». Si les richesses matérielles sont « une chose bonne et utile », l'industrie n'est pas « le principe vital de la société ». La moralité et la liberté d'une société ne reposent ni sur la pauvreté, ni sur l'abondance matérielle, mais sur une répartition égalitaire des richesses existantes entre les individus et les provinces qui composent un Etat. L'inégalité, « par la relation directe et immédiate de l'extrême opulence et de l'extrême pauvreté », encourage aussi bien « les passions et les vices du riche » que celles du pauvre, et pousse ce dernier au crime par la tentation du luxe [3].

En juin 1827, le rétablissement de la censure, décidée par le gouvernement Villèle pour préparer les élections législatives, contraint Fonfrède à interrompre sa série d'articles. Mais le journaliste poursuit son analyse dans des lettres à son ami Charles-Alcée Campan, un

---

1. « Des départements », 5ᵉ article, *L'Indicateur*, 20 février 1827.
2. « Des départements », 6ᵉ article, *L'Indicateur*, 27 juin 1827.
3. *Ibid.*

libéral bordelais établi à Bruxelles. Il y dénonce l'influence grandissante des industrialistes sur le parti libéral : « Les chefs de file libéraux ont-ils décidément perdu la tête ? [...] Ont-ils résolu d'éteindre toutes les forces morales de la société ? De la matérialiser, de la financiariser, de l'industrialiser de telle manière qu'elle soit, sans ressource aucune livrée à la verge du pouvoir ? » L'industrie peut prospérer sous le pouvoir absolu. Par conséquent, « en détruisant sans retour les plus fiers sentiments de la nature humaine, auxquels [les chefs libéraux] substituent pour tout mobile, ces trois mots sacramentels *produire, vendre et gagner*, ils n'auront plus à opposer au despotisme qu'un mercantile troupeau d'esclaves, riches et corrompus, toujours prêts à traiter de la rançon de la liberté, au lieu de songer à la défendre [1] ».

Les verbes financiariser et industrialiser sont probablement des néologismes, que Fonfrède reprendra dans des articles ultérieurs. Ils témoignent de son sens du langage et soulignent sa contribution à l'élaboration d'un nouveau vocabulaire économique au début du XIXe siècle [2].

Si Fonfrède reconnaît que « l'industrie » a aidé par le passé à renverser la société féodale, il craint désormais que la force dévorante des intérêts privés ne sape « la vertu politique, le désintéressement de soi-même, le patriotisme », valeurs qui doivent demeurer les fondations de l'intérêt général. Il souhaite démontrer cette vérité « jusqu'à la dernière évidence ». Mais « il me faudrait un journal libre ; [...] les censeurs, véritables chiens couchants me tiendraient *en arrêt* et sentiraient dans mes écrits une telle odeur de véritable liberté qu'ils n'en laisseraient pas passer une ligne [3] ».

La défense des privilèges bordelais au nom du « véritable libéralisme »

Fonfrède rapporte à Campan que ses articles sur le Nord et le Midi ont eu à Bordeaux « le plus grand succès, surtout parmi les royalistes ». Il ajoute quelques mois plus tard que les articles ont semé le trouble et « attaqué au cœur » le parti monarchiste en Gironde :

1. BMB, MS 1089, f° 50, lettre de Fonfrède à Campan, 31 juillet 1827.
2. La première occurrence d'« industrialiser » dans le *Dictionnaire historique de la langue française* date de 1836, mais son usage reste peu fréquent jusqu'aux années 1930 ; *Dictionnaire historique*, op. cit., t. 2, p. 1020.
3. BMB, MS 1089, f°s 59-60, f° 62, lettre de Fonfrède à Campan, 26 août 1827.

plusieurs notables lui ont fait des « ouvertures directes et indirectes ». Certains proposent de le faire élire député du département. Fonfrède refuse, invoquant la mémoire de son père régicide, mais il se réjouit de la confusion qu'il a créée dans le camp de ses adversaires [1]. Au cours de l'hiver 1827-1828, il défend, au nom de la liberté commerciale, le privilège de l'entrepôt bordelais. Il achève ainsi de détacher les notables régionaux du royalisme.

Pendant la campagne électorale qui a précédé les élections de novembre 1827, le négoce parisien a en effet repris ses efforts pour obtenir la création de nouveaux entrepôts. Au mois d'octobre, une pétition signée par plusieurs centaines de « manufacturiers, banquiers, négociants et commerçants » parisiens est remise au gouvernement. La presse libérale et plusieurs brochures appuient la pétition [2]. Les partisans de nouveaux entrepôts, souvent liés au parti libéral, accusent les « privilèges » des villes maritimes de violer « la loi commune » et « l'égalité des droits [3] ».

Les élections sont une défaite sévère pour le ministère Villèle. Ce dernier est remplacé par un gouvernement royaliste modéré, dirigé par le vicomte de Martignac, qui poursuit une politique de conciliation avec les libéraux les moins radicaux. Son action est entravée par les réticences de la majorité des libéraux et l'opposition secrète de Charles X, qui reste hostile à un compromis avec les défenseurs de la Charte. Entre autres gestes d'apaisement, et en réponse aux demandes de réforme douanière, le gouvernement Martignac crée un ministère du Commerce. Le nouveau portefeuille est cependant confié à Saint-Cricq, l'ancien directeur général des Douanes de 1814 à 1824. Une réforme radicale apparaît donc peu probable.

A la suite du succès électoral des libéraux, pétitions et brochures en faveur de nouveaux entrepôts se multiplient, notamment dans l'est de la France. Les chambres de commerce de Metz, Strasbourg et Mulhouse réclament des droits équivalents aux ports de mer. Ces demandes sont souvent accompagnées de vœux pour l'abolition des restrictions et des formalités qui empêchent ou gênent le commerce de

---

1. BMB, MS 1089, f⁰ˢ 47-48, f° 72, lettre de Fonfrède à Campan, 4 septembre 1827.
2. *Pétition des manufacturiers, banquiers, négociants et commerçants de la place de Paris*, Paris, 1827 ; F. Pochard, *Exposé de la situation critique du commerce à Paris*, Paris, 1827 ; D.-L. Rodet, *Questions commerciales*, Paris, 1828 ; Pierre-Joseph Chedeaux, *Lettre sur le transit et l'entrepôt*, Paris, 1828 ; François Larréguy, *Des entrepôts intérieurs d'après le droit commun et l'intérêt général*, Paris, 1829.
3. F. Démier, *Nation, marché, développement*, *op. cit.*, pp. 1434-1457.

transit [1]. Une *Lettre sur le transit et les entrepôts*, rédigée par le maire libéral de Metz Pierre-Joseph Chedeaux, est typique des arguments employés par les partisans d'une réforme. Il en est imprimé 1 000 exemplaires en mai 1828 [2].

La *Lettre* de Chedeaux s'inspire de l'économie politique. Elle s'ouvre par une citation de Say : « Le commerce n'est que le transport des marchandises d'un lieu à un autre. » Pour encourager la navigation transatlantique, poursuit Chedeaux, la France doit permettre à ses marchands de fournir, en contrepartie des produits coloniaux importés dans ses ports, non seulement ses propres soieries de Lyon, mais aussi les produits du reste de l'Europe : « des soieries de Crevelt, des merceries d'Elberfeld, des toiles de Westphalie, des quincailleries de Remscheid, des bimbeloteries de Nuremberg, etc., etc. ». Or, demande-t-il, « sans transit général, sans entrepôt, lorsque beaucoup de ces marchandises sont prohibées, où sont les moyens de les fournir ? ». Evoquant la récente libéralisation de la législation sur le transit en Grande-Bretagne, Chedeaux affirme que tous les gouvernements européens se tournent vers « un système libéral » de douanes et que la formule « laisser passer, laisser faire » est devenu « le cri universel » de l'Europe. Pourtant, le maire de Metz ne souhaite pas l'abolition de toute protection contre la concurrence étrangère : il dit vouloir respecter les « lois qui assurent à nos manufacturiers les consommations nationales [3] ».

Face à ces réclamations, les ports de mer semblent dépourvus d'arguments. Leurs défenseurs se contentent de rappeler que le privilège de l'entrepôt leur a été garanti en 1816 et que le commerce en denrées coloniales, principal enjeu de la controverse, est une fonction naturelle des ports. Le négociant havrais Jean-Baptiste Delaunay affirme ainsi dans un *Dialogue entre un Parisien et un Havrais* : « Quand chacun fait son métier, les vaches sont bien gardées » (un proverbe picard selon l'auteur) [4]. François Ferrier

---

1. *Pétition adressée à la Chambre des députés par 115 négociants de Strasbourg,* Strasbourg, 1828 ; CERARE, ACCM, 561, pétition de la chambre de commerce de Mulhouse au Roi, 11 septembre 1828.

2. AN, F18*II 15, impression 2330, 5 mai 1828.

3. P.-J. Chedeaux, *Lettre sur le transit, op. cit.,* pp. 7-8, pp. 11-14.

4. Jean-Baptiste Delaunay, *Dialogue entre un Parisien et un Havrais sur l'établissement d'un entrepôt de denrées coloniales à Paris,* Le Havre, 1827. Voir aussi Pierre-Louis Le Picquier, *Du projet d'établissement de l'entrepôt à Paris et autres villes de l'intérieur,* Le Havre, 1827 ; *Nouvelles observations de la chambre de commerce de Nantes sur la question de l'entrepôt réel à Paris,* Nantes, 1828 ; M. Garonne, *Des*

considère de même que « l'Entrepôt, institution admirable, a été créée pour les ports, seuls appelés au commerce de l'Univers ». L'ancien directeur des Douanes impériales craint surtout que l'abolition du principal privilège des ports ne rende les idées des économistes plus attrayantes aux yeux des négociants maritimes [1].

A partir de décembre 1827, la levée de la censure permet à Fonfrède de participer à la controverse. Il reprend sa série d'articles sur le Nord et le Midi, mais concentre son attention sur la question de l'entrepôt parisien. Poursuivant son entreprise de séduction des notables royalistes, il propose une argumentation originale en défense du privilège de l'entrepôt, qui dénonce les aspirations industrialisantes et centralisatrices de certains libéraux.

Selon Fonfrède, la question de l'entrepôt est avant tout un problème d'équilibre entre la capitale et les provinces. Depuis ses débuts en 1814, le gouvernement de la Restauration n'a cessé de favoriser la centralisation politique, administrative et financière, parce qu'il est inquiet pour son existence et cherche à rassembler autour de lui tous les moyens d'influence : « de là, cette absorption continuelle de toute la vitalité sociale au centre de l'Etat », et « il faudrait être complètement aveugle pour ne pas apercevoir la connexion intime de la réaction politique avec la décadence matérielle des provinces ». Cette tendance à la centralisation se fait désormais avec la complicité du « parti industriel » : après avoir obtenu l'absorption par Paris des capitaux provinciaux en accroissant la dette publique, celui-ci souhaite concentrer les affaires commerciales dans la capitale en y créant un entrepôt [2].

Or, d'après Fonfrède, dans « les pays vraiment heureux et libres », le « bonheur tient précisément à la division des forces sociales sur plusieurs points, et sans prêcher en France une sorte de fédéralisme qui, avantageux aux extrémités du royaume, affaiblirait trop peut-être sa vigueur politique, il est permis de désirer que des institutions salutaires rendent à nos villes principales l'importance qu'elles ont perdue, et les affranchissent d'une subjection fatale à toute véritable liberté ». Une politique décentralisatrice s'opposerait à la fois aux tendances réactionnaires du gouvernement et aux tendances indus-

entrepôts de denrées coloniales et d'un nouveau mode de législation commerciale, Paris, 1828.
1. François Ferrier, *De l'entrepôt de Paris,* Paris/Lille, 1828, p. 32, p. 58.
2. « Des départements », 7ᵉ article, *L'Indicateur,* 7 décembre 1827.

trialistes du camp libéral ; elle constituerait un « véritable libéralisme », conforme aux vues de Madame de Staël plutôt qu'à celles de Charles Dupin [1]. C'est un emploi précoce du terme libéralisme, dont la première occurrence en français – peu reprise jusque dans les années 1830 – date de 1818 [2].

Au nom de ce véritable libéralisme, Fonfrède défend l'entrepôt de Bordeaux contre les industrialistes. Invoquant Montesquieu, Rousseau et Mably, il rejette une définition purement matérialiste de la liberté. Selon lui, « la liberté n'est point un pouvoir d'action physique et matériel, ou du moins ce pouvoir n'en constitue que la moindre partie. Elle est cette indépendance élevée de l'âme que la privation du bien-être ne peut altérer, que la conviction du devoir soutient, que la certitude des revers ne peut abattre, que le succès ne peut enorgueillir ! Elle est cet instinct sublime de force et de dignité que l'homme seul reçut en partage, et qui, semblable à l'amour, le distingue de la création animée [3] ».

Cette conception de la liberté conduit aussi Fonfrède à rejeter l'exemple britannique cher aux industrialistes. Si la liberté s'est établie en Angleterre plus tôt qu'ailleurs, ce n'est pas grâce à l'industrie mais aux compromis institutionnels remontant aux conflits entre Normands et Saxons à l'époque féodale (cette interprétation de l'histoire anglaise s'inspire sans doute de celle proposée, en 1825, par Augustin Thierry dans son *Histoire de la conquête de l'Angleterre par les Normands*). Après seulement, « la liberté y a développé l'industrie, et cependant l'industrie n'y a prospéré, ne s'y est développée que pour maintenir la plus choquante inégalité des fortunes intérieures, que pour établir un système d'exclusion et de despotisme sur l'univers entier [4] ! ».

La véritable liberté, selon Fonfrède, doit être conjuguée avec une véritable égalité, « l'égalité légale » et non la « monstruosité » de « l'égalité absolue » des Montagnards. Cette égalité légale ne suppose pas la destructions des « mille inégalités si profondément enracinées dans le corps social », mais un système de compensation de « ces

---

1. *Ibid.*
2. Guillaume Bertier de Sauvigny, « Liberalism, Nationalism and Socialism : the Birth of Three Words », *Review of Politics*, n° 32, 1970, pp. 147-166 ; voir aussi *Dictionnaire historique, op. cit.*, t. 1, p. 1124.
3. « Des départements », 8ᵉ article, *L'Indicateur*, 12 décembre 1827.
4. « Des départements », 9ᵉ article, *L'Indicateur*, 18 décembre 1827.

inégalités les unes par les autres, de telle sorte que la balance ne soit emportée trop rapidement d'aucun côté ». L'égalité « légale » ou « relative » implique donc que le privilège de l'entrepôt soit conservé aux ports de mer, « lorsque tant d'inégalités commerciales et politiques » favorisent déjà la capitale. La création d'un entrepôt à Paris, loin de renforcer l'égalité commerciale, « achèverait de la détruire [1] ».

Fonfrède accuse d'hypocrisie les industrialistes et les autres partisans de l'entrepôt parisien, parce qu'ils invoquent la « liberté » sans souhaiter abolir la protection douanière : « ils réclament unanimement la liberté du commerce : mais qu'importe ? La question est de savoir, si, en réalité, cette liberté peut naître du système industriel tel qu'il est pratiqué, et non tel qu'il est professé. Quand le filateur de coton ne demandera pas la prohibition des fils étrangers ; quand le maître de forges ne réclamera pas la prohibition des fers ; quand le fabricant d'acier ou de quincaillerie ne réclamera pas la prohibition de la quincaillerie et de l'acier ; quand le fabricant d'étoffes ne réclamera pas la prohibition des tissus, alors je croirai que le système industriel tend à la liberté du commerce [2] ».

Fonfrède poursuit sa série d'articles sur le Nord et le Midi jusqu'en février 1828. Réaffirmant sa conception de « la véritable liberté » et de « la véritable égalité », il pose comme condition à la création d'entrepôts dans les villes de l'intérieur l'abolition des prohibitions et des droits protecteurs en faveur des manufactures. Mais il ne croit pas les industrialistes capables de faire une telle concession [3].

Impact et portée des idées économiques de Fonfrède

L'idée que les privilèges commerciaux des ports de mer sont le « véritable libéralisme » prête certainement à l'accusation de sophisme, voire de justification dans un langage libéral des institutions économiques de l'Ancien Régime. Fonfrède pense que les « écrivains monarchiques », sur les questions économiques, « ne sont réellement que de vieux entêtés, obstinés à défendre de vieilles erreurs [4] ». Mais

---

1. *Ibid.*
2. *Ibid.*
3. « Des départements », 10ᵉ, 11ᵉ et 12ᵉ articles, *L'Indicateur,* 22 décembre 1827, 30 janvier 1828 et 9 février 1828.
4. « Des départements », 8ᵉ article, *L'Indicateur,* 12 décembre 1827.

il refuse d'adhérer sans réserve à l'économie politique. Ses articles sur le Nord, le Midi et la question de l'entrepôt jouent pourtant un rôle fondamental de médiation entre la littérature des économistes et les commerçants bordelais. Grâce à Fonfrède, les négociants apprennent à défendre leurs intérêts matériels dans un langage libéral.

En Gironde, ses articles sur le Nord et le Midi connaissent un grand succès. Les principaux journaux de province, tels que *L'Indicateur*, ont à cette date un tirage d'environ 1 000 exemplaires. Chaque exemplaire est lu par plusieurs individus, parfois des dizaines [1]. Une large fraction de la population girondine est donc exposée à ses articles. En 1829, le préfet de la Gironde se plaint que même les « ouvriers » de Bordeaux lisent *L'Indicateur* [2]. L'influence de Fonfrède ne se limite pas aux milieux libéraux du département : en mars 1828, le publiciste bordelais rapporte à son ami Campan que sa série d'articles lui « a valu de la part des populations ultras, approbations, compliments, correspondance etc. Ces braves gens sont enchantés qu'un libéral fît pour eux, ce que sans doute ils ne savent pas faire eux-mêmes [3] ».

Les articles de Fonfrède ont aussi des échos à l'échelle nationale. Dans sa préface aux *Forces productives*, Dupin exhorte le Midi à cesser de dénigrer les bienfaits de l'industrie. C'est selon Fonfrède « une ridicule palinodie pour nous répondre indirectement ». Le journaliste bordelais souhaite répliquer en regroupant ses articles en un petit livre, mais le projet ne voit pas le jour [4]. Les articles de Fonfrède sont lus et parfois critiqués dans d'autres villes de province : *Le Précurseur*, journal de l'opposition libérale de Lyon, accuse en février 1828 le publiciste bordelais « d'avoir violé les principes les plus incontestés de l'économie politique [5] ».

Dans sa réponse au quotidien lyonnais, Fonfrède nie avoir du « dédain » pour la science économique. Mais il désapprouve « l'enthousiasme de secte qui fait adopter aveuglément les opinions des chefs de cette école » et se refuse à « l'élever au rang des sciences exactes ». Selon lui, les désaccords persistants entre économistes,

---

1. Bellanger et al., *Histoire générale de la presse, op. cit.*, t. 2, p. 150.
2. AN, F7 6769, dossier n° 7, rapport du préfet de la Gironde au ministre de l'Intérieur, 5 février 1829.
3. BMB, MS 1087, lettre de Fonfrède à Campan, 18 mars 1828.
4. BMB, MS 1087, lettres de Fonfrède à Campan, 18 mars et 17 juin 1828.
5. Cité dans la réponse de Fonfrède, *L'Indicateur*, 21 février 1828.

notamment entre Say et Sismondi sur les risques de surproduction, montrent que le « fonds sur lequel [l'économie politique] base ses calculs, est encore trop mouvant pour qu'ils aient acquis la rigueur et la précision des calculs mathématiques ». Fonfrède trouve même que « l'expression de niaiserie » employée par *Le Précurseur* pour disqualifier la doctrine de la balance du commerce « est infiniment trop forte ». Le publiciste bordelais admet que les dirigeants de la Restauration ont accordé une importance excessive à cette doctrine, mais il persiste à lui reconnaître une certaine utilité [1].

Les articles de Fonfrède utilisent encore le langage organiciste de la protection. Dans son second article, il affirme que l'agriculture et les manufactures doivent « se prêter un mutuel secours, et recevoir de l'administration une protection au moins égale ». Il ajoute que l'industrie agricole est « la première de toutes, puisqu'elle assure l'existence des peuples ». Mais dans le même article, Fonfrède emploie aussi, à propos des rapports entre agriculture et industrie manufacturière, le langage de l'économie politique. Que faut-il, demande-t-il, « pour qu'un gouvernement maintienne l'équilibre entre ces deux sources de richesses ? Il faut qu'il laisse à chacune dans le commerce sa *valeur naturelle*. On appelle *valeur naturelle*, celle que la libre concurrence de production et de consommation donne aux objets [2] ».

Fonfrède cite Say à plusieurs reprises et le décrit comme « le plus habile économiste de l'époque [3] ». Le journaliste bordelais combat moins l'économie politique que ses représentants industrialistes, ceux qu'il appelle les « doctrinaires » de « l'économie commerciale » – par analogie avec les « doctrinaires » en politique, Guizot et d'autres partisans d'une monarchie constitutionnelle, dont Fonfrède rejette le dogmatisme [4]. Le journaliste reproche aux doctrinaires économiques leur désinvolture lexicale. Il se plaint en particulier que « le mot industrie change rapidement de signification dans la bouche des économistes actuels » : ceux-ci disent parfois entendre non « pas seulement l'ensemble des travaux manufacturiers, mais toute action

---

1. *L'Indicateur*, 21 et 22 février 1828 ; Fonfrède affirmait déjà en 1826 qu'« une discussion approfondie [de l'ancienne théorie de la balance commerciale] prouverait peut-être qu'elle n'est pas tout à fait aussi erronée que le supposent les économistes actuels, et que, comme la presque totalité des doctrines humaines, elle présente du vrai et du faux », *L'Indicateur*, 30 septembre 1826.
2. « Des départements », 2ᵉ article, *L'Indicateur*, 4 janvier 1827.
3. « Des départements », 3ᵉ article, *L'Indicateur*, 11 janvier 1827.
4. « Des départements », 1ᵉʳ et 2ᵉ articles, *L'indicateur*, 31 décembre et 4 janvier 1827.

productrice de l'homme, soit au moral, soit au physique »; mais quand « on vient aux réalités [...] toutes les demandes, tous les arguments [des économistes] se concentrent en faveur des travaux manufacturiers, et l'industrie industrielle, si j'ose m'exprimer ainsi, ne voit qu'en elle-même la richesse et la liberté du pays [1] ».

L'ambivalence dénoncée par Fonfrède est réelle dans les écrits de Comte, Dunoyer et Dupin. Elle repose sur le glissement sémantique du terme industrie à partir de la fin du XVIIIe siècle, du sens de travail – encore reflété dans l'adjectif « industrieux » – au sens d'industrie manufacturière – correspondant à l'adjectif « industriel » – qui s'imposera au XIXe siècle [2]. C'est à ce nouvel industrialisme manufacturier, autant qu'au système prohibitif et plus qu'à l'économie politique, que Fonfrède oppose son « véritable libéralisme » agrarien.

La dissémination de l'économie politique n'est donc pas un simple processus de répétition ou d'imitation. Les idées propagées par les économistes transforment la perception des activités de production et d'échange, mais elles sont aussi critiquées et réinterprétées en fonction du contexte social et régional. A cet égard, le cas de Fonfrède est probablement représentatif d'un phénomène plus diffus dans la société française. Mais il est aussi exceptionnel, parce que sa réinterprétation de l'économie politique provoque le premier mouvement d'opinion contre la protection douanière, qui se répand de la Gironde aux autres départements viticoles en 1828 et 1829.

---

1. « Des départements », 11e article, *L'Indicateur*, 30 janvier 1828.
2. Florian Schui, *Early Debates about Industry : Voltaire and his Contemporaries*, Londres, Palgrave Macmillan, 2005, pp. 26-34 ; Gareth Stedman Jones, « *Industrie, Pauperism, and the Hanoverian State : the Genesis and Political Context of the Original Debate about the "Industrial Revolution" in England and France, 1815-1840* », Centre for History and Economics, Working paper, Cambridge, 1997.

Chapitre 7

Les viticulteurs contre le système prohibitif
(1828-1829)

La dissémination des idées libérales finit par susciter, dans les régions viticoles, un mouvement de protestation contre la protection douanière. La viticulture française est alors à son apogée : elle emploie, à titre d'activité principale ou secondaire, environ deux millions d'individus, soit 10 % de la population active, et elle fournit près de la moitié de la production mondiale de vin [1]. Une forte chute des prix frappe les viticulteurs français à la fin des années 1820. Le gouvernement considère la crise comme un phénomène de surproduction, mais plusieurs opposants au régime l'attribuent aux représailles étrangères contre les prohibitions françaises. Adhérant à cette seconde interprétation, les viticulteurs de Gironde pétitionnent contre le système prohibitif et incitent les autres départements viticoles à les imiter.

Cette contestation de la protection se développe dans un contexte de grave crise économique et politique. Suite à plusieurs mauvaises récoltes, le prix du blé augmente de 25 % entre 1825 et 1829. La séquence des crises économiques traditionnelles se déclenche : la hausse du coût des denrées alimentaires provoque une forte chute de la demande de produits artisanaux et manufacturés. La dépression est

---

1. Marcel Lachiver, *Vins, vignes et vignerons français*, Paris, Fayard, 1988, rééd. 1997, pp. 393-395 ; Gilbert Garrier, *Histoire sociale et culturelle du vin*, Paris, Bordas, 1995, rééd. Larousse, 2002, pp. 209-210.

encore aggravée par la chute des exportations vers les Etats-Unis et la Grande-Bretagne, qui subissent une grave crise financière et commerciale depuis 1826 [1]. Les difficultés économiques accroissent les tensions politiques consécutives au succès électoral des libéraux en novembre 1827. L'expérience modérée du gouvernement Martignac est un échec et, en août 1829, Charles X le remplace par un ministère ultra sous la direction du prince de Polignac. Il en résulte un bras de fer avec l'opposition libérale qui débouche en juillet 1830 sur le renversement du régime [2].

La dépression économique et la crise politique sont des facteurs importants dans l'émergence d'un courant d'opinion libéral-commercial. En Gironde, les viticulteurs royalistes rejoignent l'opposition libérale et Fonfrède devient leur porte-parole.

La pétition bordelaise pour la liberté commerciale

Au lendemain des élections de novembre 1827, la réduction des restrictions douanières s'impose comme l'un des mots d'ordre de l'opposition libérale. La première tâche de la nouvelle Chambre des députés est de transmettre ses vœux au souverain. Le projet d'adresse débattu par la Chambre félicite le roi d'avoir créé un nouveau ministère spécialement chargé du Commerce. Mais le texte précise que le « vrai bien » du commerce est « la liberté ». « Tout ce qui gêne la facilité de nos relations », ajoute-t-il, « porte au commerce un préjudice dont le contrecoup se fait sentir aux intérêts les plus éloignés. » Plusieurs députés, dont le nouveau ministre du Commerce, Saint-Cricq, protestent contre l'emploi du mot liberté, susceptible selon eux de provoquer de « graves abus » d'interprétation. Leurs amendements

---

1. Sur la crise économique de la fin des années 1820, voir Albert Broder, *L'économie française au XIX* siècle, Paris, Ophrys, 1993, pp. 24-27 ; Paul Gonnet, « Esquisse de la crise économique en France de 1827 à 1832 », *Revue d'histoire économique et sociale*, n° 31, 1955, pp. 249-291 ; Ernest Labrousse, « How Revolutions are Born 1789 – 1830 – 1848 », in François Crouzet, William H. Chaloner et Walter M. Stern (dir.), *Essays in European Economic History, 1789-1914*, Londres, Edward Arnold, 1969, pp. 1-14 ; Pamela Pilbeam, *The 1830 Revolution in France*, Londres, Macmillan, 1991, pp. 37-59 ; N. Bourguinat, *Les grains du désordre, op. cit.*, pp. 161-165 ; Maurice Lévy-Leboyer, *Les banques européennes et l'industrialisation internationale dans la première moitié du XIX* siècle, Paris, PUF, 1964, pp. 464-488.
2. E. de Waresquiel et B. Yvert, *Histoire de la Restauration*, *op. cit.*, pp. 407-464.

proposant la suppression du terme liberté sont repoussés. Mais la majorité de la Chambre accepte d'atténuer la formulation du paragraphe en remplaçant « vrai bien » par « premier besoin » et en insérant « sans nécessité » entre « ce qui gêne » et « la facilité [1] ».

L'Indicateur de Bordeaux salue « cette initiative à la chambre en faveur de la liberté du commerce », qui « caractérise peut-être bien plus que toute autre manifestation le changement d'attitude que sa composition doit imprimer à la chose publique [2] ». Comme on l'a vu au chapitre précédent, les royalistes ont subi aux élections de 1827 une défaite particulièrement sévère en Gironde, où ils ont perdu tous les sièges du département sauf un. Dans un rapport au ministre de l'Intérieur, le préfet attribue ce « grand changement » de « l'esprit public » du département « en premier lieu, à la lecture des journaux, aux opinions des publicistes libéraux qu'ils renferment » et « secondement, à la non-vente des denrées de ce pays », c'est-à-dire à la crise de la viticulture [3].

Les historiens ne sont pas plus d'accord sur les causes et la gravité de cette crise que les Français de la Restauration. Certains, qui accordent foi aux chiffres cités par les propriétaires de vignes dans leurs pétitions, jugent la crise sérieuse et l'attribuent à la chute des exportations [4]. Paul Butel, en revanche, après avoir examiné les livres de comptes de plusieurs négociants en vin à Bordeaux, estime que les plaintes sur la baisse des exportations étaient sinon imaginaires, du moins fortement exagérées [5]. Ses recherches donnent raison à Saint-Cricq et au préfet de la Gironde, qui voient dans l'extension de la culture de la vigne depuis la Révolution la principale cause de la diminution des prix.

Selon les statistiques officielles, plus fiables que les chiffres cités par les viticulteurs, les exportations de vins ont certes légèrement diminué en volume pendant la Restauration, de 124,3 millions de litres par an en 1815-1816 à 115,2 millions en 1828-1829. Elles ont cependant un peu augmenté en valeur, passant d'environ 40 à 45 millions de francs par an (voir graphique 2). Les viticulteurs sont

---

1. AP, vol. 52, séance du 5 mars 1828, pp. 750-751.
2. *L'Indicateur*, 11 mars 1828.
3. AN, F7 6769, dossier n° 7, rapport du préfet de la Gironde au ministre de l'Intérieur, 30 juin 1828.
4. A.-J. Tudesq, « La Restauration », in C. Higounet, *Histoire de Bordeaux, op. cit.,* t. 6, pp. 53-55.
5. Paul Butel, *Les dynasties bordelaises,* Paris, Perrin, 1990, pp. 186-191.

confrontés à la stagnation plutôt qu'au déclin du commerce extérieur. Les exportations de vins n'ont pas connu une évolution plus défavorable que la valeur totale des exportations françaises, qui a reculé en moyenne annuelle de 503 à 487 millions de francs par an entre 1816-1820 et 1826-1830 [1].

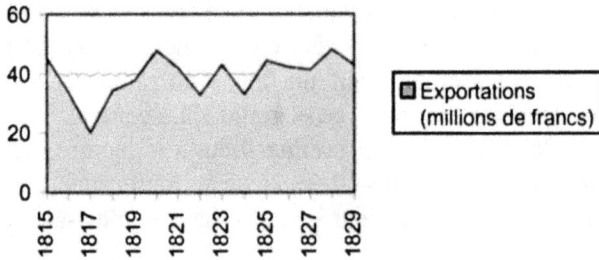

Graphique 2 – Exportations de vins français en valeur, 1815-1829
Source : Ministère du Commerce, *Statistique de la France*, vol. 7, p. 515.

La mise en cause, par les viticulteurs bordelais, du système prohibitif repose moins sur des difficultés commerciales réelles que sur une nouvelle représentation du rôle des échanges extérieurs dans l'activité économique. C'est la diffusion d'idées libérales par les économistes et, en Gironde spécifiquement, par Henri Fonfrède, qui suscite la naissance du mouvement réclamant l'abandon de politiques douanières restrictives.

En mars 1828, le mécontentement des viticulteurs bordelais conduit une douzaine de grands propriétaires de vignes, des « ultras » selon Fonfrède, à fonder un comité « pour adresser au gouvernement des réclamations » sur le triste état du commerce de la France en général et de Bordeaux en particulier. Deux membres du comité se rendent à Montferrand pour demander au journaliste libéral de rédiger une pétition en leur nom. Fonfrède refuse en invoquant le lien nécessaire entre liberté commerciale et liberté politique. Il leur explique : « Nos malheurs ne peuvent se réparer par les modifications que vous demandez à notre système administratif. C'est dans la charpente

---

1. Ministère du Commerce, *Statistique de la France*, 10 vol., Paris, 1838-1848, t. 7, pp. 8-9, p. 511, p. 515 ; les chiffres donnés dans le texte correspondent au « commerce spécial », qui ne comprend pas les réexportations.

politique de l'état qu'est le vice radical. Tant qu'elle restera ce qu'elle est nous serons ruinés. Ne demandez point des modifications administratives impossibles dans le système actuel. C'est une niaiserie. Quant à moi, je n'en ferai rien, car je jouerais le rôle d'un vrai Dupe. Ou, si j'écris selon ma pensée, et que je remonte *à la source du mal, aucun d'entre vous ne voudra signer ce que je ferai* ; d'où il résulte que je ne ferai rien, car je veux dire franchement ma pensée ou me taire [1]. »

Les propriétaires de vignes se tournent alors vers Etienne Hervé, un jeune avocat bordelais, qui sera député conservateur sous la Monarchie de Juillet. Celui-ci rédige la pétition. Signée par 12 563 propriétaires de vignes du département, elle est envoyée aux chambres parlementaires au début de mai 1828 [2]. Les signatures des quinze membres du comité en tête de la pétition suggèrent que ceux-ci appartiennent en effet aux milieux royalistes de la Gironde : dix ont des noms à particule, y compris plusieurs noms de la grande aristocratie de Guyenne. L'un d'entre eux a été député royaliste du département, un autre maire adjoint de Bordeaux pendant la Terreur blanche [3].

La pétition rédigée par Hervé s'inspire largement des idées de Fonfrède. Elle se situe à mi-chemin entre les principes du système mercantile et ceux de l'économie politique. Hervé souligne que « l'industrie agricole » est « la première de toutes ». Le gouvernement doit la « favoriser » de préférence à l'industrie manufacturière, qui dépend de l'agriculture pour ses matières premières comme pour ses débouchés. Loin de rejeter la théorie de la balance du commerce, Hervé rappelle avec nostalgie la prospérité bordelaise d'avant la Révolution, lorsque « la balance de ces échanges nous était si avantageuse, qu'elle se payait en argent, et se montait chaque année à plus de 80 000 000 de francs ». Il se prononce même contre la « liberté absolue » ou « illimitée » du commerce [4].

---

1. BMB, MS 1087, lettre de Fonfrède à Campan, 18 mars 1828.
2. *L'Indicateur*, 13 mai 1828.
3. Bernard-Henri de Pontet (1764-1836), député royaliste de la Gironde de 1815 à 1824, et Pierre-Romain Blanc-Dutrouil (1776-1843), maire adjoint de Bordeaux en 1816. Les autres membres du comité sont le marquis Charles de Bryas (1785-1866), Armand Dupérier de Larsan (1799-1885), petit-fils du sénéchal de Guyenne, qui présida l'ordre de la noblesse lors de la réunion des Etats Généraux à Versailles en 1789, son grand-oncle le poète libertin chevalier Dupérier de Larsan (1756-1829), le comte de Kercado (1793-1878), Labadie de Lalande (1762-1829), Henry-Xavier Bouchereau (1799-1871). Nous n'avons pas pu identifier les quatre derniers membres du comité : « de Larose », « Séguineau de Lognac », « Couput fils » et « Merman ».
4. *Pétition des propriétaires de vignes de la Gironde et mémoire à l'appui*, Bordeaux, 1828, p. 2, pp. 5-6, p. 12, p. 16.

Mais la pétition condamne sans réserve la prohibition. Elle déclare que « ce système est la plus déplorable des erreurs » et vante les bienfaits de la division internationale du travail : « La nature, dans sa variété infinie, a départi à chaque contrée ses attributs particuliers ; elle a imprimé sur chaque sol sa véritable destination, et c'est par la diversité des produits et des besoins, qu'elle a voulu unir les hommes par un lien universel, et opérer entre eux ces rapprochements qui ont produit le commerce et la civilisation. Vouloir tout fabriquer, tout produire, c'est vouloir effacer de la création ces caractères indélébiles [1]. »

Cette apologie des vertus civilisatrices du commerce fait plus penser à Montesquieu qu'à l'économie politique. La pétition bordelaise ne cite pas Say, ni aucun autre économiste libéral. L'influence de Fonfrède est en revanche incontestable. Dans les dernières pages de la pétition, Hervé dénonce le transfert de richesse du midi au nord de la France et s'indigne en termes fonfrédiens : « Quelle fureur manufacturière a donc soufflé sur le sol le plus fertile de l'Europe [2] ? »

S'inspirant de l'exemple girondin, les viticulteurs de dix-sept autres départements – dix dans le Sud-Ouest, quatre en Alsace et en Lorraine, deux dans la vallée de la Loire et un en Bourgogne – envoient des pétitions sur le même sujet aux chambres parlementaires à la fin du printemps 1828 [3]. Plusieurs rendent hommage à la pétition de la Gironde. L'une d'elles, signée par plusieurs centaines de « propriétaires du vignoble blanc des coteaux de la Loire », estime que le texte bordelais, « par les détails, les calculs qu'il expose, les considérations qu'il fait valoir, enfin par un ensemble de développements qui ne laisse rien à désirer, peut être regardé comme un type auquel doivent se référer, chacun suivant l'importance de ses intérêts relatifs, tous les pays qui ont à élever des réclamations du même genre [4] ». Reste qu'un grand nombre de pétitions accorde autant, voire plus d'importance au poids des impôts sur la vigne qu'à l'influence néfaste de la protection douanière. En se diffusant, les nouvelles revendications libérales tendent à se dissoudre dans un mouvement antifiscal plus traditionnel.

---

1. *Ibid.*, pp. 10-11.
2. *Ibid.*, pp. 59-70.
3. AP, vol. 55, séance du 1ᵉʳ juillet 1828, p. 579 ; les dix-sept départements sont : Gard, Gers, Haute-Garonne, Aude, Pyrénées-Orientales, Lot, Dordogne, Tarn, Lot-et-Garonne, Corrèze, Bas-Rhin, Haut-Rhin, Moselle, Meurthe, Indre, Indre-et-Loire et Yonne.
4. *Pétition par les propriétaires du vignoble blanc des coteaux de la Loire*, Paris, 1828, p. 3.

Annonce de l'enquête commerciale

Les pétitions de viticulteurs font sensation dans les chambres et dans l'opinion. Plusieurs dizaines de milliers de signataires exigeant un changement de politique économique : c'est un événement inhabituel sous la Restauration. Le mouvement est bien accueilli par les députés libéraux, qui dénoncent, à nouveau, l'iniquité et le caractère vexatoire du système prohibitif.

Le 1ᵉʳ juillet 1828 à la Chambre des pairs, le comte Molé rend un rapport chaleureux sur les pétitions. Le futur président du Conseil sous la Monarchie de Juillet appelle à une réforme douanière inspirée par « une modération libérale ». Mais Martignac, encore à la tête du gouvernement, préfère attribuer les difficultés des vignerons à « l'accroissement énorme de la culture des vignes ». Villèle, son prédécesseur, invoque l'exemple inquiétant du Portugal, qui a sacrifié son industrie pour vendre ses vins à l'Angleterre, pour dissuader ses collègues de s'engager sur la même voie [1]. Il s'agit d'une allusion au traité de commerce de Methuen, signé en 1703 entre les deux pays [2].

Quatre jours après, à la Chambre des députés, Raymond de Bastoulh, député de Haute-Garonne et rapporteur des pétitions, évoque avec nostalgie les 1 400 navires qui venaient avant la Révolution chercher chaque année les vins français à Bordeaux. Il réclame « qu'on établisse surtout un système de douanes sur des bases moins exclusives ». Plusieurs députés alsaciens évoquent avec regret le déclin des exportations de vins français vers l'Allemagne méridionale et la rupture par le système prohibitif des « rapports d'échange et de bon voisinage, que le cours des siècles avait établis ». Ils demandent la réforme immédiate de ce « système de répulsion » ou « système de douanes trop exclusif ». Charles Dupin, récemment élu député du Tarn, décrit avec force statistiques les malheurs des viticulteurs et réclame « un examen général » de la législation douanière française, pour la modifier dans un sens favorable à « la liberté dans le commerce extérieur [3] ».

Les protestations des députés libéraux contre le caractère exagéré

---

1. AP, vol. 55, séance du 1ᵉʳ juillet 1828, pp. 453-470.
2. Alan D. Francis, « John Methuen and the Anglo-Portuguese Treaties of 1703 », *The Historical Journal*, vol. 3, 1960, pp. 103-124.
3. AP, vol. 55, séance du 5 juillet 1828, pp. 579-607.

du système prohibitif se poursuivent tout au long du mois de juillet. « *Delenda Carthago* » (il faut détruire Carthage), déclare Eugène d'Harcourt, député de la Seine-et-Marne et futur président de l'Association pour la liberté des échanges dans les années 1840, à propos des entraves à la liberté du commerce. Antoine Saglio, député du Bas-Rhin, rappelle que les douanes « sont souvent vexatoires, toujours gênantes ; nul n'en est plus incommodé que l'habitant des frontières de terre ; et ce qu'il supporte avec patience dans l'intérêt de l'Etat, l'irrite quand il y aperçoit protection accordée à un privilège au préjudice de ses droits [1] ».

Les représentants de l'Alsace harcèlent le gouvernement. Parmi eux, Benjamin Constant, député du Bas-Rhin depuis novembre 1827, est l'un des plus éloquents. S'appuyant sur une pétition des bouchers de Strasbourg contre le droit sur l'importation de bestiaux étrangers, il accuse les lois de douanes de contribuer à la disette. Il dénonce le tort causé par ces mêmes lois à tous les Alsaciens, depuis les vignerons empêchés d'exporter jusqu'aux cordonniers qui ne peuvent plus importer de chanvre, et il décrit le droit au transit des denrées coloniales accordé à la province en 1819 comme illusoire, tant il est « hérissé de formes exceptionnelles ». L'orateur de l'opposition conclut en demandant que le gouvernement « rende la Charte à l'Alsace, ou plutôt à toute la France, en abolissant le monopole ; qu'il rende la liberté du commerce aux provinces frontières, en les affranchissant de mesures d'exception et de prohibitions scandaleusement exagérées [2] ».

En réponse aux critiques libérales, Saint-Cricq énumère les dangers que ferait courir à la France l'abolition des barrières douanières : « Quel pays achètera nos blés en présence de ceux de la Pologne et de la Crimée, nos chanvres en présence de ceux de la Russie, nos laines en présence de celles d'Espagne, de la Prusse et de la Moravie, nos bestiaux en présence de ceux de l'Allemagne et des Pays-Bas, nos draps courants en présence de ceux de l'Angleterre, des Pays-Bas et de l'Allemagne, nos toiles en présence de celles de l'Irlande et des Pays-Bas, nos étoffes de coton en présence de celles de l'Angleterre et de la Suisse ? » Sans les douanes prohibitives, la France serait réduite selon lui à deux productions, les soieries et les vins [3].

---

1. AP, vol. 56, séances des 16, 17 et 31 juillet 1828, pp. 156-178, pp. 577-597 ; voir aussi les débats à la Chambre des pairs, AP, vol. 56, séance du 19 juillet 1828, pp. 228-233.
2. AP, vol. 56, séance du 25 juillet 1828, pp. 418-421.
3. AP, vol. 56, séance du 16 juillet 1828, pp. 150-151.

Saint-Cricq s'appuie sur les statistiques de son ministère pour montrer que les exportations de vin ne sont pas inférieures en 1825-1827 à ce qu'elles étaient en 1815-1817, ou même en 1788-1790. Comme remède à la crise des vignobles, il propose donc une réduction de la fiscalité sur les vins. Mais il reconnaît la nécessité d'assouplir plusieurs aspects de la législation douanière, relatifs aux entrepôts, au transit, au tarif sur les fers et aux droits sur les sucres. Une enquête officielle, selon le ministre, doit préparer la réforme. Elle mettra en présence les opinions contraires, de la confrontation desquelles « on s'efforcera de faire jaillir la vérité [1] ».

Saint-Cricq tient parole. Le 8 octobre 1828, *Le Moniteur universel*, journal des publications officielles, reproduit en première page un rapport du ministre qui annonce la réunion d'une commission d'enquête. Dans son rapport, Saint-Cricq demeure convaincu que « le travail national [...] ne doit pas demeurer sans défense contre les rivalités étrangères ; que son premier et son plus sûr soutien sera toujours celui du pays [...] et qu'un tarif généralement protecteur est indispensable ». Mais les récentes « controverses » suscitées par les pétitions des viticulteurs rendent une enquête nécessaire pour examiner « quel est le régime commercial le mieux approprié aux besoins de la France ». Présidée par lui-même, la commission d'enquête comprend sept pairs et sept députés, en majorité des royalistes et des libéraux modérés, ainsi que quatre hauts fonctionnaires [2].

La presse traite l'annonce de l'enquête comme un événement important. Un survol des six principaux quotidiens parisiens en octobre 1828 met en évidence l'intérêt croissant des médias et de l'opinion publique pour les questions économiques. Les six journaux reproduisent le rapport dans son intégralité. Tous sauf un prennent parti pour ou contre la liberté commerciale. Leurs opinions reflètent leur positionnement politique : les journaux de gauche réclament l'abolition du système prohibitif, ceux du centre veulent une réforme modérée et ceux de droite sont hostiles à l'enquête [3].

Le Courrier français (tirage : 6 000 exemplaires), le plus à gauche, rappelle que c'est à Saint-Cricq que l'on doit le régime prohibitif. Il

---

1. AP, vol. 56, séance du 16 juillet 1828, pp. 151-156.
2. *Le Moniteur universel*, 9 mai 1828.
3. Sur l'orientation politique des quotidiens parisiens et leur tirage, voir D.L. Rader, *The Journalists and the July Revolution, op. cit.*, pp. 17-35, et Bellanger et al., *Histoire générale de la presse, op. cit.*, t. 2, p. 76, p. 100.

persifle : le ministre, dans son rapport, « se complaît avec une sorte d'amour dans l'histoire du système » qu'il a créé. *Le Courrier* considère que l'enquête n'aboutira à aucune réforme d'importance et appelle de ses vœux la démission de Saint-Cricq. *Le Journal du commerce* (2 500 exemplaires), également classé à gauche, regrette l'absence d'économistes au sein de la commission et reproche au rapport de ne pas respecter « la pureté du principe économique ». Mais il espère que « la publicité » accordée à l'enquête fera progresser dans l'opinion les véritables principes de l'économie politique. *Le Constitutionnel* (libéral, 20 000 exemplaires) et le très influent *Journal des Débats* (modéré, 11 000 exemplaires) approuvent l'initiative du ministre. Ils sont certains que l'enquête répandra des « lumières » sur les questions économiques, selon les *Débats*, et des « torrents de lumières », selon *Le Constitutionnel* [1].

La presse de droite est indifférente ou hostile. *La Gazette de France* (royaliste, 11 000 exemplaires) pense qu'une enquête est inutile à une époque où les écrits d'économie politique sont déjà « si multipliés ». Le journal craint qu'en jetant les producteurs dans l'incertitude, l'enquête ne provoque « une stagnation complète » des affaires. Il affirme qu'il vaut mieux traiter les questions de douane « dans le secret du cabinet ». *La Quotidienne* (ultra, 6 000 exemplaires) se contente de reproduire le rapport sans le commenter [2].

L'annonce de l'enquête provoque une grande agitation parmi les fabricants et les commerçants, à Paris et dans de nombreuses villes de province. Plusieurs comités *ad hoc* sont établis. Se substituant aux chambres de commerce, ils adressent des mémoires à la nouvelle commission. *Le Journal du commerce* salue dans ce rejet des institutions traditionnelles « les symptômes [...] d'une révolution ». Il pense que la convocation de la commission d'enquête aura pour la France commerciale les mêmes conséquences que « la convocation des Etats Généraux » pour « la France politique [3] » en 1789. Ferrier, en revanche, dénonce dans une brochure l'inutilité de l'enquête. Il s'étonne que la France, en dépit de l'accroissement de sa prospérité depuis le début du siècle, « se demande tout à coup si les institutions auxquelles

---

1. *Le Courrier français*, 9 octobre 1828 ; *Le Journal du commerce*, 9 octobre 1828 ; *Le Constitutionnel*, 9 octobre 1828 ; *Le Journal des Débats*, 9 octobre 1828.
2. *La Gazette de France*, 9 octobre 1828 ; *La Quotidienne* ne se prononce sur l'enquête ni dans son numéro du 9 octobre 1828, ni dans les numéros suivants.
3. *Le Journal du commerce*, 14 octobre 1828.

elle avait, jusque-là, attribué les progrès de sa richesse, n'en ont pas, au contraire, ralenti la marche [1] ». Dans sa correspondance privée, il compare la fébrilité des fabricants et des commerçants aux troubles dans les campagnes à la veille de 1789. Lui aussi y voit le signe d'« une révolution [...] imminente [2] ».

La diffusion des protestations viticoles, de Bordeaux à la Bourgogne

Loin d'apaiser les viticulteurs, l'annonce de l'enquête commerciale renforce leur mouvement. A la session parlementaire du printemps 1829, la Chambre des députés reçoit plus de soixante-dix pétitions de propriétaires de vignes, en provenance de trente-six départements. « Elles partent de presque tous les points du royaume », selon le rapporteur, « de l'Est, de l'Ouest, du Centre, du Midi [3] ».

Le Sud-Ouest et surtout la Gironde restent les principaux centres de contestation. Sur environ 50 000 pétitionnaires au total, près de 20 000 sont des viticulteurs girondins et 10 000 autres cultivent la vigne dans des départements voisins de la Gironde. La vallée de la Loire reste bien représentée (5 000 signataires), tandis que le mouvement a un peu décru dans le nord-est du pays (1 500). Mais il s'est étendu à la façade méditerranéenne (3 000) et jusqu'à la Normandie (140). Il s'est aussi intensifié en Bourgogne (5 000) [4]. Il s'agit de chiffres élevés à une époque où l'on compte à peine 100 000 électeurs et où les pétitions sont le plus souvent des requêtes individuelles.

Le ton est aussi plus revendicatif que celui des adresses traditionnelles. Les propriétaires de Gironde se réjouissent que leur pétition de 1828 ait fait « éclater la vérité ». « Convaincus que la

---

1. François Ferrier, *De l'enquête commerciale*, Paris/Lille/Dunkerque, 1829, p. 1.
2. « Note pour M.F. », jointe à une lettre de Ferrier à Fiévée, 7 mai 1829, in *Correspondance de Joseph Fiévée et François Ferrier, op. cit.*, p. 184.
3. AP, vol. 58, séance du 18 avril 1829, pp. 409-410 ; voir aussi discussion à la Chambre des pairs de vingt et une pétitions viticoles in AP, vol. 58, séance du 4 avril 1829, pp. 145-147.
4. AN, C 2097. Seuls quelques pétitions – Gironde, Narbonne, Côte-d'Or, Perpignan – indiquent le nombre de signataires. Pour les autres, nous avons procédé à des estimations en multipliant le nombre de signatures sur la seconde page par le nombre de pages. Nous avons ainsi obtenu un total de 42 000 pétitionnaires, alors que le rapporteur à la Chambre des députés évoque le chiffre de 60 000 : 50 000 est un compromis entre ces deux chiffres. L'estimation de 5 000 pétitionnaires pour la Bourgogne comprend une évaluation d'un millier de signataires pour une pétition de la Saône-et-Loire, mentionnée par d'autres sources mais manquante à la cote C 2097.

modification de [leurs] tarifs est possible », ils attendent « avec confiance la décision de la commission d'enquête », mais menacent « de renouveler [leurs] réclamations » si elles ne sont pas satisfaites. Les autres pétitions invoquent moins les principes de l'économie politique qu'elles ne se plaignent du déclin des exportations, de plus de 25 000 barriques à Bayonne avant la Révolution à moins de 6 000 en 1828, selon les propriétaires des Landes. Elles attribuent les hausses de tarifs étrangers à la politique prohibitive poursuivie par la France. Les vins, déclarent les propriétaires du Lot-et-Garonne, subissent « le contrecoup des représailles [1] ». « Que la France adopte un système moins prohibitif à l'égard des étrangers », selon les propriétaires des Bouches-du-Rhône, « et les étrangers s'empresseront d'admettre nos produits [2] ». Mais la majorité des textes demande surtout la réduction des impôts qui pèsent sur la vigne.

L'hostilité à la protection douanière joue néanmoins un rôle important en Bourgogne, région qui, comme la Gironde, exporte des vins de qualité. Après avoir augmenté sous l'Empire, les exportations de vins bourguignons à destination de l'Allemagne et des Pays-Bas ont chuté sous l'effet de représailles contre le tarif français de 1822. En janvier 1829, le poète Alphonse de Lamartine, propriétaire d'un grand vignoble en Saône-et-Loire, rédige une pétition au nom des « six millions » – une exagération poétique – de viticulteurs français et en particulier de ceux de son département : il décrit les prohibitions et les impôts sur la vigne comme une « sorte de suicide national que la démence seule pourrait conseiller » et réclame « l'adoption complète » du système de « la liberté du commerce [3] ».

L'exemple de la Saône-et-Loire inspire les viticulteurs de l'arrondissement de Beaune en Côte-d'Or. Le rédacteur de la pétition, signée par 3 355 propriétaires de vignes, est un jeune magistrat et homme de lettres, Théophile Foisset. Né en 1800 près de Beaune, Foisset est catholique fervent, mais influencé par les idées libérales. Son ami d'enfance, le père Henri Lacordaire, est lui-même un proche

---

1. AN, C 2097, propriétaires de vignes de la Gironde, 10 février 1829, propriétaires de vignobles des Landes, 1ᵉʳ février 1829 et propriétaires de vignes du Lot-et-Garonne, 18 avril 1829.
2. *Pétition des propriétaires de vignes et des négociants en vins du département des Bouches-du-Rhône*, Marseille, 1829, p. 25.
3. La pétition de Lamartine est manquante à la cote C 2097, mais un exemplaire retrouvé dans les archives du poète est reproduit dans Cargill Sprietsma, *Lamartine et Théophile Foisset*, Paris, Boivin, 1936, pp. 12-18.

de Félicité de Lamennais et de Charles de Montalembert, deux grandes figures du catholicisme libéral. Foisset joue, à une échelle plus modeste que Fonfrède en Gironde, le même rôle de médiation entre les nouvelles idées économiques libérales et les notables de son arrondissement. Deux autres caractéristiques rapprochent Foisset du journaliste bordelais : il est propriétaire de vigne et hostile à la centralisation parisienne. Dans une revue au nom évocateur, *Le Provincial* (1828-1829), Foisset souligne la singularité de la Bourgogne et défend les libertés des provinces contre la capitale [1].

En 1828, après un séjour à Paris au cours duquel il fréquente les cercles littéraires catholiques et romantiques, Foisset est nommé juge au tribunal d'instance de Beaune. Il est ambitieux et ses lettres trahissent son souci d'être accepté par les notables locaux. C'est probablement pour cette raison qu'en décembre 1828 il devient secrétaire du « comité des propriétaires de vignes et négociants de l'arrondissement de Beaune », fondé au mois de juillet précédent pour faire de la « publicité » sur les souffrances de l'industrie viticole [2]. Au cours du même mois de décembre, le comité de Beaune reçoit un courrier du comité de la Gironde, qui exhorte les Bourguignons à réunir des données statistiques sur l'industrie viticole et à rédiger un mémoire : ces pièces doivent empêcher que les « sourdes machinations » des industriels intéressés au maintien des prohibitions « n'écartent [...] l'opinion publique » de ses dispositions favorables à la liberté commerciale [3].

Foisset se charge de rédiger une pétition et un mémoire explicatif au nom de son arrondissement. Il accomplit son travail sans passion. Déjà au moment de sa nomination comme secrétaire du comité, il manifestait un intérêt limité pour la question viticole. Sa nomination le réjouissait surtout parce qu'elle prouvait qu'il n'était pas reçu « en nouvel arrivant, mais en aimé et féal compatriote ». « Aussi est-ce à Beaune que j'entends être élu député », ajoutait-il, dans l'espoir que son travail de secrétaire le rendrait populaire auprès des électeurs [4]. Le ton ironique de

---

1. Foisset sera aussi un contributeur régulier du *Correspondant*, une revue catholique libérale. En défense de la religion catholique, il publiera *Catholicisme et protestantisme* (1842) et, contre la centralisation, *Des provinces et de la décentralisation* (1847).
2. ADCO, 34 J 41, imprimé sans titre signé par les membres du comité de Beaune et daté du 5 juillet 1828 ; ADCO, 34 J 103, lettre de Foisset à son ami Boucley, 29 décembre 1828.
3. ADCO, 34 J 41, lettre d'Armand Dupérier de Larsan, secrétaire du comité de la Gironde, à M. Moreil, président du comité de Beaune, 19 décembre 1828.
4. ADCO, 34 J 103, lettre de Foisset à Boucley, 29 décembre 1828.

sa correspondance, alors même qu'il rédige le mémoire du comité, révèle son manque d'enthousiasme. Ayant passé ses journées au tribunal, il consacre ses soirées « et la nuit au besoin » à rédiger les procès-verbaux, la correspondance et le mémoire du comité : « Je fais des tableaux, des chiffres, de l'économie politique. C'est merveille [1] ! »

L'opportunisme de Foisset confirme plus qu'il n'infirme la diffusion des principes de l'économie politique au cours des années 1820. La maîtrise du langage et des concepts de l'économie politique est devenue un atout social parmi les notables d'une sous-préfecture de Côte-d'Or. Un catalogue de sa bibliothèque établi en décembre 1830 montre que Foisset a acquis, peut-être pour préparer ce mémoire, quatre ouvrages d'économie politique : deux volumes de Say – probablement une édition du *Traité* –, quatre volumes de Destutt de Tracy – certainement les *Eléments d'idéologie*, dont un volume traite de l'économie politique –, un volume de Ferrier – probablement une édition de *Du gouvernement* – et un volume de Saint-Chamans – *Du système de l'impôt* ou le *Nouvel essai sur la richesse des nations* [2].

Foisset a aussi pu puiser dans les articles économiques du *Globe*, dont il possède une collection : certains passages de son mémoire reproduisent presque textuellement des extraits d'un article de Duchatel dans le journal libéral [3]. Il a pu aussi s'inspirer de la pétition des propriétaires de Saône-et-Loire, que Lamartine lui a communiquée [4], ainsi que de la pétition bordelaise de 1828, dont il cite des extraits. Ces influences éclectiques témoignent des divers canaux par lesquels le thème de la liberté commerciale s'est popularisé à la veille de la Révolution de 1830.

Dans son mémoire, Foisset se réapproprie ces sources d'inspiration pour formuler la question douanière en termes simples : « Lisez nos tarifs de douanes. Qu'y voyez-vous ? Protection pour toutes les industries, excepté la nôtre. Eleveurs de bestiaux, manufacturiers, maîtres de forges, propriétaires de bois, producteurs de céréales, tous prospèrent sous l'égide du privilège : seuls on nous a mis hors la loi. Comment avons-nous mérité cette exhérédation ? » Foisset accuse la politique menée par Saint-Cricq et rappelle avec nostalgie, non les

---

1. ADCO, 34 J 94, lettre de Foisset à son ami Brugnot, 21 février 1829.
2. ADCO, 34 J 101, Catalogue de la bibliothèque de Théophile Foisset, 21 décembre 1830.
3. « Du système prohibitif », *Le Globe*, 22 octobre 1828.
4. C. Sprietsma, *Lamartine et Théophile Foisset*, *op. cit.*, pp. 11-12.

années 1780 comme les Girondins, mais le règne de Napoléon :
« Quoi de plus notoire dans le commerce que l'immensité des expéditions faites alors par les vignobles de Bourgogne, de Champagne et
de Lorraine, hors des limites actuelles de la France ! Qui pourrait comparer la consommation qui nous était acquise en Belgique et dans
l'Allemagne, avec l'infériorité de chances offertes depuis à nos exportations dans ces mêmes contrées, sous le mouvement plus ou moins
répulsif imprimé à leurs douanes par les douanes françaises [1] ? »

De Beaune, l'agitation gagne Dijon. Jean-Baptiste Guillemot, avocat de Dijon, relatera quatre ans plus tard la fondation du comité de la
ville. Fin janvier 1829, une assemblée composée de plusieurs centaines de viticulteurs et de « la presque totalité des négociants de la
ville » élit les membres du comité, dont Guillemot. Le comité se
réunit une fois par semaine, recueille des cotisations et entretient une
correspondance assidue « avec les associations du même genre qui
existaient sur toute la surface des départements vignobles » ainsi
qu'avec un « Comité central » établi à Paris [2].

Le comité parisien évoqué par Guillemot est surtout actif pendant
la durée de l'enquête commerciale, de janvier à mai 1829. Composé
de vingt à trente délégués des départements, il se réunit environ une
fois par mois pour discuter des mesures à prendre [3]. Sa principale
initiative est la publication de deux brochures, un *Mémoire sur les
contributions indirectes relatives aux boissons* [4] et le *Mémoire sur le
système actuel des douanes*. On a évoqué plus haut ce second mémoire, rédigé par le journaliste Tanneguy Duchatel et dont sont
imprimés 6 000 exemplaires en avril 1829. Mais comme on l'a vu,
Duchatel dans cet écrit reformule les plaintes des vignerons dans un
langage conforme aux principes de l'économie politique [5].

---

1. ADCO, 34 J 41, « Mémoire à l'appui de la pétition des propriétaires de vignes de la Côte-d'Or ».
2. Jean-Baptiste Guillemot, *Esquisse au sujet de l'association des propriétaires de vignes*, Dijon, 1833, pp. 12-13.
3. Nous avons trouvé mention de quatre réunions, les 20 janvier, 14 février, 12 mars et 14 avril 1829. Voir *Discours de M. Tachouzin*, Paris, 1829 ; *Observations en réfutation du projet de loi sur les boissons*, Paris, 1829 ; et F. Démier, *Nation, marché et développement, op. cit.*, p. 2419.
4. *Mémoire sur les contributions indirectes relatives aux boissons*, Paris, 1829.
5. Voir chapitre 5, p. 119.

Échec de l'enquête et révolution

L'enquête déçoit vite les espoirs qu'elle a fait naître. D'abord, les séances de la commission se tiennent à huis clos. L'opinion publique reste donc à l'écart. Ensuite, la commission ne considère pas les questions de l'entrepôt et du transit. Elle se contente de rendre deux rapports, l'un sur le tarif des fers et l'autre sur le tarif des sucres. Enfin, les recommandations des deux rapports sont très modestes [1]. Reprenant les conclusions de la commission dans un projet de loi, Saint-Cricq propose de réduire d'un cinquième les droits sur les deux produits, la réduction sur les fers ne devant prendre effet que progressivement entre 1835 et 1838.

Présentant le projet de loi à la Chambre, Saint-Cricq prononce un réquisitoire contre « certaines théories qui veulent avant tout [...] une liberté commerciale indéfinie ». L'ancien directeur général des Douanes n'invoque plus la balance du commerce mais avertit les députés que le remplacement du « travail national » par le « travail étranger » produirait « une grande perturbation sociale, et bien peu sages seraient ceux qui ne reculeraient pas devant ses conséquences ». Il défend la protection moins comme un mode d'enrichissement que comme une garantie de stabilité liée à l'identité particulière de chaque nation. Selon lui, « dans le système de protection sagement pondéré se trouve le régulateur nécessaire et permanent des conditions diverses sous l'empire desquelles travaillent les peuples régis par des institutions, des mœurs, des habitudes diverses [2] ».

A l'appui de ces arguments, Saint-Cricq cite le dernier ouvrage d'un « administrateur distingué » autant qu'« un de nos plus vigoureux écrivains » : il s'agit de *Du système maritime et commercial de l'Angleterre*, de François Ferrier [3]. Dans cet ouvrage, Ferrier s'efforce de montrer que les récentes réductions tarifaires adoptées par la Grande-Bretagne sont inspirées non pas par l'économie politique, mais toujours par le même intérêt égoïste, modifié seulement par la

---

1. Ministère du Commerce, *Enquête sur les fers*, Paris, 1829 ; *id., Enquête sur les sucres,* Paris, 1829.
2. AP, vol. 59, séance du 21 mai 1829, p. 375.
3. AP, vol. 59, séance du 21 mai 1829, p. 383.

supériorité croissante de l'industrie et du commerce britanniques. La France et les autres pays européens ne sauraient l'imiter qu'au prix de graves souffrances : « Là, où maintenant les fabriques abondent, il y aurait des déserts. La richesse, la puissance, les populations, tout serait déplacé. Les nations appauvries tomberaient vite sous le patronage, que dis-je, sous la domination du peuple auquel le sceptre de l'industrie serait échu en partage [le peuple britannique], et la liberté du commerce aurait conduit celui-ci à la monarchie universelle [1] ».

La diatribe de Saint-Cricq contre la liberté commerciale et l'ouvrage de Ferrier qui l'a inspirée préfigurent la réaction nationaliste et anglophobe qui se développera dans les années 1830. En juin 1829, deux pétitions aux chambres parlementaires, rédigées dans la même veine, font aussi forte impression sur les députés. Environ 300 fabricants de la région de Rouen accusent les vignerons de vouloir « la destruction des lois de douanes » et affirment qu'ils doivent « cesser d'être français, ou subir toutes les conséquences de l'association française ». Plus de 500 « propriétaires, agriculteurs, manufacturiers et négociants » de l'arrondissement de Saint-Quentin dans l'Aisne attribuent les idées « subversives de notre prospérité intérieure » des viticulteurs « aux insinuations de la politique anglaise [2] ».

Malgré l'opposition de plusieurs députés libéraux, la Chambre prend les pétitions en considération et les renvoie au ministère du Commerce [3]. Déjà affaiblis, les espoirs de réforme commerciale sont enterrés quand, au mois d'août 1829, Charles X remplace le ministère Martignac par un gouvernement ultra sous la direction du prince de Polignac. Le portefeuille du Commerce disparaît. Le projet de loi présenté au mois de mai par Saint-Cricq est abandonné. Jusqu'à l'ouverture d'une nouvelle session parlementaire en mars 1830, les journaux libéraux mènent une campagne acharnée contre le nouveau gouvernement. Ils soulignent son absence de majorité à la Chambre et le soupçonnent de vouloir établir un régime autoritaire et rétrograde. Des comités sont créés dans plusieurs départements pour inciter au refus de l'impôt. Ce contexte fait passer la question de la politique commerciale au second plan. Mais dans les régions viticoles, les

---

1. F. Ferrier, *Du système maritime*, *op. cit.*, p. 115, pp. 123-124.
2. AN, F12 2506, pétition par « les propriétaires, agriculteurs, manufacturiers et négociants de l'arrondissement de Saint-Quentin », 9 février 1829, et pétition par « les manufacturiers, fabricants, négociants et commerçants de la Seine-Inférieure », s.d., printemps 1829.
3. AP, vol. 60, séances des 13 et 20 juin 1829, pp. 313-314, pp. 516-527.

protestations antidouanières et antifiscales continuent de former l'un des ressorts de l'opposition au régime [1].

En Gironde, avant même l'avènement du ministère Polignac, le Comité des propriétaires de vignes rallie le camp libéral. En juin 1829, le préfet du département prévient le gouvernement du caractère d'opposition politique de plus en plus prononcé des protestations émanant des viticulteurs : « Des plaintes individuelles, on n'a pas tardé à passer aux réclamations collectives, aux réunions, aux affiliations locales d'abord, et bientôt de département à département. Bientôt aussi les réclamations ont pris un caractère de menace et elles ont amené à l'examen de questions politiques, et à un plan général de résistance à l'autorité. Le département de la Gironde, d'où était parti l'appel à cette résistance, est le premier à en donner l'exemple ». Les adversaires du régime, ajoute-t-il au début du mois de juillet, « font circuler les nouvelles plus sinistres, les propos les plus propres à exciter la révolte ; et ils trouvent les esprits trop bien préparés par les imprudentes déclamations des propriétaires de vignobles [2] ».

Le 13 juillet 1829, le préfet fait état d'un rapprochement entre les libéraux, « à la tête duquel se trouve un homme d'un caractère sombre et ardent, d'un talent remarquable et qui s'est fait une sorte de religion de sa haine contre la monarchie », sans aucun doute Fonfrède, et « plusieurs propriétaires appartenant à la classe élevée de la société et dont jusqu'alors la plupart s'étaient fait remarquer par l'exaltation de leurs opinions royalistes : le *marquis de Bryas, M. de Pontet, le comte de Kercado, le chevalier Duperrier [Dupérier] de Larsan, MM. De Parouty, d'Antin, de Soyres, de Séguineau* », qui tous ou presque font partie du Comité des propriétaires de vignes de la Gironde. Le préfet annonce son intention d'engager des poursuites judiciaires contre ces nouveaux « provocateurs » de l'opposition [3].

On ne sait pas précisément comment s'est opéré le rapprochement entre Fonfrède et les propriétaires. Mais le journaliste scelle l'alliance en entamant dans *L'Indicateur* une nouvelle série d'articles, intitulée « Des vignobles et du ministère », dans laquelle il réfute les princi-

---

1. Sur le mécontentement politique et économique en province à la veille de la Révolution de Juillet, voir Pamela Pilbeam, « The Economic Crisis of 1827-1832 and the 1830 Revolution in Provincial France », *Historical Journal*, n° 32, 1989, pp. 319-338.

2. AN, F7 6769, dossier n° 7, rapports du préfet de la Gironde au ministre de l'Intérieur, 24 juin et 6 juillet 1829.

3. AN, F7 6769, dossier n° 7, rapport du préfet de la Gironde au ministre de l'Intérieur, 13 juillet 1829.

paux contradicteurs des pétitionnaires, à commencer par Saint-Cricq. Fonfrède remarque que l'ancien directeur des Douanes emploie désormais l'expression « système protecteur » et non « prohibitif », mais c'est toujours selon lui pour maintenir l'« esclavage industriel ». Le journaliste bordelais accuse aussi Saint-Cricq d'hypocrisie, quand celui-ci promet que la protection sera abandonnée dès que les industries françaises pourront faire face à la concurrence étrangère : « Soyez donc plus francs, et convenez tout d'abord, que le système de protection implique nécessairement et pour toujours la destruction des liaisons commerciales des peuples ; conception profondément immorale, car en instruisant les nations à se passer de leurs secours et de leurs industries mutuelles, elle détruit leur parenté originelle, elle rompt ces pacifiques entraves que les mille rapports de commerce opposent à l'ambition des conquérants [1] ».

Fonfrède promet également de réfuter le *Système maritime* publié par Ferrier, « le plus constant, et il faut en convenir l'un des plus habiles soutiens du système de M. de Saint-Cricq [2] ». Mais il choisit de consacrer le septième et dernier article de la série à la défense d'Armand Dupérier de Larsan, secrétaire du Comité des propriétaires de vignes, qui comparaît devant la justice pour avoir appelé au refus de l'impôt. Devant le tribunal, Dupérier, loin de nier les faits qui lui sont reprochés, revendique pour lui et les autres membres du comité « la gloire d'avoir les premiers invoqué, en France, les vrais principes d'économie politique » et « d'avoir enfin ranimé l'énergie des agriculteurs, sacrifiés à l'industrialisme » : la harangue, jusqu'au choix des mots, trahit l'influence de Fonfrède [3].

Dupérier est condamné à 500 francs d'amende et un mois de prison. Rendant compte au gouvernement de la décision du tribunal, le préfet exprime son soulagement qu'aucun incident ne soit survenu, car il s'attendait « à une explosion de mécontentement et à des déclamations violentes dans les cercles et les lieux publics ». Néanmoins, Dupérier fait appel. Il sera acquitté par la cour royale de Bordeaux le 30 août suivant [4].

---

1. « Des vignobles et du ministère » (« Des vignobles »), 2ᵉ et 3ᵉ articles, *L'Indicateur*, 20 et 22 juillet 1829.

2. « Des vignobles », 5ᵉ et 6ᵉ articles, *L'Indicateur*, 28 et 31 juillet 1829.

3. « Des vignobles », 7ᵉ article, *L'Indicateur*, 5 août 1829 ; allocution de Dupérier au procès reproduite dans *L'Indicateur*, 6 août 1829.

4. AN, F7 6742, dossier n° 1113, dépêches du préfet de la Gironde au ministre de l'Intérieur, 6 et 30 août 1829.

La même fusion entre protestations viticoles et protestations libérales s'opère dans les autres régions. En Bourgogne, les mécontentements commerciaux et politiques sont tellement entremêlés, rapporte Guillemot, qu'il « suffira bientôt d'être vignicole [viticulteur] pour être accusé de républicanisme [1] ». En Alsace, le préfet du Haut-Rhin signale dès juin 1828 « un dévergondage d'opinions qui ne tend à rien moins qu'à remettre en question les principes les plus conservateurs » de la société. Entre autres calomnies répandues sur le compte de la monarchie, les libéraux disent « aux propriétaires, que tant que subsisterait le Ministère, il n'y aurait aucune espérance de tirer parti d'une denrée qui abonde, le vin [2] ». Le préfet du Bas-Rhin remarque en septembre 1829 : « Dans les campagnes, si les vins se vendaient, pas un paysan ne saurait s'il y a ou s'il n'y pas un changement de ministère. Les habitants n'y entendent parler politique que parce que les meneurs croient que la gêne que les vignerons éprouvent par la difficulté de vendre leurs récoltes, peut les rendre accessible aux mauvais conseils [3]. »

En février 1830, les viticulteurs préparent de nouvelles pétitions en Bourgogne et en Gironde [4]. Le projet n'aboutit pas, probablement en raison de l'aggravation de la crise politique. Lorsque Charles X se résout à réunir les chambres parlementaires au mois de mars, 221 députés votent une adresse par laquelle ils refusent leur confiance au gouvernement. Le roi dissout la Chambre. Mais la plupart des « 221 » sont réélus en juin-juillet 1830. Charles X signe alors quatre ordonnances, illégales selon les libéraux, qui suspendent la liberté de la presse, dissolvent à nouveau la Chambre et réduisent le corps électoral aux seuls grands propriétaires terriens. Les ordonnances provoquent l'insurrection des Trois Glorieuses à Paris (27, 28 et 29 juillet 1830). Charles X doit abdiquer et son cousin Philippe d'Orléans devient roi des Français, sous le nom de Louis-Philippe.

Signe du progrès des opinions libérales en Gironde, Bordeaux est l'une des rares villes de province à connaître sa propre insurrection contre les Bourbons. Le 30 juillet, avant d'apprendre le succès de la

---

1. J.-B. Guillemot, *Esquisse, op. cit.,* p. 32.
2. AN, F7 6771, dossier n° 10, rapport du préfet du Haut-Rhin au ministre de l'Intérieur, 15 juin 1828.
3. AN, F7 6771, dossier n° 9, rapport du préfet du Bas-Rhin au ministre de l'Intérieur, 5 septembre 1829.
4. ADCO, 34 J 101, lettre de Foisset à Lamartine, 14 février 1830 ; AN, F7 6769, dossier n° 7, rapport du préfet de la Gironde au ministre de l'Intérieur, 17 février 1830.

révolution parisienne, le préfet de la Gironde ordonne la saisie des presses de *L'Indicateur*. Fonfrède lance alors un appel à la résistance armée. Après s'être emparés de la préfecture et de l'hôtel des Contributions indirectes, les insurgés bordelais assiègent l'hôtel des Douanes. Ce bâtiment sera le dernier bastion royaliste de la ville. Il résiste pendant trois jours avant d'abaisser le drapeau blanc aux fleurs de lys [1]. En Alsace aussi, révolution libérale et exaspération antidouanière sont liées. A Kembs (Haut-Rhin), au cours des premiers jours du mois d'août, soixante à soixante-dix contrebandiers mettent en fuite un détachement de douaniers. Ils agitent un drapeau tricolore et chantent à tue-tête « Vive la liberté [2] ».

Pourtant, les contrebandiers alsaciens, les marchands bordelais et les économistes parisiens ont des conceptions différente de « la liberté » en matière de douane : absence de contrôle douanier sur les frontières terrestres pour les Alsaciens, encouragement au commerce maritime par la réduction des tarifs pour les Bordelais, division internationale du travail pour les Parisiens. C'est la conjonction de ces différentes interprétations et leur conjugaison avec la liberté politique qui ont permis à la liberté commerciale de devenir populaire à la fin de la Restauration. L'arrivée au pouvoir du parti libéral en 1830 va paradoxalement affaiblir les opposants à la protection douanière en révélant ces contradictions.

---

1. R. Dupuch, « Le parti libéral », art. cit., p. 187 ; Michel Boyé, *La douane de Bordeaux : un lieu, des hommes*, Bordeaux, Fédération historique du Sud-Ouest, 1999, pp. 155-159.
2. Cité dans P. Leuilliot, *L'Alsace*, op. cit., t. 2, p. 275.

Chapitre 8

La liberté et les douanes (1830-1832)

La liberté est le mot d'ordre de la Révolution de 1830. Elle « guide le peuple » dans le célèbre tableau d'Eugène Delacroix (1831). Les trois quarts des insurgés qui demandent la médaille de Juillet, frappée en reconnaissance de leur participation aux Trois Glorieuses, déclarent s'être battus « pour la liberté[1] ». En août 1830, une révision de la Charte impose une interprétation parlementaire du texte et interdit toute remise en cause de la liberté de la presse. La Révolution de 1830 est libérale plutôt que démocratique : même après l'abaissement du cens électoral de 300 à 200 francs, on ne compte qu'à peu près 200 000 électeurs[2].

Le « parti libéral » de la Restauration était une coalition hétéroclite, qui se dissout dès son arrivée au pouvoir. En dépit de leur contribution à l'insurrection de juillet 1830, les républicains ne jouent aucun rôle dans le nouveau gouvernement. Quant aux libéraux orléanistes, favorables au nouveau roi Louis-Philippe, ils se divisent très tôt. Le « Mouvement » veut plus de réformes et une politique de soutien aux révolutionnaires libéraux à l'étranger. La « Résistance » préfère l'ordre à l'intérieur et la paix à l'extérieur. La Résistance, conduite

---

1. Edgar L. Newman, « What the Crowd Wanted in the French Revolution of 1830 », in John M. Merriman (dir.), *1830 in France*, New York, New Viewpoints, 1975, pp. 17-40 ; le second motif le plus cité par les postulants à la médaille de Juillet, parfois même en même temps que « la liberté », est « la nation », mentionnée par 30 % des postulants.
2. P. Rosanvallon, *La monarchie impossible*, *op. cit.*, pp. 93-115 ; A. Laquièze, *Les origines du régime parlementaire*, *op. cit.*, pp. 77-165.

par Casimir Perier, puis par Thiers et Guizot, l'emporte dès 1831 et conserve le pouvoir jusqu'en 1848. Les Français célèbrent la liberté en même temps qu'ils se divisent sur sa signification exacte [1].

Ces débats sur le sens de la liberté en politique ont des échos dans le domaine économique. De nombreux écrivains et publicistes, depuis Balzac et Stendhal jusqu'aux rédacteurs des quotidiens libéraux, clouent au pilori les « mœurs » antilibérales des Douanes. En réponse à ces aspirations, le nouveau régime accomplit des réformes significatives : il atténue le caractère politique et policier de l'administration des Douanes, et libéralise les régimes du transit et de l'entrepôt. Ces réformes satisfont beaucoup d'anciens partisans de la liberté commerciale. Mais elles exacerbent le mécontentement des Bordelais, qui se sentent lésés par l'abolition du privilège de l'entrepôt.

Romantisme et libéralisme douanier

Dans une lettre à sa maîtresse Louise Collet, Flaubert évoquera en décembre 1852 « l'école romantique, qui ne réclamait en définitive, comme on dirait maintenant, que le libre-échange [2] ! ». Le contexte de la lettre ne permet pas de déterminer si cette association du libre-échange avec le romantisme est une réflexion sérieuse de Flaubert, lui-même hostile au protectionnisme. La conjonction entre sensibilité romantique et hostilité à la protection douanière vers 1830 est cependant indéniable.

Victor Hugo écrit, dans sa préface à *Hernani* (1830), que le romantisme, c'est « le *libéralisme* en littérature [3] ». Le parallèle n'est pas qu'allitération. A partir de la fin des années 1820, la majorité des écrivains romantiques se rapprochent du parti libéral. Ils critiquent les atteintes à la liberté politique mais aussi les restrictions douanières. Leur adhésion à la liberté commerciale ne repose pas sur l'économie

---

1. Hugh A. Collingham, *The July Monarchy : a Political History of France, 1830-1848*, Londres, Longman, 1988, pp. 55-83 ; Patrick Harismendy (dir.), *La France des années 1830 et l'esprit de réforme*, Rennes, Presses universitaires de Rennes, 2006.

2. Lettre de Flaubert à Collet, 9 décembre 1852, in Gustave Flaubert, *Correspondance*, 4 vol., texte établi, présenté et annoté par Jean Bruneau, Paris, Gallimard, 1991-1997, t. 2, p. 202.

3. Victor Hugo, *Œuvres complètes*, 18 tomes, édition publiée sous la direction de Jean Massin, Paris, Le club français du livre, 1967-1971, t. III.2, p. 922.

politique : elle est plutôt un aspect du culte voué à « la liberté » par la sensibilité romantique.

Madame de Staël et Benjamin Constant, deux figures fondatrices du romantisme français, étaient déjà hostiles au système continental, tout comme au système prohibitif qui lui a succédé [1]. Alphonse de Lamartine a rédigé une pétition en faveur de la liberté commerciale en 1828. Le poète prononce encore en 1836 et 1847 des discours enflammés pour l'abolition des barrières douanières [2]. Honoré de Balzac fait dire au docteur Benassis, personnage principal du *Médecin de campagne* (1833), qui exprime les vues politiques de l'auteur : « La vraie politique d'un pays doit tendre à l'affranchir de tout tribut envers l'étranger, mais sans le secours honteux des douanes et des prohibitions. L'industrie ne peut être sauvée que par elle-même, la concurrence est sa vie. Protégée, elle s'endort ; elle meurt par le monopole comme sous le tarif [3]. »

Le narrateur imaginaire des *Mémoires d'un touriste* (1838) de Stendhal est un ancien employé des Douanes. Il a perdu son poste sous la Restauration parce que son directeur l'a dénoncé comme libéral. Dans ses carnets de voyage, le narrateur stendhalien s'en prend plusieurs fois aux effets des « mauvaises lois de douanes », notamment au tarif sur les fers : « Laissez entrer les fers suédois et anglais », dit-il, « et chaque Français dépensera deux francs de moins par an ; bien plus, on pourra songer à d'immenses et magnifiques entreprises impossibles aujourd'hui [4]. » Victor Hugo, député à l'Assemblée législative sous la Seconde République, votera en faveur d'une motion pour l'établissement du libre-échange en 1851. Après la défaite de ce texte, le peintre et caricaturiste Honoré Daumier représentera les chefs de la droite monarchiste et bonapartiste en persécuteurs du « Commerce [5] ».

A ces exemples puisés dans la littérature et les arts, on peut ajouter celui de l'historien Jules Michelet. Lors de son voyage en Angleterre

---

1. Voir pp. 60 et 87-88.
2. Voir pp. 150, 254-255 et 350.
3. Honoré de Balzac, *Le médecin de campagne*, in *id., La comédie humaine*, 12 vol., édition sous la direction de Pierre-Georges Castex, Paris, Gallimard, 1976-1996, t. 9, p. 429 ; voir aussi *Les employés* (1844) : « les productions du sol devenaient libres, et l'industrie, en trouvant les matières premières à bas prix, pouvait lutter avec l'étranger sans le secours trompeur des douanes », in *La comédie humaine, op. cit.*, t. 7, p. 916.
4. Stendhal, *Mémoires d'un touriste*, texte présenté et annoté par Victor Del Litto, 3 vol., Paris, La Découverte, 1981, t. 1, pp. 31-32, p. 59.
5. Voir chapitre 19, p. 401-404.

en 1834, Michelet hésite à approuver la liberté commerciale, de peur que la France ne perde ses principales industries[1]. Mais dans *Le peuple* (1846), il se plaint de la charge « que l'industrie impose au paysan par ses douanes, qui repoussant les produits étrangers, empêchent aussi nos denrées de sortir ». Plus loin dans le même ouvrage, il s'emporte contre le caractère peu entreprenant des industriels français : la plupart n'ont fait que « s'endormir derrière la triple ligne de douanes[2] ».

Autre exemple de romantique partisan de la liberté commerciale : l'abbé Félicité de Lamennais. Catholique ultramontain sous la Restauration, Lamennais se convertit aux idées libérales à la fin des années 1820. Il s'efforce de les réconcilier avec le catholicisme dans son journal *L'Avenir* (1830-1831). Après sa condamnation par le pape en 1832, il se rapproche de la gauche démocratique et sociale. Lamennais est peu sensible aux arguments de l'économie politique en faveur de la liberté économique : en 1848, il défendra l'intervention de l'Etat comme moyen d'améliorer la condition ouvrière[3].

Pourtant, Lamennais est passionnément favorable à la liberté d'échanger entre les nations. Il est peut-être, dans son *Livre du peuple* (1838), l'inventeur de l'expression « libre échange » : il exprime son désir de voir supprimer « les obstacles sans nombre qui interrompent ou entravent les communications d'un pays à l'autre et le libre échange de leurs productions », à la fois au nom de la liberté de chaque individu et de « l'unité sainte du genre humain[4] ». Du moins est-ce l'occurrence la plus ancienne identifiée au cours de nos recherches. L'expression ne sera popularisée qu'en 1846 par Frédéric Bastiat. Mais ce dernier est aussi un catholique fervent. Il est possible qu'il emprunte à Lamennais la nouvelle expression composée, qu'il rattachera explicitement à l'expression religieuse de « libre examen[5] ».

Les grandes figures du romantisme sont favorables à la liberté commerciale. Réciproquement, les partisans d'une politique douanière plus libérale sympathisent avec la nouvelle sensibilité artistique. En 1827, Fonfrède publie dans *L'Indicateur* deux articles élogieux sur

---

1. Jules Michelet, *Voyage en Angleterre*, texte présenté par Jean-François Durand, Arles, Sulliver, 2005, pp. 36-37.
2. Jules Michelet, *Le peuple*, Paris, 3ᵉ éd., 1846, p. 68, p. 121 (1ʳᵉ édition en 1846).
3. Pierre Legendre, « Essai sur la pensée économique de Lamennais », *Revue d'histoire économique et sociale*, n° 32, 1954, pp. 54-78.
4. Félicité de Lamennais, *Le livre du peuple,* Paris, 1838, p. 9.
5. Voir chapitre 16, p. 347.

l'acteur Talma. Ils font scandale : « Tous les classiques de Bordeaux ont été furieux », écrit-il à son ami Campan, « d'autant que ma doctrine romantique séduisait le commun des fidèles [1]. » On trouve dans les archives personnelles du journaliste bordelais le manuscrit d'un roman sentimental inachevé, intitulé « Louise, ou de l'amour au dix-neuvième siècle [2] ». Les nombreux volumes de Goethe, Schiller, Byron, Hugo et Lamartine dans la bibliothèque de Théophile Foisset ne laissent aucun doute sur les goûts littéraires du jeune magistrat, aussi féru de romantisme qu'opposé aux prohibitions douanières [3].

Les principaux architectes ou adeptes du système prohibitif sont en revanche hostiles au nouveau courant artistique. Auguste de Saint-Chamans, défenseur du système mercantile, réfute dans *L'anti-romantique* (1816) les doctrines littéraires défendues par Madame de Staël dans *De l'Allemagne* (1813) [4]. Dans *Du système maritime*, François Ferrier regrette que les Français tendent à devenir, « pour Shakespeare, infidèles à Racine ». Il attribue l'enthousiasme pour la liberté commerciale à la « mobilité » des idées en France, en politique comme en littérature [5]. L'hostilité au romantisme des partisans de la protection douanière ne se démentira pas. Adolphe Thiers, l'un des principaux défenseurs du système protecteur sous la Monarchie de Juillet, défend le classicisme lors de sa réception à l'Académie française en 1834. Il loue la contribution de l'Académie à « cette belle unité française, caractère essentielle et gloire principale de notre nation [6] ».

Cette conjonction du romantisme littéraire et du libéralisme commercial ne va nullement de soi. On s'attendrait à trouver la sensibilité romantique du côté de l'exaltation de l'identité nationale et du nationalisme économique. En fait, le romantisme n'est nationaliste que dans les petites nations sans Etat à l'est de l'Europe. A l'ouest, il défend plutôt les particularismes provinciaux contre les forces homogénéisantes de l'Etat centralisateur en Grande-Bretagne et en France, ou de sa perspective dans le cas de l'Allemagne encore désunie.

---

1. BMB, MS 1089, f° 49, lettre de Fonfrède à Campan, 31 juillet 1827.
2. BMB, MS 1085, manuscrit intitulé « Louise, ou de l'amour au dix-neuvième siècle ».
3. ADCO, 34 J 101, Catalogue de la bibliothèque de Foisset.
4. Auguste de Saint-Chamans, *L'anti-romantique ou examen de quelques ouvrages nouveaux*, Paris, 1816.
5. F. Ferrier, *Du système maritime, op. cit.*, p. 9.
6. Adolphe Thiers, *Discours prononcé par M. Thiers, le jour de sa réception à l'Académie française*, Paris, 1834, p. 2, pp. 10-11.

La défense de l'industrie n'est pas une priorité romantique. Au contraire, depuis l'horreur ressentie par William Blake face aux *satanic mills*, les romantiques se montrent souvent hostiles aux progrès de la Révolution industrielle. On retrouve cette méfiance dans le pamphlet satirique de Stendhal *D'un nouveau complot contre les industriels* (1825), dirigé contre « l'industrialisme, un peu cousin du charlatanisme [1] ». En France et dans les pays du continent, où les manufactures ne peuvent pas soutenir la concurrence britannique, le libre-échange peut apparaître comme un moyen de donner au développement économique un cours plus naturel et respectueux des particularités locales.

Cette sensibilité régionaliste et anti-industrialisante facilite la propagation des idées libérales en matière de commerce extérieur. Le protectionniste allemand Friedrich List, dont on soulignera l'influence au chapitre 13, affirme dans la préface de son *Système national d'économie politique* (1841) que « la sentimentalité et le romantisme n'ont pas joué [...] un faible rôle » dans la diffusion des idées libre-échangistes. Pour les romantiques, ajoute-t-il, « un attelage de bœufs traçant un sillon est un plus beau spectacle que les trains à vapeur qui sillonnent la terre, et plus les sociétés rétrogradent, plus ils y trouvent de grandeur [2] ».

Culture libérale antidouanière

Ces prises de position en faveur de la liberté commerciale dans les grandes œuvres littéraires, historiques ou religieuses de la période témoignent de la place qu'occupe désormais la question douanière dans les préoccupations de l'époque. Cette culture libérale antidouanière atteint son apogée au lendemain de la Révolution de 1830, sous forme de dialogues divertissants, d'articles de presse et de chansons populaires.

Après leurs pétitions contre le système prohibitif en 1828-1829, les viticulteurs conservent la réputation de frondeurs et sont parfois célébrés comme des héros de la liberté commerciale. A la fin de l'été 1830, les régions viticoles sont le théâtre de nombreuses émeutes

---

1. Stendhal, *D'un nouveau complot contre les industriels*, Paris, Flammarion, 1972, texte établi et commenté par Pierre Chartier, p. 11.
2. Friedrich List, *Système national d'économie politique*, trad. H. Richelot, Paris, 1851, rééd. Gallimard, 1998 (1ʳᵉ éd. allemande en 1841), note 6 p. 45.

antifiscales. Le 14 septembre, par exemple, le préfet de la Côte-d'Or rapporte qu'un « mouvement insurrectionnel » a éclaté le jour précédent à Beaune : 800 à 900 vignerons se sont réunis sur la place de l'hôtel de ville, aux cris d'« A bas les droits réunis, à bas les rats de cave » (surnom donné aux percepteurs des impôts sur le vin). Tenue en respect par 200 gardes nationaux, la foule se disperse lorsque le maire suspend jusqu'au 1er janvier la perception des impôts indirects sur les produits de la vigne [1]. De nombreux incidents similaires incitent les chambres, en octobre 1830, à réduire d'un tiers le montant des droits réunis sur le vin et à en réformer le mode de perception pour le rendre moins vexatoire [2].

Les publicistes libéraux offrent une image positive de la contestation viticole. Jacques Boucher de Perthes, directeur des Douanes à Abbeville, est célèbre pour ses découvertes de fossiles qui amorcent l'étude scientifique de la préhistoire. A partir de l'automne 1830, il publie une série d'ouvrages satiriques contre les envahissements de la bureaucratie, intitulée les *Opinions de M. Christophe, vigneron*. Le premier volume est consacré à l'opinion de Christophe sur « les prohibitions et la liberté du commerce ». Deux éditions de ce volume paraissent en 1830-1831, et 1 500 exemplaires sont imprimés au total [3].

Dialoguant avec « un ministre » favorable aux prohibitions, Christophe rapporte les leçons que lui a données son cousin, receveur à une barrière d'octroi et « qui s'y entend en économie politique ». « La liberté », lui a notamment expliqué son cousin, « consiste essentiellement dans celle du travail et de l'industrie ; toutes les autres, même celles de l'opinion ou de la presse, ne sont rien sans celles-là ; car à quoi sert la liberté de penser et de dire, si l'on a pas celle de faire ? » Christophe évoque encore l'économie politique sous forme de maximes : « Où la liberté existe, le monopole est impossible », ou « Un Français travaille, parce qu'un Anglais travaille [4] ».

---

1. AN, F7 6776, dossier n° 43, rapport du lieutenant de gendarmerie de Beaune au ministre de l'Intérieur, 13 septembre 1830, et dépêches du préfet de la Côte-d'Or au ministre de l'Intérieur, 14 et 15 septembre 1830.
2. Sur l'agitation antifiscale dans les régions viticoles en 1830, voir P. Gonnet, « Esquisse », art. cit., pp. 277-280 et H. Collingham, *The July Monarchy*, *op. cit.*, pp. 34-44 ; sur la réduction des impôts indirects pesant sur l'industrie viticole, voir les débats à la Chambre, AP, vol. 64, séance des 6, 8, 9 et 15 octobre 1830, pp. 80-88, pp. 138-139, pp. 155-156, p. 192.
3. AN, F18*II 20, impression 4619, 12 octobre 1830, impression 1632, 7 juin 1831.
4. Jacques Boucher de Perthes, *Opinion de M. Christophe sur les prohibitions et la liberté du commerce*, Paris, 1830, rééd. 1831, pp. 12-13, p. 26, p. 63.

Le dialogue de Boucher de Perthes met l'accent sur le caractère vexatoire des contrôles douaniers. Aussitôt qu'un voyageur pose le pied en France, se plaint Christophe, « on commence par le prier d'entrer au corps de garde, ou par le pousser dedans, selon qu'il s'exécute plus ou moins philosophiquement ; et là, entre la baïonnette et le code, on lui demande s'il a sur lui quelque objet prohibé ; il répond non ; mais c'est absolument comme s'il avait répondu oui ; car on lui fait ôter tout de suite sa redingote, s'il en a, puis on entrouvre son habit, puis son gilet, à peu près comme le naturaliste entrouvre la peau de la bête qu'il veut disséquer ; après cela, on regarde ce qu'il peut avoir entre sa chemise et son dos, entre sa perruque et sa tête ; bref, entre tout ce qui couvre et ce qui est couvert [1] ».

Comme le vigneron, le contrebandier, honni au début de la Restauration, fait désormais figure de héros de la liberté. Le compositeur Pierre-Jean de Béranger, plusieurs fois emprisonné pour ses chansons à succès hostiles aux Bourbons, publie en 1833 *Les contrebandiers* : « Malheur, malheur aux commis ! », fait dire Béranger aux contrebandiers, parce que « Le peuple à nous s'intéresse / Il est de nos amis ». « Aux échanges l'homme s'exerce », dit un couplet, « Mais l'impôt barre les chemins. / Passons : c'est nous qui du commerce / Tiendrons la balance en nos mains. » Les fusils des contrebandiers, ajoute Béranger, réveillent « la liberté » et abolissent les frontières arbitraires tracées en 1815 par le Congrès de Vienne : « Quoi ! l'on veut qu'uni de langage / Aux mêmes lois longtemps soumis, / Tout peuple qu'un traité partage / Forme deux peuples d'ennemis. / Non ; grâce à notre peine / Ils ne vont pas en vain / Filer la même laine / Sourire au même vin [2] ».

Les douaniers, en revanche, sont tournés en dérision par les publicistes libéraux. En 1835, Boucher de Perthes publie un *Petit glossaire* consacré aux « mœurs administratives ». A l'article « Douanier », le directeur d'Abbeville évoque sur un ton mi-chagrin, mi-amusé les représentations que s'en font les diverses couches de la société française : « Aux yeux de la populace, c'est un animal nuisible comme le rat, la fouine, le renard, le loup, et c'est toujours une bonne œuvre de lui jeter une pierre. [...] Aux yeux de l'homme de parti, c'est un satellite du tyran ou de son ministre, c'est un féroce janissaire

---

1. *Ibid.*, pp. 74-76.
2. Pierre-Jean de Béranger, « Les contrebandiers », in *Chansons nouvelles et dernières de P.J. de Béranger*, Paris, 1833, pp. 93-99.

altéré de votre sang et de vos nippes. Aux yeux du marchand philosophe, c'est l'agent passif d'une mauvaise loi, l'ennemi de la boutique
et de la liberté.» Le fabricant voit bien dans le douanier un
« protecteur de l'industrie », mais un protecteur « renfrogné, gron-
deur, insupportable, et qu'on aime mieux de loin que de près [1] ».

La presse libérale, régionale et nationale, proteste contre les vexations douanières. Dans *L'Echo de la fabrique*, un journal démocratique lyonnais, le négociant en soie François-Barthélemy Arlès-Dufour,
de retour d'un voyage outre-Manche, affirme : « En Angleterre les
douanes ne vexent pas les citoyens ; en France c'est leur principal
but : [...] comme simple citoyen, si vous voulez, pour votre usage,
apporter une aiguille, un tire-bouchon, vingt cigares, on vous fouille,
vous moleste, vous insulte et vous vole, surtout si vous avez le
malheur d'être mal ou modestement vêtu [2]. »

En septembre 1834, *Le Courrier français* publie un article intitulé
« Mœurs douanières fort exactes ». Un autre quotidien libéral, *Le
Temps*, le reproduit peu après. L'auteur espère que la Douane, « cette
institution nuisible et décrépite », sera bientôt abolie, non seulement
en raison « du dommage que causent les tarifs prétendus protecteurs », mais aussi des « vexations innombrables » et « abus de tout
genre que se permettent impunément les employés des douanes
envers les voyageurs et le commerce ». Le journaliste décrit en détail
la procédure des « exécutions fiscales » auxquelles procèdent les
« tyrans de la frontière » : « On fait passer [les voyageurs] dans une
petite chambre, les hommes d'un coté, les femmes de l'autre, et l'on
procède à la visite la plus scrupuleuse de leurs vêtements et même de
leurs personnes. [...] Mais ce n'est pas tout : après la visite des corps
vient celle des marchandises. Ballots, caisses, valises, colis de toute
espèce, tout est précipité sans précaution du haut des voitures, souvent en plein air ou à la pluie ; les couvercles sont soulevés à coup de
marteau, les marchandises étalées, dépliées, retournées en tout sens,
puis repliées à la hâte, et froissées ; les étoffes sont flétries, les
gravures, les livres, les moindres paquets rigoureusement visités. [...]
C'est l'image de la destruction [3]. »

En raison de l'absence presque complète d'archives de l'adminis-

---

1. Jacques Boucher de Perthes, *Petit glossaire. Traduction de quelques mots financiers. Esquisse de mœurs administratves,* 2 vol., Paris, 1835, t. 1, pp. 228-229.
2. Cité dans J. Canton-Debat, *Arlès-Dufour, op. cit.,* pp. 231-232.
3. « Mœurs douanières fort exactes », *Le Temps,* 12 septembre 1834.

tration des Douanes relatives à cette période, il faut consulter celles des légations étrangères en France pour retrouver des cas concrets de voyageurs maltraités. En janvier 1832, Lord Granville, ambassadeur de Grande-Bretagne à Paris, proteste contre la saisie par la Douane des bijoux personnels de Miss Cumming alors qu'elle traversait la frontière franco-suisse sur le chemin du retour en Angleterre. En novembre de la même année, Granville appuie une plainte du colonel Bowles au nom de ses deux sœurs concernant la confiscation à la même frontière de « trois paires de boucles d'oreilles, deux Sévigné et quatre colliers ». Les sœurs Bowles affirment s'être conformées en tous points aux instructions des douaniers au moment de leur déclaration, et que la saisie avait pour objet de leur faire verser un pot-de-vin contre la restitution des bijoux [1].

Granville recueille aussi des renseignements auprès des consuls britanniques dans les villes côtières ou frontières. Il demande des précisions au consul au Havre sur la fouille « répugnante » (*disgusting*) subie par Mr Levesconte lors de son débarquement dans le port normand [2]. Les plaintes émanent presque toutes de voyageurs appartenant aux classes aisées de la société britannique. On peut supposer que les étrangers plus modestes, immigrants, travailleurs saisonniers, ou marchands, ne sont pas mieux traités quand ils pénètrent sur le territoire français. Toujours est-il qu'en novembre 1833, Granville adresse au gouvernement français des remarques d'ordre général sur « les procédés inconvenants » (*unbecoming manner*) des douaniers français. De tels traitements, avertit l'ambassadeur, contribuent à « altérer les sentiments de bonne volonté » entre peuples britannique et français [3].

Réformes douanières

La célébration de la liberté crée l'attente d'une réforme de la législation douanière. A Bordeaux, *L'Indicateur* espère dès le 19 août 1830 que « la liberté commerciale ne restera pas en arrière des

---

1. TNA, FO 148/16, lettres de Granville au duc de Broglie, ministre des Affaires étrangères, 15 janvier et 20 novembre 1832.
2. TNA, FO 27/491, lettre de Granville à Gordon, consul britannique au Havre, 28 janvier 1834.
3. TNA, FO 148/16, lettre de Granville à de Broglie, 19 octobre 1833.

libertés civiles et religieuses [1] ». Lorsque Louis-Philippe visite l'est du pays au cours de l'été 1831, les fabricants de Mulhouse présentent au roi des Français une pétition qui déclare : « Le commerce ne vit que de liberté et toute gêne lui est mortelle [2]. »

A Paris, plusieurs parlementaires réclament l'application immédiate de la liberté à la politique commerciale. Lorsque le gouvernement présente à la Chambre un projet de loi suspendant la prohibition sur l'importation des blés en octobre 1830, Alexandre de Laborde et plusieurs autres députés réclament que la libre entrée des céréales soit rendue permanente. Selon Laborde, alors que « les Romains dégénérés demandaient du pain, des spectacles », « les Français régénérés demandent du travail et de la liberté », pour produire et échanger. En novembre, un député propose un amendement pour une « révision générale » des tarifs et de la réglementation douanière, afin de réformer les Douanes, « cet édifice colossal, soutenu et défendu [...] par une milice de 29 000 hommes [3] ». Les ministres repoussent ces propositions, mais promettent des réformes significatives dans un avenir proche.

Les lendemains de la Révolution de Juillet se caractérisent aussi par une recrudescence de la contrebande, en particulier sur la frontière du Rhin. Comme dans les premières années de la Restauration, la fraude jouit souvent en Alsace de la complicité des populations. Dès octobre 1830, une émeute éclate à Erstein dans le Haut-Rhin, aux cris de : « Vive la liberté ! Plus de douanes [4] ! » Quatre ans plus tard, les habitants d'Erstein sont encore signalés par un rapport de l'administration des Douanes comme manifestant des « dispositions hostiles [...] depuis fort longtemps contre notre service ». Le receveur et les autres douaniers « sont fréquemment insultés dans la rue [5] ».

Plus grave encore, à Strasbourg, la garde nationale, abolie par Charles X et rétablie par la Monarchie de Juillet, se livre elle-même à une émeute antidouanière en septembre 1831. Au matin du 25 septembre, plusieurs centaines de gardes nationaux et leurs officiers se réunissent pour s'emparer du bureau de douane de la ville. Il s'agit de laisser entrer en fraude du bétail en provenance du grand-duché de

---

1. *L'Indicateur*, 19 août 1830.
2. CERARE, ACMM, 561, mémoire de la chambre de commerce de Mulhouse à Louis-Philippe, 22 juin 1831.
3. AP, vol. 64, séances des 5 octobre et 24 novembre 1830, p. 55, p. 620.
4. P. Leuilliot, *L'Alsace, op. cit.*, t. 2, p. 275.
5. ADBR, P 319, rapport de l'inspecteur des Douanes de Colmar au directeur de Strasbourg, 12 mai 1834.

Bade. Mis au courant du projet pendant la nuit, le préfet du Bas-Rhin parvient à déjouer la tentative en faisant protéger le bureau par un bataillon d'infanterie régulière et plusieurs batteries de canon [1]. Dans le Haut-Rhin, le sous-préfet d'Altkirch rapporte avec anxiété le développement d'une contrebande de masse, avec des groupes comprenant jusqu'à 500 contrebandiers, « tant hommes que femmes et enfants », qui transportent du sel, du café et du sucre sans que les douaniers puissent tous les arrêter [2].

Face à ces mécontentements, le nouveau régime assouplit le système prohibitif. Des réformes symboliques illustrent à quel point les Douanes apparaissaient comme un outil répressif au service du pouvoir avant 1830. La monarchie orléaniste rebaptise « Douanes françaises » les anciennes « Douanes royales » ; elle substitue un coq à la fleur de lys sur le shako des douaniers ; et elle remplace les uniformes des « hommes en vert » par des uniformes gris et vert à l'allure moins militaire [3].

Le régime de Juillet réduit l'influence politique des Douanes et d'abord de leur directeur. Celui-ci perd son rang de directeur « général » et son pouvoir de nomination aux emplois supérieurs de l'administration douanière, qui est confié au ministre des Finances [4]. Le corps de l'inspection des Douanes, qui permettait au directeur général d'exercer une étroite surveillance sur ses subordonnés, est supprimé. Le directeur nommé en janvier 1831, Théodore Gréterin, est un technicien, peu engagé dans les luttes de partis. Il conservera son poste jusqu'en 1860, malgré la Révolution de 1848 et le coup d'Etat de 1851. Les contrôles douaniers perdent, en partie, leur caractère politique. Les importations de livres sont toujours surveillées, mais pour saisir les éditions non autorisées [5]. Les Douanes restent chargées d'interdire l'accès au territoire des étrangers indésirables pour motifs politiques. Mais l'exclusion frappe désormais

---

1. AN, F7 6782, dossier n° 14, rapport de la gendarmerie de Strasbourg au ministre de l'Intérieur, 25 septembre 1831.

2. AN, F7 6782, dossier n° 15, rapport du sous-préfet d'Altkirch au ministre de l'Intérieur, 20 janvier 1832.

3. J. Clinquart, *L'administration des douanes sous la Restauration, op. cit.*, pp. 111-114 et illustrations X, XI et XII, pp. 256-257 ; voir aussi Roger Corbaux, « Ernest Fort : peintre de l'uniforme douanier », in *Cahiers d'histoire des douanes*, n° 19, 1998, pp. 54-65.

4. Ordonnance du 5 janvier 1831, in *Lois et règlements des douanes, op. cit.*, t. 18.

5. J. Clinquart. *L'administration des douanes sous la Restauration, op. cit.*, p. 114-121 ; J. Bordas, *Les directeurs généraux des douanes, op. cit.*, pp. 543-561.

autant des légitimistes italiens souhaitant rejoindre l'insurrection carliste en Espagne que des révolutionnaires polonais voulant se réfugier en France [1] : un exemple parmi d'autres de la politique dite du « Juste-Milieu ».

Le gouvernement dirigé par Casimir Perier de mars 1831 à octobre 1832 rétablit l'ordre en réprimant plusieurs émeutes ou tentatives d'insurrection républicaines. Il conduit aussi plusieurs réformes importantes des institutions et de la politique commerciales. Le ministère du Commerce est rétabli, avec le comte d'Argout à sa tête : la politique douanière est confiée à un responsable politique, soumis au contrôle des chambres parlementaires. Les gouvernements suivants ne remettront pas en cause l'existence du nouveau portefeuille. En revanche, le ministère Perier réduit les pouvoirs des Conseils généraux de l'agriculture, du commerce et des manufactures. Ils cessent de siéger en permanence et ne doivent plus être convoqués qu'une fois par an [2]. En pratique, ils ne le seront que tous les trois ou quatre ans [3]. L'influence des grands notables sur la politique commerciale est contenue, refoulée même.

Le gouvernement Perier crée en revanche un Conseil supérieur du commerce, qui doit émettre des avis et conduire des enquêtes sur la législation. Sa composition en fait un groupe d'experts plutôt qu'une assemblée représentant les intérêts économiques : si les présidents des trois Conseils généraux sont membres de droit, les treize autres membres, nommés par le gouvernement, sont en majorité des hauts fonctionnaires et des écrivains spécialisés dans les questions économiques. De plus, les membres des chambres de commerce, choisis jusque-là par cooptation, sont désormais élus par les négociants et les fabricants les plus imposés [4].

Le ministère Perier entreprend aussi de réviser la législation douanière. Il présente quatre projets de loi au cours de la session parlementaire de 1831. Le premier, soumis à la Chambre en août 1831, étend le droit de transit à la plupart des marchandises et supprime

---

1. ADH, 5 P 86, instructions du préfet de l'Hérault au directeur des Douanes à Montpellier, 24 février 1834 et 5 février 1835.
2. AN, F12 2491/A, « Ordonnance du 29 avril 1831 » et « Note sur l'histoire et les attributions du ministère de l'Agriculture et du Commerce ; voir aussi Félix Ponteil, *Les institutions de la France de 1814 à 1870,* Paris, PUF, 1966, pp. 215-218.
3. AN, F12 2491/A, lettre de la chambre de commerce de Nantes au ministre du Commerce, 8 décembre 1842.
4. C. Lemercier, *Un si discret pouvoir*, op. cit., p. 32.

l'interdiction d'importer des denrées coloniales par voie de terre. Les députés l'adoptent à la quasi-unanimité (276 voix contre 5), s'émerveillant eux-mêmes du triomphe de la « liberté ». Les représentants de l'Alsace ne sont pas les moins satisfaits : « La liberté en toutes choses », déclare l'un, « semble ce qu'il y a de plus naturel, de plus simple, de plus conforme aux droits et aux intérêts de tous » ; « aujourd'hui du moins c'est la défense qui est l'exception », se réjouit un autre, tandis que « la liberté [...] est devenue la règle [1] ».

Le second projet, déposé en novembre 1831, prévoit la création d'entrepôt à Paris et dans sept autres villes « de l'intérieur ». Malgré les conclusions favorables d'une enquête conduite par le nouveau Conseil supérieur du commerce, le projet suscite toujours l'hostilité des ports de mer [2]. Pour les apaiser, le comte d'Argout suggère, lorsqu'il présente la loi à la Chambre, que ses conséquences matérielles seront limitées : il s'agit plutôt d'« un acte de justice distributive, et par cela même un fait qui doit honorer la monarchie nouvelle que la Révolution de Juillet a consacrée ». Le rapporteur du projet, le négociant parisien Auguste Ganneron, propose d'abolir totalement ce « privilège » et d'accorder l'entrepôt à toutes les villes qui en feront la demande : « il est temps », déclare-t-il, « d'entrer dans les voies larges de liberté et d'égalité qui peuvent seules assurer désormais la prospérité du commerce [3] ».

Les députés bordelais et nantais tentent en vain de faire repousser le projet. Antoine Jay, représentant de la Gironde, s'inspire des arguments de Fonfrède. Il dénonce l'entrepôt parisien comme « l'extrême conséquence de ce système envahisseur de concentration qui absorbe au profit de la partie centrale de l'Etat toute la vitalité du corps social ». Les arguments des Bordelais et des Nantais sont noyés par ceux qui, comme le député de Moselle Chedeaux, souhaitent voir la Révolution de 1830 « achever l'œuvre » de celle de 1789 « et donner la liberté au commerce d'économie », c'est-à-dire de réexportation, « en attendant qu'on la donne au commerce de spéculation avec toutes les contrées de la Terre ». La chambre basse adopte la

---

1. AP, vol. 69, séance du 20 août 1831, pp. 338-344 ; AP, vol. 72, séances des 30 novembre et 8 décembre 1831, pp. 137-151, p. 325, p. 327.
2. Ministère du Commerce, *Conseil supérieur du commerce. Enquête relative à l'établissement d'entrepôts de douanes pour certaines villes de la frontière de l'est, de l'intérieur et particulièrement pour Paris,* Paris, 1831.
3. AP, vol. 71, séance du 11 novembre 1831, p. 495, p. 500 ; AP, vol. 72, séance du 3 décembre 1831, p. 231.

loi, y compris l'amendement proposé par Ganneron, par 190 voix contre 76 [1].

En mars 1832, les députés commencent la discussion d'un troisième projet de loi, qui propose de remplacer la prohibition sur les importations de céréales par un système de droits gradués en fonction du prix du pain [2]. Charles Dupin, le rapporteur du projet, s'appuie sur Turgot et Adam Smith pour condamner « cette illusion, chère à l'égoïsme, que le gain d'un peuple est puisé dans les pertes d'un autre, qu'on appelle rival ». Dupin ne veut toutefois pas d'une liberté qui puisse nuire aux producteurs. Il suggère plusieurs modifications d'allure technique, mais qui tendent à élever le niveau des droits à l'importation. Il souhaite notamment que les droits soient plutôt fixés en fonction du prix des céréales, pour garantir une rémunération minimale aux producteurs. Il s'agit, selon Dupin, de protéger les nombreux paysans devenus propriétaires au cours de la Révolution de 1789 : sinon, l'avènement du régime de Juillet « serait pour le propriétaire, et pour le paysan, non pas la Révolution, mais la contre-révolution de 1830 [3] ».

Cet argument rend la protection agricole politiquement acceptable, en la liant à l'héritage révolutionnaire. Il est apprécié par les députés, dont beaucoup sont propriétaires terriens. Justin Laurence, représentant des Landes, oppose les millions de propriétaires français aux « deux ou trois mille familles » aristocratiques qui se partagent la terre en Grande-Bretagne, pour justifier un amendement qui augmente encore le niveau des droits à l'importation. Le projet de loi est adopté, avec les amendements de Dupin et de Laurence, par 218 voix contre 24 [4]. La nouvelle législation sur les céréales, confirmée par les chambres en avril 1833 [5], restera en vigueur jusqu'en 1860.

L'accent mis sur les différences de répartition de la propriété des deux côtes de la Manche n'est pas sans fondement : les lois céréalières françaises ne peuvent pas être interprétées, à la manière des *Corn Laws* britanniques, comme un privilège commercial accordé à l'aristocratie. Surtout, le lien établi par Dupin, adversaire du système prohibitif avant 1830, entre la protection douanière et l'héritage

---

1. AP, vol. 72, séance du 16 décembre 1831, p. 544, p. 546 ; AP, vol. 73, séance du 28 décembre 1831, p. 247.
2. AP, vol. 70, séance du 17 octobre 1831, pp. 664-676, présentation du projet de loi.
3. AP, vol. 76, séance du 3 mars 1832, p. 61.
4. AP, vol. 76, séance du 23 mars 1832, p. 696 ; AP, vol. 77, séance du 31 mars 1832, p. 187.
5. AP, vol. 82, séance du 17 avril 1833, pp. 584-586 ; AP, vol. 83, séance du 22 avril 1833, pp. 3-9.

égalitaire de la Révolution française est un signe précurseur. Il annonce le revirement de plusieurs libéraux en politique sur la question commerciale au nom de la tradition révolutionnaire.

En décembre 1831, le ministre du Commerce présente un quatrième projet de loi, qui réduit les droits d'entrée sur plusieurs matières premières, dont la soie et l'acajou, et les droits de sortie sur plusieurs articles d'exportation, dont les vins et les machines. La session se termine avant que les chambres puissent examiner le projet et le gouvernement met en œuvre plusieurs réductions de tarif par voie d'ordonnance [1]. Enfin, en juillet 1831, à l'initiative du baron Louis, ministre des Finances, la France propose à la Grande-Bretagne d'ouvrir des pourparlers commerciaux. Le gouvernement britannique accepte et une commission mixte, chargée de recommander des réductions de tarifs mutuellement avantageuses aux deux pays, est établie à Paris en décembre 1831. Les négociations piétinent jusqu'au printemps 1832. Mais à partir de cette date, pour forcer le gouvernement français à faire des concessions, les négociateurs britanniques s'adresseront directement à l'opinion publique et tâcheront de la persuader des bienfaits de la liberté des échanges : on analysera au chapitre 9 la contribution de leurs efforts à la naissance d'un courant d'opinion libre-échangiste en France.

En moins de deux ans, de juillet 1830 à avril 1832, le nouveau régime accomplit donc plusieurs réformes significatives. Il abolit ou atténue plusieurs des aspects les plus impopulaires du système prohibitif : la surveillance politique, l'interdiction d'importer du blé, et les restrictions aux droits de transit et d'entrepôt. L'élargissement de ces derniers permet un essor considérable du commerce de réexportation, de moins de 100 millions de francs par an vers 1830 à plus de 300 millions en 1836, soit une augmentation de près de 200 % en six ans, contre une hausse de moins de 40 % pour les exportations de produits français au cours de la même période [2].

Mais les réformes de 1830-1832 laissent intact le principe de la protection douanière contre la concurrence étrangère. Elles vont permettre une clarification des débats sur la liberté du commerce, qui porteront désormais presque exclusivement sur les restrictions à l'importation. En outre, si les réformes satisfont ceux qui dénonçaient les pouvoirs exorbitants de l'administration des Douanes, elles

---

1. AP, vol. 72, séance du 17 décembre 1831, pp. 582-589.
2. D'après le ministère du Commerce, *Statistique de la France, op. cit.*, t. 7, pp. 8-12.

déçoivent ceux qui, comme les négociants bordelais, désirent surtout la levée des prohibitions et la réduction des tarifs.

Radicalisation du libéralisme commercial à Bordeaux

Le négoce à Bordeaux se sent floué par les réformes. La loi sur les entrepôts lui a fait perdre, sans contrepartie, son principal privilège commercial. De plus, le port traverse une grave crise commerciale au lendemain de la Révolution de Juillet, marquée par une chute des exportations de vin de l'ordre de 40 % entre 1829 et 1832 [1]. Ce contexte exacerbe le mécontentement des négociants bordelais. Dépouillés de leurs privilèges, ils peuvent désormais adhérer sans réserve à la notion de liberté commerciale.

Cette radicalisation du libéralisme commercial du négoce bordelais s'accompagne d'une modération de son libéralisme politique, premier signe d'une dissociation entre soutien à la liberté économique et enthousiasme pour la liberté politique. Après quelques hésitations, l'électorat bordelais, dominé par le négoce de la ville, se range dans le camp conservateur de la Résistance. Alors qu'aux élections législatives de juillet 1831 Bordeaux s'est donné deux députés du Mouvement et deux de la Résistance, les conservateurs remportent largement les élections municipales de novembre 1831. Ils domineront la vie politique locale jusqu'en 1848 [2].

Comme ceux du Havre et de Nantes, le négoce de Bordeaux proteste contre le projet de loi sur les entrepôts. Les négociants havrais et nantais sont les plus virulents : une pétition des seconds évoque même le spectre de « la guerre civile », que l'abolition du privilège des villes maritimes pourrait rallumer dans l'Ouest légitimiste [3]. Les négociants bordelais paraissent plus résignés. Ils préfèrent demander, à titre de compensation, une réduction de la protection douanière. La chambre de commerce de Bordeaux décline une requête de celle de

---

1. P. Butel, *Les dynasties bordelaises, op. cit.,* pp. 250-264.
2. André-Jean Tudesq, « Les débuts de la Monarchie de Juillet », in C. Higounet, *Histoire de Bordeaux, op. cit.,* t. 6, pp. 61-82.
3. AN, F12 2594, pétition de la chambre de commerce de Nantes à Louis-Philippe, 18 novembre 1831. Voir aussi les brochures *Un dernier mot sur les entrepôts intérieurs,* Nantes, 1831 ; *Pétition du commerce de Nantes à MM. les membres de la Chambre des députés,* Nantes, 1831 ; *Pétition du commerce du Havre à la Chambre des députés contre l'établissement projeté des entrepôts intérieurs,* Le Havre, 1831.

Nantes, qui l'exhorte à publier un nouveau mémoire en faveur du privilège de l'entrepôt [1]. Dans une pétition à la Chambre des députés, la chambre de commerce bordelaise, si elle continue à qualifier les nouveaux entrepôts d'« injustice », se dit prête à les accepter « si la carrière du commerce maritime était agrandie ». « Le remède », ajoute-t-elle, « le seul remède existera dans l'abaissement des tarifs [2]. »

Fonfrède joue encore un rôle déterminant dans la radicalisation des revendications commerciales bordelaises. Comme la majorité de ses concitoyens, il évolue dans un sens conservateur sur les questions politiques. Dès l'automne 1830, il prend ses distances avec les libéraux les plus avancés, en quittant la rédaction de *L'Indicateur*, et il rejoint celle du *Mémorial bordelais*, plus modéré. Dans une lettre à son ami Campan, Fonfrède se compare en juillet 1831 au « cadavre de Patrocle tiré par les deux partis, la résistance et le mouvement ». Mais il s'oppose sans ambiguïté à une extension du droit de suffrage : « Que les hommes réunis en masses sont *bêtes*! foin de la république [3]! » Elu député par les faubourgs de Bordeaux en 1831, il ne peut siéger à la Chambre parce que le montant de ses impôts reste inférieur au cens d'éligibilité, pourtant abaissé de 1 000 à 500 francs en 1830. Sa dérive vers la droite de l'échiquier politique ira en s'accentuant. A la fin des années 1830, il deviendra un défenseur de la prérogative royale, contre les empiétements des chambres parlementaires [4].

Mais sur les questions commerciales, Fonfrède entretient le mécontentement bordelais et s'efforce de le canaliser en faveur d'une libéralisation des tarifs. En janvier 1832, il publie dans *Le Mémorial* une série d'articles, « De l'entrepôt de Paris », qui reprend l'argumentation qu'il avait exposée en 1827 : invoquer la « liberté » et l'« égalité » commerciales pour justifier la création de nouveaux entrepôts est hypocrite alors que les restrictions à l'importation privilégient Paris et le nord du pays. Le journaliste renouvelle ses attaques contre les économistes et l'industrialisme, comparant le développement des manufactures à une « féodalité industrielle » qui « ne vaut guère mieux que la féodalité foncière [5] ».

---

1. ADG, 02/081/278, registre 1828-1832, f° 238, lettre de la CCB à la chambre de commerce de Nantes, 27 août 1831.
2. AN, F12 2594, pétition de la CCB au ministre du Commerce, 21 novembre 1831.
3. BMB, MS 1087, lettre de Fonfrède à Campan, 3 juillet 1831.
4. J.-J. Hémardinquer, « Henri Fonfrède », art. cit., p. 452, p. 463.
5. « De l'entrepôt de Paris », 1er, 2e et 3e articles, *Le Mémorial*, 7, 8 et 10 janvier 1832.

Le libéralisme commercial répandu par Fonfrède est socialement conservateur. Le journaliste accuse l'industrie manufacturière de provoquer des crises de surproduction. Mais il a surtout peur qu'elle n'entraîne la disparition des petits producteurs et la polarisation de la société en deux classes, l'une très riche et l'autre misérable. « Le système actuel d'industrie manufacturière », selon lui, concentre la propriété mobilière « entre les mains d'un petit nombre de grands capitalistes, il détruit la possibilité de tout petits établissements, et fait de la masse immense des producteurs industriels, de simples journaliers, sans propriété, et sans espoir d'acquérir jamais aucune propriété, réduits [...] à recourir à l'un des trois moyens suivants : *mendier, se révolter* ou *mourir de faim*[1] ! »

Cette analyse des conséquences sociales de l'industrialisation préfigure celle des premiers socialistes. Mais loin de proposer comme ces derniers le renversement de l'ordre établi, Fonfrède se prononce pour la liberté d'importation comme moyen de préserver une société de petits producteurs indépendants. Selon le publiciste, « le seul levier et le seul point d'appui qui puisse arrêter l'ébranlement général, et prévenir d'horribles catastrophes [...] c'est de s'acheminer peu à peu vers la liberté et l'égalité commerciales », qui ralentiront le progrès des manufactures et assureront la prospérité de l'agriculture et du commerce traditionnels[2].

Au cours de l'hiver 1832-1833, l'échec de la réforme du tarif des sucres porte à son comble l'exaspération du négoce bordelais. Augmentés en 1816, 1822 et 1826, les droits sur les sucres étrangers garantissent le marché métropolitain aux sucres des colonies françaises, qui ne sont soumis qu'à des droits fiscaux plus de deux fois inférieurs. Dans une pétition rédigée par Fonfrède, le commerce bordelais réclame la baisse des droits sur tous les sucres et la suppression de la « surtaxe » ou différence entre les droits sur les sucres coloniaux et étrangers. « Il faut augmenter nos rapports avec la production générale du globe », déclarent les pétitionnaires, « et y chercher, par cet échange salutaire, d'immenses débouchés pour nos produits industriels et agricoles, débouchés que nos colonies sont radicalement impuissantes à nous fournir[3]. »

---

1. « De l'entrepôt de Paris », 4ᵉ article, *Le Mémorial*, 12 janvier 1832.
2. « De l'entrepôt de Paris », 5ᵉ article, *Le Mémorial*, 15 janvier 1832.
3. *Observations à l'appui des réclamations du commerce de Bordeaux sur le privilège colonial et sur la surtaxe des sucres étrangers*, Bordeaux, 1832, p. 2 ; Fonfrède s'en décrit comme l'auteur dans *Le Mémorial*, 25 janvier 1833.

Le projet de loi présenté par le gouvernement en décembre 1832 propose au contraire, pour des raisons fiscales, de réduire la surtaxe en augmentant les droits sur les sucres des colonies françaises. Remaniée par les députés, la loi adoptée en avril 1833 procède en définitive à une légère réduction des droits sur les sucres étrangers. Elle laisse cependant subsister les quatre cinquièmes de la surtaxe. En outre, elle abolit la prime à la réexportation des sucres raffinés, qui bénéficiait aux raffineries de sucre de canne bordelaises : encore une fois, Bordeaux se voit privée d'un avantage commercial sans recevoir de contrepartie [1].

Dans une longue série d'articles dans *Le Mémorial*, Fonfrède exprime et entretient les frustrations suscitées par l'échec de la réforme : la suppression de la surtaxe, en réduisant les droits sur les sucres étrangers, offrait « le moyen de sortir du système prohibitif, par une facile et féconde expérience ». Le publiciste martèle que « le vice radical, le vice fondamental, le vice unique de notre situation, c'est l'élévation des tarifs [2] ». Et il conjure ses lecteurs de ne pas se laisser duper par la nouvelle expression employée par les défenseurs du système prohibitif : « La prohibition est en soi tellement honteuse et mauvaise, que ses propres partisans en rougissent et cherchent à la déguiser sous le nom de système protecteur. » Selon Fonfrède, que l'on empêche les importations par un interdit formel ou par des tarifs qui les rendent impossibles revient au même : « Quand le commerce d'échange est mort, que servirait de le frapper encore ? Ce serait donner des coups de poignard à un cadavre [3]. »

La célébration de la liberté, les réformes du système prohibitif et les frustrations des ports de mer ont créé les conditions d'un mouvement pour la liberté *intégrale* des échanges extérieurs. Bordeaux, où Fonfrède attise le mécontentement, semble un terrain particulièrement propice. L'influence de la Grande-Bretagne va jouer le rôle de

---

1. AP, vol. 78, séance du 21 décembre 1832, pp. 349-360 ; AP, vol. 80, séance du 4 mars 1833, pp. 555-565 ; AP, vol. 81, séance du 21 mars 1833, p. 396 ; AP, vol. 83, séance du 23 avril 1833, p. 58.
2. *Le Mémorial*, 19, 23, 25, 30 et 31 décembre 1832 ; citations dans « Observations à l'appui des réclamations du commerce de Bordeaux », 19 décembre 1832, et « Question des sucres », 30 décembre 1832.
3. « Admirables effets du système prohibitif ou protecteur » et « Le système protecteur étant essentiellement prohibitif, est essentiellement faux et mauvais », *Le Mémorial*, 5 et 6 janvier 1833 ; Fonfrède consacre encore trois articles à la question des sucres à la fin du mois dans *Le Mémorial*, 25, 26 et 28 janvier 1833.

catalyseur, non seulement par l'exemple, en libéralisant sa législation commerciale, mais aussi par l'action de propagande menée, à partir de 1832, par son agent John Bowring.

Chapitre 9

John Bowring, agent d'influence britannique (1831-1833)

En Grande-Bretagne comme en France, les réformateurs libéraux triomphent au début des années 1830. Les torys conservateurs, au pouvoir presque sans interruption depuis les années 1780, cèdent la place en novembre 1830 aux whigs libéraux. Le nouveau gouvernement fait adopter en juin 1832 le *Reform Act*, qui rationalise les mécanismes de représentation parlementaire et élargit le corps électoral d'environ 200 000 à 600 000 individus. Le ministère whig poursuit la libéralisation de la législation commerciale britannique, engagée au milieu des années 1820 par des torys dits « libéraux » comme George Canning et William Huskisson. Le gouvernement britannique accueille donc favorablement la proposition de négociations faite par la France en juillet 1831. Il dépêche à Paris deux représentants pour parvenir à un accord de réduction mutuelle des tarifs, le jeune aristocrate whig George Villiers et le publiciste radical John Bowring.

Les négociations se heurtent toutefois aux hésitations des gouvernants français, qui craignent la supériorité de l'industrie britannique. Pour surmonter leurs réticences, Bowring fait appel à l'opinion publique française. Il souhaite son adhésion aux principes du *free trade* en vogue en Grande-Bretagne. Il fait publier des articles dans des dizaines de journaux, et entreprend plusieurs tournées dans les provinces françaises pour constituer des groupes de pression favorables à l'abolition des restrictions douanières. Bowring concentre ses efforts sur les régions productrices d'articles d'exportation, comme les soieries et le vin, les plus susceptibles de bénéficier d'une libéralisation des échanges. Sa campagne est un succès, en particulier à Bordeaux. Mais cette ingérence idéologique renforce les soupçons de ceux qui voient dans le tournant libéral de la politique commerciale britannique un nouveau piège tendu par la perfide Albion.

La Grande-Bretagne, patrie du free trade

Jusqu'à la fin des années 1820, la Grande-Bretagne avait été le modèle des partisans du système mercantile[1]. Déjà Montesquieu soulignait dans *De l'esprit des lois* que c'était dans « les pays de la liberté » comme l'Angleterre que « le négociant trouve des contradictions sans nombre ». Il y voyait une preuve que de telles restrictions ne menaçaient pas la liberté politique et leur attribuait en partie la prospérité britannique[2]. Ferrier, Saint-Chamans et Chaptal expliquaient la richesse de la Grande-Bretagne par sa politique commerciale mercantiliste[3]. Saint-Cricq invoquait souvent le modèle britannique au cours des débats parlementaires sur la législation douanière. Justifiant de nouvelles hausses de droits à l'importation, il expliquait en mars 1817 : « En cela, nous imitons, et de très loin encore, l'exemple de l'Angleterre[4]. »

Les écrivains hostiles au système prohibitif adoptaient au contraire une attitude critique vis-à-vis de la politique fiscale et commerciale de la Grande-Bretagne. Dans *De l'Angleterre et des Anglais* (1815), Say prévoyait que le poids de la fiscalité outre-Manche provoquerait bientôt un déclin des exportations britanniques[5]. Plusieurs brochures

---

1. Sur les perceptions françaises du modèle économique britannique, voir Roberto Romani, « Political Economy and other Idioms : French Views on English Development, 1815-1848 », *European Journal of the History of Economic Thought*, n° 9, 2002, pp. 359-383 ; Peter Stearns, « British Industry through the Eyes of French Industrialists (1820-1848) », *Journal of Modern History*, n° 37, 1965, pp. 50-61.

2. Montesquieu, *De l'esprit des lois*, *op. cit.*, t. 2, p. 17.

3. Voir, par exemple, F. Ferrier, *Du gouvernement*, éd. 1821, *op. cit.*, pp. 36-37 ; A. de Saint-Chamans, *Du système d'impôt*, *op. cit.*, pp. 207-208 ; J.-A. Chaptal, *De l'industrie*, *op. cit.*, pp. 497-499.

4. AP, vol. 19, séance du 7 mars 1817, p. 380.

5. Jean-Baptiste Say, *De l'Angleterre et des Anglais*, Paris, 1815, in *Cours d'économie politique et autres essais*, *op. cit.*, pp. 47-80, notamment pp. 65-67.

libérales attribuaient la misère des ouvriers britanniques au système prohibitif, tel l'auteur anonyme de *Questions importantes sur les prohibitions* en 1817 : « Est-il bien certain que l'Angleterre puisse toujours être présentée comme un modèle à imiter, si l'on considère attentivement le nombre considérable de faillites qui ont lieu continuellement chez elle, les révoltes des ouvriers, les brisements des métiers, etc. ? Un tel état de choses prouve-t-il en faveur de sa politique commerciale [1] ? »

La législation britannique comprend encore, au lendemain des guerres napoléoniennes, de nombreuses prohibitions ou tarifs prohibitifs. Elle prévoit souvent la peine capitale pour celui qui les enfreint. Cependant, à partir du milieu des années 1820, certains dirigeants torys modérés entreprennent de rationaliser le système mercantile anglais et d'en atténuer le caractère restrictif. Sous l'impulsion de George Canning, ministre des Affaires étrangères puis Premier ministre, et de William Huskisson, président du *Board of Trade* (ministre du Commerce), ils suppriment plusieurs prohibitions, réduisent les tarifs sur les importations de produits manufacturés et relâchent les contraintes pesant sur le commerce de réexportation. En 1828, la prohibition sur les importations de blé est remplacée par une échelle mobile de droits, variant selon le prix des céréales dans les îles Britanniques [2].

On a longtemps attribué cette libéralisation de la législation commerciale britannique au libéralisme économique défendu au Parlement par David Ricardo et ses disciples. Mais des recherches plus récentes ont montré que l'influence des nouveaux économistes reste limitée dans les années 1820. Les principales motivations des torys libéraux sont d'ordre pragmatique : l'avance acquise par l'industrie britannique rend les dangers de la concurrence étrangère négligeables ; l'étendue du domaine colonial doit permettre à la Grande-Bretagne de devenir « l'entrepôt de l'Europe » ; et la supériorité de la *Royal Navy* garantit la sécurité des approvisionnements en produits alimentaires [3].

Quelles que soient les raisons des gouvernants, la libéralisation de la législation britannique s'accompagne de la diffusion de nouvelles

---

1. *Questions importantes*, *op. cit.*, pp. 11-12.
2. Boyd Hilton, *A Mad, Bad and Dangerous People ? : England, 1783-1846*, Oxford, Clarendon, 2006, pp. 295-299, pp. 305-307.
3. Boyd Hilton, *Corn, Cash and Commerce : the Economic Policies of Tory Governments, 1815-1830*, Oxford, Oxford University Press, 1977 ; voir aussi Barry Gordon, *Political Economy in Parliament, 1819-1823*, Londres, Macmillan, 1976, et *id., Economic Doctrine and Tory Liberalism*, Londres, Macmillan, 1979.

idées libérales en matière de commerce extérieur, souvent regroupées sous l'appellation de *free trade*. L'expression remonte à la fin du XVIIᵉ siècle. Elle signifiait alors l'abolition des monopoles détenus par certains groupes de producteurs ou de négociants, comme le monopole de la *East India Company* pour le commerce avec l'Extrême-Orient, aboli en 1813[1]. Mais l'expression *free trade* acquiert un sens nouveau dans les années 1820 : elle renvoie désormais à l'abolition de toutes les restrictions aux activités commerciales et, en particulier, aux importations de produits étrangers[2].

La première occurrence de ce sens nouveau signalée par l'*Oxford English Dictionary* est extraite des *Rural Rides* de William Cobbett, journaliste favorable aux torys qui passe au radicalisme démocratique après 1800. Dans une chronique datée de novembre 1825, Cobbett évoque sa découverte, dans des journaux récents, de « ce nouveau projet de "free trade" et de "gain mutuel" », qu'il qualifie de « charlatanerie ». Il se moque dans le même passage des espoirs de Huskisson, qui doit se rendre à Paris pour « inculquer aux Bourbons les sages principes du "free trade" ». Il félicite d'avance la France de rejeter ses propositions[3].

Les origines intellectuelles et idéologiques du *free trade* sont multiples. Mais l'une des principales sources de diffusion est le cercle des philosophes utilitaristes réunis autour de Jeremy Bentham[4]. Le principe d'utilité, dont ce dernier préconise l'application à tous les aspects de la législation, consiste dans la maximisation des plaisirs et la minimisation des peines pour la somme des individus appartenant à une société donnée. Cette philosophie matérialiste et individualiste est souvent résumée par la formule « le plus grand bonheur du plus grand nombre », une expression inspirée à Bentham par le *Traité des délits et des peines* (1764) du philanthrope italien Cesare Beccaria. Appliqué aux relations commerciales, le principe d'utilité stipule que les individus sont toujours les meilleurs juges du caractère profitable des échanges de produits et que l'Etat doit s'abstenir de limiter les importations ou les exportations.

---

1. Anthony Webster, « The Political Economy of Trade Liberalization : the East India Company Charter Act of 1813 », *Economic History Review*, n° 43, 1990, pp. 404-419.
2. *Oxford English Dictionary*, *op. cit.*, t. 6, p. 168.
3. William Cobbett, *Rural Rides*, Londres, 1830, rééd. Penguin, 2001, pp. 226-227.
4. Elie Halévy, *La formation du radicalisme philosophique*, t. 3, *Le radicalisme philosophique*, édité sous la direction de Monique Canto-Sperber, Paris, PUF, 1995, notamment pp. 16-20 (1ʳᵉ édition en 1901-1904).

Plusieurs utilitaristes britanniques proches de Bentham comptent parmi les fondateurs de l'économie politique classique, tels James Mill et David Ricardo. D'autres, moins connus, jouent un rôle important dans la diffusion de la doctrine du *free trade* à travers la société britannique. Thomas Perronet Thompson publie, entre 1826 et 1842, vingt éditions de son *Catechism on the Corn Laws*, une brochure qui dénonce sous forme de dialogue la protection douanière de l'agriculture [1]. En 1828, Thompson rachète à Bentham la *Westminster Review*, périodique fondé en 1824 pour disséminer l'utilitarisme. Il l'utilise comme tribune pour répandre les idées libérales en matière de commerce extérieur.

Les réformes de Canning et Huskisson, conjuguées aux appels des utilitaristes en faveur du *free trade,* altèrent la perception de la politique commerciale britannique en France. Les libéraux français, à commencer par les économistes, saluent avec enthousiasme la conversion britannique. Say, dans son *Cours complet*, se réjouit de ce que cinquante ans après leur exposition par Adam Smith, la Grande-Bretagne adopte enfin les vrais principes de l'économie politique [2]. Dans *La Revue encyclopédique*, Blanqui cite en exemple les réformes conduites par le ministre du Commerce britannique : « Un jour, quand les nations, plus éclairées sur leurs vrais intérêts, seront familiarisées avec ces importantes matières, le nom de M. Huskisson se mêlera dans leur reconnaissance à celui des savants qui ont devancé leur siècle, en lui montrant les véritables sources de la prospérité [3]. »

Les partisans du système prohibitif reconnaissent l'importance des réformes commerciales britanniques. Mais ils les attribuent à la confiance de la Grande-Bretagne dans la supériorité de ses industries plutôt qu'à l'influence des principes libéraux de l'économie politique. Ferrier souligne le maintien de droits élevés sur les produits qu'elle fabrique à un coût plus élevé que les autres nations. Il en conclut que la Grande-Bretagne consulte « son intérêt seul » en réformant ses tarifs [4]. Saint-Cricq, à la Chambre des députés, rejette aussi l'exemple britannique invoquée par les économistes : « cette Angleterre, dont la

---

1. Sur Perronet Thompson, voir Michael J. Turner, « The "Bonaparte of Free Trade" and the Anti-Corn Law League », *Historical Journal*, n° 41, 1998, pp. 1011-1034.
2. Say, *Cours complet, op. cit.*, t. 3, pp. 362-363.
3. Adolphe Blanqui, « Considérations sur la réforme commerciale opérée en Angleterre sous les auspices de M. Huskisson », *La Revue encyclopédique*, n° 41, 1829, pp. 31-45, citation p. 38.
4. F. Ferrier, *Du système maritime, op. cit.*, pp. 58-59.

marche économique nouvelle, habile aujourd'hui comme elle l'était alors qu'elle se manifestait par des actes d'une autre nature, a été parmi nous l'objet de faux jugements ». Si la France veut imiter la Grande-Bretagne, ajoute-t-il, elle devrait comme elle rester fidèle à la protection douanière et n'adopter la liberté que lorsqu'elle n'aura plus à craindre la concurrence étrangère [1].

Plusieurs défenseurs français de la liberté commerciale partagent le scepticisme de Ferrier et Saint-Cricq. Fonfrède, par exemple, reste méfiant envers l'ennemi héréditaire. Il attribue les réformes de la Grande-Bretagne aux craintes qu'inspirent à ses dirigeants les progrès industriels des autres nations : « aujourd'hui que le système exclusif ne peut plus lui servir qu'à se faire chasser des deux mondes, l'Angleterre offre une liberté commerciale devenue pour elle une nécessité, et dont elle espère se faire une égide contre la crise qui la menace ! Avant de m'enthousiasmer pour cette péripétie intéressée, je veux attendre que le temps en ait dévoilé les secrets motifs ; la foi punique m'est suspecte ». Il ajoute bientôt : « Ce n'est point par l'Angleterre, mais sur les ruines de l'Angleterre que la liberté commerciale s'établira peut-être un jour [2] ! »

Une quinzaine d'années après Waterloo, une alliance entre partisans du *free trade* en Grande-Bretagne et de la liberté commerciale en France reste donc rien moins qu'évidente. C'est pourtant la tâche à laquelle s'attelle en 1832 John Bowring, disciple de Bentham et agent du *Board of Trade*.

Bowring, idéologue et diplomate

Les négociations commerciales proposées par la France s'ouvrent à Paris en décembre 1831 [3]. Les deux principaux représentants français sont le baron Fréville, membre conservateur de la Chambre des pairs, et Tanneguy Duchatel, l'auteur du *Mémoire* rédigé au nom des

---

1. AP, vol. 59, séance du 21 mai 1829, p. 383.
2. « Des départements », 9ᵉ article, *L'Indicateur*, 18 décembre 1827 ; « Des vignes et du ministère », 5ᵉ article, *L'Indicateur*, 28 juillet 1829.
3. Sur ces négociations et certains aspects de la mission de Bowring, voir Barrie M. Ratcliffe, « Great-Britain and Tariff Reform in France, 1831-1836 », in William H. Chaloner et Barrie M. Ratcliffe (dir.), *Trade and Transport : Essays in Economic History in Honour of T.S. William*, Manchester, Manchester University Press, 1977, pp. 98-135.

propriétaires de vignes. Le premier représentant britannique est George Villiers, né dans une famille noble en 1800 et *Earl* (comte) Clarendon à partir de 1838. Il a fréquenté les milieux utilitaristes alors qu'il étudiait à Cambridge à la fin des années 1810, puis occupé diverses fonctions dans l'administration des Douanes britanniques, en Angleterre et en Irlande, de 1823 à 1831. Villiers a aussi reçu des leçons particulières d'économie politique de John Ramsay McCulloch, un disciple de Ricardo. Villiers restera tout au long de sa carrière un partisan sans nuance de la liberté économique : gouverneur de l'Irlande de 1847 à 1852, il s'opposera à ce que l'Etat subventionne l'importation de céréales pour atténuer les conséquences de la Grande Famine irlandaise [1].

Le second représentant britannique, John Bowring, a des origines plus modestes [2]. Né en 1792 près d'Exeter dans une famille de marchands unitaristes, Bowring devient lui-même négociant à Londres et tisse un vaste réseau de correspondants en Espagne, France, Hollande, Allemagne, Russie et Scandinavie entre 1813 et 1820. Bowring possède un don pour les langues étrangères : il en parle couramment une douzaine. C'est aussi un romantique fervent. Dans les années 1820, il traduit des recueils de poèmes populaires russes, hollandais, espagnols, serbes, polonais et hongrois qui sont bien accueillis par le public britannique. Ses relations avec de nombreux libéraux européens l'aident à conquérir à la même époque l'amitié de Bentham. En 1824, le philosophe lui confie la direction politique de la *Westminster Review*, parce que Bowring, selon John Stuart Mill, semble le disciple le plus à même de « diffuser la renommée et les doctrines de Bentham dans tous les coins du monde [3] ».

Bowring est l'un des premiers et des plus ardents défenseurs du *free trade*. Dès 1821, il persuade Bentham d'écrire une brochure intitulée *Observations on the Restrictive and Prohibitory System*, dans laquelle le philosophe prône l'abolition des barrières douanières. Pour atteindre ce but, Bentham recommande la constitution d'« influences compensatrices » (*counter-efficient influences*), c'est-à-dire de

---

1. George Villiers, *A Vanished Victorian : Being the Life of George Villiers, Fourth Earl of Clarendon, 1800-1870*, Londres, Eyre & Spottiswoode, 1938.
2. George F. Bartle, *An Old Radical and his Brood : a Portrait of Sir John Bowring and his Family*, Londres, Janus, 1994 ; David Todd, « John Bowring and the Global Dissemination of Free Trade », *Historical Journal*, n° 51, 2008, pp. 373-397.
3. J.S. Mill, *Autobiography, op. cit.*, p. 85.

groupes de pression représentant les industries exportatrices et les consommateurs pour contrebalancer l'influence néfaste des industriels protégées. Dans sa préface à la brochure, Bowring reformule dans un langage plus lyrique les arguments arides du philosophe et appelle de ses vœux, en Grande-Bretagne et en Europe, l'abolition de « ce funeste système anti-commercial qui a depuis trop longtemps aveuglé les yeux et contracté les mœurs et les sentiments d'une si vaste partie de la société [1] ».

Sa maison de commerce fait faillite en 1827. Bowring renoue alors avec la propagation des idées libre-échangistes. Pour subvenir à ses besoins, il sollicite un emploi dans l'administration. D'abord commissaire aux comptes, il est chargé, à l'automne 1831, des nouvelles négociations avec la France, en tant que commissaire commercial (*trade commissioner*). Il doit cet emploi à l'appui de Charles Poulett Thomson, vice-président du *Board of Trade* et admirateur de Bentham.

La nomination de Bowring s'explique aussi par ses liens privilégiés avec les milieux libéraux français. Sous la Restauration, il a rencontré à Paris plusieurs figures importantes du parti libéral, dont Benjamin Constant, Jean-Baptiste Say et le futur Louis-Philippe. En octobre 1822, alors qu'il s'apprêtait à rentrer en Angleterre, Bowring a été arrêté par la police française à Calais et jeté en prison pendant un mois. Les autorités l'accusaient de porter des dépêches « aux révolutionnaires en Angleterre » et d'avoir participé à une conspiration visant au renversement des Bourbons en France. Le gouvernement britannique a obtenu sa libération, mais Bowring fut banni à titre permanent du territoire français. Dans une brochure sur les circonstances de son arrestation, Bowring s'affirmait en « parfaite communion de pensée et de sentiment » avec « les libéraux de France » et condamnait « la tyrannie hypocrite » du régime des Bourbons [2].

Le marchand et homme de lettres britannique ne retrouve l'accès au territoire français que grâce à la Révolution de Juillet. A cette occasion, il publie une nouvelle traduction de la *Marseillaise* en anglais et conduit la délégation de radicaux britanniques qui vient en août 1830 adresser, à l'Hôtel de Ville, ses félicitations au peuple de Paris. Bowring est très francophile. Il parle un français presque parfait

---

1. Jeremy Bentham, *Observations on the Restrictive and Prohibitory System*, texte édité et présenté par John Bowring, Londres, 1821, p. ii, p. 28, pp. 31-33.

2. John Bowring, *Details of the Arrest, Imprisonment and Liberation of an Englishman by the Bourbon Government of France*, Londres, 1823, pp. 2-3.

et regrette l'intervention britannique contre la France révolutionnaire dans les années 1790. Il envisage favorablement l'annexion par la France de la Belgique, qui se sépare des Pays-Bas en 1830-1831. Chargé de promouvoir les intérêts commerciaux britanniques, Bowring veut aussi convertir la France au *free trade* en raison de ses idéaux : il souhaite un rapprochement politique franco-britannique et croit de manière inébranlable aux avantages de la liberté des échanges pour toutes les nations.

Bowring et Villiers sont satisfaits par les premières semaines de négociations. Bien que « la foi » en la liberté du commerce de Fréville soit selon Bowring « plutôt faible », celle de Duchatel est « forte et solide ». Les représentants britanniques se réjouissent du passage de la loi sur les entrepôts, qu'ils interprètent comme « un pas sur la bonne voie ». Le 20 janvier 1832, Villiers rapporte avec confiance « que le gouvernement français reconnaît absolument l'inefficacité des prohibitions – leur coût pour le public et le tort qu'elles causent au Trésor –, qu'ils sont forcés d'agir prudemment avec les intérêts que leurs lois ont créés mais qu'ils adopteront progressivement un meilleur système [1] ». En février, la commission mixte propose la levée des prohibitions françaises sur les exportations de soie brute, sur les importations de produits en étain et sur les importations de fils de coton fins.

Le Conseil supérieur du commerce approuve les deux premières propositions, mais rejette la levée partielle de la prohibition sur les fils de coton : ce rejet est l'œuvre de Saint-Cricq, membre du Conseil supérieur et qui, d'après Bowring, y « joue le rôle du blasphémateur ». L'ancien directeur général des Douanes, rendu « furieux » par les projets de « changement de système », a aussi « menacé le gouvernement de faire protester je ne sais combien de provinces [2] ». Casimir Perier s'engage auprès des négociateurs britanniques à faire adopter les mesures proposées par la commission, mais sans effet : le président du Conseil français, selon Villiers, « promet chaque fois *qu'il s'en est occupé, qu'il s'en occupe, qu'il s'en occupera* * – en bref conjugue le verbe mais ne fait rien [3] ».

---

1. BOL, fonds Clarendon, MS 546/1/1, f° 7, f° 33, lettre de Bowring à Thomson, 18 décembre 1831, et lettre de Villiers à Thomson, 20 janvier 1832.
2. BOL, fonds Clarendon, MS 546/1/1, f° 77, f° 89, lettres de Bowring à Thomson, 19 mars et 29-30 mars 1832.
 * En français dans le texte.
3. BOL, fonds Clarendon, MS 546/1/1, f° 100, lettre de Villiers à Thomson, 2 avril 1832.

Pour surmonter l'opposition de Saint-Cricq et de ses alliés, Bowring propose au gouvernement français de se rendre en province pour dissiper les préjugés favorables à la balance du commerce. Le gouvernement approuve le projet. Bowring, muni de lettres de recommandation des ministres du Commerce et de l'Intérieur auprès des chambres de commerce et des préfets, se rend à Lyon, Saint-Etienne, Grenoble, Avignon et Marseille. Ce voyage est la première des trois tournées au cours desquelles Bowring s'efforce de prêcher le *free trade* dans l'opinion française.

Bowring, propagateur d'idées libre-échangistes à Lyon

Les tournées de Bowring correspondent à la transposition en France des techniques de dissémination employées par les disciples de Bentham en Grande-Bretagne, qu'un historien a décrites comme un triple processus d'« irradiation, suscitation et infiltration [1] ». Plus spécifiquement, Bowring entreprend d'appliquer les conseils formulés par Bentham dans ses *Observations on the Prohibitory System*, en aidant à mettre en place des « influences compensatrices » : la presse, qui doit exprimer l'intérêt ignoré mais universel des consommateurs, et des groupes de pression représentant les industries exportatrices.

En 1834, dans une série de rapports à Lord Auckland, président du *Board of Trade*, Bowring expliquera en détail la stratégie qu'il poursuit en France au cours de ses tournées. Dans chaque ville qu'il visite, il s'efforce « de rassembler les éléments et de former un noyau » de partisans convaincus de la liberté des échanges. Il entretient ensuite « une correspondance immense » avec les nouveaux adeptes afin de « diriger [...] ces éléments à travers toute la France vers un but commun » : « le renversement des monopolistes ». Les noyaux de partisans sont chargés de répercuter les idées libérales dans la presse locale et de publier des proclamations solennelles en faveur de la liberté commerciale. Ils parviennent ainsi à influencer

---

1. Samuel E. Finer, « The Transmission of Benthamite Ideas, 1820-1850 », in Gillian Sutherland (dir.), *Studies in the Growth of Nineteenth-Century Government*, Londres, Routledge, 1972, pp. 11-32.

favorablement l'opinion : « l'opinion – l'opinion éclairée – est le grand instrument pour accomplir *notre* objet – sans elle nous n'aurions pas fait le moindre progrès – avec elle nous accomplirons tout [1] ».

Le ton de la correspondance de Bowring ne laisse aucun doute quant à sa sincérité et à sa détermination. « Je ne me couche presque jamais avant trois heures du matin », écrit-il à Thomson en janvier 1833, « et je ne me rends dans aucun lieu de divertissement – ou dans aucun lieu si ce n'est pour essayer d'atteindre des objectifs avec lesquels je suis lié par ma chair – par mon sang – par mon cerveau et par chacune de mes pensées et par chacun de mes sentiments [2]. » Villiers semble partager le sentiment d'accomplir une mission sacrée, puisque Bowring lui écrit en juin 1833 : « Vous et moi avons juré sur l'autel que le Baal du monopole [en France] sera renversé par nos mains bénites – et il *sera* renversé [3]. »

Si Bowring est un missionnaire sincère, il est aussi un mercenaire. Jusqu'en mai 1832, il se plaint de ses émoluments trop faibles et menace plusieurs fois de démissionner. « Comment pourrais-je continuer avec zèle et empressement », demande-t-il à Thomson, « quand je vois mes efforts estimés avec tant de mesquinerie [4] ? » Bowring consent finalement à poursuivre son travail en contrepartie d'un salaire annuel de 500 livres sterling, auquel s'ajoutent de généreuses indemnités et le remboursement de ses frais de propagande. Indemnités et frais s'élèvent, par exemple, à près de 900 livres du 27 décembre 1832 au 26 juin 1833 [5]. Bowring et Villiers recevront également 500 livres pour un rapport sur les relations commerciales franco-britanniques en 1834, et Bowring 500 livres pour un second rapport en 1835 [6]. Il s'agit de sommes très élevées pour l'époque : au cours d'une séance de la Chambre des communes en 1839, Benjamin Disraeli, futur Premier ministre conservateur, reprochera au gouver-

---

1. BL, fonds Auckland, Add MS 34460, f°s 17-18, f° 42, f° 48, lettres de Bowring à Auckland, 27 février, 10 mars et 13 mars 1834.
2. BOL, fonds Clarendon, MS 546/1/2, f°s 14-15, lettre de Bowring à Thomson, 10 janvier 1833.
3. BOL, fonds Clarendon MS 544, f°s 116-117, lettre de Bowring à Villiers, 7 avril 1833.
4. BOL, fonds Clarendon, MS 546/1/1, f°s 61-62, lettre de Bowring à Thomson, 27 février 1832.
5. TNA, T 1/4001, liasses « 1832 », « 1833 » et « 1834 ».
6. John Bowring et George Villiers, *First Report on the Commercial Relations between France and Great Britain*, Londres, 1834 ; John Bowring, *Second Report on the Commercial Relations between France and Great Britain,* Londres, 1835.

nement whig le montant « incroyablement extravagant » des rémunérations accordées à Bowring depuis 1831 [1].

Bowring sait qu'il est payé pour « ouvrir les marchés du continent à l'industrie anglaise [2] ». Comme il l'explique dans une lettre à Lord Auckland : « Je ne suis pas venu ici [en France] pour empocher l'argent public à ne rien faire – ou rien qui ne vaille ma récompense [3]. » Ce besoin de se justifier aux yeux de ses employeurs peut faire douter de la véracité des rapports souvent triomphalistes de Bowring. Mais ces doutes sont dissipés par ses lettres plus franches à son ami Villiers et par les témoignages de plusieurs contemporains sur l'impact de sa propagande.

De la mi-avril à la mi-mai 1832, Bowring galvanise les sentiments libéraux dans le sud-est de la France, principalement à Lyon. La région lyonnaise reste la principale productrice de soieries en Europe et les réformes de Huskisson ne lui ont que récemment donné accès au marché britannique. Après avoir « harangué » avec succès « tous les notables du commerce » de la ville, réunis à la préfecture, Bowring s'attache à rencontrer « toutes les classes de gens – ouvriers – maîtres – *chefs d'atelier* [*]– fabricants – banquiers [...] les hommes du Mouvement et les hommes de la Résistance » ; « de mon succès je ne doute pas », ajoute-t-il, « et engagé dans ce grand travail j'ai souvent l'impression que je parle avec la langue d'un ange [4] ».

Bowring obtient en particulier d'Arlès-Dufour, secrétaire de la chambre de commerce de Lyon, que celle-ci envoie au gouvernement plusieurs pétitions en faveur de la libéralisation de la législation douanière française, y compris la levée des exportations de soies – pourtant la matière première de l'industrie lyonnaise. Bowring prend soin « d'instiller chez [les négociants et fabricants] une *saine inquiétude* en les persuadant que le seul moyen par lequel ce marché [anglais] peut rester ouvert avec certitude est par l'adoption de tarifs différents par la France ». Les ouvriers lyonnais le reçoivent aussi

---

1. *Hansard's Parliamentary Debates*, troisième série, Londres, 1829-1891, vol. 55, séance du 13 juillet 1840, pp. 700-714.
2. BOL, fonds Clarendon, MS 546/1/2, f° 118, lettre de Bowring à Thomson, 5 juillet 1833.
3. BOL, fonds Auckland, Add MS 34460, f° 68, lettre de Bowring à Auckland, 21 mars 1834.
* En français dans le texte.
4. BOL, fonds Clarendon, MS 546/1/1, f° 105, lettre de Bowring à Thomson, 16 avril 1832.

avec bienveillance grâce à des lettres de recommandation de plusieurs représentants de la gauche parisienne. Par « une petite dépense », il obtient le soutien de leur journal, *L'Echo de la fabrique*, à la cause de la liberté commerciale [1].

Le missionnaire rencontre un succès similaire à Grenoble, Saint-Etienne et en Avignon. Il ne fait que passer brièvement par Marseille et remet à plus tard son projet d'aller « mettre en place les viticulteurs » à Bordeaux, parce qu'il doit retourner au chevet de Bentham qui mourra le 6 juin 1832. Mais Bowring est satisfait. Il est désormais certain que « Saint-Cricq est parfaitement détesté dans le Sud » et affirme à Thomson : « Soyez sûr que ce monstrueux système de prohibition est chancelant – nous avons frappé au bon moment [2]. »

Le succès de la propagande de Bowring à Bordeaux

Grâce à l'appui de la chambre de commerce de Lyon, le gouvernement lève, par l'ordonnance du 16 juin 1832, la prohibition sur les exportations de soies brutes ainsi que quelques prohibitions mineures à l'importation. En décembre, le comte d'Argout présente à la Chambre un projet de loi de douanes qui confirme ces mesures et propose la levée de la prohibition sur l'importation des fils de coton fins. Dans son discours, d'Argout fait l'éloge de Jean-Baptiste Say, décédé le 15 novembre précédent, et souligne que même Ferrier et Saint-Cricq ont convenu que la France devait abandonner certaines restrictions commerciales devenues inutiles. Il se déclare partisan de « la liberté progressive » en matière de commerce extérieur [3].

Les négociateurs britanniques jugent les changements proposés par le gouvernement satisfaisants. Mais en janvier 1833, la Chambre nomme Saint-Cricq rapporteur de la commission des Douanes et Adolphe Thiers, selon Bowring « un prohibitionniste dans la mesure où il comprend quelque chose à la question », devient ministre du Commerce à la place de d'Argout [4]. Louis-Philippe et le duc de

---

1. BOL, fonds Clarendon, MS 546/1/1, f° 112, f° 122, lettres de Bowring à Thomson, 24 avril et 5 mai 1832.
2. BOL, fonds Clarendon, MS 546/1/1, f°s 112-113, f° 123, lettres de Bowring à Thomson, 24 avril et 5 mai 1832.
3. AP, vol. 78, séance du 3 décembre 1832, pp. 58-60.
4. BOL, fonds Clarendon, MS 546/1/2, f° 1, lettre de Bowring à Thomson, 4 janvier 1833.

Broglie, ministre des Affaires étrangères, s'engagent à contenir l'ancien directeur des Douanes. Pour contrebalancer eux-mêmes l'influence de Saint-Cricq, Villiers et Bowring exercent des pressions sur les autres membres de la commission des Douanes et encouragent les journalistes parisiens à réclamer la réduction des tarifs. Bowring obtient des articles favorables à la liberté commerciale dans *Le National* et *La Tribune*, journaux républicains d'extrême gauche, dans *Le Courrier*, *Le Constitutionnel*, *Le Journal du commerce* et *Le Temps*, journaux libéraux de gauche ou de centre-gauche. A part les journaux du gouvernement et les journaux légitimistes, affirme Bowring à Thomson, « il n'y a aucun journal influent ici qui ne nous soutienne pas [1] ».

Malgré l'appui du roi et de la presse parisienne, Villiers et Bowring s'inquiètent de l'influence de Saint-Cricq, qui parle comme si « une foule de viles créatures rampait sous ses ordres [2] ». Surtout, les négociateurs britanniques n'ont pas confiance dans les politiciens français. Selon Bowring, les ministres, de Broglie mis à part, ne valent pas mieux que des « crapauds », tandis que les députés ne sont que « préjugés, ignorance aveugle et égoïsme lamentable ». Il se compare avec son collègue à des gardiens de prison surveillant les « *condamnés des bagnes* [*3] ». L'image rappelle le projet de panoptique – prison maximisant l'efficacité de la surveillance des détenus – élaboré par Bentham.

Pour surmonter la résistance des politiciens français, Bowring en appelle à nouveau à l'opinion publique et, en particulier, aux viticulteurs. Depuis leur arrivée en France, Villiers et Bowring sont convaincus que « la question viticole [...] sera le levain qui provoquera la chute des intérêts odieux » favorables aux prohibitions. « Un intérêt comme la vigne », écrit Villiers à Thomson, « et un comité des viticulteurs qui accablerait le gouvernement en soulignant les torts que cause la législation forceraient le diable en personne à capituler [4]. » Bowring presse donc Thomson de le laisser « agiter Bordeaux, Nantes et l'Ouest », afin que « peu à peu, les voix de Lyon et Bor-

---

1. BOL, fonds Clarendon, MS 546/1/2, f° 16, f° 79, lettre de Bowring à Thomson, 14 janvier et 18 février 1833.
2. BOL, fonds Clarendon, MS 546/1/2, f° 65, lettre de Bowring à Thomson, 11 février 1833.
* En français dans le texte.
3. BOL, fonds Clarendon, MS 546/1/2, f° 56, f° 64, f°s 87-88, lettres de Bowring à Thomson, 8, 11 et 22 février 1833.
4. BOL, fonds Clarendon, MS 546/1/1, f°s 10-11, lettre de Villiers à Thomson, 23 décembre 1831.

deaux se fassent écho avec assez de force pour provoquer des vibrations à Paris [1] ».

Une autre source d'inspiration des projets bordelais de Bowring est la crise de la « nullification » aux Etats-Unis (1828-1833), qui voit la Caroline du Sud refuser d'appliquer un tarif de douane fédéral qu'elle juge trop élevé : le gouvernement central cédera en mars 1833 avec l'adoption d'un « tarif de compromis ». « Nous devons créer une Caroline de l'autre côté de la Loire », Bowring écrit à Thomson en février 1833 [2]. Ce dernier approuve et confie peu après à Villiers : « certainement je pense que [Bowring] ne peut pas mieux occuper son temps qu'en faisant un voyage à Bordeaux et dans les régions viticoles. Ses talents pour l'agitation sont trop grands pour qu'on ait besoin de l'encourager, mais s'il ne déclenche pas un incendie en Guyenne comparable à celui de la Caroline du Sud, je ne serai pas satisfait [3] ».

Bowring se rend à Bordeaux à la mi-mars 1833 et y prêche la liberté des échanges jusqu'à la mi-avril 1833. Dès le 19 mars, il écrit à Villiers que « tout va on ne peut mieux » et qu'« il y aura une explosion formidable » à Bordeaux. Comme à Lyon, il prend soin de répandre les idées libérales dans tous les partis et dans toutes les classes. Sa chambre, explique-t-il à son collègue, « est remplie de gens du matin au soir » : il reçoit et s'entretient, entre autres, avec les chefs de la Résistance et du Mouvement bordelais, avec des républicains et des saint-simoniens, avec les journalistes des principaux quotidiens de la ville et avec de nombreux propriétaires de vignes. Il dîne à plusieurs reprises chez de grands négociants, mais rencontre aussi des tonneliers, ouvriers chargés du transport des marchandises sur le port, qui acceptent de préparer une pétition en faveur du *free trade* [4].

La principale réussite de Bowring à Bordeaux est la création de deux comités chargés de propager les idées libérales en matière de commerce extérieur : la Commission commerciale, composée par plusieurs grands négociants bordelais, et un nouveau Comité des propriétaires de vignes. Bowring a suggéré à ses alliés la création des nouveaux groupes de pression, et il a persuadé le préfet de ne pas s'y

---

1. BOL, fonds Clarendon, MS 546/1/2, f° 3, f° 14, lettres de Bowring à Thomson, 5 et 10 janvier 1833.

2. BOL, fonds Clarendon, MS 546/1/2, f° 67, lettre de Bowring à Thomson, 11 février 1833.

3. BOL, fonds Clarendon, MS 545, f° 60, lettre de Thomson à Villiers, 5 mars 1833.

4. BOL, fonds Clarendon, MS 544, f°ˢ 103-104, f° 107, f° 111, lettres de Bowring à Villiers, 19, 25 et 28 mars 1833.

opposer en soulignant que leur objet sera « économique » et non « politique ». Selon l'agent du *Board of Trade*, les deux comités ne vont pas seulement, comme la chambre de commerce de la ville, envoyer des pétitions au gouvernement en faveur de la réduction des tarifs, mais « s'emparer du sujet – et (en un mot) le *populariser* en faisant appel à l'*opinion publique* [1] ». Bowring recommande aux négociants et aux propriétaires de vignes de publier des adresses solennelles pour l'abolition de la protection douanière.

Au cours de sa mission à Bordeaux, Bowring reçoit l'assistance de Pierre-François Guestier, grand négociant et propriétaire de vignes, qui est élu président des deux comités. Guestier, « le marchand le plus éclairé de France » selon Bowring, appartient à une famille protestante, anglophile et même anglophone puisque Guestier, sa femme d'origine anglo-irlandaise Anna Johnston et leurs enfants parlent anglais entre eux. Fonfrède sera lui aussi membre des deux comités. Le publiciste bordelais et Bowring se sont probablement rencontrés, et ce dernier décrit Fonfrède comme « un homme puissant », qui « exerce une influence extraordinaire [2] ».

Le seul obstacle rencontré par Bowring à Bordeaux est l'anglophobie. A l'une des premières réunions du Comité des propriétaires de vignes, l'un des membres, « un juif nommé Perreira », harangue ses collègues sur les dangers d'un accord commercial avec la Grande-Bretagne : il évoque le sort des vignobles portugais, dont une grande partie est passée aux mains de propriétaires britanniques après l'ouverture du Portugal au commerce anglais en 1703. Impressionnés par les arguments de Perreira, les viticulteurs envoient une délégation à Bowring. L'agent du *Board of Trade* subit un interrogatoire sévère sur les éventuels arrière-pensées du gouvernement britannique. Mais Bowring parvient à les persuader de ses bonnes intentions. Ses déclamations sur la bonne foi de la Grande-Bretagne, dit-il, laissent Perreira « tout penaud ». Dans l'ensemble, Bowring veut croire que seuls « les gens âgés rêvent encore des *astucieux Anglais* [*] » et que le « sentiment anti-anglais » est en voie de résorption, à Bordeaux comme dans le reste de la France [3].

---

1. BOL, fonds Clarendon, MS 544, f° 115, lettre de Bowring à Villiers, 7 avril 1833.
2. BOL, fonds Clarendon, MS 544, f° 108, f° 117, lettres de Bowring à Villiers, 25 mars et 7 avril 1833.
* En français dans le texte.
3. BOL, fonds Clarendon, MS 544, f° 103, f°ˢ 115-116, lettres de Bowring à Villiers, 19 mars et 7 avril 1833.

Le consul britannique à Bordeaux, qui a assisté Bowring dans ses démarches, confirme que la mission de Bowring a suscité « le plus grand intérêt » parmi les Bordelais et « que selon toute probabilité les habitants de cette partie de la France soutiendront avec la plus grande énergie les mesures que l'on pourrait proposer pour permettre des rapports commerciaux plus étendus avec l'Angleterre [1] ».

Cependant, peu avant son départ de Bordeaux, Bowring est cruellement déçu par les conclusions de la commission des Douanes, déposées par Saint-Cricq le 3 avril 1833. Le rapport de l'ancien directeur général préconise l'augmentation de certains tarifs et propose de repousser de deux ans la levée de la prohibition sur les importations de fils de coton fins. Le rapport rejette les conclusions de « l'école économique » et se prononce en faveur d'« un système raisonné de protection ». Saint-Cricq veut « d'une part, protéger efficacement le travail du pays, et, de l'autre, étudier soigneusement, pour chaque industrie, la quotité de protection nécessaire, en présence des dommages que pourrait créer une protection excessive [2] ».

Bowring est outré par le rapport, comme il le confie à Villiers : « Quelle collection de mensonges et de supercheries – Quel tas de perfidies digne d'un vaurien [...]. Je vomis ce misérable [...]. La presse doit décrire Saint-Cricq comme *l'ennemi de l'Angleterre*, le menteur par excellence, l'homme que *nous haïssons* – Louis-Philippe écoutera – et d'autre écouteront également – Demandez à [l'économiste John Ramsay] McCulloch de démolir ses statistiques – Je m'occuperai de ses sophismes – Nous n'avons rien d'autre à faire que d'offrir cette nuisance déguenillée au mépris du public. » Cependant Bowring est certain de l'emporter sur Saint-Cricq, grâce aux groupes de pression qu'il vient de mettre en place en Gironde : « Vous n'avez pas idée quelle *puissante* influence est éveillée et comme le Saint Esprit se répand [3]. »

Bowring quitte Bordeaux le 18 avril. Il poursuit son périple pendant six semaines, s'efforçant d' « agiter » successivement Angoulême, Rochefort, La Rochelle, Nantes, Angers, Lorient, Brest, Mor-

---

1. TNA, FO/27/469, f° 104, lettre de Scott, consul de la Grande-Bretagne à Bordeaux, à Lord Palmerston, ministre des Affaires étrangères, 30 mars 1833.
2. AP, vol. 82, séance du 3 avril 1833, pp. 111-113.
3. BOL, fonds Clarendon, MS 544, f° 113-115, lettre de Bowring à Villiers, 7 avril 1833.

laix, Saint-Brieuc, Saint-Malo, Caen, Le Havre et Rouen. Dans chacune de ces villes, il recrute de nouvelles forces « auxquelles nous commanderons quand nous marcherons à nouveau contre les légions saint-criquiennes ». Bowring concentre ses efforts sur la presse et affirme vers la fin de sa tournée : « Il y a seize journaux sur le territoire que j'ai parcouru – Aucun d'entre eux n'a pas publié plusieurs articles qui condamnent sans réserve le système protecteur. » Les rédacteurs des journaux du Havre, par exemple, lui « ont offert leurs colonnes à chaque occasion utile à la grande œuvre – et déclaré qu'ils le ressentaient comme étant leur *apostolat* [*][1] ».

De retour à Paris, Bowring mobilise à nouveau la presse nationale. En plus des journaux qui soutenaient dès 1832 une réforme de la législation douanière, il obtient la collaboration du *Messager*, conservateur, et du *Bon Sens*, républicain et vendu à « dix mille exemplaires » parmi le peuple de Paris. Bowring croit pouvoir affirmer qu'« à l'exception des journaux notoirement payés et corrompus – il n'y en a pas un qui ne soit notre allié ». Les journaux parisiens sentent « qu'ils doivent *donner la réplique* » à ceux de province, « et leurs répliques vibreront encore à travers la France [2] ».

Le succès de Bowring provoque les inquiétudes de plusieurs membres du gouvernement. Thiers, en particulier, reçoit l'agent du *Board of Trade* le 5 juin 1833 et l'accable de reproches pendant plus d'une heure. Le ministre du Commerce, rapporte Bowring, « a dit que j'avais mis le Sud en état d'insurrection – écrasé son ministère de réclamations – enflammé les passions populaires – qu'il aurait fallu adopter une loi spéciale sur les étrangers pour m'expulser – que les préfets et les autres autorités qui avaient été assez bêtes pour se laisser rouler par moi devraient être révoqués – qu'il était stupide de sa part de m'avoir donné des lettres de créance – qu'il ne savait pas pour qui je me prenais d'avoir traité avec les négociants français – que l'Angleterre ferait mieux de s'occuper de ses affaires commerciales et laisser la France prendre soin des siennes ». Bowring se réjouit de la colère de Thiers, dans laquelle il voit une preuve de son succès. Il ajoute : « comme la région de Bordeaux est celle qui lui cause le plus

---

* En français dans le texte.
1. BOL, fonds Clarendon, MS 544, f° 123, f° 129, lettres de Bowring à Villiers, 2 et 23 mai 1833.
2. BOL, fonds Clarendon, MS 544, f° 157, f° 159, lettres de Bowring à Villiers, 9 et 11 juin 1833.

d'inquiétude – soyez sûr que nous continuerons à en entretenir la flamme [1] ».

La Grande-Bretagne joue donc un rôle crucial dans le développement du libéralisme commercial en France. Ses réformes libérales empêchent désormais les partisans français de la protection douanière d'invoquer son exemple ou de présenter les prohibitions françaises comme de simples représailles. Surtout, Bowring, en galvanisant les milieux favorables à une réduction des tarifs français – la presse, les fabricants lyonnais et les négociants bordelais – va provoquer en 1834 une crise politique sur la question de la liberté des échanges. Le succès de sa campagne permet aussi à Bowring de s'établir comme une figure majeure du libre-échangisme britannique. Après sa mission en France, son gouvernement l'enverra promouvoir la réduction des restrictions douanières en Suisse, en Italie, en Allemagne, en Egypte, au Siam et en Chine. Sa ferveur l'amènera à faire bombarder la ville de Canton en novembre 1856, pour forcer l'Empire du Milieu à s'ouvrir au commerce international, et déclenchera ainsi la seconde guerre de l'Opium entre la Grande-Bretagne et la Chine.

---

1. BOL, fonds Clarendon, MS 546/1/2, f°s 113-115, copie d'une lettre de Bowring à Villiers, 5 juin 1833.

Chapitre 10

Compléter la liberté politique par la liberté économique : l'Adresse de Bordeaux en 1834

Plusieurs facteurs se conjugent en 1834 pour provoquer la remise en cause du système protecteur : ressentiment contre les politiques prohibitives de la Restauration, diffusion des idées économiques libérales et, plus conjoncturellement, propagande de Bowring. La promotion de leur intérêt matériel reste une motivation fondamentale des opposants à la protection douanière. Mais les clameurs en faveur de la liberté commerciale prennent une coloration idéologique marquée : il s'agit de réaliser dans le domaine économique ce que la Révolution de 1830 a accompli dans le domaine politique, c'est-à-dire établir *la liberté* comme la norme.

Ce libéralisme économique intégral émerge à Bordeaux. Les sources de la ferveur bordelaise pour la liberté économique sont complexes et parfois contradictoires : outre l'économie politique, elles comprennent l'anglophilie des grands négociants de la ville, l'hostilité à la centralisation et à l'industrialisation, et même certains éléments des premières doctrines socialistes. En janvier 1834, la Commission commerciale de Bordeaux publie une *Adresse* en faveur de la liberté commerciale qui fait sensation dans toute la France. Plusieurs autres ports souscrivent à ce programme. Les propriétaires de vignes de Gironde évoquent la possibilité d'une sécession douanière de la moitié sud de la France.

Ce nouveau libéralisme économique reste cependant confiné à

Bordeaux et sa région, malgré les efforts des négociants et de Bowring pour le répandre dans le reste du Midi, dans les autres régions viticoles et dans l'opinion publique.

L'Adresse, *manifeste du libéralisme économique bordelais*

A la fin janvier 1834, la Commission commerciale de Bordeaux envoie aux Chambres une pétition sous forme de brochure imprimée, l'*Adresse des négociants de Bordeaux*, signée par 438 commerçants [1]. D'après Bowring, « aucun document n'a jamais produit une aussi grande sensation dans le monde commercial et politico-commercial » Même le *Journal des Débats*, organe semi-officiel du gouvernement, en reproduit des extraits, tandis que « les autres journaux se répandent en louanges [2] ». Un an plus tard, un vérificateur des Douanes à Marseille se rappelle encore comment l'*Adresse* bordelaise a mis tout le Royaume « en émoi [3] ».

Le terme d'*Adresse* a une connotation révolutionnaire : il renvoie à l'*Adresse* des 221, présentée à Charles X par un représentant de la Gironde (Gautier) au nom de la Chambre des députés en mars 1830, et à l'origine de la Révolution de Juillet. Les signataires de l'*Adresse* de 1834 réclament que « le principe libéral de la constitution de 1830 » soit étendu à l'économie politique de la France : « Pour que le mot liberté ait toute sa valeur dans une société, il ne suffit pas que ses lois politiques le consacrent : il faut, de plus, qu'on le retrouve appliqué à son économie, de sorte que la volonté individuelle, dans l'industrie, rencontre le moins d'obstacles possible [4]. »

Les pétitionnaires soulignent les liens entre « le régime dit protecteur » et les « despotismes » qui se sont succédé en France depuis le XVIIe siècle. Tous ont maintenu le principe du « privilège commercial » : « l'ancienne monarchie, qui voulait, par la plus extrême des exclusions, que le Roi fût l'Etat, le gouvernement révolutionnaire, exclu lui-même de la société européenne, et le génie conquérant de

---

1. *Adresse des négociants de Bordeaux aux chambres législatives,* Bordeaux, 1834.
2. BOL, fonds Clarendon, MS 546/1/3, f° 17, Bowring à Thomson, 7 février 1834.
3. Saint-Ferréol, *Exposition du système des douanes en France*, Marseille, 1835, pp. 27-28.
4. *Adresse, op. cit.,* p. 2, p. 5.

l'Empire, prétendant au monopole des trônes, subissaient la loi de leur nature en suivant un pareil système de politique commerciale ». Pour mettre en conformité « l'économie politique de la France est établie » avec sa « loi fondamentale », la liberté, la Monarchie de Juillet doit abolir la protection douanière. Il s'agit aussi de « poursuivre la rénovation de la vieille Europe », par des moyens plus pacifiques que pendant les guerres de la Révolution et de l'Empire : « La France est le sommet intellectuel du monde civilisé ; il faut qu'une innovation parte de chez elle pour qu'elle accomplisse sa glorieuse propagande [1]. »

L'*Adresse* est plus conforme aux principes de l'économie politique que les pétitions girondines de 1828 et 1829. Mais elle reste inspirée par le discours anti-industrialiste et anticentralisateur de Fonfrède. Les signataires du texte lancent même un avertissement : les « disparités choquantes » de richesse entre Nord et Midi pourraient, dans un avenir proche, « nuire au sentiment national ». Leurs revendications concrètes sont néanmoins modérées. Ils veulent surtout la reconnaissance de « la liberté » comme « le but [...] de la France nouvelle ». En pratique, ils accepteraient le maintien de quatre tarifs proportionnels à la quantité de travail contenue dans les marchandises importées, selon qu'il s'agit de produits alimentaires, de matières premières, de produits semi-finis ou de produits finis et de luxe [2].

Les négociants bordelais utilisent une rhétorique révolutionnaire mais prennent soin de se ranger dans le camp conservateur. Le système protecteur encourage « l'anarchie » en provoquant une « guerre civile parmi les travailleurs ». Les pétitionnaires se présentent comme les défenseurs de l'ordre. Leur conception du rôle de l'Etat dans l'économie rappelle celle du gouvernement « délégué » par la société, exposée dès la Restauration par Guizot [3] : ils veulent « conserver au gouvernement son rôle, pour qu'il dirige l'activité humaine dans toutes ses sphères, mais qu'il dirige avec impartialité, et préoccupé seulement du bien général [...]. Nous n'admettons pas qu'un gouvernement puisse être un hors-d'œuvre, un sinécuriste ; mais, délégué par la société, ce n'est que dans un but purement social qu'il doit fonctionner [4] ».

L'*Adresse* est un manifeste idéologique plus qu'une démonstration

---

1. *Ibid.*, pp. 1-3, pp. 10-11, p. 22.
2. *Ibid.*, p. 8, pp. 14-20.
3. Pierre Rosanvallon, *Le moment Guizot*, Paris, Gallimard, 1985, pp. 44-54.
4. *Adresse*, *op. cit.*, p. 3, p. 14.

intellectuelle rigoureuse. On y perçoit plusieurs influences, parfois contradictoires, mais qui trouvent un terrain de conciliation dans la liberté économique, au sens d'abolition totale de la protection douanière. La composante la plus significative reste l'analyse de Fonfrède, sans doute le principal rédacteur de l'*Adresse*. Quatorze mois plus tard, Théodore Ducos, un cousin de Fonfrède qui devient député de la Gironde en 1834, évoque dans une lettre au publiciste le temps où « nous commencions à nous occuper ensemble de l'ouvrage de la commission libre », c'est-à-dire de l'*Adresse* [1].

La condamnation de « l'anarchie » et l'accent mis sur le besoin d'ordre éprouvé par la société française portent la marque du jeune Henri Galos, né en 1805, fils d'un grand négociant bordelais et secrétaire de la Commission commerciale. Galos pense que les Révolutions de 1789 et 1830 étaient justifiées, mais regrette le désordre social qu'elles ont installé. Il considère avec sympathie le catholicisme de Lamennais, le « fouriérisme » et le « saint-simonisme », parce que ces différentes doctrines cherchent « à concilier l'autorité et la liberté, à harmoniser le droit individuel et le droit social », et « convergent vers l'unité ». La nécessité du moment est selon lui « l'organisation » : « Les phases déjà traversées nous ont conduits à un embranchement sur le terrain social ; si nous persistons dans la voie du libéralisme individuel, nous tombons dans une abîme sans fond, si nous entrons dans celle du libéralisme unitaire, nous rencontrons un bel avenir d'améliorations réelles et de véritables progrès [2]. » Galos sera député conservateur à partir de 1837 et directeur des Colonies au ministère de la Marine de 1842 à 1848.

Le souci de se ranger dans le camp conservateur reflète aussi peut-être l'influence de Pierre-François Guestier, le président de la Commission. Candidat malheureux de la Résistance aux élections législatives de 1831, Guestier défend des idées conformes à son statut de grand notable – il est le plus gros contribuable du département – et à son anglophilie. Dans un échange de lettres avec Fonfrède, au moment où celui-ci se rapproche des conservateurs, Guestier et le publiciste se trouvent d'accord sur toutes les questions politiques, hormis la division de la propriété. Fonfrède est favorable à la petite propriété, dans laquelle il voit un rempart efficace contre « la masse

---

1. BMB, MS 1095, vol. 1, f° 589, lettre de Ducos à Fonfrède, 11 mars 1835.
2. BMB, MS 1095, vol. 1, f°ˢ 545-547, lettre de Galos à Fonfrède, 23 février 1835.

prolétaire ». En revanche, Guestier repousse avec horreur l'« éparpillement » en cours depuis la Révolution et responsable, selon lui, de la « fièvre continuelle » qui agite la France depuis une quarantaine d'années. Le négociant admet la légitimité de la Révolution de 1789, mais souhaiterait revenir sur le droit d'héritage égalitaire qu'elle a consacré [1]. Il est probable que plusieurs autres membres de la Commission, presque tous protestants et souvent d'origine britannique, partagent l'admiration de Guestier pour le modèle politique et social de la Grande-Bretagne [2].

Enfin, l'*Adresse* doit beaucoup à Bowring. Ce dernier a non seulement contribué à la création de la Commission commerciale et suggéré une réclamation solennelle contre le système protecteur, mais il a aussi fourni aux négociants bordelais des données statistiques sur le commerce franco-britannique depuis la fin du XVIIIe siècle [3]. Ces statistiques, qui veulent mettre en évidence le tort causé par les restrictions douanières aux échanges entre les deux pays, sont ajoutées sous la forme d'une annexe de vingt-cinq pages au texte de l'*Adresse*.

Bowring assure un maximum de publicité à l'*Adresse*. Malgré l'interruption des négociations commerciales franco-britanniques à l'automne 1833, il retourne à Paris début janvier 1834, officiellement pour recueillir de nouvelles statistiques sur la culture de la vigne, en réalité pour superviser les efforts des partisans français de la liberté commerciale. Le gouvernement français est désormais mal disposé à son égard. Bowring pense être placé sous la surveillance de la police et Thiers ne lui accorde une audience que pour lui demander de cesser d'aller dans « *les bureaux des journalistes* * », car le ministre « *n'aime pas ça* *[4] ».

---

1. Lettres datant d'août 1831, reproduites dans Guy Schyler, *Guestier : souvenirs et documents*, Bordeaux, Art & Arts, 1993, pp. 142-146.
2. Parmi les autres membres de la Commission commerciale, quatre font partie de la communauté protestante anglo-irlandaise et écossaise de Bordeaux (John Exshaw, David Brown, David Johnston, Nathaniel Johnston); Guillaume Mestrezat est un calviniste d'origine genevoise; Jacques-Henri Wustemberg est un luthérien d'origine prussienne; et Pierre-Antoine Bouscasse et Stanislas Ferrière sont d'origine huguenote. Nous n'avons pas pu identifier les trois autres membres de la Commission (Louis Lafitte, Christophe Klipsch et John Violett), mais il est probable que Klipsch et Violett soient protestants et d'origine étrangère. D'après, notamment, J. Cavignac, *Les vingt-cinq familles, op. cit.,* pp. 89-106.
3. ADG, 02/081/307, registre 1830-1834, f° 127, procès-verbaux de la CCB, 20 août 1833. La chambre de commerce transmet à Guestier les documents statistiques envoyés par Bowring.
* En français dans le texte.
4. BOL, fonds Clarendon MS 546/1/3, f° 6, lettre de Bowring à Thomson, 31 janvier 1834.

Bowring ne se laisse pas intimider. Il reste en « communication constante » avec la Commission bordelaise et fait insérer des éloges de l'*Adresse* dans de nombreux journaux parisiens [1]. Le 8 février 1834, par exemple, *Le Constitutionnel* décrit l'*Adresse* comme « le manifeste d'une révolution paisible dans sa marche, immense en résultats », et appelle la France à ne pas rester en arrière de la Grande-Bretagne dans la carrière de « l'émancipation commerciale et industrielle [2] ». Les autres journaux parisiens du centre, de gauche et d'extrême gauche, ainsi que de nombreux journaux provinciaux, s'expriment dans le même sens. « Je dois dire », écrit Lord Granville, l'ambassadeur britannique en France, au président du *Board of Trade*, « que les efforts incessants de Bowring ont eu un succès extraordinaire – La presse parisienne et provinciale s'est conformée à sa volonté [3] ». A Londres aussi, *The Times* salue le « mémoire très adroit adressé par l'ensemble des négociants respectables de Bordeaux aux chambres » et souligne que « la grande majorité des journaux de Paris » sont favorables à une réduction des tarifs français [4].

En partie grâce aux exhortations épistolaires de Bowring, les chambres de commerce de Bordeaux, Le Havre, Nantes, Toulouse, Boulogne, La Rochelle et Sète, ainsi qu'une nouvelle Commission commerciale du Havre, proclament leur adhésion aux principes exposés dans l'*Adresse*. Sur un ton triomphaliste, l'agent du *Board of Trade* rappelle les moyens qu'il a employés : « Tout ce qui est accompli l'est par la Presse et par le langage énergique des différentes Chambres de Commerce et Commissions Commerciales. Par bonheur, elles poursuivent harmonieusement un but commun – mon succès a été de les faire agir de concert [5]. »

1. BOL, fonds Clarendon, MS 546/1/3, f° 30, lettre de Bowring à Thomson, 14 février 1834.
2. « De l'adresse des négociants de Bordeaux aux chambres législatives », *Le Constitutionnel*, 8 février 1834.
3. BL, fonds Auckland, Add MS 34460, f°s 9-10, lettre de Granville à Auckland, s.d., février 1834.
4. *The Times*, 6 et 20 février 1834.
5. BL, fonds Auckland, Add MS 34460, f° 7, lettre de Bowring à Auckland, 20 février 1834.

Remise en cause de l'unité douanière de la France

Les protestations libérales contre la protection douanière atteignent leur intensité maximale en février 1834. S'inspirant de l'exemple de la Caroline du Sud, une pétition du Comité des propriétaires de vignes girondin envisage une sécession douanière du Midi si les manufacturiers du Nord ne consentent pas à une réduction des tarifs de douane. Mais la proposition fait scandale. Les partisans du système protecteur peuvent décrire la campagne bordelaise, orchestrée par un agent du gouvernement britannique, comme une tentative de remettre en cause l'unité nationale.

La pétition des propriétaires de vignes de la Gironde est aussi une réponse à la loi de douanes que Thiers présente à la Chambre le 3 février 1834. Le projet comprend la levée de quelques prohibitions mineures et la réduction de plusieurs droits à l'importation, notamment sur la laine, le bétail et le fer. L'exposé des motifs du projet fait cependant l'apologie de la « protection raisonnée » et repousse *sine die* l'avènement de la liberté commerciale. Les arguments employés par Thiers et leur influence sur la formation d'une idéologie protectionniste seront analysés au chapitre 11.

La déclaration de principe de Thiers en faveur de la protection douanière provoque la fureur des viticulteurs girondins. Dès la fin janvier 1834, Fonfrède prévoit que le projet de loi décevra les partisans de la liberté commerciale : « Le privilège est de sa nature profondément tenace : rarement il cède devant la raison et l'équité. Aveugle comme tous les pouvoirs tyranniques, il s'expose par sa résistance à provoquer ces violentes secousses qui le renversent de fond en comble, plutôt que de se prêter aux modifications graduelles, pacifiques, du temps et du progrès. *Il meurt et ne se rend pas.* » Fonfrède appelle ses compatriotes du Midi à faire preuve de la même détermination que leurs pères face à l'Ancien Régime en 1789 et que leurs frères de Caroline du Sud contre les autorités fédérales américaines entre 1828 et 1833 [1].

Le texte de l'exposé des motifs, publié à la mi-février 1834, provoque la condamnation unanime des journaux bordelais. *La Guienne* (légitimiste) le qualifie d'« élucubrations », *Le Mémorial* (Résistance)

---

1. *Le Mémorial*, 21 janvier 1834.

de « déclaration de guerre » et *L'Indicateur* (Mouvement) d'« héré-sie [1] ». La Commission commerciale de Bordeaux ajoute que le projet de loi, « au lieu de rendre les intérêts matériels à la liberté les soumet à l'arbitraire le plus absolu en érigeant en économie publique l'empirisme le plus aveugle [2] ».

L'exaspération contre la protection douanière est à son comble lorsque le 20 février, le Comité des propriétaires de vignes de la Gironde organise à la Bourse de commerce de Bordeaux une réunion à laquelle sont conviés tous les viticulteurs du département. Une assemblée « très nombreuse », qui tient à peine dans la grande salle du Commerce de la Bourse de Bordeaux, selon *Le Mémorial*, adopte une nouvelle pétition « à l'unanimité et par acclamations [3] ». Le négociant bordelais John Violett, qui a assisté à la réunion, écrit à Bowring que le gouvernement ne pourra « contenir les excès de ce groupe d'hommes blessés et enragés » qu'en procédant à une réforme d'ensemble de la législation douanière. « L'esprit girondin s'est réveillé », se réjouit Violett : « que [les gouvernants] prennent garde, s'ils mettent le feu à un seul brin de paille, la maison entière brûlera. Toute la population du Sud pourrait se soulever en une seule journée ! Lyon attend le signal de Bordeaux, et à moins que de sages conces-sions ne soient offertes, à moins que le système protecteur ne soit abandonné, tout le Midi se soulèvera en masse pour obtenir la liberté commerciale, sœur de la liberté politique [4] ».

Le rédacteur de la pétition est Dupérier de Larsan, déjà secrétaire du Comité des propriétaires de vignes en 1828-1829. Une lettre qu'il envoie à Bowring immédiatement après l'adoption de la pétition témoigne de sa détermination et de son exaltation : « L'opinion est ici à 38 degrés [...] Nous voulons en finir et nous sommes lassés de nous voir piller légalement. Soyez persuadé que le jour n'est pas éloigné d'une Réforme réelle. Croyez-en ma parole [5]. »

Comme les négociants de l'*Adresse*, les pétitionnaires viticoles se

---

1. *L'Indicateur*, 19 février 1834 ; *Le Mémorial*, 22 février 1834 ; *La Guienne*, 25 fé-vrier 1834.
2. « Déclaration du commerce de Bordeaux », reproduite dans *Le Journal des Débats*, 6 mars 1834.
3. *Le Mémorial*, 21 février 1834.
4. BOL, fonds Clarendon, MS 546/1/3, f°s 40-41, lettre de Violett à Bowring, 20 février 1834.
5. BOL, fonds Clarendon, MS 546/1/3, f°s 44-45, copie d'une lettre de Dupérier à Bowring, s.d., février 1834.

disent surpris et déçus que le nouveau régime n'ait pas adopté une nouvelle politique économique : « Le triomphe de la liberté politique et religieuse entraînait avec lui le triomphe d'une sage liberté commerciale. » Ils expriment aussi leur nostalgie pour les temps précédant la Révolution de 1789, avant que l'« économie restrictive » du « régime prohibitif ou protecteur » ne réduise à des montants dérisoires les exportations de vins français en Europe du Nord. Les pétitionnaires évoquent également avec terreur l'extension de la culture de la vigne, depuis la Crimée jusqu'à l'Afrique du Sud, encouragée selon eux par les représailles commerciales contre les prohibitions françaises. Ils concluent que si le gouvernement ne prend pas en compte leurs demandes, la France méridionale établira « une ligne de douanes intérieures », qui lui permettra d'entretenir des rapports commerciaux plus libéraux avec l'Europe et le reste du monde [1].

Cette menace de sécession douanière, Dupérier insiste dans sa lettre à Bowring, « n'est point une utopie » : la séparation douanière des provinces françaises existait avant la Révolution et pourrait aisément être rétablie. Le secrétaire du Comité girondin demande aussi à l'agent du *Board of Trade* de faire « mousser » la pétition, dans les presses française et britannique, en faisant « ressortir la pensée d'une ligne de douanes intérieures [2] ».

Les réactions de la presse parisienne répondent aux espoirs, et peut-être au-delà, de Dupérier. Comme le rapporte Bowring à Auckland, « le ton des vignerons a provoqué plus qu'un peu d'inquiétude [3] ». Selon Etienne Hervé, le rédacteur du mémoire girondin de 1828, « la pétition du Comité vinicole paraît voisine, très voisine de la sédition [4] ». *Le Journal des Débats* l'attribue à tort à Fonfrède et se désole que « le signal de la désorganisation » soit arboré par un homme « que la cause de l'ordre et de la vraie liberté a plus d'une fois compté parmi ses plus honorables défenseurs ». Quoiqu'ils sympathisent avec les souffrances des viticulteurs, les journaux de gauche, comme *La Tribune*, condamnent « cette demande de dislocation violente » comme « insensée ». Les journaux de la droite légitimiste voient dans

---

1. AN, F12 2506, pétition du Comité des propriétaires de vignes de la Gironde, 20 février 1834, copie datée du 17 mai 1834.
2. BOL, fonds Clarendon, MS 546/1/3, f°s 44-45, copie d'une lettre de Dupérier à Bowring, s.d., février 1834.
3. BL, fonds Auckland, Add MS 34460, f° 29, lettre de Bowring à Auckland, 3 mars 1834.
4. BMB, MS 1095, vol. 1, lettre 144, lettre de Hervé à Fonfrède, 27 février 1834.

la pétition la preuve que le régime de Louis-Philippe ne « saurait maintenir le lien social » (*La Gazette de France*) ou qu'il « marche à la dissolution de la France » (*La Quotidienne*) [1].

Même le très optimiste Bowring s'inquiète que l'opinion parisienne soit devenue « très véhémente à propos des vignerons et de leur *Ligne de douanes* [*2] ». Vers la mi-mars 1834, Aristide Dufour, un membre du Comité des propriétaires de vignes girondin, l'informe que des rumeurs insistantes et répandues par « le Monopole » suggèrent que les propriétaires de vignes veulent « rompre l'unité nationale » et faire de la Gironde une « province anglaise ». Le voyage de Bowring est cité pour prouver que l'agitation bordelaise est « l'œuvre de l'Angleterre ». L'informateur de Bowring n'en déclare pas moins désirer « en finir avec le monopole [...] d'une volonté magnétique [3] ».

En mai 1834, le même Dufour, de séjour à Paris, rapporte à Fonfrède que la Chambre des députés, le plus souvent plongée dans la léthargie, retrouve parfois de l'énergie, « et voici dans quelle occasion : c'est quand il s'agit du département de la Gironde : alors elle s'irrite ; presque la totalité des membres frémissent en prononçant le nom de Bordeaux. Car Bordeaux est une ville insatiable, envahissante, à prétentions toujours renaissantes ; les habitants d'humeur acrimonieuse, ne voyant la patrie que chez eux ils proclament enfin en dernier lieu sur la nécessité d'une séparation [4] ».

Près d'un an plus tard, en janvier 1835, Ducos, le cousin de Fonfrède, rapporte à ce dernier que plusieurs députés « étaient feu et flamme contre la fameuse pétition des vignicoles » et lui ont encore fait « des scènes *très vives* à ce sujet » dans un salon parisien [5].

---

1. *Le Journal des Débats*, 1ᵉʳ mars 1834 ; *La Tribune*, 4 mars 1834 ; *Le Constitutionnel*, 4 mars 1834 ; *La Quotidienne*, 3 mars 1834 ; *La Gazette de France*, 3 mars 1834.
   * En français dans le texte.
2. BL, fonds Auckland, Add MS 34460, fᵒ 29, lettre de Bowring à Auckland, 13 mars 1834.
3. BL, fonds Auckland, Add MS 34460, fᵒˢ 60-62, lettre de Dufour à Bowring, s.d., mars 1834.
4. BMB, MS 1095, vol. 1, fᵒˢ 269-270, lettre de Dufour à Fonfrède, 1ᵉʳ mai 1834.
5. BMB, MS 1095, vol. 1, fᵒˢ 496-497, lettre de Ducos à Fonfrède, janvier 1835.

La dénonciation du « despotisme économique »

En réponse à l'exposé des motifs de Thiers et aux accusations concernant le patriotisme des Bordelais, Fonfrède entreprend une campagne pédagogique pour convaincre l'opinion des bienfaits de la liberté des échanges. Ainsi que Violett l'explique à Bowring, le publiciste bordelais « a l'intention d'insérer un article dans *Le Mémorial* chaque dimanche et chaque jeudi, dans le but d'instruire les classes moyennes et ceux qui ne comprennent pas les avantages de la liberté commerciale, jusqu'à épuisement du sujet [1] ». En même temps qu'il s'attache à démontrer les bénéfices matériels des échanges internationaux, Fonfrède réaffirme les liens étroits entre liberté politique et liberté économique.

Dès le premier article, il affirme que la Restauration était « un despotisme économique » autant qu'« un despotisme politique ». La Révolution de Juillet a introduit la liberté dans les institutions politiques, mais l'exposé de Thiers suggère que le despotisme économique reste intact au sommet de l'Etat. Pour le combattre, Fonfrède annonce vouloir réfuter, en même temps que l'exposé de Thiers, l'ensemble des doctrines prohibitives : « Le système que l'on a éparpillé, nous le rassemblerons, nous le concentrerons en un bloc pour montrer l'incohérence de ses parties, l'erreur de ses doctrines, les contresens de la pratique [2]. »

Pour montrer que le système protecteur est la continuation du système prohibitif, Fonfrède souligne que les effets de la protection douanière sont comparables à ceux de la prohibition, pour les consommateurs comme pour les industries exportatrices. En prévenant les importations et en rendant impossibles les exportations, « les doctrines de nos tarifs sont bien positivement absolues, et restent entachées du caractère odieux de prohibition ». Fonfrède nie aussi que la protection tarifaire sera abolie dès que l'industrie protégée pourra soutenir la concurrence de ses rivales étrangères. L'absence de concurrence internationale rend de toute façon selon lui un tel rattrapage improbable. Mais même s'il avait lieu, il rendrait les importa-

---

1. BOL, fonds Clarendon, MS 546/1/3, f° 41, lettre de Violett à Bowring, 20 février 1834.

2. « De l'exposé des motifs du projet de loi des douanes », *Le Mémorial*, 22 février 1834.

tions inutiles et ne permettrait donc pas un relèvement du commerce extérieur. Le système protecteur tend donc à l'abolition permanente des échanges : « Ainsi les peuples s'isolent, se repoussent, se haïssent. Conception profondément immorale, conception sans avenir, conception sans cœur et sans entrailles [1] ! »

Fonfrède contredit ensuite « le grand argument, l'argument terrible » des « prohibitifs », à savoir qu'il vaut mieux produire chèrement que ne rien produire du tout. Il établit la généalogie de ce faux raisonnement : « de M. Ferrier il est passé à M. de Saint-Cricq, de M. de Saint-Cricq il est passé à M. de Villèle, de M. de Villèle il est passé à M. Thiers ». Pour le combattre, Fonfrède affirme que « les forces productives » ne manquent jamais d'emploi. Quand bien même on travaillerait moins sous le système de la liberté commerciale, ajoute-t-il, il en résulterait plus de valeurs réelles produites « parce que la production dirigée dans sa voie la plus naturelle et la plus économique, serait par cela seule plus féconde et mieux répartie [2] ».

De plus, Fonfrède est sûr que l'augmentation du « travail libre » compenserait, et au-delà, la diminution du « travail prohibitif ». Le journaliste s'attaque aussi à l'un des exemples favoris des prohibitifs, le Portugal, ruiné selon eux à cause du traité de Methuen. Malgré un régime prohibitif parmi les plus sévères en Europe, l'Espagne est aussi pauvre et décadente que son voisin ibérique : ce n'est donc pas l'absence de prohibitions qui a appauvri le Portugal, mais, comme en Espagne, « la théocratie » et le mépris du travail productif encouragé par l'Inquisition et la Contre-Réforme. Selon Fonfrède, « ce ne sont pas les produits de l'industrie, ce sont les moines qu'il fallait prohiber !! ». Si en revanche la France et surtout la Grande-Bretagne se sont enrichies depuis le XVIe siècle, ce n'est pas grâce aux prohibitions mais au gallicanisme et à l'anglicanisme, qui leur ont permis d'échapper au « despotisme pontifical », de fonder des institutions libres et d'honorer le travail [3].

Aux quotidiens parisiens qui remettent en cause le patriotisme des Bordelais, Fonfrède répond en dressant un parallèle avec les accusa-

---

1. « Les doctrines prohibitives sont absolues, fausses et ruineuses », *Le Mémorial*, 27 février 1834.

2. « Les doctrines prohibitives sont ruineuses », *Le Mémorial*, 3 mars 1834.

3. « La liberté commerciale est plus productive que le système prohibitif – L'exemple du Portugal n'est pas applicable à la question actuelle », deux articles, *Le Mémorial*, 6 et 9 mars 1834.

tions de « fédéralisme » adressées par la Montagne à la Gironde pendant la Révolution. La querelle actuelle autour de la liberté commerciale est selon lui la continuation de « cette grande lutte qui commença dès 1793 » entre partisans et opposants de la centralisation du pouvoir. Mais les « nouveaux Girondins », pas plus que leurs prédécesseurs, ne sont coupables « d'attentat contre la patrie, lorsqu'en réalité nous ne voulons que nous affranchir des intolérables chaînes dont par prescription trentenaire, on se croit le droit de nous accabler [1] ! ».

Le discours de Fonfrède conserve des accents régionalistes. Mais il s'est rapproché du libéralisme commercial des économistes. Loin de combattre l'économie politique comme dans les années 1820, Fonfrède se déclare désormais partisan des « théories des économistes » et veut les « propager dans les esprits ». Peut-être sous l'influence de Bowring, il a aussi abandonné sa méfiance envers la Grande-Bretagne. Il salue les efforts britanniques « pour sortir du système de prohibition » et affirme : « Je ne suis point un anglomane – mais je ne suis pas non plus un anglophobe. » Enfin, comme les économistes et Bowring, Fonfrède met un accent nouveau sur la dissémination des idées libérales dans l'opinion publique : « C'est sur l'opinion que je désire agir, non sur le gouvernement. L'opinion réagira sur lui plus tard, et il faudra bien qu'il marche [2]. »

En conclusion de ses articles sur le système protecteur, Fonfrède rappelle les liens indissolubles entre « l'absolutisme politique » et « l'absolutisme prohibitif » : la chute du premier doit entraîner celle du second. Absolutisme et liberté, selon lui, sont incompatibles. Si le régime de Juillet, prévient-il, essaie de réconcilier ces deux principes « en économie » comme la Restauration a essayé de le faire « en politique », Louis-Philippe connaîtra le même sort que les Bourbons et un « 29 juillet commercial » succédera au « 29 juillet politique [3] ».

Les articles de Fonfrède sur le caractère despotique du système protecteur remportent un immense succès. Déjà en 1832, Fonfrède se réjouissait que l'influence du *Mémorial* soit devenue « très grande

---

1. « *Le Journal des Débats* et les pétitionnaires de la Gironde », trois articles, *Le Mémorial*, 11, 12 et 13 mars 1834.
2. « La liberté commerciale est plus productive », deux articles, *Le Mémorial*, 6 et 9 mars 1834 ; « Politique commerciale et coloniale de l'Angleterre et de la France », *Le Mémorial*, 3 avril 1834.
3. « Le fer, les machines à vapeur, les chaînes câblées », *Le Mémorial*, 6 avril 1834.

dans le Midi, depuis Marseille jusqu'à Nantes [1] ». En 1834, Bowring félicite le publiciste pour « l'éloquence mâle, irrésistible, généreuse » de ses articles économiques et, voulant le persuader de devenir député, nous apprend que le tirage du journal bordelais s'élève à environ 3 000 exemplaires, chiffre très élevé pour un quotidien régional à l'époque : « Dites à 30 millions de la tribune parlementaire », écrit-il à Fonfrède, « ce que vous dites à 3 000 dans *Le Mémorial bordelais* et vous disposerez de l'avenir de la France, de l'Angleterre, du monde entier [2]. »

Sa polémique avec les journaux parisiens indique que Fonfrède dispose déjà d'une audience nationale. Bowring rapporte qu'à Paris, Fonfrède est perçu comme « le meilleur écrivain politique du moment » et « l'homme le plus influent dans le sud de la France ». Selon l'agent du *Board of Trade*, Thiers manœuvre pour séduire le publiciste et fait à la fin mars 1834 « une grande tentative pour le réduire au silence ». Se conformant aux instructions de Thiers, le procureur du roi à Bordeaux et le préfet de la Gironde se rendent chez Fonfrède « pour essayer promesses et menaces ». Ils s'efforcent de « faire jouer ses sentiments anti-anglais », mais sans succès, car le publiciste selon Bowring est « incorruptible [3] ».

En définitive, c'est Thiers qui, le 6 avril 1834, abandonne le portefeuille du Commerce pour reprendre celui de l'Intérieur. D'après Bowring, son départ répond à « un vœu universel » et son remplacement par Tanneguy Duchatel, ancien porte-parole des viticulteurs en 1829, annonce une refonte complète de la politique commerciale française : « le pouvoir de l'influence anglaise n'a plus qu'à être observé et encouragé – et vous le verrez faire tomber toutes les barrières douanières » en France [4]. Néanmoins, à la Chambre des députés, le débat du 12 avril sur l'*Adresse* bordelaise est, de l'aveu même de Bowring, « insipide et stérile ». La commission des Douanes de la Chambre rend un rapport mitigé sur le projet de loi présenté par Thiers et la discussion du projet est repoussée à la session suivante [5].

---

1. BMB, MS 1087, lettre de Fonfrède à Campan, 17 février 1832.
2. BMB, MS 1095, vol. 1, lettre 140, lettre de Bowring à Fonfrède, 16 février 1834 ; pour d'autres félicitations, voir lettres 146 et 148.
3. BL, fonds Auckland, Add MS 34460, f° 16, f° 44, f° 93, lettres de Bowring à Auckland, 27 février, 10 mars et 7 avril 1834.
4. BL, fonds Auckland, Add MS 34460, f° 95, lettre de Bowring à Auckland, 7 avril 1834.
5. AP, vol. 89, séance du 29 avril 1834, pp. 519-555.

Souhaitant accroître la pression pesant sur le gouvernement, Bowring et ses alliés bordelais décident de transformer les comités girondins en une organisation électorale, pour influencer le résultat des élections législatives prévues pour le mois de juin 1834. Dès la mi-avril, Bowring rapporte que le champ d'action des Bordelais « s'étend à quarante départements qui élisent cent vingt députés, dont la moitié sont sous l'influence et recevront une nomination de la *Commission des Vignobles*[*][1] ». Cette volonté de peser sur les résultats électoraux préfigure l'une des armes employées dans les années 1840 par l'*Anti-Corn Law League*, la puissante association libre-échangiste britannique dont Bowring sera l'un des fondateurs en 1838.

Le 13 mai 1834, Galos informe Guestier que Fonfrède entend « par son influence » faire élire autant de députés favorables à la liberté commerciale que possible, en Gironde et dans le reste du Midi. Au début du mois de juin, la Commission commerciale et le Comité des propriétaires de vignes fusionnent en un « Comité électoral » qui doit faire élire des députés « capables de défendre la bonne cause à la tribune[2] ».

Le « Manifeste d'opinion » du Comité électoral, rédigé par Fonfrède, souligne sur un ton messianique le lien entre liberté politique et liberté économique. Les Bordelais disent vouloir « le progrès de la race humaine, le rapprochement prochain et fraternel des peuples ». Selon eux, « la liberté politique ne serait qu'une illusion, un leurre à la fois dérisoire et dangereux », sans son complément nécessaire, la liberté économique. Pour assurer le triomphe de la « véritable liberté », le comité et ses députés feront œuvre de propagande : « les doctrines économiques seront mises à la portée de tous les esprits, de toutes les convictions, depuis la grande cité parisienne jusqu'au plus humble de nos villages, et graduellement la vérité s'infusera dans la population pour revenir ensuite dans le gouvernement, plus forte et mieux appuyée[3] ».

Le nouveau ministre du Commerce, Duchatel, par l'ordonnance du 2 juin 1834, réduit les droits d'importation sur la laine et le charbon,

---

* En français dans le texte.

1. BL, fonds Auckland, Add MS 34460, f° 111, lettre de Bowring à Auckland, 17 avril 1834.

2. Lettre de Galos à Guestier, 13 mai 1834, et lettre de Nathaniel Johnston à Guestier, s.d., juin 1834, reproduites – avec des erreurs de datation – dans G. Schyler, *Guestier, op. cit.*, pp. 164-166, pp. 168-169.

3. « Déclaration » du Comité électoral, reproduite dans *Le Mémorial*, 21 juin 1834.

et lève la prohibition à l'importation des fils de coton fin. Ces mesures, selon les motifs du texte, visent à « multiplier nos rapports d'échanges avec les autres peuples ». La presse libérale salue l'ordonnance comme une première étape vers l'abolition de la « féodalité » commerciale [1]. Les élections de juin 1834 sont cependant une demi-déception pour le Comité électoral bordelais. Certes, il remporte presque tous les sièges de la Gironde et Bowring peut décrire les députés girondins comme « un noyau compact de réformateurs commerciaux [2] ». Son influence dans les autres départements est néanmoins imperceptible. La campagne bordelaise a bien des échos importants dans le reste de la France. Mais elle ne suscite nulle part l'émergence d'un libéralisme économique aussi déterminé qu'en Gironde.

Échec de la diffusion du libéralisme bordelais

Dans toute la France, les protestations en faveur d'une libéralisation du régime douanier s'intensifient encore en 1834. Les ouvrages d'économie politique continuent à se répandre à un rythme soutenu : 6 500 exemplaires de traités ou manuels d'économie politique sont imprimés à Paris au cours de la seule année 1834 [3]. Par ailleurs, de 1833 à 1835, le publiciste suisse Théodore Fix publie à Paris cinq volumes d'une nouvelle *Revue mensuelle d'économie politique*. Ses premiers numéros saluent avec chaleur les efforts de Bowring et des Bordelais pour promouvoir la liberté commerciale en France. Fix se réjouit de l'intérêt que suscite désormais la politique douanière : « La question des douanes est devenue populaire, chacun s'en occupe, et ce qui n'intéressait autrefois que l'homme d'Etat, le haut commerce et les grands spéculateurs, est aujourd'hui devenu un pivot autour duquel les plus grands intérêts de la nation semblent se tourner [4]. »

---

1. *Le Constitutionnel*, 6 juin 1834.
2. BOL, fonds Clarendon, MS 546/1/3, f° 80, lettre de Bowring à Thomson, 4 août 1834.
3. AN, F18*II 24, impressions 2260, 3037, 3061, 3199, 3288, 4135, 5396 ; la perte des registres de la Direction de la librairie pour le premier semestre 1833 et pour l'année 1835 rend impossible une étude systématique des impressions d'ouvrages d'économie politique au cours de la première moitié des années 1830.
4. « Mission du docteur Bowring en France », *Revue mensuelle d'économie politique*, n° 1, 1833, pp. 81-85 ; « Opinions diverses sur le système des douanes françaises », *Revue mensuelle d'économie politique,* n° 2, 1834, pp. 302-321.

En province, la multiplication des brochures favorables à la liberté commerciale témoigne de la popularisation des idées économiques libérales. Elles sont publiées, non seulement dans des grandes villes commerçantes comme Bordeaux, Le Havre, Lyon, et Nantes, mais aussi dans des villes plus modestes comme Saumur, Arras et Mont-de-Marsan [1]. Deux autres brochures libérales, publiées à Paris, sont l'œuvre d'un commerçant marseillais et du rédacteur d'un quotidien de Dijon [2].

Le ton en est beaucoup plus véhément que sous la Restauration. Le *Recueil d'économie politique*, par exemple, publié à Bordeaux et dédié par son auteur, François Coudert, aux négociants et propriétaires de vignes de la Gironde, reprend l'apostrophe de Voltaire aux jésuites, « Ecrasons l'infâme ! », pour la changer en « Ecrasons les douanes ! ». Coudert réclame l'instauration immédiate de « la liberté générale du commerce » et l'abolition de toutes les lois de douane, « ces lois fiscales, fatras immonde du despotisme, rempli d'insectes dévorants, dont les uns, par le venin de leur morsure, arrêtent la circulation, et les autres sucent impitoyablement le sang du genre humain [3] ». Les autres brochures provinciales en faveur de la liberté commerciale s'attachent à exposer clairement les avantages du commerce international sous la forme de dialogue divertissant, de manuel accessible à tous, ou encore de prédication [4].

Autre signe de l'intérêt croissant pour la question du commerce international, le nombre de pétitions aux chambres concernant la politique douanière atteint 108 en 1834, contre environ 25 par an en 1814-1818 [5]. Alors que la plupart des pétitions du début de la Restauration étaient individuelles et réclamaient la prohibition d'un produit

---

1. François Coudert, *Recueil d'économie politique*, Bordeaux, 1833 ; Jean-Baptiste Delaunay, *Lettre à M. Tanneguy Duchatel*, Le Havre, 1834 ; Anonyme, *Réflexions d'un ancien commerçant*, Nantes, 1834 ; François-Barthélemy Arlès-Dufour et André Dervieu, *Un mot sur les fabriques étrangères de soieries*, Lyon, 1834 ; Charles Louvet, *Dialogue sur la liberté du commerce*, Saumur, 1834 ; M. Benard, *De la liberté du commerce*, Arras, 1834 ; Frédéric Bastiat, *Réflexions sur les pétitions concernant les douanes*, Mont-de-Marsan, 1834.
2. Anonyme, *Paroles d'un négociant*, Paris, 1834 ; Jules Pautet, *Manuel d'économie politique*, Paris, 1835.
3. F. Coudert, *Recueil, op. cit.*, p. 56, pp. 63-64.
4. Voir par exemple, C. Louvet, *Dialogue, op. cit.* ; J. Pautet, *Manuel, op. cit.* ; Anonyme, *Paroles d'un négociant, op. cit.*, qui parodie les *Paroles d'un croyant* (1834) de Félicité de Lamennais.
5. AN, C*2414 ; voir chapitre 1, p. 40 pour les pétitions douanières au début de la Restauration.

spécifique, celles de 1834 sont le plus souvent collectives et demandent une réforme libérale. Le ton des nouvelles pétitions est aussi
moins déférent. En novembre 1834, par exemple, environ trente-cinq
habitants de Mâcon (Saône-et-Loire) exigent de leurs représentants
qu'ils abolissent la « féodalité » commerciale et la « nouvelle classe
de privilégiées » établies par le système prohibitif. « Plus de
prohibitions, plus de droits protecteurs, plus de privilèges » ajoutent
les pétitionnaires : « Vous imiterez l'Assemblée constituante [de
1789], vous nous affranchirez de ce servage et le peuple vous devra
son bien-être [1]. »

Une autre pétition de 1834, signée par 2 405 habitants d'une
cinquantaine de communes de la Côte-d'Or, réclame la réforme du
« système des douanes [...] dans le triple intérêt de la consommation,
du commerce et de l'exportation ». L'auteur du texte est à nouveau
Théophile Foisset, qui avait rédigé la pétition des viticulteurs de
Beaune en 1829. Rappelant les craintes de représailles allemandes
contre les tarifs français exprimées avant la Révolution de Juillet, il
les voit réalisées par la création du *Zollverein* ou union douanière des
Etats allemands, entré en vigueur le 1er janvier 1834. Foisset craint
désormais que la Suisse et la Belgique ne rejoignent le *Zollverein*, qui
vient d'augmenter son droit sur les vins au « tarif prohibitif » de 180
francs par tonneau [2].

Peu de temps après cette pétition, *Le Spectateur de Dijon*, principal
quotidien conservateur de la Côte-d'Or, publie une lettre de Foisset
sur toute sa première page. Le magistrat dit vouloir « ramener la
question [du système prohibitif] à des éléments si simples, que sa
solution soit à la portée des intelligences les plus vulgaires ». A une
échelle plus réduite que Fonfrède, auquel il rend hommage, Foisset
essaie de diffuser une représentation libérale du commerce international dans l'opinion en récapitulant les coûts de la protection douanière
pour les consommateurs et les exportateurs. Il exprime l'espoir que
« le jour de la justice approche pour la plus ancienne, la plus nombreuse et la plus morale de touts les industries, pour l'industrie
agricole [3] ».

---

1. AN, C*2141, pétition des habitants de Mâcon à la Chambre des députés, 16 novembre 1834.
2. AN, F12 2506, pétitions de cinquante communes de l'arrondissement de Beaune
dans la Côte-d'Or, février 1834.
3. *Le Spectateur de Dijon*, 13 février 1834.

Ces démonstrations d'opinion n'ont toutefois pas le même impact que l'*Adresse* bordelaise ou que la pétition des propriétaires de vignes girondins. Elles restent d'ailleurs mal coordonnées avec ces dernières. Bowring s'efforce pourtant de créer des liens entre les différentes oppositions à la protection douanière. A la fin de sa seconde tournée, il écrit à Arlès-Dufour à Lyon de se mettre en correspondance avec Galos et Dupérier à Bordeaux, ainsi que M. Gouin et le docteur Guépin à Nantes, M. Cordier à Rochefort, M. Hennessy à Cognac, M. Souvestre à Brest, M. Alexandre à Morlaix, M. Roussel à Saint-Brieuc, etc. « Avec tous ces messieurs », conclut-il, « entendez-vous et vous verrez si le système prohibitif pourra résister à nos attaques [1]. »

Au Havre, par exemple, Bowring gagne le soutien de Jean-Baptiste Delaunay, l'ancien opposant à la création d'un entrepôt à Paris. Delaunay fonde et dirige une Commission commerciale dans le port normand, et rédige une adresse de soutien à l'*Adresse* bordelaise [2]. En mai 1834, Guestier le décrit comme un allié « infatigable » et, en août de la même année, Bowring rapporte que Delaunay « concocte un plan d'action avec les Girondins », mais sans résultat apparent [3]. A Lyon, malgré les efforts d'Arlès-Dufour, la chambre de commerce refuse d'adhérer à l'*Adresse* bordelaise, de peur que « l'opinion n'applique l'adhésion au manifeste des vignicoles qu'elle confond avec la pétition du commerce de Bordeaux [4] ». A Marseille, ville dont Thiers est originaire, le ministre parvient à mobiliser ses partisans pour éviter que la chambre de commerce n'adhère à l'*Adresse* [5].

A la fin du mois d'août 1834, Bowring décide d'entreprendre une nouvelle tournée en Champagne et en Bourgogne, « afin d'accroître encore un peu la pression ». Il souhaite en particulier « établir une alliance étroite entre la Bourgogne et Bordeaux, conformément à ce que veulent les Bordelais [6] ». Encore une fois, Bowring est satisfait de

---

1. Lettre de Bowring à Arlès-Dufour, 19 mai 1833, citée dans J. Canton-Debat, *Arlès-Dufour, op. cit.,* p. 274.

2. L'adresse havraise ne figure ni parmi les brochures de la Bibliothèque nationale, ni parmi les pétitions aux assemblées. Mais le second rapport de Bowring sur les rapports commerciaux franco-britanniques en donne une traduction, « Address from the Commercial Committee of Havre », in J. Bowring, *Second Report, op. cit.,* pp. 207-211.

3. BMB, MS 1095, vol. 1, f° 287, lettre de Guestier à Galos, 21 mai 1834 ; BOL, fonds Clarendon, MS 546/1/3, f° 88, lettre de Bowring à Thomson, 15 août 1834.

4. BMB, MS 1095, vol. 1, f° 240-243, lettre d'Arlès-Dufour à Galos, 26-27 mars 1834.

5. BOL, fonds Clarendon, MS 546/1/3, f° 49-51, lettre de Bowring à Thomson, 14 avril 1834.

6. BOL, fonds Clarendon, MS 546/1/3, f° 87-8, f° 100-101, lettres de Bowring à Thomson, 15 août et 9 septembre 1834.

l'accueil qu'il reçoit en Champagne à Reims, Epernay, Cry, Châlons et Troyes. La Bourgogne est encore plus chaleureuse. A Beaune, par exemple, le 8 septembre, il trouve les négociants de la ville « dans un grand état d'excitation ». Le préfet du département est également présent. Il s'est déplacé de Dijon à Beaune pour accueillir l'agent britannique, et peut-être le surveiller. Le préfet organise à la sous-préfecture une grande réunion avec les marchands et propriétaires de vignobles, au cours de laquelle Bowring harangue les viticulteurs bourguignons sur les bienfaits potentiels d'un rapprochement commercial entre la France et la Grande-Bretagne [1].

Bowring poursuit son voyage par Mâcon et Lyon, descend jusqu'à Marseille, puis retourne à Bordeaux en passant par Montpellier, Carcassonne, Toulouse et Bayonne. Dans chacune de ces villes, il continue son travail de persuasion et obtient des promesses de pétitions ou d'articles de presse en faveur de la liberté des échanges. A Bordeaux, il trouve la Commission commerciale renforcée par l'adhésion de plusieurs négociants de premier plan, y compris le maire de la ville, Joseph Brun. Mais les négociants bordelais sont inquiets de la récente initiative de Duchatel, qui le 20 septembre 1834 annonce la tenue prochaine d'une enquête relative aux principales prohibitions à l'importation, notamment celles sur les fils et les tissus de laine et de coton, les poteries, les faïenceries et les verreries.

Les négociants bordelais sont hostiles à l'enquête parce que les principaux témoins interrogés seront les manufacturiers intéressés au maintien des prohibitions. Bowring, comme eux, désapprouve l'initiative de Duchatel. Il y voit une manœuvre imaginée « par le parti hostile pour repousser la question un peu plus longtemps [2] ». Dans une « déclaration » rédigée avec l'aide de Bowring, la Commission commerciale bordelaise veut bien voir dans l'enquête un « symptôme de désorganisation et d'affaiblissement dans le système restrictif », mais elle condamne l'entreprise comme inévitablement « stérile [3] ». Les chambres de commerce de Bordeaux et du Havre annoncent bientôt qu'elles n'y participeront pas.

La presse parisienne reste unanime dans son soutien à la liberté

---

1. BOL, fonds Clarendon, MS 546/1/3, f° 101, lettre de Bowring à Thomson, 9 septembre 1834.
2. BOL, fonds Clarendon, MS 546/1/3, f⁰ˢ 106-108, lettre de Bowring à Thomson, 20-22 octobre 1834.
3. *Le Mémorial*, 22 octobre 1834.

commerciale. Elle fait cependant un accueil mitigé à l'initiative de Duchatel. Les journaux d'extrême gauche (*Le Réformateur, La Tribune*) et de la gauche avancée (*Le National, Le Temps*) doutent que le ministre du Commerce ait la volonté ou les moyens de surmonter l'opposition des manufacturiers à l'abolition des prohibitions [1]. Les journaux libéraux modérés (*Le Constitutionnel, Le Journal des Débats, Le Journal du commerce, Le Courrier français*) sont plus chaleureux et *Le Constitutionnel* veut croire que l'enquête permettra à « la liberté » de devenir « la Charte commerciale du monde civilisé », en triomphant en France avant de s'étendre au reste de l'Europe [2].

Les appréhensions de Bowring et des Bordelais vont s'avérer justifiées. L'enquête sur les prohibitions, qui se tiendra de la mi-octobre à la mi-décembre 1834, sera un revers majeur pour les partisans de la liberté des échanges. Elle marquera le début du retournement de l'opinion publique sur la question du commerce international. Le succès relatif de la campagne orchestrée par Bowring et par les comités bordelais repose encore largement sur l'hostilité au système prohibitif des Bourbons et sur la popularité de la « liberté » au lendemain de la Révolution de Juillet. Le libéralisme économique auquel ces sentiments donnent naissance reste confiné à la Gironde. Ailleurs, les sentiments libéraux sont sur le déclin, parce que la redéfinition de la liberté comme l'abolition intégrale de la protection douanière froisse trop d'intérêts matériels. Au cours de la décennie suivante, une fraction croissante de l'opinion publique va se rallier au système protecteur au nom d'un autre concept hérité de la tradition révolutionnaire : la nation.

---

1. « L'enquête n'est qu'un moyen de préserver le ministère des exigences impérieuses de la délibération », *Le Réformateur*, 27 octobre 1834 ; « L'enquête sur les douanes », *La Tribune*, 13 octobre 1834 ; « Enquête commerciale », *Le National de 1834*, 21 septembre 1834 ; *Le Temps*, 21 septembre 1834.
2. « Réforme des tarifs », *Le Constitutionnel*, 23 septembre 1834 ; *Le Journal des Débats*, 21 septembre 1834 ; « De la circulaire de M. Duchatel », *Le Journal du commerce*, 23 septembre 1834 ; *Le Courrier français*, 27 septembre 1834 ; *La Gazette de France*, 21 septembre 1834 ne fait aucun commentaire sur l'enquête commerciale et *La Quotidienne* ne la mentionne pas.

TROISIÈME PARTIE

NATION
(1834-1844)

Le discours de la nation naît en réaction à la campagne bordelaise pour la liberté des échanges. Plusieurs libéraux en politique, souvent adversaires des prohibitions avant 1830, répandent le thème de la solidarité entre producteurs nationaux dans l'opinion.

Dès 1834, Adolphe Thiers et l'agronome Christophe Mathieu de Dombasle posent les bases du discours nationaliste. La « vraie science » économique de l'un veut un système protecteur de douanes offensif, l'« avenir industriel » de l'autre voit la protection douanière comme gage de stabilité sociale. Tous les deux soulignent la supériorité de la production intérieure sur le commerce extérieur. Le nouveau courant nationaliste fait échouer les dernières tentatives de réforme libérale. L'enquête sur les prohibitions, à l'automne 1834, consacre la prévalence du « nationalisme industriel » dans les régions manufacturières et deux lois, en 1836, mettent un terme à la libéralisation douanière. Deux nouveaux champions du système protecteur le présentent comme un moyen d'appaiser les tensions sociales liées à l'industrialisation : Auguste Mimerel, manufacturier, et Charles Dupin, pourtant ancien économiste.

L'unification douanière de l'Allemagne en 1834 influence les inventeurs du nationalisme économique français. Mais les idées nationalistes en France inspirent aussi le nationalisme économique allemand : la relation étroite nouée par le théoricien Friedrich List avec la France illustre ces échanges transnationaux d'idées nationalistes. Il rédige son Système national d'économie politique *à Paris entre 1838 et 1840.*

De nouveaux groupes de pressions manufacturiers assurent la diffusion des idées nationalistes dans la société française. Entre 1840 et 1842, ils obtiennent la hausse du tarif du lin et font échouer un projet d'union douanière avec la Belgique. Le fonctionnement du Comité de l'industrie cotonnière de l'Est à Mulhouse démontre la propension des nouveaux lobbies à influencer les médias, en particulier la presse, pour propager le discours nationaliste. La victoire des partisans du sucre de betterave sur les défenseurs du sucre de canne en 1843 illustre les progrès du nationalisme dans l'opinion. Elle souligne aussi ses différences avec l'ancien mercantilisme, favorable aux colonies. Peu soucieux d'étendre la France outre-mer, les nationalistes veulent d'abord assurer la prospérité intérieure et un développement harmonieux entre industrie et agriculture. En dix ans, les nationalistes économiques français contiennent, refoulent même le discours de la liberté des échanges extérieurs.

Chapitre 11

Réactions nationalistes : Thiers et Dombasle (1834)

Dès 1834, plusieurs libéraux « politiques » repoussent la liberté intégrale des échanges. Pour défendre le système protecteur, ils posent les bases d'un nouveau discours nationaliste et anglophobe. Contrairement aux défenseurs du système prohibitif, ces nationalistes économiques ne font appel ni aux principes mercantilistes, ni en vérité à aucune autre théorie économique. Ils rejettent l'économie politique comme abstraite et inapplicable parce qu'elle ignore la nation, cadre principal selon eux des rapports de production et d'échange.

Les nouveaux nationalistes économiques invoquent les faits et le bon sens contre les théories de leurs adversaires. Ils défendent la nécessité pour la France de se doter d'industries modernes, notamment textiles et métallurgiques. Ils continuent à invoquer l'exemple de la Grande-Bretagne, mais sur un mode ambivalent. Les uns, comme Adolphe Thiers, soulignent que si les Britanniques adoptent aujourd'hui des politiques commerciales libérales, ils n'ont atteint leur prospérité actuelle qu'en protégeant leur marché intérieur pendant près de deux siècles. D'autres, comme l'agronome et publiciste Christophe Mathieu de Dombasle, utilisent la Grande-Bretagne comme un exemple à ne pas suivre : la protection douanière doit permettre à la France de poursuivre un développement plus équilibré entre agriculture et industrie, et plus stable parce que moins dépendant des marchés extérieurs.

La « vraie science » de Thiers

Thiers est une figure clé du libéralisme politique français au XIXᵉ siècle [1]. Fondateur du *National*, journal hostile à Charles X, dans les derniers mois de la Restauration, il aide à faire proclamer Louis-Philippe roi des Français en 1830. Deux fois président du Conseil sous la Monarchie de Juillet, de février à septembre 1836 et de mars à octobre 1840, il reste le principal rival de Guizot jusqu'à la fin du régime. Pendant la Seconde République, il défend l'ordre et la propriété privé contre les doctrines socialistes. Sous le Second Empire, il est l'un des chefs de l'opposition libérale. Son nom reste terni par la répression sauvage de la Commune de Paris en 1871. Mais sa carrière ne s'arrête pas là. Chef de l'exécutif de 1871 à 1873, il contribue à l'établissement d'institutions républicaines et libérales stables en obtenant le ralliement d'une partie des orléanistes à la « république conservatrice ».

Tout au long de sa vie, Thiers conjugue libéralisme politique et patriotisme. Il loue sans réserve le rayonnement de la France révolutionnaire et impériale dans son *Histoire de la Révolution française* (1823-1827) et dans son *Histoire du Consulat et de l'Empire* (1845-1862). Sous Louis-Philippe, il est partisan d'une politique étrangère plus audacieuse, en particulier face à la Grande-Bretagne, et il organise en 1840 le retour des cendres de Napoléon en France. Sous Napoléon III, Thiers critique avec virulence la politique étrangère erratique du neveu de l'Empereur et souligne avec prescience la menace posée par la montée en puissance de la Prusse.

Libéral et nationaliste, Thiers est aussi un ferme défenseur du système protecteur. Il est l'un des principaux adversaires de Bowring en 1833-1834. Il fera échouer une résolution en faveur du libre-échange à l'Assemblée législative en 1851. Et il sera l'un des principaux opposants au traité de libre-échange signé par Napoléon III avec la Grande-Bretagne en 1860. Enfin, en 1872, il ira jusqu'à menacer de

---

1. Sur la carrière politique de Thiers, voir John Bury et Robert Tombs, *Adolphe Thiers, 1797-1877 : a Political Life*, Londres, Allen and Unwin, 1986.

démissioner de ses fonctions de chef de l'exécutif, pour obtenir de l'Assemblée nationale une hausse du tarif des douanes [1].

Thiers ne saurait pourtant être considéré comme un mercantiliste. En 1826, il publie une courte brochure sur le système financier établi par l'Ecossais John Law en France au début du XVIIIᵉ siècle dans laquelle il raille les auteurs qui confondent la richesse et l'argent [2]. L'adhésion de Thiers à la protection douanière répond à d'autres motifs que la balance du commerce. Elle est probablement postérieure à la Révolution de Juillet, puisqu'en janvier 1832 Bowring espère encore le recruter comme soutien pour libéraliser la politique douanière de la France : « Nous voulons nous rallier Thiers », rapporte l'agent du *Board of Trade* à ses supérieurs, « j'ai passé hier quatre heures avec lui pour lui donner des informations sur le budget [britannique], en échange de quoi j'espère qu'il donnera son appui à notre cause [3]. »

La culture économique de Thiers est plus libérale que mercantiliste. Lorsqu'il accable Bowring de reproches en juin 1833, Thiers aurait notamment crié : « *Vos théories – vos bêtises – votre stupide économie politique – j'ai lu tout cela* *[4]. » Il est vraisemblable que Thiers connaît mieux l'économie politique que les principes du système mercantile : sa bibliothèque personnelle contient les traités d'Adam Smith, Ricardo, Malthus, Say et Sismondi, mais les ouvrages d'auteurs mercantilistes comme Ferrier, Saint-Chamans et Vaublanc en sont absents [5].

Thiers ne s'oppose donc pas à la liberté des échanges au nom de la

---

1. Robert Schnerb, « La politique fiscale de Thiers », *La Revue historique*, n° 201, 1949, pp. 186-211, notamment pp. 207-209, et n° 202, pp. 184-220, notamment pp. 210-218.

2. Adolphe Thiers, *Law. Encyclopédie progressive*, Paris, 1826, pp. 3-4.

3. BOL, fonds Clarendon, MS 546/1/1, f° 30, lettre de Bowring à Thomson, 18 janvier 1832.

* En français dans le texte.

4. BOL, fonds Clarendon, MS 546/1/2, fᵒˢ 114-115, copie d'une lettre de Bowring à Villiers, 5 juin 1833. Voir chapitre 9, p. 200 sur la colère de Thiers contre Bowring.

5. Fondation Dosne-Thiers, fonds Thiers, I-2, catalogue de la bibliothèque de M. Thiers, notices 368, 369, 374, 457 et 742. Le catalogue indique que Thiers possédait *La richesse des nations* (éd. 1822) d'Adam Smith, *Principes d'économie politique et de l'impôt* (éd. 1819) de David Ricardo, *Essai sur le principe de population* (éd. 1823) de Thomas Malthus, *Traité d'économie politique* (éd. 1826) de Jean-Baptiste Say, et *Nouveaux principes d'économie politique* (éd. 1819) de Jean-Charles Sismonde de Sismondi. Les éditions de Smith, Ricardo et Malthus sont des traductions françaises. Le catalogue remonte au début des années 1870, mais les dates des éditions suggèrent que Thiers avait acquis les ouvrages longtemps avant.

balance du commerce mais – selon son expression – en raison des
« faits » économiques. Son mariage, en novembre 1833, avec Elise
Dosne, fille d'une riche famille d'industriels textiles de la région
lilloise, a probablement influencé son adhésion au système protecteur.
Mais la rhétorique et les arguments de Thiers en faveur de la protection douanière reflètent aussi son expérience comme ministre du
Commerce de décembre 1832 à avril 1834.

Au cours de ces quinze mois, Thiers se rapproche de Saint-Cricq et
semble subir son influence. Quand George Villiers se rend, en février
1833, au domicile de Thiers pour le persuader d'accepter plusieurs
modifications de la législation douanière, il surprend le ministre en
compagnie de l'ancien directeur des Douanes. Thiers et Saint-Cricq
sermonnent Villiers sur les dangers d'une liberté commerciale excessive : « L'émulation entre Saint-Cricq et son comparse [Thiers], à qui
montrerait la plus grande ignorance, la plus grande perversité et la plus
grande suffisance était des plus édifiantes et encore maintenant je ne
sais pas avec certitude auquel on devrait accorder la palme, mais je suis
sûr que jamais auparavant je n'ai entendu un tel duo. L'un dit que nous
[les Britanniques et les Français] serons toujours rivaux parce que nous
produisons les mêmes choses donc laissons chacun protéger ce qui est
à lui – puis l'autre ajouta que nous ne voulons pas de théories nous
n'accepterons pas de principes nous savons ce qu'il faut faire avec notre
pays – puis, *morceau d'ensemble* [*] – nous ne sommes pas des écoliers
nous ne voulons pas apprendre nous savons tout ce que l'on peut nous
dire etc. etc. etc. [1] » Bowring doit admettre en mai 1833 que Thiers est
désormais « entièrement dans les griffes de Saint-Cricq [2] ».

Le ministre du Commerce s'affirme, progressivement, comme l'un
des principaux défenseurs de la protection douanière. Le 15 février
1833, ouvrant la première session des Conseils de l'agriculture, du
commerce et des manufactures récemment réorganisés, Thiers
accepte l'idée qu'il faut remplacer les prohibitions par des droits à
l'importation modérés. Mais il prévient que « s'il faut de la liberté à
l'industrie, il lui faut aussi de la protection [3] ». A la fin de l'année

---

* En français dans le texte.
1. BOL, fonds Clarendon, MS 546/1/2, fᵒˢ 83-85, lettre de Villiers à Thomson, 22 février 1833.
2. BOL, fonds Clarendon, MS 544, fᵒ 109, lettre de Bowring à Villiers, 25 mai 1833.
3. *Discours parlementaires de M. Thiers*, texte établi par Antoine Calmon, 16 vol.,
Paris, 1879-1889, t. 1, pp. 541-548.

1833, le ministre passe quelques semaines en Grande-Bretagne et visite plusieurs manufactures dans les Midlands et au pays de Galles. Ce voyage outre-Manche le persuade que seule la sécurité garantie par des tarifs élevés a permis aux industriels britanniques d'investir des capitaux importants dans l'extraction charbonnière, dans le filage du coton et dans la métallurgie. L'exposé des motifs du projet de loi de douanes qu'il présente à la Chambre des députés en février 1834 fait plusieurs fois référence à la Grande-Bretagne, comme modèle à imiter et comme rivale à combattre. Ce texte provoque la fureur des partisans de la liberté commerciale [1].

Rejetant les demandes formulées par « nos villes maritimes », l'exposé des motifs condamne sans réserve « la liberté d'échange illimitée ». Thiers invoque des raisons politiques, à commencer par « l'esprit général du gouvernement » de Juillet, également éloigné des extrêmes de gauche et de droite : « L'esprit de 89 fut un esprit téméraire, celui de 1814 fut rétrograde, celui de 1830 doit être mesuré, pratique, positif. » Au nom du Juste-Milieu, il condamne donc le système prohibitif comme « chimérique » et celui de « la liberté illimitée » comme « un pur rêve ». A ce sujet, il rappelle les « résultats malheureux » du traité commercial de 1786 avec la Grande-Bretagne, « conçu sous l'influence d'esprits systématiques » et qui « exposa notre industrie à une invasion funeste [2] ».

Thiers s'oppose à tous « les systèmes absolus ». Il préconise ce qu'il appelle « la véritable science », c'est-à-dire non pas l'économie politique, « cette science dogmatique qui s'appuie sur des théories, mais cette science, plus modeste et plus utile, qui se borne à observer les faits ». Les faits, selon Thiers, révèlent un « penchant » ou « instinct » naturel des peuples à s'approprier les industries modernes : « Les nations ont un penchant irrésistible à faire des conquêtes industrielles les unes sur les autres. Pour y parvenir, elles prohibent ou renchérissent, au moyen d'un tarif, certains produits étrangers, afin de créer, à leurs propres citoyens, un avantage à les produire. Les Anglais sont parvenus ainsi à s'approprier le coton et le fer. Nous avons presque conquis le coton, nous essayons de conquérir le fer. C'est là un instinct universel chez tous les peuples ; les Américains, les Russes, les Allemands en font autant aujourd'hui. Nous ne savons

---

1. Voir chapitre 10, pp. 209-210.
2. AP, vol. 86, séance du 3 février 1834, pp. 118-119.

qu'un pays, où l'on se soit borné à produire ce qu'on produisait actuellement mieux que tous les autres, et à prendre le reste à l'étranger, c'est le Portugal : l'exemple est-il à imiter [1] ? »

Thiers admet la nécessité d'aménager « ce penchant naturel » : il faut éviter des tarifs qui ne seraient que des actes d'hostilité contre d'autres nations, ceux qui favorisent l'aristocratie en élevant artificiellement les profits agricoles, ou encore ceux qui encourageraient une production exotique impossible à transposer sur un sol européen. Thiers pose aussi une limite temporelle à la protection tarifaire : « Employé pour protéger un produit qui a une chance de réussir, [l'instrument du tarif] est bon, mais il est bon temporairement ; il doit finir quand l'éducation de l'industrie est finie, quand elle est adulte. » Toutefois, cette période temporaire peut être longue, et Thiers rappelle que les Britanniques ont maintenu des droits élevés sur les fers pendant quarante-deux ans, au terme desquels leurs maîtres de forges ont pu soutenir la concurrence suédoise [2].

En pratique, Thiers se montre favorable à une réduction des droits sur les bestiaux et les laines, qui profitent peu aux producteurs français et pénalisent les consommateurs. En revanche, il s'oppose à la réduction des droits sur les houilles et surtout sur les fers, deux industries qui font selon lui des progrès rapides et rattraperont d'ici dix ans leurs homologues britanniques : « nous ne consentirons jamais », Thiers explique à propos des fers, « à être les immolateurs de l'une des plus belles des industries nationales [3] ».

Bowring est consterné par l'exposé des motifs de Thiers : le texte selon lui « est des plus misérables – et doit être *flétri* [*4] ». Mais l'agent du *Board of Trade* se réjouit vite du mauvais accueil fait au document qui sera, espère-t-il, « aussi fatal [à Thiers] que les ordonnances de Juillet l'ont été à Polignac [5] ». Quelques jours plus tard, Bowring décrit l'exposé comme « une *trouvaille* [*] ». « C'est », ajoute-t-il, « tout ce dont nous avions besoin pour déclencher une explosion

---

1. *Ibid.*, pp. 119-120.
2. *Ibid.*, p. 120.
3. *Ibid.*, pp. 121-124.
* En français dans le texte.
4. BL, fonds Auckland, Add MS 34459, f⁰ˢ 514-515, lettre de Bowring à Auckland, 10 février 1834.
5. BOL, fonds Clarendon, MS 546/1/3, f⁰ 35, lettre de Bowring à Thomson, 19 février 1834.
* En français dans le texte.

et je vous assure que notre cause est gagnée – et gagnée par la folie de Thiers plutôt que par notre sagesse .[1] »

La presse parisienne, comme Bowring et les Bordelais, condamne sans appel l'exposé des motifs. A part le semi-officiel *Journal des Débats*, les journaux sont unanimes. A gauche, *La Tribune* voit dans cette « espèce de fatras politique, économique et administratif » l'expression des principes de « l'oligarchie sans conscience et sans conviction » du régime fondé par Louis-Philippe. Au centre, *Le Constitutionnel* décrit le système de douanes hérité de la Restauration comme une tentative pour reconstituer l'aristocratie abolie en 1789. Il souligne le « charlatanisme » du « manifeste économico-politique » rédigé par Thiers. A droite, *La Quotidienne* légitimiste se moque du discours de « technologue » tenu par Thiers, l'attribue à son récent « voyage *industriel* » en Angleterre et affirme que, contrairement aux dires du ministre, les Bourbons sous la Restauration étaient partisans de « l'idée grande et généreuse de la liberté du commerce [2] ».

A mesure que l'agitation commerciale se développe à Bordeaux et dans plusieurs régions françaises, Bowring rapporte que « tout le monde désormais condamne bruyamment M. Thiers et son exposé pour avoir provoqué à la crise [3] ». Thiers essaierait même de faire circuler le bruit qu'il n'a pas rédigé l'exposé lui-même, mais Bowring tient d'un haut fonctionnaire qu'il en est bien l'auteur [4]. L'indignation suscitée par l'exposé contribue à la démission de Thiers du ministère du Commerce en avril 1834. Mais ce revers est provisoire. Sa prise de position en faveur du système protecteur sera vite pour Thiers un atout sur la scène politique.

---

1. BL, fonds Auckland, Add MS 34460, f° 12, lettre de Bowring à Auckland, 24 février 1834.
2. « La loi sur les douanes », *La Tribune*, 13 février 1834 ; « Exposé des motifs de la loi sur les douanes » et « De la nouvelle loi de douanes », *Le Constitutionnel*, 16 et 20 février 1834 ; « Du projet de loi sur les douanes », *La Quotidienne*, 18 février 1834.
3. BOL, fonds Clarendon, MS 546/1/3, f°s 42-43, lettre de Bowring à Thomson, 3 mars 1834.
4. BL, fonds Auckland, Add MS 34459, f° 517, lettre de Bowring à Auckland, 15 février 1834.

L'« esprit patriotique » de Dombasle

Un nouvel adversaire de la liberté intégrale des échanges se déclare à l'été 1834, l'agronome Christophe Mathieu de Dombasle [1]. Sa brochure, écrite en réponse à l'*Adresse* des négociants de Bordeaux et à la pétition des propriétaires de vignes de la Gironde, *De l'avenir industriel de la France*, connaît un succès rare pour une publication économique, avec quatre éditions en 1834-1835, la première avec le titre moins engageant *Des intérêts respectifs du Midi et du Nord dans les questions de douanes* [2]. La brochure a probablement été imprimée à Nancy et non à Paris. Les registres de la Librairie n'indiquent donc pas le nombre d'exemplaires imprimés. Mais Louis Villermé, fils du statisticien Louis-René, affirmera qu'environ 10 000 exemplaires des quatre éditions ont été vendus [3]. La brochure sera rééditée en 1860, peu après la signature du traité de commerce avec la Grande-Bretagne, dans un recueil posthume d'œuvres de Dombasle [4].

Au début des années 1830, Dombasle est déjà honoré comme l'un des bienfaiteurs de l'agriculture française [5]. Né en 1777 d'un père récemment anobli, fonctionnaire dans l'administration des Forêts de Lorraine, Dombasle sert brièvement dans l'armée du Rhin comme comptable en 1792. Défiguré par la variole et handicapé par un grave accident de diligence, il se retire à la campagne à la fin des années 1790 et se lance dans la fabrication de sucre de betterave. La fin du Blocus continental ruine sa raffinerie et il se tourne vers la popularisation des techniques agronomiques : il traduit plusieurs traités d'agronomes britanniques et allemands, publie en 1821 un ouvrage de vulgarisation qui connaît un immense succès, le *Calendrier du bon cultivateur*, et établit une ferme modèle en 1822 à Roville (Meurthe),

---

1. Sur les idées économiques de Mathieu de Dombasle, voir Gustave Schelle, « Un adversaire de la théorie des débouchés : Mathieu de Dombasle », *Revue d'histoire des doctrines économiques et sociales*, n° 7, 1914, pp. 87-99.

2. Christophe Mathieu de Dombasle, *Des intérêts respectifs du Midi et du Nord dans les questions de douanes*, Paris, 1834 ; nous désignons dans le texte la brochure par son titre postérieur, *De l'avenir industriel*, mais sauf mention contraire les références des citations renvoient à la première édition.

3. Louis Villermé, *L'agriculture française : Mathieu de Dombasle, sa vie, ses œuvres, son influence*, Paris, 1864, p. 19.

4. *Etudes sur le commerce international dans ses rapports avec la richesse des peuples*, in Christophe Mathieu de Dombasle, *Economie politique et agricole*, Paris, 1860.

5. Voir les actes du colloque Mathieu de Dombasle in *Annales de l'Est*, n° 56, 2006.

qui devient en 1824 la première école française d'agriculture. Il est aussi l'inventeur de la charrue « Dombasle », qui contribue à l'augmentation des rendements agricoles dans l'Europe du deuxième quart du XIXe siècle.

Dombasle s'intéresse peu aux querelles politiques de son temps. Ses entreprises agricoles jouissent certes du soutien de plusieurs personnalités légitimistes, comme l'économiste chrétien Alban Villeneuve de Bargemont [1]. Mais Dombasle est probablement un libéral modéré. Il se déclare partisan d'un « gouvernement représentatif » sur le modèle britannique [2].

Dombasle présente *De l'avenir industriel de la France* comme une défense de l'unité nationale, remise en cause par les négociants et les viticulteurs girondins. Il conteste que l'intérêt matériel du Midi soit lié à l'exportation de vin. Les vins de qualité susceptibles d'être exportés ne représentent qu'une minorité des produits de la viticulture et la vigne elle-même ne constitue qu'une fraction des industries méridionales : pour le Midi, hormis la Gironde, « le débouché le plus important, c'est le marché du pays même ; et ses intérêts sont ici parfaitement d'accord avec ceux de toutes les branches de production, dont les progrès tendent sans cesse à se favoriser mutuellement [3] ».

Les idées de Dombasle sont à l'opposé de la pensée mercantiliste traditionnelle, qui voit dans un commerce extérieur actif et excédentaire le meilleur moyen d'enrichissement. D'après l'agronome, c'est le « bon sens » qui a incité les nations, à commencer par la Grande-Bretagne, à se protéger contre la concurrence étrangère : « Le simple bon sens a fait sentir de bonne heure aux nations, qu'il vaut mieux, pour elles, produire un objet qu'elles consomment, que l'acheter de l'étranger ; mais c'est seulement en Angleterre, et dans le cours du XVIIe siècle, que ces mesures ont été coordonnées en un système complet et régulier, qui a reçu le nom de système de protection. A l'abri de ce système, toutes les industries ont reçu, dans le Royaume-Uni, un développement sans exemple dans l'histoire du monde [4]. »

Dombasle rejette l'accusation de « privilège » ou de « monopole » formulée contre les industries protégées. Ce sont des abus de langage,

---

1. Georges Cahen, « L'économie sociale chrétienne et la colonisation agricole sous la Restauration et la Monarchie de Juillet », *Revue d'économie politique*, n° 17, 1903, pp. 511-546.
2. C. Mathieu de Dombasle, *Des intérêts, op. cit.*, pp. 53-54.
3. *Ibid.*, pp. 4-13.
4. *Ibid.*, p. 23.

puisque depuis l'abolition des corporations la France jouit d'une
« liberté industrielle » totale : chacun peut poursuivre la carrière de
son choix. La concurrence intérieure remplace avantageusement la
concurrence étrangère et les nations, les unes après les autres, adoptent le système de protection, « désormais la base du droit public
commercial entre les nations civilisées ». Le système de protection
présente aussi l'avantage, selon l'agronome, de préserver la paix
mieux que celui de la liberté illimitée, car si chaque nation se tourne
vers son marché intérieur, il sera plus difficile de trouver « un motif
suffisant pour s'engager dans une lutte sanglante et ruineuse pour les
peuples [1] ».

Dombasle s'attache ensuite à démontrer la supériorité quantitative
et qualitative du « commerce intérieur » sur le « commerce extérieur ». Le premier garantit aux producteurs français une consommation non seulement plus abondante, mais dont les débouchés sont
aussi plus sûrs, parce qu'ils ne dépendent pas des aléas de la distance
et de la politique. En Grande-Bretagne, la prospérité et la tranquillité
des populations ouvrières reposent sur des exportations soutenues et
ininterrompues. Ce pays apparaît à Dombasle comme un contre-
modèle : « Cet exemple nous montre comment une nation se place par
ce seul fait, dans une véritable dépendance de l'étranger, puisque le
sort d'une partie importante de la population du pays qui exporte, et
peut-être le repos social de chez ce peuple, se trouve lié à une continuation de ses relations commerciales [2]. »

A mesure que les différentes nations s'approprient les nouvelles
« conquêtes industrielles », prédit Dombasle, « on doit s'attendre à
voir diminuer la masse du commerce extérieur chez tous les peuples
du monde. » La réduction progressive des échanges extérieurs,
compensée par une prospérité sans cesse croissante du commerce
intérieur, constitue à ses yeux l'« avenir industriel » de la France et
des autres nations européennes. Cet avenir, selon l'agronome, est
souhaitable parce qu'il empêchera le développement de grandes villes
manufacturières, tournées vers l'exportation mais habitées par des
ouvriers misérables et propices aux insurrections révolutionnaires [3].

Dans la dernière section de sa brochure, Dombasle tente
d'expliquer « la propagation des doctrines mercantiles » – c'est-à-dire

1. *Ibid.*, pp. 26-33.
2. *Ibid.*, pp. 38-39.
3. *Ibid.*, pp. 43-44, pp. 46-47.

l'économie politique, véritable « économie mercantile » selon lui parce qu'elle accorde une importance excessive au commerce extérieur – et en prédit le déclin prochain. La popularité de l'économie politique reposerait sur la priorité accordée par les Français, depuis le milieu du XVIIIe siècle, à l'« esprit libéral » sur l'« esprit patriotique ». Le premier combine primauté des droits individuels à l'intérieur du pays et « philanthropie cosmopolite » à l'extérieur. Le second associe sacrifice au profit de l'intérêt général à l'intérieur et volonté d'augmenter la puissance de la nation à l'extérieur [1].

Dombasle admet lui-même qu'il n'a pas été insensible aux attraits intellectuels et moraux de l'économie politique : « Quel est celui de nous », demande-t-il, « qui, avant l'âge de trente ans, n'a pas payé son tribut d'admiration et de prosélytisme aux doctrines d'Adam Smith et de Jean-Baptiste Say ? » Mais il pense que l'alliance entre « les hommes de progrès » et « l'économie politique moderne » repose sur une confusion sémantique entre la politique et l'économique : « Cette alliance s'est opérée sous le charme si entraînant du mot *liberté*. Aussi les idées de la politique se reproduisent toujours dans les discussions d'économie sociale ; et pour beaucoup de gens il y a liaison intime entre les unes et les autres [2]. »

Dombasle rejette cette analogie entre liberté politique et liberté des échanges. « Qu'on nous explique », écrit-il, « pourquoi les intérêts des producteurs et des consommateurs, pourquoi les intérêts généraux de la masse seraient différents aujourd'hui, de ce qu'ils étaient avant notre réforme politique. Tout cela est entièrement étranger aux diverses formes de gouvernements ; et qu'on soit République, Empire absolu, ou Monarchie constitutionnelle, les intérêts sont entièrement les mêmes, dans tout ce qui se rapporte aux relations commerciales avec les peuples étrangers. » L'agronome est sûr que l'esprit patriotique finira par l'emporter sur l'esprit libéral. Ce dernier ne prédomine que dans « une classe très peu nombreuse en définitive, mais qui écrit et parle beaucoup » : les écrivains, les journalistes, etc. Aussitôt qu'on tâchera d'abolir effectivement le système protecteur, « on trouvera dans les intérêts du pays, appuyés de l'opinion des hommes les plus éclairés sur ces matières, une force de résistance qui fera comprendre combien on s'est trompé, lorsqu'on a cru que certaines doctrines

---

1. *Ibid.*, pp. 54-55.
2. C. Mathieu de Dombasle, *Des intérêts, op. cit.*, p. 56 ; et *id., De l'avenir industriel*, Paris, 1835, p. 71.

modernes d'économie publique, avaient de profondes racines dans la société [1] ».

Nouveauté des idées de Thiers et Dombasle

Comme l'exposé de Thiers, la brochure de Dombasle est mal accueillie par la majorité des politiciens et des journalistes parisiens. En septembre 1834, le politicien Elie Decazes écrit pour rassurer Fonfrède, apparemment inquiet du succès rencontré par *De l'avenir industriel* : « n'y attachez pas plus d'importance qu'il n'en faut. M. Mathieu Dombasle est un rêveur qu'on lit fort peu ». A propos d'une réédition de l'ouvrage en janvier 1835, Théodore Ducos écrit à son cousin et rédacteur du *Mémorial*, qu'il « est jugé dans la chambre. Il ne vaut plus la peine qu'on le réfute [2] ».

La presse parisienne traite la brochure de Dombasle avec le même manque de respect. Seul *Le Temps* lui consacre un article au moment de sa parution. L'auteur de la recension reconnaît qu'« il y a du courage à repousser les tendances actuelles et à se déclarer franchement le champion des principes contraires ». Mais il se montre impitoyable pour les idées de Dombasle, qu'il accuse de « rapetisser la question » et, sous couvert du « bon sens », de défendre ses intérêts privés de cultivateur [3].

Dans une réponse à la recension du *Temps*, Dombasle rejette l'accusation de se contredire lui-même en appelant à l'amélioration des voies de communication à l'intérieur de la France. Selon l'agronome, cette opinion, comme son soutien aux barrières douanières entre les Etats, découle d'un même principe, « celui de l'individualité des nations, qui ont chacune des intérêts distincts, parce qu'elles vivent chacune d'une vie propre, dans la grande association formée par l'humanité tout entière. Toute entrave, toute restriction apportée à la liberté des relations des hommes entre eux, est un mal auquel on ne doit se soumettre que lorsqu'il est compensé par des avantages

---

1. C. Mathieu de Dombasle, *Des intérêts, op. cit.*, pp. 57-59 ; et *id.*, *De l'avenir industriel, op. cit.*, pp. 71-72.
2. BMB, MS 1095, vol. 1, f° 310, lettre de Decazes à Fonfrède, 11 septembre 1834 ; BMB, MS 1095, vol. 1, f° 512, lettre de Ducos à Fonfrède, 21 janvier 1835.
3. *Le Temps*, 4 septembre 1834.

évidents et supérieurs à ce mal. » En l'occurrence, ce mal est un bien relatif. La nation est la condition de la liberté, possible seulement à l'intérieur des frontières : « pour que toute les parties puissent supporter une liberté entière dans leurs relations entre elles », il faut au préalable « assez d'homogénéité, des rapports d'intérêt assez marqués ». Il faut qu'il y ait déjà « nationalité naturelle [1] ».

En dépit de certaines divergences, l'exposé des motifs de Thiers et *De l'avenir industriel* ont en commun l'appel à la nation ou à la nationalité comme principe d'organisation des échanges. La protection douanière nationale selon Thiers est offensive : il s'agit de conquérir de nouvelles industries, pour maintenir le rang de la France face aux autres grandes nations. La protection douanière nationale selon Dombasle est plutôt défensive, puisqu'il souhaite promouvoir un développement de type autarcique, qui ne risque pas d'accroître l'instabilité sociale en favorisant de grandes concentrations ouvrières.

Ni Thiers ni Dombasle ne souscrivent aux principes du système mercantile. Dombasle insère certes dans la troisième édition de *De l'avenir industriel* un paragraphe défendant le concept de balance du commerce, mais pour souligner les dangers de l'endettement national vis-à-vis de l'extérieur et non pour vanter les avantages d'un accroissement de la quantité de numéraire en circulation [2]. Ni Thiers ni Dombasle ne croient que la création de richesses dépende de manière cruciale de l'excédent des exportations sur les importations. Tous les deux l'attribuent, invoquant l'expérience plus que la raison, au développement de forces de production intérieures, dans le cadre de nations considérées comme agents historiques.

Ce discours économique nationaliste est neuf au début des années 1830. Les défenseurs du système prohibitif utilisaient parfois des arguments xénophobes, ou invoquaient la préférence à accorder aux Français sur les étrangers. Mais ces arguments restaient secondaires. Le cadre idéologique de la prohibition demeurait la balance du commerce et la promotion des intérêts de l'Etat monarchique. Dombasle lui-même, dans une pétition adressée à la Chambre des députés en 1814, souscrivait à l'époque à ce discours en appelant au maintien des prohibitions et au renforcement de la répression douanière pour éviter l'épuisement du numéraire français [3]. Ni Dombasle dans cette

---

1. *Le Temps*, 29 septembre 1834.
2. C. Mathieu de Dombasle, *De l'avenir industriel*, *op. cit.*, pp. 50-54.
3. *Id.*, *Observations sur le tarif des douanes,* Nancy, 1814.

pétition, ni les autres défenseurs du système prohibitif ne faisaient appel à la nation ou à la solidarité des producteurs français, des thèmes qui auraient eu une connotation subversive à une époque où les « patriotes » étaient encore les adversaires des « royalistes ».

Les nouvelles idées économiques nationalistes défendues par Thiers et Dombasle vont bientôt prouver leur capacité à séduire l'opinion publique. Si les élites parisiennes tournent en dérision les propositions autarciques de l'agronome lorrain, les notables de province semblent les prendre plus au sérieux. Non seulement *De l'avenir industriel* est réédité à trois reprises en quelques mois, mais un négociant nantais, un manufacturier de Clermont-Ferrand et un propriétaire terrien du Calvados publient des brochures qui reprennent ou critiquent les idées de Dombasle [1]. En 1835, une cinquième édition de la brochure de l'agronome est imprimée et publiée à Saint-Lô dans la Manche [2]. Enfin, l'enquête sur les prohibitions, qui se tient à l'automne 1834, va confirmer l'éveil de l'« esprit patriotique » en économie politique prédit par Dombasle.

---

1. Henry Ducoudray-Bourgault, *Réflexions d'un ancien commerçant sur l'industrie agricole, commerciale et manufacturière et particulièrement sur l'ouvrage récemment publié par M. de Dombasle*, Nantes, 1834 ; Alexandre de Lamothe, *De l'abolition des droits de douane sur les houilles étrangères et des effets de cette mesure sur l'avenir industriel de la France*, Clermont-Ferrand, 1834 ; Jean-Jacques Lebaillif, *Essai sur la question de la liberté du commerce entre tous les peuples*, Falaise, s.d., 1834.
2. Christophe Mathieu de Dombasle, *De l'avenir industriel de la France*, Saint-Lô, 1835.

Chapitre 12

Naissance d'un patriotisme économique (1834-1836)

Les idées économiques nationalistes mettent vite en échec les réclamations libérales. L'enquête sur les prohibitions, à l'automne 1834, révèle la prédominance d'un nouveau « nationalisme industriel » dans les régions manufacturières. Le gouvernement renonce à lever l'interdiction d'importer des tissus de laine et de coton. Deux lois de douanes, adoptées en mai 1836 à l'issue d'un long débat parlementaire, confirment les réformes effectuées depuis 1830. Mais en démontrant l'attachement d'une majorité de députés au système protecteur, elles mettent un terme à la libéralisation douanière.

De nouveaux porte-parole du nationalisme économique émergent au cours de ces débats : l'industriel roubaisien Auguste Mimerel et l'économiste Charles Dupin, qui change de camp. Le nationalisme de Mimerel, motivé par la crainte des importations de produits anglais à bas prix, est d'ordre pratique. Celui de Dupin, désormais hostile à « l'économie anti-politique », est plus théorique. Malgré leurs différences, Mimerel et Dupin partagent et propagent une même hantise : voir se répandre en France le paupérisme industriel des villes britanniques. L'un et l'autre défendent la protection douanière nationale en tant qu'instrument de collaboration entre les classes sociales, pour apaiser les tensions suscitées par l'émergence d'un nouveau prolétariat.

Mimerel et l'enquête sur les prohibitions

L'annonce, en septembre 1834, d'une enquête sur les principales prohibitions effraie les régions manufacturières du nord et de l'est du pays. En Haute-Normandie, spécialisée dans la production de fils et de tissus de coton, le préfet de Rouen rapporte au gouvernement qu'« il règne dans la Seine-Inférieure une grande inquiétude à l'occasion de l'enquête commerciale ». « Les ennemis du gouvernement », ajoute-t-il, emploient l'annonce par le ministre du Commerce pour faire croire « que l'on veut vendre la France à l'Angleterre en ouvrant nos ports aux marchandises anglaises, que la ruine de l'industrie nationale en sera la suite inévitable [1] ». Le 10 octobre, un demi-millier de filateurs et fabricants de cotonnades se réunissent à l'hôtel de ville de Rouen pour désigner les représentants du département à l'enquête. Ils se prononcent, à cette occasion, « en très grande majorité en faveur du système de la prohibition *quand même* [2] ».

A Mulhouse, autre centre de production cotonnière, l'annonce de l'enquête suscite la même anxiété. Dans une lettre reproduite dans plusieurs journaux, un Mulhousien anonyme, favorable à la levée des prohibitions, affirme : « Depuis huit jours, notre ville est agitée comme au temps des élections – La circulaire du ministre du Commerce [annonçant l'enquête] est commentée de mille manières, et tel qui a passé quarante ans de sa vie sans se soucier d'économie politique, tranche aujourd'hui du docteur [universitaire], ou nie tout bonnement la science. [...] Pour beaucoup de nos industriels, libéraux de la Restauration, la prohibition, c'est l'arche sainte : y toucher, c'est ébranler le trône, c'est pousser les masses à la révolte, enfin, pour tout dire, c'est pis que la république [3]. »

Le 16 octobre, une réunion de quarante-cinq manufacturiers de Mulhouse vote « à l'unanimité la nécessité de maintenir dans toute

---

1. Ministère du Commerce, *Enquête relative à diverses prohibitions*, 3 vol., Paris, 1835, t. 1, 84, lettre du préfet de la Seine-Inférieure au ministre du Commerce, 20 octobre 1834.
2. *Le Journal de Rouen*, cité dans *Le National de 1834*, 12 et 13 octobre 1834.
3. *Le Journal du Bas-Rhin*, cité dans *Le Temps*, 22 octobre 1834.

son intégrité le système de prohibition qui nous régit, et de le défendre contre toutes les attaques qui pourraient lui être portées [1] ». La
peur prévaut aussi dans le département du Nord, qui possède
d'importantes industries textiles. Le 15 octobre, après avoir reçu une
délégation d'ouvriers et de contremaîtres venus lui faire part de
« leurs inquiétudes », le préfet de Lille fait même une communication
officielle pour rassurer les populations qu'aucune décision n'a encore
été prise sur la levée des prohibitions [2].

Les chambres de commerce ou des commissions *ad hoc* adressent
au Conseil supérieur du commerce des pétitions solennelles, reproduites dans les journaux parisiens, pour ou contre l'abolition des prohibitions. En fait, une grande majorité des villes se prononcent pour leur
remplacement par des droits modérés : en plus de Bordeaux et du
Havre, c'est le cas de Marseille, Lyon, Grenoble, Limoges et Niort
dans le Sud, Nantes, Rennes, Tours, Orléans, Saumur, Alençon et
Vire dans l'Ouest, Strasbourg, Bar-le-Duc et Rethel dans l'Est, ainsi
qu'Arras, Valenciennes, Calais et Boulogne dans le Nord. Cependant,
l'opposition des villes manufacturières, parfois assortie de menaces
d'insurrection, produit une forte impression sur l'opinion publique [3].

Les chambres de commerce hostiles à l'abolition soulignent, pour
les dévaluer, les origines britanniques des récentes clameurs en faveur
de la liberté commerciale. Selon la chambre de commerce de Rouen,
« l'Angleterre [...] entretient et soutient ces idées, les répand par des
émissaires dont le talent ne peut être révoqué en doute, qui parcourent
nos provinces, nos ports de mer, et parviennent à se faire des partisans
jusque chez nos manufacturiers » en leur faisant croire qu'ils seront
en mesure d'exporter leurs produits avec plus de facilité une fois les
prohibitions abolies. Le Conseil des prud'hommes de la même ville
suggère que d'autres envoyés que Bowring travaillent plus discrètement à la ruine des industries françaises : « Des agents publics [du
gouvernement britannique] (et d'autres secrets) parcourent avec détail
tous nos départements du Midi ; ils y sèment avec persévérance des
idées de fraternité commerciale ; ils profitent avec adresse de ce désir
de mouvement qui semble inhérent à l'esprit français, pour y faire
germer ces idées de communications faciles et généreuses, qui, en

---

1. *Le Temps*, 22 octobre 1834.
2. *Le Courrier français*, 18 octobre 1834.
3. « Avis sur la prohibition en général », in Ministère du Commerce, *Enquête relative à diverses prohibitions, op. cit.*, t. 1, pp. 63-193.

théorie, sont attrayantes, et dangereuses autant qu'inapplicables à l'exécution [1]. »

Quand elles n'évoquent pas l'agitation orchestrée par Bowring, les chambres de commerce manufacturières soulignent que la Grande-Bretagne n'a rien à craindre de la liberté commerciale en raison de l'avance dont jouissent ses industries sur celles de la France (Dunkerque, Sedan), parce qu'elle n'a pas véritablement abandonné le système prohibitif (Amiens, Lille), ou encore à cause de « la fureur de l'Anglomanie » qui continue à sévir parmi les consommateurs français (Carcassonne) [2]. Toutes invoquent le crédit abondant, les meilleurs moyens de transport, le coût inférieur des matières premières et la plus grande productivité des ouvriers en Grande-Bretagne pour expliquer pourquoi les industriels français ne peuvent pas soutenir la concurrence britannique. Enfin, plusieurs chambres de commerce ou d'arts et manufactures (Saint-Quentin, Louviers, Yvetot, Bolbec) et quelques pétitions individuelles rappellent les effets « désastreux » du traité de commerce de 1786. La chambre de commerce de Rouen joint à son manifeste des extraits des *Observations* publiées à ce sujet par la chambre de commerce de Normandie en 1788 [3].

Les manifestes les plus véhéments contre l'abolition émanent de la ville de Roubaix, dont la prospérité repose entièrement sur les industries cotonnières et lainières. Ses « filateurs et fabricants » s'exclament, après avoir eux aussi rappelé les conséquences du traité de 1786 : « Eh ! qu'importe à l'homme aisé de payer une aune d'étoffe cinq ou dix centimes de plus, si moyennant cette faible dépense il assure l'existence du peuple, sans le faire rougir de la mendier ? C'est à l'état de pauvreté que le gouvernement, en permettant l'introduction des tissus étrangers, réduit le peuple, son plus solide appui : quel crime n'y aurait-il pas à compromettre son avenir [4] ? »

Une autre pétition, au nom des patrons et ouvriers en filature de coton de Roubaix, menace le régime d'une insurrection si les prohibitions sont abolies, évoquant les précédents de juillet 1830 et les récentes révoltes des canuts à Lyon : « Si Napoléon fut aimé du peuple qu'il décimait par la guerre, c'est qu'il lui donnait l'aisance

---

1. Ministère du Commerce, *Enquête relative à diverses prohibitions*, op. cit., t. 1, pp. 85-86, p. 101.
2. *Ibid.*, t. 1, p. 75, pp. 106-108, p. 124, p. 132, pp. 141-143.
3. *Ibid.*, t. 1, p. 92, pp. 94-97, p. 128, p. 250, p. 272, pp. 324-326, p. 329, p. 338, p. 375.
4. *Ibid.*, t. 1, pp. 136-138.

par le travail : si les ordonnances de juillet trouvèrent une si prompte résistance, c'est qu'elles mirent sans emploi les ouvriers imprimeurs. Après tant de commotions politiques, le peuple a besoin de travail, le pays de repos. Au Roi que nous aimons, nous payons sans murmures d'assez lourds impôts. Nous ne refusons pas nos fils à la patrie ; nos moyens de travail, respectez-les. [...] Surtout souvenez-vous qu'un salaire abaissé a deux fois soulevé Lyon », en novembre 1831 et en avril 1834 [1].

Les protestations et les menaces des villes manufacturières ont un écho d'autant plus important que l'enquête sur les prohibitions reçoit une publicité sans précédent. Les quotidiens nationaux commentent les manifestes des chambres de commerce et, quand commence l'enquête à la mi-octobre, reproduisent les témoignages des industriels devant le Conseil supérieur du commerce. Du 19 octobre au 1er novembre, *Le Journal des Débats* consacre au sujet en moyenne 25 % de ses colonnes, encore 16 % du 2 au 15 novembre et 4,5 % du 16 au 29 novembre [2]. La question douanière est désormais une controverse publique : depuis la prestigieuse *Revue des Deux Mondes*, favorable à la levée des prohibitions, jusqu'au modeste *Journal des travaux publics* (parisien, à la publication irrégulière), qui s'y oppose, toute la presse prend parti [3].

A une écrasante majorité, les journaux soutiennent encore la liberté commerciale. Presque tous les fabricants appelés à témoigner se prononcent contre la levée des prohibitions. Les quotidiens parisiens, en particulier les plus marqués à gauche, dénoncent leur égoïsme et le caractère intéressé de leurs opinions [4]. En 1842, le souvenir de l'enquête sera assez vif pour que *Le National* publie une parodie de témoignage d'industriel avec Jérôme Paturot, antihéros inventé par l'écrivain libéral Louis Reybaud, dans le rôle d'un fabricant de drap prohibitionniste. Paturot est un personnage naïf, victime de nombreuses escroqueries et qui se laisse séduire par toutes les idéologies de l'époque, depuis le saint-simonisme jusqu'au protectionnisme. Dans

---

1. *Ibid.*, t. 1, pp. 138-140.
2. *Le Journal des Débats,* 19 octobre au 29 novembre 1834.
3. Stéphane Flachat, « De la réforme commerciale », *La Revue des Deux Mondes*, n° 4, 1834, pp. 245-291 ; « A propos de l'enquête commerciale », *Journal des travaux publics*, 20 novembre 1834.
4. Voir, par exemple, « Enquête commerciale », *Le National,* 15 octobre 1834, ou « L'enquête n'est qu'un moyen de préserver le ministère des exigences impérieuses de la délibération », *Le Réformateur*, 27 octobre 1834.

la parodie rédigée en 1842 par Reybaud, Paturot ne parvient pas à répondre aux questions sur les coûts de production qui lui sont posées par les membres du Conseil supérieur. Il se contente de rejeter la levée des prohibitions en invoquant le caractère « frrançais » de ses produits et des matières premières qu'il emploie : « Je ne connais que le mouton frrançais. [...] Et les bergers frrançais, monsieur le président ! et les pâturages frrançais ! et les chiens frrançais ! Là-dessus, voyez-vous, mes convictions sont inflexibles. Vivent les moutons frrançais [1] ! »

Peut-être Paturot incarne-t-il dans la parodie de Reybaud le rôle joué en 1834 par Auguste Mimerel, fabricant de tissus de laine et de coton roubaisien, qui représente les chambres de commerce de Lille, de Roubaix et de Tourcoing à l'enquête. Au cours de son témoignage, Mimerel se distingue par sa véhémence, et même son insolence à l'égard de Duchatel, le ministre, et des autres membres du Conseil supérieur. Il est probablement le rédacteur ou l'un des rédacteurs des pétitions roubaisiennes citées plus haut. Au cours des années 1840, il deviendra l'un des principaux dirigeants du mouvement pour « la défense du travail national ». Napoléon III le fera comte et sénateur au début des années 1850 [2].

Sous la Restauration, Mimerel était un libéral en politique. En janvier 1830, le préfet du Nord le signalait avec son frère, juge de paix, comme les « chefs du parti hostile », qui exerçaient à Roubaix « une influence fâcheuse sur les principaux manufacturiers et sur leurs ouvriers [3] ». Comme plusieurs autres libéraux de la Restauration, Mimerel demeure favorable à la « liberté » du commerce jusqu'au lendemain de la Révolution de Juillet. A l'automne 1832, en tant que président de la Chambre consultative des arts et manufactures de Roubaix, il s'oppose encore au renforcement des moyens de saisie des laines étrangères par les douanes, parce que ce « serait méconnaître à la fois l'esprit et le besoin du siècle. L'un et l'autre réclament plutôt de nouvelles libertés commerciales que de nouveaux moyens de rigueur [4] ». Sa conversion au système protecteur ne date que des années 1833-1834.

Devenu partisan de la protection douanière, Mimerel se fait le

---

1. *Le National*, 1842, cité dans *Le Libre-Echange*, 19 septembre et 10 octobre 1847.
2. Frédéric Delattre, « Pierre-Auguste Mimerel », *Mémoires de la société d'émulation de Roubaix*, n° 35, 1961, pp. 81-85 ; Jean Piat, *Quand Mimerel gouvernait la France*, Roubaix, Maison du livre, 1992.
3. AN, F7 6776, dossier n° 24, lettre du préfet du Nord au ministre de l'Intérieur, 20 janvier 1830.
4. ADN, P 52/20, lettre de Mimerel au préfet du Nord, novembre 1832.

chantre de la solidarité entre les producteurs français. Il veut éviter le démantèlement progressif du système protecteur. Les fabricants de produits de consommation comme les textiles doivent accepter la hausse des coûts entraînée par les droits sur les biens d'équipement ou les matières premières. Sinon, la protection de leurs industries sera remise en cause. Pour résoudre les contradictions d'intérêts à court terme, il rappelle sans cesse la menace commune qui pèse sur les producteurs français : la Grande-Bretagne, ses capacités de production inépuisables et ses exportations à bas prix.

En 1834, Mimerel commence son témoignage en refusant de répondre aux questions qui lui sont posées. Il accuse le gouvernement de ne pas respecter ses promesses de l'année précédente quant au maintien des prohibitions autres que celle sur les fils de coton fins. Le fabricant roubaisien admet ensuite que les droits sur les charbons et sur les fers augmentent les coûts de production pour les fabricants de textiles français. Mais il demande leur maintien « car toutes les industries se touchent ; et si nous demandons protection pour nous, nous devons la vouloir aussi pour les autres [1] ».

Si les prohibitions étaient abolies, ajoute Mimerel, les industriels britanniques se « coaliseraient » pour introduire des tissus en dessous de leur coût de fabrication. Ils ruineraient les manufactures françaises, puis se rembourseraient en pratiquant des prix de monopole : la libre concurrence est impossible face à des rivaux aussi riches et organisés. Mimerel souligne enfin que l'ouverture aux importations britanniques, en mettant la France en contact avec le marché mondial, accroîtrait l'instabilité économique : « Les Anglais [...] sont en rapport avec tous les peuples du monde. Qu'une crise commerciale arrive dans un pays, ils la ressentent, et elle ne nous atteint pas ; car si nous ne jouissons pas de tous les avantages de nos voisins, nous ne sommes pas non plus exposés à leurs fréquentes perturbations. J'admets que, par suite d'une de ces crises lointaines, l'Angleterre ait un encombrement de produits ; où les enverra-t-elle ? bien certainement en France ; elle viendra troubler notre marché, qui serait resté calme sans cette introduction [2]. »

Cette opposition entre une Grande-Bretagne plus productive mais sujette à des crises récurrentes et une France moins prospère mais

---

1. Ministère du Commerce, *Enquête relative à diverses prohibitions*, *op. cit.*, t. 3, pp. 182-185, pp. 191-192.
2. *Ibid.*, t. 3, pp. 205-207.

plus stable sera l'un des principaux thèmes propagés par l'Association pour la défense du travail national dans les années 1840.

Désarroi des libéraux

Face aux protestations des manufacturiers, le gouvernement abandonne ses projets de réforme. Le revers porte un coup sévère aux efforts des partisans de la liberté commerciale. Bowring veut combattre les industriels en faisant appel aux ouvriers, mais il perd bientôt espoir de voir le *free trade* triompher en France. A Bordeaux, Fonfrède tire des leçons politiques autoritaires de l'enquête : la popularité du nationalisme dans les questions économiques renforce son hostilité à une éventuelle démocratisation du régime censitaire.

Bowring attribue les démonstrations bruyantes des manufacturiers aux manœuvres de Thiers. Selon l'agent du *Board of Trade,* « le fripon » (Thiers) aurait réuni chez lui « plusieurs manufacturiers du Nord et leur a dit qu'il désirait contrecarrer Duchatel et ferait tout ce qu'il peut pour transformer l'enquête en moyen de maintenir au-dehors les produits anglais [1] ».

Pour contrebalancer l'influence des industriels prohibitionnistes, Bowring reçoit l'aide de son collaborateur et ami Thomas Perronet Thompson. Le propriétaire de la *Westminster Review*, qui séjourne en France de la mi-octobre à la fin novembre 1834, se réjouit que « la question du *Free Trade* soit fiévreusement agitée en France en ce moment ». Mais il regrette que « l'équilibre des forces » penche désormais « du mauvais côté ». Utilitariste comme Bowring, Thompson a des opinions plus démocratiques que son ami. Il voudrait redonner l'avantage au camp de la liberté commerciale en lui ralliant le « parti républicain ou populaire ». La tâche lui apparaît vite difficile. Il remarque même les débuts d'« un chassé-croisé étrange » dans les débats politiques et commerciaux français : « les départements les plus libéraux et républicains sont favorables aux monopoles, alors que les départements *juste-milieu* et peut-être même *royalistes* y sont hostiles [2] ».

---

1. BOL, fonds Clarendon, MS 546/1/3, f° 115, lettre de Bowring à Thomson, 31 octobre 1834.
2. BJL, fonds Perronet Thompson, MS 4/5, lettres de Thompson à Bowring, 22 et 28 octobre 1834.

Thompson tente, en vain, de convaincre le démocrate Armand Carrel, rédacteur du *National*, de faire de la liberté des échanges la principale cause de son journal. Thompson envisage aussi des moyens peu scrupuleux pour faire progresser la cause du *free trade* en France. Il propose que Bowring et lui rédigent eux-mêmes une pétition au nom du commerce maritime : « je souhaiterais que nous ayons la rédaction d'une telle pétition entre nos mains ». Surtout, il voudrait donner le sentiment que les travailleurs des manufactures, contrairement à leurs patrons, sont favorables à la liberté commerciale : « en ce qui concerne les *ouvriers* * », écrit-il à Bowring, « je crois qu'ensemble nous pouvons susciter une pétition en leur nom [1] ».

Ce projet de pétition au nom des ouvriers échoue. Mais Thompson, avec l'aide d'un sympathisant français, Benjamin Laroche, rédige et fait imprimer une brochure réfutant les tirades patriotiques des industriels devant le Conseil supérieur du commerce : la *Contre-enquête, par l'homme aux quarante écus*. Le titre fait référence à Voltaire, dont *L'homme aux quarante écus* (1768) tournait en dérision les doctrines fiscales des Physiocrates.

Thompson emploie dans la *Contre-enquête* le même style didactique et satirique qui a fait le succès de son *Catechism on the Corn Laws* en Grande-Bretagne. L'homme aux quarante écus de Voltaire, ressuscité par ses soins, est « bon patriote, et de plus garde national ». Le personnage nie pourtant que le patriotisme consiste à enrichir les fabricants pour appauvrir les plus démunis. Evoquant des exemples concrets, comme la ganterie, la perruquerie et la pâtisserie, il explique qu'un échange commercial procure toujours des avantages aux deux pays qui s'y livrent. Ce sont donc les manufacturiers qui manquent de patriotisme : « Oui, messieurs, je le soutiens, vous mangez au râtelier de la France et au mien, au lieu d'ajouter à la richesse et à la puissance de la patrie [2]. » Environ 1 000 exemplaires sont imprimés [3]. Mais l'ouvrage n'est pas mis en circulation, peut-être à la requête du gouvernement français. Thompson doit se contenter de le publier, en

---

* En français dans le texte.
1. BJL, fonds Perronet Thompson, MS 4/5, lettres de Thompson à Bowring, 31 octobre et 3 novembre 1834.
2. [Thomas Perronet Thompson et Benjamin Laroche], *Contre-enquête, par l'homme aux quarante écus*, Paris, 1834, p. 1, p. 10.
3. AN, F18*II 24, impression 5185, 20 novembre 1834.

français avec une traduction anglaise, dans la *Westminster Review* [1]. Il essaiera en vain de le rééditer en 1842, 1847 et 1853 [2].

A la fin novembre 1834, Bowring et Thompson retournent en Angleterre sans avoir réussi à contrecarrer les effets de l'enquête. Bowring revient à Paris en octobre 1835, sur les instructions de Lord Palmerston, ministre des Affaires étrangères, qui l'a pris sous sa protection. Il doit de nouveau inciter la presse à soutenir la réforme des tarifs français. Bowring espère que, grâce à sa propagande, « le tournant a été pris et [que] chaque nouveau pas ira dans le sens de la libéralisation – chaque modification du tarif sera une amélioration ». Il se heurte cependant à une grande effusion de « sentiments antianglais » dans les milieux gouvernementaux, et doit admettre que la situation est devenue « peu propice » à une poursuite des réformes. Après quatre semaines peu fructueuses, Bowring quitte Paris et, sur ordre de Palmerston, se rend en Suisse pour y promouvoir la liberté commerciale [3].

Les alliés français de Bowring sont également découragés par les résultats de l'enquête. Théodore Ducos pense que les manufacturiers prohibitionnistes « puisent leurs arguments » dans les ouvrages de Ferrier. Mais aucun mémoire adressé au Conseil supérieur ne cite l'ancien directeur des Douanes impériales. En revanche, deux de ces mémoires font l'éloge de *De l'avenir industriel de la France*. Selon Alexandre Lamothe, le secrétaire de la chambre de commerce du Puy, Dombasle, dans sa brochure, a « indiqué le seul système qui convienne véritablement aux intérêts matériels de la France ». La Chambre consultative des arts et manufactures de Nevers exprime aussi sa « véritable sympathie » pour « les idées claires et rationnelles répandues avec profusion dans le mémoire de M. Mathieu de Dombasle ». Elle conclut : « ses principes sont les nôtres [4] ».

Plusieurs ouvrages et brochures, publiés à l'occasion de l'enquête commerciale, évoquent en termes proches de *De l'avenir industriel* le besoin de préserver la solidarité nationale face à la concurrence britannique. Un fabricant lorrain, dans *De l'économie politique en*

---

1. « Contre-enquête/Counter-Inquiry », *Westminster Review*, n° 43, 1835, pp. 227-258.
2. BJL, fonds Perronet Thompson, MSS 4/11, 4/12, 4/14, lettres de Thompson, 17 août 1842, 5 septembre 1847 et 14 décembre 1853.
3. University of Southampton, Hartley Library, fonds Palmerston, CG/BO/44-49, lettres de Bowring à Palmerston, 9 octobre au 6 novembre 1835.
4. Ministère du Commerce, *Enquête relative à diverses prohibitions, op. cit.*, t. 1, p. 149, p. 184.

matière commerciale, appelle le gouvernement à être « égoïste dans l'intérêt de sa nation ». Un magistrat montpelliérain, dans des *Considérations sur le voyage du docteur Bowring*, souligne que la France « sera toujours le meilleur pays de consommation pour ses produits vignicoles et manufacturiers [1] ».

Dans *Le Mémorial*, en janvier 1835, Fonfrède remarque la nouveauté du ton nationaliste des partisans de la protection. Le déroulement de l'enquête a montré selon lui que, dans les régions manufacturières, « la population croit au régime prohibitif autant qu'à Dieu », et que les masses en France sont imprégnées par ce qu'il appelle « le préjugé aveugle du nationalisme industriel [2] ». Il s'agit d'un emploi précoce du terme « nationalisme » et sans doute l'un des tout premiers dans un sens économique [3].

Fonfrède en tire des conclusions politiques conservatrices. Il voit dans l'intensité du nationalisme industriel, croissante à mesure que l'on s'éloigne des classes les plus aisées, un nouvel argument contre l'extension du droit de suffrage. Il faut à son avis maintenir le corps électoral à sa taille de 1835 et convertir les électeurs existants à la liberté commerciale par l'enseignement de « l'économie publique ». Une fois cette tâche accomplie, « alors les mots reprendront leur analogie avec les choses. Alors la liberté politique sera vraiment la liberté. [...] Alors les préjugés révolutionnaires de la démocratie, et les préjugés hostiles du nationalisme paraîtront à tous les yeux ce qu'ils sont réellement, – c'est-à-dire le fléau le plus cruel que la fausse science et le faux patriotisme puissent déchaîner sur la race humaine [4] ! ».

Cependant, Fonfrède s'inquiète des efforts de Dombasle et des autres partisans de « l'économie nationale des industriels prohibitifs » pour « réagir, eux aussi, sur l'opinion ». Leurs arguments, selon le

---

1. Emile-Aristide Godard-Desmarest, *De l'économie politique en matière commerciale et de l'enquête de 1834*, Paris, 1835, pp. 35-36, p. 130 ; Anonyme, *Considérations sur le voyage du docteur Bowring en France. Doit-on laisser tout faire, doit-on laisser tout passer ?*, Montpellier, 1835, p. 34 ; voir aussi Charles Gaugier, *Quelques lettres sur la question des douanes*, Paris, 1834 ; Anonyme, *Coup d'œil sur la politique manufacturière, commerçante et maritime de l'Angleterre depuis 1789*, Paris, 1835 ; Schweich aîné, *Etat de l'industrie commerciale de la France comparée à celle de l'Angleterre*, Paris, 1836.

2. « De la liberté sociale », *Le Mémorial*, 17 janvier 1835.

3. Le premier emploi répertorié par Bertier de Sauvigny date de 1836, in « Liberalism, Nationalism and Socialism », art. cit., p. 160.

4. « De la liberté sociale » et « Liaison de la liberté politique et de la liberté commerciale », *Le Mémorial*, 17 et 21 janvier 1835.

publiciste bordelais, ne séduisent que les membres de couches sociales ou les habitants de régions « où la question commerciale est presque entièrement inconnue ». Ils tirent leur force d'un sentiment national dévoyé, d'un « nationalisme dont on aurait fait un tyran, de paternel et civique qu'il devait être ». Cette exacerbation du sentiment national, ajoute-t-il, est un legs des guerres napoléoniennes. Elles ont produit « une trop grande irritation de nationalisme entre les peuples », nationalisme au nom duquel les consommateurs français et les producteurs méridionaux sont aujourd'hui offerts en « holocauste » au « Moloch prohibitif [1] ».

Fin des réformes douanières

Le désarroi des libéraux après l'enquête est durable. En mai 1835, l'économiste Adolphe Blanqui écrit à Fonfrède, à propos de l'enquête : « ce qui ressemble à une défaite éparpille les combattants [2] ». Les partisans de la liberté commerciale ne prennent aucune initiative notable jusqu'à la discussion par les chambres, en avril 1836, de deux projets de loi de douanes préparés par Duchatel.

Duchatel, cependant, n'est plus ministre du Commerce depuis la chute du ministère de Broglie en février 1836. Thiers, qui prend la tête du gouvernement, ne cache pas qu'il trouve les projets de loi trop libéraux. Il les défend par convenance. Hippolyte Passy, le nouveau ministre du Commerce, a certes une réputation libérale sur les questions douanières. Mais depuis qu'il a rejoint le gouvernement, écrit Henri Galos à Fonfrède, Passy se borne à « paraphraser » Thiers, qui lui-même « a exhumé tout entier le système de M. de Saint-Cricq ». « Nous sommes », conclut Galos, « quant à l'application de la liberté commerciale, dans un mouvement réactionnaire [3]. »

Les deux projets de loi ne proposent en fait que de modestes modifications de la législation. Le premier est le plus important. Il reprend, pour obtenir leur ratification par les chambres, les changements

---

1. « La liberté protège mieux que la prohibition », deux articles, *Le Mémorial*, 24 et 26 janvier 1835 ; ces deux articles et les deux articles cités à la note précédente sont aussi publiés sous forme de brochure, sous le titre *La liberté protège mieux que la prohibition*, Paris, 1835.

2. BMB, MS 1095, vol. 1, f⁰ˢ 617-619, lettre de Blanqui à Fonfrède, 17 mai 1835.

3. BMB, MS 1095, vol. 2, f⁰ˢ 186-192, lettre de Galos à Fonfrède, 27 avril 1836.

effectués par ordonnance depuis 1830, y compris la levée d'une dizaine de prohibitions, dont celles sur les fils de coton fins et les tissus de luxe en soie, coton ou cachemire, et la réduction d'une centaines de tarifs, en particulier sur des produits semi-finis ou des matières premières, tels le fer, les bois et les lins. Le second projet se contente de réduire les droits sur une dizaine d'articles secondaires, notamment les chapeaux, les produits de la tannerie et de la mercerie, les cuivres et le salpêtre [1].

Le débat parlementaire sur ces projets de loi, le premier sur la politique commerciale depuis 1826, sera l'un des plus longs et des plus âpres au XIXᵉ siècle. Il sanctionne la division des libéraux de la Restauration en deux camps, partisans et adversaires du système protecteur, et démontre la supériorité numérique des premiers sur les seconds au sein de la Chambre basse. La commission parlementaire chargée d'examiner le premier projet est certes dominée par les défenseurs de la liberté commerciale ; elle comprend quatre députés de la Gironde, dont trois membres de la Commission commerciale bordelaise : Ducos, Guestier, et Jacques-Henri Wustemberg. Son rapport, rédigé par Ducos, est un plaidoyer passionné pour « une réforme économique » et l'établissement de « la liberté de vendre ou de produire », qui « est aussi formellement écrite dans la Charte que celle de penser ou d'agir [2] ». Mais la commission chargée d'examiner le second projet de loi est favorable au système protecteur. Elle se refuse à exposer des « principes commerciaux », pour ne pas « jeter l'incertitude dans l'avenir, et troubler le développement de nos forces productives [3] ».

Les débats à la Chambre des députés s'étalent sur dix-sept séances et leur reproduction occupe 413 pages des *Archives parlementaires*. Ces totaux soutiennent la comparaison avec les mesures législatives de l'époque les plus controversées : huit séances et 203 pages, par exemple, pour la loi « infâme » de septembre 1835, qui encadre la liberté de la presse [4]. Les débats de 1836 se caractérisent par une extrême polarisation. Ils commencent par une « discussion générale »

---

1. AP, vol. 100, séance du 1ᵉʳ février 1836, pp. 100-113 ; AP, vol. 101, séance du 2 avril 1836, pp. 373-377.
2. AP, vol. 101, 4 avril 1836, pp. 421-461.
3. AP, vol. 101, séance du 13 avril 1836, pp. 743-757.
4. Pour les débats concernant la loi sur les crimes, délits et contraventions de la presse, du 21 août au 29 août 1835, voir AP, vol. 98. Pour les débats sur les lois de douanes de 1836, du 13 avril au 5 mai 1836, voir AP, vol. 101, 102 et 103.

au cours de laquelle quatorze députés montent à la tribune pour défendre, tour à tour, le « système protecteur » ou la « liberté commerciale ». Wustemberg, l'un des sept orateurs favorables à la liberté, peut affirmer que le sujet des débats n'est pas principalement « une question de tarifs », mais l'opposition entre « deux systèmes d'économie publique » : « le régime des prohibitions », d'une part, et « une législation commerciale plus large, plus libérale », de l'autre [1].

Quelle relation existe-t-il entre cette polarisation des opinions économiques et la division politique entre la droite (Résistance, légitimistes) et la gauche (Mouvement, républicains)? Une relation étroite, selon le comte Jaubert, l'un des sept orateurs de la discussion générale favorables au système protecteur et futur ministre du Commerce du gouvernement Thiers en 1840. Comparant les « deux grands systèmes » en présence, « l'école économique et le système de protection », il affirme que « le premier de ces systèmes est à l'autre ce qu'en politique le Mouvement est à la Résistance » : liberté commerciale et Mouvement « sont soutenus par les mêmes hommes »; ils sont le produit des « mêmes théories hasardeuses », du « même despotisme de prétendus principes », du « même esprit cosmopolite »; l'un et l'autre veulent « ameuter les classes de la société les unes contre les autres » et font preuve de la « même haine des supériorités inhérentes à toute société [2] ».

Plusieurs orateurs favorables à la liberté commerciale acceptent l'analogie faite par Jaubert. Alphonse de Lamartine, au cours de la discussion générale, présente l'établissement de la liberté des échanges comme la continuation de 1789. A ceux qui accusent les défenseurs de la liberté commerciale d'être des « fanatiques de théorie » et des « révolutionnaires », le poète, future figure de proue de la Révolution de 1848, répond : « Oui, nous sommes des fanatiques de vérité, des perturbateurs de monopole, des révolutionnaires de législations arriérées; oui, l'œuvre que nos pères de 1789 ont glorieusement tentée et accomplie dans l'ordre moral, la réforme politique, nous avons la volonté, nous avons le courage, nous aurons la persévérance de l'accomplir dans l'ordre matériel. » La Révolution a « introduit la liberté dans les institutions » en renversant « les féodalités personnelles ». Elle doit maintenant renverser « les féodalités industrielles »

---

1. AP, vol. 102, séance du 14 avril 1836, p. 27.
2. AP, vol. 101, séance du 13 avril 1836, p. 720.

pour introduire « la liberté dans les choses ». La liberté des échanges émancipera « les masses » comme la liberté politique a émancipé « les classes moyennes [1] ».

La réponse provocatrice de Lamartine ne doit pas faire illusion. A cette date, le poète, de tradition légitimiste, n'est pas encore un démocrate. Il semble souhaiter que les classes moyennes continuent seules à jouir de la liberté politique : les masses, plus intéressées par les questions d'ordre matériel, seraient dédommagées par la liberté des échanges, qui réduirait le prix des denrées.

En fait, l'équivalence établie par Jaubert entre gauche et libéralisme commercial n'est pas rigoureusement exacte. Elle provoque d'ailleurs des « réclamations » parmi les députés [2]. Lamartine est politiquement inclassable, et les six autres orateurs favorables à la liberté commerciale représentent assez bien la diversité des opinions au sein de la Chambre : on compte parmi eux trois conservateurs (Wustemberg, Anisson-Dupéron, Bignon), un centriste (Prosper Duvergier de Hauranne) et deux membres du Mouvement (Lherbette, Laborde). Les partisans de la liberté commerciale sont, en politique, des libéraux de centre-gauche ou de centre-droit.

Jaubert aurait été plus proche de la vérité s'il avait dressé l'inventaire de son propre camp. Six des sept orateurs qui défendent la protection au cours de la discussion générale sont des conservateurs orléanistes (Poulle, Jaubert, Cunin-Gridaine, Meynard, Dupin, Soult). Le septième (Pagès) siège à l'extrême gauche. Mais il est plus soucieux de défendre les petits producteurs de fer au charbon de bois de son département, l'Ariège, que le principe de la protection douanière. Au cours des débats qui suivent la discussion générale, les adversaires de la liberté commerciale sont à une large majorité des députés de droite. On rencontre parmi eux quatre légitimistes (Hennequin, Lavielle, Dugabé, de Saintenac) et de nombreux dignitaires du régime napoléonien (Delessert, Caumartin, général Bugeaud, général Tirlet). La défense du système protecteur rapproche entre elles les différentes composantes du camp conservateur.

1. AP, vol. 102, séance du 14 avril 1836, p. 48.
2. AP, vol. 101, séance du 13 avril 1836, p. 720.

Dupin, défenseur de la production française

Lors de la discussion générale de 1836, Charles Dupin est l'un des sept orateurs hostiles à la liberté commerciale. Son cas est représentatif du ralliement de nombreux libéraux au système protecteur après la Révolution de Juillet. Rappelons que dans son *Petit commerçant*, en 1827, Dupin avait raillé, sous la forme d'un dialogue entre le généreux Lefranc et l'antipathique Monsieur Prohibant, les dommages matériels et moraux causés par les prohibitions [1]. Compte tenu du peu d'informations sur Charles dans le fonds de la famille Dupin aux archives départementales de la Nièvre, on en est réduit à des conjectures sur les motifs de son revirement. Dupin semble se résoudre à la protection douanière pour que la France puisse développer ses industries manufacturières, composante primordiale selon lui des « forces productives » d'une nation [2].

Aux élections de juin 1830, Dupin, signataire de l'*Adresse* des 221, perd son siège dans le Tarn, mais est élu député de Paris. Il n'a désormais plus à se soucier de déplaire à des électeurs probablement hostiles aux prohibitions, puisque le Tarn était rural et viticole. En 1832, en tant que rapporteur du projet de loi sur les importations de céréales, il contribue à atténuer les mesures de libéralisation proposées par le gouvernement [3]. Il s'impose bientôt comme l'un des principaux défenseurs de la protection douanière.

Dès janvier 1833, Bowring rapporte que « Saint-Cricq est un ange comparé à *Charles Dupin* » : membre de la commission des Douanes, Dupin combat plusieurs propositions de réductions de droits « avec tout l'acharnement dont est capable une créature aussi vaniteuse, superficielle et malveillante – rien ne saurait être pire que sa conduite [4] ». D'après Bowring, Dupin jouit d'un crédit particulier sur les

---

1. Voir chapitre 5, p. 112-114.
2. David Todd, « La liberté, la nation et les colonies dans la pensée économique de Charles Dupin », in Carole Christen et François Vatin (dir.), *Charles Dupin (1784-1873) : ingénieur, savant, économiste, pédagogue et parlementaire du Premier au Second Empire*, Rennes, PUR, à paraître en 2009.
3. Voir chapitre 8, p. 175.
4. BOL, fonds Clarendon, MS 546/1/2, f° 1, f° 7, lettres de Bowring à Thomson, 4 janvier et 6 janvier 1833.

affaires britanniques, en raison de ses nombreux voyages outre-Manche dans les années 1820. Il emploie cette réputation pour persuader les autres députés que la Grande-Bretagne ne souhaite la liberté commerciale que pour éliminer la concurrence française.

Dans un manifeste aux électeurs du Xe arrondissement de Paris, rédigé peu avant sa réélection en juin 1834, Dupin tient un discours ambivalent, qui emprunte encore à la rhétorique libérale tout en laissant percer sa conversion au système protecteur. Il s'engage à combattre « le monopole », « mais sans exposer [l'industrie nationale] à la ruine en favorisant le producteur étranger aux dépens du travailleur français ». Il se déclare favorable à la liberté du commerce, « mais sans prostituer le nom sacré de liberté au privilège égoïste de ne payer aucune part de nos contributions dans les entrées, les sorties et les échanges du trafic avec le dehors [1] ».

Dans son discours prononcé en avril 1836, il condamne la liberté commerciale sans ambiguïté. La rigueur et la chaleur des arguments de Dupin en faveur de la protection douanière rencontrent un grand succès : le discours produit, selon le sténographe, une « sensation générale » dans la Chambre et reçoit l'« adhésion marquée » de nombreux députés. Il est bientôt publié, avec quelques additions, sous le titre *Défense du système protecteur de la production française et de l'industrie nationale* [2].

Bien qu'il ait lui-même enseigné l'économie politique dans les années 1820, Dupin commence son discours par une attaque vigoureuse contre « la prétendue science d'*économie* ». Il propose de la rebaptiser « l'*économie anti-politique* » et offre de démontrer, dans la suite du discours, « ce qu'elle a de faux dans la base, d'impraticable dans l'exécution, de périlleux dans les conséquences [3] ». La renommée scientifique de Dupin, mathématicien, statisticien et ancien économiste, renforce la crédibilité de sa diatribe.

Dupin s'attache ensuite à rétablir la légitimité politique du système protecteur. Il nie que, contrairement aux affirmations des partisans de la liberté commerciale, la protection douanière viole la Charte : le document constitutionnel, selon lui, tout en garantissant les libertés individuelles, permet de les limiter chaque fois qu'un « intérêt

---

1. Archives départementales de la Nièvre, fonds Dupin, 4 J 2, f°s 23-24, tract intitulé « A MM. les électeurs du Xe arrondissement de Paris ».
2. Charles Dupin, *Défense du système protecteur,* Paris, 1836.
3. AP, vol. 102, séance du 14 avril 1836, p. 32.

public » le commande. La législation doit donc protéger les industries naissantes comme le Code civil protège « la femme plus que le mari, l'enfant plus que l'adulte, l'orphelin plus que le fils dont le père existe, et le mineur plus que le majeur ». Après ce parallèle avec le legs juridique de l'ère napoléonienne, Dupin rappelle que le système protecteur a été fondé par Colbert, un ministre qui a travaillé à réduire la puissance de l'aristocratie, puis défendu par Necker à la veille de la Révolution, par François de Neufchâteau sous le Directoire et par Chaptal sous le Consulat : on ne saurait donc, insiste-t-il, l'attribuer aux seuls projets réactionnaires des ministres de la Restauration [1].

Selon Dupin, le système protecteur possède en outre l'avantage de réduire les tensions sociales en mettant l'accent sur la nationalité plutôt que la classe des individus. « Notre législation protectrice », explique-t-il, « a pour but de réserver pour le peuple français la plus grande masse de travail que des Français puissent faire. » Ainsi, il n'y a plus de « prolétaires », mot dont Dupin voudrait bannir l'emploi, mais seulement des ouvriers français « sous l'égalité glorieuse du drapeau tricolore ». Autant qu'un encouragement aux nouvelles industries, la protection est donc une forme d'assurance contre les aléas de la production et des échanges : elle agit comme « une grande association de secours mutuels concédés, accordés, avec une haute intelligence, suivant les besoins si variables des époques, des saisons, des années et des révolutions de l'agriculture, du commerce et des manufactures. [...] Cette législation compatissante et bienfaisante est plus profitable, même au prolétaire, que toutes les utopies qu'on présente en sa faveur sous des couleurs décevantes [2] ».

Les utopies en question sont les premières doctrines socialistes, qui commencent à se répandre dans les années 1830. Dupin veut les combattre par la protection douanière, car « la concurrence, non seulement internationale, mais cosmopolite universelle [...] est le plus grave danger qui menace la classe ouvrière » : en l'absence de barrières douanières, les manufacturiers « abaissent, abaissent toujours le salaire de l'ouvrier » pour lutter contre les producteurs étrangers. Dupin évoque aussi la « barbarie » avec laquelle les industriels britanniques traitent leurs employés, notamment les femmes et les enfants, pour maintenir leur supériorité sur le marché

---

1. *Ibid.*, p. 33.
2. *Ibid.*, p. 34.

international. En même temps, il cite favorablement la protection accordée par la Grande-Bretagne à ses industries pendant « plus de cent années » et appelle la France à ne pas se laisser duper par les récentes réformes libérales de la législation britannique [1].

Cependant, le principal modèle cité par Dupin est celui de Napoléon, « à coup sûr le plus grand prohibiteur des temps modernes » et devenu grâce à sa politique commerciale l'« idole » des ouvriers français : « quand Napoléon revenait de l'île d'Elbe, quand il s'offrait seul aux populations, le paysan, le laboureur, le simple ouvrier, le prolétaire, l'entouraient, en le saluant du nom d'empereur et de père », parce qu'ils lui devaient leur prospérité. Si la Monarchie de Juillet veut connaître la même popularité, selon Dupin, elle doit rester fidèle aux intentions de Napoléon et écrire « comme l'empereur, sur le drapeau tricolore : *Industrie nationale! protection nationale! défense nationale!* ». Comme Dupin conclut son discours, plusieurs députés l'entourent et « le félicitent avec chaleur [2] ».

Mimerel et Dupin enrichissent de plusieurs thèmes fondamentaux l'idéologie protectionniste en voie de formation. Tout en établissant sa filiation avec l'époque révolutionnaire et impériale, ils présentent la protection douanière comme un instrument de stabilité sociale autant que d'enrichissement économique. Pour Mimerel et Dupin, la limitation de la concurrence étrangère apparaît comme un moyen de réduire les tensions et les souffrances suscitées par l'émergence de la grande industrie. On verra que cette dimension sociale joue un rôle clé dans la dissémination du discours protectionniste. Mais il convient d'abord de resituer l'émergence du nationalisme économique français dans son contexte international de rivalité des puissances économique secondaires – France, Etats-Unis, Allemagne – avec la Grande-Bretagne. Le cas de Friedrich List, publiciste allemand, citoyen américain et admirateur de la France, illustre à la fois l'importance du modèle français pour les protectionnistes étrangers et le caractère transnational du nationalisme entre 1825 et 1845.

---

1. *Ibid.*, pp. 35-36.
2. *Ibid.*, pp. 35-37.

Chapitre 13

Friedrich List et la genèse du Système national d'économie politique *(1837-1841)*

Le nouveau discours des nationalistes économiques français a des échos dans toute l'Europe. C'est normal : au lendemain de la Révolution de Juillet, la France demeure une référence pour les milieux libéraux européens. Mais le nationalisme commercial français est lui-même influencé par les transformations économiques du vieux continent après 1815, en particulier par la création du *Zollverein* ou union douanière des Etats allemands en 1834.

La genèse des idées de Friedrich List, théoricien majeur du protectionnisme, permet d'illustrer ces interactions. Sa pensée trouve ses sources en Allemagne, aux Etats-Unis et en France. Il remet en cause l'économie politique parce qu'elle ignore le fait national et par hostilité envers la suprématie économique de la Grande-Bretagne. Son nationalisme aux origines transnationales connaîtra un rayonnement durable : il influencera les politiques économiques de la Russie et du Japon à la fin du XIXe siècle, de la Chine et d'autres pays asiatiques au XXe siècle.

Les débats et le modèle économique français ont une influence décisive sur la pensée de List. Admirateur de la Révolution de 1789 et de l'œuvre napoléonienne, List séjourne en France à quatre reprises : en 1822, en 1824, de 1830 à 1831 et de 1837 à 1840. Au cours de ce dernier séjour, List met en forme sa conception des relations économiques internationales. A l'occasion d'un concours organisé par l'Académie des sciences morales et politiques sur la question de la liberté commerciale, il rédige un mémoire qui souligne le rôle de la protection douanière dans le développement industriel. Il n'obtient pas le premier prix. Mais son mémoire sert d'ébauche à son *Système national d'économie politique*, qu'il écrit à Paris – en français puis en allemand – de 1838 à 1840.

Interactions entre les nationalismes économiques français et allemand

Dans les années 1830, la France reste en Europe la « Grande Nation ». La nation allemande, en revanche, est encore en voie de formation.

A l'issue du Congrès de Vienne, la Confédération germanique, qui succède au Saint Empire, reste constituée de trente-huit Etats souverains. Chacun lève ses propres droits de douane et bat sa propre monnaie. Cette situation, conjuguée au rétablissement de la concurrence britannique après 1815, provoque une grande insatisfaction dans les milieux commerçants et manufacturiers allemands. Pour accroître son influence politique, la Prusse entreprend de réaliser l'unité commerciale de la Confédération. Après avoir aboli les douanes intérieures sur son territoire en 1818, elle établit une union douanière avec plusieurs petits Etats d'Allemagne du Nord. Le traité du *Zollverein*, signé en mars 1833 et entré en vigueur le 1ᵉʳ janvier 1834, étend cette union des principaux Etats d'Allemagne centrale et méridionale. Le grand-duché de Bade en 1835 et Francfort en 1836 rejoignent la nouvelle union douanière, dont ne restent à l'écart que le Hanovre, les villes libres de l'ancienne Hanse commerciale – Hambourg, Brême et Lübeck – et l'Empire autrichien [1].

La création du *Zollverein* est souvent signalée comme une étape de l'unification politique de l'Allemagne. Mais à l'époque déjà, l'unification économique des Etats allemands en un marché de plus de 25 millions de consommateurs apparaît en soi comme un événement majeur. Elle suscite des craintes dans plusieurs pays européens.

---

1. William O. Henderson, *The Zollverein*, Londres, Frank Cass, 1959, pp. 70-102 ; Hans-Werner Hahn, *Geschichte des Deutschen Zollverein*, Göttingen, Vandenhoeck & Ruprecht, 1984, pp. 43-87.

Les Britanniques, en particulier, déplorent le niveau élevé des tarifs du *Zollverein* sur les produits manufacturés. Les partisans du *free trade* en tirent argument pour demander l'abolition de la protection douanière sur les importations de céréales : la mesure satisferait les exportateurs de blé allemands et réduirait l'influence des partisans de tarifs élevés, pour la plupart des industriels, au sein du *Zollverein* [1]. En France, l'Alsace et d'autres régions craignent une nouvelle réduction de leurs exportations outre-Rhin. Des chambres de commerce, notamment Strasbourg, font pression pour que le gouvernement français s'oppose à la constitution, puis à l'extension du *Zollverein* [2].

L'unification douanière et les progrès économiques de l'Allemagne modifient son image en Grande-Bretagne et en France [3]. Jusque dans les années 1820, les Etats allemands, attachés à l'absolutisme et à un régime de production corporatiste, étaient perçus comme en retard sur leurs grands voisins occidentaux. Après 1830, non seulement cette image se dissipe, mais un nombre croissant de participants aux débats économiques en France commence à citer l'Allemagne, plutôt que la Grande-Bretagne, comme modèle à imiter [4].

Certains admirateurs des progrès économiques de l'Allemagne sont des partisans de la liberté commerciale, comme Arlès-Dufour qui veut voir dans le *Zollverein* une étape dans l'abolition des barrières douanières sur tout le continent européen [5]. Mais la plupart sont des défenseurs de la protection douanière. L'unification économique de l'Allemagne inspire en particulier ceux qui croient au primat de la nation dans les échanges commerciaux.

Le Lorrain Mathieu de Dombasle, l'un des premiers combattre l'« esprit libéral » en économie politique, souligne dans *De l'avenir*

---

1. Lucy Brown, *The Board of Trade and the Free Trade Movement*, Oxford, Clarendon, 1958, pp. 107-110.

2. ADBR, 12 M 41, dossier « Craintes suscitées par les Associations commerciales en Allemagne », 1831-1836.

3. Michel Hau, *Histoire économique de l'Allemagne, XIXe-XXe siècle*, Paris, Economica, 1994, pp. 23-42.

4. Cette nouvelle fascination pour le modèle allemand s'épanouira dans les milieux intellectuels, en particulier chez les socialistes, après la défaite de la France face à la Prusse en 1870-1871 ; voir Claude Digeon, *La crise allemande la pensée française (1870-1914)*, Paris, PUF, 1959, rééd. 1992, et Alan Mitchell, *The Divided Path : the German Influence on Social Reform in France after 1870*, Chapel Hill, University of North Carolina Press, 1991.

5. F.-B. Arlès-Dufour et A. Dervieu, *Un mot sur les fabriques de soieries, op. cit.*, pp. 8-9.

industriel que l'Allemagne, depuis 1815, a fait « plus de progrès que la France, dans la carrière de l'industrie ; et elle doit en grande partie cette supériorité au bonheur qu'elle a eu de ne pas posséder de colonies, et d'être exempte, par sa position, de ces velléités de commerce extérieur qui ont formé pour nous une puissante distraction aux efforts dirigés vers notre industrie intérieure. L'Allemagne s'est avancé à pas de géant dans la carrière des industries agricole et manufacturière ; et nulle part, peut-être, le bien-être des classes ouvrières ne s'est amélioré dans une proportion plus rapide que dans ce pays [1] ».

Parce que le développement économique de l'Allemagne ne repose pas sur l'expansion coloniale mais sur le marché intérieur, Dombasle suggère qu'elle constitue pour la France un meilleur modèle à suivre que la Grande-Bretagne. « L'Allemagne », prédit-il, « est certainement destinée à offrir le spectacle d'une des nations les plus riches et les plus prospères du monde ; et on la verra grandir en population et en puissance solide et réelle, à mesure que l'Angleterre accomplira sa destinée inévitable de lente décadence ou de brusque catastrophe [2]. »

L'avènement de l'Allemagne comme grande puissance économique est l'un des principaux sujets des débats parlementaires sur les deux lois de douanes de 1836. Avant même que ne commence la discussion générale sur le premier projet de loi, Pierre de Schauenbourg, député du Bas-Rhin, émet une protestation contre l'inaction du gouvernement face à la création d'« un système d'envahissement, à la fois commercial et politique » sur la frontière est de la France [3]. Au cours des débats, les défenseurs du système protecteur invoquent à plusieurs reprises l'exemple de l'Allemagne. Le légitimiste Louis Hennequin, par exemple, évoque les risques posés par « cette menaçante confédération commerciale, [qui] tend à réserver le commerce de l'Allemagne aux populations allemandes ». Le conservateur Saint-Marc de Girardin, qui a récemment complété un rapport louant les qualités de l'enseignement secondaire dans les Etats allemands, compare le *Zollverein* au « système continental de l'Empire, mais en miniature [4] ».

Thiers, président du Conseil, répond qu'on ne pouvait empêcher

---

1. C. Mathieu de Dombasle, *Des intérêts respectifs*, *op. cit.*, pp. 44-45.
2. *Ibid.*, pp. 62-64.
3. AP, vol. 101, séance du 13 avril 1836, pp. 714-715.
4. AP, vol. 103, séance du 2 mai 1836, p. 99.

l'unification commerciale de l'Allemagne, parce qu'elle correspondait aux aspirations du peuple allemand. Thiers, au cours des années 1820, a noué des relations étroites avec plusieurs libéraux allemands. Il a régulièrement contribué à l'une de leurs principales publications, l'*Allgemeine Zeitung* ou *Gazette d'Augsbourg* [1]. Sa réponse aux interpellations des députés suggère que le mouvement pour l'unification douanière de l'Allemagne n'est pas étranger à ses convictions économiques nationalistes : comme lui-même, déclare-t-il, « il faudrait avoir été témoin du sentiment qui a porté les peuples allemands à cette association pour comprendre combien cette association était inévitable. Tous ceux qui ont parcouru l'Allemagne en 1826-1827 et 1828, ont pu voir qu'il n'y avait qu'un cri unanime, en Allemagne, contre cette division infinie de régimes de douanes ». La formation du *Zollverein*, conclut-il, « était évidemment un mouvement spontané de tous les peuples allemands, auquel il était impossible de s'opposer [2] ».

Mais l'influence du modèle économique français sur le nationalisme économique allemand a été peut-être plus grande encore. Pour les partisans d'une union douanière en Allemagne, la Révolution, qui a aboli les douanes à l'intérieur de la France, et la réorganisation de l'Allemagne par Napoléon, qui a supprimé de nombreuses institutions féodales et simplifié les frontières, servent de références. Les privations engendrées par le Blocus continental ont certes attisé l'hostilité de la majeure partie de la population allemande contre l'occupant français. Mais le Blocus, en empêchant les importations britanniques, a permis le développement d'intérêts manufacturiers dans le sud et l'ouest du pays, désormais favorables à la protection du marché allemand contre la concurrence étrangère [3].

Après 1815, la politique douanière de la France encourage les Etats allemands à adopter des tarifs élevés. En 1839, à l'occasion d'un congrès du *Zollverein*, le gouvernement de la Grande-Bretagne dépêche Bowring à Berlin. L'agent britannique fait pression pour la réduction des tarifs de l'association, sans obtenir de résultat significatif. Dans son rapport au Parlement, Bowring attribue en partie son échec au mauvais exemple donné par la France. Selon lui, « les tarifs

1. Robert Marquant, *Thiers et le Baron Cotta : étude sur la collaboration de Thiers à la « Gazette d'Augsbourg »*, Paris, PUF, 1959.
2. AP, vol. 103, séance du 2 mai 1836, p. 102.
3. S. Woolf, *Napoleon's Integration of Europe, op. cit.*, pp. 143-144 ; Marcel Dunan, *Napoléon et l'Allemagne : le système continental et les débuts du royaume de Bavière, 1806-1810*, Paris, Plon, 1943, pp. 290-295.

hostiles de la France n'ont pas été sans influence sur ceux du *Zollve-rein* », d'autant qu'ils sont particulièrement élevés sur les produits allemands qui pourraient être exportés en France. Bowring souligne combien la politique française incarne désormais le principe de la protection douanière en Europe : « Nulle part [ailleurs qu'en France] le capital n'a été aussi violemment arraché à ses tendances naturelles – nulle part une si grande partie de la production ne repose sur des fondations précaires [1]. »

Au cours de sa mission en Allemagne, Bowring remarque aussi un chassé-croisé idéologique identique à celui qu'avait noté son ami Perronet Thompson en France, où les régions politiques libérales paraissaient les plus hostiles à la liberté commerciale [2] : tandis que les régimes constitutionnels du Sud sont les plus favorables à une politique de protection douanière, la Prusse autoritaire voudrait réduire les tarifs du *Zollverein* pour satisfaire ses grands propriétaires terriens exportateurs de céréales. « Rien ne serait plus regrettable », commente Bowring, « qu'une alliance entre une tendance politique libérale et une politique commerciale anti-libérale de la part des petits Etats, contre une alliance entre une politique commerciale libérale et une tendance politique anti-libérale représentée par la Prusse [3]. » Friedrich List offre un exemple remarquable de l'influence française sur la formation du nationalisme économique allemand, et de la nouvelle association de l'antilibéralisme commercial au libéralisme politique.

List et la France

List est né en 1789 à Reutlingen, ville libre du Saint Empire annexée par le royaume du Wurtemberg en 1802. Fils d'un tanneur aisé, il devient fonctionnaire au ministère de l'Intérieur. Il milite au sein de l'administration pour une réforme libérale, qui réduirait les abus de pouvoir tout en accroissant l'efficacité des fonctionnaires. En 1817, il est nommé professeur d'administration publique à Tübingen, où ses

---

1. *Report on the Prussian Commercial Union*, in *Parliamentary Papers*, House of Commons, n° 225, 1840, p. 50.
2. Voir chapitre 12, pp. 248-249.
3. TNA, FO 97/326, f° 26, lettre de Bowring à Palmerston, 17 septembre 1839.

idées réformatrices sont mal reçues par le corps enseignant et les étudiants souvent issus de la noblesse. En 1820, il est élu député et devient l'une des figures de proue de l'opposition libérale à la Chambre des représentants. Son rôle dans la rédaction d'une pétition contre les méthodes arbitraires de l'administration sert de prétexte à une condamnation à dix mois de forteresse en avril 1822. Il se réfugie à Strasbourg pour échapper à la prison [1].

Peu avant son exil, List joue un rôle de premier plan dans les débuts du mouvement d'opinion en faveur d'une union douanière des Etats allemands. De 1819 à 1820, il est secrétaire du nouveau *Handels und Gewerbsverein* (Union du commerce et de l'industrie), association de fabricants allemands qui réclame l'abolition des douanes intérieures et l'adoption d'un tarif commun par les Etats de la Confédération germanique [2]. Les idées de List ne sont alors ni libre-échangistes, ni protectionnistes, mais à la fois patriotiques et libérales. Par le ton comme par le raisonnement, elles rappellent les réclamations des marchands strasbourgeois en faveur de la liberté de transit par l'Alsace en 1817-1819.

La campagne menée par List s'inspire de l'unification commerciale la France en 1791. En avril 1819, dans une pétition à la Diète confédérale de Francfort, après avoir décrit le tort causé par les multiples péages et autres obstacles rencontrés par les marchands allemands, il affirme : « Cette situation est désespérante pour des hommes qui désirent travailler et échanger. Ceux-ci regardent avec des yeux envieux de l'autre côté du Rhin, où un grand peuple peut se livrer aux échanges sur des fleuves libres et des routes ouvertes, sans rencontrer aucun péage, depuis la Manche jusqu'à la mer Méditerranée, depuis le Rhin jusqu'aux Pyrénées, et depuis les frontières de la Hollande jusqu'à l'Italie [3]. »

Dans un mémoire plus détaillé adressé au chancelier autrichien Klemens von Metternich en février 1820, List emploie le langage de la nation, proposant d'« aider à faire renaître l'une des nations les plus cultivées, les plus nobles et les plus fortes d'Europe, [...] de faire

---

1. La meilleure biographie de List reste William O. Henderson, *Friedrich List : Economist and Visionary*, Londres, Franck Cass, 1983.
2. Sur List secrétaire du *Gewerbsverein*, voir notamment Paul Gehring, *Friedrich List : Jugend und Reifejahre, 1789-1825*, Tübingen, J.C.B. Mohr, 1964, pp. 262-266.
3. « Bittschrift an die Bundesversammlung », 14 avril 1819, in Friedrich List, *Werke : Schriften, Reden, Briefe*, édition sous la direction d'Erwin von Beckerath et al., 10 vol., Berlin, Reimar Hobbing, 1927-1935, t. I.2, pp. 491-495, citation p. 493.

s'embrasser les peuples d'Allemagne comme des frères, de façon à unir leurs forces, pour soutenir l'indépendance et la dignité de la nation à l'extérieur et pour propager le bien-être et la civilisation à l'intérieur [1] ». Mais List emploie aussi le langage de la liberté. En 1819, il se prononce pour « la liberté universelle du commerce [2] ». En 1820, il propose la réunion d'« un congrès commercial » européen pour abolir les douanes sur tout le continent [3]. Enfin, List reste imprégné par les principes mercantilistes. Il dénonce les pertes de métaux précieux entraînées par le déficit commercial de la Confédération germanique [4].

Malgré les circonstances qui l'ont forcé à s'y réfugier, List se plaît beaucoup en Alsace : « je préférerais être fromager ici [à Strasbourg] que conseiller d'Etat à Stuttgart » (la capitale du Wurtemberg), écrit-il à sa femme en mai 1822 [5]. Il y apprécie la possibilité de goûter à la culture et aux mœurs françaises et la fidélité de Strasbourg aux traditions et à la langue allemande. Il fréquente d'autres exilés allemands ainsi que les milieux libéraux français. Il s'intéresse aux écrits français sur l'économie politique et se propose de traduire en allemand les *Considérations sur l'industrie et la législation*, ouvrage hétérodoxe de Louis Say, le frère de Jean-Baptiste, qui rejette à la fois le libéralisme intégral de Ricardo et les principes du système mercantile [6].

Depuis Strasbourg, List publie des comptes rendus sur les affaires alsaciennes et françaises dans la *Neckar Zeitung*, journal radical publié à Stuttgart par son beau-frère. Ses articles sur la France sont sans concession pour le gouvernement Villèle. Il critique entre autres le projet de loi de douanes de 1822, parce que celui-ci augmente les droits d'entrée sur le bétail et d'autres produits agricoles importés d'Allemagne. List regrette la rupture des échanges traditionnels entre l'est de la France et les Etats allemands, et prévoit des représailles de la part de ces derniers [7].

Dès son arrivée à Strasbourg en avril 1822, le préfet du Bas-Rhin

---

1. « Denkschrift, die Handels- und Gewerbsverhältnisse Deutschlands betreffend », 15 février 1820, in F. List, *Werke, op. cit.*, t. I.2, pp. 527-547, citation p. 527.

2. « Bittschrift », in F. List, *Werke, op. cit.*, t. I.2, p. 492.

3. « Denkschrift », in F. List, *Werke, op. cit.*, t. I.2, p. 546.

4. « Wohin führt die gegenwärtige Handelsbilanz Deutschlands ? », 1819, in F. List, *Werke, op. cit.*, t. I.2, pp. 566-569.

5. Lettre de List à Caroline List, mai 1822, in F. List, *Werke, op. cit.*, t. VIII, p. 221.

6. Louis Say, *Considérations sur l'industrie et la législation sous le rapport de leur influence sur la richesse des Etats*, Paris, 1822.

7. Articles intitulés « Französische Gränze [sic] », *Die Neckar Zeitung*, 23 avril, 27 avril et 16 mai 1822.

place List sous surveillance. La police française juge d'abord le réfugié allemand inoffensif, puis découvre qu'il est l'auteur d'articles parmi « les plus virulents à la Gazette du Neckar ». Saisissant comme prétexte un discours improvisé par List dans un café strasbourgeois contre « le système actuel » de gouvernement en France, le préfet le fait expulser [1]. List quitte Strasbourg le 17 septembre 1822, se réfugie en Suisse pendant dix-huit mois, puis se rend discrètement à Paris où le général La Fayette propose de l'aider à s'établir aux Etats-Unis.

List n'acceptera l'offre de La Fayette qu'après une vaine tentative de retour dans le Wurtemberg, qui se termine par son emprisonnement en août 1824. Six mois plus tard, le gouvernement wurtembourgeois accepte de libérer List, mais à condition que celui-ci émigre définitivement en Amérique du Nord. Les carnets personnels de List, alors qu'il se rend au Havre afin de s'embarquer pour New York, témoignent à nouveau de son admiration pour l'unification du marché français. De passage à Strasbourg pour régler ses affaires, il écrit : « Les avantages de l'union avec une grande nation se font sentir en Alsace dans toutes les classes [2]. » Comme il franchit à nouveau la frontière prusso-française près de Metz, après être allé chercher sa famille et ses bagages, il exprime même son admiration pour la bienséance et la modicité des pots-de-vin réclamés par les douaniers français : « Courtois, comme le sont même les Français les plus communs, le *douanier** nous invita à descendre et à ouvrir nos valises. Une pièce d'un franc, qui glissa dans sa main à la faveur de la pénombre, lui donna la conviction que rien de prohibé ne s'y trouvait et à nous l'avantage que nos affaires ne soient pas dérangées [3]. »

La richesse de la vallée de la Seine entre Paris et Le Havre fait forte impression sur List. Peu avant de s'embarquer pour les Etats-Unis, il écrit : « Quand donc la vue de régions industrielles aussi riches remettra-t-elle sur le droit chemin les émules d'Adam Smith ? Que cet enseignant de l'économie politique ait rendu service aux peuples à d'autres égards, soit : tous ses services ne compensent pas selon nous le tort qu'a causé ce petit caprice, le caprice de la soi-

---

1. Rapport du préfet du Bas-Rhin au ministre de l'Intérieur, 18 septembre 1822, cité dans F. List, *Werke, op. cit.,* t. VIII, p. 239.
2. Cité dans Hans Gehrig, *Friedrich List und Deutschlands politisch-ökonomosiche Einheit*, Leipzig, Kœhler & Amelang, 1956, p. 92.
* En français dans le texte.
3. F. List, *Werke, op. cit.,* t. VIII, p. 58, « Tagesbuch », s.d., début avril 1825.

disant liberté de circulation [des marchandises], dans l'esprit de nos théoriciens [1]. »

List arrive à New York en juin 1825. La Fayette, qui fait alors une tournée triomphale aux Etats-Unis, présente List à plusieurs personnalités influentes de la jeune république et l'aide à s'établir en Pennsylvanie. Le réfugié allemand dirige l'exploitation d'une mine de charbon et se fait entrepreneur de chemins de fer : son intérêt pour ce nouveau moyen de transport, encore récent et peu répandu hors de Grande-Bretagne, ne se démentira pas au cours des décennies suivantes. Mais il continue en parallèle sa carrière de publiciste. En 1827, il devient rédacteur d'un journal pennsylvanien de langue allemande, le *Reading Adler*. La même année, au nom de la *Pennsylvania Society for the Promotion of Manufactures*, il rédige en anglais une série de lettres qui battent en brèche les arguments des partisans de la liberté commerciale aux Etats-Unis. D'abord apparues dans la *National Gazette* de Philadelphie, les lettres sont bientôt publiées sous la forme de deux brochures, avec pour titre *Outlines of American Political Economy*.

Plusieurs historiens se sont appuyés sur ces *Outlines* pour souligner les origines américaines de la pensée protectionniste de List. Ces lettres sur l'économie politique contiennent en effet déjà plusieurs de ses idées importantes, y compris le concept de « puissance productive » des nations [2]. Au cours de son séjour aux Etats-Unis, List s'est vraisemblablement familiarisé avec les arguments des partisans du « système américain » de protection contre la concurrence britannique, au premier rang desquels Daniel Raymond, l'auteur de *Thoughts on Political Economy* [3]. Ces arguments en faveur du caractère « américain » de la pensée de List restent cependant conjecturaux : List ne cite aucun auteur américain dans ses *Outlines* et n'en citera aucun dans ses futurs écrits [4].

List rejetait déjà, on l'a vu, la conception smithienne du commerce international avant de s'embarquer pour les Etats-Unis. En outre, dans ses *Outlines*, il s'appuie sur un auteur français, Chaptal : « Lisez, je

---

1. F. List, *Werke, op. cit.*, t. VIII, p. 77, « Tagesbuch », s.d., mi-avril 1825.
2. Friedrich List, *Outlines of American Political Economy/Grundriß der amerikanischen politischen Okonomie*, Wiesbaden, Böttiger, 1996, p. 57 (1ʳᵉ édition américaine en 1827).
3. Daniel Raymond, *Thoughts on Political Economy*, Baltimore, 1820.
4. Pour une défense de la thèse des origines américaines de la pensée de List, voir Keith Tribe, *Strategies of Economic Order : German Economic Discourse, 1750-1950*, Cambridge, Cambridge University Press, 1995, pp. 32-47.

vous prie, le 15ᵉ chapitre (1ᵉʳ vol.) de son ouvrage célèbre *De l'industrie française* (1819), et vous y trouverez une réfutation pratique et matérielle de la théorie de Say » et d'Adam Smith. Le modèle français reste sa principale source d'inspiration. Il vante les effets bénéfiques du Blocus napoléonien en Europe continentale et le refus de la Restauration de s'ouvrir aux importations britanniques après 1815. Enfin, il recommande aux Etats-Unis une entente commerciale avec la France pour lutter contre l'hégémonie britannique : « Les Etats-Unis ont acquis leur indépendance politique en se séparant de l'Angleterre et en s'unissant avec la France – et de cette manière – seulement de cette manière – ils peuvent acquérir leur indépendance économique [1]. »

En 1828, List fait campagne dans le *Reading Adler* pour le candidat démocrate Andrew Jackson. Mais la Révolution de Juillet 1830 en France le décide à rentrer en Europe. Ayant obtenu la citoyenneté américaine en octobre 1830, il demande un consulat en Alsace ou dans un Etat allemand autre que le Wurtemberg. Jackson, élu président, le nomme consul américain à Hambourg. Le sénat de Hambourg, ville conservatrice, rejette la nomination de List en invoquant ses liens avec le mouvement démocratique en Allemagne. Cette décision affecte peu les projets de List, qui souhaite avant tout œuvrer à la construction d'un réseau de chemins de fer en France et à un accord commercial franco-américain.

Arrivé au Havre en décembre 1830, List s'installe à Paris où il s'entretient avec de nombreuses personnalités de ses projets ferroviaires et commerciaux pour la France. Il publie des articles en faveur d'un réseau français de chemins de fer dans la presse libérale et des « Idées sur des réformes économiques, commerciales et politiques, applicables à la France » dans *La Revue encyclopédique*. Ces « Idées » soulignent les avantages potentiels des chemins de fer pour la France et appellent à une libéralisation partielle du régime commercial français. Mais List ne veut pas que la France détruise toutes ses « forteresses » douanières. Il condamne les négociations entamées avec la Grande-Bretagne et conseille plutôt le resserrement des liens économiques avec les Etats-Unis [2].

---

1. F. List, *Outlines, op. cit.,* pp. 41-51, pp. 145-147.
2. Frédéric List *(sic),* « Idées sur des réformes économiques, commerciales et politiques applicables à la France », *La Revue encyclopédique*, n° 49, 1831, pp. 473-490, et n° 50, 1831, pp. 37-52. Ces articles sont aussi réunis en une brochure, dont 500 exemplaires sont imprimés ; AN, F18*II 21, impression 2507, 23 août 1831.

List envisage de s'établir en France, si possible en Alsace, plutôt qu'en Allemagne : « La France a aujourd'hui assez de liberté, pour garantir à chaque démocrate le libre exercice de ses talents, la sécurité de ses entreprises et sa libre expression, ce qui n'est aucunement le cas en Allemagne [1]. » Le peu d'intérêt suscité par ses projets ferroviaires en France le fait changer d'avis. Après être allé rechercher sa famille en Pennsylvanie en janvier 1832, il retourne en Allemagne à la fin de l'été 1832. Nommé consul des Etats-Unis à Baden en 1832 et à Leipzig en 1834, il mène campagne pendant quatre ans pour la construction de lignes de chemins de fer, en Saxe et dans les autres Etats allemands. Ses efforts aboutissent à la construction de la première grande ligne ferroviaire allemande, entre Leipzig et Dresde, achevée en 1839 [2].

List échoue à obtenir la direction des chemins de fer saxons et il décide de tenter à nouveau sa chance en France. Il se rend à Paris à la fin de l'été 1837 et y réside jusqu'au printemps 1840 : c'est au cours de ces trois années, alors que le rejet des idées commerciales libérales bat son plein dans l'opinion française, que List va reprendre ses travaux sur l'économie politique.

« Le système naturel d'économie politique »

Peu après son arrivée à Paris en octobre 1837, List apprend que l'Académie des sciences morales et politiques, abolie par Napoléon en 1803 et rétablie par Guizot en 1832, a choisi comme premier sujet de son concours d'économie politique une question sur la politique commerciale : « Lorsqu'une nation se propose d'établir la liberté du commerce ou de modifier sa législation sur les douanes, quels sont les faits qu'elle doit prendre en considération pour concilier de la manière la plus équitable les intérêts des producteurs nationaux et ceux de la masse des consommateurs [3] ? »

La formulation de la question révèle un biais favorable à la liberté commerciale. La majorité des membres de la section d'économie

---

1. F. List, *Werke, op. cit.,* t. VIII, p. 375, lettre de List à Caroline List, 28 janvier 1831.
2. W.O. Henderson, *List, op. cit.,* pp. 78-81.
3. *Concours de l'Académie des sciences morales et politiques, 1834-1900,* Paris, 1901, p. 3.

politique de l'Académie (parmi lesquels Adolphe Blanqui, Alexandre de Laborde, Louis-René Villermé) est hostile au système protecteur, et c'est Charles Comte, gendre de Say et secrétaire de l'Académie, qui a suggéré le sujet en juillet 1833, avec les encouragements de Bowring – « la question que [Comte] propose pour le concours », explique l'agent britannique à son ami Villiers, « porte sur les effets du système prohibitif et les moyens d'extirper la France de sa pernicieuse influence [1] ». L'historien Auguste Mignet, un ami de Thiers, s'oppose à l'adoption du sujet au motif qu'il ne s'agit pas d'« une question scientifique », mais la majorité des académiciens acceptent la proposition de leur secrétaire [2].

La clôture du concours est initialement fixée au 31 décembre 1835. Mais un jury composé de cinq académiciens juge qu'aucun des sept mémoires reçus par l'Académie avant cette date ne répond à la question de manière satisfaisante, et le concours est prolongé jusqu'au 31 décembre 1837. Dans son rapport recommandant la prorogation de l'épreuve, Charles Dupin, membre du jury, donne des instructions aux prochains candidats qui réinterprètent la question dans un sens favorable au système protecteur. Il recommande en particulier de ne pas accorder au terme liberté le sens absolu que lui donnent « quelques théoriciens spéculatifs », car selon lui c'est « abuser du langage que d'interpréter de la sorte le mot de liberté, par un acte qui non seulement rend esclave, mais étouffe et tue certaines espèces de commerce national ». Dupin appelle de ses vœux un mémoire faisant preuve de la même largeur de vues que *La richesse des nations* de Smith, mais qui légitimerait l'emploi de la protection douanière [3].

List est enthousiasmé à la fois par les instructions de Dupin aux candidats, par le prix de 3 000 francs promis au vainqueur, et par la possibilité d'« un triomphe sur [ses] ennemis en Allemagne » s'il remporte un concours organisé par une institution aussi prestigieuse en Europe [4]. En six semaines, avec l'aide de sa fille Emilie qui maîtrise parfaitement le français, il rédige un mémoire de 165 pages manuscrites. Il y expose pour la première fois de façon systématique

---

1. BOL, fonds Clarendon MS 546/1/2, f⁰ˢ 114-115, lettre de Bowring à Villiers, 6 juin 1833.
2. AASMP, 2 D 1, f⁰ˢ 90-91, procès-verbaux de l'Académie, 20 et 26 juillet 1833.
3. AASMP, 2 D 2, f⁰ˢ 15-19, procès-verbaux, 28 décembre 1836.
4. F. List, *Werke, op. cit.,* t. IV, pp. 46-48, lettres de List à Caroline List, 22 novembre 1837 et 1ᵉʳ janvier 1838.

sa conception de la politique commerciale comme moyen d'encourager le développement industriel des nations dans les zones tempérées du globe. Des spécialistes de List ont publié le mémoire en 1927 avec un titre qui reprend une formule employée par l'auteur : « Le système naturel d'économie politique [1] ».

Sans atteindre la sophistication des arguments de Smith et Ricardo en faveur de la liberté des échanges, la théorie de List est nettement plus rigoureuse que les idées exposées par Thiers, Dombasle, Dupin ou Mimerel. List ne conteste pas les raisonnements déductifs des économistes. Il admet même que la liberté universelle du commerce doit être le but ultime des nations civilisées. Mais il rejette deux présupposés fondamentaux de l'économie politique, à savoir l'indifférence aux frontières nationales et la réduction de la richesse à la seule « valeur » des produits. A l'« économie individuelle et sociale ou cosmopolite », il oppose l'« économie nationale ou politique », et à la « théorie des valeurs », la « théorie des forces productives [2] ».

Comme la plupart des nationalistes économiques français, List dénonce la confusion sémantique sur le terme liberté, qui a permis à l'économie politique de se propager dans les Etats dotés d'institutions politiques libérales : « Partout ce mot de liberté commerciale a servi à beaucoup d'abus et de mystifications. » « Le commun des hommes », ajoute-t-il, « est très susceptible de confondre la liberté du commerce avec la liberté civile et politique »; pourtant, « en fait de commerce extérieur, la liberté commerciale peut être bien confondue avec l'esclavage commercial ». List rejette la liberté du commerce international parce que celle-ci ne tient pas compte de l'échelon fondamental de l'organisation politique, la nation : « C'est à la nation que les individus doivent leur culture, leur langue, la sécurité de leurs propriétés, de leurs travaux et surtout de leurs relations avec les autres nations. Ils participent à sa gloire comme à sa honte, à ses souvenirs historiques comme à son avenir [...]. Rien n'est donc plus naturel et plus juste que de modifier les intérêts des individus suivants les intérêts de la nation à laquelle ils appartiennent [3]. »

---

1. « Le système naturel d'économie politique/Das natürliche System der politischen Okonomie », in F. List, *Werke, op. cit.,* t. IV, pp. 155-545 ; voir aussi traduction en anglais, Friedrich List, *The Natural System of Political Economy*, texte traduit et présenté par William O. Henderson, Londres, Franck Cass, 1983.

2. F. List, *Werke, op. cit.,* IV, pp. 174-208.

3. *Ibid.,* p. 172, p. 180.

En pratique, List recommande une politique commerciale adaptée au stade de développement de la nation considérée et à sa situation relative par rapport aux autres nations. Il reconnaît que la liberté commerciale puisse être avantageuse aux nations pré-industrielles, aux petits Etats dépendants du commerce extérieur, et à la « nation prédominante », donc à la Grande-Bretagne dans les années 1830. Dans chacun de ces cas, les avantages conférés par les tarifs aux producteurs ne compensent pas le coût des tarifs pour les consommateurs. La protection douanière n'est profitable, selon List, qu'aux nations où le niveau éducatif a permis l'entrée dans la période manufacturière du développement : ces nations sont d'abord la France et la Belgique, que List place au second rang du développement industriel après la Grande-Bretagne, puis les Etats-Unis et l'Allemagne, qui font leurs premiers pas [1].

A l'appui de ces recommandations, List invoque deux concepts principaux : les « forces productives » ou « facultés qui sont actives et qui contribuent à produire », par opposition aux « choses elles-mêmes qui sont produites et qui ont comme objets d'échange une valeur » ; et « l'histoire » économique des nations européennes depuis la fin du Moyen Age, dont il trace un panorama en soulignant les liens entre protection active de l'industrie et augmentation de la puissance économique [2]. En revanche, List rejette la théorie mercantiliste de la balance du commerce. Il fait allusion à Ferrier et approuve ses conclusions pratiques, mais souligne que celles-ci reposent sur des principes « dont la fausseté est depuis longtemps prouvée [3] ».

La proximité intellectuelle et idéologique de la théorie de List avec les idées des nationalistes économiques français est indéniable. « Le système naturel » s'inscrit dans un contexte résolument français : plus encore qu'Adam Smith, List combat le rêve d'une « république du globe » défendu par Jean-Baptiste Say, dont le nom est le plus fréquemment cité dans le manuscrit. List rend hommage à *De l'industrie française* de Chaptal et aux *Forces productives de la France* de Dupin, même si List a probablement élaboré la notion de « puissance productive » avant de prendre connaissance des travaux de Dupin [4]. List se livre aussi à un éloge des politiques commerciales

---

1. *Ibid.*, pp. 212-218, pp. 278-280, pp. 396-398.
2. *Ibid.*, pp. 190, pp. 410-514.
3. *Ibid.*, p. 158.
4. Edgar Salin et Artur Sommer, « Die positiven Quellen der Preisschrift », in F. List,

mises en œuvre par les figures tutélaires du système protecteur français, Colbert et Napoléon. Enfin, il rejoint les nationalistes français par sa méfiance envers la Grande-Bretagne : les mesures protectrices qu'il recommande à la France, aux Etats-Unis et à l'Allemagne sont inspirées par le désir de mettre fin à « la suprématie manufacturière et commerciale anglaise [1] ».

La pensée de List se distingue des idées exposées par les nationalistes français sur deux points fondamentaux. D'abord, elle est internationale. Elle ne traite pas de la politique commerciale d'une seule nation mais défend l'indépendance industrielle de toutes les nations européennes et américaines. En outre, contrairement à Dombasle, Dupin ou Mimerel, List ne voit pas dans les tarifs de douane un moyen d'apaiser les tensions sociales provoquées par l'industrialisation, voire de ralentir celle-ci. Certes il mentionne la possibilité de maintenir le taux des salaires ouvriers à un niveau plus élevé grâce à la protection douanière [2] ; mais, contrairement aux défenseurs français du système protecteur, il approuve sans réserve le passage de la période agricole à la période manufacturière du développement économique [3].

De cette différence découle en partie le caractère plus modéré des recommandations pratiques de List concernant l'intensité de la protection douanière. Il admet la nécessité d'un système prohibitif au lendemain de longues guerres et approuve la politique poursuivie par la France depuis 1815. Mais il appelle de ses vœux le passage à un système protecteur qui ait pour unique objectif l'encouragement aux manufactures. List condamne sans appel la protection accordée à l'agriculture, aux producteurs de matières premières et aux fabricants de machines, parce que de telles restrictions augmentent les coûts de production et ralentissent le développement industriel [4]. Or, comme on le verra dans les chapitres suivants, les protectionnistes français persisteront à défendre la protection douanière comme un droit partagé par tous les producteurs français, sans accorder de préférence aux manufacturiers.

Werke, op. cit., t. IV, pp. 50-145 ; voir aussi William O. Henderson, « Friedrich List and the French Protectionists », Zeitschrift für die gesamte Staatswissenschaft, n° 138, 1982, pp. 262-275.

1. F. List, Werke, op. cit., t. IV, 220-224, pp. 438-442, pp. 450-452.
2. Ibid., p. 386.
3. William O. Henderson, « Friedrich List and the Social Question », Journal of European Economic History, n° 10, 1981, pp. 697-708.
4. F. List, Werke, op. cit., t. IV, pp. 380-396.

En dépit de l'originalité de son mémoire, List ne remporte pas le concours organisé par l'Académie des sciences morales et politiques. Au 31 décembre 1837, l'Académie n'a reçu que six nouveaux mémoires, dont un par l'un des sept candidats de 1835. Elle juge à nouveau qu'aucun ne mérite le premier prix. Trois mémoires, dont celui de List, obtiennent toutefois la mention « ouvrage remarquable ». Les onze candidats autres que List, aux concours de 1835 et 1837, se partagent presque également entre partisans de la liberté commerciale (six candidats) et défenseurs de la protection (cinq candidats). Leurs origines sociales et géographiques témoignent de l'ampleur du débat sur le commerce international à l'intérieur de la France et sur le continent européen, en particulier en Allemagne : en plus du germano-américain List, on compte deux écrivains parisiens, un « homme de lettres » lyonnais, un secrétaire de mairie dans la Drôme, un ouvrier parisien, un publiciste bruxellois, un journaliste belge, un professeur de lettres classiques hollandais, un avocat de Hambourg, un négociant de Stuttgart et un bailli de la ville de Wittemberg en Prusse [1].

L'Académie retire du concours la question sur la liberté du commerce et, sur une proposition de Dupin, la remplace par une question sur les conséquences pour l'Allemagne et l'Europe de la constitution du *Zollverein*. Ce choix reflète à nouveau la préoccupation grandissante en France pour les affaires économiques allemandes. List est cruellement déçu de ne pas avoir obtenu le premier prix. Il attribue son échec à la prédominance des partisans de « l'école cosmopolite » parmi les membres du jury. Néanmoins, il annonce en septembre 1838 à l'éditeur allemand Johannes-Georg Cotta son intention de retravailler le manuscrit du « système naturel » pour en faire un véritable livre, qui servira de première pierre à « un nouveau système d'économie politique ». Il souhaite publier cet ouvrage simultanément en français et en allemand, à Paris et à Stuttgart, dans l'espoir d'influencer les opinions publiques des deux pays [2].

---

1. AASMP, 386 et 389, mémoires du concours sur la liberté du commerce.
2. F. List, *Werke, op. cit.,* t. IV, pp. 48-49, lettre de List à J.-G. Cotta, 6 septembre 1838.

Du « Système naturel » au « Système national »

De 1838 à 1840, List vit modestement à Paris en tant que correspondant parisien de l'*Allgemeine Zeitung* d'Augsbourg. Pour compléter ses revenus, il traduit plusieurs ouvrages français en allemand, dont *Des idées napoléoniennes* – une brochure écrite par Louis-Napoléon Bonaparte, dans laquelle le futur Napoléon III présente les politiques de son oncle comme ayant établi sur des bases solides les principes de 1789 [1]. En parallèle, List travaille à la version française de son nouvel ouvrage. Déçu de ne pas trouver d'éditeur parisien, il se consacre bientôt exclusivement à la version allemande. Mais les dix-huit chapitres de la version française dont il complète la rédaction préfigurent les principales innovations du « système national » par rapport au « système naturel ».

Dans l'introduction à ce manuscrit français inédit, List souligne son principal désaccord méthodologique avec Smith et Say : leur dédain pour l'histoire économique des nations. Au contraire des fondateurs de l'économie politique et de leurs disciples, List annonce son intention de faire reposer la théorie économique sur l'expérience historique : « nous consulterons avant tout l'histoire de la civilisation et du commerce des peuples modernes. Sur la base que nous offrira le résultat de cet examen nous fonderons notre théorie, et la lumière que nous en verrons jaillir sera la pierre de touche à laquelle nous soumettrons les systèmes [2] ».

Pour mettre en évidence l'originalité de sa démarche, List place en tête de l'ouvrage dix chapitres retraçant de manière plus approfondie que dans son mémoire de 1837 l'histoire économique des principaux Etats européens – républiques italiennes, ligue hanséatique, Pays-Bas, Angleterre, Espagne, Portugal, France, Allemagne et Russie – et des Etats-Unis. Probablement parce qu'il compte s'adresser à un public français, List insiste sur les bienfaits apportés par le Blocus continental des deux côtés du Rhin. Il considère comme « un bonheur » pour la France que Napoléon n'ait pas étudié l'économie politique et, dans le chapitre sur l'Allemagne, rend à nouveau hommage à la prohibition des produits britanniques par l'Empereur : « Vint ensuite le système

---

1. Bonaparte Louis-Napoléon, *Des idées napoléoniennes,* Paris, 1839.
2. SR, Fasc. 23.3, « Introduction », manuscrit inachevé, s.d., 1838.

continental de Napoléon, qui fit époque dans l'histoire industrielle de l'Allemagne [...]. Quoi qu'en puissent dire les théoriciens et particulièrement les théoriciens anglais, il est certain (tous ceux qui sont au fait de l'industrie allemande sont obligés d'en convenir et tous les documents statistiques de cette époque en font foi) que les manufactures allemandes de tout genres *[sic]* ne commencèrent à prendre un essort *[sic]* véritable qu'à la suite du système continental [1]. »

L'insistance de List sur l'importance de l'histoire déterminera sa postérité intellectuelle. L'« école historique » d'économie politique, prépondérante dans les universités allemandes à la fin du XIXe siècle, puisera en partie son inspiration dans les travaux de List [2]. La même école historique fera des émules en France, comme l'économiste Paul Cauwès, et surtout en Grande-Bretagne, où les partisans d'une approche ancrée dans l'histoire resteront jusqu'à la Première Guerre mondiale les principaux adversaires de l'orthodoxie libérale incarnée par Alfred Marshall [3].

List défend aussi l'histoire économique dans la presse. En septembre 1839, il publie dans *Le Constitutionnel* un long article au titre éloquent, « L'économie politique devant le tribunal de l'histoire ». Le prétexte de l'article est l'éventuelle reprise des pourparlers commerciaux entre la France et la Grande-Bretagne. List s'y oppose de crainte que la France ne devienne, comme le Portugal après le traité de Methuen, un « vignoble des Anglais ». Il utilise le sujet pour souligner le rôle que l'histoire doit jouer dans les choix de politique économique. Il décrit en particulier les politiques poursuivies par l'Angleterre depuis Cromwell pour montrer que « les restrictions [commerciales] ne sont que le moyen *de perfectionner l'éducation industrielle des nations* [4] ».

Le Constitutionnel est passé à la fin des années 1830 sous le con-

---

1. RS, Fasc. 23.3, « Chapitre VI – Les Français » et « Chapitre VII – Les Allemands », manuscrit inachevé, s.d., 1838.
2. Peter Koslowski (dir.), *The Theory of Ethical Economy in the Historical School*, Berlin, Springer, 1995 ; Yuichi Shionoya (dir.), *The German Historical School*, Londres/New York, Routledge, 2001 ; Erik Grimmer-Solem, *The Rise of Historical Economics and Social Reform in Germany, 1864-1894*, Oxford, Oxford University Press, 2003.
3. Alain Gélédan, « Paul Cauwès, un nationaliste pour l'Etat régulateur », in Y. Breton et M. Lutfalla, *L'économie politique, op. cit.*, pp. 335-351 ; Stefan Collini, « Particular Polities : Political Economy and the Historical Method », in John W. Burrow, Stefan Collini et Donald Winch, *That Noble Science of Politics*, Cambridge, Cambridge University Press, 1983, pp. 249-275.
4. *Le Constitutionnel*, 25 septembre 1839 ; article reproduit dans F. List, *Werke*, *op. cit.*, t. V, pp. 99-111.

trôle personnel de Thiers. La publication de l'article de List dans ce journal témoigne de liens entre les deux hommes, qui se sont probablement mutuellement influencés. List habite au 43 rue des Martyrs, à quelques pas de l'hôtel particulier de Thiers sur l'actuelle place Saint-Georges. Le publiciste allemand, selon sa fille Emilie, rend fréquemment visite à l'homme d'Etat français. Quand Thiers redevient président du Conseil en mars 1840, List fait son éloge dans la presse allemande, en insistant sur l'intelligence de ses vues économiques [1]. Thiers offre à List un poste dans l'administration française, probablement dans les chemins de fer, assorti d'une rémunération annuelle de 12 000 francs. Malgré ses difficultés financières, List refuse, peut-être en raison de la dégradation des rapports franco-allemands à cette époque, et il décide de retourner en Allemagne à la fin du printemps 1840 [2].

Outre-Rhin, List s'installe à Stuttgart où, grâce à une amnistie, il a recouvré ses droits de citoyen du Wurtemberg. En mai 1841, il publie dans cette ville la version allemande de son traité, sous le titre *Das nationale System der politischen Okonomie* (Le système national d'économie politique). L'ouvrage, rédigé pour l'essentiel à Paris en 1839-1840, est précédé de la même épigraphe française que « Le système naturel » : « Et la patrie et l'humanité ! » Il reprend le plan esquissé dans le manuscrit français de 1838, en commençant l'ouvrage par un tableau de l'histoire économique des nations européennes depuis le moyen-âge [3].

La préface et la conclusion du *Système national* s'adressent à l'opinion allemande, la pressant de ne pas céder au piège du libre-échange anglais. Mais l'ouvrage reste imprégné d'influences françaises. L'auteur renouvelle ses hommages aux idées de Chaptal et de Dupin et aux politiques menées par Colbert et par Napoléon. List appelle même de ses vœux la formation d'un nouveau « système continental », qui reposerait non plus sur la domination française mais sur la « libre association » des principales puissances du continent, autour de la France et de l'Allemagne, « contre la suprématie britannique [4] ».

Le système national connaît un succès immédiat en Allemagne. En

1. « Die Handelsverhältnisse von England und Frankreich », *Allgemeine Zeitung*, supplément, 5 mars 1840.
2. Eugen Wendler, « Louis Adolphe Thiers », in *id.*, *Friedrich List : Politische Wirkungsgeschichte des Vordenkers der europäischen Integration*, Munich, R. Oldenbourg, 1989, pp. 74-79.
3. Friedrich List, *Das nationale System der politischen Okonomie*, Stuttgart, Cotta, 1841.
4. F. List, *Le système national*, *op. cit.*, pp. 545-560.

1843, avec l'aide financière de l'Union des industriels du Wurtemberg, List fonde le *Zollvereinsblatt*, un hebdomadaire économique qui milite pour l'élévation des tarifs de l'union douanière allemande. Le journal possède bientôt un millier d'abonnés et établit List comme le champion du protectionnisme en Allemagne. Le publiciste, cependant, ne parvient pas à résoudre ses difficultés financières. Après plusieurs voyages en Bavière, en Autriche et en Angleterre pour promouvoir ses idées et à la recherche d'un emploi rémunérateur, il sombre dans la dépression et met fin à ses jours en 1846 [1].

Sa renommée franchit toutefois rapidement les frontières de l'Allemagne. *Le système national* est traduit en hongrois (1844), en français (1851), en anglais (1856 aux Etats-Unis, 1860 en Australie, 1885 seulement en Grande-Bretagne), en suédois (1888), en japonais (1889), en russe (1891) et en chinois dans les années 1920. Un ouvrage publié à l'occasion du cent cinquantième anniversaire de la mort de List a pu retracer l'influence de ses écrits sur les débats de politique économique au XIXe et au XXe siècle dans plus d'une vingtaine de pays européens, depuis l'Irlande jusqu'à la Turquie [2]. Sa pensée a joué un rôle déterminant dans l'adoption de politiques protectionnistes industrialisantes par la Russie des années 1890 et le Japon de l'ère Meiji [3]. La dissémination internationale des idées de List reflète aussi la rapide montée en puissance économique de l'Allemagne, qui s'appuie sur une politique de protection douanière modérée, entre 1870 et 1914 [4].

On a souligné les influences françaises sur la formation de la pensée de List. Mais celle-ci n'est bien entendu pas plus « française » qu'elle n'est « américaine ». Elle est le fruit d'influences réciproques et illustre plutôt les liens historiques entre les protectionnismes anglophobes en France, en Allemagne et aux Etats-Unis. Le cas de

---

1. W.O. Henderson, *List, op. cit.*, pp. 85-89.
2. Eugen Wendler (dir.), *„Die Vereinigung des europäischen Kontinents" : Friedrich Lists – Gesamteuropäischen Wirkungsgeschichte seines ökonomischen Denkens*, Stuttgart, Schäffer-Poeschel, 1996.
3. Theodore H. von Laue, *Sergei Witte and the Industrialization of Russia*, New York, Columbia University Press, 1963, pp. 56-64 ; Kenneth B. Pyle, « Advantages of Followership : German Economics and Japanese Bureaucrats, 1890-1925 », in Peter Kornicki (dir.), *Meiji Japan*, 4 vol., Londres/New York, Routledge, 1998, t. 4, pp. 210-240.
4. Cornelius Torp, *Die Herausforderung der Globalisierung. Wirtschaft und Politik in Deutschland, 1860-1914*, Göttingen, Vandenhoeck & Ruprecht, 2005 ; Sebastian Conrad, *Globalisierung und Nation im Deutschen Kaiserreich*, Munich, C. H. Beck, 2006.

List, admirateur de la Révolution française, exilé par l'Allemagne de Metternich et partisan du démocrate populiste Jackson aux Etats-Unis, souligne aussi une différence fondamentale entre la pensée mercantiliste traditionnelle, ancrée dans un discours politique réactionnaire, et le nouveau nationalisme économique, qui puise sa légitimité dans un discours libéral pluri-national et égalitaire. La diffusion des idées protectionnistes en France après 1838 reposera en partie sur la réappropriation, par les défenseurs du système protecteur, des valeurs politiques de la gauche, liées dans le contexte français à l'héritage de 1789.

Chapitre 14

La diffusion du nationalisme économique :
le rôle des groupes de pression (1837-1842)

Comment le discours nationaliste élaboré par Dombasle, Thiers ou Dupin se propage-t-il dans l'opinion publique à partir de la fin des années 1830 ? Ses principaux agents de dissémination sont de nouveaux groupes de pression économiques représentant les industries menacées par la concurrence britannique. Ces lobbys ne se contentent plus, comme les négociants et les manufacturiers depuis le XVIIe siècle, de pressions discrètes sur le pouvoir politique. En réponse aux idées libérales, ils veulent répandre les principes nationalistes dans l'ensemble de l'opinion.

Les fabricants français, en particulier ceux de produits finis, poursuivent une stratégie de moyen plutôt que de court terme. Leur intérêt immédiat serait la réduction des droits sur les biens d'équipement, les matières premières et les produits semi-finis. Ils préfèrent le sacrifier pour assurer le maintien du principe général de la protection contre la concurrence étrangère. L'exaltation de la solidarité économique nationale gomme les divergences d'intérêt matériel. Cette conception de la protection comme droit inhérent à la qualité de producteur ou de travailleur français rend impossible tout aménagement du système prohibitif. Quelques exemples concrets sont nécessaires pour comprendre la mécanique enclenchée.

Nous analyserons d'abord les cas archétypaux des industries linières et cotonnières, deux secteurs parmi les plus menacés par la concurrence britannique. Nous mettrons ensuite en évidence le rôle de catalyseur joué par un projet d'union douanière avec la Belgique, qui provoque en 1842 la création d'un Comité de la défense du travail national, dirigé par Auguste Mimerel, pour coordonner l'action des nouveaux lobbys. Enfin, nous examinerons l'influence de la « question sociale » ou condition des ouvriers de la grande industrie sur le discours nationaliste. Selon ses partisans, à commencer par Mimerel, la protection douanière atténue les conséquences négatives de l'industrialisation : il s'agit de défendre un « système économique » français plus humain que « l'industrialisme » britannique.

La question des lins et le déclin des industries rurales

La question des lins est révélatrice des interactions complexes entre nouveau discours nationaliste, apparition des premiers groupes de pression et paupérisation des régions rurales.

Au milieu des années 1830, la fabrication de toiles de lin et de chanvre, deux activités aux processus de production presque identiques et soumises au même tarif de douane, est typique de l'industrie rurale traditionnelle. La culture du lin et du chanvre est une activité agricole secondaire mais largement répandue dans le nord et l'ouest de la France. Les fibres végétales sont filées et tissées par des paysans ou des ouvriers agricoles, puis vendues sur les marchés ou aux négociants de la ville la plus proche. Cette petite industrie à domicile, exercée avec des métiers rudimentaires, repose sur une répartition sexuée des tâches : les femmes se chargent du filage et les hommes du tissage. La fabrication des toiles de lin et de chanvre apporte une source de revenu complémentaire souvent indispensable dans les campagnes densément peuplées de Flandre, de Picardie, de Normandie et de Bretagne [1].

En France, l'industrie des toiles a connu son apogée au XVIIIᵉ siècle. Malgré la concurrence des tisseurs belges et silésiens, elle fournissait alors le marché intérieur ainsi que l'Espagne et ses

---

1. Hugh D. Clout, *Agriculture in France on the Eve of the Railway Age*, Londres, Croom Helm, 1980, pp. 147-148 ; Tessie P. Liu, *The Weaver's Knot : the Contradictions of Class Struggle and Family Solidarity in Western France, 1750-1914*, Ithaca, Cornell University Press, 1994, pp. 22-44.

colonies américaines [1]. A partir des années 1780, les progrès de l'industrie cotonnière vont, lentement mais sûrement, éroder sa position. La guerre maritime sous l'Empire, puis l'indépendance des colonies espagnoles, provoquent un effondrement des exportations à destination de l'Amérique latine. En 1826, pour réduire les importations en provenance de Belgique et d'Allemagne, la Restauration augmente les droits sur les toiles de lin et de chanvre. Mais contrairement aux vœux de plusieurs ultras, le gouvernement Villèle refuse de créer une nouvelle prohibition. Il craint de froisser les intérêts de la blanchisserie et de la teinturerie, qui dépendent des importations de toiles écrues belges [2].

Dans les années 1830, l'essor des premières filatures industrielles de lin en Grande-Bretagne entraîne une aggravation dramatique de ces difficultés. La première machine à filer le lin a pourtant été inventée en 1814 par un Français, Philippe de Girard, dans le cadre d'un concours organisé par l'administration napoléonienne. Celle-ci espérait qu'une industrie linière mécanisée pourrait pallier les insuffisances de l'industrie cotonnière, dont l'approvisionnement en matières premières était devenu problématique à la fin du Blocus continental [3]. Mais la machine de Girard présentait encore de nombreux défauts. A la fin des années 1820, plusieurs ingénieurs britanniques apportent au procédé les améliorations nécessaires. Une puissante industrie de la filature se développe à Leeds, Dundee et Belfast. Ses coûts de production sont très inférieurs à ceux des fileuses du continent [4].

A partir du milieu des années 1830, la hausse rapide des exportations de fils britanniques provoque la ruine de l'industrie rurale du lin en Europe. Dans les Flandres belges et en Silésie, il s'ensuit des scènes de misère effroyable et des révoltes réprimées par les autorités [5]. Le poids relatif de l'industrie linière est moindre en France

---

1. Voir par exemple sur l'industrie linière en Bretagne Jean Tanguy, *Quand la toile va : l'industrie toilière bretonne du XVIᵉ au XVIIIᵉ siècle*, Rennes, Apogée, 1994.

2. F. Démier, *Nation, marché et développement*, *op. cit.*, pp. 1266-1298.

3. Alfred Renouard, *Etudes sur le travail des lins*, Lille, Robbe, 1874, pp. 317-347 ; Charles Ballot, *L'introduction du machinisme dans l'industrie française*, Lille, Marquant, 1923, rééd. Genève, Slatkine, 1978, pp. 229-245.

4. Sur le développement de l'industrie linière au Royaume-Uni, voir Negley B. Harte, « The Rise of Protection and the English Linen Trade, 1690-1790 », in Negley B. Harte et Kenneth G. Ponting (dir.), *Textile History and Economic History*, Manchester, Manchester University Press, 1973, pp. 74-112 ; Gordon Rimmer, *Marshalls of Leeds : Flax Spinners, 1788-1886*, Cambridge, Cambridge University Press, 1960.

5. Sydney Pollard, *Peaceful Conquest : the Industrialisation of Europe*, Oxford, Oxford University Press, 1981, pp. 110-111.

qu'en Belgique et en Silésie. Pourtant, par sa production en volume et par le nombre de bras qu'elle emploie, elle demeure l'une des toutes premières industries françaises [1]. L'augmentation des importations britanniques provoque donc un appauvrissement des campagnes dans la moitié nord du pays. Beaucoup craignent que le déclin de l'industrie linière, en accélérant l'exode rural, n'augmente le nombre des ouvriers dans les grandes manufactures, au moment où l'opinion commence à s'émouvoir de la condition ouvrière ou « question sociale » : en 1840, Louis-René Villermé dénonce le sort misérable des employés des grandes manufactures du Nord dans une enquête qui fait sensation, le *Tableau de l'état physique et moral des ouvriers*, et en mars 1841, les chambres adoptent la première loi sociale française, qui interdit le travail des enfants de moins de 8 ans dans les manufactures et encadre celui des enfants âgés de 8 à 16 ans [2].

Dès février 1834, au retour de son « voyage industriel » en Grande-Bretagne, Thiers a fait insérer dans son projet de loi sur les douanes une hausse des droits sur les importations de fils et de toiles de lin et de chanvre, dans l'espoir d'encourager le développement de filatures industrielles en France. Mais la Commission des douanes de la Chambre, soumise aux pressions de Bowring et des négociants bordelais [3], réduit l'augmentation proposée, afin « de soumettre à un essai le principe de libre concurrence » avec l'étranger [4]. Le projet de hausse est entièrement abandonné à la fin de l'année 1834, en raison des menaces de représailles britanniques contre les importations de soieries françaises.

Jusqu'en 1836, la hausse des importations de fils britanniques reste modérée. Mais en 1837, elle bondit de 1 175 à 3 200 tonnes, et les importations de toiles britanniques augmentent – aux dépens des importations belges – de 85 à 475 tonnes. Ce mouvement va en s'accentuant jusqu'en 1842, année où les importations de fils britanniques atteignent 10 695 tonnes et celles de toiles 1 820 tonnes (voir graphiques 3 et 4).

---

1. François Crouzet, « Essai de construction d'un indice annuel de la production industrielle française au dix-neuvième siècle », *Annales ESC*, n° 25, 1970, pp. 56-99.
2. Sur les débuts de la question sociale en France, voir Giovanna Procacci, *Gouverner la misère. La question sociale en France, 1789-1848*, Paris, Le Seuil, 1993 et André Gueslin, *Gens pauvres, pauvres gens dans la France du XIXe siècle*, Paris, Aubier, 1998.
3. BL, fonds Auckland, Add MS 34460, f° 118, lettre de Bowring à Auckland, 21 avril 1834.
4. AP, vol. 89, séance du 29 avril 1834, pp. 536.

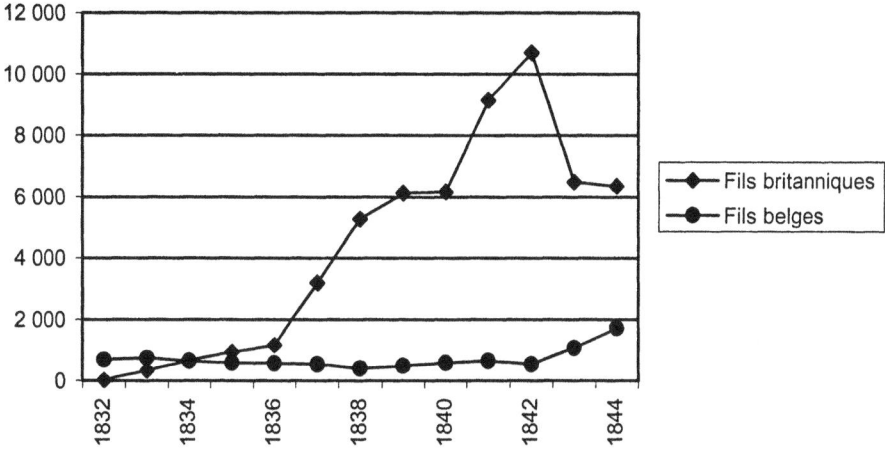

Graphique 3 – Importations de fils de lin britanniques et belges en France, 18 32-1844
(en tonnes) *Source :* M. Lévy-Leboyer, *Les banques européennes, op. cit.,*p. 108.

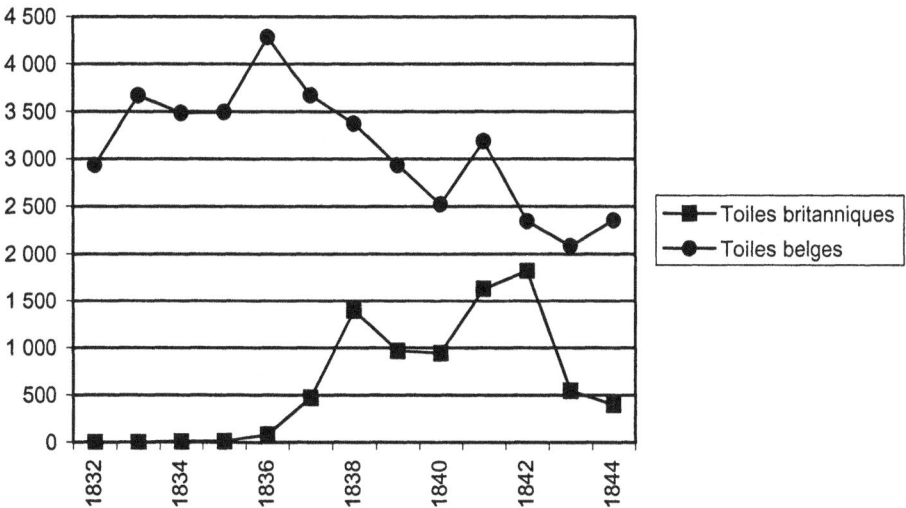

Graphique 4 – Importations de toiles de lin britanniques et belges en France,
1832-1844 (en tonnes)
Source : M. Lévy-Leboyer, *Les banques européennes, op. cit.,*p. 108.

Trois camps se dessinent face à l'irruption massive des toiles et surtout des fils britanniques. Certains refusent toute modification du tarif linier, en soulignant l'aubaine que représentent les fils à bon marché pour certains fabricants. D'autres réclament une forte hausse du tarif, voire une prohibition, pour sauver la filature traditionnelle dans les campagnes. Enfin, un troisième groupe demande une hausse plus modérée, suffisante pour encourager la création de filatures à la mécanique en France, sans pour autant permettre la survie de la filature à la main. Les principaux opposants à une modification du tarif sont les fabricants de Lille et d'autres villes du Nord qui transforment les fils de lin en produits textiles plus élaborés (fils retors, coutil ou encore linge de table). Mais ceux-ci, loin d'employer un langage économique libéral, se contentent d'invoquer la « protection » due à leurs industries et s'excusent de ne pouvoir accorder, en raison des circonstances, « une préférence si désirable » aux produits français [1].

Les tisserands ruraux restent imperméables à ces arguments, parce que les fileuses dont la rémunération à la pièce s'est effondrée sont le plus souvent leurs épouses, leurs mères ou leurs filles. Sur les 230 pétitions adressées au ministère du Commerce à propos du tarif linier entre janvier 1837 et juin 1839, environ 215 émanent d'habitants de communes rurales et réclament une hausse du tarif suffisante pour préserver la filature à la main. Presque toutes tracent un tableau déchirant des effets de la chute des prix consécutive à « l'invasion » des marchés français par les marchandises britanniques : « Par suite de la funeste importation des fils mécaniques anglais », affirment les habitants de Tassilly (Calvados), « notre pays est plongé dans la plus déplorable misère. Avant cette fatale importation, les femmes de nos campagnes, s'occupant journellement à filer, gagnaient facilement quinze à vingt sous par jour ; aujourd'hui, à peine si les plus laborieuses gagnent quatre à cinq sous, de manière qu'il est douloureux de voir la plupart des femmes, les unes, se livrer à des travaux au-dessus de leurs forces, les autres, forcées de mandier [sic] leur pain [2]. »

---

1. AN, F12 2536, « Les fabricants de linge de table, coutils, voile et autres étoffes de lin et étoupe, des villes de Lille, Roubaix, Tourcoing, Armentières, etc. à M. le Ministre du Commerce », juillet 1837 ; AN, F12 2537, « Mémoire adressé à messieurs les membres de la Chambre des députés par les fabricants de fil retors des villes de Lille, Bailleul, Wervicq et Comines », 1er mars 1838.
2. AN, F12 2537, pétition des habitants de Tassilly au ministre du Commerce, s.d., 1838.

La majorité des pétitions réclame simplement la fin des importations britanniques. Mais un grand nombre invoque aussi le caractère « français » de l'industrie linière. Les habitants de Pont-Audemer (Eure) affirment que « selon les principes, la préférence sur les marchés nationaux doit être assurée au travail national », alors que ceux d'Abscon (Nord) se demandent pourquoi le gouvernement consent « à l'anéantissement d'une industrie toute nationale, qui pendant des siècles a fait vivre des populations entières pour la livrer à une population étrangère ». Plusieurs pétitions s'en prennent aux « théories des économistes » ou aux idées libérales en matière de commerce extérieur, qu'elles rendent responsables de l'inaction du gouvernement : « En vain objecterait-on la liberté du commerce » à une hausse du tarif, écrivent les pétitionnaires de Runan (Côtes-du-Nord), ou « l'intérêt du consommateur. La loi suprême, c'est le salut du peuple. La liberté vient après [1] ».

Pourtant, les économistes et les partisans de la liberté commerciale s'engagent peu contre une augmentation du tarif linier. L'un d'entre eux, Charles Coquelin, le futur rédacteur du *Dictionnaire de l'économie politique* (1854), reconnaît même dans *La Revue des Deux Mondes* la nécessité de faire une exception temporaire à la règle de libre importation et d'augmenter le taux de protection en faveur de l'industrie linière. Mais Coquelin insiste pour que la hausse du tarif reste modérée. Cette protection exceptionnelle ne doit bénéficier qu'aux nouvelles filatures mécaniques et non aux fileuses condamnées à disparaître [2].

Une hausse modérée du tarif, mais à un niveau plus élevé que celui préconisé par Coquelin, a aussi la faveur des premiers filateurs industriels français, établis à Lille et en région parisienne. Menés par Xavier Defitte et Ernest Feray, ils fondent en 1837 un Comité de l'industrie linière. Defitte est un député de la Seine-et-Oise, qui siège avec Thiers au centre-gauche. Feray représentera le même département et dirigera un groupe de députés « conservateurs-républicains » au début de la Troisième République. En avril 1838, plusieurs députés

---

1. AN, F12 2536, pétition des habitants de l'arrondissement Pont-Audemer au ministre du Commerce, s.d., 1837, et pétition des habitants d'Abscon au ministre du Commerce, 20 décembre 1838 ; AN, F12 2537, pétition des habitants de Runan au ministre du Commerce, 27 janvier 1839.

2. Charles Coquelin, « De l'industrie linière en France », *La Revue des Deux Mondes*, 4ᵉ série, n° 19, 1839, pp. 61-96, pp. 194-234 ; voir aussi *id.*, *Essai sur la filature mécanique de lin et de chanvre*, Paris, 1840, notamment pp. 129-130, pp. 181-185.

membres du comité soulèvent la question des lins à la Chambre et, le mois suivant, le comte Molé, président du Conseil, accepte de recevoir une délégation de filateurs parisiens. Sans vouloir sauver la filature à la main, Defitte et Feray soulignent dans plusieurs brochures la nécessité de ménager la transition pour les fileuses et défendent en termes patriotiques la hausse du tarif comme moyen de régénérer l'industrie linière : « Ce n'est pas une industrie factice que nous vous demandons de créer, c'est l'industrie la plus ancienne du pays, l'industrie du pauvre qu'il s'agit de conserver sous une autre forme. [...] Ouvriers français, c'est le marché français que nous demandons à notre gouvernement de nous conserver [1]. »

Suite aux pétitions des communes rurales et aux pressions du comité linier, le gouvernement Molé ordonne la conduite d'une enquête par le Conseil supérieur du commerce. Après avoir interrogé une quinzaine de témoins, dont une majorité de filateurs industriels, le Conseil supérieur conclut en novembre 1838 que rien ne peut être fait pour les fileuses et qu'il « faut détourner les yeux des souffrances inséparables d'une transition que rien ne peut éviter ». Mais il se prononce pour une légère hausse du tarif en faveur des filatures à la mécanique, « afin que le travail perdu pour une classe de Français soit attribué à une autre classe, et ne tombe pas forcément, d'une manière exclusive, entre les mains des étrangers [2] ».

Cependant, les propositions très modérés de la commission – une nouvelle classification tarifaire qui équivaudrait à des droits à l'importation d'en moyenne 8 % *ad valorem* sur les fils et 15 % sur les toiles – ne satisfont pas les fabricants de lin, y compris les filateurs du comité linier. Le gouvernement hésite encore à relever le tarif de manière plus significative, en raison de négociations douanières avec la Grande-Bretagne et la Belgique qui vont retarder la résolution de la question linière jusqu'en 1842.

---

1. Xavier Defitte et Ernest Feray, *Nécessité d'une prompte et efficace modification à notre tarif de douanes, relativement aux fils et aux toiles de lin et de chanvre*, Corbeil, 1838, p. 4 ; voir aussi Comité des lins, *Résumé de la question des fils et des toiles de lin et de chanvre*, Paris, s.d., vers 1838, et Comité des lins, *Des modifications de tarif réclamés par la filature du lin et la fabrication des toiles en France*, Paris, s.d., vers 1838.

2. Ministère du Commerce, *Enquête sur les fils et tissus de lin et de chanvre*, Paris, 1838, pp. 274-277.

Pression de l'opinion et résolution de la question des lins

Les hésitations du gouvernement et ses velléités d'ouvrir le marché français aux importations britanniques et belges provoquent l'intensification de la campagne nationaliste, aux accents anglophobes, pour la hausse du tarif linier. Surtout, les filateurs industriels font preuve d'habileté en insistant sur les souffrances des campagnes pour promouvoir leur propre objectif : des droits de douane supérieurs à 20 % sur les fils, qui leur permettent de soutenir la concurrence britannique.

Depuis avril 1837, le gouvernement Molé cherche à rouvrir des négociations commerciales avec la Grande-Bretagne. Mais Londres fait du maintien du tarif linier à un niveau permettant les importations britanniques une condition *sine qua non* à un accord [1]. Dénonçant ces prétentions, brochures et pétitions favorables à une hausse du tarif accusent le régime de Juillet, comme la Restauration, de se laisser dicter ses politiques par la Grande-Bretagne. Ne pas augmenter les droits sur les importations britanniques, demandent des pétitionnaires de Vimoutiers (Orne), « ne serait-ce point aussi accréditer ce que répètent tous les jours certaines classes de gens à nos ouvriers malheureux, que nous ne sommes pas libres de nos mouvements, et que depuis l'Empire nous cheminons péniblement sous le joug de l'étranger? ». Sur un ton plus virulent encore, des pétitionnaires de Plouëc (Côtes-du-Nord) rappellent que la Grande-Bretagne n'a qu'un objectif, « le monopole universel. Aujourd'hui, ce n'est point au loin qu'elle nous poursuit, c'est sur notre sol qu'elle vient s'établir, non comme autrefois les armes à la main pour nous asservir, mais en portant la ruine et la misère dans nos campagnes et parmi nos populations ouvrières [2] ».

Friedrich List revient à plusieurs reprises dans la presse allemande sur la question des lins français. Il voit dans l'invasion de la France

---

1. Raymond Guyot, *La première entente cordiale*, Paris, Rieder et Cie, 1926, pp. 145-151, pp. 247-250.
2. AN, F12 2536, pétition des fabricants et des marchands de toiles de Vimoutiers au ministre du Commerce, 26 avril 1838 ; AN, F12 2537, pétition des habitants de Plouëc au ministre du Commerce, 18 mars 1839.

par les fils britanniques « ce que les Anglais appellent un *trick* » ou bon tour, caractéristique de la promotion de la liberté commerciale par la Grande-Bretagne à l'étranger. Selon List, le *Board of Trade* et Bowring ont fait échouer la hausse du tarif linier en 1834 en affirmant qu'il s'agissait d'un article « parmi les moins importants » du tarif. Or ils savaient déjà que les produits liniers étaient sur le point de devenir « le plus important article d'exportation des Anglais » ; « mais de cela », ajoute List, « on comprend bien qu'il n'était pas nécessaire d'informer les Français [1] ».

L'anglophobie joue un rôle essentiel dans l'exaltation du nationalisme économique. Dans le cas du lin, l'ancienneté de la fabrication et le fait que la matière première – contrairement au coton – est cultivée sur le sol métropolitain sont sans cesse invoqués pour justifier le caractère « français » de l'industrie linière. Les notables de province semblent particulièrement sensibles à ce discours patriotique. Un juge de paix de l'Aisne, dans un ouvrage consacré à la question des lins, affirme qu'« il s'agit de savoir, en définitive, si nous achèterons le travail et les productions des autres peuples, ou si nous réserverons pour nos ouvriers, nos fabriques et nos champs, notre immense consommation qui leur fait tant d'envie ». Ou encore, selon Charles Homon, le président du tribunal de commerce de Morlaix (Finistère), dans une brochure sur la question linière : « Le pays veut-il ou ne veut-il pas reconquérir l'une de ses plus anciennes industries et l'une des plus nationales, puisqu'elle se rattache essentiellement au sol [2] ? »

Les députés du comité linier interpellent le gouvernement à la Chambre en juin 1839, en septembre 1839 et en janvier 1840. Pour souligner les liens de la filature avec le tissage et la culture du lin, le comité se transforme en février 1842 en « Union des cultivateurs, filateurs et tisserands de lin et de chanvre [3] ». De 1839 à 1842, il publie quatre nouvelles brochures, qui dénoncent les projets de domination universelle par la Grande-Bretagne et le sort inhumain des

---

1. Articles publiés dans l'*Allgemeine Zeitung* en juillet-août 1839, reproduits in F. List, *Werke, op. cit.*, t. V, pp. 122-157.

2. Moret de Moy, *Misère des classes laborieuses et ses causes, démontrées par les faits, par l'abandon de l'intérêt agricole, et notamment de l'industrie des lins*, Saint-Quentin, 1840, p. 84 ; Charles Homon, *Question des lins et des chanvres*, Morlaix, 1842, p. 4 ; voir aussi brochure par le maire de Paimpol (Côtes-du-Nord), Pierre-Marie Le Mesl, *Mémoire sur la nécessité de prohiber l'importation des fils de lin de provenances étrangères*, Saint-Brieuc, 1838.

3. Comité des lins, *Compte rendu*, Paris, 1845, pp. 4-5 sur la transformation en Union linière.

ouvriers dans les filatures britanniques [1]. Dans l'une de ces brochures, le député de la Somme Louis Estancelin affirme que la Grande-Bretagne, en exportant ses fils industriels, cherche à subjuguer le continent européen comme elle a autrefois asservi « l'Hindoustan » en y exportant ses tissus de coton. Pour atteindre son objectif, elle n'a pas hésité à transformer ses ouvriers en « êtres-machines », alors que les toiles de lin en France continuent à être fabriquées « par des bras libres et indépendants [2] ».

Les brochures du comité linier rappellent également les encouragements prodigués par Napoléon à l'industrie linière pendant le Blocus continental. Un ingénieur, membre du comité, demande dans une *Pétition* si la France laissera « à d'autres qu'à ses propres enfants le soin de lui fournir les 50 millions de francs en fils, toiles et lins, qui lui arrivent de l'étranger ». Selon lui, « Napoléon, avec son génie qui perçait l'avenir, comprenant toute l'influence que l'industrie linière doit avoir sur les destinées du pays, vous crie du fond de sa tombe : Non [3] ! ».

Cette pression finit par payer. Au cours de l'été 1840, une crise suscitée par les ambitions expansionnistes de l'Egypte, soutenue par la France, provoque une dégradation des rapports franco-britanniques et la rupture des négociations commerciales [4]. Dès novembre 1840, le gouvernement procède à une reclassification des types de fils, qui augmente de fait le tarif d'environ 4 à 8 % *ad valorem* [5]. En février 1841, la Chambre des députés adopte une loi de douanes qui porte les droits sur les fils à 12 % de leur valeur [6]. Cette hausse ne satisfait pas les revendications du comité linier. De plus, elle mécontente les fabricants de toiles, sur lesquelles le tarif reste inchangé. Le gouver-

---

1. Outre la brochure de Louis Estancelin et celle de Victor Chapelle citées aux notes ci-dessous, il s'agit de Ernest Feray, *Réponse sur les négociations commerciales ouvertes entre la France et l'Angleterre*, Paris, 1839, et Comité des lins, *Réclamations de l'industrie française des toiles de lin et de chanvre*, Paris, 1842.
2. Louis Estancelin, *De l'importation en France des fils et tissus de lin et de chanvre d'Angleterre*, Paris, 1842, pp. 39-41.
3. Victor Chapelle, *Pétition adressée à MM. les membres de la Chambre des députés relativement à la filature du lin*, Paris, s.d., 1841, p. 1.
4. R. Guyot, *La première entente cordiale*, *op. cit.*, p. 247.
5. En supprimant la distinction faite jusqu'à cette date par le tarif entre fils de lin et fils d'étoupe, fabriqués à partir du résidu du lin obtenu lors du traitement de la filasse. Les fils de lin britanniques à la mécanique étaient difficiles à distinguer des fils d'étoupes. Grâce à de fausses déclarations de douane, les filateurs britanniques pouvaient donc introduire leurs produits en payant un droit inférieur à celui prévu par le tarif.
6. *Le Moniteur universel*, 11, 12 et 13 février 1841.

nement hésite à procéder à une hausse plus significative, cette fois en raison des négociations entamées en vue d'un traité de commerce, voire d'une union douanière, avec la Belgique.

L'un des principaux inspirateurs des négociations avec la Belgique est le publiciste Léon Faucher. Dès 1837, dans *La Revue des Deux Mondes*, Faucher envisageait la réunion douanière de la France, l'Espagne, la Belgique et la Suisse dans le cadre d'une « Union du Midi », en réponse à la constitution du *Zollverein* et pour remettre en cause de manière pacifique les frontières tracées par le Congrès de Vienne. Le projet de Faucher est d'inspiration libérale. Son auteur recommande un tarif commun modéré et appelle de ses vœux l'unification commerciale de tout le continent européen [1]. Principal rédacteur du *Courrier français*, il milite ardemment pour une union douanière franco-belge, première étape à ses yeux de l'Union du Midi.

Les négociations commerciales avec la Belgique sont aussi le fruit d'une initiative diplomatique de Guizot. Devenu ministre des Affaires étrangères et chef officieux du gouvernement en novembre 1840, Guizot, soutenu par Louis-Philippe, voit dans une union douanière avec la Belgique un moyen pacifique de renforcer l'influence française dans un Etat devenu indépendant avec l'aide de la France en 1831 et dominé par des élites francophones. Des pourparlers s'engagent au cours de l'été 1841. Les représentants de la Belgique jugent l'union douanière attentatoire à la souveraineté de leur pays. Mais un accord limité est obtenu, qui faciliterait les importations de produits manufacturés belges en France et les exportations françaises de vin et de soieries en Belgique. Les industriels français n'en repoussent pas moins ce projet. Ils s'estiment incapables de soutenir la concurrence belge et rappellent que la Belgique – annexée à la France entre 1794 et 1814 – n'est plus française [2].

Une bataille d'opinion entre les principaux journaux s'ensuit au cours de l'automne et de l'hiver 1841-1842. *Le Courrier français*, *Le Journal des Débats* (journal officiel du gouvernement) et *Le Siècle* (journal réformiste) prennent la tête du camp « unioniste » – favorable à un accord avec la Belgique –, tandis que *Le Constitutionnel*

---

1. Léon Faucher, « L'union du Midi », *La Revue des Deux Mondes*, quatrième série, n° 9, 1837, pp. 517-559 ; voir aussi *id.*, *L'Union du Midi*, Paris, 1842.

2. Henry-Thierry Deschamps, *La Belgique devant la France de Juillet*, Paris, Les Belles Lettres, 1956, pp. 110-119.

(sous l'influence de Thiers), *Le Commerce* (proche des intérêts manufacturiers) et *La Presse* (sous l'influence de Molé) se déclarent « anti-unionistes ». Le premier camp est plus favorable à la liberté commerciale, le second réclame le strict respect de la protection nationale [1].

Les prises de position des journaux reflètent en partie des considérations politiciennes : Molé et Thiers espèrent mettre Guizot en difficulté. Elles sont aussi déterminées par les subventions que leur versent partisans et adversaires du traité de commerce franco-belge. Le gouvernement belge, par exemple, envoie 4 000 francs à son représentant à Paris pour influencer la presse française en novembre 1841 [2]. Les moyens financiers des manufacturiers hostiles au traité sont probablement supérieurs : « Une avalanche d'intérêts prohibitifs s'est abattue sur la presse », écrit Faucher en avril 1842 à un correspondant britannique [3].

La question belge est étroitement liée à la question linière, car les toiles et autres produits liniers représentent encore plus de la moitié des exportations belges destinées à la France vers 1840 [4]. Au cours de la première moitié de 1842, la pression de l'opinion et surtout de la presse en faveur d'une hausse du tarif linier s'accentue. Les journaux légitimistes comme *La Quotidienne* ou démocratiques comme *Le National* se joignent aux « anti-unionistes » pour réclamer une hausse immédiate du tarif linier, soit selon *Le Constitutionnel* « une mesure d'équité et de justice qui est essentiellement d'accord avec l'intérêt national [...] parce que cette industrie, tant par son existence propre que par sa connexité intime avec l'agriculture, touche à l'ensemble de notre production ». *Le Journal des Débats* et *Le Siècle* concèdent bientôt la nécessité de faire une exception au principe de la liberté commerciale. Seul *Le Courrier français* de Faucher refuse l'extension des « rigueurs dévorantes » du système protecteur à la dernière « branche libre du commerce français [5] ».

Le gouvernement cède, à la veille d'élections législatives qui

---

1. *Ibid.*, pp. 119-136.
2. *Ibid.*, p. 138.
3. Lettre de Faucher à Henry Reeve, 8 avril 1842, *Léon Faucher. Correspondance*, Paris, 1867, pp. 117-118.
4. M. Lévy-Leboyer, *Les banques européennes, op. cit.*, pp. 104-105.
5. *Le Constitutionnel*, 27 mai 1842 ; *Le Courrier français*, 28 juin 1842. Voir aussi *La Quotidienne*, 12 février 1842 ; *Le Commerce*, 25 mai 1842 ; *La Presse*, 25 mai 1842 ; *Le National* ; 25 mai 1842 ; *Le Journal des Débats*, 28 juin 1842 ; *Le Siècle*, 2 juin 1842.

s'annoncent difficiles, et parce que, selon le représentant belge à Paris, 20 à 30 sièges de députés dépendent d'une hausse immédiate du tarif linier [1]. Par l'ordonnance du 26 juin 1842, les droits sur les importations de fils de lin sont portés à environ 26 % *ad valorem* et ceux sur les toiles à plus de 30 %. Cependant, par la convention commerciale franco-belge du 16 juillet 1842, le tarif de 1841 est maintenu sur les importations de fils et de toiles en provenance de Belgique, en contrepartie de légères réductions des droits belges sur l'importation des vins, eaux-de-vie et soieries françaises. La hausse du tarif linier apparaît donc surtout dirigée contre la Grande-Bretagne et elle provoque effectivement une chute durable des importations britanniques (voir graphiques 3 et 4).

La « convention linière » de juillet 1842 ne débouchera pas sur un accord plus large, en raison de l'opposition des intérêts manufacturiers. Mais la solution apportée à la question des lins démontre le rôle accru de l'opinion publique, influencée par les groupes de pression, dans les débats de politique commerciale. Même *La Quotidienne*, peu encline à louer les institutions libérales, salue les « instances toujours plus vives de la presse » et les « exigences électorales », qui ont empêché le gouvernement de livrer « le marché français [...] au monopole de l'Angleterre [2] ». List aussi, dans la presse allemande, se félicite de la popularité des revendications en faveur d'une hausse du tarif linier. Il y voit un signe décisif de l'affaiblissement « des partisans de l'école de Smith et Say » en France [3].

Un groupe de pression régional : le Comité de l'industrie cotonnière de l'Est

En l'absence de documentation, on ne peut que deviner le rôle du Comité de l'industrie linière dans la campagne pour la hausse du tarif linier. En revanche, les procès-verbaux du Comité de l'industrie cotonnière de l'Est, conservés dans les archives de la chambre de commerce de Mulhouse, permettent d'analyser le fonctionnement des

---

1. H.-T. Deschamps, *La Belgique*, *op. cit.*, p. 161.
2. *La Quotidienne*, 28 juin 1842.
3. « Das neue Gesetz über den französischen Handelstarif », *Allgemeine Zeitung*, supplément, 11 février 1841.

nouveaux groupes de pression manufacturiers et leur adhésion progressive à un discours économique nationaliste.

Le ralliement des industriels de la région de Mulhouse au nationalisme économique est d'autant plus remarquable que l'Alsace s'est plutôt distinguée, jusqu'à cette date, par son libéralisme aussi bien commercial que politique. Mulhouse est un bastion libéral sous la Restauration : en 1827-1829, les rapports du préfet du Haut-Rhin décrivent la ville comme « un foyer de séditieuses intrigues », conduites par les manufacturiers de la ville qui « sont tous protestants, tous du parti libéral [1] ». Ces manufacturiers s'occupent avant tout de production cotonnière : filature, tissage et impression d'étoffes. Grâce à leur dynamisme, la population du « Manchester français » augmente de 120 % entre 1815 et 1844 [2].

Pourtant, les industriels de Mulhouse restent favorables à la liberté commerciale jusqu'au début des années 1830. En juin 1831, la chambre de commerce de la ville demande à Louis-Philippe la fin des prohibitions, y compris celle sur les fils et tissus de coton : « Nous appelons de tous nos vœux l'abolition de cette prohibition de la part de la France de concert avec les autres principales puissances continentales, et son remplacement par des droits d'entrée modérés de pays à pays. Nous avons la confiance que dans cette concurrence universelle d'industrie, la France occuperait un des premiers rangs [3]. » En 1832, Ferdinand Koechlin, l'un des principaux industriels de la ville, pense qu'une réforme douanière est inévitable, parce que « le cri "plus de prohibitions" et "liberté du commerce" devient tous les jours plus général ». Il n'est pas sans réticences, mais juge que l'abolition des prohibitions serait « dans l'intérêt général de la France [4] ».

La Société industrielle de Mulhouse regroupe les principaux manufacturiers de la ville et œuvre à la diffusion des innovations, de l'éducation technique et de l'hygiène publique [5]. En 1832, elle

---

1. AN, F 7 6771, dossier n° 10, rapports du préfet du Haut-Rhin au ministre de l'Intérieur, 17 avril 1827 et 2 décembre 1829.

2. Georges Livet et Raymond Oberlé (dir.), *Histoire de Mulhouse des origines à nos jours*, Strasbourg, Istra, 1977, pp. 173-245. Sur la bourgeoisie industrielle alsacienne, voir Michel Hau et Nicolas Stoskopf, *Les dynasties alsaciennes : du XVII* siècle à nos jours*, Paris, Perrin, 2005.

3. CERARE, ACMM, 561, mémoire de la chambre de commerce de Mulhouse à Louis-Philippe, 22 juin 1831.

4. CERARE, ASIM, 96 A 1901, lettre de Ferdinand Koechlin à Emile Dollfus, s.d., 1832.

5. Florence Ott, *La Société industrielle de Mulhouse, 1826-1876 : ses membres, son*

organise un concours d'économie politique dont le sujet montre que les industriels de Mulhouse ne songent pas encore à repousser la concurrence étrangère : « Quels sont les moyens de s'acheminer graduellement en France vers un système de liberté de commerce partiel ou général, et quels sont les moyens de parer à ses inconvénients les plus graves [1] ? »

Le retournement de l'opinion mulhousienne commence avec l'enquête Duchatel sur les prohibitions [2]. Le 15 octobre 1834, à propos de l'enquête, la chambre de commerce de Mulhouse adopte une résolution affirmant qu'elle « n'a pas perdu de vue l'opinion qu'elle a manifestée à différentes époques qu'il serait bon de faire notre système de douanes dans une voie moins hostile aux Etats voisins ». Toutefois, sans offrir de véritable justification, la chambre ajoute que, dans les circonstances présentes, « le maintien du système actuel est indispensable à la conservation de l'industrie », sauf à voir la France devenir « l'égout de toutes les marchandises anglaises vendues à vil prix ». En outre, la chambre crée à cette occasion une « commission du Haut-Rhin », chargé de réunir des fonds et de préparer des arguments contre la levée des prohibitions [3].

L'opposition de la chambre de commerce à l'abolition immédiate des prohibitions ne signifie pas un basculement unanime dans le camp du système protecteur. Dans les années qui suivent, l'opinion des industriels de la ville continue à balancer. Les fabricants d'étoffes imprimés restent partisans d'une levée des prohibitions, qui leur permettrait d'utiliser des produits semi-finis étrangers. Le président de la chambre de commerce de la ville, Nicolas Koechlin, pourtant un filateur (et le frère de Ferdinand), démissionne à l'issue de la résolution passée par la chambre en octobre 1834. Dans une brochure publiée peu après, il maintient que les manufactures françaises peuvent soutenir la concurrence britannique [4]. Député de Mulhouse favorable au Mouvement depuis juillet 1830, Nicolas Koechlin sera réélu, malgré son hostilité aux prohibitions, en 1837 et en 1839.

La même ambivalence sur la liberté du commerce extérieur prévaut

---

action, ses réseaux, Strasbourg, Presses universitaires de Strasbourg, 1999.

1. CERARE, ASIM, 96 B 1533, f⁰ˢ 27-28, procès-verbaux du Comité de commerce de la Société industrielle de Mulhouse, 2 Mai 1832.

2. Voir chapitre 12, p. 242.

3. AMM, 66/TT/63, dossier n° 3, extrait des procès-verbaux de la chambre de commerce de Mulhouse.

4. Nicolas Koechlin, *Réplique de M. Nicolas Koechlin*, Paris, 1835.

toujours parmi les industriels de Mulhouse lorsqu'ils fondent, le 23 janvier 1839, le Comité de l'industrie cotonnière de l'Est. La création du comité est en partie une réponse à la crise conjoncturelle qui frappe les industries cotonnières britannique, française et américaine en 1837-1839 [1]. Les sept premiers membres du comité comptent parmi les principaux industriels du Haut-Rhin. Ils s'adjoignent bientôt sept représentants des départements voisins – deux pour le Bas-Rhin, deux pour les Vosges, un pour la Meurthe, un pour le Doubs et un pour la Haute-Saône – et un imprimeur de Mulhouse, Baret, dont le journal L'Industriel alsacien sert d'organe au comité [2].

Au moment de sa fondation, le Comité de l'industrie cotonnière de l'Est n'est pas acquis à la défense du système protecteur. L'un de ses membres fondateurs, le fabricant d'étoffes imprimées Jean Dollfus, est et restera jusque dans les années 1870 un libre-échangiste convaincu [3]. Lors d'une réunion rassemblant environ 150 souscripteurs le 13 février 1839, l'association se fixe pour objectif principal la défense d'intérêts purement locaux, ni franchement libéraux, ni franchement nationalistes : d'une part, la levée des restrictions à l'achat de cotons en laine sur les marchés étrangers, pour permettre aux industriels de l'est de la France de se fournir en matières premières depuis Anvers et Amsterdam plutôt que par Le Havre ; et, d'autre part, l'établissement de primes à l'exportation, en remboursement des droits prélevés sur les matières premières importées [4]. Le comité affirme même ne pas redouter « la levée de la prohibition, si elle est remplacée par un droit protecteur assez large et surtout si on met les manufacturiers français dans des conditions aussi favorables que leurs concurrents [5] ».

Le comité commence par réunir des fonds. Il fixe des contributions proportionnelles à l'importance des activités manufacturières de chaque souscripteur, soit un centime par broche de filature, par trois pièces de calicot tissé ou par six pièces d'étoffe imprimée. Plus de 11 000 francs sont ainsi réunis, auxquels s'ajoute un reliquat s'élevant à 5 000 francs de la Commission du Haut-Rhin. Le comité dispose

---

1. M. Lévy-Leboyer, Les banques européennes, op. cit., pp. 551-594.
2. CERARE, ACCM, 679, f° 1, f°s 33-34, procès-verbaux du CICE, réunion n° 0, 23 janvier 1839, et réunion n° 15, 11 juillet 1839.
3. Voir chapitre 19, p. 400.
4. CERARE, ACCM, 679, f°s 5-6, procès-verbaux du CICE, première assemblée générale, 13 février 1839.
5. CERARE, ACCM, 679, f° 8, procès-verbaux du CICE, réunion n° 4, 6 mars 1839.

donc au total d'environ 16 500 francs. Ces fonds doivent servir, selon les fabricants, à assurer la « publicité » de leurs revendications, en permettant l'entretien d'un agent permanent à Paris, la publication de brochures et l'insertion d'articles dans les journaux [1].

En mars 1839, trois membres du comité se rendent à Paris, où ils font imprimer une pétition en faveur de leurs revendications. La pétition emploie encore une phraséologie libérale. Elle condamne par exemple le « monopole » – en fait des droits de douane préférentiels – détenu par les ports de mer français sur les importations de balles de coton américain. Les délégués du comité plaident également leur cause auprès du ministère du Commerce et des parlementaires. Parmi ces derniers, le député conservateur des Vosges Henri Bresson se propose d'agir à titre gratuit, sauf le remboursement de ses frais, comme représentant permanent du comité dans la capitale. Dès juillet 1839, Bresson fait imprimer un article du *Constitutionnel* favorable aux demandes de Mulhouse. Il en distribue 600 exemplaires à ses collègues et à d'autres personnes susceptibles d'influencer les décisions tarifaires, pour un coût de 250 francs [2].

Peu après, Bresson presse le comité de prendre modèle sur « les fabricants de produits liniers » et d'établir un « comité national » : il engage les fabricants de Mulhouse à « se mettre en relation avec Rouen, Saint-Quentin, Lille, etc, afin de s'entendre et d'agir de concert ». Le comité approuve les conseils de Bresson, mais les fabricants normands, de l'Aisne et du Nord déclinent l'offre de Mulhouse. La Société industrielle et commerciale de Saint-Quentin a peur de « voir remise en question la prohibition si on soulève une question de douane [3] ».

Les sessions parlementaires de 1839 et 1840 s'écoulent sans qu'aucune des demandes de Mulhouse soit satisfaite. Déçu par les promesses non tenues de Bresson, le comité décide de le remplacer par « M. Hadol de Remiremont », un avoué, probablement originaire de Remiremont dans les Vosges. Hadol doit recevoir un salaire de 1 000 francs par trimestre et des primes, au montant non spécifié, en cas de succès. L'agent du comité se rend à Paris en décembre 1840. Outre les objectifs déterminés par le comité en 1839, il doit y pro-

---

1. CERARE, ACCM, 679, f°s 66-68, procès-verbaux du CICE, présentation des comptes lors de la seconde assemblée générale, 9 septembre 1840.
2. CERARE, ACCM, 679, f°s 9, f°s 23-24, f°s 32-33, procès-verbaux du CICE, réunions n° 4, n° 11 et n° 15, 6 mars, 1er mai et 11 juillet 1839.
3. CERARE, ACCM, 679, f°s 36-40, procès-verbaux du CICE, réunions n° 16 et n° 17, 31 juillet et 23 octobre 1839.

mouvoir le maintien de « droits prohibitifs de douane contre les produits anglais, pour tous les produits nombreux où nous sommes encore bien inférieurs à l'Angleterre [1] ». Ce nouvel accent sur la défense de la protection douanière est probablement lié aux premières rumeurs de négociations commerciales avec la Belgique.

Les comptes rendus de Hadol au comité dressent un tableau éloquent de la corruption des quotidiens parisiens de l'époque. Selon les informations obtenues par l'agent du comité, *Le Constitutionnel* publiera des articles favorables à leurs réclamations en contrepartie « de 50 abonnements pour un an, soit 4 000 francs », tandis que *Le Courrier français* « demande une trentaine d'abonnements, soit 2 400 francs » ; « *Le Siècle, L'Estafette, Les Débats, La France* », ajoute-t-il, « tous visent au payement ». Seul *Le Commerce*, organe déjà subventionné par d'autres groupes de pression, accepte de promouvoir leurs revendications sans frais, mais même avec les rédacteurs de ce journal, Hadol n'a pas cru pouvoir se dispenser « de faire à tous ces messieurs quelques honnêtetés » d'un montant d'environ 500 francs [2].

Les procès-verbaux du comité de Mulhouse ne disent pas à quels journaux Hadol a eu recours, ni quelles sommes il a dépensées. Mais la pratique est sans aucun doute courante et révélatrice des moyens employés par les industriels pour faire refluer les idées libérales dans la presse. En mars 1841, Hadol propose même aux fabricants alsaciens de fonder leur propre journal à Paris, mais ceux-ci préfèrent « s'adresser tour à tour à l'un ou l'autre des journaux » parce qu'un journal spécial a moins de poids qu'un journal neutre « qui paraît prendre la défense [des intérêts alsaciens] de son propre mouvement [3] ». Au printemps, les fabricants sont satisfaits par la libéralisation des achats de matières premières, pour l'industrie cotonnière, aux Pays-Bas. Le comité met néanmoins fin au traitement de Hadol quand il apprend, en novembre 1841, que son agent est lui-même devenu « rédacteur commercial et industriel » dans un journal parisien au titre non précisé [4].

1. CERARE, ACCM, 679, f⁰ˢ 56-57, f⁰ 69, f⁰ 78, procès-verbaux du CICE, réunions n° 24, n° 29 et n° 33, 22 juillet 1840, 21 octobre 1840 et 27 janvier 1841.

2. CERARE, ACCM, 679, f⁰ˢ 78-79, procès-verbaux du CICE, réunion n° 33, 27 janvier 1841.

3. CERARE, ACCM, 679, f⁰ˢ 81-83, procès-verbaux du CICE, réunions n° 34 et n° 35, 17 mars et 14 avril 1841.

4. CERARE, ACCM, 680, f⁰ 1, f⁰ˢ 4-5, procès-verbaux du CICE, réunion n° 39, 17 novembre 1841.

Le comité ne nomme pas de remplaçant à Hadol. Mais la crainte d'un accord commercial avec la Belgique pousse bientôt les industriels de Mulhouse à rejoindre une nouvelle organisation, le Comité pour la défense du travail national, créée par le fabricant roubaisien Auguste Mimerel au cours de l'année 1842.

La formation du Comité pour la défense du travail national

Le comité fondé par Mimerel consacre la tendance à l'émergence de groupes de pression industriels au tournant des années 1840. Outre le comité linier en 1837 et le Comité de l'industrie cotonnière de l'Est en 1839, on voit se constituer le Comité des intérêts métallurgiques en janvier 1840, une Union des houillères françaises en avril 1840, ainsi qu'une Union des constructeurs de machines et un Comité central des fabricants de sucre (de betterave) en mai 1840. Contrairement à des associations éphémères comme les comités des propriétaires de vignobles bordelais de 1828 et 1834, ces nouveaux syndicats, à commencer par le Comité des intérêts métallurgiques ou « Comité des forges », vont exercer une influence durable sur la politique économique française, par des voies officieuses ou en agissant sur l'opinion publique, jusque sous la Troisième République [1].

Les négociations commerciales avec la Belgique facilitent le regroupement des syndicats de producteurs en une association nationale. Dès mars 1842, Mimerel informe le comité de Mulhouse d'un projet pour « unir en un seul faisceau l'industrie française ». L'association comptera quatre branches : fer, coton, laine, autres industries. L'industrie des fers a déjà organisé sa branche de l'association et collecté des fonds, et Mimerel se propose d'organiser la branche cotonnière. Il prévoit une contribution totale de 5 000 francs, répartie entre les manufacturiers en coton de Seine-Inférieure (1 500 francs), d'Alsace (1 500 francs), du Nord (1 200 francs) et des départements picards (800 francs). A l'avenir, l'association se dotera d'une nou-

---

1. Bertrand Gille, *Recherches sur la formation de la grande entreprise capitaliste*, Paris, SEVPEN, 1959, pp. 129-147 ; voir aussi Michael S. Smith, *Tariff Reform in France, 1860-1900 : the Politics of Economic Interest*, Ithaca, Cornell University Press, 1980, pp. 90-114.

velle branche dès que la production d'une industrie atteindra environ 150 millions de francs par an [1].

L'objet immédiat de l'association est de faire échouer l'union douanière avec la Belgique. Mais Mimerel souligne aussi, à titre général, l'importance pour les « chefs d'industrie » de « se réunir et s'entendre pour former un centre commun ». Il veut défendre tous les producteurs, même les plus faibles : « ce ne serait pas de la protection d'une industrie spéciale et puissante qu'il s'agirait, ce n'est pas les seules industries coalisées qui trouveraient aide et appui ; le travail du pays, qu'il dérive de l'agriculture, de l'industrie ou du commerce, voilà ce qu'on veut mettre à l'abri de toute atteinte : voilà ce qu'il importe de défendre par tous les moyens honorables et légaux contre les envahissements de l'étranger », et contre la propagande en faveur de la liberté commerciale [2].

Les réticences suscitées par le projet sont surmontées après la reprise de pourparlers commerciaux avec la Belgique au début de l'automne 1842. Les industriels de Mulhouse, craignant de ne plus pouvoir faire valoir leurs revendications particulières, refusent d'abord de rejoindre l'association, puis y adhèrent en octobre 1842 [3]. Le Comité pour la défense du travail national tient ses deux premières réunions à Paris les 5 et 7 novembre. Les deux réunions rassemblent une centaine de fabricants, en majorité originaires de Normandie, du Nord et de l'Est. Ils élisent Mimerel président et Henri Barbet, maire de Rouen et fabricant d'étoffes de coton, vice-président. Dans une résolution solennelle, les délégués affirment que « toutes les industries françaises ne forment qu'une grande famille organisée et développée sous le même système de protection pour le travail national ». Ils rejettent d'avance tout accord commercial avec la Belgique et annoncent leur intention « de présenter, sans retard, une défense en commun, et d'agir sur les esprits par la publicité et la démonstration des faits [4] ».

---

1. CERARE, ACCM, 680, f⁰ˢ 6-7, lettre de Mimerel à Nicolas Schlumberger père, 22 mars 1842, reproduite in procès-verbaux du CICE, réunion n° 42, 15 avril 1842.

2. CERARE, ACCM, 680, f⁰ˢ 8-9, « Projet d'association en un seul faisceau de l'industrie française », texte reproduit in procès-verbaux du CICE, réunion n° 42, 15 avril 1842.

3. CERARE, ACCM, 680, f⁰ˢ 10-11, procès-verbaux du CICE, réunion n° 43, 2 novembre 1842.

4. *Le Commerce*, 6 et 8 novembre 1842 ; voir aussi AN, F12 6240, pétition des membres du Comité pour la défense du travail national exigeant l'abandon définitif des négociations commerciales avec la Belgique, « Aux membres du Conseil du Roi », 7 novembre 1842.

Mimerel s'affirme comme le champion du système protecteur parmi les industriels. Depuis 1840, il préside le Conseil général des manufactures. A la fin novembre 1842, dans une lettre aux membres de ce conseil, il développe ses arguments en faveur de la protection douanière. La lettre est publiée peu après sous le titre *Du paupérisme dans ses rapports avec l'industrie en France et en Angleterre*. Elle présente le système protecteur comme moyen, sinon de résoudre la question sociale, du moins d'atténuer les souffrances des ouvriers. S'adressant aux autres industriels français, Mimerel dit vouloir « démontrer que la protection n'est pas instituée en faveur de quelques privilégiés, mais surtout en faveur des ouvriers, et en définitive de la nation entière ». Surtout, la protection doit permettre à la France d'échapper à « cette plaie hideuse du paupérisme qui ronge et dévore l'Angleterre [1] ».

Mimerel voit moins dans le paupérisme un état de « dénuement réel » que de « pauvreté morale ». Selon lui, ce sont les économistes et les socialistes, par leur éloge de la consommation à outrance, qui provoquent l'insatisfaction des ouvriers : « car multiplier les désirs pour multiplier les jouissances, c'est souvent aboutir en définitive, à rendre insupportable une condition qui, dans une autre direction d'idées, eût pu être enviée, puisqu'elle satisfait à toutes les nécessités de la vie ». Il admet que les travailleurs des manufactures sont parfois objectivement misérables, mais seulement s'ils doivent lutter contre la concurrence étrangère. En revanche, « si le travail étranger ne trouve pas d'accès chez nous, longtemps l'ouvrier, rare par rapport au nombre des machines, trouvera rémunération constante et élevée » : Mimerel propose de ralentir la croissance de la grande industrie pour en réduire les conséquences les plus douloureuses [2].

Des progrès industriels à un rythme modéré mais régulier constituent selon Mimerel le « système économique » de la France, qui repose sur le marché intérieur et donc des débouchés stables pour ses productions. Il l'oppose à l'« état désordonné » de l'économie et de la société britannique. En raison de son ouverture excessive au commerce international, la Grande-Bretagne « ressent successivement les secousses de l'Allemagne, de l'Amérique, de la Chine [et] sa soif de débouchés extérieurs est si dévorante, que l'assouvir mettrait le

---

1. Auguste Mimerel, *Du paupérisme dans ses rapports avec l'industrie en France et en Angleterre*, Lille, s.d., 1842, p. 4.
2. *Ibid.*, p. 5, p. 10.

monde en feu ». Ainsi, « pour l'avantage de fournir à bas prix des vêtements à tous les peuples », elle a réduit « ses ouvriers à la misère la plus profonde » : « la différence du système économique adopté par les deux pays explique la différence de leur position industrielle [1] ».

Les systèmes économiques français et britannique s'incarnent dans des politiques commerciales divergentes. Mais ils sont d'abord le fruit, d'après Mimerel, du contraste « de l'organisation sociale et des mœurs » dans les deux pays. Le système français reflète les tendances égalitaires de la France, symbolisées par un régime de succession égal entre les héritiers et la multiplicité des petits producteurs industriels. Le système britannique, en revanche, est d'essence aristocratique, comme le prouvent le maintien de la liberté de tester, la prédominance de la primogéniture et la concentration industrielle. Les classes supérieures britanniques partagent entre elles les bénéfices des exportations, ne laissant aux travailleurs que « l'abrutissement » et « la dégradation ». Elles justifient l'exploitation des ouvriers par les sophismes des économistes : « Aux yeux de son maître que la ruine menace, aux yeux de la science qui ignore la pitié », c'est-à-dire l'économie politique, « l'homme libre de l'Angleterre n'est plus qu'un instrument de production le moins précieux de tous, moins précieux qu'un esclave [2] ».

Mimerel appelle les manufacturiers français à rejeter ce modèle impitoyable et à défendre le système français, parce qu'il est plus humain envers les ouvriers : « Que la France soit et reste la France : qu'elle règle pour elle son travail sans se préoccuper de ce qui l'entoure : qu'elle garde précieusement les doctrines et les lois qui ont fondé sa force et sa richesse, qu'elle ait foi en elle et ne les remette pas incessamment en doute et en péril [3]. »

Du paupérisme dans ses rapports avec l'industrie est entaché de nombreuses exagérations. En 1842, les salaires des ouvriers sont plus élevés et la législation sociale plus avancée en Grande-Bretagne qu'en France. En outre, bien qu'il recommande aux manufacturiers français de traiter leurs employés avec humanité, Mimerel condamne la loi française de 1841 sur le travail des enfants, qu'il juge « coercitive » : il préférerait voir s'instituer un nouveau mode de « patronage » des ouvriers, comparable à celui qui prévalait dans les corporations sous

---

1. *Ibid.*, pp. 16-17.
2. *Ibid.*, pp. 19-24.
3. *Ibid.*, p. 28.

l'Ancien Régime [1]. Cependant, au cours des dernières décennies, plusieurs historiens anglo-saxons ont en partie validé l'analyse de Mimerel, en soulignant que la France du XIXᵉ siècle avait connu une industrialisation plus lente, mais plus régulière et sans doute moins douloureuse pour les ouvriers que la Grande-Bretagne [2].

La campagne menée à l'automne 1842 par le Comité pour la défense du travail national de Mimerel est un succès total. Dès la fin du mois de novembre, le gouvernement Guizot met un terme définitif aux négociations avec la Belgique. Il évitera la question de la politique commerciale jusqu'en 1846. Les intérêts manufacturiers renforcent encore leur mainmise sur la presse : en décembre 1842, plusieurs personnalités liées au Comité des intérêts métallurgiques rachètent *Le Courrier français*. Elles en retirent la direction à Faucher et en font, provisoirement, un organe hostile à la liberté des échanges [3].

Sa victoire permet au Comité pour la défense du travail national de se montrer plus discret. En février 1844, le Comité de l'industrie cotonnière de l'Est refuse de renouveler sa contribution annuelle au comité parisien, au motif que celui-ci n'a fait aucune démarche ni obtenu aucun résultat au cours de l'année passée [4]. Mais la structure créée par Mimerel pour influencer l'opinion et le gouvernement ne disparaît pas. Elle jouera un rôle décisif dans la défaite qu'infligeront les protectionnistes aux libre-échangistes dans les dernières années de la Monarchie de Juillet.

---

1. *Ibid.*, pp. 27-28.
2. Patrick O'Brien et Çağlar Keyder, *Economic Growth in Britain and France, 1780-1914 : Two Paths to the Twentieth Century*, Londres, Allen and Unwin, 1978 ; Jeff Horn, *The Path not Taken : French Industrialization in the Age of Revolution, 1750-1830*, Cambridge, Mass., MIT Press, 2006 ; François Crouzet, « The Historiography of French Economic Growth in the Nineteenth Century », *Economic History Review*, n° 56, 2003, pp. 215-242.
3. H.-T. Deschamps, *La Belgique, op. cit.*, p. 263.
4. CERARE, ACCM, 680, f⁰ˢ 17-18, procès-verbaux de la CICE, réunion n° 46, 7 février 1844.

Chapitre 15

La nation contre ses colonies : la victoire du sucre « indigène » sur le sucre « exotique » (1837-1844)

Sur la question des sucres, les idées nationalistes l'emportent et font reculer un peu plus encore les idées libérales. La victoire des partisans du sucre de betterave ou « indigène » sur les défenseurs du sucre de canne ou « exotique » témoigne aussi du rejet, par le protectionnisme naissant, de la dimension coloniale de l'héritage mercantiliste. Pour encourager le développement d'une nouvelle industrie en métropole, les défenseurs du travail national recommandent d'abandonner à leur sort les îles à sucre françaises. L'hostilité aux colons des Antilles et de l'océan Indien est teintée d'opposition à l'esclavage, qui sera aboli par la Seconde République le 27 avril 1848.

En apparence secondaire ou technique, la question du tarif des sucres est l'une des principales controverses économiques sous la Monarchie de Juillet. Les faiseurs d'opinion en matière de politique commerciale – Fonfrède, Dombasle, Dupin – posent les termes d'un débat auquel participent les grandes figures politiques de l'époque comme Thiers, Lamartine et le futur Napoléon III. Plus d'une centaine de brochures et une couverture sans précédent par la presse assurent la mobilisation de l'opinion publique. Les partisans du sucre indigène l'emportent en s'appuyant sur les principaux thèmes du discours protectionniste en voie de formation : exaltation du passé napoléonien, admiration pour l'Allemagne, crainte de la suprématie maritime britannique, peur de voir s'accroître le paupérisme dans les villes et volonté de retenir les populations dans les campagnes.

L'essor du sucre de betterave et la crise des îles à sucre

Les origines de la question des sucres remontent au Blocus continental. Pour remédier à la pénurie de sucre de canne en Europe, Napoléon donne une impulsion décisive à la fabrication de sucre de betterave en France métropolitaine. A la chute de l'Empire, la nouvelle industrie est menacée de disparition par la reprise rapide des importations de sucre de canne. Mais les droits fiscaux institués par la Restauration sur les sucres coloniaux permettent à plusieurs fabriques de sucre de betterave de subsister, puis de prendre leur essor à la fin des années 1820.

Produit de luxe au milieu du XVIIIe siècle, le sucre est alors en train de devenir une denrée de grande consommation. Dans les décennies précédant la Révolution, la France, grâce à la prospérité de ses colonies de plantation dans les Antilles (Saint-Domingue, Martinique, Guadeloupe) et dans l'océan Indien (île de France, future île Maurice, et île Bourbon, future île de la Réunion), était devenue la première puissance sucrière en Europe : ses réexportations vers les autres pays européens dépassaient de très loin celles de la Grande-Bretagne et formaient l'une des principales sources de richesse des ports de l'Atlantique [1].

Cette économie sucrière a été l'une des principales victimes économiques de la période révolutionnaire et impériale. La première abolition de l'esclavage, en 1794, a désorganisé la production, tandis que la Grande-Bretagne s'emparait une à une des îles à sucre françaises. Seule Saint-Domingue, sous la direction de Toussaint Louverture, échappe à la conquête anglaise, mais la plus productive des îles françaises proclame bientôt son indépendance sous le nom d'Haïti. Toutefois, par les traités de paix de 1814-1815, la Grande-Bretagne restitue à la France la plupart de ses colonies, sauf l'île Maurice, et les puissances européennes reconnaissent les droits de la France sur Saint-Domingue.

Le souvenir de la prospérité des îles est tel que la Restauration

---

1. Paul Butel, *Histoire de l'Atlantique*, Paris, Perrin, 1997, pp. 143-177.

attend plus de dix ans avant de reconnaître l'indépendance d'Haïti. Encore Charles X impose-t-il, en dédommagement de l'expropriation des colons, une indemnité de 150 millions de francs (convention du 11 juillet 1825) [1]. Dans l'espoir de ressusciter la prospérité des îles, la Restauration établit un tarif différentiel sur les sucres importés des colonies françaises (droits de 45 francs par 100 kilos) et sur les sucres en provenance d'autres colonies européennes ou de l'étranger (droits de 70 francs par 100 kilos en 1816, 100 francs en 1822 et 120 francs en 1826). Sous l'influence de ce tarif, auquel s'ajoutent de généreuses primes à la réexportation des sucres raffinés (130 francs par 100 kilos à partir de 1826), la Martinique, la Guadeloupe et Bourbon abandonnent les autres cultures coloniales – café, indigo – pour se consacrer presque exclusivement à la production de canne à sucre. Les importations de sucre en provenance des colonies françaises augmentent de moins de 20 000 tonnes en 1815 à plus de 80 000 tonnes en 1832, contre moins de 500 tonnes de sucre étranger à la même date [2].

En valeur, les importations de sucres coloniaux atteignent au début des années 1830 environ 50 millions de francs, soit plus de 10 % du total des importations françaises [3]. Grâce à des droits préférentiels pour les navires battant pavillon français, elles constituent un encouragement important à la marine marchande française, surclassée par les marines britannique et américaine pour le transport des autres marchandises. Parce que l'inscription maritime fait de la marine marchande le principal vivier en hommes de la flotte de guerre, le commerce des sucres coloniaux apparaît comme crucial au maintien de la puissance navale de la France. Enfin, les droits à l'importation des sucres coloniaux comptent parmi les impôts les plus productifs : avec près de 40 millions de francs par an, ils représentent à eux seuls environ le quart des droits de douane et presque 5 % des recettes de l'Etat vers 1830 [4].

Sous la Restauration, les libéraux critiquent sévèrement cette politique qui rappelle le système de l'exclusif sous l'Ancien Régime [5]. Dès avril 1833, une loi sur les sucres en atténue le caractère mercan-

---

1. Benoît Joachim, « L'indemnité coloniale de Saint-Domingue et la question des rapatriés », *Revue historique*, n° 246, 1971, pp. 359-376.
2. Paul Butel, *Histoire des Antilles françaises, XVIIe-XXe siècle*, Paris, Perrin, 2002, pp. 246-259.
3. Ministère du Commerce, *Statistique de la France, op. cit.*, t. 7, pp. 8-9, pp. 244-245.
4. *Ibid.*, p. 245.
5. F. Démier, *Nation, marché, développement, op. cit.*, pp. 1357-1399.

tiliste en supprimant les primes à la réexportation des sucres coloniaux et en abaissant le tarif des sucres étrangers à 105 francs par 100
kilos, soit une réduction de la « surtaxe » sur les sucres étrangers
d'environ 20 % [1]. Mais le fragile équilibre colonial, maritime et fiscal
du régime des sucres est surtout remis en cause par la progression
rapide de la production de sucre « indigène » à partir de betteraves
cultivées en France. Le droit fiscal de 45 francs par 100 kilos sur les
sucres coloniaux a eu comme effet involontaire de protéger les
producteurs métropolitains de sucre de betterave. Ceux-ci améliorent
progressivement leurs procédés de fabrication. D'après les estimations du ministère du Commerce, la production française de sucre
indigène s'accroît ainsi de moins de 5 000 tonnes en 1829 à 20 000
tonnes en 1834 et 40 000 tonnes en 1836. Cet essor rapide provoque
une forte baisse du prix du sucre et une stagnation des importations de
sucre de canne (voir graphique 5).

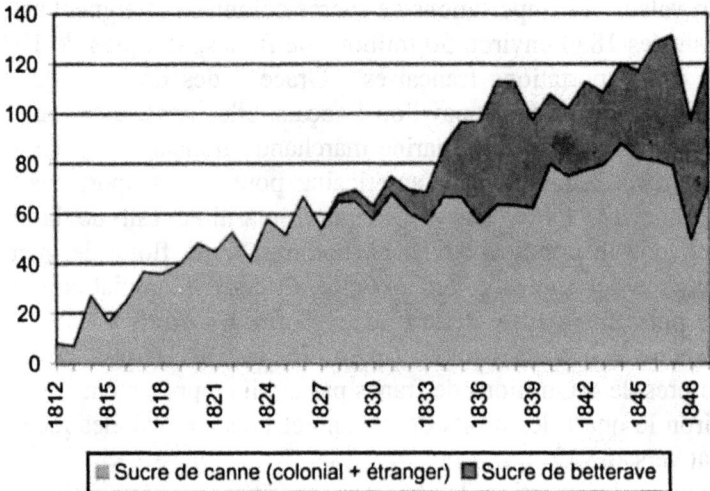

Graphique 5 – Consommation totale de sucre en France, 1812-1849
(en milliers de tonnes)

Source : « Sucres de toutes origines soumis aux droits et consommés en France »,
15 février 1850, AN, F12 2550/A.

---

1. Voir chapitre 8, p. 179.

Après 1833, le sucre de betterave est le principal bénéficiaire de la hausse de la consommation française. Un nouvel impôt sur le sucre indigène établi en 1837 ne parvient pas à inverser cette tendance. Les colons des îles, souvent criblés de dettes, appellent à l'aide [1]. Ils sont entendus par le gouvernement, qui craint une réduction des recettes fiscales représentées par les droits sur les sucres coloniaux, et par les partisans de la liberté commerciale, qui voient dans la question des sucres une occasion d'ouvrir une brèche dans le système protecteur.

L'offensive libérale contre la betterave

Henri Fonfrède est l'un des premiers à entrer en campagne contre le sucre indigène. Les négociants de Bordeaux ont conservé des liens étroits avec les colons des îles et les raffineries de sucre de canne constituent pratiquement la seule industrie de la ville. Fonfrède choisit pourtant de défendre non seulement le sucre colonial mais aussi, au nom de la liberté commerciale, tous les sucres exotiques contre le sucre de betterave.

Fonfrède est en effet un adversaire implacable de la colonisation, sous sa forme traditionnelle dans les îles comme sous sa forme nouvelle en Algérie. Dès 1834, il s'oppose avec véhémence à la conquête de l'Afrique du Nord, entamée avec la prise d'Alger en 1830 et dans laquelle il voit « le régime protecteur, sautant la Méditerranée à pieds joints ». Il dénonce les coûts financiers et humains de l'entreprise, ainsi que la méthode choisie pour répandre la civilisation française : il condamne « la propagande coloniale, à la fois usurpatrice, impuissante et barbare » et se prononce pour « une propagande morale des idées », afin de créer des consommateurs volontaires plutôt qu'obligés des produits français [2]. Alors que la majorité de la presse française vante les victoires françaises ou en déplore le coût budgétaire, Fonfrède condamne l'immoralité des massacres d'indigènes en termes d'une violence rare pour l'époque : « c'est un crime de lèse-nation et de lèse-humanité ! » écrit-il en décembre 1835 à

---

1. P. Butel, *Histoire des Antilles*, *op. cit.*, pp. 259-269.
2. « Affaire d'Alger – Commission d'Afrique », *Le Mémorial*, quatre articles, 30 septembre, 1ᵉʳ, 2 et 3 octobre 1834.

propos de nouvelles exactions françaises. Il dénonce peu après l'incendie de la ville de Mascara comme un nouvel exemple de « la barbarie civilisatrice de l'Europe [1] ».

Ces crimes et les difficultés économiques des Antilles lui font penser qu'« il en est du système colonial comme de la nationalité polonaise – il a vécu ». Il ne comprend pas cet acharnement à le faire renaître en Afrique, alors qu'il se meurt en Amérique. Pour décrire la politique qu'il préconise en Algérie, il crée un néologisme appelé à une belle postérité : « décolonisation [2] ». Cet anticolonialisme forcené détermine la position de Fonfrède dans la question des sucres. Au lieu de demander le maintien du statut privilégié du sucre colonial, il réclame dans une série d'articles d'avril 1836 l'abolition de tout favoritisme fiscal, dans l'espoir de développer les échanges de la France avec les régions tropicales autres que ses colonies.

Fonfrède réserve ses critiques les plus acerbes au sucre de betterave, parce que celui-ci incarne à ses yeux les effets les plus néfastes de la protection douanière. Selon le publiciste bordelais, de même que « le mal appelle le mal » et que « le despotisme appelle le despotisme », « le système prohibitif appelle le sucre indigène » ; ou encore : « Le triomphe de la betterave est l'exploit le plus authentique du système prohibitif poussé à son plus haut degré d'intensité. » Mais il condamne aussi « les vieilleries coloniales » et appelle de ses vœux une « atmosphère où nos pensées ne languiront pas opprimées, serrées, garrotées [sic] par les vieilles et contradictoires routines de la déraison prohibitive ». Pour atteindre ce résultat, Fonfrède recommande un impôt uniforme de 25 francs par 100 kilos sur les trois types de sucres (indigène, colonial et étranger). Cette mesure permettrait à la France de redevenir, comme avant 1789, « un entrepôt de sucre étranger pour les autres Etats de l'Europe ». Elle serait aussi une première « parcelle de liberté commerciale », qui aidera à persuader les masses que « si toutes les parties de la production humanitaire étaient traitées d'après les mêmes principes, [...] toutes les marchandises, toutes les matières premières, tous les mobiles du travail, tous

---

1. « Un mot sur la colonisation d'Alger », « Comment la civilisation commence – Comment la colonisation finit », « La presse parisienne – Alger », *Le Mémorial*, 12, 22, 24, 28, 29 et 31 décembre 1835.
2. « De la lettre de M. Mauguin, président du conseil des colonies », « De la décolonisation d'Alger », *Le Mémorial*, 26 et 31 janvier 1836 ; sur la nouveauté du terme « décolonisation », voir J.-J. Hémardinquer, « Henri Fonfrède », art. cit., p. 464.

les combustibles, fers et métaux, toutes les mains-d'œuvre [pourraient être obtenues] simultanément à meilleur marché [1] ».

Les négociants bordelais, d'abord réticents à soutenir une égalisation des droits susceptible de mettre en danger la solvabilité des producteurs de sucre colonial, s'y rallient comme au seul moyen acceptable par l'opinion de mettre un terme rapide aux progrès du sucre de betterave [2]. Les articles de Fonfrède sur les sucres en 1836 ont, selon l'ancien ministre du Commerce Duchatel, « un effet immense » parmi les membres du gouvernement, les députés et l'opinion à Paris [3].

Les arguments de Fonfrède sur l'injustice fiscale du régime des sucres portent d'autant plus dans la capitale, que l'administration s'inquiète du manque à gagner fiscal induit par la hausse de la production de sucre indigène. Un an plus tard, en mai 1837, le gouvernement propose aux Chambres de réduire les droits sur sucres coloniaux de 45 à 25 francs par 100 kilos, afin de soulager les colons et de freiner l'expansion de l'industrie betteravière. Quoique député d'un arrondissement betteravier du Nord, Lamartine appuie la proposition du gouvernement, car « nos colonies, c'est la France » et il exhorte les députés à ne pas « couper ces membres soi-disant inutiles de votre nationalité [4] ». Son soutien au sucre colonial contribuera à la défaite du poète dans le Nord aux élections de 1839, mais il sera réélu dans une circonscription viticole de Saône-et-Loire.

Sous la pression des représentants des départements betteraviers (Nord, Pas-de-Calais, Aisne, Somme), la Chambre des députés repousse le projet de dégrèvement des sucres coloniaux et crée à sa place un modeste impôt de 10 francs par 100 kilos, puis de 15 francs à partir de la seconde année, sur le sucre de betterave [5]. Cet impôt spécial a la préférence des défenseurs de la betterave parce qu'il s'annonce difficile à mettre en œuvre et facile à frauder. De fait, la chute de la production officielle de sucre de betterave, de 48 000 tonnes en 1837 à 28 000 tonnes en 1840, chiffres qui reposent sur les déclarations des fabricants, ne reflète probablement pas la réalité, et les prix du sucre ne se relèvent pas.

---

1. « Question des sucres », six articles, *Le Mémorial*, 9, 11, 12, 13, 14 et 15 avril 1836.
2. BMB, MS 1095, vol. 2, f⁰ˢ 165-170, lettre de Guestier à Fonfrède, 30 mars 1836.
3. BMB, MS 1095, vol. 2, f⁰ˢ 185-186, lettre de Duchatel à Fonfrède, 27 avril 1836.
4. AP, vol. 111, séance du 26 mai 1837, pp. 732-735.
5. AP, vol. 112, séance du 1ᵉʳ juin 1837, p. 121.

Fonfrède reprend alors sa croisade contre la betterave. Au début de 1838, il quitte *Le Mémorial* parce que le quotidien bordelais soutient la « Coalition » formée par Odilon Barrot, Thiers et Guizot contre le gouvernement Molé. Fonfrède prend le parti de Molé, dont le gouvernement, soutenu par Louis-Philippe, symbolise la préservation de la prérogative royale, contre le pouvoir grandissant des députés. Avec l'aide financière de négociants bordelais comme Wustemberg et Guestier, le publiciste fonde son propre journal, *Le Courrier de Bordeaux*. Dans les colonnes du nouveau quotidien, Fonfrède combat avec acharnement la dérive parlementaire de la Monarchie de Juillet [1] et lie le problème de l'équilibre des pouvoirs à la question des sucres.

Dans une série d'articles d'octobre 1838, Fonfrède attaque avec une vigueur sans précédent la législation des sucres, « ce système satanique » qui ruine les colons tout en appauvrissant la métropole. Encore une fois, il désigne la « dérision charlatanesque » du sucre de betterave comme l'incarnation du système prohibitif ou comme « un Blocus continental rapetissé et masqué ». Surtout, il voit dans le refus de la Chambre des députés de modifier la législation un signe de son incapacité à gouverner l'économie du pays : « Dans mon opinion particulière, ce n'est pas exceptionnellement et quand elle y est forcée par un besoin pressant, que la Couronne devrait avoir le droit de régler la direction industrielle et économique du pays. Ce serait *régulièrement* et *toujours* que cette faculté devrait lui être conférée ; car les Chambres, la Chambre élective surtout, sont essentiellement inhabiles et impuissantes à en faire un usage normal et profitable au progrès social. C'est beaucoup que de leur laisser dominer *l'ordre civil et politique*, c'est trop même en certains cas ; mais *l'ordre industriel et économique* ne devrait pas être de leur ressort immédiat [2]. »

Après s'être opposé à l'extension du droit de vote en 1835, Fonfrède se déclare désormais un adversaire de la « démocratie parlementaire [3] ». Cette dérive antidémocratique et autoritaire annonce celle de plusieurs autres partisans de la liberté commerciale, alors même que les défenseurs du système protecteur en appellent au peuple et à la nation pour défendre le sucre de betterave.

---

1. Sur les idées constitutionnelles exprimées par Fonfrède en 1838 et 1839, voir P. Rosanvallon, *La monarchie impossible, op. cit.*, pp. 158-60.
   2. « Du dégrèvement des sucres », 1er et 2e articles, *Le Courrier de Bordeaux*, 1er et 4 octobre 1838.
   3. « Du dégrèvement », 3e article, *Le Courrier de Bordeaux*, 18 octobre 1838 ; voir aussi 4e, 5e et 6e articles, *Le Courrier de Bordeaux*, 19, 23 et 30 octobre 1838.

La défense du sucre indigène, symbole du système protecteur

Le principal défenseur du sucre indigène est Mathieu de Dombasle. Sa propre fabrique de sucre de betterave a fait faillite en 1815. L'agronome reste cependant convaincu que la nouvelle industrie est promise à un grand avenir. De 1835 à sa mort en 1843, il ne publie pas moins de huit brochures sur le sujet : deux brochures qui expliquent les techniques de fabrication du sucre à partir de la betterave, et six contre les projets d'égalisation fiscale avec le sucre de canne.

Dès 1835, dans *Du sucre indigène*, il décrit le sucre de betterave comme « une des plus importantes et des plus fécondes découvertes industrielles des temps modernes, [...] qui doit exercer la plus puissante influence sur le bien-être et la richesse de toutes les nations européennes ». Il en rappelle les origines allemandes, puisque le premier procédé de fabrication a été inventé en 1747 par Andreas Sigismund Marggraf et la première fabrique établie en Silésie en 1802 par un huguenot d'origine française, Charles-François Achard. Toutefois, souligne-t-il, depuis le Blocus continental, la France est devenue le pays le plus avancé dans cette branche industrielle : c'est elle qui détient le « feu sacré » de la betterave. Il rejette tout projet de réduction des droits sur le sucre de canne ou d'impôt spécial sur le sucre de betterave, au motif que l'industrie du sucre indigène n'a pas encore atteint la « période *d'aplomb industriel* » où elle pourra lutter à armes égales avec le sucre exotique [1].

En décembre 1837, dans de *Nouvelles considérations*, Dombasle proteste contre le nouvel impôt sur le sucre indigène voté par les chambres. Surtout, il souligne les avantages de la nouvelle industrie pour l'agriculture française. Grâce à la betterave, les agriculteurs peuvent pratiquer des assolements plus efficaces. Elle les oblige aussi à biner et sarcler la terre, pour l'ameublir et la désherber, ce qui augmente encore les rendements. Les fabriques de sucre de betterave seront donc une formidable source de progrès dans les campagnes : « chaque sucrerie établie dans les cantons où l'art était peu avancé,

---

[1]. Christophe Mathieu de Dombasle, *Du sucre indigène*, Nancy, 1835, p. 21, pp. 28-30.

forme un point central autour duquel viennent se grouper des améliorations agricoles de tout genre, parce que, par l'effet d'une cause déterminante, on y a appris à franchir le pas le plus difficile de ces améliorations [1] ».

La « révolution sucrière », selon Dombasle, est à la fois industrielle et agricole. Elle annulera la « révolution commerciale » qui a permis à la Grande-Bretagne de s'approprier l'approvisionnement en sucre de l'Europe depuis les guerres de 1792-1815. Dans tous les cas, insiste-t-il, le système colonial est condamné à disparaître en Amérique. Après l'indépendance des Etats-Unis au XVIIIe et celle des principaux Etats latino-américains au début du XIXe siècle, il ne reste plus que quelques « débris », les Antilles, « du colosse colonial édifié par les Européens dans le nouveau monde ». Or « l'atmosphère de liberté et d'indépendance qui les environne de toutes parts » rend la perte de ces dernières possessions inévitable [2]. Même si les Antilles devaient rester entre les mains des Européens, ajoute-t-il, l'abolition de l'esclavage, décrétée par la Grande-Bretagne dans ses colonies en 1833 et destinée à s'étendre aux colonies françaises et espagnoles, sonne le glas du système des plantations. Elle provoquera une chute de la production de sucre antillais, auquel se substituera soit le sucre des nouvelles plantations dans les Indes orientales, soit le sucre indigène produit en Europe continentale. C'est cette dernière solution que l'agronome lorrain appelle de ses vœux.

Pour des raisons moins humanitaires que pratiques, Dombasle est donc lui aussi un adversaire de la colonisation. Peu après ses *Nouvelles considérations*, il condamne dans une autre brochure la conquête de l'Algérie, en raison de ses coûts immenses et des bénéfices médiocres que promet l'exploitation de la nouvelle colonie. Il n'en réclame cependant pas l'évacuation, parce qu'il en résulterait une perte de prestige inacceptable [3]. Mais il souhaite que la France reconnaisse la fin de son empire colonial américain et, plutôt que de laisser à la Grande-Bretagne et aux Pays-Bas le monopole de l'importation du sucre de canne depuis de nouvelles sources d'approvisionnement (Inde du Sud, Java), qu'elle pourvoie à ses besoins en sucre et peut-être à ceux du reste de l'Europe grâce à la nouvelle industrie du sucre indigène.

---

1. *Id., De l'impôt sur le sucre indigène : nouvelles considérations,* Nancy, 1837, p. 12.
2. *Ibid.,* pp. 15-19.
3. Christophe Mathieu de Dombasle, *De l'avenir de l'Algérie,* Paris, 1838.

Dombasle martèle ses arguments en faveur du sucre indigène dans quatre nouvelles brochures entre 1838 et 1843 [1]. Ses idées ont un impact indéniable sur l'opinion et servent d'argumentaire aux défenseurs de la betterave. Thémistocle Lestiboudois, député du Nord, cite Dombasle dans *Des colonies sucrières et des sucreries indigènes* (1839). Niant que les colonies fassent « partie intégrante de la France », Lestiboudois les considère comme condamnées par l'abolition inévitable de l'esclavage [2]. De même, le comité des « agriculteurs-fabricants de sucre » des arrondissements de Valenciennes et d'Avesnes, dans ses *Observations sur la question des sucres* (1839), invoque les brochures de Dombasle pour souligner la complémentarité entre culture de la betterave et fabrique indigène. Les fabricants de Valenciennes et d'Avesnes vont jusqu'à remettre en cause la citoyenneté des planteurs de canne à sucre en raison de l'organisation sociale rétrograde des îles : « Et qui sont ces colons, Messieurs ? des citoyens français, disent-ils ; égaux en droits à nous ; supportant des charges égales ! Mensonges que tout cela », notamment parce que les colons ne paient pas l'impôt foncier et ne sont pas soumis au service militaire. « Il n'y a entre eux et nous, ni égalité de droits, ni égalité de charges. A nous les droits des peuples libres ; à eux, les droits des peuples barbares : la distinction de caste et de couleur, l'esclavage [3]. »

Les arguments avancés par Dombasle nourrissent également les discours des députés qui font échouer en 1840 un projet d'égalisation des droits entre les sucres coloniaux et indigènes. Le gouvernement reste en effet préoccupé de soulager les colons et de satisfaire les négociants bordelais. En août 1839, il réduit par ordonnance et à titre temporaire les droits sur les sucres coloniaux à 35 francs par 100 kilos, et en janvier 1840, il présente un projet de loi qui propose de fixer les droits sur les sucres coloniaux et l'impôt sur le sucre indigène au même taux de 45 francs par 100 kilos.

Le rapporteur du projet est le général Bugeaud. Officier de l'Empire, il sera bientôt nommé gouverneur général de l'Algérie et en

---

1. *Id., Question des sucres*, Nancy, 1838 ; *id., Question des sucres : abaissement du rendement*, Nancy, 1839 ; *id., Question des sucres*, Nancy, 1840 ; *id., La question des sucres en 1843*, Nancy, 1843.

2. Thémistocle Lestiboudois, *Des colonies sucrières et des sucreries indigènes*, Lille, 1839, p. 6.

3. Les agriculteurs-fabricants de sucre des arrondissements de Valenciennes et Avesnes, *Observations sur la question des sucres*, Valenciennes, 1839, pp. 14-15.

achèvera la conquête. Cependant, jusqu'en 1841, Bugeaud est un adversaire résolu de la colonisation. Même en Algérie, il restera sceptique quant aux chances de la colonisation civile. Sous la Restauration, il avait œuvré pour l'amélioration des cultures dans sa Dordogne natale et ses préférences vont à une politique de développement des campagnes françaises. Lui aussi voit dans la betterave un moyen d'améliorer le sort des populations rurales et de prévenir leur exode vers les villes, où elles connaissent souvent le chômage et doivent être secourues à grand frais par l'Etat et les municipalités : « Retenez-les donc dans les campagnes, vous n'aurez plus besoin de faire ces énormes dépenses et ces populations resteront plus morales. [...] S'il est un moyen de faire cesser le paupérisme, ou du moins de le faire diminuer singulièrement, c'est certainement en encourageant la culture de la betterave » et, plus généralement, « la production intérieure [1] ».

En mars 1840, Thiers retrouve la présidence du Conseil. Dès le mois de mai, il désavoue devant la Chambre le projet du gouvernement précédent. Selon Thiers, décourager une nouvelle industrie nationale serait en soi « une faute énorme ». De plus, la mesure pourrait justifier le démantèlement de tout le système protecteur : « Si vous entriez dans cette voie sur ce point, il n'y a pas de raison que vous n'y entrassiez pas pour tous vos autres produits, pour tous vos produits protégés. » « Ce n'est peut-être pas là de la grande économie politique », conclut-il, « mais c'est la plus exacte, c'est celle qui résulte des faits historiques, les meilleurs et les plus significatifs de tous [2]. » L'invocation d'une économie politique fondée sur l'histoire rappelle encore l'influence de List sur les idées économiques de Thiers. Le protectionniste allemand, qui a lui-même envisagé de se lancer dans la fabrication de sucre de betterave en 1836 [3], condamne d'ailleurs le projet français d'égalisation des droits. Il qualifie son auteur, le ministre du Commerce Cunin-Gridaine, de « nouvel Hérode », prêt à sacrifier une industrie promise à un bel avenir sur le continent européen [4].

---

1. Débats à la Chambre des députés, séance du 7 mai 1840, *Le Moniteur universel*, 8 mai 1840.
2. Débats à la Chambre des députés, séance du 8 mai 1840, *Le Moniteur universel*, 9 mai 1840.
3. W.O. Henderson, *List, op. cit.*, pp. 80-81.
4. *Allgemeine Zeitung*, 1er février 1840.

A une large majorité (230 voix contre 67), les députés rejettent le projet d'égalisation, rétablissent les droits sur les sucres coloniaux à leur niveau de 45 francs par 100 kilos et se contentent d'augmenter l'impôt sur le sucre indigène à 25 francs par 100 kilos [1]. Mais loin d'être résolue, la controverse sur les sucres va rebondir et croître encore en intensité, en 1842-1843, avec l'échec d'un projet d'interdiction de la fabrication de sucre de betterave.

Le triomphe du sucre indigène

Après 1840, adversaires et défenseurs du sucre indigène engagent une bataille d'opinion sans précédent. De nouveaux groupes de pression rivalisent pour influencer la presse et plus d'une centaine de brochures sur la question des sucres paraissent entre 1841 et 1843. Les partisans du sucre de betterave sortent vainqueurs de l'affrontement. Tournant capital, leur rhétorique nationaliste commence à séduire une partie de la gauche démocratique.

On dispose de peu d'information sur les groupes de pression sucriers. Depuis la Restauration, les colons des Antilles et de l'île Bourbon entretiennent des délégués à Paris pour défendre leurs intérêts. En 1840 ou 1841, ces délégués créent un conseil permanent, dont Charles Dupin devient président. Dupin reste un partisan du système protecteur. Mais son nationalisme économique s'étend au-delà des mers. Il voudrait que la France assume l'héritage mercantiliste et protège les colons des îles comme les Français métropolitains.

Dès 1836-1837, Dupin dénonce les dangers que le sucre de betterave fait peser sur le « pacte colonial » de commerce exclusif entre la métropole et ses possessions outre-mer [2]. Après avoir pris la tête de la Commission des délégués des colonies, il redouble d'efforts et publie quatre brochures réclamant soit le nivellement des droits entre les deux sucres, soit l'interdiction du sucre indigène. Dupin emploie de nombreuses statistiques pour montrer que les colonies représentent un

---

1. Débats à la Chambre des députés, séance du 12 mai 1840, *Le Moniteur universel*, 13 mai 1840.
2. Charles Dupin, *Tableau des intérêts de la France*, Paris, 1836 ; id., *Faits et calculs relatifs au projet de loi pour réduire les droits d'entrée du sucre français des colonies et des sucres étrangers,* Paris, 1837.

débouché significatif pour l'agriculture et les manufactures françaises. Il souligne par exemple que la population des Antilles et de l'île Bourbon consomme en moyenne 660 fois plus de textiles français que les habitants des nations étrangères. En outre, il défend l'esclavage comme « un précieux élément d'activité civilisatrice [1] ».

Ancien ingénieur de la marine, Dupin insiste sur l'importance de la navigation entre les colonies et la métropole pour la puissance navale française. Son discours économique reste patriotique. Il se présente comme le défenseur des « Français d'outre-mer » et nie aller à l'encontre des « idées napoléoniennes », car selon lui Napoléon, en temps de paix, aurait tout fait pour renforcer les forces navales de la France. Enfin, il accuse les partisans du sucre indigène de se laisser influencer par la législation protectrice du sucre de betterave adoptée par « l'association tudesque appelé le *Zolwerein [sic]* », alors que l'Allemagne, contrairement à la France, n'a pas vocation à devenir une puissance maritime [2].

Les négociants des places maritimes apportent leur soutien aux colons, même s'ils se montrent également favorables à une réduction de la surtaxe pour faciliter les importations de sucres étrangers. Dès 1839, une éphémère Commission du commerce maritime publie deux courtes brochures [3]. Bordeaux prend bientôt la tête du mouvement. Fonfrède meurt au début de 1841, mais la chambre de commerce de la ville écrit aux autres chambres pour qu'elles fassent pression sur le gouvernement : outre la chambre de Bordeaux, celles de Nantes, Saint-Malo, Granville, Cherbourg, Le Havre et Dieppe pétitionnent en 1841 pour l'interdiction du sucre indigène, tandis que les chambres de Marseille, Rouen et Lorient se contentent de demander le nivellement des droits entre les deux sucres [4].

En décembre 1842, la chambre de commerce de Bordeaux envoie deux délégués à Paris avec pour mission de « faire insérer dans les journaux de la capitale tous les articles qu'ils jugeront nécessaire dans

1. *Id., La vérité des faits sur les cultures comparées des colonies et de la métropole*, Paris, 1842, pp. 33-34 ; *id., Appel au bon sens*, Paris, 1843, pp. 12-13 ; *id., Observations exposées au Conseil général d'agriculture*, Paris, 1842 ; *id., Mémoire adressé par le conseil des délégués des colonies aux ministres du Roi sur la question des sucres*, Paris, 1842.
2. *Id., La vérité des faits, op. cit.*, p. 37 ; *id., Appel au bon sens, op. cit.*, p. 10, p. 28.
3. Commission des délégués du commerce maritime, *Mémoire sur la question des sucres*, Paris, 1839 ; *id., Question des sucres*, Paris, 1839.
4. AN, F12 2541, pétitions sur la question des sucres, 1841.

l'intérêt de l'importante question des sucres ». A la fin janvier 1843, les délégués bordelais dans la capitale participent à la fondation d'une nouvelle « commission permanente des délégués des ports », qui dépense en trois mois 3 000 francs, dont un tiers à la charge de la chambre bordelaise, « pour rédactions, impressions et insertions de mémoires » dans les journaux [1].

L'initiative des délégués de Bordeaux répond aux efforts du Comité des fabricants de sucre indigène, créé en 1840. Dès avril 1842, des représentants du commerce bordelais dans la capitale soulignent le succès de ce nouveau groupe d'intérêts : « Les intéressés dans la sucrerie indigène et leurs nombreux protecteurs sont constamment à Paris : ils y poursuivent avec une inflexible persévérance le soin de leurs intérêts [...]. Influents dans les bureaux des hautes administrations, dans la presse parisienne, ils font à leur profit et au détriment de la France une guerre incessante au commerce maritime [2]. »

On dispose de peu d'informations sur les activités du Comité des fabricants de sucre indigène. L'une de ses initiatives les plus habiles est sans doute la diffusion, à l'automne 1842, de 3 000 exemplaires d'une brochure favorable au sucre indigène signée par le prétendant au trône impérial, Louis-Napoléon Bonaparte [3]. Le futur Napoléon III a rédigé la brochure alors qu'il était enfermé dans la forteresse de Ham, après un putsch manqué à Boulogne en août 1840. Dans son *Analyse de la question des sucres*, le neveu de Napoléon Ier s'appuie sur les ouvrages de Dombasle pour souligner les bénéfices de la betterave pour l'agriculture et affirme que le sucre indigène résout, « sinon complètement, du moins en grande partie, un des problèmes les plus importants du jour, le bien-être des classes ouvrières ». Selon lui, la fabrication du sucre de betterave « retient les ouvriers dans les campagnes, les occupe dans les plus mauvais mois de l'année ; elle répand dans la classe agricole les bonnes méthodes de culture, l'initie à la science industrielle, à la pratique des arts chimiques et mécaniques. Elle dissémine les centres de travail au lieu de les réunir sur un même point. Elle favorise donc les principes sur lesquels reposent la

---

1. ADG, 02/081/307, registre 1841-1843, f°s 101-102, f° 108, f° 118, procès-verbaux de la CCB, 21 décembre 1842, 8 février 1843 et 29 mars 1843.
2. ADG, 02/081/307, registre 1841-1843, f°s 63-65, procès-verbaux de la CCB, 13 avril 1842.
3. Voir « Avis de l'éditeur » in Louis-Napoléon Bonaparte, *Analyse de la question des sucres*, 2e éd., Paris, 1843.

bonne organisation des sociétés et la sécurité des gouvernements, car créer l'aisance c'est assurer l'ordre [1] ».

Le futur Napoléon III renforce la légitimité napoléonienne de la betterave en mettant l'accent sur ses origines familiales et en associant le sucre indigène à l'héritage de l'Empire. Après la chute de Napoléon Ier, écrit-il, « les grandes créations demeurèrent debout : le code Napoléon, l'organisation de la justice, des finances, de l'armée, de l'administration, de l'instruction publique, résistèrent au choc. La découverte du sucre de betterave survécut aussi ». Si la fabrication de sucre indigène est restée peu importante sous la Restauration, ajoute-t-il, c'est parce qu'elle est demeurée cachée « comme le drapeau [tricolore] d'Austerlitz [2] ». Mille exemplaires supplémentaires d'une deuxième édition de l'*Analyse de la question des sucres* sont imprimés à la fin décembre 1842 [3]. Deux ans plus tard, le prétendant au trône impérial confirmera son soutien au système protecteur dans *De l'extinction du paupérisme* (1844). Ce n'est qu'après son coup d'Etat de 1851 et sous l'influence de ses conseillers que Napoléon III deviendra partisan d'une politique commerciale plus libérale et imposera un traité de commerce avec la Grande-Bretagne en 1860 [4].

En dépit des pressions du Comité des fabricants de sucre indigène, le gouvernement Guizot, qui a succédé à celui de Thiers en novembre 1840, penche en faveur du sucre de canne. Mais il écarte le projet d'égalisation de la fiscalité sur les deux sucres en raison de la fraude massive de l'impôt sur le sucre de betterave. En mars 1842, il soumet au Conseil supérieur du commerce un projet d'interdiction de la fabrication de sucre indigène, assortie d'une indemnité pour les fabricants. A une étroite majorité (13 voix contre 12), le Conseil supérieur donne son aval au projet [5]. Mais le gouvernement, qui craint des troubles dans les départements du Nord, en repousse la présentation aux chambres jusqu'en janvier 1843 [6].

Cette tentative d'« assassinat industriel », selon ses adversaires, porte la bataille d'opinion à son paroxysme. D'après le catalogue de

---

1. Louis Bonaparte, *Analyse de la question des sucres*, Paris, 1842, p. 43, p. 47.
2. *Ibid.*, p. 5.
3. AN, F18*II 29, impression 8087.
4. Roger Price, *The French Second Empire : An Anatomy of Political Power*, Cambridge, Cambridge University Press, 2001, pp. 230-240.
5. AN, F12 2550/A, « Note portée au Conseil des ministres [sur la question des sucres] », 15 mars 1842.
6. *Le Moniteur universel*, 11 janvier 1843.

la Bibliothèque nationale de France, au moins 140 ouvrages consacrés à la question des sucres ont été publiés entre 1837 et 1843, dont 53 – plus du tiers – au cours de la seule année 1843 [1]. Le quotidien conservateur *La Presse* parle en avril 1843 d'« un déluge de brochures [2] ». D'après un échantillon de 32 brochures publiées à Paris en 1842 et en 1843, on peut estimer le nombre moyen d'exemplaires imprimés de chaque publication à plus de 1 000 [3]. Le nombre total d'exemplaires imprimés a donc dû dépasser les 100 000 entre 1837 et 1843 et approcher les 50 000 pour l'année 1843, chiffres considérables pour l'époque. Les lieux de publication révèlent que la querelle des sucres est loin d'être confinée à la capitale, avec, sur les 140 textes publiés entre 1837 et 1840, 43 imprimés en province, depuis Lille jusqu'à Nogent-le-Rotrou [4].

Ces chiffres sont tous des estimations basses, puisqu'ils excluent les ouvrages techniques sur la fabrication du sucre de betterave (32 titres publiés entre 1837 et 1843 dans le catalogue de la Bibliothèque nationale) ainsi que les ouvrages consacrés à la question des sucres mais dont le titre ne comprend pas les mots « sucre » ou « sucres ». Autre source d'omission : l'obligation du dépôt légal n'est pas toujours respectée, notamment par les imprimeurs de province. Les archives du ministère du Commerce contiennent plusieurs brochures absentes du catalogue de la Bibliothèque nationale [5].

Partisans et adversaires du sucre indigène font jeu égal dans cette guerre des brochures. Nous avons consulté un peu plus de la moitié – 77, y compris les brochures de Dombasle, Dupin et Louis-Napoléon Bonaparte – des 140 publications sur la question des sucres répertoriées à la Bibliothèque nationale pour les années 1837-1843. Sur ce

---

1. Titres contenant les terme « sucre » ou « sucres » publiés entre 1837 et 1843, les titres d'ouvrages sur les procédés de fabrication du sucre exclus, catalogue électronique BN-Opale plus de la Bibliothèque nationale de France, accès à partir de http://www.bnf.fr. Les résultats par année sont 13 titres en 1837, 6 titres en 1838, 20 en 1839, 19 en 1840, 10 en 1841, 19 en 1842 et 53 en 1843.

2. *La Presse*, 29 avril 1843.

3. Le nombre moyen d'exemplaires imprimés pour ces 32 titres est 1 040. Voir AN, F18*II 29, impressions 1103, 1660, 2110, 8087 ; AN, F18*II 30, et impressions 93, 198, 259, 302, 398, 423, 699, 701, 804, 824, 840, 1091, 1126, 1135, 1348, 1377, 1682, 1778, 1899, 2318, 2493, 2631, 2648, 2649, 2784, 2824, 3067, 3245.

4. Neuf brochures imprimées à Lille, six à Nancy, trois à Arras, trois à Valenciennes, trois à Rouen, trois à Nantes, deux à Douai, deux au Havre, une à Dunkerque, une à Cambrai, une à Amiens, une à Saint-Quentin, une à Caen, une à Laval, une à Rennes, une à Clermont, une à Bordeaux, une à Bayonne, une à Provins et une à Nogent-le-Rotrou.

5. Voir par exemple les brochures dans le carton AN, F12 2543.

large échantillon, 34 publications sont favorables au sucre indigène, 37 au sucre exotique et 6 essaient de réconcilier les intérêts de la betterave et de la canne. Ce rapport reste constant au cours des sept années considérées. Les publications favorables au sucre exotique sont les seules à faire appel à l'économie politique, et l'une d'elles est l'œuvre d'Horace Say, le fils de Jean-Baptiste [1]. Mais les textes favorables au sucre indigène, au ton plus passionné, invoquent avec insistance la nationalité française des fabricants betteraviers et de leurs produits.

Ainsi Edouard Grar, un membre de la Société d'agriculture, des sciences et des arts de Valenciennes, après avoir rappelé les encouragements de Napoléon à la fabrication du sucre de betterave, affirme : « En vain viendra-t-on dire que les deux sucres sont également français ; que le fabricant de sucre indigène et le producteur colon sont égaux en droits ; qu'il doit en être d'une colonie française à un département français, comme d'un département à un autre département [2]. »

Un publiciste anonyme de Douai, « A.B. », proteste en vers contre le projet d'interdiction du sucre de betterave : « Le bon peuple des champs, nos braves campagnards, / Gens sensés, valant bien d'éloquents babillards, / Savent cependant, eux, que c'est grande imprudence / De vouloir de ce lot déshériter la France ! » Il souligne les bienfaits de la nouvelle industrie pour « la masse ouvrière » : « Vous oubliez le pauvre ; il est sans défenseur ; / L'indigent n'a donc pas en vous de protecteur ! » Le poète publiciste conclut sur une note d'espoir : « Vive, quoi qu'il en soit, vive la Betterave ! / Vous vous flattez en vain de la voir expirer, / Toujours nous la verrons malgré vous prospérer, / Laissez-la, croyez-moi, végéter SANS ENTRAVE [3] ! »

La propagande en faveur du sucre indigène, aidée sans doute par les subventions du Comité des fabricants de sucre indigène, provoque le retournement d'une grande partie de la presse. En 1837, parmi les dix principaux journaux de la capitale, tous sauf Le Siècle sont favorables au sucre de canne [4]. Six ans plus tard, en 1843, quatre des

---

1. Horace Say, *De la question des sucres et du projet de loi pour l'interdiction de la fabrication des sucres indigènes,* Paris, 1843.
2. Edouard Grar, *Question des sucres. Solution proposée par la Société d'agriculture, sciences et arts, de l'arrondissement de Valenciennes,* Valenciennes, 1843.
3. A. B., *Question des sucres examinée d'un point de vue moral,* Douai, 1843, pp. 2-3.
4. « Question des sucres », *Le Siècle,* 10 mai 1837 ; *Le Journal des Débats,* 23 mai 1837 ; *La Quotidienne,* 24 mai 1837 ; « Question des sucres – Résumé », *La Gazette de*

cinq quotidiens parisiens dont le tirage dépasse les 10 000 exemplaires (*Le Siècle, Le Constitutionnel, Le Journal des Débats* et *Le National*) défendent le sucre de betterave, alors que seuls *La Presse* et cinq journaux moins importants (*L'Univers, Le Commerce, Le Courrier français, La Gazette de France, La Quotidienne*) continuent à réclamer des mesures en faveur des sucres exotiques [1]. La répartition finale des journaux entre betteravistes et antibetteravistes suggère l'émergence d'un clivage, certes imparfait, entre une gauche favorable au sucre indigène et une droite hostile. *Le Constitutionnel* représente le centre-gauche, *Le Siècle* la gauche dynastique, c'est-à-dire orléaniste mais réformiste, et *Le National* la gauche démocratique. En revanche, *La Presse* soutient le gouvernement conservateur de Guizot et les journaux légitimistes, *La Gazette* et *La Quotidienne*, sont les défenseurs les plus véhéments du sucre colonial.

Les députés s'avèrent encore plus hostiles que la presse au projet d'interdiction. La commission parlementaire des sucres le qualifie dans son rapport d'« acte anti-français » et le rejette par huit voix contre une. Au cours des débats à la Chambre, Lamartine défend l'interdiction quand même. Il condamne le sucre indigène comme un produit du « despotisme » napoléonien et explique le retournement de l'opinion sur la question des sucres par le succès de la rhétorique nationaliste : « c'est à l'aide de mots qu'on a trompé l'opinion ». Selon lui, la fabrication du sucre indigène « est une industrie fausse, violente, artificielle, une industrie de guerre. C'est son nom. Vous ne pouvez pas l'appeler nationale, qu'autant qu'elle aura coûté davantage au trésor, et que le prix qu'elle coûte au pays en subventions, en contrats violés, ne soit à vos yeux le tarif de la nationalité [2] ».

Dans sa réponse indignée aux propos de Lamartine, Augustin Corne, député de la gauche dynastique du Pas-de-Calais, mobilise les principaux thèmes du nationalisme économique pour réaffirmer le

---

France, 31 mai 1837 ; *Le Commerce*, 22 mai 1837 ; *La Presse*, 23 mai 1837 ; « De la loi sur les sucres », *Le Constitutionnel*, 23 mai 1837 ; « Projet de loi sur les sucres », *Le Courrier français*, 22 mai 1837 ; *L'Univers*, 24 mai 1837 ; *Le National*, 22 mai 1837.

1. « Question des sucres », *Le Siècle*, 15 janvier 1843 ; « Question des sucres », *Le Constitutionnel*, 19 janvier 1843 ; *Le Journal des Débats*, 6 janvier 1843 ; « Question des sucres », *Le National*, 14 janvier 1843 ; *La Presse*, 2 janvier 1843 ; « Question des sucres », *L'Univers*, 14 janvier 1843 ; « Question des sucres », *La Quotidienne*, 9 mai 1843 ; *Le Courrier français*, 10 janvier 1843 ; « Question des sucres », *La Gazette de France*, 6 janvier 1843 ; *Le Commerce*, 1er janvier 1843.

2. Débats à la Chambre des députés, séance du 12 mai 1843, *Le Moniteur universel*, 13 mai 1843.

caractère français de l'industrie betteravière : « Elle n'est pas nationale, cette industrie ! Elle n'est pas nationale, par son origine même,
parce qu'elle est née d'un décret de l'empereur ! L'empereur, messieurs, était un grand homme, dont la France est fière, et dont le nom
certes est assez national et que vous revendiquez. Et sa pensée n'était-
elle pas éminemment nationale ! est-ce que ce n'était pas pour arracher l'Europe à la suprématie des pays tropicaux, au vasselage
commercial de l'Angleterre [qu'il encouragea cette industrie ?] Elle
n'est pas nationale ! sur quel sol est-elle donc née ? Quels sont les
hommes qui l'ont entretenue, qui l'ont baignée de leur sueur ? des
hommes libres, ceux-là, des hommes qui, au besoin, sauraient aller
défendre leurs frontières », contrairement aux esclaves et aux colons [1].

Le 19 mai 1843, par 286 voix contre 97, les députés rejettent
l'interdiction et adoptent une loi qui prévoit seulement l'augmentation
de cinq francs par an pendant cinq ans de l'impôt sur le sucre indigène [2]. Cette quatrième et dernière loi sur les sucres sous la Monarchie de Juillet est une victoire relative pour les partisans de la betterave : grâce au délai qui leur est accordé et à la continuation de la
fraude fiscale, les fabricants de sucre de betterave soutiennent sans
difficulté la concurrence du sucre colonial, jusqu'à ce que l'abolition
de l'esclavage en 1848 leur offre un avantage décisif sur les colons
des îles. Entre 1845 et 1862, la production de sucre indigène augmente ainsi de 360 % pour atteindre 162 000 tonnes, alors que les
importations de sucre de canne (colonial et étranger) n'augmentent
que de 26 % à 112 000 tonnes [3]. A ce jour, la France demeure, avec
4,5 millions de tonnes par an, le premier producteur mondial de sucre
de betterave [4].

La victoire des partisans du sucre indigène illustre le succès dans
l'opinion de la nouvelle rhétorique économique nationaliste. Mais la
controverse sur les sucres montre aussi comment l'idéologie protectionniste en voie de formation, née à droite, commence à séduire une

---

1. Débats à la Chambre des députés, séance du 13 mai 1843, *Le Moniteur universel*,
14 mai 1843.
2. Débats à la Chambre des députés, séance du 19 mai 1843, *Le Moniteur universel*,
20 mai 1843.
3. AN, F12 2550/A, rapport sur la question des sucres, 22 avril 1863.
4. La France est suivie de près par l'Allemagne, dont la production annuelle s'élève à
4,4 millions de tonnes ; voir Centre d'étude et de documentation du sucre, *Le sucre :
Mémo statistique, décembre 2005,* Paris, 2006, p. 18.

partie de la gauche, qui reste sensible à l'idée de patrie. Dans sa dernière brochure sur les sucres, publiée peu avant sa mort en 1843, Dombasle décrit même la querelle des sucres comme un conflit entre les partisans de la « révolution » économique du sucre indigène et les avocats d'une « contre-révolution, violente comme elles le sont toutes » et condamnée à l'échec « en industrie comme en politique [1] ». Cette allusion au caractère révolutionnaire du protectionnisme naissant, par opposition au caractère réactionnaire du libre-échange, annonce l'un des principaux enjeux de la querelle du libre-échange dans les dernières années de la Monarchie de Juillet. Libre-échangistes et protectionnistes vont revendiquer chacun pour eux-mêmes la légitimité de 1789. Les seconds sauront imposer leur interprétation économique nationaliste et égalitaire, plutôt que libérale, de la Grande Révolution.

---

1. C. Mathieu de Dombasle, *La question des sucres en 1843, op. cit.*, p. 2.

QUATRIÈME PARTIE

PROTECTIONNISME
(1845-1851)

La controverse sur le commerce international atteint son point d'orgue dans les dernières années de la Monarchie de Juillet. Le discours de la nation remporte une victoire éclatante sur celui de la liberté : la France s'affirme « protectionniste », par opposition à la Grande-Bretagne « libre-échangiste ». Sous la Seconde République, protectionnisme majoritaire et libre-échangisme minoritaire se consolident sous leur forme moderne.

En 1846, Frédéric Bastiat, inspiré par le triomphe du mouvement libre-échangiste en Grande-Bretagne, crée à Bordeaux l'Association pour la liberté des échanges. Sa campagne pour un libre-échange démocratique est un échec. L'opinion refuse de voir dans l'abolition des barrières douanières le prolongement de 1789. Les soutiens au libre-échange appartiennent même, en majorité, au camp conservateur, hostile à l'élargissement de la participation politique. L'échec libre-échangiste s'explique aussi par le succès de la contre-campagne anglophobe des protectionnistes. Mimerel et d'autres manufacturiers fondent l'Association pour la défense du travail national. Ils obtiennent le ralliement au protectionnisme de la quasi-totalité de l'industrie, de la majorité de l'agriculture et même d'une partie du commerce maritime. En 1847, les protectionnistes font échouer un dernier projet de réforme douanière. Leur victoire est totale, même s'ils ne parviennent pas à fonder, comme ils le souhaiteraient, une nouvelle science économique nationaliste.

Leur succès est conforté par le ralliement de la gauche radicale au nationalisme économique. Jusqu'au début des années 1840, les démocrates et les socialistes penchaient en faveur de la liberté du commerce. A la fin de la Monarchie de Juillet, ils se laissent séduire par les accents égalitaires du protectionnisme. Ils partagent également son hostilité à l'économie politique libérale et son rejet du modèle social britannique. La victoire du protectionnisme est confirmée après la Révolution de 1848. L'Assemblée législative repousse, à une large majorité, une proposition de loi instaurant le libre-échange. Adolphe Thiers, politicien libéral et conservateur, s'impose comme le chef de file des protectionnistes. Michel Chevalier, partisan d'un régime autoritaire mais libéral sur les questions économiques, prend la tête du mouvement libre-échangiste. Malgré les réticences d'une partie des élites, l'opinion française revendique son protectionnisme.

Chapitre 16

Cristallisation, radicalisation et déclin d'une idéologie : Frédéric Bastiat et l'Association pour la liberté des échanges (1845-1847)

En 1846, une nouvelle Association pour la liberté des échanges réclame l'abandon du système protecteur. On a souvent vu dans cet épisode l'apogée des efforts menés par les libre-échangistes sous la Monarchie de Juillet [1]. Il s'agit plutôt d'un soubresaut sur fond de déclin des idées libérales. Inspiré par le succès en Grande-Bretagne de l'*Anti-Corn Law League*, puissante association libre-échangiste dirigée par Richard Cobden, la campagne de l'Association pour la liberté des échanges repose presque entièrement sur l'énergie déployée par un seul individu, le polémiste aquitain Frédéric Bastiat.

L'entreprise s'avère vite un échec. La campagne menée par Bastiat permet certes la cristallisation des idées libérales commerciales en une véritable idéologie, dotée d'un langage et d'un slogan : le « libre-échange ». Mais les soutiens à la nouvelle idéologie restent cantonnés aux milieux déjà favorables à une libéralisation du régime commercial depuis la fin des années 1820, le cercle des économistes parisiens et les négociants de la région bordelaise. Plus grave encore pour l'avenir du libre-échange en France, compte tenu du progrès rapide

---

1. Alex Tyrrell, « "La Ligue Française", The Anti-Corn Law League and the Campaign for Economic Liberalism in France during the Last Days of the July Monarchy », in Anthony Howe et Simon Morgan (dir.), *Rethinking Nineteenth-Century Liberalism. Richard Cobden Bicentenary Essays*, Aldershot, Ashgate, 2006, pp. 99-116.

des idées démocratiques dans l'opinion : si Bastiat lui-même est un démocrate convaincu, les partisans de la liberté des échanges sont en majorité des conservateurs hostiles à un élargissement de la participation politique. Le libre-échange devient un libéralisme économique antidémocratique.

L'affaiblissement des partisans de la liberté commerciale vers 1845

Dès son premier ouvrage à succès, *Cobden et la Ligue* (1845), Bastiat souligne le recul des idées libérales en France et l'oppose au progrès du *free trade* dans l'opinion britannique. A la fin de la Restauration, le triomphe de l'économie politique paraissait proche, « l'autorité des Smith et des Say n'était plus contestée ». Mais « vingt années se sont écoulées, et bien loin que l'économie politique ait gagné du terrain, ce n'est pas assez de dire qu'elle en a perdu, on pourrait presque affirmer qu'il ne lui en reste plus, si ce n'est l'étroit espace où s'élève l'Académie des sciences morales [et politiques] [1] ».

Les rangs de l'économie politique se sont clairsemés. Jean-Baptiste Say est mort en 1832, Charles Comte en 1837. Dupin s'est rallié au système protecteur. Les disciples de Say comme Dunoyer et Blanqui ont certes été rejoints par de nouvelles personalités. Parmi elles, les plus notables sont l'Italo-Genevois Pellegrino Rossi, juriste de formation, qui a hérité en 1832 de la chaire d'économie politique créée en 1830 pour Say au Collège de France ; Joseph Garnier, professeur à l'Ecole de commerce de Paris, puis à l'Ecole des ponts et chaussées ; et Louis Wolowski, réfugié polonais, professeur au Conservatoire des arts et métiers et beau-frère de Léon Faucher. Ils publient de nouveaux traités, exposant la science économique à leur manière [2]. Mais la nouvelle génération n'a pas l'énergie et le tempérament messianique des économistes des années 1820.

Les économistes se sont regroupés autour de l'éditeur Gilbert-Urbain Guillaumin, ancien libéral avancé sous la Restauration, qui

---

1. Frédéric Bastiat, *Cobden et la Ligue*, Paris, 1845, in *Œuvres complètes de Frédéric Bastiat*, mises en ordre, revues et annotées par Prosper Paillotet et Robert de Fontenay, 7 vol., Paris, 1854-1855, rééd. 1862-1864, t. 3, pp. 78-79.
2. Pellegrino Rossi, *Cours d'économie politique*, Paris, 1840 ; Joseph Garnier, *Eléments de l'économie politique,* Paris, 1846.

assure la diffusion de leurs ouvrages [1]. En 1841, Guillaumin lance un nouveau mensuel dirigé par Blanqui, le *Journal des économistes* [2]. La revue réclame la réduction des tarifs, mais désapprouve le projet d'union douanière avec la Belgique, qui lui paraît correspondre à une logique commerciale préférentielle et non libérale [3]. En 1842, les économistes fondent une Société d'économie politique, cercle informel qui tient des dîners mensuels. Si ce groupe d'intellectuels exerce une certaine influence sur le gouvernement et l'administration, son impact sur l'opinion publique est limité. Le *Journal des économistes* n'a pas plus de 600 abonnés [4], tandis la Société d'économie politique ne compte que 5 membres lors de sa fondation et environ 80 en 1849.

La Gironde reste la seule région de France où les idées commerciales libérales jouissent d'un large soutien. La chambre de commerce de Bordeaux prend parti pour l'union douanière avec la Belgique et contre la protection du sucre indigène. En décembre 1842, la ville accueille un « congrès viticole », qui rassemble pendant trois jours environ 300 viticulteurs d'une dizaine de départements du Sud-Ouest sous la présidence d'Armand Dupérier de Larsan, ancien secrétaire des comités viticoles de 1828 et 1834. Pour combattre l'influence des « monopolistes » du nord du pays, le congrès décide la création d'une Union nationale des viticulteurs [5]. Ce groupe de pression tient encore une réunion à Bordeaux en septembre 1843 [6], mais il se manifeste peu après cette date [7].

Plusieurs disciples bordelais de Fonfrède honorent sa mémoire et continuent à défendre ses idées après sa mort en 1841. Son ami Campan, devenu secrétaire de la chambre de commerce, organise une

---

1. Lucette Levan-Lemesle, « Guillaumin, éditeur d'économie politique, 1801-1864 », *Revue d'économie politique,* n° 95, 1985, pp. 134-149.

2. Michel Lutfalla, « Aux origines du libéralisme économique en France : le *Journal des économistes*, analyse de la première série 1841-1853 », *Revue d'histoire économique et sociale*, n° 50, 1972, pp. 494-517.

3. Hippolyte Dussard, « Quelques réflexions à propos du traité belge », *Journal des économistes*, n° 3, 1842, pp. 72-82.

4. Lettre de Bastiat à son ami Félix Coudroy, mai 1845, in *Œuvres complètes de Frédéric Bastiat, op. cit.,* t. 1, p. 51.

5. *Compte rendu des séances de l'assemblée générale des départements vinicoles*, Bordeaux, 1843.

6. Union vinicole, *Assemblée générale des délégués des départements*, Bordeaux, 1843.

7. Voir Fernand Paillère, *La lutte en Gironde pour l'amélioration des échanges entre les nations, 1842-1937*, Bordeaux, 1937, pp. 18-29 ; Albert Charles. *La révolution de 1848 et la Seconde République à Bordeaux*, Bordeaux, Delmas, 1945, pp. 31-33.

souscription qui recueille près de 12 000 francs et permet l'érection d'un monument sur la tombe du publiciste [1]. Campan et d'autres fondent un quotidien, *Le Courrier de la Gironde*. Comme son prédécesseur *Le Courrier de Bordeaux*, le journal se distingue par son libéralisme dans les questions commerciales, mais aussi par son hostilité à la « démocratie parlementaire » dans les questions politiques.

A partir de 1843, Campan réunit les écrits journalistiques de Fonfrède pour les publier sous une forme moins éphémère. Avec l'accord des sœurs du publiciste, il met en ordre ses articles dans *L'Indicateur*, *Le Mémorial* et *Le Courrier de Bordeaux* et extrait « ce qui est doctrine » des commentaires de circonstance [2]. Ses efforts aboutissent à la publication entre 1844 et 1847 des *Œuvres de Henri Fonfrède* en dix volumes. Les septième et huitième volumes sont consacrés aux « Questions d'économie publique [3] ».

Le travail éditorial accompli par Campan atténue parfois jusqu'à la falsification le caractère hétérodoxe des idées économiques de Fonfrède. En bousculant la chronologie des articles, Campan masque son évolution, d'une interprétation agrarienne et républicaine de la liberté commerciale à la fin des années 1820 vers une conception plus conforme à l'économie politique dans les années 1830. Dans « Du Nord et du Midi », qui reproduit plusieurs articles rédigés par Fonfrède en 1826-1828, Campan retranche les attaques contre Dunoyer et d'autres économistes partisans de la liberté commerciale mais de tendance « industrialiste ». En revanche, il conserve celles dirigées contre Dupin, probablement parce que ce dernier défend désormais le système protecteur. Campan supprime aussi plusieurs mentions de Rousseau et de l'abbé Mably, auteurs à connotation démocratique, alors qu'il retient celles de Montesquieu, penseur plus conservateur [4]. Enfin, Campan adapte parfois librement le texte de Fonfrède au contexte des années 1840. Il remplace par exemple le nom de « Saint-Cricq », symbole du système prohibitif, par le néologisme « les protectionnistes [5] ».

Campan espère recueillir 300 souscriptions aux *Œuvres de Henri Fonfrède* et souhaite faire imprimer 1 000 exemplaires de l'ouvrage.

---

1. ADG, 02/081/307, registre 1841-1843, f° 76, procès-verbaux de la CCB, 30 juin 1842.
2. BMB, MS 1089, « Convention entre Charles-Alcée Campan et les demoiselles Zoé et Clémentine Fonfrède, sœurs et uniques héritières de leur frère M. Henri Fonfrède ».
3. *Œuvres de Henri Fonfrède*, recueillies et mises en ordre par Charles-Alcée Campan, 10 vol., Bordeaux, 1844-1847.
4. *Œuvres de Fonfrède, op. cit.*, t. 8, pp. 93-157.
5. *Œuvres de Fonfrède, op. cit.*, t. 7, p. 386.

On ne sait pas s'il a atteint cet objectif ambitieux. Une liste de 193 souscripteurs datant de 1845 confirme le caractère régional, voire local de l'audience de Fonfrède : près des trois quarts des souscripteurs (144) résident à Bordeaux, six dans d'autres communes de la Gironde, huit à Toulouse et seulement dix-huit à Paris. Compte tenu du prix élevé de la collection (7,50 francs par volume, soit 75 francs au total), le chiffre de 150 souscripteurs pour un seul département est très élevé. Les bulletins n'indiquent pas toujours la profession des souscripteurs. Quand ils le font, il s'agit, à côté d'une majorité de négociants, de plusieurs députés, d'un ancien préfet, d'un architecte, d'un dentiste ou encore d'un pharmacien. Les idées défendues par Fonfrède sont représentatives d'une large fraction de l'élite et des classes moyennes de la Gironde [1].

Sauf parmi les intellectuels parisiens et les négociants bordelais, la liberté des échanges apparaît déjà vaincue en 1845.

L'Anti-Corn Law League *et Frédéric Bastiat*

La brève résurgence des idées libérales en 1846 est d'abord un effet de la victoire du *free trade* en Grande-Bretagne. Cet événement incite Frédéric Bastiat, libéral intransigeant, à créer une association française sur le modèle de l'*Anti-Corn Law League* britannique.

En Grande-Bretagne, le rythme des réformes commerciales s'est ralenti après la fin des années 1820. Mais en 1838, à Manchester, sept industriels du textile créent le noyau de ce qui va devenir une formidable machine de propagande économique : l'*Anti-Corn Law League*, qui se fixe comme objectif l'établissement du *free trade* et plus particulièrement l'abolition des *Corn Laws* ou lois céréalières. Ces lois, en restreignant les importations de céréales, visent à augmenter la rente foncière des propriétaires terriens, en majorité membres de l'aristocratie. La *League* accuse les *Corn Laws* d'augmenter le prix du pain et, par contrecoup, le taux des salaires, donc de nuire à la fois aux ouvriers et à leurs patrons. Sa campagne a des accents anti-aristocratiques, qui suscitent l'anxiété d'une partie des classes dirigeantes. Elle organise des centaines de meetings et de conférences,

---

1. BMB, MS 1089, « liste des souscripteurs » et plusieurs dizaines de bulletins de souscription.

fait circuler des dizaines de brochures et assure une large diffusion à son journal hebdomadaire, *The League*. A partir de 1840, elle infléchit son action dans un sens politique, en présentant ses propres candidats à des élections partielles pour la Chambre des communes [1].

En février 1846, Robert Peel, Premier ministre tory (conservateur), présente au Parlement un projet de loi sur l'abolition des *Corn Laws*. La mesure va à l'encontre des vœux de la majorité du parti tory. Elle ne sera adoptée au mois de juin que grâce à une coalition hétéroclite de radicaux, de whigs (réformistes) et de torys libéraux, et provoque vite la chute de Peel. L'abolition des lois céréalières, suivie en 1849 par l'abrogation des Actes de navigation, consacre le *free trade* comme doctrine officielle de la Grande-Bretagne [2].

L'historiographie de la fin du XIXe et de la première moitié du XXe siècle attribuait un rôle décisif aux pressions exercées par la *League* et faisait l'éloge du sens du devoir politique dont Peel fit preuve. En cédant à l'opinion publique, en acceptant de renoncer à l'un des facteurs de domination de l'aristocratie, ce conservateur raisonnable aurait empêché l'arrivée en Grande-Bretagne de la vague révolutionnaire de 1848. Les historiens actuels ont remis en cause cette interprétation. Ils préfèrent mettre l'accent sur la conversion progressive des intérêts financiers de la *City* et des élites gouvernementales au libre-échange unilatéral comme moyen le plus efficace de gouverner l'empire britannique [3].

Par ailleurs, Boyd Hilton a souligné les sources religieuses, notamment calvinistes à tendance évangélique, des progrès du libéralisme économique en Grande-Bretagne. Peel lui-même, très pieux et influencé par des théologiens comme le presbytérien Thomas Chalmers, voyait dans la loi du marché un mécanisme d'origine divine [4].

---

1. Norman McCord, *The Anti-Corn Law League, 1838-1846*, Londres, Allen and Unwin, 1958, pp. 81-90.

2. Anthony Howe, « Restoring Free Trade : the British Experience, 1776-1873 », in P. O'Brien et D. Winch, *The Political Economy of British Experience, op. cit.*, pp. 193-213 ; sur l'abolition des *Corn Laws*, voir Cheryl Schonhardt-Bailey, *From the Corn Laws to Free Trade : Interests, Ideas and Institutions in Historical Perspective*, Cambridge, Mass., MIT Press, 2006.

3. Anthony Howe, *Free Trade and Liberal England*, Oxford, Clarendon, 1997, pp. 38-69 ; Peter J. Cain et Anthony G. Hopkins, *British Imperialism, 1688-2000*, Londres, Longman, 1993, rééd. 2002, pp. 99-100 ; John Gallagher and Ronald Robinson, « The Imperialism of Free Trade », *Economic History Review*, n° 6, 1953, pp. 1-15.

4. Boyd Hilton, *The Age of Atonement : the Influence of Evangelicalism on Social and Economic Thought, 1785-1865*, Oxford, Clarendon, 1988, en particulier pp. 224-225, pp. 248-251.

La grande majorité des dirigeants de la *League* appartiennent aux sectes protestantes non conformistes. Leur propagande en faveur du *free trade*, souvent formulée dans un langage biblique et messianique, aide à comprendre la ferveur suscitée par le libéralisme économique dans la Grande-Bretagne des débuts de l'ère victorienne [1].

Ces apports de l'historiographie récente sur le tournant idéologique britannique à la fin des années 1840 sont essentiels à l'analyse de sa réception en France. Les motivations religieuses jouent aussi un rôle important chez les libre-échangistes français les plus déterminés comme Bastiat. En revanche, leurs adversaires dénoncent d'abord la dimension géopolitique du *free trade*, qui doit renforcer la suprématie britannique en Europe et dans le monde.

Bastiat puise sa foi libre-échangiste dans l'économie politique, les griefs traditionnels du Sud-Ouest contre le système prohibitif et sa piété de catholique libéral [2]. Né en 1801 dans les Landes, Bastiat lit Smith, Say, Destutt de Tracy, Charles Comte et Dunoyer alors qu'il a entre 19 et 24 ans [3]. A la même époque, au cours d'une crise mystique en 1820-1821, il envisage de se faire prêtre : « Mon cœur brûle d'amour et de reconnaissance pour mon Dieu, et j'ignore le moyen de lui payer le tribut d'hommages que je lui dois », écrit-il à un ami d'enfance [4]. Il mettra cette ferveur au service de la liberté des échanges.

Ayant renoncé à prendre l'habit, Bastiat s'essaie sans bonheur à la carrière de commerçant entre la France et l'Espagne, puis s'établit comme propriétaire terrien à Mugron (Landes). Il s'enthousiasme pour les campagnes successives des Bordelais en faveur de la liberté commerciale. Il rédige un manuscrit non publié contre le système prohibitif en 1829 et se rend à Bordeaux en 1834, au moment où la Commission commerciale exige, dans son *Adresse*, l'abolition du

---

1. Paul A. Pickering et Alex Tyrrell, *The People's Bread : a History of the Anti-Corn Law League*, Londres, Leicester University Press, 2000, pp. 88-114.

2. Robert de Fontenay, « Notice sur la vie et les écrits de Frédéric Bastiat », in F. Bastiat, *Œuvres complètes, op. cit.*, t. 1, pp. ix-xli ; Maurice Baslé et Alain Gélédan, « Frédéric Bastiat, 1801-1850. Théoricien et militant du libre-échange », in Y. Breton et M. Lutfalla, *L'économie politique, op. cit.*, pp. 83-110 ; Gérard Minart, *Frédéric Bastiat (1801-1850) : le croisé du libre-échange*, Paris/Dunkerque, L'Harmattan/Innoval, 2004.

3. Lettre de Bastiat à son ami d'enfance Bruno Calmetès, 5 mars 1820, et lettre de Bastiat à Coudroy, 8 janvier 1825, in *Œuvres complètes de Frédéric Bastiat, op. cit.*, t. 1, pp. 2-3, p. 16.

4. Lettres de Bastiat à Calmètes, octobre 1820 et 29 avril 1821, in *Œuvres complètes de Frédéric Bastiat, op. cit.*, t. 1, pp. 4-5.

système protecteur. Quelques mois plus tard, dans son premier écrit économique, Bastiat approuve les efforts de Fonfrède pour convertir « les esprits » à la liberté commerciale. Mais il s'inquiète de la modération des réclamations bordelaises, puisque les pétitionnaires reconnaissent la nécessité de droits de douane modérés sur les importations de produits manufacturés. Il reproche aussi à Fonfrède d'errer sur le plan des principes en confondant encore les concepts de « travail » et de « richesse [1] ».

Dès 1834, Bastiat est donc partisan d'une abolition intégrale de la protection douanière. Son audience reste d'abord limitée. Au cours de la décennie suivante, il ne publie que deux courtes brochures exigeant une baisse des impôts sur les vins [2]. Mais il visite Londres en octobre 1840, s'intéresse à l'agitation organisée par la *League* et, de retour en France, s'abonne à plusieurs périodiques britanniques (*The Globe*, *The Traveller*) à travers lesquels il suit les progrès de Cobden et de ses alliés. Dans un article publié en 1844 par le *Journal des économistes*, Bastiat prédit le triomphe du *free trade* en Grande-Bretagne et dénonce le progrès des opinions favorables au système protecteur en France [3]. L'article, polémique et témoignant d'une connaissance fine des activités de la *League*, est bien accueilli par les économistes. Encouragé par ce succès, Bastiat publie en 1845 *Cobden et la Ligue*. Ce recueil de discours traduits en français des dirigeants de la *League* est précédé d'une introduction où Bastiat appelle ses compatriotes à s'inspirer de l'exemple britannique.

Bastiat envisage de devenir rédacteur en chef du *Journal des économistes* et d'en élargir l'audience. Mais après un second séjour à Londres en juillet 1845, au cours duquel il rencontre Cobden, il décide de fonder à Bordeaux une association sur le modèle de la *League* de Manchester. Il annonce son projet dans trois articles intitulés « Projet de ligue anti-protectionniste », publiés par *Le Mémorial bordelais* les 8, 9 et 10 février 1846. Citant en exemple les débuts de l'*Anti-Corn Law League* en 1838, il affirme : « Ce qui a fait le succès de la ligue en Angleterre, c'est une chose, une seule chose, *la foi dans une idée* ; ils n'étaient que sept, mais ils ont cru ; et parce

---

1. F. Bastiat, *Réflexions sur les pétitions concernant les douanes, op. cit.*, pp. 1-2.
2. Frédéric Bastiat, *Le fisc et la vigne*, Paris, 1841 ; id., *Mémoire sur la question vinicole*, Mont-de-Marsan, 1843.
3. Frédéric Bastiat, « De l'influence des tarifs français et anglais sur l'avenir des deux peuples », *Journal des économistes*, n° 9, 1844, pp. 244-271.

qu'ils ont cru, ils ont voulu ; et parce qu'ils ont voulu, ils ont soulevé des montagnes. La question pour moi n'est pas de savoir s'il y a des hommes [de talent] à Bordeaux, mais s'il y a de la foi dans Israël [1]. »

Bastiat appelle les Bordelais à contribuer généreusement aux fonds de « la ligue anti-protectionniste », pour que, comme son aînée britannique, elle dispose des moyens financiers nécessaires à l'œuvre de propagande : « Répandre la vérité économique et la répandre avec assez de profusion pour changer le cours de la volonté nationale, voilà sa mission. Or, les communications intellectuelles ont besoin de véhicules matériels. Les livres, les brochures, les journaux, ne naîtront pas au souffle de la ligue, comme *les fleurs au souffle du zéphir* [2]. »

Les espoirs de Bastiat ne sont pas déçus. L'Association pour la liberté des échanges est fondée au cours d'un « meeting » (le mot est nouveau en français) au grand théâtre de Bordeaux le 23 février 1846. Le président de l'association est Pierre-Lodi Duffour-Dubergier, maire conservateur de la ville. Il a appris le métier de négociant en Angleterre après les guerres napoléoniennes et a assisté à des meetings de l'*Anti-Corn Law League* à Londres en 1845 [3]. Employant la même phraséologie messianique que Bastiat, Duffour-Dubergier annonce dans son discours inaugural que « le jour de la lumière et du redressement des torts est venu ». Il appelle la France, qui a fait en vain « dix révolutions » pour conquérir la liberté, à prendre modèle sur la Grande-Bretagne et à proclamer « le droit le plus juste, le plus naturel d'un citoyen libre, celui d'employer son argent, ses bras comme il l'entend, celui d'acheter ce qui lui plaît et où il lui plaît [4] ».

La liberté des échanges comme mise en œuvre des principes proclamés en 1789 restera un leitmotiv de la campagne libre-échangiste.

---

1. « Projet de ligue anti-protectionniste », 2ᵉ article, *Le Mémorial*, 9 février 1846.
2. « Projet de ligue anti-protectionniste », 3ᵉ article, *Le Mémorial*, 10 février 1846.
3. Henri Courteault, « La formation commerciale d'un jeune Bordelais il y a cent ans », *Revue philomatique de Bordeaux*, n° 26, 1923, pp. 62-70.
4. Association pour la liberté des échanges de Bordeaux, *Fondation de la société, 23 février 1846 : Manifeste*, Bordeaux, 1846, pp. 5-10. Les autres membres du comité exécutif de l'association bordelaise sont également des notables de la ville : Bruno Devez, banquier et propriétaire de vignobles ; Adrien Duchon-Doris, négociant ; Armand Lalande, un négociant en vins ; François Samazeuilh, banquier et maire adjoint de la ville ; Jules Hovyn de Tranchère, propriétaire terrien ; Gustave Brunet, érudit local. Nous n'avons pas pu identifier les quatre derniers membres du comité exécutif : Paul Vignes, Jules Fauche, A. Duvergier et Durin.

Mais il s'agit moins de poursuivre la Révolution que d'en donner une interprétation strictement libérale et non démocratique, et de la terminer par l'établissement de la liberté économique.

Les appels de Bastiat à de généreuses donations sont entendus. En moins de dix semaines, du 23 février au 8 avril 1846, l'association de Bordeaux recueille plus de 85 000 francs. La somme soutient la comparaison avec celles recueillies par la *League* de Manchester dans ses premières années : en 1839, le conseil de la *League* a recueilli un peu moins de 5 000 livres, soit l'équivalent de 125 000 francs, dans toute la Grande-Bretagne [1]. La somme de 85 000 francs dépasse largement les fonds rassemblés par Mimerel au nom du Comité pour la défense du travail national en 1842 [2]. La liste des 559 donateurs publiée dans la presse offre peu d'informations sur leur situation sociale, mais le niveau élevé de la donation moyenne (157 francs) laisse deviner qu'il s'agit de milieux aisés, probablement en majorité de négociants [3].

Grâce à ces fonds, l'association bordelaise édite ou réédite une dizaine de brochures en faveur de la liberté commerciale, qui sont données gratuitement aux souscripteurs ou vendues à un prix modeste, entre 20 centimes et 1 franc [4]. Elle organise un concours sur les effets bénéfiques que ne manquerait pas d'avoir l'abolition des barrières douanières pour les « classes laborieuses » : deux vainqueurs ex-aequo sur neuf concurrents se partagent le premier prix en mars 1847 [5]. Mais le principal moyen d'action de l'association demeure la presse. Elle verse probablement des subventions aux journaux bordelais, qui tous en 1846-1847 – *L'Indicateur* réformiste,

---

1. N. McCord, *The Anti-Corn Law League*, *op. cit.*, pp. 64-66.
2. Voir chapitre 14, p. 302.
3. Listes de souscripteurs publiées dans *Le Courrier de la Gironde*, 2 mars, 6 mars, 12 mars, 19 mars, 25 mars, 30 mars et 8 avril 1846.
4. Liste de publications de l'association bordelaise au dos de la brochure publiée par l'association parisienne intitulée *Deuxième séance publique*, Paris, 1846 : *Association pour la liberté des échanges. Fondation de la société de Bordeaux* (50 centimes) ; *Progrès de la navigation commerciale d'Angleterre* (40 centimes) ; *Principes de la législation commerciale et financière, par MacGregor* (50 centimes) ; Henri Fonfrède, *Du système prohibitif* (1 franc) ; *De la consommation des vins de France en Angleterre, lettre à M. Ferrier* (20 centimes) ; *Lettre adressée à M. Charles Dupin, pair de France* (20 centimes) ; *Extrait d'un rapport de la commission de navigation sur la réforme douanière* (20 centimes) ; *Banquet offert à Richard Cobden* [à Bordeaux] (30 centimes) ; voir également le recueil de ces publications et d'autres, sous le titre *Publications mensuelles de l'association formée à Bordeaux pour la liberté des échanges*, Paris/Bordeaux, 1846.
5. *Le Libre-Échange*, 14 mars 1847.

Le Mémorial conservateur, *Le Courrier* des disciples de Fonfrède et même *La Guienne* légitimiste – réclament avec une vigueur accrue la fin du système protecteur et l'avènement du libre-échange [1].

Le Mémorial et *Le Courrier* sont les meilleurs représentants de la ferveur idéologique, à connotation souvent religieuse, qui saisit Bordeaux à la fin de la Monarchie de Juillet. Jules Fauche, l'un des membres du comité de l'association bordelaise, se décrit dans *Le Mémorial*, avec les autres dirigeants de l'association, comme « de fervents apôtres de la foi économique ». Il prédit en termes messianiques la « régénération » de la France qu'ils sont appelés à accomplir : « un jour viendra où, secondée de [nos] efforts, la liberté économique précipitera dans les ténèbres de l'oubli, les tarifs restrictifs frappés de réprobation. Tous les produits français et étrangers circuleront, rapides et abondants, sur toutes les voies. Grâce au libre-échange, grâce à ce principe générateur de tout progrès, les transactions recevront un développement prodigieux et nous aurons conquis la prospérité et le bien-être [2] ».

L'un des principaux rédacteurs économiques au *Mémorial* est le juriste Félix Coudroy. Ami de Bastiat, mais aussi admirateur des œuvres des contre-révolutionnaires Maistre et Bonald, il invoque la volonté divine pour justifier le combat de l'association bordelaise. Selon lui, « c'est la *faculté d'échanger* qui a placé l'homme à la tête de la création », tandis que les défenseurs des prohibitions sont des « insensés qui osent mettrent leur sagesse au-dessus de la sagesse de Dieu ». Confronté au succès de la contre-campagne protectionniste en décembre 1846, Coudroy compare les libre-échangistes français aux premiers chrétiens livrés aux lions par les Romains et, comme consolation, leur offre les paroles de saint Basile, l'un des pères de l'Eglise au IVe siècle : « Ne craignez, ni le mensonge, ni la calomnie [...] ; ne vous affligez point d'être raillé par les uns, outragé par les autres, et condamné par ceux qui affectent la tristesse, et dont les remontrances séduisantes sont ce qu'il y a de plus propre à tromper. » Pour rendre compte de l'émergence, en concurrence avec le libre-échange, d'un courant d'idées protectionnistes, il s'appuie sur la

---

1. Sur la ferveur de l'opinion bordelaise en faveur du libre-échange à la fin de la Monarchie de juillet, voir André-Jean Tudesq, *Les grands notables en France, 1840-1849*, 2 vol, Paris, PUF, 1964, t. 2, pp. 609-610.
2. J. Faucher, « Association en faveur de la liberté des échanges », *Le Mémorial*, 23 février 1846.

Genèse : « Il est écrit : Dieu voyant que la lumière était bonne la sépara d'avec les ténèbres [1]. »

Les rédacteurs du *Courrier de la Gironde* font preuve d'une exaltation comparable, même s'ils préfèrent invoquer le nom de Fonfrède plutôt que le Créateur : « C'est ce que voulait Fonfrède, c'est ce que nous voulons », déclare un article anonyme, à propos de la liberté commerciale, en mars 1846 [2]. Dans une série de dix-sept articles signée « S. » et intitulée « Réponse aux prohibitionnistes », *Le Courrier* reprend à l'automne 1846 l'essentiel des analyses du publiciste décédé, sur l'exploitation du Midi agricole par le Nord industriel. Il conclut en réduisant les arguments protectionnistes à une « langue cabalistique » dans laquelle « Spoliation se dit Protection, Echange se dit Tribut, Monopole se dit Travail national, Abondance se dit Inondation » et dont « l'argot sacré [...] se compose encore de quelques idiotismes, comme la France doit produire *son* fer, *son* bœuf, etc. [3] ». Mais les rédacteurs du *Courrier* ont aussi recours à des images religieuses : ils affirment que « Dieu [a] donné à l'homme la liberté commerciale » et accusent les protectionnistes de « blasphémer » contre « la providence [4] ».

L'Association pour la liberté des échanges et le journal
Le Libre-Echange

Dès le 16 mars 1846, Bastiat écrit à Cobden que « Bordeaux est vraiment *en agitation* », comme la Grande-Bretagne depuis le début des années 1840 [5]. Encouragé par son succès en Aquitaine, Bastiat se rend à Paris pour y établir une association nationale. Dans la capitale, il juge « qu'il s'est opéré un grand changement dans l'opinion » et que « le triomphe n'est peut-être pas aussi éloigné que nous le

---

1. Félix Coudroy, « De l'Association en faveur de la liberté des échanges » et « Association du libre-échange », *Le Mémorial*, 1ᵉʳ mars et 3 décembre 1846.

2. « Liberté commerciale », *Le Courrier de la Gironde,* 25 mars 1846.

3. S., « Réponse aux prohibitionnistes, XVII – Résumé », *Le Courrier de la Gironde*, 17 octobre 1846.

4. B. C., « Du libre-échange considéré comme droit national », et C. Muge, « Liberté commerciale », *Le Courrier de la Gironde*, 22 et 26 septembre 1846.

5. Lettre de Bastiat à Cobden, 16 mars 1846, in *Œuvres complètes de Frédéric Bastiat, op. cit.,* t. 1, p. 126.

supposions d'abord [1] ». En effet, plusieurs journaux parisiens louent à la fois l'abolition des *Corn Laws* par la Grande-Bretagne et la récente initiative bordelaise en faveur de la liberté des échanges. C'est notamment le cas des deux quotidiens les plus proches du gouvernement, *Le Journal des Débats* et *L'Époque*, ce qui fait espérer aux partisans de la liberté commerciale que Guizot s'apprête à imiter Robert Peel.

Bastiat recrute le soutien des économistes parisiens, y compris l'ancien saint-simonien Michel Chevalier, rédacteur du *Journal des Débats*. Bastiat obtient aussi l'appui de Béranger et de Lamartine. Il souhaiterait vivement obtenir celui de Lamennais : « J'espère le convertir au *free trade* », écrit-il à propos de l'ancien ultramontain [2]. Duchatel, ministre de l'Intérieur, n'accorde aux libre-échangistes l'autorisation de se constituer en association qu'après les élections de juillet 1846 : il craint que la propagande en faveur du libre-échange n'effraie l'électorat. La majorité conservatrice de Guizot sort cependant renforcée de l'épreuve électorale.

Après avoir obtenu une autorisation officielle, l'Association pour la liberté des échanges (ALE) tient sa réunion fondatrice à la salle Montesquieu le 28 août 1846, devant un auditoire d'environ 1 500 personnes. Le président désigné par les membres fondateurs est le duc d'Harcourt, membre de la Chambre des pairs, proche des catholiques libéraux. Bien qu'il appartienne à une prestigieuse famille de l'Ancien Régime, d'Harcourt, dans son discours inaugural, place l'action de l'ALE dans la continuité de la Révolution de 1789 : « Après avoir conquis toutes nos libertés depuis cinquante ans, non sans beaucoup d'efforts, celle de l'homme, celle de la presse, nous en réclamons une dernière qui en est le complément, et qui n'est pas à nos yeux la moins importante de toutes, puisqu'elle touche à l'universalité des intérêts, c'est la liberté des échanges. » Le langage de d'Harcourt est aussi religieux. Il affirme, par exemple, que « la Providence [...] n'a réparti ses bienfaits sur tant de climats divers, que pour obliger les hommes à aller les chercher et à communiquer entre eux par la liberté des échanges [3] ».

Plusieurs autres membres du comité exécutif de l'ALE décrivent le combat pour le libre-échange comme le prolongement des Lumières

---

1. Lettre de Bastiat à Coudroy, 22 mars 1846, in *Œuvres complètes de Frédéric Bastiat, op. cit.*, t. 1, p. 67.
2. *Ibid.*, p. 68.
3. ALE, *Première séance publique*, Paris, 1846, pp. 5-6.

et des luttes révolutionnaires. Selon Léon Faucher, de même qu'en adoptant la réforme électorale de 1832 la Grande-Bretagne s'est inspirée de la Révolution de 1830, la France doit maintenant imiter l'exemple britannique de « révolution commerciale ». Riglet, un fabricant de bronzes de la capitale, appelle les Français de 1846 à suivre « l'exemple de nos pères, conquérant en peu d'années les bases de toutes nos libertés » pendant la Révolution de 1789. Adolphe Blanqui, récemment élu député conservateur de la Gironde, affirme que le libre-échange, loin d'être une invention britannique, est d'origine française : « C'est l'axiome de Turgot, des économistes du XVIIIᵉ siècle, ces contemporains de Voltaire, de Rousseau, de Montesquieu, de nos grands philosophes et fondateurs de toutes nos libertés civiles, politiques et mêmes commerciales [1]. »

Les orateurs de l'ALE concluent leurs discours en appelant à des dons généreux pour leur permettre de propager les idées libérales dans l'opinion. Leurs espoirs, à Paris, sont déçus. En un peu plus de neuf mois, du 28 août 1846 au 13 juin 1847, l'ALE ne recueille que 569 souscriptions représentant au total un peu plus de 25 000 francs, soit moins du tiers de la somme recueillie par l'association bordelaise en dix semaines. Le niveau plus faible de la souscription moyenne à l'association parisienne (44 contre 157 francs à Bordeaux) et la liste des souscripteurs suggèrent pourtant que l'ALE a su séduire une fraction des classes moyennes inférieures parisiennes : on compte parmi les souscripteurs soixante-cinq boutiquiers et quatre-vingt-deux artisans ou ouvriers qualifiés, qui ensemble ont donné 1 666 francs à l'association. La majorité des fonds de l'ALE provient néanmoins de quelques individus appartenant à l'élite ou aux classes supérieures : on compte ainsi parmi les souscripteurs vingt-trois politiciens et hauts fonctionnaires (contribution totale : 6 250 francs), six industriels (1 600 francs), huit banquiers (1 825 francs), neuf administrateurs de compagnie de navigation ou de chemins de fer (750 francs), vingt-sept hommes de lettres, professeurs et journalistes (880 francs) et cent vingt et un négociants ou commerçants (8 266 francs). Les autres souscripteurs reflètent assez bien la diversité des classes moyennes parisiennes [2].

---

1. *Ibid.*, p. 7, p. 17, p. 20.
2. Les autres souscripteurs comprennent dix-sept propriétaires et rentiers (contribution totale : 500 francs), trois « délégués d'industrie » (60 francs), huit ingénieurs (186 francs), huit docteurs et dentistes (161 francs), dix-sept avocats et magistrats (305 francs), seize

Contrairement aux précédentes campagnes en faveur de la liberté commerciale et malgré ses moyens financiers limités, l'ALE se tourne résolument vers l'opinion publique. Elle n'a pas recours aux pétitions, moyen de protestation traditionnel et semi-confidentiel. Les registres de pétitions à la Chambre des députés en 1846 et 1847 n'en mentionnent aucune au nom de l'ALE, et seulement neuf concernant la politique douanière – contre 144 en 1834 et 1835 [1]. En revanche, après sa réunion fondatrice, l'ALE organise six nouvelles réunions publiques dans la salle Montesquieu entre septembre 1846 et janvier 1848. Les orateurs de l'association parisienne emploient encore des images de la période révolutionnaire pour légitimer la lutte pour le libre-échange. Au cours de la troisième réunion, le professeur de droit Elzéar Ortolan compare les droits de douane à l'ancienne dîme et appelle de ses vœux « un 4 août des privilèges industriels [2] ». Au cours de la cinquième réunion, Louis Wolowski s'en prend au « chauvinisme industriel » et affirme que la France a levé « le drapeau de la fraternité humaine » trop haut par le passé pour renoncer à la libération des peuples européens [3].

Entre 1 000 et 2 000 personnes assistent aux réunions publiques de l'ALE, des chiffres élevés mais très inférieurs aux meetings de l'*Anti-Corn Law League*, qui rassemblaient plusieurs dizaines de milliers de personnes. Les comptes rendus de chaque réunion sont publiés sous forme de brochures à bon marché (50 centimes). L'éditeur Guillaumin imprime 3 000 exemplaires du compte rendu de la première réunion, chiffre assez élevé, identique au tirage de la première édition du *Peuple* (1846) de Michelet [4]. Les autres publications de l'ALE diffusées par Guillaumin comprennent les *Sophismes économique* (1 franc) de Bastiat, des *Discours de M. le duc d'Harcourt* (500 exemplaires imprimés, 60 centimes l'un) et le compte rendu d'un *Banquet offert à Richard Cobden* (2 000 exemplaires, 30 centimes l'un) lors de la

---

libraires (246 francs), vingt-six commis voyageurs (253 francs), huit courtiers d'assurance et comptables (65 francs), cinq étudiants (35 francs), vingt-deux employés (108 francs), deux soldats (7 francs), un postier (5 francs), un joaillier (500 francs), un directeur de théâtre (25 francs), un metteur en scène (20 francs), ainsi que quarante-sept souscripteurs anonymes ou n'ayant pas indiqué leur profession. « Liste des souscripteurs », *Le Libre-Echange*, 13 juin 1847.

1. AN, C*2414, C*2415, C*2427 et C*2428, registre de pétitions, années 1834, 1835, 1846 et 1847.

2. *Le Libre-Echange*, 29 novembre 1846.

3. ALE, *Cinquième séance publique,* Paris, 1847, p. 4.

4. AN, F18*II 33, impression 391, 23 janvier 1846.

réception du libre-échangiste britannique par la Société d'économie politique parisienne en août 1846[1]. Guillaumin publie à la même époque des ouvrages historiques, qui dénoncent les méfaits de la protection douanière et les fausses représentations véhiculées par les partisans du système protecteur : une *Histoire du tarif*, par Gustave de Molinari, et un *Essai sur sur les traités de commerce de Methuen et de 1786*, par Alexandre Anisson-Dupéron[2].

La principale entreprise de l'ALE devient, à partir de novembre 1846, la publication d'un hebdomadaire, *Le Libre-Echange*. Au cours de ses dix premiers mois d'existence, l'ALE consacre les trois quarts de ses dépenses – 27 000 sur 36 000 francs – à ce journal presque entièrement rédigé par Bastiat[3]. Chaix, l'imprimeur, annonce son intention d'en sortir 6 000 exemplaires par semaine, chiffre très élevé pour un hebdomadaire spécialisé[4]. Bastiat veut disséminer aussi largement que possible les idées libérales. Pour la même raison, il choisit de publier le journal à Paris plutôt qu'à Bordeaux, car « à dépense égale, la presse parisienne a dix fois plus d'influence que la presse départementale[5] ».

Le titre du journal n'est pas absolument un néologisme. Comme on l'a vu au chapitre 8, il est possible que Bastiat ait trouvé la formule dans *Le livre du peuple* (1838) de Lamennais[6]. Mais l'expression « libre-échange » reste rare jusqu'au milieu des années 1840. Elle ne se répand que sous l'effet de la campagne animée par Bastiat. D'après le catalogue de la Bibliothèque nationale, le terme « libre-échange » (ou « libre échange ») n'est compris dans aucun titre d'ouvrage publié jusqu'en 1845, puis dans dix titres en 1846 et dans vingt-sept titres en 1847[7]. Le terme « protectionnisme », plus souvent écrit « protectionisme », se répand au cours des mêmes années. Mais le slogan « libre-échange » fait débat parmi les partisans de la liberté commer-

---

1. Liste de publications au dos de ALE, *Deuxième séance publique*, *op. cit.* ; pour les tirages cités dans le texte, voir AN, F18*II 33, impression 985, 16 février 1846, impression 5532, 29 août 1846 et impression 5722, 8 octobre 1846.
2. Gustave de Molinari, *Histoire du tarif*, 2 vol., Paris, 1847 ; Alexandre Anisson-Dupéron, *Essai sur les traités de commerce de Methuen et de 1786 dans leurs rapports avec la liberté commerciale*, Paris, 1847.
3. *Le Libre-Echange*, 13 juin 1847.
4. AN, F18*II 33, impression 7401, 28 novembre 1846.
5. Lettre de Bastiat à Coudroy, 19 février 1846, in *Œuvres complètes de Frédéric Bastiat*, *op. cit.*, t. 1, p. 66.
6. Voir chapitre 8, p. 164.
7. Titres contenant « libre-échange » ou « libre échange » publiés entre 1840 à 1847, d'après le catalogue BN-Opale plus, accès à partir de http://catalogue.bnf.fr.

ciale. Au Havre, lors d'une réunion préparatoire à la création d'une association pour la liberté des échanges dans le port normand, un participant préconise l'adoption d'un terme plus modeste, « qui flatte moins l'oreille peut-être, mais qui satisfait mieux la raison [1] ».

En réponse à ceux qui trouvent l'expression trop radicale, Bastiat revendique la filiation du « libre-échange » avec les autres libertés, à commencer par le « libre-examen ». Il écrit dans le quatrième numéro du *Libre-Echange* : « Libre-échange ! Ce mot fait notre force. Il est notre épée et notre bouclier. Libre-échange ! C'est un de ces mots qui soulève des montagnes. Il n'y a pas de sophisme, de préjugé, de ruse, de tyrannie qui lui résiste. Il porte en lui-même et la démonstration d'une Vérité, et la déclaration d'un Droit, et la puissance d'un Principe. [...] La liberté du commerce, les libres relations des peuples, la libre circulation des choses, des hommes et des idées, la libre disposition pour chacun du libre fruit de son travail, l'égalité de tous devant la loi, l'extinction des animosités nationales, la paix des nations assurée par leur mutuelle solidarité, toutes les réformes financières rendues possibles et faciles par la paix, les affaires humaines arrachées aux dangereuses mains de la diplomatie, la fusion des idées et par conséquent l'ascendant progressif de l'idée démocratique, voilà ce qui passionnera notre patrie, voilà ce qui est compris dans ce mot : Libre-Echange ; et il ne faut pas être surpris si son apparition excite tant de clameurs. Ce fut le sort du libre-examen et de toutes les autres libertés dont il tire sa populaire origine [2]. »

Jusqu'en janvier 1848, Bastiat mène campagne dans *Le Libre-Echange* sur le même ton messianique. Il reprend les efforts de dissémination de l'économie politique, sous la forme de dialogues humoristiques, comme celui figurant un Vendredi éclairé qui apprend à un Robinson imbu de préjugés protectionnistes les bénéfices des échanges de produits naturels entre les nations, ou encore en reproduisant le dialogue, rédigé par Dupin en 1827, entre Monsieur Prohibant et le jeune Lefranc [3]. La campagne menée par Bastiat se distingue cependant clairement de celle de l'*Anti-Corn Law League*, qui mettait l'accent sur les avantages pour la Grande-Bretagne du libre-échange, par son cosmopolitisme et son universalisme.

Le Libre-Echange se plaît à souligner les progrès de la liberté

---

1. *Le Libre-Echange*, 6 décembre 1846.
2. *Le Libre-Echange*, 20 décembre 1846.
3. *Le Libre-Echange*, 21 mars 1847.

commerciale en Europe et dans le monde. L'hebdomadaire applaudit aux efforts du secrétaire du Trésor américain pour libéraliser le tarif des Etats-Unis, aux excellents résultats des partisans du *free trade* aux élections générales britanniques de septembre 1847, au soutien apporté par la majorité de la presse allemande au libre-échange, ou encore à l'initiative du nouveau pape Pie IX en faveur d'une union douanière entre les Etats pontificaux, la Toscane et le Piémont [1]. *Le Libre-Echange* célèbre aussi les efforts harmonieux des libre-échangistes pour abolir les barrières douanières, en les opposant aux conflits d'intérêts entre protectionnistes des différentes nations : le journal cite en exemple la nouvelle Association pour la défense du travail national fondée en Espagne, dont la première revendication est la prohibition des importations en provenance de la France [2].

Le Libre-Echange et les libre-échangistes français soutiennent avec enthousiasme le « Congrès du libre-échange » ou « Congrès des économistes » qui se tient à Bruxelles du 16 au 18 septembre 1847 [3]. La réunion est organisée sous les auspices de la nouvelle Association belge pour la liberté commerciale. Les débats ont lieu en français et les dix-neuf représentants de l'ALE, conduits par d'Harcourt et Blanqui, sont de loin la délégation étrangère la plus nombreuse. Parmi les autres délégués du Congrès, on compte neuf Britanniques, neuf Néerlandais, sept Allemands, trois représentants des Etats-Unis, deux Italiens, deux Polonais, un Espagnol, un Suédois et un Moldave. En se séparant, le Congrès de Bruxelles adopte quatre résolutions : pour « l'union des peuples » ; pour la prévention des crises commerciales par l'ouverture réciproque des marchés nationaux ; pour l'amélioration du « sort des travailleurs en demandant moins de peine en échange de plus de jouissances » ; et pour la destruction d'« une cause constante de démoralisation », la contrebande, par l'abolition des douanes prohibitives [4].

L'impact de cette démonstration d'opinion européenne reste ce-

---

1. « Extrait du rapport annuel fait par M. Walker, ministre des Finances des Etats-Unis », « La liberté commerciale devant les électeurs du Royaume-Uni », « La presse allemande au point de vue du libre-échange » et « Ligue douanière italienne », *Le Libre-Echange*, 23 janvier, 8 octobre, 24 octobre et 14 novembre 1847.

2. « Association espagnole pour la défense du travail national », *Le Libre-Echange*, 7 novembre 1847.

3. *Le Libre-Echange*, 19 et 26 septembre 1847.

4. Association belge pour la liberté commerciale, *Congrès des économistes de Bruxelles*, Bruxelles, 1847, pp. 120-121, p. 178, p. 182 ; voir aussi « Le Congrès du libre-échange à Bruxelles », deux articles, *Le Moniteur industriel*, 30 septembre et 3 octobre 1847.

pendant limité, comme les effets de la campagne de Bastiat en France : l'ALE enregistre bien des succès relatifs à Lyon et Marseille, les deux principaux centres de consommation et de commerce en dehors de Bordeaux et Paris, mais elle ne parvient pas à inspirer un enthousiasme pour le libre-échange comparable à celui suscité par l'*Anti-Corn Law League* pour le *free trade* en Grande-Bretagne.

Limites et contradictions de la campagne pour le libre-échange

L'ALE se heurte vite à l'indifférence, voire à l'hostilité croissante du public. Comme on le verra au prochain chapitre, cet échec s'explique en partie par l'efficacité de la propagande anglophobe du Comité pour la défense du travail national. Il tient aussi aux contradictions internes du camp libre-échangiste, divisé entre une minorité à tendance démocratique représentée par Bastiat et une majorité conservatrice.

Les Associations lyonnaise et marseillaise pour la liberté des échanges sont créées à l'automne 1846, peu après l'association parisienne. Deux associations favorables à la réduction des restrictions douanières sont aussi fondées au Havre et à Nîmes, mais elles refusent de souscrire au « libre-échange » : elles prennent comme nom « Association pour la réforme commerciale » au Havre et « Association du Gard » à Nîmes [1]. Les associations de Lyon et Marseille s'avèrent toutefois peu actives. Le catalogue de la Bibliothèque nationale ne mentionne que deux brochures publiées par l'association lyonnaise et aucune par l'association marseillaise [2].

Quelques autres brochures publiées en province se prononcent pour le libre-échange. Dans *La comédie du libre-échange*, par le Havrais Charles Morlot, un « économiste doctrinaire » convainc Philinte, l'ami sensé d'Alceste dans *Le Misanthrope* de Molière, des bienfaits de la libre circulation des marchandises. Philinte est convaincu par les raisonnements de l'économiste, mais aussi par l'égoïsme de ses adversaires, un député « producteur national » et un manufacturier parvenu, « Monsieur Leriche ». Dans une *Apologie du Cobden de*

---

1. *Le Libre-Echange*, 6 décembre 1846 et 3 janvier 1847.
2. *Liberté des échanges. Association lyonnaise*, Lyon, 1846 ; *Liberté des échanges. Le libre-échange à Lyon*, Lyon, 1847.

Rheims, l'auteur, Ponce Nollet, fait l'éloge ironique du chef de file des opposants au libre-échange en Champagne, le manufacturier Théodore Croutelle : il compare défavorablement les vues étroites de son patriotisme au cosmopolitisme généreux de Richard Cobden [1].

En septembre 1847, l'association de Marseille organise une réunion publique qui rencontre un certain succès grâce à la participation de Lamartine. Le poète-politicien prononce un discours vibrant en faveur du libre-échange. Sa rhétorique manichéenne, révolutionnaire et religieuse est très proche de celle employée par Bastiat.

Lamartine compare d'abord les masses exploitées par le système protecteur au Tiers Etat d'avant 1789 et les industriels protégés par les tarifs aux aristocrates privilégiés. Puis il affirme que le libre-échange est le « mot de Dieu ». Si un « législateur divin » gouvernait le commerce et l'industrie, ajoute-t-il, « il créerait la fraternité du commerce, du travail et du transport, [...] il créerait à l'instant le libre-échange, et les biens de la terre prendraient leur niveau comme les eaux de l'Océan, comme l'air vital autour du globe où nous habitons ! ». Si en revanche Dieu donnait le gouvernement du commerce à « un esprit d'iniquité, de ténèbres, de mal et de mort, à un démon si vous voulez », alors ce démon « créera le système prohibitif, et s'il ajoute l'hypocrisie à la cruauté, il le colorera de sophismes nationaux pour tromper et jouer le peuple en l'affamant, et il l'appellera le système protecteur [2] ! ».

Lamartine jouit d'une popularité croissante dans les dernières années de la Monarchie de Juillet et son engagement fait sensation. Mais il ne suffit pas à enrayer le déclin de la campagne libre-échangiste. Après sa sixième réunion publique du 30 mars 1847, l'ALE n'en tient aucune jusqu'au 7 janvier 1848, et seuls 500 exemplaires sont imprimés du compte rendu de cette dernière réunion [3]. Loin d'atteindre les 6 000 exemplaires espérés, la diffusion du *Libre-Echange* stagne aux alentours de 1 500 exemplaires [4]. En outre, sa diffusion géographique reste limitée, avec 500 exemplaires destinés

---

1. Charles Morlot, *La comédie du libre-échange, dialogues sur la liberté commerciale*, Le Havre, 1847 ; Ponce Nollet, *Libre-échange, apologie du Cobden de Rheims*, Épernay, 1847.

2. *Discours de M. de Lamartine à la réunion publique de l'Association pour la liberté des échanges à Marseille*, Paris, 1847, pp. 2-7 ; voir aussi *Le Libre-Echange*, 5 et 12 septembre 1847.

3. AN, F18*II 35, impression 407, 22 janvier 1848.

4. AN, BB/17A/145, cité dans H.-T. Deschamps, *La Belgique*, op. cit., p. 328.

au seul département de la Gironde [1]. Enfin, les souscriptions recueillies ne suffisent pas à couvrir les dépenses de l'association parisienne : l'ALE ne doit sa survie financière qu'aux subventions que lui versent les associations de province [2].

Ainsi, sauf en Gironde, le libre-échange échoue à devenir une idéologie dominante. Pourquoi cet échec alors qu'au même moment l'*Anti-Corn Law League* suscite l'adhésion de centaines de milliers, voire de millions de Britanniques ? Compte tenu de la supériorité de l'industrie et du commerce britanniques, le libre-échange en Grande-Bretagne correspond de manière évidente aux intérêts matériels de la majorité de la population. Mais l'enthousiasme pour le *free trade* en Grande-Bretagne repose aussi sur la signification politique et sociale, à la fois libérale et démocratique, que les dirigeants de la League ont su imprimer à leur campagne contre les *Corn Laws*. Puisque la terre appartient en grande partie à l'aristocratie, la réduction de la protection douanière de l'agriculture doit en réduire les revenus et l'influence. Pour de nombreux observateurs européens, l'abolition des *Corn Laws* en 1846 apparaît comme un 1789 antinobiliaire, réformiste et pacifique.

En France, la propriété de la terre est répartie de manière plus égalitaire : les restrictions douanières sur les importations agricoles sont donc perçues comme profitant à la petite et moyenne paysannerie autant qu'aux grands propriétaires. Les prohibitions sur les produits textiles et les droits prohibitifs sur le fer ont, à juste titre, une réputation moins démocratique, puisqu'elles profitent à un nombre beaucoup plus restreint de producteurs. Mais la taille moyenne des entreprises industrielles françaises reste faible à cette date, les entreprises familiales sont nombreuses et les entrepreneurs ne sortent que rarement des rangs de la noblesse. De plus, le prix des produits textiles ou d'un produit semi-fini comme le fer ne saurait jouer le même rôle mobilisateur des consommateurs que le prix du blé et donc du pain.

La description de la liberté des échanges comme continuation de la Révolution de 1789 n'a par conséquent qu'une résonance limitée dans la société française, d'autant que la majorité des libre-échangistes est peu favorable à un approfondissement de la démocratie. Certes, plusieurs dirigeants de l'ALE ont des sympathies démocratiques.

---

1. *Le Courrier de la Gironde,* 4 mars 1847.
2. Le montant des subventions n'est pas précisé ; voir *Le Libre-Echange,* 13 juin 1847.

Bastiat a été un candidat du Mouvement (libéral avancé) dans les Landes en 1830 et il servira sincèrement la Seconde République, en tant que député républicain modéré du même département. D'Harcourt est aussi un libéral avancé et il sera nommé ambassadeur à Rome après la Révolution de 1848. Enfin, Faucher est l'un des principaux avocats d'une réforme parlementaire dans les dernières années de la Monarchie de Juillet. Sous la Seconde République, il sera pourtant le rapporteur de la loi du 31 mai 1850, qui suspendra de fait le suffrage universel proclamé en février 1848 : Karl Marx évoquera ses efforts pour « se hausser au rôle de Guizot de la contre-révolution française [1] ».

Ces libéraux avancés ne sont donc eux-mêmes pas sans méfiance vis-à-vis des principes démocratiques. Surtout, leurs alliés et les milieux négociants sur lesquels ils s'appuient sont franchement conservateurs. Déjà en 1845, Faucher regrettait d'être « le seul homme politique en France qui unisse le sentiment de la liberté commerciale à celui de la liberté politique [2] ». Bastiat partage le même sentiment d'isolement parmi les libre-échangistes. Dès juillet 1846, il se sait « flétri du titre de radical » par les négociants conservateurs de l'Association bordelaise pour la liberté des échanges. Enfin, en janvier 1848, il abandonne la direction du *Libre-Echange* en raison de ses désaccords politiques avec les autres dirigeants de l'ALE : « la divergence des opinions politiques de nos collègues, ne me [permettait] pas d'imprimer au journal une direction suffisamment démocratique ; il fallait laisser dans l'ombre les plus beaux aspects de la question [3] ».

La majorité des parlementaires membres du comité de l'ALE – les députés Michel Chevalier et Adolphe Blanqui, les pairs Alexandre Anisson-Dupéron et Augustin-Charles Renouard – sont en effet de fidèles soutiens du gouvernement Guizot, dont le refus d'élargir le corps électoral sera l'une des principales causes de la Révolution de 1848. Le programme adopté par l'ALE en août 1846 témoigne aussi de l'hostilité des libre-échangistes aux premières revendications

---

1. Karl Marx, *Les luttes de classes en France*, Paris, Editions sociales, 1964, p. 57 (articles parus pour la première fois en allemand dans la *Neue Rheinische Zeitung* en 1850).

2. Lettre de Faucher à Nathalis Briavoine, 17 août 1845, in *Léon Faucher. Correspondance, op. cit.*, p. 165.

3. Lettres de Bastiat à Coudroy, 22 juillet 1846 et 13 février 1848, in *Œuvres complètes de Frédéric Bastiat, op. cit.*, t. 1, p. 73, pp. 79-80.

socialistes : « L'échange », affirme le document, « est un droit naturel comme la propriété », l'abolition des privilèges commerciaux doit raffermir « les conditions de l'ordre [1] ». L'aile réformiste de l'ALE est encore affaiblie quand, en avril 1847, Faucher et Wolowski, deux représentants de la gauche dynastique, quittent l'association [2]. A Bordeaux et à Lyon, des brochures anonymes accusent les libre-échangistes locaux de vouloir la « liberté commerciale » sans la « liberté politique », et de mépris pour « la démocratie » et « les travailleurs [3] ».

Quand Richard Cobden, l'« apôtre du libre-échange » britannique, se rend en France à la fin de l'été 1846, il perçoit ces faiblesses et contradictions du mouvement libre-échangiste français. Ce ne sont « que des enfants en France », écrit-il à son frère Frederick, au sujet de l'association créée à Paris par Bastiat [4]. Dans son journal personnel, il se plaint aussi de l'atmosphère feutrée et élitiste du dîner donné en son honneur, en présence d'une centaine de parlementaires et membres de l'Institut, par la Société d'économie politique. En revanche, il se sent plus à l'aise parmi les libre-échangistes de Bordeaux, où un banquet pour fêter son passage par le port de la Gironde réunit près de 500 personnes : « une affaire absolument splendide », confie-t-il à son journal [5].

L'échec relatif de la campagne orchestrée par Bastiat ne s'explique toutefois pas seulement par ces tensions à l'intérieur du mouvement libre-échangiste, ou par les inclinations antidémocratiques de nombreux partisans du libre-échange. Un autre facteur au moins aussi important est la contre-campagne en faveur du « protectionnisme » organisée par Mimerel et les autres membres du Comité pour la défense du travail national. Tandis que les libre-échangistes citent la Grande-Bretagne comme exemple à imiter, les protectionnistes appellent les Français à se méfier des projets commerciaux de

1. ALE, *Déclaration*, Paris, 1846.

2. *Le Libre-Echange*, 2 mai 1842 ; voir aussi « Un schisme dans le Comité du libre-échange », deux articles, *Le Moniteur industriel*, 25 et 29 avril 1847.

3. Brochure bordelaise citée dans « Nos libre-échangistes », *Le Moniteur industriel*, 5 novembre 1846 ; *De l'influence de la démocratie dans les questions du libre-échange et de l'octroi*, Lyon, 1847.

4. Lettre de Richard Cobden à Frederick Cobden, 4 septembre 1846 ; cité dans Howe, *Free Trade, op. cit.*, p. 76.

5. Miles Taylor (dir.), *The European Diaries of Richard Cobden, 1846-1849*, Aldershot, Scolar Press, 1994, pp. 46-52, 8 août au 3 septembre 1846.

l'ennemi héréditaire et suggèrent que les partisans du libre-échange sont des agents aux ordres du gouvernement britannique. Ce discours anglophobe, au cœur du nationalisme économique français, rencontre un succès exceptionnel après l'automne 1846.

Chapitre 17

La contre-campagne anglophobe des protectionnistes (1846-1848)

Pour combattre la propagande de l'Association pour la liberté des échanges, Mimerel et d'autres industriels fondent une Association pour la défense du travail national. Comme sa rivale libre-échangiste, l'association protectionniste s'efforce de mobiliser l'opinion par la création de comités locaux, par la publication de brochures et par la diffusion d'un organe bihebdomadaire, *Le Moniteur industriel*. La contre-campagne de l'Association pour la défense du travail national rencontre un formidable succès dans l'opinion : la quasi-totalité des manufacturiers, un grand nombre d'agriculteurs, une partie du commerce maritime et la majorité de la presse se prononcent en faveur du protectionnisme.

Ce succès repose sur une propagande idéologique efficace plutôt que sur des moyens financiers exceptionnels. Les sommes mobilisées par les partisans du travail national sont en effet comparables, ou à peine supérieures, à celles réunies par les libre-échangistes. De l'aveu même de Frédéric Bastiat, ce sont les thèmes de la campagne protectionniste qui séduisent l'opinion, à commencer par l'anglophobie. Les dirigeants de l'Association pour la défense du travail national soulignent que le libre-échange est un concept « anglais » et insinuent que les libre-échangistes français sont des traîtres à la solde du gouvernement britannique. Le nationalisme anglophobe des protectionnistes a aussi des accents démocratiques. Ses partisans invoquent « l'égalité » entre producteurs et l'indépendance de « la nation » plutôt que « la liberté » des consommateurs. Ils revendiquent pour eux-mêmes la légitimité de 1789.

L'Association pour la défense du travail national

Les industriels protectionnistes craignent d'autant plus l'adoption du libre-échange par la France que le gouvernement Guizot mène, depuis 1840, une politique de conciliation avec la Grande-Bretagne. En 1842, la France cède aux instances de Londres sur la question du « droit de visite » par la marine de guerre britannique des navires français soupçonnés de se livrer à la traite esclavagiste. En 1844, elle cède aussi dans l'« affaire Pritchard », provoquée par la rivalité franco-britannique dans le Pacifique [1]. Les associations pour la liberté des échanges de Bordeaux et de Paris sont d'ailleurs dominées par des conservateurs partisans de Guizot. Lors de la première réunion publique de l'ALE, l'économiste Adolphe Blanqui rapporte qu'« un ministre » – que tous comprennent être Guizot – lui aurait dit : « Soyez forts et nous vous protégerons [2]. »

Dès le mois de septembre 1846, quelques semaines après la création de l'ALE, plusieurs « chefs d'industrie » se réunissent à Paris pour remettre en action le Comité pour la défense du travail national. En octobre, dans une circulaire adressée aux industriels français, ils dénoncent la tentative faite « pour naturaliser en France cette importation anglaise », le libre-échange. Afin de combattre la « prédication [qui] s'alimente par des souscriptions régulières » et d'« arrêter la contagion » des esprits, ils annoncent la création d'une association permanente dévouée à la défense du système protecteur : « Contre une propagande aveugle, dont les allures et les mots d'ordre sont empruntés à l'étranger, et qui, à l'insu même de ceux qui s'en font les instruments, ne servirait, parmi nous, que les vues de l'étranger, le comité se propose d'établir un centre d'action indépendante et

---

1. H. A. Collingham, *The July Monarchy, op. cit.*, pp. 318-327 ; Roger Bullen, *Palmerston, Guizot and the Collapse of the Entente Cordiale*, Londres, Athlone, 1974, pp. 25-49.
2. ALE, *Première séance publique, op. cit.*, p. 34.

nationale, où toutes les questions seront traitées au seul point de vue de l'intérêt français et du bien-être général [1]. »

Le président de la nouvelle association est Antoine Odier, ancien agent de la Compagnie des Indes orientales, industriel alsacien et membre conservateur de la Chambre des pairs. Mais Odier est âgé : il est né en 1766. Les membres les plus actifs du comité de l'ADTN sont Auguste Mimerel, son vice-président, l'industriel de la Seine-et-Marne Louis Lebeuf, son secrétaire, et l'industriel de la Seine-Inférieure Victor Grandin. Les autres membres du comité sont aussi des manufacturiers, pour la plupart originaires des régions de Paris, Lille et Rouen [2].

En réponse à la circulaire de l'ADTN, des comités locaux sont établis dans les principales régions manufacturières. Dans des manifestes, ces comités dénoncent à leur tour le libre-échange comme une machination de la Grande-Bretagne pour anéantir les industries étrangères. Le comité de Lille est fondé le 12 octobre, en présence d'environ 600 industriels de la ville. Un tel chiffre suggère la présence de nombreux petits producteurs. Le secrétaire du comité, Charles Kolb-Bernard, fabricant de sucre de betterave, dénonce dans le rapport qu'il lit à l'assemblée l'hypocrisie de la Grande-Bretagne, qui veut répandre le libéralisme commercial en Europe après avoir eu recours à la « prohibition absolue » pendant près de deux siècles : « Quand donc l'Angleterre vient, au nom de ses principes nouveaux, invoquer le dogme sacré de la fraternité humaine, nous comprenons comment cette fraternité doit être entendue : nous comprenons que l'aristocratique Angleterre s'y réserve un droit d'aînesse fondé sur la spoliation des autres nations [3]. »

Des comités semblables sont établis dans le Nord à Roubaix, Armentières, Tourcoing, Valenciennes et Avesnes. Le 16 octobre, le comité de Roubaix s'assigne comme objectif « de ne pas céder à l'Angleterre le pain et l'aisance des ouvriers français [4] ». Le 9 novembre, le comité d'Armentières adopte à l'unanimité une résolution

---

1. Circulaire reproduite dans *Le Moniteur industriel*, 29 octobre 1846.

2. Liste des membres dans « Association pour la défense du travail national – Premier compte rendu des travaux du comité central et de la commission permanente », *Le Moniteur industriel*, 1ᵉʳ novembre 1846.

3. « Manifestation contre le libre-échange à Lille », *Le Moniteur industriel*, 15 octobre 1846.

4. ADN, 79 J 36, « Manifestation du comité du protecteur du travail national à Roubaix », 16 octobre 1846.

affirmant que « le libre-échange serait [...] nécessairement l'anéan-tissement de l'industrie française au profit de notre éternelle et jalouse rivale », l'Angleterre[1]. Au 29 novembre 1846, l'ADTN compte également un comité à Saint-Quentin dans l'Aisne, un comité à Rouen dans la Seine-Inférieure et trois comités à Elbeuf, Louviers et Caudebec-les-Elbeuf dans l'Eure[2].

Dans l'est de la France, les industriels de Mulhouse prennent la tête du mouvement. Le 21 octobre 1846, le Comité de l'industrie coton-nière de l'Est décide de s'ouvrir aux autres producteurs du Haut-Rhin et des départements voisins (Bas-Rhin, Vosges, Doubs, Haute-Saône et Meurthe) et de se transformer en comité local de l'ADTN[3]. Près de 300 personnes, pour la plupart des industriels, assistent à la première assemblée générale de la nouvelle organisation[4]. Deux semaines plus tard, dans un manifeste dont 1 000 exemplaires doivent être diffusés dans les six départements, le comité de Mulhouse qualifie le libre-échange d'« utopie » et affirme : « Une seule considération, à nos yeux, domine toute la question : c'est l'ouverture de nos marchés aux produits *anglais*[5] ! »

La création de comités locaux se poursuit au cours de l'hiver 1846-1847. Au 18 février 1847, l'ADTN en compte 29 au total, dont plu-sieurs nouveaux comités en Normandie et des comités à Amiens et Abbeville (Somme), à Charleville et Sedan (Ardennes), à Troyes (Aube), à Saint-Dizier (Haute-Marne), à Bar-le-Duc (Meuse) et à Metz (Moselle). La majorité reste donc concentrée dans le nord de la France, mais des comités sont aussi créés à Nantes (Loire-Inférieure), Limoges (Haute-Vienne), Saint-Etienne (Loire) et Carcassonne (Aude)[6].

Chaque comité prélève des cotisations auprès des producteurs lo-caux, selon des modalités variables. A Lille, 144 adhérents versent au total plus de 11 500 francs en contributions volontaires. A Roubaix, on demande à chaque industriel de la ville de verser 5 % du montant de sa patente, impôt reposant sur la valeur locative des ateliers et

---

1. ADN, 76 J b13, dossier n° 42, Minutes de la « Manifestation de la ville d'Armentières pour la défense du travail national », 9 novembre 1846.
2. « Deuxième compte rendu des travaux de la commission permanente [de l'ADTN] », *Le Moniteur industriel*, 29 novembre 1846.
3. CERARE, ACCM, 680, réunion n° 48, 21 octobre 1846.
4. Association pour la défense du travail national de Mulhouse, *Première publication*, Mulhouse, 1846.
5. *L'Industriel alsacien*, 22 novembre 1846.
6. « Association pour la défense du travail national – Troisième compte rendu », *Le Moniteur industriel*, 18 février 1847.

magasins : 214 sur les 256 patentables de la ville paient leur cotisation et le comité recueille ainsi plus de 2 500 francs. A Armentières, la cotisation est fixée à 10 % du montant de la patente pour les industriels et les commerçants et à deux francs par cheval possédé pour les agriculteurs. On ne connaît pas la somme recueillie par le comité d'Armentières[1]. A Mulhouse, la cotisation est fixée à un centime par broche pour les filateurs, un centime pour trois pièces de tissu pour les fabricants d'étoffes et cinquante centimes par ouvrier employé dans les autres branches d'activité : le comité de Mulhouse parvient à recueillir environ 8 000 francs[2].

Les comités locaux envoient ensuite une partie de leurs fonds au comité central de l'association protectionniste. Au 29 novembre 1846, les comités de Lille et Rouen ont envoyé chacun 4 000 francs ; le comité de Mulhouse, 3 000 francs ; les comités de Roubaix, Tourcoing et Elbeuf, chacun 2 000 francs[3]. Les vingt-huit membres de la commission permanente à Paris font de plus chacun un don personnel de 300 francs, soit une contribution totale de 8 500 francs aux fonds de l'association[4]. Le total de ces sommes s'élève à 25 500 francs. Il ne comprend pas les contributions des comités de second rang. Mais il est peu probable que le montant total des cotisations recueillies par l'association protectionniste dépasse de manière significative les sommes réunies par les associations libre-échangistes – plus de 85 000 francs à Bordeaux, plus de 25 000 francs à Paris –, même si l'on ne peut exclure que l'ADTN minimise le montant des contributions qu'elle reçoit par souci de discrétion.

En présentant les comptes de l'ADTN en janvier 1848, Lebeuf, secrétaire de l'association, expliquera que les sommes recueillies ont pour l'essentiel servi à financer les « frais de publicité » de l'organisation protectionniste. En un peu plus d'un an, l'ADTN finance la rédaction et la diffusion de six brochures[5], dont il est

---

1. ADN, 76 J b13, dossier n° 42, « Souscription [pour le comité de Lille], résumé général », « cotisations [du comité de Roubaix] », « Manifestation de la ville d'Armentières ».
2. Association de Mulhouse, *Première publication, op. cit.,* p. 7.
3. « Manifestation de la ville d'Amiens pour la défense du travail national », *Le Moniteur industriel,* 29 novembre 1846.
4. « Deuxième compte rendu », *Le Moniteur industriel,* 29 novembre 1846.
5. Nous revenons p. 377 sur l'une de ces brochures, *Examen des théories du libre-échange* ; les autres, que nous n'avons pas toutes pu identifer, sont selon Lebeuf une « circulaire à la marine marchande », une « lettre à la chambre de commerce de Bordeaux », un « mémoire sur le projet de loi de douanes », un « compte rendu des travaux

imprimé chaque fois entre 1 000 et 2 000 exemplaires [1]. Mais « la part la plus importante des frais » (Lebeuf n'offre aucun chiffre exact) va au *Moniteur industriel*, le journal de l'association. Ces dépenses comprennent notamment : la rémunération de « plusieurs écrivains » non nommés, dont un journaliste envoyé en Grande-Bretagne pour « étudier sur les lieux les résultats d'un système dont nos habiles voisins n'ont tenté les hasards qu'avec le ferme espoir de nous entraîner à l'adopter » ; la distribution gratuite d'exemplaires du journal aux parlementaires des deux chambres ; l'envoi d'exemplaires gratuits dans les lieux de réunion publique des départements dont l'opinion demeure « douteuse » ; et enfin l'envoi d'exemplaires aux principaux journaux de province pour qu'ils puisent « dans notre feuille de quoi compléter la leur » et qu'ils éclairent « ainsi leurs lecteurs, que notre journal n'aurait pas été trouver [2] ».

Le Moniteur industriel est donc le principal moyen d'action de l'ADTN pour combattre le libre-échange. Son contenu est révélateur des thèmes qui entraînent le ralliement de l'opinion française au protectionnisme en 1846-1847.

Le Moniteur industriel, « Père Duchesne *du protectionnisme* »

Fondé en 1835, *Le Moniteur industriel* s'est d'abord consacré à la promotion des chemins de fer et d'autres innovations technologiques. Avant le milieu des années 1840, il évite de prendre parti sur la question de la liberté commerciale, et se prononce même parfois contre les prohibitions [3]. Mais à la fin de l'été 1845, le journal est racheté par un groupe d'industriels parisiens et penche bientôt en

---

de la commission permanente », et une « lettre au ministre du Commerce » sur le commerce avec le Sénégal et la Gorée.

1. Nous avons identifié six impressions par l'ADTN, dont les cinq premières correspondent sans doute aux brochures mentionnées par Lebeuf : AN, F18*II 33, impression 6782, 30 octobre 1846 ; AN, F18*II 34, impression 1108, 27 février 1847, impression 3569, 12 juin 1847, impression 7355, 22 octobre 1847 ; AN, F18*II 35, impression 127, 10 janvier 1848, impression 1044, 30 janvier 1848.

2. ADTN, *Réunion annuelle du comité central. Séance du 17 janvier 1848*, Paris, 1848, pp. 45-49.

3. « Du système de prohibition », « Un mot sur la prohibition », « De l'association douanière entre la France et la Belgique », *Le Moniteur industriel*, 5 juin 1836, 10 février 1842 et 25 août 1842.

faveur de la protection douanière. A l'automne 1846, il devient le journal officiel de l'ADTN et ajoute comme sous-titre à partir du 1er novembre : « Journal de la défense du travail national. »

Le Moniteur industriel est un bihebdomadaire, paraissant tous les jeudis et dimanches. Après sa prise de contrôle par l'ADTN, sa diffusion double, passant de moins de 2 000 à près de 4 000 exemplaires par numéro[1]. Il adopte un ton polémique et insinue à plusieurs reprises que les libre-échangistes français sont à la solde du gouvernement britannique. Cette virulence et cette propension à la délation incitent Bastiat à surnommer l'organe de ses adversaires « le *Père Duchesne* de la ligue protectionniste », par analogie avec le journal ultra-révolutionnaire dirigé par Jacques-René Hébert, qui réclamait sans cesse la condamnation à mort des ennemis du peuple pendant la Terreur[2].

Le Moniteur industriel expose moins une théorie économique qu'il ne rejette le libre-échange en invoquant « la pratique », « l'expérience » ou « l'histoire ». Dès septembre 1846, le journal protectionniste résume ainsi sa doctrine : « il y a des intérêts plus grands pour les peuples que la liberté du commerce, c'est la possession inébranlable des grandes industries. Toute mesure économique qui en tient compte est bonne ; toute mesure qui n'en tient pas compte doit être rejetée[3] ». Au cours des mois qui suivent, de nombreux articles comparent les coûts de production en France et à l'étranger dans chaque branche d'industrie, et chaque fois concluent que seuls des droits élevés ou des prohibitions peuvent permettre à la France de continuer à produire du blé, du fer, du charbon, des tissus de coton, de laine ou de lin, etc[4].

Le Moniteur industriel dénonce les ambitions monopolistiques de la Grande-Bretagne et accuse les libre-échangistes français, par naïveté ou peut-être pire, d'œuvrer aux intérêts de l'industrie britannique. Selon l'organe de l'ADTN, « qu'on n'aille pas croire que c'est pour suivre les doctrines d'Adam Smith que Robert Peel propose la réduction des revenus du trésor et des revenus des propriétaires. En homme de génie, il a vu [...] qu'en permettant aux manufacturiers de

---

1. H.-T. Deschamps, *La Belgique*, op. cit., p. 333.
2. *Le Libre-Echange*, 20 décembre 1846.
3. « Sur les arguments du libre-échange », *Le Moniteur industriel*, 20 septembre 1846.
4. « Sur les subsistances et sur notre agriculture », « Progrès de l'industrie minière en France », « Sur l'industrie du fer », *Le Moniteur industriel*, 27 septembre, 18 octobre et 22 octobre 1846.

faire des produits à plus bas prix, il développerait le commerce, il augmenterait les bénéfices du pays, et qu'en somme non seulement c'était là un excellent moyen d'améliorer la situation présente, mais encore de maintenir et d'étendre la domination de l'Angleterre sur tous les marchés du globe [1] ».

Le journal protectionniste rappelle à ses lecteurs que la Grande-Bretagne a déjà essayé par le passé d'abattre la prospérité de l'industrie française et qu'à chaque fois elle a trouvé des alliés parmi des Français au patriotisme douteux. *Le Moniteur industriel* compare la visite de Cobden en France en 1846 aux missions du ministre Eden, qui a débouché sur le traité de commerce de 1786, et de Bowring en 1834. « Du reste », ajoute l'organe de l'ADTN, « nul qui l'ignore, l'Angleterre ne se borne pas à nous envoyer, selon les temps et les circonstances, M. Héden [sic], M. Bowring et M. Cobden : elle prend encore tous les moyens en son pouvoir pour que leur mission ne soit pas stérile. Est-ce que, sans cela, ses émissaires auraient agité la France comme ils l'ont fait [2] ? » Le journal protectionniste va jusqu'à comparer le rôle de la Grande-Bretagne dans les débats économiques français à celui des puissances étrangères pendant les guerres de Religion du XVIe siècle : « La fameuse ligue [catholique], travaillait au profit de l'Espagne et de Rome et des princes lorrains, comme la ligue du libre-échange travaille au profit de l'Angleterre. C'est toujours l'étranger, sous le masque, autrefois de la religion, aujourd'hui de la liberté, qui tire la ficelle et fait mouvoir les marionnettes françaises à son profit [3]. »

Les « élucubrations libre-échangistes » des membres de l'ALE obéissent selon *Le Moniteur industriel* à une « consigne donnée par Londres ». Or le gouvernement britannique ne saurait avoir d'autre objectif que ses seuls intérêts : « L'Angleterre est l'égoïsme national personnifié. Ce n'est pas elle qui se laissera jamais duper par les idées généreuses. L'abolition de l'esclavage, la prédication de l'évangile ont été pour elle des moyens, comme aujourd'hui, le libre-échange. Ses missionnaires sont des marchands ou des commis voyageurs ; elle brise les chaînes de quelques milliers de noirs et rive celle de millions de blancs ; elle conserve les droits protecteurs pendant un siècle, en pousse les rigueurs jusqu'à la folie, et lorsqu'elle n'en a plus besoin,

---

1. « Sur les réformes de sir Robert Peel », *Le Moniteur industriel*, 1er février 1846.
2. « Simples rapprochements », *Le Moniteur industriel*, 18 octobre 1846.
3. « La ligue », *Le Moniteur industriel*, 4 octobre 1846.

elle prêche le libre-échange ; reine des mers et de l'industrie, elle pouvait dès longtemps le mettre en pratique ; non, elle le prêche à ceux entre les mains desquels elle voudrait briser l'instrument de ses progrès industriels [1]. »

En raison du succès rencontré par la propagande de l'ADTN, le journal économique britannique *The Mining* accuse « la grande masse du peuple » français d'être composée « des plus aveugles et des plus stupides ganaches qui soient sous le soleil », et affirme que la Grande-Bretagne fait toujours passer son honneur avant son intérêt. *Le Moniteur industriel* réplique en rappelant les procédés peu respectueux du droit international employés par les Britanniques au cours des guerres de la Révolution et de l'Empire : « La prise de nos vaisseaux avant la déclaration de guerre, est-ce de l'honneur ou de l'intérêt ? Le bombardement de Copenhague et le vol des vaisseaux danois en temps de paix, est-ce de l'honneur ou de l'intérêt ? L'affreux, le barbare supplice des pontons ; le vol de nos musées et la fusillade du maréchal Ney au mépris d'une capitulation ; le martyre inutile de Sainte-Hélène ; Naples, l'Inde, l'Irlande réveillent-ils des souvenirs d'honneur ou d'intérêt [2] ? » *Le Moniteur industriel* ne se prive pas non plus de rappeler les précédentes ruses commerciales de la Grande-Bretagne et comment les traités de Methuen avec le Portugal et de 1786 avec la France étaient accompagnés de fausses déclarations d'amitié [3].

Au cours de l'été 1847, *Le Moniteur industriel* publie aussi une dizaine de lettres de l'observateur envoyé par l'ADTN outre-Manche pour étudier les effets du libre-échange [4]. Elles tracent un tableau terrifiant de la supériorité industrielle et commerciale britannique : « Pour comprendre l'inégalité commerciale entre [l'Angleterre et la France], il suffit de voir Londres, ne fût-ce que superficiellement, cette incessante circulation d'un peuple toujours actif dans sa gravité, toujours agité dans sa patience ; cette organisation journalière et immuable du travail individuel qui a toute la régularité, toute l'exactitude de la puissance mécanique, ces usines innombrables dont

---

1. « L'Angleterre et le libre-échange français », trois articles, *Le Moniteur industriel*, 25 octobre, 1er novembre et 8 novembre 1846.

2. « La presse anglaise et le libre-échange français », quatre articles, *Le Moniteur industriel*, 22 novembre, 29 novembre, 6 décembre et 17 décembre 1846.

3. Voir, par exemple, « Le traité de Methuen » et « De l'impossibilité de raisonner à fond avec le libre-échange », *Le Moniteur industriel*, 14 janvier et 21 février 1847.

4. ADTN, *Réunion annuelle, op. cit.*, p. 46.

les cheminées ressemblent à des colonnes adressées à la gloire du travail, foyers de ces volcans de fumée qui enveloppent la ville entière dans leurs nuages éternels; [...] ce mouvement perpétuel des chargements et des déchargements; ces matelots ou ces ouvriers hindous, malais, chinois, de l'Amérique du Nord et du Sud mêlés à ces groupes d'émigrants qui abandonnent l'Europe pour aller chercher sous d'autres soleils un peu de terre à cultiver; ces pavillons mêlés des cinq parties du monde; cette accumulation de produits et de marchandises, cette rapidité et cette masse de transactions et par conséquent de multiplication et de circulation des capitaux; j'ai visité tous nos grands ports de mer, je connais les principaux centres de nos industries, et je vous l'avoue avec regret, je n'ai rien vu dans notre pays qu'on pût comparer au spectacle monstrueusement puissant que représente le commerce de Londres. » Le libre-échange, conclut l'observateur, signifierait donc « l'établissement du monopole industriel de l'Angleterre [1] ».

L'anglophobie du *Moniteur industriel* s'accompagne d'hostilité envers les élites intellectuelles. Sous la Monarchie de Juillet comme sous la Restauration, l'anglophilie apparaît caractéristique des classes dirigeantes traditionnelles ou des milieux intellectuels de la capitale [2]. L'ALE est présidée par le duc d'Harcourt, descendant d'une grande famille de l'Ancien Régime, et reçoit l'appui de grandes figures littéraires comme Alphonse de Lamartine. Elle paraît bénéficier de la bienveillance du gouvernement et de la presse parisienne. En revanche, Mimerel, Lebeuf, Grandin et les autres dirigeants de l'ADTN ont des noms peu prestigieux et ne représentent que l'élite économique de la province.

Quand *Le Journal des Débats*, quotidien parisien et de qualité par excellence, apporte son soutien au libre-échange, *Le Moniteur industriel* rappelle les liens tissés depuis 1815 par le journal de centre-droit avec le pouvoir politique et « les gros financiers ». Le journal protectionniste ajoute : « Ce ne sont pas les hommes de lettres, ce ne sont pas les artistes, ce ne sont pas les philosophes, ce ne sont pas les économistes qui font aujourd'hui la force, la richesse, le bien-être de la France. On pourrait nous les enlever tous, le pays ne se douterait pas de son malheur. Si, au contraire, l'on nous enlevait nos

---

1. « Observations d'un Français en Angleterre », dix articles, *Le Moniteur industriel*, 17 juin au 1ᵉʳ août 1847.
2. Robert Tombs et Isabelle Tombs, *That Sweet Enemy : the French and the British from the Sun King to the Present*, Londres, Heinemann, 2006, pp. 332-333.

ingénieurs, nos manufacturiers, ces hommes qui font le fer, les machines, les étoffes, les produits chimiques, ces hommes qui créent et organisent du travail pour douze millions d'individus, le lendemain la France ne présenterait-elle pas le spectacle d'un pays sauvage [1] ? »

Les libre-échangistes ne se privent d'ailleurs pas de souligner leur supériorité culturelle sur les protectionnistes. Faucher affirme ainsi dans *Le Libre-Echange*, à propos des partisans de la protection douanière : « ils ne voyagent pas, ils ne connaissent pas les langues étrangères et ils lisent fort peu. Aussi tout ce qui vient du dehors leur fait l'effet d'un monstre ; ils seraient plus libéraux, s'ils étaient plus instruits [2] ». Les protectionnistes se font parfois une gloire de ce manque d'instruction. En février 1847, Grandin, qui est député (gauche dynastique) de la Seine-Inférieure, accuse à la Chambre le gouvernement de vouloir réduire les barrières douanières dans l'espoir d'améliorer les relations avec la Grande-Bretagne. Ayant suffisamment mal prononcé le nom de députés anglais pour provoquer les rires de la Chambre, Grandin rétorque : « Permettez, messieurs ; je ne prononce pas aussi bien l'anglais que messieurs les libre-échangistes : cette langue leur est très familière. Je n'ai pas été dans leurs *meetings*, où l'on parle *free-trade*, *free-traders* et *black-book* ; je cherche à lire les noms et à les prononcer comme quelqu'un qui ne connaît que le français. » *Le Moniteur industriel* reproduit le discours de Grandin en louant son esprit et son patriotisme [3].

A l'animosité du journal protectionniste envers les intellectuels et envers le cosmopolitisme des libre-échangistes s'ajoute bientôt l'hostilité aux aristocrates. Cette rhétorique anti-aristocratique facilitera, comme on le verra au chapitre suivant, le ralliement d'une partie de la gauche démocratique au protectionnisme. Ainsi *Le Moniteur industriel* réclame pour les protectionnistes la légitimité de l'héritage révolutionnaire. Il raille « les Lilliputiens du bazar Montesquieu », qui osent se comparer aux « géants de la Révolution française ». Il affirme que « c'est justement l'Ancien Régime qui nous avait donné le libre-échange avec le traité de 1786 », tandis que la Révolution, « dans son intelligence et son bon sens, dans son esprit

---

1. « *Le Journal des Débats* et nos industries », *Le Moniteur industriel*, 12 avril 1846.
2. « Du manifeste publié par le comité central de la prohibition », *Le Libre-Echange*, 11 avril 1847.
3. « Le libre-échange à la Chambre des députés », *Le Moniteur industriel*, 11 février 1847.

national et démocratique, nous rendit le système protecteur ». Loin d'être constitué de privilégiés, affirme le journal, « le Comité de défense du travail national ne renferme et n'a mis à sa tête que des noms roturiers qui ne doivent leur situation qu'à l'industrie ». En revanche, le camp libre-échangiste « est en très grande majorité composé de membres de ces classes supérieures » et l'ALE s'est choisi pour président « un duc et un grand propriétaire » (d'Harcourt). De même, les membres de l'association bordelaise sont tous « des comtes, des marquis, des barons » à la tête de maisons de commerce « à demi dénationalisées par la nature de leurs affaires [1] ».

Néanmoins, *Le Moniteur industriel* présente aussi le protectionnisme comme un moyen d'apaiser les tensions et de dépasser les clivages hérités de la Révolution. Plus de cinquante ans après ces bouleversements, « le système protecteur n'est ni aristocratique, ni démocratique. Il est national ». En revanche, selon le journal, le libre-échange « n'est pas français ; il n'est pas même cosmopolite ou humanitaire : il est anglais [2] ».

La diffusion de l'idéologie protectionniste

La campagne anglophobe de l'ADTN rencontre un succès éclatant. Bastiat lui-même est admiratif de l'énergie et des méthodes déployées par ses adversaires : « Les prohibitionnistes font de l'agitation à fond et à l'anglaise. Journaux, contributions, appels aux ouvriers, menaces au gouvernement, rien n'y manque. Quand je dis à l'anglaise, j'entends qu'ils déploient beaucoup d'énergie et une véritable entente de l'agitation. » En outre, Bastiat sait que le succès des protectionnistes ne tient pas à leurs seuls moyens financiers – « nous n'avons pas pour adversaires seulement des *intérêts* » – mais avant tout à la virulence de l'anglophobie dans l'opinion française : « Si cette haine contre la perfide Albion n'était qu'une mode », confie-t-il à Cobden, « j'attendrais patiemment qu'elle passât. Mais elle a de profondes racines dans les cœurs. Elle est universelle [3]. »

---

1. « L'aristocratie du système protecteur et la démocratie du libre-échange », *Le Moniteur industriel*, 7 novembre 1847.
2. *Ibid.*
3. Lettres de Bastiat à Cobden, 22 novembre 1846, 25 décembre 1846 et 9 novembre 1847, in *Œuvres complètes de Frédéric Bastiat*, *op. cit.*, p. 145, p. 151, p. 167.

S'appuyant sur cette anglophobie, les idées protectionnistes font des progrès rapides dans l'opinion. Elles deviennent hégémoniques parmi les industriels, comme l'illustre la radicalisation des fabricants de Mulhouse en matière de politique douanière. Elles séduisent une partie du commerce maritime, qui ne parvient pas à soutenir la concurrence des navigations britannique et américaine. Enfin, elles conquièrent une large fraction du monde agricole, qui craint de voir les lois céréalières françaises remises en cause par l'abolition des *Corn Laws* britanniques.

Les fabricants de Mulhouse sont longtemps restés attachés à la réduction des droits de douane sur les matières premières : leur soutien résolu à la campagne de l'ADTN en 1846-1848 est donc révélateur des progrès du protectionnisme chez les manufacturiers. Le manifeste du Comité pour la défense du travail national de Mulhouse suscite la déception de Bastiat, qui distingue à cette occasion entre les protectionnistes traditionnels, « fidèles à leurs antécédents », et les « protectionnistes libéraux », anciens adversaires des prohibitions qui comme les fabricants de Mulhouse se sont ralliés au camp des « haines nationales [1] ». Bastiat est probablement d'autant plus déçu que la majorité des fabricants de Mulhouse se situent à gauche de l'échiquier politique : Emile Dollfus, président du comité de Mulhouse, est un député de la gauche dynastique, tandis que Carlos Forel, secrétaire du comité, est un démocrate qui organisera la campagne des banquets pour la réforme électorale dans le Haut-Rhin en 1847-1848.

Le Comité pour la défense du travail national de Mulhouse est l'un des comités locaux de l'ADTN les plus actifs. D'octobre 1846 à juillet 1850, il recueille au total plus de 20 000 francs en souscriptions. Sur cette somme, 6 500 francs sont versés au comité central de l'association protectionniste ; 5 300 francs servent à rémunérer les « secrétaires-rédacteurs » du comité local ; 4 500 francs sont consacrés aux frais d'impression des publications du comité local ; et un peu plus de 2 000 francs sont dépensés en abonnements à des revues et des journaux [2].

Entre novembre 1846 et la fin de l'année 1848, le comité de Mulhouse publie une quinzaine de brochures. Trois sont des comptes rendus de ses réunions et les douze autres des « rapports » sur les différentes productions industrielles de l'est de la France. Tous concluent

---

1. « Le comité de l'association de Mulhouse », *Le Libre-Echange*, 27 décembre 1846.
2. CERARE, ACMM, 799, « Compte rendu de l'Assemblée générale des membres de l'association formée à Mulhouse pour la défense du travail national », 3 juillet 1850.

que les fabricants de la région ne peuvent pas soutenir la concurrence britannique [1]. Les douze rapports reposent sur des données statistiques rassemblées par les membres du comité, mais aussi sur les informations recueillies en Grande-Bretagne par l'un d'entre eux, Risler Heilmann. Ce dernier envoie à Mulhouse des renseignements sur les coûts de fabrication des manufactures de coton britanniques et rapporte que les motifs des *free traders* « se résument dans le but de pouvoir s'emparer de notre immense marché ». Il exhorte donc ses compatriotes à ne pas se laisser duper par « cette fusion d'intérêts fraternels » proposée par la Grande-Bretagne et, soulignant les conditions de vie misérables des ouvriers britanniques, maintient comme « un fait incontestable » que grâce au système protecteur, « la nation française prise en masse est plus heureuse que la nation anglaise [2] ».

On ne sait pas à combien d'exemplaires sont imprimées les brochures du comité de Mulhouse. Mais des listes de « correspondants » dans les archives du comité suggèrent qu'au moins 400 exemplaires sont envoyés gratuitement à près de 200 « personnes notables », résidant le plus souvent à Paris ou dans le nord-est de la France, aux chambres parlementaires (125 exemplaires), à des chambres de commerce et des chambres consultatives des arts et manufactures (environ 30 exemplaires), aux quotidiens parisiens (environ 15 exemplaires), et à plusieurs journaux de province (environ 15 exemplaires) [3].

Pour disséminer ses arguments en faveur de la protection douanière, le comité de Mulhouse a aussi recours à *L'Industriel alsacien*, qui servait déjà d'organe au Comité de l'industrie cotonnière de l'Est. L'hebdomadaire des fabricants de Mulhouse reproduit des articles du *Moniteur industriel*, comme les « Simples rapprochements » comparant Cobden à Eden et Bowring. Dans d'autres articles, *L'Industriel alsacien*, comme l'organe de l'ADTN, insiste sur le fait que le libre-échange est un concept étranger, voire antifrançais : Cobden est un « très bon Anglais sans doute, mais dont les doctrines nous semblent quelque peu suspectes, quand elles nous arrivent sous le cachet de nos

---

1. Brochures réunies dans *Association pour la défense du travail national, formée à Mulhouse le 4 novembre 1846*, Mulhouse, 1848.
2. CERARE, ASIM, 99/A/732, lettre de Risler Heilmann à Emile Dollfus, 14 mars 1847.
3. CERARE, ACMM, 799. Le mauvais état des documents, sans intitulés, rend impossible un décompte plus précis.

ennemis les plus constants et plus perfides, les plus acharnés et les plus implacables, les ANGLAIS [1] ! ».

De manière plus originale, *L'Industriel alsacien* conteste le monopole de la « liberté » revendiqué par les libre-échangistes. « Ne saurait-on être libéral en économie politique », s'interroge l'hebdomadaire en février 1847, « qu'à la condition de vouloir tout changer d'un coup de baguette magique ? » En janvier 1848, *L'Industriel alsacien* remet aussi en cause la validité des expressions « libre-échange » et « liberté des échanges » pour décrire l'abolition des barrières douanières. On leur donne ainsi « un air de famille » injustifié avec d'autres expressions justement populaires, comme « liberté individuelle, liberté de la presse, liberté de la pensée ». Le journal propose de rebaptiser le programme des libre-échangistes « concurrence illimitée » : la nouvelle appellation « ferait réfléchir beaucoup de gens qui adoptent aujourd'hui votre système sur la foi de son étiquette », alors qu'ils savent que la concurrence limitée aux seuls producteurs français suffit à garantir les progrès de l'industrie [2].

Ainsi, à l'exception des fabricants de soieries de la région lyonnaise, les industriels se prononcent à l'unanimité pour le maintien du système protecteur. Dans de nombreuses villes où des comités locaux de l'ADTN ne sont pas fondés, les chambres de commerce ou les chambres consultatives des arts et manufactures publient des manifestes d'adhésion aux principes de l'association protectionniste. Au moins dix-huit chambres représentant les intérêts économiques locaux apportent leur soutien au système protecteur, y compris celle de Toulouse, qui dénonce « les missionnaires à gages, envoyés en France par la Grande-Bretagne, pour prêcher le libre-échange », et celle de Bar-le-Duc, qui condamne les menées de « l'Anglais Cobden et ses apôtres français » et se demande si ceux-ci ne sont pas des « agents salariés de l'Angleterre [3] ».

Mais l'ADTN se soucie de trouver d'autres soutiens au système

---

1. « De la liberté des échanges », « Sur la liberté du commerce », « Ce qu'il faut croire du libéralisme commercial de l'Angleterre », « La cause de la liberté du commerce est-elle désintéressée ? », *L'Industriel alsacien*, 27 septembre 1846, 4 octobre 1846, 2 mai 1847 et 16 janvier 1848.
2. *L'Industriel alsacien*, 14 février 1847 ; « La liberté des échanges devrait s'appeler la concurrence illimitée », *L'Industriel alsacien*, 9 janvier 1848.
3. Chambre de commerce de Toulouse, *Lettre sur la question du libre-échange*, Toulouse, 1847, p. 10 ; chambre consultative des arts et manufactures de Bar-le-Duc, *Délibérations*, Bar-le-Duc, s.d., 1846, pp. 8-9.

protecteur que les producteurs industriels. Elle tente en particulier de se rallier une partie du commerce maritime. La marine marchande française est en crise au milieu du XIXᵉ siècle : son tonnage stagne depuis le début des années 1820, alors que les tonnages des marines américaine et surtout britannique connaissent une croissance rapide [1]. L'association bordelaise et la chambre de commerce de Bordeaux attribuent le déclin relatif de la navigation française au système protecteur, qui non seulement restreint les échanges de la France, mais aussi augmente le coût de construction des navires en frappant de droits élevés les principaux matériaux de construction, bois et fers [2].

L'ADTN préfère dénoncer le rôle néfaste des traités de navigation conclus sur la base de la réciprocité avec les Etats-Unis en 1822 et avec la Grande-Bretagne en 1826 [3]. Pour remédier au déclin de la marine française, elle propose de dénoncer ces traités et d'augmenter ou de rétablir des droits préférentiels en faveur des navires français [4]. Un tel projet de retour aux pratiques mercantilistes ne peut pas séduire les plus grandes places maritimes, comme Bordeaux, Marseille ou Le Havre, qui auraient trop à perdre à d'éventuelles représailles anglo-américaines. Mais il aide l'ADTN à obtenir l'adhésion de ports de moindre envergure, comme Dunkerque, ou de places en grave déclin depuis le XVIIIᵉ siècle, comme Nantes. La chambre de commerce de Dunkerque reconnaît qu'avec le libre-échange, le commerce britannique « asservirait l'universalité des consommateurs à son monopole exclusif », alors que le Comité nantais de la défense du travail national déclare vouloir « maintenir le principe de la protection, parce que c'est à son application que la France doit d'être la seconde nation industrielle du monde », après la Grande-Bretagne [5].

Les principes défendus par l'ADTN rencontrent un succès plus marqué encore auprès des producteurs agricoles, rendus inquiets par l'abolition de la protection douanière en faveur des céréales en

---

1. M. Lévy-Leboyer, *Les banques européennes*, *op. cit.*, pp. 246-254.
2. « Rapport de la commission de navigation sur la réforme douanière », *Le Mémorial bordelais*, 16 et 17 août 1846 ; chambre de commerce de Bordeaux, *Des intérêts maritimes et de la protection*, Bordeaux, 1847.
3. F. Démier, *Nation, marché et développement*, *op. cit.*, pp. 1400-1433.
4. « Le libre-échange et le système protecteur considérés du point de vue de la marine nationale » et « Association pour la défense du travail national à la marine marchande », *Le Moniteur industriel*, 1ᵉʳ novembre et 17 décembre 1846.
5. Chambre de commerce de Dunkerque, *Lettre sur la question du libre-échange*, Dunkerque, 1847, p. 4 ; Association de Nantes pour la défense du travail national, *Réforme commerciale*, Nantes, s.d., 1847, p. 13.

Grande-Bretagne. *Le Moniteur industriel* rappelle que les producteurs de blé français ont autant à craindre de la concurrence étrangère que les producteurs industriels. Pour légitimer la protection douanière en faveur de l'agriculture française, le journal protectionniste souligne que la propriété de la terre en France, loin d'être « constituée aristocratiquement » comme en Grande-Bretagne, est « le patrimoine et la fortune de la multitude des familles dans toutes les classes de la société ». Enfin, tandis qu'outre-Manche les manufacturiers étaient les premiers à réclamer l'abandon de la protection en faveur de l'agriculture, l'organe de l'ADTN insiste sur le fait que l'industrie et l'agriculture en France « ne sont pas en lutte l'une contre l'autre ; au contraire, elles se reconnaissent et se déclarent solidaires. Elles comprennent que sacrifier le travail agricole au profit de la Russie et des Etats-Unis, et le travail industriel au profit de l'Angleterre, ce serait épuiser par ses deux sources la richesse nationale [1] ».

Cet appel à la solidarité des producteurs agricoles avec les producteurs industriels est entendu, en particulier dans les régions céréalières. Dès novembre 1846, un congrès agricole réunissant les représentants de sept départements du nord de la France (Nord, Pas-de-Calais, Aisne, Ardennes, Oise, Somme et Marne) adopte un rapport sur le libre-échange rédigé par le député de la Somme Louis Gaulthier de Rumilly (gauche dynastique), qui condamne au nom de « l'histoire économique » les attraits trompeurs exercés par le mot « liberté » en politique commerciale. Rumilly préfère en invoquer un autre, « qui a aussi une grande influence sur les hommes comme sur les choses : c'est celui d'égalité ». Or les conditions de production sont inégales des deux côtés de la Manche : le libre-échange est donc « dans l'intérêt anglais ». Rumilly appelle ses compatriotes à le rejeter parce qu'en France on doit « être français comme on est anglais en Angleterre [2] ».

Pour encourager la diffusion des idées protectionnistes, l'ADTN propose aux sociétés locales d'agriculture d'adhérer à l'association sans verser de contribution. Dans de nombreux départements et arrondissements, ces sociétés d'agriculture tiennent un débat sur le libre-échange. Presque partout, les notables ruraux se rangent sous la bannière du travail national. Ils invoquent deux arguments politiques

---

1. « Solidarité de l'agriculture et des autres branches du travail national », « L'agriculture et ses protecteurs », *Le Moniteur industriel*, 4 et 18 mars 1847.
2. *Protection du travail national. Rapport de M. Gaulthier de Rumilly*, Amiens, 1846, p. 15.

pour justifier le maintien de barrières douanières en faveur de l'agriculture : la répartition égalitaire de la propriété terrienne en France, par opposition à sa concentration aristocratique en Grande-Bretagne, et la liberté des paysans français, quand la terre reste cultivée par une main-d'œuvre servile ou quasi servile sur la plus grande partie de la planète (esclaves noirs aux Etats-Unis, serfs en Russie, fellahs en Egypte, etc.) [1]. Au moins cinquante-trois sociétés d'agriculture adhèrent ainsi aux principes de l'ADTN.

Les rapports des sociétés agricoles contre le libre-échange sont souvent imprimés, puis répandus parmi les notables du département. La commission d'agriculture de Draguignan fait ainsi distribuer 500 exemplaires de son rapport en faveur de la défense du travail national, dont 260 à chaque maire du Var et les 240 restants à d'autres personnalités du département [2]. Ce processus de dissémination renforce la prévalence des idées protectionnistes parmi les agriculteurs hors des grandes régions viticoles. En mars 1847, un congrès central de l'agriculture réuni à Paris rejette une motion en faveur du libre-échange à une majorité écrasante (500 voix contre 4) [3]. Enfin, en janvier 1848, lors de l'assemblée générale de l'ADTN, les représentants de l'industrie sont rejoints par 42 délégués agricoles et Gaulthier de Rumilly devient, aux côtés d'Auguste Mimerel, le second vice-président de l'association protectionniste [4].

---

1. Voir, parmi les rapports publiés à cette occasion par les sociétés d'agriculture et les comices agricoles, *Opinion et vote de la société d'agriculture de l'Ain sur la question du libre-échange*, Bourg-en-Bresse, 1847 ; *Le libre-échange apprécié par l'agriculture à sa juste valeur*, Caen, 1847 ; *Rapport sur la théorie du libre-échange* [à la société d'agriculture de l'Aube], Paris, 1847 ; *Question du libre-échange : Rapport à la société d'agriculture de Haute-Garonne*, Toulouse, 1847 ; *Du libre-échange en matière d'agriculture*, Foix, 1847 ; *Etat de l'industrie agricole en France, ce qu'elle doit redouter de la concurrence étrangère*, Vesoul, 1847 ; Pierre-Paul Jaenger, *Mémoire sur le libre-échange* [à la société d'agriculture du Bas-Rhin], Colmar, 1847 ; *Rapport de M. Bauchart sur la question du libre-échange, au point de vue agricole*, Saint-Quentin, 1848 ; E. Hecquet d'Orval, *Quelques mots contre le libre-échange*, Abbeville, 1848.
2. Commission d'agriculture de Draguignan, *Libre-échange. Défense du travail national*, Draguignan, 1847, pp. 29-30.
3. « Congrès central de l'agriculture – Vote sur le libre-échange », *Le Moniteur industriel*, 28 mars 1847.
4. ADTN, *Réunion annuelle*, op. cit., pp. 5-7.

Esquisses d'une économie politique nationaliste

La contre-campagne de l'ADTN entraîne un recul des idées libre-échangistes dans la presse et l'échec des velléités réformatrices du gouvernement Guizot. Pour compléter ce succès, plusieurs protec-tionnistes essaient de fonder une nouvelle économie politique, qui ferait prévaloir l'idée de nation productrice sur celle d'individu consommateur.

Au début de leur campagne en septembre 1846, les libre-échan-gistes bénéficient de solides appuis dans la presse parisienne. Les deux journaux officieux du gouvernement, *Le Journal des Débats* (diffusion : 9 000 exemplaires) et *L'Époque* (11 000), ainsi que trois journaux de l'opposition modérée, *Le Siècle* (33 000), *Le Commerce* (3 000) et *Le Courrier français* (2 000), expriment leur admiration pour la politique de Robert Peel en Grande-Bretagne et appellent la France à imiter l'exemple britannique[1]. Mais les autres journaux se rangent bientôt dans le camp protectionniste. *La Presse*, conservatrice (diffusion : 18 000 exemplaires), mais aussi *Le Constitutionnel*, de centre-gauche (25 000), *L'Esprit public*, favorable à la gauche dynastique (4 000), *L'Univers*, catholique libéral (4 000) rejettent le libre-échange et comme *Le National*, favorable à la gauche démocra-tique (4 000), se moquent de l'anglophilie des *free traders* du *Mon-tesquiou's Hall*. Les journaux légitimistes *La Quotidienne* (3 000) et *La Gazette de France* (3 000), peu intéressés par la controverse, tendent également à se prononcer contre le libre-échange[2].

Encore équilibré à l'automne 1846, ce rapport de force dans la presse se modifie rapidement en faveur des partisans du système protecteur. Après la fin novembre 1846, on ne trouve plus aucun

---

1. *Le Journal des Débats*, 8 avril 1846 ; *L'Époque*, 8 septembre 1846 ; « Du mode d'application de la liberté commerciale », *Le Siècle*, 5 septembre 1846 ; *Le Commerce*, 11 septembre 1846 ; « Effets réels de la concurrence étrangère », *Le Courrier français*, 5 octobre 1846. Pour les chiffres de diffusion des quotidiens nationaux en 1846, voir Bellanger et al., *Histoire de la presse*, *op. cit.*, t. 2, p. 146.
2. *Le National*, 5 novembre 1846 ; « Défense du travail national », *L'Esprit public*, 2 septembre 1846 ; *Le Constitutionnel*, 6 décembre 1846 ; *L'Univers*, 14 octobre 1846 ; *La Presse*, 13 septembre 1846 ; « Le libre-échange », *La Quotidienne*, 27 novembre 1846 ; « Défense du travail national », *La Gazette de France*, 29 novembre 1846.

article favorable au libre-échange dans *Le Journal des Débats*. En janvier 1847, *Le Siècle* défend la protection des agriculteurs français contre la concurrence étrangère et cesse également de soutenir les libre-échangistes. Enfin *Le Conservateur*, nouvel organe du gouvernement Guizot, qui remplace *L'Époque* en octobre 1847, se déclare franchement « protectionniste [1] ». Bastiat peut ainsi écrire à Cobden en novembre 1847 que les alliés des libre-échangistes « se découragent et deviennent indifférents », et se lamenter du « vide qui se fait autour de nous [2] ».

L'adhésion d'une majorité de l'opinion aux principes défendus par l'ADTN contribue à faire échouer une timide tentative de réforme douanière par le gouvernement. Il est difficile de cerner l'opinion de Guizot, qui n'a jamais manifesté beaucoup d'intérêt pour les questions économiques [3]. Ses contemporains soupçonnent et plusieurs témoignages tendent à confirmer qu'il est personnellement favorable à une réduction des barrières douanières [4]. Certes, en avril 1846, le chef officieux du gouvernement déclare à la Chambre vouloir « maintenir le système conservateur, le système protecteur ». Mais Guizot fait cette déclaration à la veille d'élections générales et en réponse à plusieurs députés qui l'accusaient de vouloir sacrifier l'industrie française à l'alliance avec la Grande-Bretagne. En outre, dans le même discours, il affirme son intention de « modifier [le système protecteur], l'élargir, l'assouplir à mesure que des besoins nouveaux, et des possibilités nouvelles se manifestent », et il appelle à s'engager avec prudence sur la même voie que la Grande-Bretagne, « à réformer progressivement nos tarifs, étendre nos relations au-dehors, à nous donner ainsi à nous-mêmes de nouveaux gages de bons rapports et de paix, à améliorer ainsi la condition du public consommateur [5] ».

Ainsi, en avril 1847, le gouvernement Guizot propose de diminuer les droits d'entrée sur les fers destinés aux constructions navales et de

---

1. « Du libre-échange au point de vue de l'intérêt agricole de la France », *Le Moniteur industriel*, 28 janvier 1847 ; *Le Libre-Échange*, 3 octobre 1847.
2. Lettre de Bastiat à Cobden, 15 novembre 1847, in *Œuvres complètes de Frédéric Bastiat*, *op. cit.*, t. 1, p. 168.
3. P. Rosanvallon, *Le moment Guizot*, *op. cit.*, pp. 268-269.
4. Voir par exemple BMB, MS 1095, vol. 1, f°° 656-663, lettre de Galos à Fonfrède, 11 juillet 1835 : au sujet des « réformes commerciales », rapporte Galos à Fonfrède, « Monsieur Guizot m'a exprimé à quel point ses idées étaient d'accord avec les vôtres ».
5. Débats à la Chambre des députés, séance du 1ᵉʳ avril 1846, *Le Moniteur universel*, 2 avril 1846 ; voir aussi le discours de Guizot sur les négociations avec la Belgique, débats à la Chambre des députés, séance du 25 mars 1845, *Le Moniteur universel*, 26 mars 1845.

réduire ou de supprimer une centaine de tarifs d'importance secondaire. En exposant les motifs du projet de loi, le ministre du Commerce Cunin-Gridaine se déclare néanmoins favorable au « travail protégé », et Bastiat dans *Le Libre-Echange* fait part de son « amère et triste déception » face à la modestie des réformes proposées [1]. La Commission des Douanes de la Chambre des députés, dominée par Thiers et d'autres protectionnistes, rejette en décembre 1847 la réduction des droits sur les fers et la plupart des autres mesures libérales proposées par le gouvernement : elle manifeste son refus du « système anglais » de politique commerciale et son attachement au « régime de protection, appliqué avec une sage mesure depuis 1830 [2] ». Vidé de sa substance par la commission, le projet de loi ne sera pas débattu par les chambres avant le renversement du régime par la Révolution de février 1848.

L'impossibilité de réformer la législation douanière déçoit un autre intellectuel libéral, Alexis de Tocqueville. Comme Guizot, l'auteur de *De la Démocratie en Amérique* ne se passionne pas pour les problèmes économiques. Dans le bateau qui l'emmène aux Etats-Unis en 1831, il a néanmoins lu, en prenant des notes, le *Cours complet* de Jean-Baptiste Say [3]. En 1835, pendant son second voyage en Grande-Bretagne, le spectacle de la prospérité britannique lui fait penser qu'il y a « une relation cachée entre ces deux mots : liberté et commerce [4] ». Cela n'en fait pas un partisan dogmatique de la liberté des échanges. Député réformiste de la Manche à partir de 1839, il est membre de la Commission des sucres en 1843. Il prend parti contre la suppression du sucre indigène, « car les colonies ne sauraient le remplacer [5] ».

A la fin de la Monarchie de Juillet, Tocqueville penche néanmoins du côté du libre-échange, pour des raisons fiscales : il voudrait réduire les droits à l'importation pour soulager les consommateurs les plus modestes. Lors du séjour de Cobden à Paris en août 1846, il rencontre à plusieurs reprises le dirigeant de l'*Anti-Corn Law League* [6]. En

---

1. *Le Libre-Echange*, 12 avril 1847 ; voir aussi « Du projet de loi sur les douanes », *Le Moniteur industriel*, 15 avril 1847.
2. « Projet de loi sur les douanes », *Le Moniteur industriel*, 16 décembre 1847.
3. Alexis de Tocqueville, *Œuvres complètes*, 18 tomes, Paris, Gallimard, 1951-1983, t. XVI, pp. 425-434.
4. Alexis de Tocqueville, *Textes économiques. Anthologie critique*, présenté par Jean-Louis Benoît et Eric Keslassy, Paris, Pocket, 2005, pp 270-271.
5. A. de Tocqueville, *Œuvres complètes, op. cit.*, t. III.2, pp. 708-709.
6. M. Taylor, *European Diaries of Richard Cobden, op. cit.*, pp. 48-50.

1847, il rédige quelques notes, en vue de donner un programme au groupe parlementaire qu'il essaie de constituer. Elles laissent percer son hostilité envers « la douane », dont l'effet « est de renchérir dans l'intérieur du royaume tout ce qu'elle frappe à l'entrée ». Mais il sait une réforme impossible, en raison du succès rencontré par la campagne protectionniste : « Ce sont les lois de douane qui seraient le plus à remanier, mais c'est pour le moment l'arche sainte [1]. »

Lors de l'assemblée générale de l'ADTN à Paris le 17 janvier 1848, Mimerel peut crier victoire : « partout déjà notre pensée, nos intentions [ont été] comprises ». Mais le fondateur du Comité pour la défense du travail national appelle les délégués de l'association à rester vigilants. Selon lui, le triomphe de « l'idée *vraie* d'une protection éclairée et modérée » sur le libre-échange ne saurait reposer sur des bases solides qu'une fois vaincue la « science problématique » de l'économie politique. « N'est-il pas à regretter », demande Mimerel, « que la législation qui fait la prospérité du pays soit dans des cours publics [au Collège de France et au Conservatoire des arts et métiers] toujours si violemment attaquée, et n'est-ce pas cette propagation d'un faux enseignement qui fait rêver à plus d'un homme, éclairé d'ailleurs, ces changements de tarifs qui, trop souvent répétés, compromettent les fortunes et sèment partout l'inquiétude ? » Afin de dissiper « cette hallucination [du libre-échange] qui dénature les faits et ne les montre qu'à travers un prisme », il appelle ainsi à la constitution d'une nouvelle science des richesses, favorable à la protection douanière et dotée comme l'économie politique de chaires universitaires [2].

Ce rejet de l'économie politique de Smith et Say est largement partagé par les autres protectionnistes. Comparant les économistes actuels à des alchimistes et leur axiome « laissez faire, laissez passer » à une pierre philosophale, *Le Moniteur industriel* réclame l'avènement d'une science économique « variable comme les faits » et en fonction des circonstances politiques et géographiques. « Le meilleur économiste », ajoute l'organe de l'ADTN, « n'est pas celui qui débite le plus de formules, qui se barricade dans un plus ou moins grand nombre de dogmes plus ou moins empesés. Le véritable économiste est celui qui sait le mieux les faits, les corrige ou les

1. A. de Tocqueville, *Textes économiques*, op. cit., p. 190.
2. ADTN, *Réunion annuelle*, op. cit., p. 28, pp. 36-38.

développe suivant leur tendance, et les coordonne avec ceux qu'il observe dans les pays rivaux. Il n'a pas d'idée préconçue, de système arrêté, de théorie orgueilleuse et impérieuse ; il est le serviteur des faits et non le créateur d'un dogme ; il n'aspire pas à inventer, mais à observer et à féconder. L'économie politique comme science n'est que là ; partout ailleurs nous la nions [1]. » Le principal rôle de la nouvelle science, explique bientôt le journal protectionniste, sera de contredire « le libre-échange, fils aîné et enfant chéri de l'économie politique [2] ».

Plusieurs auteurs s'efforcent de répondre à ces appels et ébauchent une économie politique nationaliste. Un « secrétaire-rédacteur » de l'association protectionniste [3], dans un *Examen des théories du libre-échange* dont l'ADTN assure la diffusion, ne se contente pas de fustiger le caractère « anglais » du libre-échange. Il remet aussi en cause le dogme de la non-intervention de l'Etat dans l'économie, « erreur des libre-échangistes » qui provient « de la fausse idée qu'ils se font du pouvoir social » : « L'Etat » peut restreindre les droits naturels comme le droit d'échanger, parce qu'il doit « veiller au développement de la richesse » et qu'il est « la personnification du pays ». En dernier ressort, c'est la préservation de l'identité et de la puissance nationales qui justifie le système protecteur : « Les nationalités ne sont pas fondées sur des caprices ou sur des accidents : leurs raisons d'être sont indélébiles. Chacune a son caractère particulier, son génie propre, son originalité instinctive. Ce sont elles qui font la vie du monde. » Le même ouvrage cite comme source d'inspiration le « système national d'économie politique » du « docteur List » et sa « devise française » : « Et la patrie et l'humanité [4]. »

Le système national de List ne sera traduit en français qu'en 1851, mais le succès de l'ouvrage en Allemagne nourrit donc déjà les idées protectionnistes françaises. Pour combattre cette influence, *Le Libre-Echange* rappelle que List est hostile à la protection des produits agricoles et des matières premières. Il affirme que « mise en opposition avec l'intolérance furieuse des protectionnistes français, sa

---

1. « De l'économie politique », *Le Moniteur industriel*, 8 avril 1847.
2. « De l'économie politique considérée comme science », *Le Moniteur industriel*, 10 février 1848.
3. Il s'agit peut-être de Lebeuf, le « secrétaire » de l'ADTN ; voir discours de Mimerel, ADTN, *Réunion annuelle, op. cit.*, pp. 26-27.
4. ADTN, *Examen des théories du libre-échange et des résultats du système protecteur*, Paris, 1847, pp. 3-5.

modération passerait pour du libéralisme [1] ». List lui-même a en effet condamné dans le *Zollvereinsblatt* les exagérations du système protecteur français. Mais « l'expérience de la France », selon le protectionniste allemand, montre surtout « que trop de protection est en tout cas mieux que pas assez de protection [2] ». Dans les semaines qui précèdent sa disparition en novembre 1846, List applaudit aux efforts de l'ADTN pour prévenir la contagion du continent par la « manie du libre-échange [3] ».

Un autre ouvrage publié en 1847 par « un humble citoyen de la grande famille française » s'appuie sur le traité du « docteur List » pour affirmer que la richesse a ses racines dans « l'esprit national [4] ». Plusieurs autres brochures hostiles au libre-échange – *Richard Cobden* par Charles Maître, *Libre-échange et protection* par Gustave Goldenberg, ou encore *Défense du travail national* par Jules Lebastier – invoquent les progrès économiques du *Zollverein* pour justifier la protection douanière ou, comme Gaulthier de Rumilly dans son rapport au Congrès agricole des départements du Nord, appellent la France à s'inspirer de la « sagesse » de l'Allemagne, qui réserve « le marché germanique aux produits fabriqués par les mains allemandes [5] ».

Parmi ces tentatives pour fonder une nouvelle économie politique, l'une des plus remarquables est l'*Economie pratique des nations* de Thémistocle Lestiboudois, député (gauche dynastique) du Nord et partisan de la betterave pendant la controverse des sucres. Lestiboudois emploie de nombreuses statistiques et plusieurs formules mathématiques pour démontrer les désavantages du libre-échange pour la France et pour toutes les nations autres que la Grande-Bretagne. Selon lui, « le point de départ de la science sociale » ne doit plus être la « liberté » des consommateurs, mais « l'égalité absolue de tous les individus composant l'humanité ». Reste que son principal argument

---

1. Charles Coquelin, « Le docteur Frédéric List et sa doctrine », trois articles, *Le Libre-Echange*, 11 avril, 18 avril et 23 mai 1847.

2. « Frankreichs Handelssystem », *Das Zollvereinsblatt*, 27 mars 1843 ; voir aussi « Die französische Praxis der politischen Okonomie », « Die Theorie und die Praxis der politischen Okonomie in Frankreich », *Das Zollvereinsblatt*, 15 avril et 11 novembre 1844.

3. « Der Tarifkampf in Frankreich », quatre articles, *Das Zollvereinsblatt*, 5, 19 et 26 octobre et 2 novembre 1846.

4. Hantute, *Du libre-échange*, Paris, 1847, p. 37, p. 68.

5. Charles Maître, *Richard Cobden*, Paris, 1846, p. 33, pp. 77-80 ; Gustave Goldenberg, *Libre-échange et protection*, Paris, 1847, pp. 28-32, pp. 58-59 ; Jules Lebastier, *Défense du travail national*, Paris, 1847, pp. 144-145 ; L. Gaulthier de Rumilly, *Protection du travail national*, *op. cit.*, p. 14.

contre l'abolition des barrières douanières est l'exaltation du sentiment national : « Citoyens d'un même pays, nous compterons les uns
sur les autres, nous aurons foi les uns en les autres [...] car nous avons
un bien-être solidaire, des sentiments identiques, une renommée
commune, les mêmes pensées, les mêmes croyances, les mêmes
opinions, les mêmes besoins, la même PATRIE ! Ce mot renferme
toutes choses, et les propriétés matérielles et les propriétés intellectuelles, la gloire du passé, la prospérité du présent, l'espoir de
l'avenir ; la patrie c'est nous-mêmes, et nos pères et nos enfants, c'est
tout. » Lestiboudois dénonce aussi « l'hypocrisie » de la Grande-
Bretagne dans la question commerciale et, pour mettre en échec son
aspiration à la « suprématie » mondiale, appelle à la constitution
d'une « Europe centrale unie » autour de la France et de l'Allemagne [1].

Les efforts des écrivains protectionnistes français pour créer une
science rivale de l'économie politique restent modestes, et aucun
d'entre eux ne bénéficiera d'une renommée comparable à celle de
List. La victoire du protectionnisme sur le libre-échange dans les
dernières années de la Monarchie de Juillet est idéologique plutôt
qu'intellectuelle. Les protectionnistes ne séduisent pas l'opinion par
la subtilité de leur argumentation ou même grâce aux moyens financiers de l'ADTN, mais en employant un langage économique nationaliste, à connotation démocratique, qui s'avère plus persuasif que le
langage libéral, à connotation religieuse, des libre-échangistes. Ces
arguments s'accordent bien avec la rhétorique anglophobe de la
campagne protectionniste. Pour de nombreux Français, « l'Angleterre » continue d'incarner un matérialisme égoïste et aristocratique
contraire au message de la Révolution de 1789. L'exaltation du
sentiment patriotique, la préférence pour l'égalité plutôt que la liberté
et le rejet du modèle britannique facilitent aussi l'adhésion d'une
large fraction de la gauche démocratique et socialiste, autrefois
libérale, aux idées protectionnistes.

---

1. Thémistocle Lestiboudois, *Economie pratique des nations*, Paris, 1847, pp. 30-33,
p. 45, pp. 463-464 ; voir aussi la recension louangeuse, « *Economie pratique des
nations* », in *Le Moniteur industriel*, 15 août 1847.

Chapitre 18

La gauche démocratique et socialiste face au protectionnisme (1846-1848)

Depuis 1789 et jusqu'au milieu du XIXe siècle, la nation et le patriotisme sont de gauche [1]. L'émergence d'un discours économique nationaliste au centre-droit de l'échiquier politique, parmi les libéraux à tendance conservatrice (Thiers, Dupin, etc.), apparaît donc comme une anomalie, voire un signe précurseur du basculement à droite du nationalisme dans la seconde moitié du siècle. Ce nouveau nationalisme économique lance d'abord un défi à la gauche radicale : comment peut-elle concilier son attachement à la liberté du commerce, fruit de son universalisme, avec son hostilité envers « l'Angleterre », pays aristocratique et de l'exploitation des masses par excellence, devenu le symbole du libre-échange ?

Cette contradiction, latente depuis le milieu des années 1830, se pose de manière aiguë aux démocrates et socialistes français lors de la controverse sur le libre-échange en 1846. Avant cette date, les représentants de la gauche radicale, tout en prenant leurs distances avec l'économie politique, ont continué à dénoncer les torts causés par le système prohibitif aux consommateurs les plus pauvres. Pourtant, de 1846 à 1848, la majorité d'entre eux rejette le libre-échange « anglais » et apporte un soutien paradoxal aux dirigeants de l'Association pour la défense du travail national. Ce ralliement complète la victoire

---

1. Philippe Darriulat, *Les patriotes : la gauche républicaine et la nation, 1830-1870*, Paris, Le Seuil, 2001.

idéologique du protectionnisme. Mais il est en partie circonstanciel et on le verra s'effriter sous la Seconde République.

La gauche radicale s'apprête à jouer un rôle de premier plan dans la vie politique française. Encore embryonnaire dans les premières années de la Monarchie de Juillet, elle élargit son audience au cours des années 1840, en raison des frustrations suscitées par le suffrage censitaire et des angoisses engendrées par la question sociale. Son triomphe lors de la Révolution de 1848 sera éphémère. Mais les débats entre Charles Fourier, Etienne Cabet, Louis Blanc, Pierre-Joseph Proudhon et le jeune Karl Marx établissent à bien des égards les fondements idéologiques de la gauche moderne française, y compris son ambivalence sur la question du libre-échange.

La gauche radicale favorable à la liberté du commerce avant 1845

Après la chute de Robespierre en juillet 1794 et le coup d'Etat de Brumaire par Bonaparte en novembre 1799, les républicains ont été relégués aux marges de la vie politique française. Sous la Restauration, ils jouent un rôle non négligeable dans les sociétés secrètes de la charbonnerie. Mais ils sont trop faibles pour s'imposer face aux libéraux modérés en juillet 1830. Le régime orléaniste parvient à écraser sans difficulté les tentatives d'insurrections soutenues par la gauche républicaine à Paris et à Lyon en 1831-1834 [1].

Parce que ces républicains se situent à l'extrême gauche de la nébuleuse « libérale » – c'est-à-dire des forces hostiles à la branche aînée des Bourbons –, ils demeurent hostiles au système prohibitif, au moins jusque dans les années 1830. Lors de l'enquête commerciale de 1834, *Le National* (républicain modéré), *La Tribune* (républicain avancé) et *Le Réformateur* (républicain à tendance socialiste) réclament l'abolition immédiate des prohibitions, qui « ne profitent qu'à quelques privilégiés, et sont au détriment des masses » selon *Le Réformateur* [2]. A la recherche d'un « allié déterminé et cinglant »,

---

1. Claude Nicolet, *L'idée républicaine en France, 1789-1924*, Paris, Gallimard, 1982, rééd. 1995 ; voir aussi Pamela Pilbeam, *Republicanism in Nineteenth-Century France, 1814-1871*, Londres, Macmillan, 1995.

2. « L'enquête n'est qu'un moyen de préserver le ministère des exigences impérieuses de la délibération », *Le Réformateur*, 27 octobre 1834 ; voir aussi chapitre 10, p. 245.

Thomas Perronet Thompson, l'ami et collaborateur de Bowring, croit qu'il ne peut sortir que des « rangs de l'opposition républicaine [1] ».

On retrouve la même proximité entre libéralisme commercial et radicalisme politique hors de la capitale. En 1833, Bowring obtient à Lyon et Bordeaux le soutien des républicains. A Lyon, son principal correspondant est le saint-simonien Arlès-Dufour. A Nantes, il charge Ange Guépin, un républicain influencé par les idées fouriéristes et saint-simoniennes, d'organiser l'agitation en faveur de la liberté commerciale. Guépin est l'auteur d'un *Traité d'économie sociale* (1833) qui condamne sans appel « les protections fiscales accordées par un gouvernement, à des industries qui ne sont point faites pour la contrée qu'il régit ». De même, Jules Pautet, le rédacteur du journal républicain de Dijon *Le Patriote de la Côte-d'Or*, s'en prend dans son *Manuel d'économie politique* (1835) « aux systèmes injustes, mesquins et ruineux des prohibitions qui ont pour résultat de prohiber le bonheur public [2] ».

Comme les libéraux avancés, les républicains voient d'abord dans le système prohibitif une taxe déguisée sur les produits de consommation au seul bénéfice des grands propriétaires terriens et des industriels. Cette perception du système prohibitif comme une institution monarchique corruptrice est conforme à la pensée républicaine du XVIIIe siècle [3]. Elle reste présente chez les premiers penseurs socialistes français, qui ne se distinguent pas encore nettement des autres républicains.

Sans adhérer à la logique de libre concurrence qui sous-tend les théories de la liberté commerciale, les premiers socialistes se montrent sensibles à la thématique de l'union des peuples par les échanges commerciaux. *L'Européen*, hebdomadaire dirigé par le saint-simonien, puis socialiste chrétien Philippe Buchez, appelle en mai 1832 la France à être la première nation à secouer « le joug des douanes [4] ». Dans ses *Mélanges d'économie sociale* (1832), Auguste Barbet, un proche de Lamennais influencé par les doctrines socialis-

---

1. BJL, fonds Perronet Thompson, MS 4/5, lettre de Thompson à Bowring, 31 octobre 1834.
2. Ange Guépin, *Traité d'économie sociale*, Paris, 1833, p. 86 ; J. Pautet, *Manuel*, *op. cit.*, p. 103.
3. J. Livesey, « Agrarian Ideology and Commercial Republicanism », art. cit., notamment pp. 110-114.
4. « Economie politique : considérations sur le mode de répartition des charges publiques », *L'Européen*, 24 mars 1832.

tes, affirme que « le système de douanes [...] offre le moyen le plus facile de pressurer le peuple à son insu [1] ».

Dans les années 1830, les fouriéristes sont l'un des courants socialistes les plus dynamiques. Fourier, l'auteur de la *Théorie des quatre mouvements* (1808), offre l'une des critiques les plus radicales de la nouvelle société capitaliste et préconise sa réorganisation en petites unités autosuffisantes, les phalanstères. Ses vues personnelles sur le commerce international sont vagues et ambivalentes. D'une part, il condamne « la liberté anarchique du commerce », mais par là il entend surtout la liberté du commerce intérieur [2]; de l'autre, il manifeste de la compréhension pour les plaintes des ports de mer contre le système prohibitif en 1833 et nie que « chaque pays doive tendre à fabriquer ce qu'il consomme [3] ».

Après la mort de Fourier en 1837, son principal disciple, Victor Considérant, condamne sans ambiguïté le système prohibitif. Dans *De la politique générale et du rôle de la France en Europe* (1840), il écrit : « Ce que la France doit faire c'est de multiplier ses communications, ses liens, ses rapports avec les Nations voisines. Plus de prohibitions ! plus de tarifs ! plus de douanes sur vos frontières. Nations civilisés ! Renversons les barrières qui nous séparent, licencions ces légions improductives de douaniers qui les gardent. » Considérant loue même les avantages de « la concurrence étrangère », qui permet de « stimuler sans cesse [les industries] sur le marché intérieur ». Sans souhaiter un libéralisme intégral, il préconise de remplacer par la « protection directe » des travailleurs ce qu'il appelle la « protection indirecte [...] du Système barbare des tarifs, des prohibitions et des Douanes; Système aussi ANTI-SOCIAL, aussi IMPOLITIQUE, aussi RUINEUX qu'il est VEXATOIRE [4] ».

Etienne Cabet est une autre figure majeure du socialisme de l'époque. Condamné en 1834 à deux ans de prison pour de violentes attaques contre le régime de Louis-Philippe dans son journal *Le Populaire*, il se réfugie pendant cinq ans en Angleterre. A son retour en France en 1840, il publie son *Voyage en Icarie*, description du pays

---

1. Auguste Barbet, *Mélanges d'économie sociale*, Paris, 1832, pp. 247-248.
2. Charles Fourier, *La fausse industrie morcelée, répugnante, mensongère et l'antidote*, Paris, 1835, p. 310.
3. « Déclin de Bordeaux, ridicule distribution de l'industrie française », *La Réforme industrielle*, 16 décembre 1833.
4. Victor Considérant, *De la politique générale et du rôle de la France en Europe*, Paris, 1840, pp. 77-84.

imaginaire des Icariens qui servira de programme aux disciples de Cabet. Le libéralisme antidouanier n'est pas absent de ce récit utopique. En route depuis Londres vers l'Icarie, le narrateur est « vexé et outragé par les douanes ; arrêté et emprisonné plusieurs jours pour avoir repoussé l'insolence d'un douanier ». Arrivant par mer en Icarie, il demande au capitaine icarien de son navire si les bateaux qu'il aperçoit à l'entrée du port appartiennent aux douaniers : « Des douaniers ! répondit [le capitaine] d'un air étonné. Depuis cinquante ans nous n'avons plus de douane : le bon Icar a détruit cette caverne de voleurs, plus impitoyables que les pirates et les tempêtes [1]. »

En arrivant au port, le narrateur n'a qu'à franchir une porte au-dessus de laquelle est écrit « le Peuple Icarien est le frère de tous les autres Peuples », puis loge à « l'Hôtel des étrangers », situé sur l'emplacement de l'ancienne douane. Plus tard, prenant des renseignements sur les échanges commerciaux en Icarie, le narrateur découvre qu'il n'y a pas de commerce intérieur, mais que les représentants du peuple décident des échanges à conduire avec les autres nations : « Et la République se garde bien de faire cultiver ou fabriquer ce qu'elle peut avoir facilement d'un autre pays, si son agriculture et son industrie peuvent être employées plus utilement à d'autres produits [2]. »

Le socialiste Louis Blanc, dont l'ouvrage *L'organisation du travail* (1840) exerce une influence majeure sur le mouvement socialiste jusqu'en 1848, adopte un point de vue ambigu. Selon lui, les défenseurs du système prohibitif ont « relativement » raison, compte tenu des souffrances que causerait l'abandon des prohibitions aux ouvriers des fabriques. Cependant, « en thèse absolue, ils ont tort ». En outre, il se dit lui aussi partisan de l'abolition « des douanes, des prohibitions, des tarifs », à condition de réorganiser le marché intérieur selon des principes socialistes : « le meilleur, le seul moyen d'obtenir, sans des bouleversements affreux et des troubles mortels, la liberté du commerce, c'est de remplacer par un régime d'association et de solidarité ce qu'on a si faussement décoré de ce beau nom : la liberté d'industrie [3] ».

---

1. Etienne Cabet, *Voyage en Icarie*, Paris/Genève, Slatkine, 1979, pp. 9-10 (1ʳᵉ édition en 1840).
2. *Ibid.*, p. 164.
3. Louis Blanc, *L'organisation du travail*, Paris, 1841, 2ᵉ éd., pp. 138-143 (1ʳᵉ édition en 1840).

Ainsi, les républicains et les socialistes sous la Monarchie de Juillet restent, avec des nuances, favorables à la liberté commerciale, moins pour les bénéfices matériels de la division internationale du travail que par internationalisme et par hostilité au caractère vexatoire des contrôles douaniers. Pourtant, en 1846, la majorité d'entre eux rejettent le « libre-échange » : ils jugent le nouveau concept, importé en France par Bastiat, trop proche de l'économie politique et du matérialisme britannique qu'ils abhorrent.

Le soutien à la défense du travail national

Au début de la controverse qui oppose l'ALE et l'ADTN, les journaux républicains et socialistes restent hésitants. Le quotidien républicain et démocrate *La Réforme* (diffusion : 1 900 exemplaires) refuse de prendre part à « cette guerre civile entre les puissances de la richesse ». De même, selon *La Démocratie pacifique*, l'organe des fouriéristes (1 700 exemplaires), « le débat [sur le libre-échange] s'agite exclusivement entre les fractions diverses de la bourgeoisie, sans égard aux intérêts du peuple [1] ».

Ces deux journaux, ainsi que le quotidien républicain modéré *Le National* et le mensuel socialiste chrétien dirigé par Buchez *L'Atelier*, apportent en revanche leur soutien à l'initiative d'un groupe d'ouvriers parisiens, qui souhaitent fonder en novembre 1846 une troisième association : la « Société pour la défense des intérêts ouvriers dans la question de la liberté commerciale ». Mais Duchatel, ministre de l'Intérieur, refuse d'autoriser l'association. Il force ainsi les démocrates et les socialistes à prendre parti entre les deux associations existantes [2].

La majorité des feuilles de la gauche radicale choisissent bientôt de soutenir le camp protectionniste, ou plutôt jugent le libre-échange plus dangereux encore que le système protecteur. Seul *Le Populaire* d'Etienne Cabet, en août 1846, s'est franchement prononcé pour l'abolition des douanes « dans tout l'Univers ». Il évite ensuite

---

1. « De la liberté commerciale », *La Réforme*, 14 septembre 1846 ; « La ligue anglaise et la ligue française », *La Démocratie pacifique*, 11 septembre 1846.
2. « Société pour la défense des intérêts ouvriers dans la question de la liberté commerciale », *L'Atelier*, novembre 1846 ; *La Réforme*, 1er décembre 1846.

d'aborder la question du commerce international [1]. *La Réforme*, après le refus par le gouvernement d'autoriser une troisième association ouvrière, cesse également de discuter la question du libre-échange.

En revanche, *Le National* se range décidément contre les économistes du *Montesquiou's Hall*, qui veulent « faire de la France une Angleterre ». *La Démocratie pacifique* conclut aussi que le libre-échange fera diminuer les salaires, « directement, en forçant les maîtres, les entrepreneurs d'industrie à réduire autant qu'il sera en eux, sur le salaire de leurs ouvriers et, indirectement, en jetant à bas un certain nombre d'industries, en amenant la création de fabriques où le travail sera plus rude, plus continu, en donnant naissance à de plus vastes monopoles, en exagérant en un mot l'industrialisme par tous les mauvais côtés ». Le journal fouriériste assimile le libre-échange à une nouvelle manifestation de « l'Economisme » des « parasites » mercantiles et souligne qu'il est apporté en France par des « missionnaires anglais ». *La Fraternité*, journal « communiste » – en fait babouviste, puisant son inspiration dans la Conjuration des Egaux de Gracchus Babeuf sous le Directoire –, dénonce aussi l'inspiration britannique des réclamations bordelaises et affirme : « Pour nous le libre-échange, la liberté commerciale est le règne sans opposition du capital ; c'est le droit, pour le capitaliste, au nom de la liberté, de tenir à la merci le peuple des travailleurs, d'opprimer et d'asservir une nation en tout ou partie [2]. »

La Revue indépendante, dirigée par les socialistes humanistes Pierre Leroux et George Sand, a exprimé de la sympathie en 1842 pour la campagne de l'*Anti-Corn Law League* en Grande-Bretagne. Mais en 1846, elle juge « l'individualisme absolu » des libre-échangistes britanniques inapplicable en France, « le pays de la démocratie et de l'égalité ». « Ce n'est point du *dehors* », ajoute *La Revue indépendante*, « qu'il faut d'abord et principalement s'occuper, mais du *dedans* ; ce n'est pas la liberté des échanges, c'est la juste répartition, et par elle la liberté des travailleurs, qu'il s'agit d'inaugurer [3]. »

---

1. *Le Populaire*, 28 août 1846.
2. *Le National*, 4 novembre 1846 ; « La vie à bon marché », « Le libre-échange, dernière ressource de l'économisme », *La Démocratie pacifique*, 3 et 23 décembre 1846 ; « De l'influence du libre-échange sur la condition des salariés », *La Fraternité*, 25 janvier 1847.
3. « De la question des céréales en Angleterre », *La Revue indépendante*, 1re série, n° 2, 1842, pp. 743-755 ; « La ligue et la loi des céréales », *La Revue indépendante*, 2e série, n° 1, 1846, pp. 183-211, pp. 308-331 ; « Le libre-échange », *La Revue indépendante*, 2e série, n° 6, 1846, pp. 33-64.

L'Atelier de Buchez – pourtant ancien rédacteur de *L'Européen*, favorable à la liberté commerciale – est le plus hostile à l'abolition des barrières douanières. « Oubliez-vous », demande le mensuel ouvrier dès octobre 1846, « les innombrables machines qui fonctionnent au-delà de la Manche ? Pour lutter contre elles, les fabricants de France n'auront qu'une ressource, rogner d'abord, rogner encore, rogner toujours notre maigre salaire. » *L'Atelier* ajoute, le mois suivant : « Les libre-échangistes de l'autre côté de la Manche sont les amis du peuple, à peu près comme le loup est l'ami du mouton », et il va jusqu'à louer « les hommes en habit vert », c'est-à-dire les douaniers, comme « les plus fermes soutiens de la nationalité française [1] ». *La Revue nationale*, créée par Buchez en mai 1847, prend parti dès son premier numéro pour « les tarifs protecteurs ». Elle veut défendre « l'activité nationale » contre « les hostilités étrangères [2] ». Selon Barbet, un autre socialiste chrétien qui défendait la liberté du commerce au début des années 1830, le libre-échange avec la Grande-Bretagne serait « une trahison à l'égard des intérêts matériels de la France [3] ».

Deux facteurs principaux semblent motiver le soutien de la gauche démocratique et socialiste au camp protectionniste : l'anglophobie et le rejet de l'économie politique. L'anglophobie de la gauche radicale puise ses racines dans la période révolutionnaire [4]. Elle atteint des sommets sous la Monarchie de Juillet, en particulier pendant le ministère Guizot, qui est sans cesse accusé de sacrifier les intérêts français à l'alliance britannique [5]. Aux yeux de beaucoup d'hommes de gauche, comme pour Michelet dans *Le Peuple* (1846), « l'Angleterre » est « l'anti-France » : l'imiter serait pour la France « marcher au rebours de son histoire, de sa nature [6] ».

Cette anglophobie de gauche est cultivée par l'ADTN, qui s'adresse parfois directement aux ouvriers. A la fin octobre 1846, le comité central de l'association parisienne envoie aux comités locaux des affiches et des tracts d'un texte destiné aux employés des manu-

---

1. *L'Atelier*, novembre 1846, décembre 1846 et janvier 1847.
2. « De la liberté et de la protection commerciale », *La Revue nationale*, n° 1, 1847, pp. 15-18.
3. Auguste Barbet, *Causes et effets*, 2 vol., Paris, 1847, t. 2, pp. 43-45.
4. Sophie Wahnich, *L'impossible citoyen : l'étranger dans le discours de la Révolution française*, Paris, Albin Michel, 1997, pp. 243-327.
5. P. Darriulat, *Les patriotes*, *op. cit.*, pp. 55-106.
6. J. Michelet, *Le Peuple*, *op. cit.*, p. 319.

factures, intitulé « De l'entrée des marchandises anglaises ». Le texte fait parler un ouvrier, qui demande : « N'est-il pas vrai que c'est en travaillant qu'on gagne de quoi vivre, et que faire travailler l'Anglais pour habiller le Français, c'est donner le pain du Français à l'Anglais ? » Un commentaire ajoute : « Voilà ce que dit l'ouvrier et il a raison. Car il ne faut pas être bien malin pour apercevoir que dans tout ceci on ne veut que favoriser l'intérêt de l'Angleterre. Aussi toute cette belle doctrine est apportée en France par un Anglais [Cobden]. Ce qui étonne, c'est qu'il se trouve des Français pour répéter ses leçons. Ils semblent ne pas s'apercevoir que par là ils travaillent à ruiner leur pays, et qu'ils appellent l'Anglais à régner en France. » En conclusion, le texte appelle à l'union des classes, car « quand il s'agit des Anglais, chefs et ouvriers en France n'ont qu'un même intérêt, une même pensée, un même cœur [1] ».

Le comité central envoie 100 affiches et 1 000 tracts reproduisant « De l'entrée des marchandises anglaises » au comité de Lille. Les fabricants de la ville et de sa région sont chargés par l'ADTN « de distribuer les exemplaires volants à leurs ouvriers et d'afficher les placards dans leurs ateliers [2] ». Le comité de Mulhouse reçoit les mêmes affiches et tracts, mais se contente de distribuer les tracts aux employés des fabriques [3].

Quand Duchatel refuse d'autoriser une association ouvrière sur la question du libre-échange, l'ADTN invite les ouvriers à adhérer à l'association protectionniste et envisage de leur accorder plusieurs sièges dans son comité central [4]. Le Moniteur industriel, tout en précisant que lui-même ne professe pas les « doctrines républicaines », se félicite que la presse démocratique – non seulement Le National et L'Atelier à Paris, mais aussi L'Impartial à Lille, Le Censeur à Lyon et Le Peuple souverain à Marseille – prenne parti pour le système protecteur [5]. D'après Le Libre-Echange, Albert Gazel, proche de Louis Blanc, a rejoint la rédaction du Moniteur industriel à l'automne 1847 [6].

Cette alliance objective entre les industriels protectionnistes et la

---

1. Texte reproduit dans Le Moniteur industriel, 29 octobre 1846.
2. ADN, 76 J b13, dossier n° 42, comité de l'ADTN au comité de Lille, s.d., octobre 1846.
3. Association de Mulhouse, Réunion du 11 novembre, op. cit., pp. 3-4.
4. « Troisième compte rendu », Le Moniteur industriel, 18 février 1847.
5. Le Moniteur industriel, 5 juillet 1846, 1ᵉʳ novembre 1846 et 4 février 1847.
6. Le Libre-Echange, 7 novembre 1847.

gauche radicale repose aussi sur leur rejet commun de l'économie politique libérale. Le quotidien conservateur *La Presse* publie, en septembre 1846, une recension par François Vidal, saint-simonien devenu fouriériste, des *Sophismes économiques* de Bastiat, recueil d'articles présentant les principes économiques libéraux sur un mode humoristique. Selon Vidal, les écrits de Bastiat se conforment encore à la « vieille économie », inspirée par « l'amour de Jean-Baptiste Say, des intérêts vinicoles et de la liberté du commerce ». Ces « libéraux de l'ancienne Restauration », autrefois « l'avant-garde », sont devenus les « traînards de l'économie ».

Vidal évoque aussi sa propre désillusion avec l'économie politique libérale : « Le premier livre que j'ai lu, en économie, c'est le *Traité* de J.-B. Say ; le second, c'est le *Cours* de J.-B. Say. Oh ! alors, la théorie libérale me paraissait sans réplique, et, fort de ma conviction, j'aurais volontiers entrepris, comme M. Bastiat, de soutenir envers et contre tous, la doctrine du laissez faire. Immédiatement après, j'ai lu Adam Smith, et ma foi a été ébranlée ; puis j'ai lu Sismondi, et j'ai été complètement désabusé, et mes dernières illusions se sont évanouies. J'ai lu depuis bien des écrivains de l'école libérale, sans que jamais leurs arguments aient pu me convaincre, aient pu seulement trouver prise sur mon esprit. J'ai vu bien des libéraux passer au criticisme, à l'éclectisme, au scepticisme, au socialisme : je n'ai jamais vu un économiste faire le chemin inverse, et cela est fort naturel, car le mouvement des intelligences est progressif et non pas rétrograde. » Le « libéralisme, système purement négatif », conclut Vidal, appartient désormais au passé, parce que l'opinion publique, comme les intellectuels, s'est rendu compte que « l'anarchie industrielle et commerciale ne vaut pas mieux que l'anarchie politique [1] ».

Proudhon, figure marquante des débuts du socialisme français, n'est certes pas un adversaire de « l'anarchie ». Auteur de *Qu'est-ce que la propriété ?* (1840), il se méfie de l'accroissement des pouvoirs de l'Etat. Mais il prend parti pour la protection douanière, parce qu'il craint que le libre-échange n'encourage sur le continent le développement d'une organisation sociale et économique de type britannique. Dans son *Système des contradictions économiques* (1846), Proudhon reconnaît jusqu'à un certain point la validité des critiques formulées

---

1. François Vidal, « Les sophismes économiques de M. Bastiat », *La Presse*, 3 septembre 1846.

contre la douane, qui constitue « une violation permanente des droits de l'homme et du citoyen ». Mais en même temps, il reconnaît la justesse du point de vue prohibitionniste et voit dans les barrières douanières un moyen de contenir « la féodalité mercantile, qui après avoir pris naissance en Angleterre, menace, comme un choléra, d'envahir toute l'Europe ». Proudhon résout la contradiction en se prononçant pour une protection modérée et variable, en attendant que le nivellement des conditions de travail en Europe permette l'abolition des douanes [1].

Conséquences et limites du ralliement au protectionnisme

Le soutien apporté par la majorité de la gauche radicale à la campagne protectionniste parachève la défaite du libre-échange. Cette conversion des démocrates et des socialistes déçoit cruellement Bastiat, d'autant qu'il décrit souvent les ouvriers comme les principales victimes du niveau élevé des prix dû à la protection douanière. Elle signe aussi l'échec des tentatives d'ouverture des libre-échangistes en direction des classes laborieuses : dès la fondation de l'ALE en août 1846, le comité exécutif de l'association comprend un ouvrier horloger, Henri Peupin, qui appelle les autres travailleurs à soutenir les efforts des libre-échangistes. Peupin sera toutefois député conservateur de la Seine sous la Seconde République, et il soutiendra la répression de l'insurrection ouvrière provoquée par la fermeture des Ateliers nationaux en juin 1848.

Dans *Le Libre-Echange*, Bastiat s'indigne de l'opposition des socialistes à l'abolition des barrières douanières et rappelle à Considérant ses anciens écrits contre le système prohibitif. Malgré les citations confondantes rapportées par Bastiat, Considérant dément et répond : « Nous [les fouriéristes] sommes et nous avons toujours été protectionnistes », même s'il continue à souhaiter que la « protection directe » des travailleurs par l'Etat remplace à terme la « protection indirecte » que procurent les douanes [2].

Bastiat confie sa tristesse à Cobden, tout en excusant une méfiance

---

1. Pierre-Joseph Proudhon, *Système des contradictions économiques ou philosophie de la misère*, 2 vol., Paris, 1846, t. 2, pp. 5-77.
2. *Le Libre-Echange*, 12 décembre 1847 et 2 janvier 1848.

envers la politique britannique que même le libre-échangiste français juge en partie justifiée par le passé : « Ce qui m'afflige surtout, moi qui porte au cœur le sentiment démocratique dans toute son universalité, c'est de voir la démocratie française en tête de l'opposition à la liberté du commerce. Cela tient aux idées belliqueuses, à l'exagération de l'honneur national, passions qui semblent reverdir à chaque révolution. 1830 les a *manured*. [...] Je connais mon pays ; il porte au cœur un sentiment vivace où se mêlent le vrai et le faux. Il voit l'Angleterre capable d'écraser toutes les marines du monde ; il la sait d'ailleurs dirigée par une oligarchie sans scrupules. Cela lui trouble la vue et l'empêche de comprendre le Libre-Echange [1]. »

A l'inverse, Friedrich List salue depuis Stuttgart le ralliement de la gauche démocratique au protectionnisme comme signant la victoire définitive des idées économiques nationales en France. Le *Zollvereinsblatt* traduit plusieurs articles de *L'Atelier* hostiles au libre-échange et, dans le dernier article qu'il rédige pour la revue avant sa mort, List affirme : « On ne sent nulle part de manière aussi vive qu'en France que [la question du libre-échange] est autant une question d'indépendance des nations que de richesse. Plus cette question est débattue, plus la conviction pénètre profondément le peuple qu'une industrie nationale puissante et complète, à la hauteur des besoins de l'époque, fait partie, de même qu'une armée nationale complète, de l'essence d'une nation indépendante de premier rang. En effet, cette conviction a pénétré jusqu'aux strates inférieures de la société, jusqu'aux ouvriers [2]. »

Malgré ces témoignages, il faut se montrer sceptique quant à la sincérité de la conversion des démocrates et des socialistes français au protectionnisme. Certes, Pierre-Jacques Derainne a montré que la fin de la Monarchie de Juillet correspond au moment où, dans les milieux ouvriers, la conscience de métier, héritée des corporations d'Ancien Régime, fait place à la conscience nationale [3]. Cette transformation a rendu sans doute les ouvriers et leurs représentants politiques sensibles au discours économique nationaliste.

---

1. Lettre de Bastiat à Cobden, 9 novembre 1847, in *Œuvres complètes de Frédéric Bastiat*, op. cit., t. 1, p. 167.
2. « Die nationalökonomische Bewegung in Frankreich », *Das Zollvereinsblatt*, 30 novembre 1846.
3. Pierre-Jacques Derainne, *Le travail, les migrations et les conflits en France : représentations et attitudes sociales sous la Monarchie de Juillet et la Seconde République*, thèse de doctorat d'histoire, Université de Bourgogne, 1999.

Mais l'adhésion au protectionnisme des journaux démocratiques répond en partie à des considérations opportunistes. Puisque le gouvernement Guizot est soupçonné de sympathies anglophiles et libre-échangistes, en attaquant le libre-échange, on attaque le « système Guizot », qui incarne le refus de l'élargissement du corps électoral et des réformes sociales. Les sources disponibles ne permettent donc pas de déterminer avec certitude dans quelle mesure les ouvriers ou les milieux populaires, encore exclus de la vie politique légale par le suffrage censitaire, adhèrent au nationalisme économique anglophobe. L'ADTN et List font grand cas du ralliement de *L'Atelier* au protectionnisme, parce que ce journal est soi-disant rédigé par des ouvriers. Mais il est probable que *L'Atelier* reflète surtout les vues personnelles de Buchez [1].

On verra au prochain chapitre qu'après la Révolution de 1848, les démocrates et les socialistes renoueront partiellement avec la rhétorique antifiscale, antidouanière et antiprohibitive de la liberté du commerce. La gauche radicale n'a en fait pas de position arrêtée sur le commerce international. Elle reste tiraillée entre deux valeurs révolutionnaires, le patriotisme et l'universalisme, et se prononce pour ou contre le libre-échange selon les circonstances. D'ailleurs, dès avant la Révolution de 1848, l'une des figures de proue du socialisme européen, observateur assidu des débats français, se prononce en faveur du libre-échange, quoique « dans un sens révolutionnaire » : le jeune Karl Marx.

Expulsé par le gouvernement français, Marx a dû quitter Paris et s'est réfugié à Bruxelles en 1845. Le socialiste allemand assiste au Congrès des économistes européens sur le libre-échange qui se tient dans la capitale belge en septembre 1847, mais il n'est pas autorisé à prendre la parole. Marx exprime son opinion sur la question du commerce international quelques mois plus tard, en janvier 1848, dans un discours prononcé en français devant l'Association démocratique de Bruxelles. Dans son discours, Marx se montre hostile aux *free traders* britanniques et aux libre-échangistes français. Comme les protectionnistes, il prévient de ne pas s'en laisser « imposer par le mot abstrait de liberté », car le libre-échange c'est « la liberté qu'a le capital d'écraser le travailleur ». « Désigner par le nom de fraternité

---

1. Armand Cuvillier, *Un journal d'ouvriers : « L'Atelier », 1840-1850*, Paris, Éditions ouvrières, 1954, pp. 46-52.

universelle l'exploitation à son état cosmopolite », ajoute-t-il, « c'est une idée qui ne pouvait prendre origine que dans le sein de la bourgeoisie. Tous les phénomènes destructeurs que la libre concurrence fait naître dans l'intérieur d'un pays se reproduisent dans des proportions plus gigantesques sur le marché de l'univers [1]. »

Mais Marx rappelle que s'il est « ennemi du régime constitutionnel », il n'est pas pour autant « ami de l'ancien régime ». Il rejette le système protecteur parce que ce dernier cherche « à développer la libre concurrence dans l'intérieur d'un pays », et il cite comme exemple l'Allemagne « où la bourgeoisie commence à se faire valoir comme classe » en réclamant des droits protecteurs : cette pique vise certainement List, dont il a condamné les idées dans une critique écrite en 1845 mais non publiée [2]. Enfin, le système protecteur est conservateur, tandis que le libre-échange est « destructeur ». C'est pour cette raison ambiguë que Marx se prononce pour le second, qui « dissout les anciennes nationalités et pousse à l'extrême l'antagonisme entre la bourgeoisie et le prolétariat » : « En un mot, le système de la liberté commerciale hâte la révolution sociale. C'est seulement dans ce sens révolutionnaire, Messieurs, que je vote en faveur du libre-échange [3]. »

Le cas de Marx illustre bien l'ambivalence de la nouvelle gauche radicale face à l'alternative libre-échange ou protectionnisme. Les démocrates et les socialistes rejettent le libre-échange dans la mesure où il évoque une concurrence sans frein, l'économie politique ou l'industrialisme à outrance britannique. Mais ils repoussent aussi le protectionnisme en tant qu'émanation d'un nationalisme étroit, capitaliste et bourgeois. La révolution démocratique et sociale de 1848, qui balaie le régime de Louis-Philippe à l'issue de l'insurrection parisienne des 22 au 24 février, va temporairement reléguer la politique commerciale au second plan. Mais la question du libre-échange resurgira sous la Seconde République, après le reflux des forces révolutionnaires.

---

1. Karl Marx, *Discours sur la question du libre-échange*, reproduit in *id.*, *Misère de la philosophie*, Paris, 1908, pp. 273-300 (brochure originale publiée à Bruxelles en 1848), citations pp. 296-297.
2. R. Szporluk, *Communism and Nationalism*, *op. cit.*, pp. 30-42.
3. K. Marx, *Discours*, in *id.*, *Misère*, *op. cit.*, pp. 299-300.

Chapitre 19

Consolidation : libre-échange et protectionnisme sous la Seconde République (1848-1851)

La Seconde République voit la cristallisation, sous leur forme moderne, du libre-échange et du protectionnisme français. Au lendemain de la Révolution de 1848, la controverse sur le commerce international s'atténue. L'alliance de circonstance entre protectionnistes et socialistes vole en éclats, tandis que l'ADTN et les libre-échangistes luttent ensemble pour le maintien de l'ordre social. Le bref épisode républicain correspond au seul régime français qui associe la liberté d'expression au suffrage universel entre 1800 et 1870. Le rejet par l'Assemblée législative d'une proposition de loi en faveur du libre-échange en juin 1851 permet donc d'évaluer les pénétrations respectives des idéologies libre-échangiste et protectionniste dans les départements, selon que leurs représentants ont voté pour ou contre la proposition.

Deux chefs de file incarnent le libre-échange et le protectionnisme consolidés, l'économiste Michel Chevalier et Adolphe Thiers. Après la mort de Bastiat en 1850, Chevalier prend la tête du mouvement libre-échangiste. Le futur conseiller de Napoléon III achève de dissocier la liberté commerciale de la liberté politique. Le libre-échange s'affirme ainsi comme une culture minoritaire et autoritaire, mais il conserve certaines sympathies à gauche. Le protectionnisme, en revanche, confirme son statut de culture majoritaire. Il est conservateur mais de tendance politique libérale, voire démocratique. Adolphe Thiers, futur opposant de Napoléon III et premier président de la Troisième République, en est le représentant le plus résolu.

Le libre-échange et le protectionnisme face à la République démocratique et sociale

La proclamation de la République, le 24 février 1848, ne met pas immédiatement fin à la controverse entre libre-échangistes et protectionnistes. En mars 1848, l'ALE fait afficher à Paris et en province un placard intitulé « La vie à bon marché », qui souligne la réduction des prix qu'entraînerait une baisse des droits sur les produits alimentaires. Evoquant l'abolition des lois céréalières de l'autre côté de la Manche, l'affiche conclut : « La République française ne peut refuser aux travailleurs français ce que l'aristocratie britannique a été forcée d'accorder aux ouvriers de la Grande-Bretagne [1]. »

Le Libre-Echange dénonce les expulsions d'ouvriers étrangers et les attribue à la xénophobie de la campagne protectionniste depuis 1846. Au moment où éclate la Révolution de 1848, plusieurs dizaines de milliers d'ouvriers étrangers travaillent en France : belges, piémontais mais aussi britanniques, en particulier dans le textile et les chemins de fer, où leur savoir-faire est apprécié par les industriels français. En raison de la crise et du chômage qui sévissent depuis 1847, mais aussi sous la pression des ouvriers français, les autorités en renvoient un grand nombre dans leur pays d'origine. Les départements normands et du Nord sont parmi les plus affectés par ce mouvement d'expulsion, qui vise en priorité les ouvriers britanniques [2].

Pour illustrer l'inconséquence des industriels protectionnistes, qui s'opposent à la libre circulation des marchandises tout en souhaitant pouvoir employer des ouvriers étrangers, Le Libre-Echange imagine un dialogue entre un ouvrier des chemins de fer et un membre du Comité pour la défense du travail national. L'ouvrier se réjouit du départ de « ces mangeurs de rosbif, ces gens qui ne savent pas

---

1. ALE, *Subsistances publique : la vie à bon marché*, Paris, s.d., 1848 ; voir aussi *Le Libre-Echange*, 12 mars 1848.
2. P.-J. Deraisne, *Le travail, les migrations et les conflits, op. cit.*, pp. 239-242.

seulement parler français ». Dépité, le protectionniste affirme qu'il ne faut se protéger que « contre le travail étranger, représenté par les marchandises ». L'ouvrier lui répond qu'il vaut mieux se protéger « contre le travail étranger, en chair et en os. Notre procédé est plus expéditif, moins coûteux et moins sujet à erreur [...]. Chacun pour soi, chacun chez soi [1] ».

Fin avril 1848, cependant, *Le Libre-Echange* cesse de paraître et l'ALE disparaît sans être officiellement dissoute. Bastiat tente de créer un nouveau journal hostile à l'intervention de l'Etat dans l'économie. Mais les ouvriers imprimeurs parisiens, jugeant l'entreprise « contre-révolutionnaire », la font échouer. Hostile aux mesures prises par le Gouvernement provisoire contre le chômage, comme la création des Ateliers nationaux pour les ouvriers sans emploi, Bastiat attribue l'effervescence des doctrines socialistes après la Révolution de Février aux principes répandus par les protectionnistes dans l'opinion : « l'idée dominante, celle qui a envahi toutes les classes de la société, c'est que l'Etat est chargé de faire vivre toute le monde [2] ». Il reprend bientôt cette accusation et étaie son argumentation dans une brochure intitulée *Protectionisme et communisme* (1849) : « le Protectionisme, en se généralisant, devient Communisme, comme un carpillon devient carpe [3] ».

Républicain sincère, Bastiat est élu député des Landes en avril 1848. A l'Assemblée nationale, il réclame la réduction des charges fiscales pesant sur les plus modestes, en particulier des impôts sur le sel et la vigne. Mais en juin 1848, il approuve la répression des ouvriers insurgés contre la suppression des Ateliers nationaux. En 1850, il publie *Harmonies économiques*, vibrant plaidoyer en faveur d'une liberté intégrale dans les rapports de production et d'échange. Puis sa santé décline rapidement. Il se rend à Rome, où il meurt le 24 décembre 1850.

A Bordeaux, le comité libre-échangiste ne disparaît pas, mais se transforme en un comité du « parti de l'ordre » qui organise la lutte électorale contre les démocrates. S'appuyant sur les mêmes moyens

---

1. « Dialogue entre un membre du comité Odier-Mimerel et un ouvrier sur le chemin de fer d'Orléans », *Le Libre-Echange*, 19 mars 1848 ; voir aussi « L'expulsion des ouvriers étrangers », *Le Libre-Echange*, 9 avril 1848.
2. Lettre de Bastiat à Coudroy, 9 juin 1848, in *Œuvres complètes de Frédéric Bastiat*, *op. cit.*, t. 1, p. 82.
3. Frédéric Bastiat, *Protectionisme et communisme*, Paris, 1849, p. 4, *sic* pour l'orthographe de protectionnisme dans le titre et dans le texte de l'ouvrage.

de propagande qu'il employait contre la protection douanière avant 1848 – collecte de fonds, publication de brochures, insertion d'articles dans les journaux –, il remporte les treize sièges de la Gironde aux élections législatives de mai 1849 [1].

L'ADTN combat elle aussi la gauche démocratique et socialiste. A l'automne 1848, elle fait imprimer 16 000 exemplaires de *De la propriété*, ouvrage antisocialiste rédigé par Thiers. Cette « édition populaire », dont chaque exemplaire est vendu pour un franc seulement, constitue selon l'ADTN la meilleure réponse « à ces attaques systématiques dirigées par différentes sectes contre l'ordre social [2] ».

A Mulhouse, le comité de l'ADTN est moins méfiant envers le nouveau régime. Son organe, *L'Industriel alsacien*, appelle ses lecteurs à soutenir loyalement la République. Pour atteindre les nouveaux électeurs, souvent non francophones, le journal protectionniste alsacien publie un supplément bilingue français-allemand. Mais le comité de Mulhouse n'en est pas moins hostile aux doctrines socialistes. Pour les combattre, il organise une enquête sur les conditions de travail des ouvriers du Haut-Rhin, qui tend à démontrer l'amélioration de leur niveau de vie depuis 1830 et la bienveillance de leurs employeurs [3].

Ni le Gouvernement provisoire, à majorité démocrate, ni, après les élections d'avril 1848, l'Assemblée constituante, dominée par les républicains modérés, ne s'occupent beaucoup de politique commerciale. En juin 1848, des primes temporaires à l'exportation des produits manufacturés sont instituées, en partie pour atténuer l'effet de la suppression des Ateliers nationaux [4]. Mais l'imagerie républicaine est loin d'être hostile au commerce libre entre les nations. Une lithographie datant de 1848, intitulée « Un marché sous la République universelle démocratique et sociale », représente des étals magnifiquement achalandés et entourés de statues symbolisant les quatre principaux continents : Europe, Asie, Afrique et Amérique. Des navires débarquent de nouvelles marchandises, tandis qu'une foule cosmopolite examine les produits contenus dans des ballots ou des

---

1. A. Charles, *La révolution de 1848*, *op. cit.*, pp. 197-214, p. 226.
2. Adolphe Thiers, *De la propriété*, Paris, 1848, p. ii ; AN, F18* II 35, impression 5775, 7 octobre 1848, impression 6657, 21 novembre 1848.
3. Association de Mulhouse pour la défense du travail national, *Enquête industrielle dans les départements de l'Est*, Mulhouse, 1848.
4. *Le Moniteur industriel*, 11 juin 1848.

caisses qui portent l'indication « association fraternelle ». Un extrait de la chanson *Les contrebandiers* de Béranger est reproduit en dessous de la lithographie : « Aux échanges l'homme s'exerce / Mais l'impôt barre le chemin / Passons, c'est nous qui du commerce / Tenons la balance en main [1]. »

D'autres indices suggèrent le réveil à gauche de l'enthousiasme pour la liberté du commerce international. Une brochure rédigée par Allyre Bureau, ancien rédacteur du journal fouriériste *La Démocratie pacifique*, réclame la suppression des impôts indirects, y compris les douanes, et dénonce le caractère vexatoire des contrôles douaniers sur un ton qui rappelle les revendications libérales du début des années 1830 : « Lorsque des étrangers arrivent pour la première fois en France et que, dès la frontière, ils se heurtent à une triple ligne d'hommes armés qui les font descendre de voiture, fouillent leurs coffres, leurs malles, leurs sacs de voyage, visitent jusque dans les moindres recoins, et poussent quelquefois l'exagération de leur consigne jusqu'à soumettre les femmes à des perquisitions qui s'arrêtent à peine devant le dernier vêtement, ils doivent, s'ils viennent par hasard d'un pays libre, se faire une singulière idée de nos mœurs et de nos usages [2]. »

Enfin, témoignage a posteriori mais par l'un des écrivains qui a le mieux restitué l'esprit « quarante-huitard », Flaubert décrit Frédéric Moreau – le héros de *L'Education sentimentale*, qui adhère naïvement aux idéaux de 1848 – en partisan de « la liberté du commerce », en même temps que de « l'impôt sur la rente, l'impôt progressif, une fédération européenne et l'instruction du peuple, des encouragements aux beaux-arts les plus larges [3] ».

Les débuts de la Seconde République voient ainsi le débat sur le libre-échange passer au second plan et la gauche renouer avec la rhétorique de liberté universelle du commerce. L'agitation libre-échangiste reprend néanmoins avec le reflux des forces révolutionnaires – écrasement des insurgés de juin 1848, victoire du parti de l'ordre

---

1. Maurice Agulhon et Ségolène Le Men (dir.), *Les Révolutions de 1848, l'Europe des images*, 2 vol., Paris, Assemblée nationale, 1998, t. 2, n° 161, lithographie en camaïeu par Frédéric Sorrieu, BNF. Le dernier vers de la chanson de Béranger est au présent alors qu'il était au futur dans la version originale, voir chapitre 8, p. 168.

2. Allyre Bureau, *Plus de droits réunis! Plus d'exercice! Plus d'octroi! Révision des lois de douanes*, Paris, 1848, p. 4.

3. Gustave Flaubert, *L'Education sentimentale*, Paris, Garnier-Flammarion, 2001, p. 405 (1ᵉ édition en 1869).

aux élections législatives de mai 1849, emprisonnement ou fuite en exil des chefs du parti « démocrate-socialiste » après l'échec de la journée révolutionnaire du 13 juin 1849.

Nouvelle défaite du libre-échange

La contestation de la protection douanière repart, classiquement, à Bordeaux. Dès l'été 1850, la chambre de commerce de la ville s'efforce de ranimer l'hostilité au sucre de betterave dans le sud et l'ouest de la France. Les chambres de commerce de Nantes, Lyon et Marseille acceptent de participer à la création à Paris d'un nouveau comité en faveur des sucres exotiques, tandis que le secrétaire de la chambre de commerce bordelaise, Campan, et un autre disciple de Fonfrède, Galos, parcourent pendant plusieurs semaines, en octobre 1850, les villes de l'Ouest et du Sud-Ouest – notamment Rochefort, La Rochelle, Tarbes, Auch et Nîmes – pour susciter des pétitions et faire insérer des articles dans la presse locale. Les efforts bordelais sont partiellement récompensés en juin 1851 par l'adoption d'une nouvelle loi qui réduit les droits sur les sucres coloniaux et étrangers. Mais la loi sera abrogée avant même d'être appliquée, peu après le coup d'Etat du 2 décembre 1851 [1].

La plus importante initiative en faveur du libre-échange part de Mulhouse, une ville pourtant en majorité protectionniste. En février 1851, l'imprimeur sur étoffes Jean Dollfus présente à la Société industrielle de Mulhouse un mémoire dans lequel il propose la levée des prohibitions douanières et le remplacement des droits sur les matières premières par un impôt sur le revenu : ce programme commercial et fiscal s'inspire explicitement des réformes mises en œuvre par Robert Peel en Grande-Bretagne entre 1842 et 1846 [2]. La proposition de Dollfus se heurte à une levée de boucliers de la part des autres industriels mulhousiens [3]. Mais Michel Chevalier, dans *Le*

---

1. Gabrielle Cadier-Rey, *Bordeaux et le libre-échange sous le Second Empire*, thèse de doctorat d'histoire, Université Bordeaux III, 1972, pp. 35-43.
2. M. Daunton, *Trusting Leviathan*, *op. cit.*, notamment pp. 78-90.
3. AMM, 66 TT 4, dossiers n° 8, 9 et 10, brochure de Jean Dollfus intitulée *Communication sur l'opportunité d'une réforme dans le système protecteur des douanes*, Mulhouse, 1851, et les réponses imprimées des autres industriels de Mulhouse, pour la plupart hostiles au projet de Dollfus.

Journal des Débats, en fait l'éloge et soutient qu'une partie de l'industrie française s'est convertie au libre-échange. Il pense qu'il est temps d'abattre « l'échafaudage de prohibitions et de restrictions qu'élevèrent il y a un demi-siècle deux gouvernements dominés par des passions belliqueuses poussées jusqu'à la furie, la Convention et l'Empire [1] ».

Les 26 et 27 juin 1851 à l'Assemblée législative, Pierre-Henri Sainte-Beuve, député conservateur de l'Oise (sans lien avec le critique littéraire), présente une proposition de loi inspirée par le projet de Dollfus. La proposition Sainte-Beuve est radicale : elle consiste dans l'abolition des droits de douane sur les produits alimentaires et les matières premières, conjuguée au remplacement des prohibitions par des droits de 10 % *ad valorem* sur les produits textiles filés et de 20 % sur les autres produits manufacturés. Pour défendre la proposition, Sainte-Beuve invoque les progrès économiques de « l'Angleterre, la mère patrie du libre-échange », lit à ses collègues des extraits de *La richesse des nations* et invoque « la loi de Dieu », favorable à la libre circulation des produits, contre « la loi de l'homme », « qui empêche les hommes de jouir des biens que la Providence a fait naître pour tous, sur tous les points de la terre [2] ».

Un seul autre député, le conservateur girondin Jules Hovyn de Tranchère, parle en faveur de la proposition. Le préfet de la Gironde, futur baron Haussmann, le décrit comme faisant partie des « réactionnaires avérés du département [3] ». Hovyn de Tranchère présente le libre-échange comme un moyen d'apaiser l'enthousiasme français pour les révolutions : « depuis soixante ans en France », déclare-t-il, « on fait beaucoup trop de politique » et « on ne s'est pas assez occupé des questions économiques [4] ».

Le principal orateur contre la proposition Sainte-Beuve est Thiers. L'ancien président du Conseil de la Monarchie de Juillet s'est imposé comme l'un des chefs du « parti de l'ordre » et de la majorité conservatrice à l'Assemblée législative. Dans son discours de juin 1851, Thiers fait à nouveau l'éloge du système protecteur et réaffirme ses

---

1. *Le Journal des Débats*, 22 mars 1851.
2. Débats à l'Assemblée législative, séances des 26 et 27 juin 1851, *Le Moniteur universel*, 27 et 28 juin 1851.
3. Cité dans A. Charles, *La Révolution de 1848, op. cit.*, p. 138.
4. Débats à l'Assemblée législative, séance du 28 juin 1851, *Le Moniteur universel*, 29 juin 1851.

liens avec l'héritage de la Révolution française. Il nie que la France ait besoin d'imiter la Grande-Bretagne en matière commerciale et fiscale, parce que c'est la Grande-Bretagne qui vient d'imiter la France en réduisant la puissance de son aristocratie : « c'est une partie de la Révolution de 1789 qui s'accomplit en Angleterre » avec l'abolition des lois céréalières et la création de l'impôt sur le revenu. La France, selon Thiers, ne peut pas emprunter la même voie, d'abord parce qu'elle a déjà renversé l'Ancien Régime, mais aussi parce que la terre y est répartie de manière plus démocratique qu'en Grande-Bretagne : « le paysan est propriétaire en France, le peuple est propriétaire ; c'est un des plus beaux côtés de notre situation, de notre civilisation [1] ».

Thiers renouvelle ses critiques contre l'économie politique, « la plus vaine, la plus puérile, et quelquefois la plus désastreuse des littératures ». La nation britannique a pu se conformer aux recommandations de la science économique et abolir ses barrières douanières, ajoute-t-il, parce que la « spécialité » des productions convient mieux à son caractère. Le caractère national français, en revanche, repose sur l'universalité : « ce caractère d'universalité qui est dans notre littérature, dans nos arts, nous le portons dans l'industrie, nous faisons tout ». La « cherté relative » des produits français est ainsi une « condition d'universalité ». Enfin, citant l'exemple des Etats-Unis, république respectueuse de la liberté politique en même temps que protectionniste, il rejette « l'assimilation des deux libertés, politique et commerciale [2] ».

En dépit de réserves sur les bancs légitimistes quand Thiers se félicite du renversement de l'aristocratie en 1789, son discours est chaleureusement approuvé par les députés conservateurs. Finalement, l'Assemblée rejette la proposition Sainte-Beuve par 428 voix – dont au moins 388 émanant de députés conservateurs – contre 199 – dont 172 émanant de députés de gauche, démocrates-socialistes ou républicains [3]. Le caractère droite-gauche du vote est mis en évidence par une caricature dessinée à cette occasion par Honoré Daumier, de sympathies républicaines, intitulée « Le Commerce finissant, grâce à

---

1. Débats à l'Assemblée législative, séance du 27 juin 1851, *Le Moniteur universel*, 28 juin 1851.

2. Débats à l'Assemblée législative, séances des 27 et 28 juin 1851, *Le Moniteur universel*, 28 et 29 juin 1851.

3. Débats à l'Assemblée législative, séance du 28 juin 1851, *Le Moniteur universel*, 29 juin 1851.

eux, par aller à l'hôpital » : l'allégorie d'un « Commerce » en Mercure appuyé sur des béquilles se rend à l'Hôtel Dieu, sous le regard malveillant d'« eux », c'est-à-dire Thiers, chef de la droite orléaniste, Pierre-Antoine Berryer, chef de la droite légitimiste, et « Ratapoil », personnage imaginaire qui incarne le chauvinisme bonapartiste dans les caricatures de Daumier (voir l'illustration p. 404).

La critique du libre-échange par Thiers à l'Assemblée législative est bientôt publiée sous le titre *Discours sur le régime commercial de la France* [1]. L'ADTN fait imprimer 2 000 exemplaires de la brochure [2]. Le *Discours* de Thiers a même des échos parmi la minorité de l'opinion qui reste favorable à la protection douanière outre-Manche. Lord Derby, chef de file des torys protectionnistes, écrit une lettre à Thiers en le félicitant pour « cette belle et franche exposition des principes de la Protection [3] ». Benjamin Disraeli, le futur Premier ministre conservateur, exprime aussi son intérêt pour les idées avancées par Thiers et en 1852, et une traduction anglaise du *Discours* est publiée à Londres [4].

Le rejet de la proposition Sainte-Beuve consacre donc Thiers comme le principal porte-parole du protectionnisme en France. Mais l'épisode permet aussi à Michel Chevalier de s'affirmer comme le chef de file des libre-échangistes. Jusqu'au milieu des années 1840, l'ancien saint-simonien n'a exprimé que peu d'intérêt pour la politique commerciale. Dans *Des intérêts matériels en France* (1836) comme dans ses *Cours d'économie politique* (1842-1844) au Collège de France, il concentre son attention sur les questions du crédit et du réseau de communications, notamment les chemins de fer. Son engagement dans le camp libre-échangiste ne date que de 1846 [5]. Ses articles dénonçant dans *Le Journal des Débats* « le débordement d'idées prohibitives » en France font sensation et, dans ses discours aux séances publiques de l'ALE, il condamne le tort causé à l'agriculture et à l'industrie par les droits de douane sur les produits alimentaires et les matières premières [6].

---

1. Adolphe Thiers, *Discours sur le régime commercial de la France,* Paris, 1851.
2. AN, F18*II 42, impression 5567, 8 juillet 1851.
3. BNF, NAF, MS 20618, f° 92-95, lettre de Lord Derby à Thiers, 6 août 1851.
4. *Speech of Mr. Thiers on the Commercial Policy of France and in Opposition to the Introduction of Free Trade in France*, traduit en anglais par M. de Saint-Félix, Londres, 1852 ; sur la réception du discours de Thiers en Grande-Bretagne, voir A. Howe, *Free Trade, op. cit.,* p. 77.
5. Jean-Baptiste Duroselle, « Michel Chevalier et le libre-échange avant 1860 », *Bulletin de la Société d'histoire moderne,* deuxième série, n° 5, 1956, pp. 2-5.
6. *Le Journal des Débats,* 8 avril 1846 ; ALE, *Deuxième séance publique, op. cit.,* pp. 6-11.

Illustration – « Le Commerce finissant, grâce à eux, par aller à l'hôpital » (1851)

Les trois protectionnistes au premier plan sont l'orléaniste Adolphe Thiers, le légitimiste Pierre-Antoine Berryer et « Ratapoil », un personnage imaginaire qui incarnait le chauvinisme bonapartiste dans les caricatures de Daumier.

Source : Honoré Daumier, lithographie inédite datée de novembre 1851, service de reproduction de la Bibliothèque nationale de France, 2005.

L'échec de la campagne de l'ALE, le décès de Bastiat et l'effacement politique des autres grandes figures de l'association libre-échangiste (Lamartine, d'Harcourt) permettent à Chevalier de s'imposer comme le principal représentant du libre-échange en France. Dès l'été 1851, il fait publier dans *Le Journal des Débats* deux lettres de Jean Dollfus, qui contredisent les affirmations de Thiers sur les prix de revient des fabricants français [1]. Surtout, au début de l'année 1852, Chevalier publie une critique systématique des arguments employés par Thiers pour défendre la protection douanière : l'*Examen du système protecteur*.

Cet ouvrage est publié peu après le coup d'Etat du 2 décembre 1851, par lequel le président de la République Louis-Napoléon Bonaparte suspend la constitution de 1848 et prépare l'avènement du Second Empire en décembre 1852. C'est dans ce contexte que l'*Examen du système protecteur* procède à une réévaluation des rapports entre liberté politique et liberté commerciale. Selon Chevalier, la liberté politique n'est qu'un objectif secondaire des sociétés humaines. Elle vient loin derrière « la liberté civile », qui constitue le « signe distinctif » de la civilisation moderne et qui comprend notamment les libertés de produire et d'échanger. Le système protecteur apparaît donc comme l'une des plus graves violations de la « liberté » : « Que le citoyen français passe en revue les articles qu'il porte sur lui, lors même que sa mise est la plus simple, ou qu'il fasse un voyage autour de sa chambre : les neuf dixièmes des objets usuels sur lesquels il mettra successivement la main, il est forcé, absolument et matériellement forcé, lui prétendu homme libre, de les acheter en France, quand bien même son goût ou l'attrait du bon marché le porterait à s'en pourvoir au-dehors [2]. »

Ce « coup funeste » porté par les prohibitions et les droits de douane « au bloc de la liberté civile » affecte tous les Français. La liberté politique, en revanche, n'intéresse qu'un faible nombre d'individus : « pour l'immense majorité des hommes », elle n'est qu'« un dérangement dans la vie, [...] qu'un moyen, et c'est la liberté civile qui est le but ». Chevalier suggère que l'établissement de la liberté commerciale est plus important que la sauvegarde de la liberté politique. Outre le renforcement de la « liberté civile », explique-t-il

---

1. *Le Journal des Débats*, 7 juillet et 3 septembre 1851.
2. Michel Chevalier, *Examen du système commercial connu sous le nom de système protecteur*, Paris, 1852, pp. 4-9.

dans le reste de l'ouvrage, l'abolition des barrières douanières permettra d'augmenter le « bien-être » de la majorité des citoyens et d'apaiser les « haines nationales » attisées par les protectionnistes. Pour toutes ces raisons, il maintient que c'est le protectionnisme et non le libre-échange qui est « contre-révolutionnaire [1] ».

Chevalier conclut l'*Examen du système protecteur* par des considérations sur l'Exposition universelle de 1851 à Londres, qu'il a récemment visitée [2]. Pour de nombreux observateurs, l'Exposition de 1851 démontrait avant tout la supériorité de l'industrie britannique sur ses rivales continentales. Mais Chevalier a vu dans l'étalement des merveilles de l'industrie européenne et nord-américaine la preuve de l'avance acquise par toute la « civilisation occidentale » sur les autres peuples du monde : il appelle donc la France à ne pas craindre l'ouverture à la concurrence étrangère et à participer, aux côtés de la Grande-Bretagne, à l'expansion coloniale et commerciale de l'Europe outre-mer [3].

Le frère de Chevalier occupe la fonction de secrétaire personnel de Louis-Napoléon Bonaparte et Chevalier lui-même devient l'un des proches conseillers du nouvel empereur après 1852. Son influence, conjuguée à celle d'autres anciens saint-simoniens et de plusieurs hauts fonctionnaires, jouera un rôle décisif dans l'adoption d'une politique libre-échangiste par le Second Empire. A la fin des années 1850, Chevalier persuadera Napoléon III d'engager des négociations commerciales avec la Grande-Bretagne, qui déboucheront sur le traité de libre-échange franco-britannique du 23 janvier 1860. Le traité entraînera l'abolition des prohibitions sur les produits manufacturés et de la suppression de l'échelle mobile sur les importations de céréales. Parce qu'il établira la liberté commerciale contre les vœux du corps législatif et de l'opinion publique, ses opposants le qualifieront de « coup d'Etat douanier », par analogie avec le coup d'Etat de 1851 qui a suspendu la liberté politique [4].

---

1. *Ibid.*, pp. 17-18, p. 24, p. 61, p. 72.

2. Sur la perception de l'exposition de Londres par les économistes français, voir Whitney Walton, « Political Economists and Specialized Industrialization during the French Second Republic, 1848-1852 », *French History*, n° 3, 1988, pp. 293-311.

3. M. Chevalier, *Examen du système protecteur, op. cit.*, pp. 271-319.

4. Sur le rôle de Chevalier dans la conclusion du traité de 1860, voir Arthur Dunham, *The Anglo-French Treaty of Commerce and the Industrial Revolution in France*, Ann Arbor, University of Michigan Press, 1930, pp. 29-63 ; voir aussi A.A. Iliasu, « The Cobden-Chevalier Commercial Treaty of 1860 », *Historical Journal*, n° 14, 1971, pp. 67-98 ; Gabrielle Cadier, « Les conséquences du traité de 1860 sur le commerce franco-

Thiers sera exilé après le coup d'Etat du 2 décembre 1851. Autorisé à retourner en France, il sera élu député de Paris en 1863 et s'imposera comme l'un des principaux adversaires parlementaires du régime. Dès le 11 janvier 1864, il réclamera dans un discours célèbre le rétablissement des « libertés nécessaires » à la France : « liberté individuelle », « liberté de la presse », « liberté électorale », « liberté de la représentation nationale » et direction « de la marche du gouvernement » par « l'opinion publique [1] ». Thiers redéfinira ainsi la liberté comme un bien essentiellement politique et non économique. Sa popularité ira croissante jusqu'à la chute de Napoléon III en 1870, grâce sa dénonciation sans relâche du caractère autoritaire, mais aussi de la politique libre-échangiste et de l'aventurisme extérieur du gouvernement impérial [2].

Libre-échangisme minoritaire contre protectionnisme majoritaire

Chevalier et Thiers sont représentatifs, respectivement, du libre-échange et du protectionnisme vers 1850, au moment de la cristallisation des deux idéologies. La culture libre-échangiste est minoritaire, mais influente parmi les élites. La culture protectionniste, à la fois conservatrice et démocratique, est hégémonique à droite et majoritaire dans le pays. Les cartes 1 et 2, réalisées à partir des résultats du vote des membres de l'Assemblée législative sur la proposition Sainte-Beuve le 28 juin 1851, permettent une analyse fine des rapports entre idées économiques et idées politiques en même temps que des aires d'influence géographique du libre-échange et du protectionnisme. L'Assemblée législative a été élue en mai 1849 au scrutin de liste départemental, qui favorise l'élection d'un groupe de députés politiquement homogène dans chaque département : le mode de scrutin accentue donc les contrastes régionaux [3].

La carte 1 représente les députés ayant approuvé la proposition Sainte-Beuve, en distinguant entre les députés de droite – « parti de l'ordre », qui regroupe les légitimistes, les orléanistes et les bonapar-

britannique », *Histoire, économie et société*, n° 7, 1988, pp. 355-380.
1. *Discours parlementaires de M. Thiers, op. cit.*, t. 9, pp. 355-405.
2. J. Bury et R. Tombs, *Thiers, op. cit.*, pp. 166-174.
3. Jacques Bouillon, « Les démocrates-socialistes aux élections de 1849 », *Revue française de science politique*, n° 5, 1956, pp. 70-95.

tistes – et les députés de gauche – républicains modérés et démocrates-socialistes. Une corrélation assez forte apparaît avec la carte de la vigne, principalement répandue au sud d'une ligne Nantes-Metz et avec de fortes concentrations en Alsace, au sud de la Bourgogne, la vallée de la Loire, la vallée du Rhône, la Gironde et l'Hérault. Le nombre élevé de députés de la Seine et du Rhône qui ont voté pour le libre-échange s'explique par la prédominance des industries exportatrices dans ces départements : articles de luxe parisiens et soieries lyonnaises.

Mais la carte du vote libre-échangiste a aussi un sens politique. Il s'agit en apparence, on l'a dit plus haut, d'un vote de gauche, puisque plus de 85 % des députés (177 sur 199) qui ont voté pour la proposition Sainte-Beuve appartiennent à l'opposition – en majorité des démocrates-socialistes et une poignée de républicains modérés. Ce vote de gauche reflète le retour en grâce du thème de la liberté du commerce parmi les démocrates, et sans doute aussi le succès de la gauche dans les régions viticoles : la réduction des impôts sur la vigne était l'un des thèmes de campagne des démocrates-socialistes en mai 1849. Cette correspondance entre gauche et libre-échange est pourtant trompeuse, si l'on considère que les principales personnalités qui soutiennent la proposition Sainte-Beuve devant l'Assemblée et l'opinion publique – Sainte-Beuve lui-même, Jean Dollfus, Michel Chevalier et Hovyn de Tranchère – sont des conservateurs.

Il faut donc distinguer entre les vingt-deux députés de droite – dont sept députés de la Gironde – favorables à la proposition Sainte-Beuve, qui représentent un noyau dur de libre-échangistes convaincus ; et les 177 députés de gauche, qui votent pour la proposition peut-être par sympathie pour des relations commerciales plus libres entre les nations, mais aussi pour des raisons d'opportunité : le souci de satisfaire leurs électeurs viticoles et la volonté de s'opposer à Thiers, l'un des dirigeants de la majorité conservatrice. Parmi les noms des députés de gauche ayant voté pour la proposition Sainte-Beuve, on remarque ainsi, outre ceux de Victor Hugo, Lamartine et Lamennais, celui du fouriériste François Vidal. Ce dernier avait dénoncé sans équivoque le libre-échange en 1846 [1]. Mais Vidal en 1851 est député du Bas-Rhin, département où la vigne demeure l'une des principales activités économiques, et il souhaite peut-être voter avec les siens contre le parti de l'ordre.

---

1. Voir chapitre 18, p. 390.

Votes pour le libre-échange à l'Assemblée législative (1851)

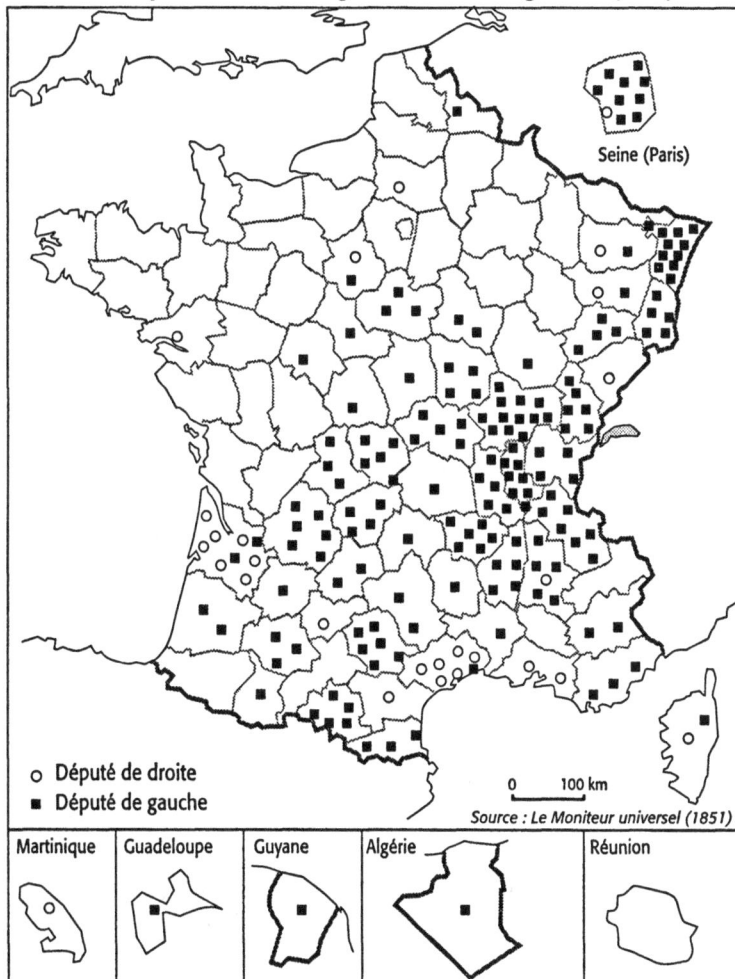

Seine (Paris)

○ Député de droite
■ Député de gauche

0   100 km

Source : *Le Moniteur universel (1851)*

| Martinique | Guadeloupe | Guyane | Algérie | Réunion |

Carte n°1

La carte 2 représente les députés qui ont rejeté la proposition Sainte-Beuve en fonction de leur affiliation politique. Elle est plus facile à interpréter. Les votes protectionnistes émanent à une écrasante majorité – entre 90 et 95 % – des rangs conservateurs. Les députés du parti de l'ordre votent à la fois pour Thiers et contre le libre-échange, synonyme de perturbation sociale. On remarque toutefois l'existence d'une minorité significative de députés de gauche – 33 sur 195, soit 17 % des députés républicains ou démocrates-socialistes – qui votent pour le maintien du système protecteur. Ces députés de gauche protectionnistes comptent dans leurs rangs plusieurs personnalités de premier plan, tels que l'abolitionniste Victor Schœlcher et l'historien Edgar Quinet. Le vote de ces députés reflète peut-être la présence de forges au charbon de bois et d'autres petites industries vulnérables à la concurrence étrangère dans les départements qu'ils représentent (Creuse, Ain, Isère). Mais il rappelle aussi la séduction exercée par le discours économique nationaliste sur une fraction de la gauche.

En exil en Grande-Bretagne, Alexandre-Auguste Ledru-Rollin, le chef de file des démocrates-socialistes, a d'ailleurs récemment réitéré les réticences de la gauche radicale envers le libre-échange. Dans un ouvrage peu aimable envers son pays d'accueil, *De la décadence de l'Angleterre* (1850), il a certes reconnu que l'œuvre de la *League* de Cobden était « légitime, sainte même ». Mais il repousse l'abolition des barrières douanières en Europe au lendemain de la révolution sociale : « Affamer ses travailleurs et ruiner les nations étrangères [...] sera toujours le résultat fatal du libre-échange tant que les conditions sociales seront mauvaises, soit au-dedans, soit au-dehors, tant qu'une révolution de justice et d'égalité n'aura pas organisé, partout, le droit des citoyens et la relation des peuples [1]. »

Le vote protectionniste est particulièrement important dans les régions industrielles (Nord, Picardie, Normandie, Lorraine) ou d'industries rurales en déclin (Bretagne, Ouest). On ne peut exclure que les électeurs de ces régions aient donné leurs suffrages aux candidats de droite en 1849 parce que ceux-ci paraissaient plus capables de défendre le système protecteur. Il faut aussi souligner la

---

1. Alexandre-Auguste Ledru-Rollin, *De la décadence de l'Angleterre*, 2 vol., Paris, 1850, t. 2, p. 188, pp. 217-218.

Votes pour la protection douanière à l'Assemblée législative (1851)

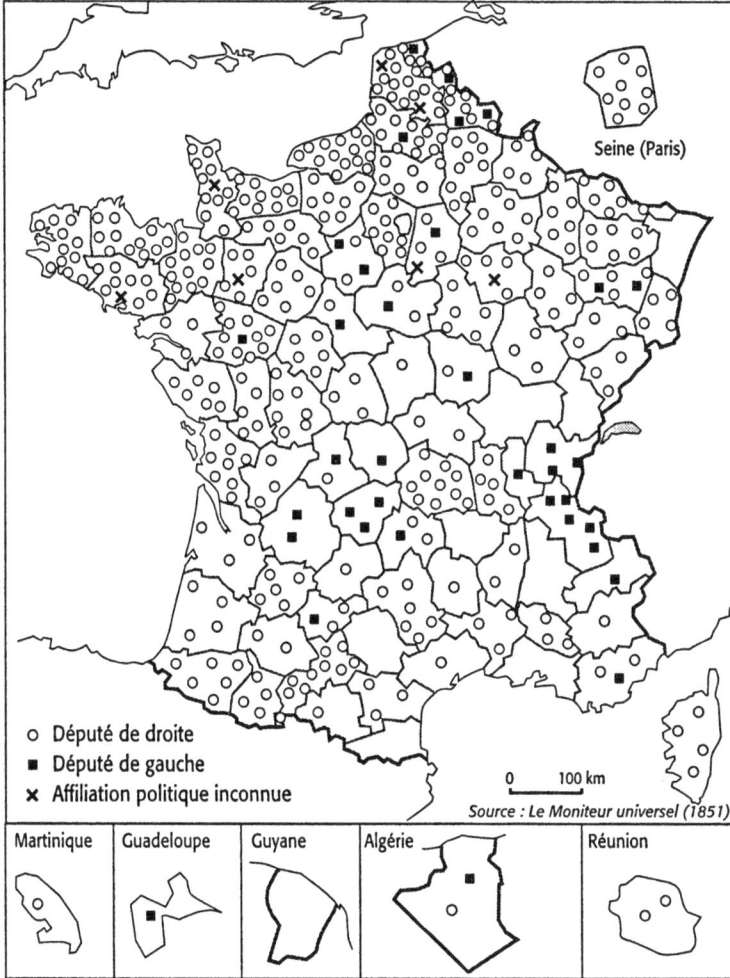

Seine (Paris)

o Député de droite
■ Député de gauche
✕ Affiliation politique inconnue

0   100 km

Source : Le Moniteur universel (1851)

Martinique	Guadeloupe	Guyane	Algérie	Réunion

Carte n°2

densité et l'unanimité des votes en faveur de la protection douanière sur la façade de la Manche. Ces régions sont les plus exposées aux importations de produits britanniques et les plus sensibles à la supériorité navale de la Grande-Bretagne sur la France. Leur adhésion sans nuance au protectionnisme confirme le rôle de levain du nationalisme économique français joué par l'anglophobie.

Dès la fin de la Seconde République, le protectionnisme a donc conquis une position dominante, voire hégémonique dans l'opinion française. Le vote de la gauche démocratique en faveur de la proposition Sainte-Beuve en juin 1851 témoigne de ses hésitations sur la question du commerce international plutôt que d'une franche adhésion au libre-échange. Cette victoire du protectionnisme et ses modalités ont des conséquences durables sur le paysage idéologique français. Elles aident notamment à comprendre le divorce des libéralismes politique et économique après le milieu du XIXe siècle, la persistance de forts sentiments protectionnistes dans l'opinion jusqu'à nos jours, et le malaise permanent de la gauche face à la régulation du commerce international.

Conclusion

Si l'on pense en termes de séquence historique, quarante ans après la Révolution française, la liberté l'a emporté sur l'ordre traditionnel, puis la nation sur la liberté. Au moment libéral de 1789 avaient succédé le moment démocratique-nationaliste de 1793 et l'Empire. La controverse sur le commerce international semble rejouer, au ralenti, le processus révolutionnaire. L'analogie a ses limites. Mais les passions politiques ont bien contribué de manière décisive à l'émergence du libre-échange et du protectionnisme, et à la victoire du second dans l'opinion.

Aux yeux de ses partisans comme de ses adversaires, le système prohibitif incarnait le retour à l'ordre traditionnel : balance du commerce, attribution de privilèges aux intérêts économiques interdépendants et répression d'une contrebande perçue comme subversive. La puissante administration des Douanes surveillait les adversaires du régime. La répression sévère et parfois arbitraire de la fraude soulevait l'indignation des milieux libéraux.

La liberté commerciale apparaissait comme le prolongement de la liberté politique. Cette perception a accru sa popularité sous la Restauration. La Révolution libérale de 1830 a entraîné la radicalisation du discours libéral sur le commerce international, puis son déclin.

Les partisans du libre-échange voulaient l'abolition intégrale des restrictions commerciales. Mais leurs soutiens se sont réduits, dans les années 1840, aux élites intellectuelles et aux milieux commerçants. Leur échec dans l'opinion les rendit par la suite méfiants vis-à-vis de la liberté politique et de la démocratie.

Les partisans du système protecteur ont employé un autre langage issu de la tradition révolutionnaire : celui de la nation. Ce nationalisme commercial n'était pas hostile à la liberté économique à l'intérieur des frontières. Il rejetait les doctrines mercantilistes comme les projets de réforme socialistes. Pourtant, il avait une dimension égalitaire et sociale. Il décrivait le libre-échange comme une doctrine élitiste et manifestait un souci de protéger les producteurs les plus faibles contre une concurrence excessive. Socialement conservateur, de tendance paternaliste, il faisait parfois cause commune avec la gauche démocratique, contre l'économie politique et l'individualisme matérialiste incarné par la société britannique.

L'opinion a été séduite par ce discours nationaliste à connotation égalitaire. Elle a préféré le projet d'une France de petits producteurs, solidaires contre la concurrence étrangère, à celui d'une nation de consommateurs, libres d'acheter les produits les moins chers sur tous les marchés du globe. Cette culture protectionniste, créée entre 1814 et 1851, a durablement imprégné la société politique française.

Pour comprendre son originalité, il faut la comparer à la culture libre-échangiste de la Grande-Bretagne.

Outre-Manche, c'est le langage de la liberté commerciale, teinté de messianisme religieux, qui l'a emporté. Le triomphe du *free trade*, consacré par l'abolition de la protection en faveur de l'aristocratie terrienne en 1846, fait figure de 1789 britannique. Il a permis l'émergence d'un libéralisme populaire à la fois politique et économique. Le parti libéral, qui a dominé la vie politique à partir du milieu des années 1850, s'en est fait le porte-parole [1]. Le libre-échangisme britannique, de tendance démocratique, soutient l'extension progressive du droit de vote. Son succès a affaibli la gauche radicale et retardé l'émergence d'un mouvement socialiste jusqu'au début du XXe siècle. Même le travaillisme britannique est resté fidèle à cet héritage libéral, en matière d'institutions politiques comme sur la question du commerce extérieur.

Cette culture libre-échangiste a résisté au déclin économique de la Grande-Bretagne après 1890. L'électorat, même dans les régions les plus menacées par la concurrence étrangère, a massivement repoussé un projet de retour au protectionnisme en 1906. En 1931, pour combattre les effets de la Grande Dépression, la Grande-Bretagne a adopté un tarif de douane modéré. Mais elle a renoué avec le libéra-

---

1. Eugenio Biagini, *Liberty, Retrenchment and Reform : Popular Liberalism in the Age of Gladstone, 1860-1880,* Cambridge, Cambridge University Press, 1992.

lisme commercial dès 1944, en poussant à la signature du GATT, ancêtre de l'Organisation mondiale du commerce. Face au Marché commun, créé par la France et l'Allemagne en 1957, la Grande-Bretagne a fondé en 1961 l'Association européenne de libre-échange. L'échec relatif de l'entreprise l'a incitée à rejoindre la Communauté européenne en 1973. Elle a depuis milité sans relâche pour la réduction des barrières douanières européennes.

La victoire du libre-échange en Grande-Bretagne y a renforcé les liens entre libéralisme politique et libéralisme économique. La liberté des échanges extérieurs est devenue et reste à ce jour un pilier de la démocratie et de l'identité britannique [1].

La France a suivi une trajectoire idéologique différente. Jusqu'en 1830, comme en Grande-Bretagne, idées libérales économiques et politiques ont progressé de manière parallèle dans l'opinion. De 1830 à 1850, un discours économique nationaliste, mais fidèle à la liberté politique, l'a emporté. Libéralisme politique et libéralisme économique se sont séparés. Souvent même, depuis le milieu du XIXᵉ siècle, ils se sont opposés.

Le Second Empire, régime autoritaire, a imposé une politique commerciale libérale. Des traités de commerce, avec la Grande-Bretagne en 1860 puis avec la plupart des pays européens, ont permis de contourner l'opposition du corps législatif à la réduction des barrières douanières. Le libre-échangisme du Second Empire, incarné par Michel Chevalier, différait profondément du libre-échangisme britannique, symbolisé par Richard Cobden. Chevalier était un proche conseiller de Napoléon III, alors que Cobden agissait comme un tribun des classes moyennes, sans jamais accepter de responsabilité gouvernementale. Le libre-échange de Chevalier était d'abord un projet autoritaire de modernisation économique. Il visait à renforcer la position commerciale, financière et coloniale de la France.

Les conséquences de l'expérience libre-échangiste du Second Empire sont discutées. L'ouverture aux échanges extérieurs a peut-être accéléré la croissance économique jusque vers 1867. Mais cette accélération a surtout bénéficié à l'agriculture, notamment à la viticulture exportatrice. La croissance du secteur industriel, au contraire, a ralenti [2]. De la fin des années 1860 jusque vers 1890, la

---

1. F. Trentmann, *Free Trade Nation, op. cit.*
2. Patrick Verley, « Exportations et croissance économique dans la France des années 1860 », *Annales ESC*, n° 43, 1988, pp. 73-110 ; John V. Nye, « Changing French Trade

France a connu une dépression économique prolongée. Certains historiens, comme Paul Bairoch, en ont rendu responsable l'ouverture au commerce international des années 1860. D'autres ont souligné les problèmes structurels de l'économie française : faible productivité de l'agriculture, essoufflement de la première industrialisation reposant sur les industries textiles. Le débat reste ouvert [1].

En revanche, l'impopularité du libre-échange voulu par Napoléon III ne fait aucun doute. A l'article « libre-échange » du *Dictionnaire des idées reçues*, rédigé par Flaubert peu avant la chute du Second Empire, on lit : « Cause de tous nos maux [2]. » Dès 1872, Adolphe Thiers, premier président de la Troisième République, a procédé à une hausse des droits sur les matières premières. En 1881, un nouveau tarif général a augmenté le niveau moyen des droits à l'importation. En 1882, les négociations pour renouveler le traité de 1860 avec la Grande-Bretagne se sont soldées par un échec. En 1884 et 1887, la protection douanière a été étendue à l'Algérie et à l'Indochine. En 1885 et 1887, les droits à l'importation de céréales, du bétail et du vin ont été augmentés [3].

L'adoption du tarif Méline en 1892 a consacré l'adhésion au protectionnisme de la Troisième République, régime démocratique et libéral. Le tarif en question a augmenté les droits de douane sur une vaste gamme de produits, notamment agricoles. A la Chambre, il a rassemblé les suffrages de 386 députés – 242 républicains, 144 monarchistes – contre 105 – 80 républicains, 25 monarchistes [4]. Le protectionnisme restait marqué à droite. Mais il jouissait du soutien décisif de la majorité du camp républicain. Le rapporteur du projet, Jules Méline, était un républicain conservateur, proche de Jules Ferry. La campagne pour la hausse du tarif douanier a aussi provoqué

Conditions : National Welfare and the 1860 Anglo-French Treaty of Commerce », *Explorations in Economic History,* n° 28, 1991, pp. 460-477.

1. Paul Bairoch, *Commerce extérieur et développement économique de l'Europe,* Paris, Mouton, 1976, notamment pp. 219-238 ; Jean-Charles Asselain, « Croissance, dépression et récurrence du protectionnisme français », in Bernard Lassudrie-Duchêne et Jean-Louis Reiffers (dir.), *Le protectionnisme : croissance, limites, voies alternatives,* Paris, Economica, 1985, pp. 29-53.

2. Corrigé par son ami Edmond Laporte, probablement après 1870, en « Cause des souffrances du commerce » ; voir Gustave Flaubert, *Dictionnaire des idées reçues. Edition diplomatique des trois manuscrits de Rouen,* texte établi et présenté par Lea Laminiti, Naples/Paris, Liguori/Nizet, 1966, p. 97.

3. M. Smith, *Tariff Reform in France, op. cit.,* p. 181, p. 188, pp. 200-201.

4. Eugene O. Golob, *The Méline Tariff : French Agriculture and Nationalist Economic Policy,* New York, Columbia University Press, 1944, notamment pp. 206-215.

l'émergence d'un puissant mouvement associatif dans le monde agricole. Le tarif Méline a scellé le ralliement de la paysannerie, jusque-là méfiante, au régime républicain [1].

La Troisième République est restée fidèle au protectionnisme jusqu'à la Seconde Guerre mondiale. La loi de douanes de 1910 et le tarif de 1927-1928 ont encore augmenté le taux de la protection douanière. La loi « des quotas » de 1931 a contingenté les importations. La Quatrième République s'est inscrite dans cette tradition protectionniste. La signature du traité de Rome en 1957 impliquait bien sûr la réduction des barrières douanières à l'intérieur de l'Europe des Six. Mais le projet européen initial n'était pas libre-échangiste : le tarif extérieur commun, la préférence communautaire et la politique agricole commune ont plutôt permis la survie, dans un cadre élargi, de la tradition protectionniste française.

Le retour au libre-échange a donc été l'œuvre de la Cinquième République, régime républicain mais plus autoritaire que ses prédécesseurs. On ne peut pas fixer de date symbolique à l'abandon d'une politique protectionniste par la France. Le processus, entamé à la fin des années 1960, s'est poursuivi progressivement au cours des années 1970 et 1980. Il a été le fruit des pressions internationales : cycles de négociations multilatérales dans le cadre du GATT et conversion des institutions européennes au libre-échange, en partie en raison de l'adhésion de nouveaux Etats membres partisans d'une politique commerciale plus libérale. Le renforcement de l'exécutif a sans doute facilité ce processus. Des parlementaires aussi indépendants que sous la Troisième République se seraient montrés plus sensibles aux pressions des intérêts protectionnistes.

Comme la législation commerciale est aujourd'hui du ressort de l'Union européenne, débattre du libre-échange dans le cadre français peut paraître suranné. Pourtant, la réglementation du commerce international a joué un rôle croissant dans les débats politiques depuis le début des années 1990 : preuve que la culture protectionniste

---

1. Sur le caractère démocratique des mouvements protectionnistes à la fin du XIXᵉ siècle, en France comme en Allemagne, voir Alan S. Milward, « Tariffs as Constitutions », in Susan Strange et Roger Tooze (dir.), *The International Politics of Surplus Capacity*, Londres, Allen and Unwin, 1981, pp. 57-68 ; voir aussi Jens-Peter Hornbogen, *Travail national. Nationale Arbeit : die handelspolitische Gesetzgebung in Frankreich und Deutschland vor dem Hintergrund der Debatte über Freihandel und Schutzzoll, 1818-1892*, Berlin, Dunkler & Humblot, 2002.

française n'a pas disparu. Un bref survol des attitudes actuelles en fonction des affiliations politiques révèle même une continuité remarquable depuis la fin de la Monarchie de Juillet.

Le protectionnisme est réapparu à droite de l'échiquier politique. Il constitue l'une des principales revendications de l'extrême droite et de la droite de tradition légitimiste (Front national, Mouvement pour la France). Par la hantise de la décadence, par la peur de l'étranger et des éléments hétérogènes dans la société française, par la simplicité du raisonnement économique – les importations détruisent les richesses et le travail –, enfin par l'emploi d'une phraséologie virulente, ces demandes rappellent le langage des prohibitions.

Plus récemment, les idées protectionnistes ont fait des progrès parmi les dirigeants de la droite modérée. Plusieurs d'entre eux – Dominique de Villepin, Nicolas Sarkozy – ont invoqué le « patriotisme économique » et exprimé la volonté de renforcer la « préférence communautaire ». Ce protectionnisme plus raisonnable, qui tient compte de l'insertion de la France dans le marché européen, rappelle à certains égards le discours du système protecteur. Il est favorable à la liberté économique à l'intérieur des frontières et souhaite apaiser les tensions sociales en réduisant l'intensité de la concurrence internationale.

Les idées libre-échangistes dominent le centre-droit et le centre-gauche. Elles sont aussi influentes parmi les élites administratives. Minoritaire dans l'opinion, le libre-échange compense cette faiblesse par la position de pivot occupée par ses défenseurs dans la vie politique et par sa proximité avec le pouvoir. Sa méfiance envers les instincts populaires, et donc le suffrage universel, en fait un libéralisme économique de tendance autoritaire. La ressemblance avec le libre-échangisme du saint-simonien Michel Chevalier est frappante.

La gauche et l'extrême gauche restent sans réponse claire face à la question du commerce international. Les mouvements hostiles à la mondialisation libérale rejettent le libre-échange en tant qu'il incarne un capitalisme débridé. Cette hostilité s'est manifestée avec vigueur parmi les partisans du « non de gauche » – notamment ATTAC – lors du référendum sur la Constitution européenne en 2005. Mais elle ne débouche pas sur un véritable programme de renforcement des barrières douanières. Comme la gauche utopique des années 1840, la gauche altermondialiste, par universalisme, ne peut pas condamner la liberté d'échanger entre les peuples. Elle résout ces contradictions en prônant un commerce « équitable » et surtout en renvoyant la solution du problème après l'avènement d'une société non capitaliste.

La gauche de gouvernement fait preuve de la même ambivalence. Comme Lionel Jospin, qui a déclaré en 1999 que le libre-échange ne faisait pas partie des « traditions économiques » de la France, elle est sans enthousiasme pour la libre circulation des marchandises. Mais elle se contente de pratiquer une politique de redistribution du travail pour atténuer les effets de la concurrence internationale : création d'emplois subventionnés, réduction du temps de travail. C'est la politique du Gouvernement provisoire de la Seconde République, qui voulait combattre le chômage grâce aux Ateliers nationaux et en réduisant la durée maximale du travail – à 11 heures par jour en province, 10 heures à Paris.

Continuité ou régression ? A bien des égards, la disparition du marxisme politique nous a replongés dans le monde idéologique, plus instable et plus fluide, du XIXe siècle. Le renouveau des débats sur le libre-échange en est une manifestation. Mais cette régression est source de malaise, puisque la société politique française n'a que peu d'influence sur les décisions commerciales européennes.

Seules deux voies opposées pourraient réduire ce décalage entre culture économique nationale et politique commerciale continentale : soit une rupture de la France avec l'Union européenne, soit l'élaboration d'une culture économique européenne. La première solution créerait plus de problèmes qu'elle n'en résoudrait. La seconde exigera beaucoup d'intelligence et d'imagination pour faire de la synthèse et du dépassement des identités nationales une identité économique de l'Europe.

ANNEXES

GLOSSAIRE

Adresse : Motion de la Chambre des députés, votée en réponse au discours du trône, à l'ouverture de la session parlementaire. L'Adresse dite « des 221 », adoptée le 16 mars 1830, est un vote de défiance envers le ministère ultra-royaliste dirigé par le prince de Polignac. Elle déclenche le processus conduisant à la Révolution de 1830.

Anti-Corn Law League : Organisation libre-échangiste britannique fondée en 1839 à Manchester. Elle succède à l'*Anti-Corn Law Committee*, établi l'année précédente par sept manufacturiers du textile de la ville. Dirigée par Richard Cobden et John Bright, la *League* mène une campagne de propagande économique sans précédent pour l'établissement du libre-échange et, en particulier, pour l'abolition de la protection agricole. Elle décide de se dissoudre après l'abrogation des *Corn Laws* (lois céralières) en juin 1846. Ses principaux dirigeants continuent à jouer un rôle important dans la vie politique britannique jusque dans les années 1870.

Assurance : Prime versée par les commissionnaires de contrebande aux contrebandiers pour introduire illégalement des produits étrangers en France. Le taux de l'assurance varie entre 10 et 40 % selon les marchandises, les frontières et les époques. Il correspond au taux effectif de protection des produits français contre la concurrence étra ngère.

Balance du commerce : Solde du commerce extérieur. L'expression « balance du commerce » est d'abord employée par les auteurs dits « mercantilistes » en Angleterre au XVIIe siècle. A l'origine, elle désigne le solde commercial exprimé en numéraire. A partir de la fin du XVIIIe siècle, elle renvoie aussi au solde commercial exprimé en quantité de travail : la balance du commerce est considérée comme d'autant plus avantageuse que les exportations se composent de produits finis (riches en travail) et les importations de matières premières (pauvres en travail).

Blocus (ou Système) continental : Guerre commerciale totale entreprise par Napoléon contre la Grande-Bretagne. Inauguré par les décrets de Berlin et Milan (21 novembre 1806 et 23 novembre 1807), le Blocus continental interdit à la France et ses alliés toute relation commerciale avec les îles Britanniques et leurs possessions coloniales, même par l'intermédiaire de navires neutres. L'économie britannique souffre, puis se rétablit grâce au commerce de contrebande et aux exportations hors d'Europe. Sur le continent, le Blocus provoque l'effondrement du commerce maritime, mais il encourage le développement des industries manufacturières dont les produits se substituent aux importations britanniques.

Board of Trade : Ministère du Commerce britannique, qui joue un rôle décisif dans la libéralisation de la politique commerciale de la Grande-Bretagne de 1815 à 1850.

Brochure : Texte imprimé broché, de quatre à plus d'une centaine de pages, formulant des revendications ou commentant un sujet d'actualité, le plus souvent sur un ton polémique. Les brochures demeurent l'un des principaux médias dans la première moitié du XIXe siècle, même si leur importance tend à reculer en faveur des revues périodiques et de la presse quotidienne.

Censitaire (suffrage) : Limitation du droit de vote aux ressortissants nationaux dont les impôts directs sont supérieurs ou égaux au « cens » électoral. Le suffrage censitaire en vigueur en France de 1814 à 1848 est relativement restrictif. Malgré la croissance économique et l'abaissement du cens de 300 à 200 francs au lendemain de la Révolution de Juillet, le nombre d'électeurs n'augmente que d'environ 100 000 en 1815 à près de

250 000 en 1848. Il existe aussi un « cens d'éligibilité » pour être élu député, qui est abaissé de 1 000 à 500 francs en 1830. Le 5 mars 1848, le Gouvernement provisoire de la Seconde République remplace le suffrage censitaire par le suffrage universel (masculin).

Chambre de commerce : Sous l'Ancien Régime, les chambres de commerce représentaient les intérêts commerciaux et manufacturiers de certaines villes et provinces. Abolies par l'Assemblée constituante en 1791, elles sont rétablies par le Consulat en 1802. Leurs membres sont d'abord désignés par les préfets et par cooptation. A partir de 1832, ils sont élus par les fabricants et par les commerçants les plus imposés du département.

Chambre des députés : Chambre basse, dont les membres sont élus au suffrage censitaire de 1814 à 1848.

Chambre des pairs : Chambre haute, dont les membres sont nommés par le roi, à titre héréditaire sous la Restauration et à vie sous la Monarchie de Juillet.

Charte : Texte constitutionnel « octroyé » par Louis XVIII lors de son retour en France en 1814. La Charte établit un régime représentatif, mais non parlementaire : en particulier, elle ne précise pas si le gouvernement est responsable devant les chambres. La révision de la Charte adoptée par les chambres au lendemain de la Révolution de 1830 impose une interprétation parlementaire du texte. En outre, la révision constitutionnelle abolit la censure de la presse, le statut de religion d'Etat du catholicisme et la possibilité pour le roi de gouverner par ordonnances.

Conseils généraux de l'agriculture, du commerce et des manufactures : Organes consultatifs créés à la fin de l'Empire et au début de la Restauration, ils expriment des vœux sur la législation économique auprès du gouvernement et des chambres. Sous la Restauration, leurs membres sont désignés par le ministre de l'Intérieur. Sous la Monarchie de Juillet, ils sont élus par les chambres de commerce. Mais après 1830, les trois conseils ne se réunissent qu'exceptionnellement, et leur influence est supplantée par celle du Conseil supérieur du commerce.

Conseil supérieur du commerce : Organe consultatif créé en 1831, il émet des avis sur les projets de loi économiques. A la demande du gouvernement, il conduit des enquêtes publiques sur certains aspects de la législation commerciale. Présidé par le ministre du Commerce, il comprend treize membres nommés par le gouvernement – pour la plupart hauts fonctionnaires et hommes politiques spécialistes des questions économiques – et les trois présidents des Conseils généraux de l'agriculture, du commerce et des manufactures.

Contrebande/fraude : Au sens strict, la « contrebande » correspond à l'introduction illégale de produits étrangers sur le territoire national, sans les déclarer à l'administration des Douanes. La « fraude », en revanche, consiste en de fausses déclarations à la même administration. En pratique, les deux mots sont souvent utilisés comme synonymes pour évoquer le contournement des tarifs et des prohibitions.

Corn Laws : Législation britannique protégeant l'agriculture céréalière contre la concurrence étrangère entre 1815 et 1846. Elle vise à assurer l'autosuffisance alimentaire de la Grande-Bretagne, mais aussi à garantir les revenus de l'aristocratie terrienne. La première *Corn Law* de 1815 prohibe l'importation des blés étrangers tant que les prix sur le marché intérieur restent inférieurs à 80 shillings par *quarter* (environ 13 kilos), seuil réduit à 70 shillings par *quarter* en 1822. En 1828, la prohibition est remplacée par une échelle mobile, avec des droits à l'importation inversement proportionnels au prix du blé sur le marché intérieur. Après une réduction des droits de l'échelle mobile en 1842, les *Corn Laws* sont abrogées en 1846.

Cours prévôtales : Sous l'Empire, de 1810 à 1814, les cours prévôtales sont des cours d'appel en matière douanière. Sous la Restauration, de 1816 à 1818, les cours prévôtales sont des tribunaux d'exception jugeant sans appel les actes de rébellion commis pendant et après les Cent Jours, y compris les actes de contrebande commis par au moins six contrebandiers à pied ou trois contrebandiers à cheval.

Direction de la Librairie et de l'Imprimerie : Service du ministère de l'Intérieur créé en 1810, chargé de surveiller l'impression et la diffusion des livres et des brochures.

Echelle mobile : Système de droits de douanes à l'importation variant en proportion inverse des prix sur le marché intérieur. La Grande-Bretagne en 1828 et la France en 1832 adoptent des échelles mobiles pour réguler les importations de céréales.

Économie politique : Du XVIIᵉ au XVIIIᵉ siècle, l'expression désigne la réflexion juridique, politique et économique sur les rapports entre production, échanges et réglementation étatique. A partir du début du XIXᵉ siècle, elle prend le sens de « science économique » et renvoie le plus souvent à l'économie politique libérale dite « classique », incarnée par Adam Smith, Jean-Baptiste Say et David Ricardo.

Entrepôt : Instrument de politique commerciale permettant aux négociants d'entreposer les marchandises importées sans payer de droits de douane pour une durée prédéterminée. L'entrepôt est dit « réel » lorsque les marchandises sont confiées à la surveillance de la Douane dans un bâtiment spécial et « fictif » lorsqu'elles restent en possession des négociants. A l'issue de la période d'entreposage, les négociants doivent réexporter les marchandises ou les verser sur le marché intérieur, en payant les droits en vigueur. Sous la Restauration, l'entrepôt est réservé aux négociants des villes portuaires. En 1832, il est étendu aux négociants des autres villes.

Gauche dynastique : Tendance parlementaire dirigée par Odilon Barrot sous la Monarchie de Juillet. Elle soutient le régime de Louis-Philippe mais réclame l'abaissement du cens électoral en faveur de la petite bourgeoisie.

Girondins : Faction républicaine modérée pendant la Révolution, dont plusieurs des chefs étaient originaires du département de la Gironde. Les Girondins sont éliminés de la Convention par le coup de force montagnard du 31 mai-2 juin 1793.

Idéologie : Courant de pensée qui étudie l'origine et le développement des idées. Ses membres, les « Idéologues », comprennent Antoine-Claude-Louis Destutt de Tracy (1754-1836), Pierre-Jean-Georges Cabanis (1757-1808) et Constantin-François de Volney (1757-1820). Ils dominent l'Académie des sciences morales et politiques de 1795 à sa suppression en 1803. Le terme d'idéologie ne prend son sens courant actuel – d'ensemble d'idées servant à orienter l'action politique – que dans la deuxième moitié du XIXᵉ siècle. Ce second sens dérive de l'analyse marxiste des liens entre idées et intérêts de classe plutôt que de la philosophie des Idéologues.

Industrialisme : Courant de pensée du début de la Restauration, incarné par Charles Comte et Charles Dunoyer, qui veut remplacer les valeurs de la société d'Ancien Régime (noblesse, honneur) par celle d'« industrie » (au sens de travail productif plutôt que d'industrie manufacturière). L'industrialisme s'inspire en partie des idées avancées par le comte Claude-Henri de Saint-Simon et Augustin Thierry dans *L'industrie* (1817).

Industrie : Jusqu'au début du XIXᵉ siècle, ensemble des activités ayant pour objet la production et l'échange de marchandises. A partir de la fin du XVIIIᵉ siècle, le terme est de plus en plus souvent employé pour désigner exclusivement les activités manufacturières, par opposition au commerce et à l'agriculture.

Juste-Milieu : Tendance politique de la Monarchie de Juillet qui veut se tenir à égale distance du réformisme démocratique et du légitimisme réactionnaire.

Libéral : Sous la Restauration, le terme désigne tous les adversaires du « royalisme » réactionnaire : partisans d'une monarchie parlementaire, d'une république démocratique ou d'un empire bonapartiste. Après 1830, « libéral » cesse de désigner une sensibilité politique, même si le mot conserve parfois le sens de « réformiste ».

Liberté commerciale : Libre circulation des marchandises, le plus souvent à travers les frontières internationales.

Liberté du commerce : Jusqu'au début du XIXᵉ siècle, le sens de cette expression est variable. Elle concerne la production aussi bien que les échanges de marchandises. Le plus souvent, elle signifie « absence de monopole ». Mais il peut s'agir de liberté au sens de privilège d'une ville, d'un corps de métier ou de certains individus. Après 1820, son sens tend à se confondre avec ceux de « liberté commerciale » et de « libre-échange ».

Libre-échange : Slogan des partisans de la liberté commerciale, popularisé par Frédéric Bastiat en 1846-1848.

Ligne de douanes : Ligne formée par les bureaux ou postes de douanes le long des frontières terrestres. La plupart des frontières françaises comptent deux lignes fixes de bureaux de douanes et une ligne mobile opérant entre les deux lignes fixes, d'où l'expression « triple ligne de douanes ».

Lois ou Actes de navigation : Législation mercantiliste adoptée par le *Commonwealth* de Cromwell en 1651 et confirmée par les Stuart restaurés en 1660-1663, qui interdit le commerce de produits anglais (britanniques après l'union avec l'Ecosse en 1707) par des vaisseaux étrangers. Mis en place pour combattre la domination du commerce maritime par les Provinces-Unies, les Actes de navigation permettent le développement d'une vaste flotte de commerce et sont considérés comme l'un des piliers de l'empire britannique au XVIIIᵉ siècle. Leur abolition en 1849 parachève l'adoption du libre-échange par la Grande-Bretagne.

Mercantilisme : Terme inventé par les historiens de la fin du XIXᵉ siècle pour décrire le mode de pensée économique dominant du XVIᵉ à la fin du XVIIIᵉ siècle. Selon les auteurs mercantilistes, la politique commerciale doit viser à obtenir un solde commercial positif aussi élevé que possible. Les politiques mercantilistes ou « systèmes mercantiles » mis en œuvre par l'Espagne, la France, la Grande-Bretagne ou les Provinces-Unies sont plus ou moins restrictifs, en fonction des circonstances géopolitiques et de considérations pragmatiques. L'influence des idées mercantilistes décline à mesure que s'affirme celle de l'économie politique libérale, de la fin du XVIIIᵉ au milieu du XIXᵉ siècle.

Monopole : En analyse économique, le monopole désigne la concentration des moyens de production ou de distribution d'un produit entre les mains d'un seul agent, privé ou public. Il en résulte des prix plus élevés et une perte de bien-être pour le consommateur. Dans le langage politique du XVIIIᵉ et du début du XIXᵉ siècle, le terme monopole est souvent employé pour stigmatiser toutes les restrictions à la liberté du commerce.

Montagnards : Faction républicaine avancée pendant la Révolution, dont les représentants siègent sur les bancs les plus hauts (Montagne) de l'Assemblée législative de 1791 à 1792. Dominés par Maximilien de Robespierre et partisans d'une politique de Terreur contre les ennemis de la Révolution, les Montagnards perdent le pouvoir après le coup de force mené par les modérés de la Convention le 9 thermidor an II (27 juillet 1794).

Mouvement : Tendance politique des débuts de la Monarchie de Juillet, qui défend la poursuite des réformes à l'intérieur et le soutien aux forces libérales à l'étranger. Elle perd le pouvoir au profit de la Résistance conservatrice en mars 1831.

Numéraire : Monnaie métallique ou de papier, par opposition à la monnaie scripturale.

Opinion publique : Concept clé des Lumières qui émerge au milieu du XVIIIᵉ siècle, l'opinion publique est composée par tous les membres instruits de la société. Tribunal anonyme, sa légitimité l'emporte progressivement sur celle de l'autorité monarchique. Son développement est un prélude à la Révolution et à la constitution de la culture politique contemporaine.

Organicisme : Doctrine qui assimile la société ou le système économique à un être vivant. A partir de la Révolution française, l'organicisme est souvent caractéristique de la pensée conservatrice et réactionnaire.

Pétition : Écrit signé adressé aux pouvoirs publics, qui exprime une opinion, une demande, une plainte, une protestation, un vœu, d'ordre particulier ou général. Sous l'Ancien Régime, les pétitions sont le seul moyen légal de participation aux affaires publiques pour la grande majorité des sujets du roi. Elles demeurent un important moyen d'expression, qui reçoit une publicité croissante, dans la première moitié du XIXᵉ siècle.

Plombage : Scellage des ballots de marchandises en transit par l'administration des Douanes, pour combattre la fraude. Les plombs sont apposés par les douaniers, aux frais des commerçants.

Prohibition : Interdiction d'importer ou d'exporter une marchandise. Les prohibitions à l'importation portent le plus souvent sur des produits finis, celles à l'exportation sur des matières premières.

Protectionnisme : Le terme semble d'abord avoir été employé par les partisans du libre-échange pour désigner leurs adversaires, à partir de 1846. Il est vite revendiqué par les défenseurs du système protecteur.

Rayon des douanes : Distance depuis la frontière jusqu'à laquelle les douaniers jouissent de droits exorbitants pour combattre la contrebande et la fraude. Le rayon des douanes est porté de 20 à 25 kilomètres en 1816.

Résistance : Tendance politique des débuts de la Monarchie de Juillet, soucieuse de prévenir les débordements révolutionnaires à l'intérieur et de préserver la paix à l'extérieur. La Résistance conservatrice arrive au pouvoir en mars 1831 et le conserve jusqu'à la chute du régime en février 1848.

Révolution de Juillet : Insurrection parisienne des 28, 29 et 30 juillet 1830, qui met un terme à la Restauration des Bourbons. Elle débouche sur une révision de la Charte et l'avènement de la Monarchie de Juillet.

Romantisme : Courant littéraire et artistique qui conteste le classicisme et s'épanouit dans la première moitié du XIXe siècle. Dans la lignée des travaux de Johann Gottfried Herder et de Jean-Jacques Rousseau, les romantiques critiquent le rationalisme des Lumières et s'intéressent à la sensibilité intérieure, aux particularismes locaux et à l'héritage médiéval des cultures européennes.

Saint-simonisme : Ecole de pensée et religion autoproclamée s'inspirant des doctrines du comte Claude-Henri de Saint-Simon. Le saint-simonisme exalte le travail productif, les compétences techniques et l'organisation hiérarchique comme moyens de refonder la société post-révolutionnaire. Il séduit des personnalités talentueuses, dont plusieurs polytechniciens tel Michel Chevalier. Fondée et dirigée par Prosper Enfantin et Olinde Rodrigues après la mort de Saint-Simon en 1825, la secte saint-simonienne est affaiblie par un schisme en 1831 et un procès pour outrage aux mœurs en 1832. Elle se dissout peu après, mais plusieurs de ses membres jouent un rôle de premier plan dans les affaires économiques jusqu'à la fin du Second Empire.

Surtaxe : Droits supplémentaires levés sur certains produits importés en fonction de leur origine. La surtaxe sur les sucres de canne étrangers, produits hors des colonies françaises, équivaut à un droit protecteur en faveur du sucre produit dans les Antilles françaises et à la Réunion.

Système mercantile : Ensemble des interdictions, droits de douane, primes à l'exportation et autres réglementations économiques et coloniales visant à augmenter le solde commercial, en vigueur dans les Etats ouest-européens depuis le XVIe jusqu'au début du XIXe siècle. L'expression est employée pour la première fois par Adam Smith dans *La richesse des nations* (1776).

Système prohibitif (ou des prohibitions) : Ensemble de mesures interdisant formellement ou par des tarifs prohibitifs certaines transactions commerciales avec l'étranger. Le système prohibitif est d'inspiration mercantiliste. D'usage courant au XVIIIe siècle, l'expression reste employée pour décrire la politique commerciale de la Restauration de 1814 à 1830.

Système protecteur : Ensemble de mesures protégeant les producteurs nationaux contre la concurrence étrangère. Les partisans de la protection douanière emploient cette expression de préférence à celle de « système prohibitif » après 1830. En théorie, les restrictions à l'importation formant le système protecteur sont temporaires. Elles sont aussi plus modérées et plus sélectives que les restrictions du système prohibitif. Leur légitimité repose sur l'idée de solidarité nationale plutôt que sur la théorie de la balance du commerce. Les avocats de la liberté commerciale considèrent cependant qu'en pratique, les deux systèmes diffèrent peu l'un de l'autre.

Tarif prohibitif : Droits élevés équivalant à une prohibition de fait, à l'importation ou à l'exportation.

Terreur blanche : Période de représailles royalistes consécutives aux Cent Jours, de 1815 à 1816. La Terreur blanche est spontanée dans certaines régions royalistes, en particulier dans le Midi. Elle est aussi légale, à travers l'épuration des administrations et les jugements sans appel rendus par les cours prévôtales.

Tory : Tendance politique britannique. A l'origine, les torys sont les partisans du pouvoir monarchique contre les whigs favorables à la suprématie du Parlement. A partir de la Révolution française, les torys deviennent les défenseurs de l'ordre établi. Le terme devient synonyme de « conservateur » dans les années 1840.

Traité de commerce : Jusque dans la première moitié du XIXe siècle, les traités de commerce font partie de la panoplie de mesures mercantilistes. Ils établissent des régimes préférentiels bilatéraux, au détriment des pays tiers : à ce titre, ils sont condamnés par les économistes libéraux. Après 1850, les traités de commerce deviennent pourtant un outil majeur de libéralisation des échange : grâce à l'introduction systématique de la clause de la « nation la plus favorisée », ils étendent les concessions accordées à un pays à tous les autres pays signataires d'un traité. Le traité de commerce franco-britannique de 1860 est ainsi suivi par des dizaines d'autres traités entre les pays européens au cours des années suivantes. Il ouvre une période de liberté commerciale à l'échelle du continent, qui dure jusqu'à l'adoption d'une politique protectionniste par l'Allemagne de Bismarck en 1879.

Transit : Passage de produits sur le territoire national sans qu'ils soient versés sur le marché intérieur. Le commerce de transit est un commerce de réexportation, qui peut être très lucratif. Mais il souffre du coût des procédures de douane qui l'encadrent : plombage, vérification du contenu des ballots, etc.

Ultra, ou ultra-royaliste : Tendance politique de la Restauration. Les ultras sont des royalistes extrémistes, qui souhaitent rétablir l'Ancien Régime.

Union douanière : Abolition des barrières douanières entre plusieurs entités politiques, qui adoptent une politique commerciale commune vis-à-vis du monde extérieur. Le succès du *Zollverein*, ou association douanière allemande, établi en 1834, suscite plusieurs projets d'union douanière en Europe, dont un projet d'union franco-belge à la fin des années 1830.

Utilitarisme : Courant philosophique s'inscrivant dans la lignée des philosophes matérialistes du XVIIIe siècle, dont le principal représentant est le penseur britannique Jeremy Bentham. La maxime de l'utilitarisme est « le plus grand bonheur du plus grand nombre » : il s'agit de réformer des législations incohérentes et inefficaces pour accroître les plaisirs et réduire les peines de la majorité des citoyens. L'utilitarisme sert de base philosophique à plusieurs économistes libéraux tels que Jean-Baptiste Say et David Ricardo. En politique britannique, les utilitaristes ou « radicaux philosophiques » se rangent dans le camp du réformisme démocratique à partir des années 1820.

Whig : Tendance politique britannique. A l'origine, les whigs sont les défenseurs de l'ordre politique et économique établi par la *Glorious Revolution* de 1688, contre les torys qui veulent renforcer le pouvoir royal. A partir de la Révolution française, les whigs deviennent une faction aristocratique réformatrice. Leur fusion avec d'autres réformateurs et les radicaux donne naissance au parti libéral dans les années 1860.

Zollverein : Union douanière allemande, établi en 1834 sous la direction du royaume de Prusse. Elle comprend vite la plupart des Etats de la Confédération germanique, sauf l'Empire d'Autriche et les villes hanséatiques. La constitution du *Zollverein* marque une étape importante de l'unification et du décollage économique de l'Allemagne.

NOTICES BIOGRAPHIQUES

CHARLES D'AGOULT (1749-1824) : Evêque de Pamiers avant la Révolution, il émigre dès 1790 et publie plusieurs ouvrages et brochures hostiles aux principes révolution-naires. Spécialiste des questions financières et commerciales, il est notamment l'auteur de *Des impôts indirects et des droits de consommation* (1817).

ALEXANDRE-JACQUES-LAURENT ANISSON-DUPÉRON (1776-1852) : Préfet du départe-ment de l'Arno en Toscane puis auditeur au Conseil d'Etat sous l'Empire, il devient directeur de l'administration de l'Imprimerie et de la Librairie sous la Restauration. Il démissionne de ses fonctions en 1829 pour protester contre la politique réactionnaire de Charles X. Sous la Monarchie de Juillet, il est député conservateur du Puy-de-Dôme de 1830 à 1833 et de la Seine-Inférieure de 1833 à 1845. Elevé à la pairie cette dernière année, il participe à la fondation de l'ALE en 1846.

COMTE APOLLINAIRE ANTOINE D'ARGOUT (1782-1858) : Maître des requêtes au Conseil d'Etat sous l'Empire, il est nommé préfet des Basses-Pyrénées puis du Gard au début de la Restauration. Elevé à la pairie en 1819, il y défend des opinions modérées puis se rallie à la Monarchie de Juillet. Il est ministre du Commerce de mars 1831 à décembre 1832, puis participe à la plupart des gouvernements jusqu'à la chute du second ministère Thiers en 1836. Il est partisan d'une politique de protection douanière modérée. Devenu gouverneur de la Banque de France en 1836, il est fait sénateur par Napoléon III après le coup d'Etat du 2 décembre 1851.

FRANÇOIS-BARTHÉLEMY ARLÈS-DUFOUR (1797-1872) : Il s'initie au commerce à Leipzig dans les années 1810, puis s'établit à Lyon comme négociant de soieries dans les années 1820. Il sympathise avec le mouvement saint-simonien, sans jamais y adhérer formellement. Membre actif de la chambre de commerce de Lyon, il devient un corres-pondant du libre-échangiste britannique Richard Cobden dans les années 1840, conseille le gouvernement français lors des négociations précédant la signature du traité de commerce franco-britannique de 1860, et soutient activement la campagne pour la construction du canal de Suez sous le Second Empire.

XAVIER AUDOUIN (1766-1837) : Secrétaire du club des Jacobins à partir de mai 1792, il soutient la Terreur en 1793-1794 et est emprisonné sous le Directoire. Magistrat et publiciste sous l'Empire, il est l'auteur de plusieurs ouvrages sur le commerce et la marine, dont *Du commerce maritime* (an IX).

AUGUSTE BARBET (1791-1872) : Industriel rouennais, puis économiste proche de Félicité de Lamennais, il est l'auteur de plusieurs ouvrages réformateurs, dont *Système social et reponsabilité de l'homme* (1846) et *Causes et effets* (1847).

HENRI BARBET (1789-1875) : Frère du précédent, fabricant d'étoffes rouennais et libéral sous la Restauration, il devient maire de Rouen en 1830 et député conservateur de la Seine-Inférieure en 1831. Elevé à la pairie en 1846, il se rallie au Second Empire et est député de la Seine-Inférieure au corps législatif de 1863 à 1869. D'opinion protection-niste, il est membre fondateur de l'ADTN.

ODILON BARROT (1791-1873) : Avocat libéral sous la Restauration, député de l'Eure de 1830 à 1831 puis de l'Aisne de 1831 à 1848, il devient le chef de file de la Gauche dynastique dans les années 1840. Chef du gouvernement de décembre 1848 à octobre 1849, il proteste contre le coup d'Etat du 2 décembre 1851 puis se retire de la vie politique.

FRÉDÉRIC BASTIAT (1801-1850) : Fils de négociant, propriétaire terrien dans les Landes, d'opinion libérale avancée, il prend la tête du mouvement libre-échangiste en 1845 et joue un rôle clé dans la fondation de l'ALE l'année suivante. Elu représentant des Landes aux Assemblées constituante et législative sous la Seconde République, il s'y montre républicain sincère tout en combattant les idées socialistes. Il meurt à Rome en 1850. Ses œuvres comprennent *Cobden et la Ligue* (1845), *Sophismes économiques* (1846), *Protectionisme et communisme* (1849) et un ouvrage plus théorique, *Harmonies économiques* (1850).

RAYMOND MARIE HYACINTHE DE BASTOULH (1783-1838) : Député royaliste de la Haute-Garonne de 1827 à 1830.

JEREMY BENTHAM (1748-1832) : Philosophe, juriste et réformateur, il est le chef de file de l'utilitarisme britannique et, en politique après 1815, du radicalisme philosophique, de tendance réformiste démocratique. Il exerce son influence à travers ses ouvrages, dont *A Fragment on Government* (1776) et *An Introduction to the Principles of Morals and Legislation* (1789), et à travers de nombreux disciples, dont James Mill, Edwin Chadwick et John Bowring.

PIERRE-JEAN DE BÉRANGER (1780-1857) : Chansonnier libéral à succès sous la Restauration, il est condamné à plusieurs reprises par les tribunaux pour ses outrages au pouvoir. Il devient plus modéré sous la Monarchie de Juillet et refuse de siéger à l'Assemblée constituante en 1848.

PIERRE-ANTOINE BERRYER (1790-1868) : Député royaliste de la Haute-Loire de 1830 à 1834, puis des Bouches-du-Rhône jusqu'en 1851, il est l'un des principaux dirigeants de la tendance légitimiste à la Chambre basse et dans les Assemblées de la Seconde République.

COMTE BEUGNOT (1761-1835) : Député de l'Aube à l'Assemblée législative de 1791 à 1792, préfet de la Seine-Inférieure sous le Consulat, chargé de l'organisation du nouveau royaume de Westphalie en 1807, administrateur du grand-duché de Berg de 1808 à 1813, il est directeur de la Police pendant la Première Restauration, de 1814 à 1815. Il est député royaliste modéré de la Seine-Inférieure de 1816 à 1820.

LOUIS BLANC (1811-1882) : Penseur, journaliste et homme politique, dont l'ouvrage *L'organisation du travail* (1840) marque une étape importante dans l'émergence du mouvement socialiste français. Membre du Gouvernement provisoire après la Révolution de février 1848, puis représentant de la Seine à l'Assemblée constituante, il doit s'exiler en Angleterre de 1849 à 1870. De retour en France après la proclamation de la Troisième République, il est député de la Seine de 1871 jusqu'à sa mort.

ADOLPHE BLANQUI (1798-1854) : Frère aîné du révolutionnaire Auguste Blanqui (1805-1881), venu étudier à Paris au début des années 1820, il devient l'un des plus proches disciples de Jean-Baptiste Say. Il collabore à de nombreux journaux et revues, publie une *Histoire de l'économie politique en Europe* (1837) et rejoint l'Académie des sciences morales et politiques l'année suivante. Il participe à la fondation du *Journal des économistes* en 1841 et de l'ALE en 1846. Il est député conservateur de la Gironde de 1846 à 1848.

LOUIS DE BONALD (1754-1840) : Emigré en 1792 et penseur contre-révolutionnaire, auteur de *Théorie du pouvoir politique et religieux* (1796), *Essai analytique sur les lois naturelles de l'ordre social* (1800) et *Législation primitive* (1802). Député ultra-royaliste de l'Aveyron de 1815 et 1823, il est élevé à la pairie en 1823, mais refuse de prêter serment au nouveau régime après la Révolution de Juillet.

LOUIS BOURRIENNE (1769-1834) : Condisciple de Napoléon Bonaparte à l'école de Brienne et son secrétaire intime de 1797 à 1801, il est député ultra-royaliste de l'Yonne de 1815 à 1816 et de 1820 à 1827.

JOHN BOWRING (1792-1872) : Négociant britannique polyglotte, disciple du philosophe Jeremy Bentham, il effectue plusieurs missions pour le compte du gouvernement britannique en France (1831-1834), en Suisse (1835), en Italie (1836), en Egypte (1837-1838) et en Allemagne (1839) pour y étudier les conditions commerciales et y promouvoir la libéralisation douanière. Consul britannique à Canton de 1849 à 1854, il devient gouverneur de Hong Kong et plénipotentiaire britannique en Extrême-Orient en 1855. Il joue un rôle décisif dans le déclenchement de la seconde guerre de l'Opium (1856-1860) entre la Grande-Bretagne (alliée à la France) et la Chine.

HENRI BRESSON (1794-1843) : Député conservateur des Vosges de 1831 à 1843.

JOHN BRIGHT (1811-1889) : Industriel et homme politique britannique, il est l'un des principaux dirigeants de l'*Anti-Corn Law League* dans les années 1840. Réformiste radical et pacifiste, il participe néanmoins à plusieurs gouvernements libéraux entre 1868 et 1882.

ACHILLE LÉONCE HECTOR CHARLES, DUC DE BROGLIE (1785-1870) : Auditeur au Conseil d'Etat puis intendant en Illyrie sous l'Empire, il est créé pair en 1814 et épouse la fille de Germaine de Staël en 1816. Libéral modéré proche des doctrinaires, il devient l'un des chefs de la Résistance conservatrice après la Révolution de Juillet. Il participe à plusieurs des premiers gouvernements de la Monarchie de Juillet, notamment en tant que ministre des Affaires étrangères, et est président du Conseil de mars 1835 à février 1836. Représentant conservateur de l'Eure sous la Seconde République, il se retire de la vie politique après le coup d'Etat du 2 décembre 1851.

PHILIPPE BUCHEZ (1796-1865) : Membre fondateur de la « charbonnerie » (conspiration libérale) sous la Restauration, il participe au mouvement saint-simonien avant de se convertir au catholicisme et de promouvoir un socialisme d'inspiration chrétienne. Il est représentant de la Seine à l'Assemblée constituante en 1848-1849.

THOMAS-ROBERT BUGEAUD (1784-1849) : Soldat puis officier sous l'Empire, il s'occupe d'agronomie pendant la Restauration. Député conservateur de Dordogne de 1831 à 1848, il est chargé de réprimer une insurrection républicaine à Paris en avril 1834 et se distingue comme gouverneur général de l'Algérie, dont il achève la conquête entre 1840 et 1847. Il est représentant de la Dordogne à l'Assemblée constituante en 1848-1849.

ALLYRE BUREAU (1810-1859) : Polytechnicien, fouriériste et proche de Victor Considérant, il dirige le journal du Mouvement, *La Démocratie pacifique*, de 1850 à 1851, puis participe à la tentative d'établissement du phalanstère de la « Réunion » au Texas dans les années 1850.

ETIENNE CABET (1788-1856) : Penseur et homme politique socialiste, député radical de la Côte-d'Or de 1831 à 1834, il expose ses idées « communistes » dans une utopie, *Voyage en Icarie* (1840). Sa tentative de fonder une colonie communiste aux Etats-Unis en 1848-1849 est un désastre, qui se termine par sa condamnation à deux ans de prison pour escroquerie. Il repart en exil aux Etats-Unis après le coup d'Etat du 2 décembre 1851.

HENRI CABOT, VICOMTE DE DAMPMARTIN (1755-1825) : Il émigre en 1792 et sert dans l'armée du prince de Condé en Allemagne. Il est député conservateur au corps législatif et à la Chambre des députés de 1813 à 1815.

CHARLES-ALCÉE CAMPAN (1800-1877) : Libéral bordelais, qui s'établit à Paris puis à Bruxelles peu avant la Révolution de Juillet. Il lance plusieurs titres de presse libéraux en Belgique avant de retourner en 1838 à Bordeaux, où il devient secrétaire de la chambre de commerce. Il collabore avec Henri Fonfrède à la rédaction du *Courrier de Bordeaux* et s'occupe, après la mort de son ami, de la publication des *Œuvres de Henri Fonfrède* (1844-1847). Hostile au régime républicain après 1848 comme au régime impérial après 1851, il retourne en exil en Belgique après le coup d'Etat du 2 déce mbre.

GEORGE CANNING (1770-1827) : Homme politique britannique, disciple de William Pitt le jeune, il participe à de nombreux gouvernements conservateurs, en particulier comme ministre des Affaires étrangères de 1807 à 1809 et de 1822 à 1827, et comme Premier ministre d'avril 1827 à sa mort en août 1827. Pragmatique en politique économique, il soutient les réformes libérales de William Huskisson.

GEORGES-MARCELLIN CHABRON DE SOLIHAC (1769-1829) : Emigré dès 1790, il sert dans l'armée du prince de Condé en Allemagne puis comme aide de camp de Charette en Vendée. Il est député ultra-royaliste de la Haute-Loire de 1815 à 1829.

JEAN-ANTOINE CHAPTAL (1756-1832) : Chimiste établi à Montpellier, Girondin pendant la Révolution, il est ministre de l'Intérieur sous le Consulat, de l'an IX à l'an XII. Fait sénateur en l'an XIII et comte d'Empire en 1808, il est élevé à la pairie en 1819 et siège avec l'opposition libérale. Son ouvrage *De l'industrie française* (1819), favorable à la protection douanière, exerce une influence durable sur les débats économiques en France.

CHARLES X (1757-1836) : Roi de France de 1824 à 1830.

PIERRE-JOSEPH CHEDEAUX (1767-1832) : Maire de Metz sous la Restauration et député conservateur de la Moselle de 1831 à 1832.

MICHEL CHEVALIER (1806-1879) : Polytechnicien, il joue un rôle important dans le mouvement saint-simonien, notamment en tant que rédacteur du journal *Le Globe*, qui lui vaut six mois de prison en 1832. A sa libération, il réintègre le corps des mines et effectue une mission d'études de deux ans en Amérique du Nord. De retour en France, il devient rédacteur au *Journal des Débats*, conseiller d'Etat en 1840 et professeur d'économie politique au Collège de France. Il est député conservateur de l'Aveyron en 1845-1846 et participe à la fondation de l'ALE en 1846. Il soutient le coup d'Etat du 2 décembre 1851 et occupe plusieurs positions influentes sous le Second Empire. C'est à son initiative qu'est signé le traité de commerce de 1860 avec la Grande-Bretagne, qui abaisse considérablement les barrières douanières françaises. Il se retire de la vie publique après la proclamation de la République en 1870. Il est l'auteur des *Intérêts matériels de la France* (1838), d'un *Cours d'économie politique* (1842-1844) et d'un *Examen du système protecteur* (1852).

WILLIAM COBBETT (1763-1835) : Publiciste britannique hostile à la Révolution française, il dénonce l'industrialisation à outrance et l'appauvrissement des campagnes après 1815, et devient partisan de réformes démocratiques. Il est l'auteur des *Rural Rides* (1830).

RICHARD COBDEN (1804-1865) : Industriel et homme politique britannique, il devient la figure de proue de l'*Anti-Corn Law League* dans les années 1840. De tendance réformiste radicale, il ne participe à aucun gouvernement, mais accepte de représenter la Grande-Bretagne aux négociations conduisant au traité de commerce franco-britannique de 1860. Après sa mort, il devient l'objet d'un culte parmi les libéraux britanniques, et dans une moindre mesure, européens.

CHARLES COMTE (1782-1837) : Gendre de Jean-Baptiste Say et journaliste libéral sous la Restauration, il est condamné à deux ans de prison en 1820 et s'exile en Suisse puis en Grande-Bretagne. Député réformiste de la Sarthe de 1831 à 1837, il est élu secrétaire de l'Académie des sciences morales et politiques après sa réorganisation en 1832.

VICTOR CONSIDÉRANT (1808-1893) : Chef de file de l'école fouriériste après la mort du maître en 1837, il dirige plusieurs journaux socialistes, dont *La Démocratie pacifique*. Représentant du Loiret sous la Seconde République, il doit s'exiler aux Etats-Unis en 1849 et revient en France en 1869.

BENJAMIN CONSTANT (1767-1830) : Issu d'une famille de huguenots français réfugiée en Suisse, partisan du Directoire pendant la Révolution, il est éliminé du Tribunat (chambre législative sous le Consulat et l'Empire) dès 1802 en raison de son opposition à la politique autoritaire du Premier Consul. Sous la Restauration, il est l'un des chefs de file de l'opposition libérale, en tant que publiciste et comme député de la Sarthe de 1819 à 1820, de la Seine de 1824 à 1827 et du Bas-Rhin de 1827 à 1830. Il est l'auteur de nombreux ouvrages et brochures politiques, dont *De l'esprit de conquête et d'usurpation* (1813).

CHARLES COQUELIN (1802-1852) : Journaliste et économiste, il participe à la fondation de l'ALE en 1846 et dirige la publication du *Dictionnaire de l'économie politique* (1854).

CHARLES-NICOLAS CORNET D'INCOURT (1773-1852) : Député ultra-royaliste de la Somme de 1815 à 1827.

JOHANNES-GEORG COTTA (1796-1863) : Fils de Johann Friedrich Cotta, qui fit de l'entreprise familiale une des principales maisons d'édition d'Allemagne. Johannes-Georg continue l'œuvre de son père et s'occupe notamment de la publication des ouvrages de Friedrich List.

FÉLIX COUDROY (dates inconnues) : Juriste toulousain, admirateur des œuvres de Bonald et Maistre, et ami de Frédéric Bastiat.

LAURENT CUNIN-GRIDAINE (1778-1859) : Fabricant textile de Sedan, député (libéral, puis conservateur) des Ardennes de 1827 à 1848, il est ministre du Commerce, presque sans interruption, de 1837 à 1848.

HONORÉ DAUMIER (1808-1879) : Peintre et caricaturiste de sympathies républicaines, il illustre *La Caricature* et *Le Charivari* sous la Monarchie de Juillet.

ELIE, DUC DECAZES (1780-1860) : Président de la Cour de cassation en 1805, il devient royaliste constitutionnel sous la Restauration et président du Conseil de 1819 à 1820. Forcé de démissionner après l'assassinat du duc de Berry, il se rallie à la Monarchie de Juillet en 1830. Originaire de Gironde, il en préside le Conseil général de 1831 à 1847.

LOUIS-XAVIER DEFITTE (1775-1840) : Militaire sous la Révolution, diplomate sous l'Empire, il vit retiré sur ses terres de Seine-et-Oise pendant la Restauration. Il est député de la Seine-et-Oise de 1834 à 1840 et siège au centre-gauche.

JEAN-BAPTISTE DELAUNAY (dates inconnues) : Commerçant havrais, qui combat la création d'un entrepôt à Paris jusqu'en 1831, puis chef de file des partisans de la liberté commerciale au Havre.

EDWARD GEORGE GEOFFREY SMITH-STANLEY, EARL OF DERBY (1799-1869) : Homme politique britannique, il prend la tête du parti conservateur après la chute de Robert Peel en 1846. Il est Premier ministre de février à décembre 1852, de février 1858 à juin 1859 et de juin 1866 à février 1868.

ANTOINE-LOUIS-CLAUDE DESTUTT DE TRACY (1754-1836) : Philosophe et chef de file de l'« Idéologie », doctrine ultra-matérialiste qui s'épanouit sous le Directoire. Membre du Sénat sous l'Empire et de la Chambre des pairs sous la Restauration, il se rallie à la Monarchie de Juillet en 1830 et rejoint à l'Académie des sciences morales et politiques lors de sa réorganisation de 1832. Ses œuvres comprennent un *Traité de la volonté* (1815) et les *Eléments d'idéologie* (1814-1817), dont le quatrième volume traite de l'économie politique.

BENJAMIN DISRAELI (1804-1881) : Romancier et homme politique britannique, d'origine juive mais converti à l'anglicanisme, il devient l'un des dirigeants du parti conservateur après la chute de Robert Peel en 1846. Il est Premier ministre pendant quelques mois en 1868 et de 1874 à 1880.

EMILE DOLLFUS (1805-1858) : Fabricant de tissus de coton à Mulhouse et maire de la ville de 1843 à 1849, il est député réformiste (conservateur modéré après 1848) du Haut-Rhin de 1846 à 1851.

JEAN DOLLFUS (1800-1888) : Fabricant de toiles peintes à Mulhouse, d'opinions politiques libérales sous la Restauration, partisan de la libéralisation douanière sous la Seconde République, il participe aux négociations conduisant au traité de commerce avec la Grande-Bretagne en 1860. Après l'annexion de l'Alsace en 1870, il continue à promouvoir la liberté des échanges en Allemagne, en tant que député « protestataire » (hostile au rattachement à l'Empire allemand) au *Reichstag*.

JOSEPH DROZ (1773-1850) : Soldat dans les armées républicaines de 1792 à 1796, enseignant à l'Ecole centrale de Besançon sous le Directoire, il rejoint l'administration des Contributions indirectes en 1801. Sous l'Empire, il devient homme de lettres et écrit sur la politique, la philosophie morale, la littérature et l'économie politique. Sous la Monarchie de Juillet, il traverse une crise mystique et préconise la revalorisation de la morale chrétienne.

TANNEGUY DUCHATEL (1803-1867) : Journaliste libéral, spécialiste des questions économiques au *Globe* sous la Restauration, il est partisan de la liberté des échanges et se prononce pour les doctrines malthusiennes dans *La charité dans ses rapports avec l'état moral et le bien-être des classes inférieures* (1829). Député conservateur de la Charente-Inférieure de 1833 à 1848, il participe à plusieurs gouvernements, notamment en tant que ministre du Commerce de 1834 à 1836 et que ministre de l'Intérieur de 1840 à 1848. Elu membre de l'Académie des sciences morales et politiques en 1842, il se retire de la vie politique après la Révolution de 1848.

THÉODORE DUCOS (1801-1855) : Armateur bordelais, cousin de Henri Fonfrède, il est député réformiste (conservateur après 1848) de la Gironde de 1834 à 1851. Après la Révolution de 1848, il soutient le parti de l'ordre, approuve le coup d'Etat du 2 décembre 1851 et est ministre de la Marine de 1852 à 1855.

PIERRE-LODI DUFFOUR-DUBERGIER (1797-1860) : Après dix années d'études et d'apprentissage commercial en Grande-Bretagne, en Allemagne et aux Pays-Bas au lendemain des guerres napoléoniennes, il devient l'un des négociants les plus fortunés de Bordeaux et maire de la ville de 1842 à 1848. Après avoir assisté à plusieurs meetings de l'*Anti-Corn Law League* en Grande-Bretagne, il devient président de l'Association pour la liberté des échanges de Bordeaux en 1846.

FRANÇOIS DUFOUGERAIS (1766-1821) : Député royaliste de Vendée de 1811 à 1818.

CHARLES DUNOYER (1786-1862) : Journaliste libéral sous la Restauration, condamné à un an de prison en 1820, il est nommé préfet puis conseiller d'Etat après la Révolution de Juillet. Elu à l'Académie des sciences morales et politiques, il défend un libéralisme politique et économique intransigeant, et s'oppose aux doctrines socialistes.

ARMAND DUPÉRIER DE LARSAN (1799-1885) : Petit-fils du sénéchal de Guyenne, qui présidait la noblesse lors de la réunion des Etats généraux en 1789, il est secrétaire des Comités des propriétaires de vignes de la Gironde en 1828-1829 et en 1834. Il collabore à plusieurs journaux et revues, dont *La Revue britannique*.

CHARLES DUPIN (1784-1873) : Mathématicien, ingénieur, statisticien, économiste, il sert dans la marine napoléonienne à Anvers, Toulon, Gênes et Corfou. Sous la Restauration, il effectue plusieurs voyages outre-Manche, au cours desquels il étudie les progrès militaires et technologiques de la Grande-Bretagne. Après 1825, il devient une figure importante de l'opposition libérale, en partie grâce à son ouvrage *Forces productives et commerciales de la France* (1827). Il est député libéral (conservateur après 1830) du Tarn de 1827 à 1830 et de la Seine de 1830 à 1837. Adversaire des doctrines socialistes, il défend une conception paternaliste de l'économie de marché, par exemple en soutenant l'adoption de la loi de 1841 limitant le travail des enfants. Sous la Seconde République, il est représentant de la Seine-Inférieure. Après une protestation de pure forme contre le coup d'Etat du 2 décembre 1851, il est fait sénateur par Napoléon III et se retire de la vie publique en 1870.

ANTOINE DUSSUMIER-FONBRUNE (1769-1835) : Emigré protestant ayant servi dans l'armée du prince de Condé, il est député ultra-royaliste de la Gironde de 1815 à 1827.

JEAN-MARIE DUVERGIER DE HAURANNE (1771-1831) : Négociant rouennais, député royaliste modéré (conservateur après 1830) de la Seine-Inférieure de 1815 à 1824 et de 1830 à 1831.

GEORGE EDEN, EARL OF AUCKLAND (1784-1849) : Homme politique britannique du parti whig, il est président du *Board of Trade* (ministère du Commerce) de 1830 à 1834 et gouverneur général des Indes de 1836 à 1842.

LOUIS ESTANCELIN (1777-1858). Député conservateur de la Somme de 1830 à 1846, il se rapproche du centre-gauche à partir de 1845.

ALEXANDRE D'ESTOURMEL (1780- ?) : Engagé volontaire sous la Première République, diplomate sous l'Empire, il est député libéral (conservateur après 1830) du Nord de 1815 à 1816, en 1822 et de 1830 à 1837.

LÉON FAUCHER (1803-1854) : Professeur de philosophie sous la Restauration, il se lance dans le journalisme en 1830 et devient rédacteur en chef du *Courrier français* en 1839. Il est l'un des principaux promoteurs de l'union douanière avec la Belgique au début des années 1840. Député réformiste (conservateur après 1848) de la Marne de 1846 à 1851, il s'engage dans la campagne de l'ALE puis dans celle des banquets pour la réforme électorale, qui déclenche la Révolution de 1848. Sous la Seconde République, il s'affirme comme l'un des principaux opposants à la gauche démocratique et socialiste et occupe les fonctions de ministre de l'Intérieur de décembre 1848 à mai 1849. Il désapprouve le coup d'Etat du 2 décembre 1851, mais n'est pas inquiété par le no uveau régime.

ERNEST FERAY (1804-1891) : Petit-fils du fabricant Christophe-Philippe Oberkampf (1738-1815), il possède plusieurs manufactures dans l'Essonne et joue un rôle important dans plusieurs groupes de pression industriels sous la Monarchie de Juillet. Député de la Seine-et-Oise de 1871 à 1875, il dirige le groupe dit « conservateur-républicain » à l'Assemblée nationale et soutient le gouvernement conduit par Thiers. Elu sénateur en 1876, il se rapproche du centre-gauche et réclame l'augmentation des tarifs douaniers.

FRANÇOIS FERRIER (1777-1861) : Entré dans l'administration des Douanes en 1797, il en devient directeur général de 1812 à 1814 et pendant les Cent Jours. Sous la Restauration et la Monarchie de Juillet, il est directeur des Douanes de Dunkerque. Il est l'un des principaux avocats d'une politique de protection douanière contre la concurrence britannique. Outre son traité, *Du gouvernement considéré dans ses rapports avec le commerce* (1805), il publie plusieurs brochures hostiles à la liberté des échanges après 1815. Il est élevé à la pairie en 1841.

JOSEPH FIÉVÉE (1769-1839) : Imprimeur inquiété pendant la Terreur, il s'engage dans la camp royaliste après la chute de Robespierre. Correspondant secret de Louis XVIII, puis conseiller occulte de Bonaparte à partir de 1802, il contribue à la dérive monarchiste du régime napoléonien. Ultra-royaliste au début de la Restauration, il se rapproche des libéraux et soutient la Révolution de 1830.

THÉOPHILE FOISSET (1800-1873) : Magistrat à Beaune, proche de la mouvance catholique libérale, il est l'auteur de plusieurs pétitions en faveur de la liberté des échanges et de brochures sur le christianisme, l'histoire de la Bourgogne et la décentralisation.

HENRI FONFRÈDE (1788-1841) : Journaliste bordelais, chef de file du parti libéral en Gironde sous la Restauration, il se rallie à la Résistance conservatrice après la Révolution de Juillet. Avant comme après 1830, il est l'un des principaux porte-parole des intérêts économiques de son département et un avocat infatigable de la réduction des barrières douanières.

CARLOS FOREL (1795-1872) : Libéral exilé de 1815 à 1820, il travaille comme gestionnaire dans les manufactures des frères Koechlin à Mulhouse. Artisan de la campagne des banquets pour la réforme électorale dans le Haut-Rhin en 1847, il est représentant républicain modéré du même département de 1848 à 1851.

BERTRAND FORNIER DE SAINT-LARY (1763-1847) : Député ultra-royaliste des Hautes-Pyrénées de 1815 à 1824.

ACHILLE FOULD (1800-1867) : Issu d'une famille de négociants juifs, il est député conservateur des Hautes-Pyrénées de 1842 à 1848 et de la Seine de 1848 à 1851. Cinq fois ministre des Finances entre 1849 et 1867, il exerce une influence déterminante sur la politique financière du Second Empire.

CHARLES FOURIER (1772-1837) : Fils d'un marchand aisé de Besançon, il fonde l'un des premiers courants de pensée socialistes, qui laisse une empreinte durable sur le mouvement ouvrier français. Ses œuvres comprennent la *Théorie des quatre mouvements et des destinées générales* (1808).

CHARLES-BRUNO FRANCOVILLE (1757- ?) : Député conservateur (royaliste après 1814) du Pas-de-Calais de 1809 à 1822.

HENRI GALOS (1805-1873) : Après avoir joué un rôle de premier plan dans l'insurrection de juillet 1830 à Bordeaux, il rejoint le mouvement girondin pour la liberté commerciale en 1834 et est député conservateur de la Gironde de 1837 à 1848. Il occupe les fonctions de directeur des Colonies au ministère de la Marine de 1842 à 1848.

CHARLES GANILH (1758-1836) : Membre du Comité de sûreté siégeant à l'Hôtel de Ville en 1789, il est emprisonné sous la Terreur. En 1802, il est écarté du Tribunat en raison de son opposition à la politique autoritaire de Bonaparte. Député libéral du Cantal de 1815 à 1822, il est l'auteur de plusieurs ouvrages sur les questions économiques et financières, dont une *Théorie de l'économie politique* (1815).

AUGUSTE GANNERON (1792-1847) : Riche négociant parisien, d'opinions politiques libérales sous la Restauration et député conservateur de la Seine de 1830 à 1847.

JOSEPH GARNIER (1813-1881) : Membre fondateur de la Société d'économie politique en 1842 et de l'ALE en 1846, il est sénateur républicain de 1876 à 1881.

LOUIS-MADELEINE-CLAIR-HIPPOLYTE GAULTHIER DE RUMILLY (1792-1884) : Avocat libéral sous la Restauration, il est député réformiste (conservateur après 1848) de la

Somme de 1831 à 1834 et de 1837 à 1849. En 1847, il devient vice-président de l'ADTN. Représentant de la Somme à l'Assemblée nationale de 1871, il rejoint le groupe républicain-conservateur dirigé par Feray.

ELIE GAUTIER (1781-1858) : Né dans une famille protestante d'armateurs bordelais, il est député royaliste (libéral à partir de 1827 et conservateur après 1830) de la Gironde de 1824 à 1831. Elevé à la pairie en 1831, il est brièvement ministre des Finances de mars à mai 1839. Il est fait sénateur sous le Second Empire.

GASPARD GIACOMINI (1750-1818) : Officier au début de la Révolution, il passe un an en prison pendant la Terreur. Réintégré dans l'armée en 1816, avec le grade de lieutenant général, il est prévôt (président) de la cour prévôtale du Var, chargé de la répression des ennemis de la Restauration, de 1816 à 1818.

GUSTAVE GOLDENBERG (1805-1871) : Agronome en Moselle, auteur de plusieurs ouvrages protectionnistes, il est représentant conservateur du Bas-Rhin à l'Assemblée législative de 1849 à 1850.

GRANVILLE LEVESON-GOWER, EARL GRANVILLE (1773-1846) : Diplomate britannique et homme politique proche du parti whig, il est ambassadeur à Paris de 1824 à 1828 et de 1830 à 1841.

VICTOR GRANDIN (1797-1849) : Riche fabricant de fils et de tissus de laine à Elbeuf, il est député réformiste (conservateur après 1848) de la Seine-Inférieure de 1839 à 1849. Protectionniste convaincu, il est l'un des fondateurs de l'ADTN en 1846.

THÉODORE GRÉTERIN (1792-1861) : Né dans une famille de cultivateur des Ardennes, il entre dans l'administration des Douanes en 1811. Il en devient directeur en 1831 et le reste jusqu'en 1860.

ANGE GUÉPIN (1805-1873) : Médecin républicain, de tendance saint-simonienne puis fouriériste, il anime l'opposition républicaine et socialiste à Nantes sous la Monarchie de Juillet et le Second Empire. Il est nommé commissaire (préfet) de la Loire-Inférieure par le Gouvernement provisoire de la Seconde République en 1848.

PIERRE-FRANÇOIS GUESTIER (1793-1874) : Né dans une famille protestante d'armateurs bordelais, il achève son éducation commerciale en Grande-Bretagne au lendemain de Waterloo. Son épouse, Anna Johnston, est issue d'une famille de négociants anglo-irlandais établie à Bordeaux. Le couple et leurs enfants vivent à Bordeaux mais communiquent entre eux en anglais. Guestier est président de la Commission commerciale de Bordeaux et du Comité des propriétaires de vignes de la Gironde en 1834, député conservateur de la Gironde de 1834 à 1842 et pair de France de 1842 à 1848.

GILBERT-URBAIN GUILLAUMIN (1801-1864) : Libéral sous la Restauration, il fonde une librairie spéciale d'économie politique et de commerce sous la Monarchie de Juillet.

FRANÇOIS GUIZOT (1787-1874) : Figure majeure du parti « doctrinaire » (libéral modéré) sous la Restauration, il devient l'un des chefs de file de la Résistance conservatrice après 1830. Il est député du Calvados de 1830 à 1848. Plusieurs fois ministre dans les années 1830, il s'impose comme le chef officieux d'un ministère présidé par le maréchal Soult à partir de 1840, et il devient président du Conseil en 1847. Son gouvernement se distingue par son refus de procéder à une réforme électorale. La Révolution de 1848 met un terme à sa carrière politique. Il est l'auteur de plusieurs brochures et ouvrages historiques de première importance, dont l'*Histoire du gouvernement représentatif* (1821) et l'*Histoire de la civilisation en Europe* (1828).

EUGÈNE D'HARCOURT (1786-1865) : Gentilhomme de la chambre du roi, défenseur de la cause indépendantiste grecque sous la Restauration, il est député libéral (réformiste après 1830) de la Seine-et-Marne de 1827 à 1837 et pair de France de 1837 à 1848. Aux chambres, il défend la liberté d'enseignement, les droits des étrangers et la liberté des échanges. Il préside l'ALE de 1846 à 1848. Nommé ambassadeur de France à Rome par Lamartine en 1848, il démissionne de ses fonctions en septembre 1849 pour protester contre le caractère réactionnaire de la politique française en Italie et se retire de la vie publique.

GEORGES-EUGÈNE HAUSSMANN (1809-1891) : Nommé préfet de la Gironde en novembre 1851, il supervise le coup d'Etat du 2 décembre dans ce département avant d'occuper les fonctions de préfet de la Seine de 1853 à 1870. Il est sénateur de 1857 à 1870 et député monarchiste de Corse de 1877 à 1881.

ALEXANDRE-MAURICE D'HAUTERIVE (1754-1830) : Diplomate à la fin de l'Ancien Régime et à l'époque napoléonienne, proche de Talleyrand, il négocie les traités de commerce de la France impériale. Il se rallie à la Restauration en 1814. Il est l'auteur de *L'état de la France à la fin de l'an VIII* (1800) et des *Eléments d'économie politique* (1817).

ANTOINE-LOUIS-MARIE HENNEQUIN (1786-1840) : Avocat, député légitimiste du Nord de 1834 à 1840.

ETIENNE HERVÉ (1796-1876) : Magistrat, député conservateur de la Gironde de 1834 à 1837 et de 1839 à 1846.

JULES HOVYN DE TRANCHÈRE (1816- ?) : Propriétaire terrien, membre fondateur de l'Association pour la liberté des échanges de Bordeaux, il est représentant conservateur de la Gironde de 1848 à 1851. Il proteste contre le coup d'Etat du 2 décembre et s'exile à Saint-Pétersbourg, où il dirige une compagnie de chemin de fer.

JEAN-GEORGES HUMANN (1780-1842) : Ouvrier dans une fabrique de tabac en Alsace au début de la Révolution, il fonde une épicerie en 1799 et fait fortune en se livrant à la contrebande sous l'Empire. Au début de la Restauration, il est plusieurs fois délégué de la chambre de commerce de Strasbourg à Paris. Député libéral (conservateur après 1830) du Bas-Rhin de 1820 à 1827, de l'Aveyron de 1828 à 1830 et du Bas-Rhin de 1830 à 1837, il participe comme ministre des Finances à plusieurs gouvernements de 1832 à 1836 et de 1840 à 1842.

WILLIAM HUSKISSON (1770-1830) : Homme politique britannique qui vécut à Paris et fréquenta les salons philosophiques de 1783 à 1792, il soutient le gouvernement de William Pitt le jeune pendant les guerres napoléoniennes. Proche de George Canning, il façonne les politiques économiques libérales des gouvernements conservateurs de 1815 à sa mort dans un accident de chemin de fer en 1830. Il est président du *Board of Trade* (ministère du Commerce) de 1823 à 1827.

ANDREW JACKSON (1767-1845) : Général de l'armée de terre et septième président des Etats-Unis de 1829 à 1837. Démocrate de tendance populiste, ses mandats correspondent à un moment clé de la démocratisation de la vie politique américaine.

HYPPOLYTE-FRANÇOIS, COMTE JAUBERT (1798-1874) : Maître de forges dans le Cher, il est député du même département de 1831 à 1844 et siège au centre-gauche. Il est pair de France de 1844 à 1848 et représentant orléaniste de 1871 à 1874.

ANTOINE JAY (1769-1854) : Exilé aux Etats-Unis de 1796 à 1803, ami du président américain Jefferson, il est député conservateur de la Gironde de 1831 à 1837.

FERDINAND KOECHLIN (1786-1854) : Fabricant d'étoffes à Mulhouse, engagé volontaire au moment des invasions de 1814 et 1815, il soutient le parti libéral sous la Restauration. Avec son frère Nicolas, il joue un rôle décisif dans la construction des premières lignes de chemin de fer alsaciennes dans les années 1840.

NICOLAS KOECHLIN (1781-1852) : Frère du précédent, il est député réformiste du Haut-Rhin de 1830 à 1841. Le Gouvernement provisoire le nomme commissaire (préfet) du même département en 1848.

CHARLES KOLB-BERNARD (1798-1888) : Fabricant de sucre de betterave à Lille, il devient président de la chambre de commerce de la ville, représentant conservateur (monarchiste après 1871) du Nord à l'Assemblée législative de 1849 à 1851, au corps législatif de 1859 à 1870 et à l'Assemblée nationale de 1871 à 1875. Il est sénateur de 1875 à 1888.

ALEXANDRE DE LABORDE (1773-1842) : Auditeur au conseil d'Etat sous l'Empire, il est député libéral (réformiste après 1830) de la Seine de 1822 à 1824 et de 1827 à 1834, et de la Seine-et-Oise de 1834 à 1842.

GABRIEL LAISNÉ DE VILLEVESQUE (1766-1851) : Député royaliste constitutionnel (libéral à partir de 1820 et conservateur après 1830) du Loiret de 1817 à 1824 et de 1827 à 1831.

ALPHONSE DE LAMARTINE (1790-1869) : Le poète romantique, auteur des *Méditations* (1820), est député du Nord de 1833 à 1837 et de Saône-et-Loire de 1837 à 1851. D'abord légitimiste, il se rapproche de l'opposition républicaine dans les années 1840. Il est membre du Gouvernement provisoire et ministre des Affaires étrangères de la Seconde République en 1848. Candidat à l'élection présidentielle du 10 décembre 1848, il obtient moins de 8 000 voix, contre 5,4 millions à Louis-Napoléon Bonaparte. Il se retire de la vie politique après le coup d'Etat du 2 décembre 1851.

FÉLICITÉ DE LAMENNAIS (1782-1854) : Prêtre, défenseur éloquent d'un catholicisme ultramontain et hostile aux Lumières sous la Restauration, il devient le héraut d'un catholicisme libéral et démocratique dans son journal *L'Avenir* de 1830 à 1832. Après la condamnation de ses idées par Grégoire XVI en 1832, la publication des *Paroles d'un croyant* (1834) consomme sa rupture avec Rome. Il se rapproche de la gauche démocratique et siège comme représentant de la Seine de 1848 à 1851.

JUSTIN LAURENCE (1794-1863) : Député conservateur des Landes de 1831 à 1848.

LOUIS LEBEUF (1792-1854) : Manufacturier de Seine-et-Marne et membre fondateur de l'ADTN, il est député conservateur de Seine-et-Marne de 1837 à 1842 et de 1849 à 1851, puis sénateur sous le Second Empire.

ALEXANDRE-AUGUSTE LEDRU-ROLLIN (1807-1874) : Avocat démocrate, il devient l'un des chefs du parti républicain sous la Monarchie de Juillet. Député de la Sarthe de 1841 à 1849, membre du Gouvernement provisoire de la Seconde République en 1848, il doit s'exiler en Grande-Bretagne après la tentative d'insurrection du 13 juin 1849, et y reste pendant toute la durée de l'Empire.

THÉMISTOCLE LESTIBOUDOIS (1797-1876) : Député réformiste (conservateur après 1848) du Nord de 1839 à 1848 et de 1849 à 1851. Il soutient le coup d'Etat du 2 décembre 1851 et est nommé conseiller d'Etat en 1855.

FRIEDRICH LIST (1789-1846) : Publiciste libéral né à Reutlingen dans le sud-ouest de l'Allemagne, exilé politique aux Etats-Unis de 1825 à 1831, il retourne vivre en Allemagne et à Paris après la Révolution de Juillet. Promoteur de la construction de lignes de chemin de fer aux Etats-Unis, en France et en Allemagne, il combat les idées libérales en matière de commerce extérieur dans les trois mêmes pays. Son principal ouvrage, *Le système national d'économie politique* (1841), sert d'inspiration aux protectionnistes de nombreux pays et à l'école historique d'économie politique en Allemagne à la fin du XIXᵉ siècle.

JOSEPH-DOMINIQUE, BARON LOUIS (1755-1837) : Ministre des Finances à plusieurs reprises de 1814 à 1815 et de 1830 à 1832, il est député royaliste modéré (conservateur après 1830) de la Meurthe de 1815 à 1824, de la Seine de 1827 à 1830, de la Meurthe de 1830 à 1831 et de la Seine de 1831 à 1832. Il siège à la Chambre des pairs de 1832 à 1837.

JOHN RAMSAY MCCULLOCH (1789-1864) : Economiste et statisticien britannique, disciple de David Ricardo.

JEAN-CHARLES MAGNIER-GRANDPREZ (1767- ?) : Né dans une famille de fermiers généraux, il devient inspecteur des Douanes sous l'Empire. Il fait fortune en protégeant le commerce de contrebande sur le Rhin pendant le Blocus continental. Il est député royaliste modéré du Bas-Rhin de 1815 à 1820.

JOSEPH DE MAISTRE (1753-1821) : Homme politique du royaume de Piémont-Sardaigne et penseur contre-révolutionnaire, d'expression et de culture françaises, il est l'auteur des *Considérations sur la France* (1796) et de *Du pape* (1819).

JEAN-BAPTISTE-SYLVÈRE GAYE DE MARTIGNAC (1778-1832) : Avocat bordelais, député (conservateur après 1830) du Lot-et-Garonne de 1821 à 1832, il dirige un ministère modéré de 1828 à 1829, qui échoue en raison de l'hostilité de Charles X et des extrêmes de la Chambre. Il se rallie au nouveau régime après la Révolution de 1830.

CHRISTOPHE-JOSEPH-ALEXANDRE MATHIEU DE DOMBASLE (1777-1843) : Fils d'un fonctionnaire anobli de l'administration des Forêts en Lorraine, il sert dans l'armée du Rhin en 1792 puis suit les cours de l'Ecole centrale de Nancy. Défiguré par la variole et se déplaçant avec difficulté après un grave accident de diligence, il se retire à la campagne à la fin des années 1790 pour se consacrer à l'agronomie et au raffinage du sucre de betterave. Il traduit en français les ouvrages de plusieurs agronomes britanniques et allemands, crée en 1822 une ferme modèle à Roville (Meurthe) et en 1824 la première école d'agriculture française. Il publie le *Calendrier du bon cultivateur* (1821) et dirige une revue d'agronomie, les *Annales de Roville* (1824-1837). Sous la Monarchie de Juillet, il écrit de nombreuses brochures économiques, en particulier sur le commerce international – *De l'avenir industriel de la France* (1834) – et sur la question des sucres.

KLEMENS VON METTERNICH (1773-1859) : Ministre des Affaires étrangères et chef du gouvernement autrichien de 1809 à 1848. Hostile aux idées libérales et nationales, il symbolise la réaction en Allemagne et en Europe après 1815.

JULES MICHELET (1798-1874) : Ecrivain et historien romantique français, il est l'auteur d'une monumentale *Histoire de France* (1833-1867), d'une *Histoire de la Révolution française* (1847-1853) et d'un hymne original aux classes populaires françaises, *Le Peuple* (1846).

AUGUSTE MIGNET (1796-1884) : Historien et journaliste proche d'Adolphe Thiers, il rejoint l'Académie des sciences morales et politiques lors de sa réorganisation en 1832. Il en devient secrétaire perpétuel en 1836.

JOHN STUART MILL (1806-1873) : Fils de l'économiste utilitariste James Mill (1773-1836), il est lui-même philosophe et économiste libéral. Ses *Principles of Political Economy* (1848) resteront longtemps le manuel de la science économique en Grande-Bretagne.

AUGUSTE MIMEREL (1786-1871) : Manufacturier roubaisien, d'opinions politiques libérales sous la Restauration, il devient président du Conseil général des manufactures en 1840, fonde le Comité pour la défense du travail national en 1842 et est vice-président de l'ADTN lors de sa fondation en 1846. Il est représentant conservateur du Nord de 1849 à 1851 et sénateur sous le Second Empire.

MATHIEU-LOUIS MOLÉ (1781-1855) : Haut fonctionnaire et ministre de la Justice sous l'Empire, il est élevé à la pairie par la Seconde Restauration. Royaliste constitutionnel, il approuve la Révolution de Juillet et participe à plusieurs gouvernements après 1830. Président du Conseil de septembre 1836 à mars 1839, il bénéficie de l'appui personnel de Louis-Philippe mais doit combattre la « Coalition » formée par Guizot, Thiers et Odilon Barrot contre son gouvernement. Il est représentant conservateur de la Gironde sous la Seconde République et se retire de la vie politique après le coup d'Etat du 2 décembre 1851.

GUSTAVE DE MOLINARI (1819-1912) : Economiste belge, membre de la Société d'économie politique de Paris, proche de Frédéric Bastiat, il participe à la campagne de l'ALE en 1846-1847 et retourne en Belgique après le coup d'Etat du 2 décembre 1851.

ADRIEN-MARIE-JEAN-BAPTISTE-ROSE MORGAN DE BELLOY (1766-1834) : Député royaliste de la Somme de 1815 à 1824.

ANTOINE ODIER (1766-1853) : D'origine genevoise, il s'installe comme négociant à Lorient puis fonde une fabrique de toiles peintes dans le Haut-Rhin. Député libéral (conservateur après 1830) de la Seine de 1827 à 1837, il siège à la Chambre des pairs de 1837 à 1848. Il est président de l'ADTN lors de sa fondation en 1846.

ELZÉAR ORTOLAN (1802-1873) : Professeur de droit public, admirateur de l'école historique du droit et partisan de la liberté des échanges, il soutient l'établissement de la Seconde République. Il est l'auteur de *De la souveraineté du peuple et des principes du gouvernement républicain* (1848).

HENRY JOHN TEMPLE, LORD PALMERSTON (1784-1865) : Homme politique britannique tory modéré puis whig et libéral, il est ministre des Affaires étrangères de 1830 à 1834, de 1835 à 1841 et de 1846 à 1852, et Premier ministre de 1855 à 1858 et de 1859 à 1865. Il défend avec fermeté l'expansion des intérêts britanniques outre-mer et joue un rôle clé dans la formation du parti libéral, qui domine la vie politique britannique après 1860.

JEAN-MARIE PARDESSUS (1772-1853) : Député ultra-royaliste du Loir-et-Cher de 1815 à 1816 et de 1820 à 1830.

HIPPOLYTE PASSY (1793-1880) : Officier de cavalerie à la fin des guerres napoléoniennes, il s'exile en Louisiane et aux Antilles au début de la Restauration. Admirateur des idées d'Adam Smith, il collabore avec Thiers à la fondation du journal libéral *Le National* à la veille de la Révolution de Juillet. Il est député de l'Eure de 1830 à 1843 et siège avec le Tiers-parti (centriste). Ministre des Finances sous la Seconde République, il appuie la politique de Louis-Napoléon Bonaparte mais s'oppose au coup d'Etat du 2 décembre 1851.

ROBERT PEEL (1788-1850) : Homme politique britannique, il est le principal rénovateur du parti tory ou conservateur après la réforme électorale de 1832. Il est Premier ministre de 1834 à 1835 et de 1841 à 1846. Sa décision d'abroger la protection douanière en faveur de l'agriculture provoque sa chute en 1846.

CASIMIR PERIER (1777-1832) : Banquier sous l'Empire, il est député libéral modéré (conservateur après 1830) de la Seine de 1817 à 1827 et de l'Aube de 1827 à 1832. Président du Conseil de mars 1831 à sa mort – du choléra – en mai 1832, il s'impose comme chef de la Résistance, réprime plusieurs tentatives d'insurrection républicaine et pose les bases de la domination conservatrice sous la Monarchie de Juillet.

HENRI ALEXANDRE PEUPIN (1809-1872) : Ouvrier horloger, disciple de Buchez ayant participé à la fondation du mensuel *L'Atelier*, il rejoint l'ALE en 1846. Il est représentant conservateur de la Seine sous la Seconde République et approuve le coup d'Etat du 2 décembre 1851.

JULES DE POLIGNAC (1780-1847) : Emigré en Russie et en Grande-Bretagne pendant la Révolution, il retourne en France au début des années 1800 et participe à une conspiration contre Napoléon, crime pour lequel il est emprisonné de 1806 à 1814. Membre du parti ultra-royaliste et proche de Charles X sous la Restauration, il est nommé ministre des Affaires étrangères et président du Conseil en août 1829. Son gouvernement et le régime sont renversés par l'insurrection de juillet 1830. Condamné à la prison à vie, il est amnistié en 1836 et repart en exil en Grande-Bretagne.

PIERRE-JOSEPH PROUDHON (1809-1865) : Economiste et socialiste de tendance anarchiste, il est l'auteur de *Qu'est-ce que la propriété ?* (1840) et du *Système des contradictions économiques, ou philosophie de la misère* (1846).

PIERRE-BERNARD DE PONTET (1764-1836) : Député royaliste de la Gironde de 1815 à 1824, il est membre du Comité des propriétaires de vignes du même département en 1828-1829.

EDGAR QUINET (1803-1875) : Ecrivain et historien, de sympathies républicaines, spécialiste de philosophie allemande, il est l'auteur du *Christianisme et la Révolution française* (1845).

DANIEL RAYMOND (1786-1849) : Juriste et écrivain établi à Baltimore, il conteste les principes de l'économie politique classique dans *Thoughts on Political Economy* (1820).

AUGUSTIN-CHARLES RENOUARD (1794-1878) : Magistrat, il est député conservateur de la Somme de 1831 à 1837 et de 1839 à 1842, et pair de France de 1842 à 1848. Il est membre fondateur de l'ALE en 1846.

JEAN-JACQUES-AUGUSTIN REY DE SAINT-GÉRY (1771-1847) : Député ultra-royaliste du Tarn de 1815 à 1816 et de 1820 à 1827.

LOUIS REYBAUD (1799-1879) : Ecrivain et publiciste libéral, il est député des Bouches-du-Rhône de 1846 à 1851. Il siège avec le centre-gauche, puis avec le parti de l'ordre après 1848. Il refuse de se rallier au nouveau régime après le coup d'Etat du 2 décembre 1851.

CHARLES RICHARD (1766-1829) : Médecin dans l'armée royaliste de Vendée pendant la Révolution, il est député ultra de la Loire-Inférieure de 1815 à 1824.

PELLEGRINO ROSSI (1787-1848) : Juriste italo-genevois, il obtient la chaire d'économie politique du Collège de France à la mort de Jean-Baptiste Say en 1832. Nommé chef du gouvernement des Etats pontificaux par Pie IX au moment des révolutions de 1848 dans la péninsule, il est assassiné par un républicain italien le 15 novembre 1848.

ANTOINE SAGLIO (1777-1841) : Député libéral (conservateur après 1830) du Bas-Rhin de 1819 à 1822 et de 1827 à 1841.

AUGUSTE DE SAINT-CHAMANS (1777-1860) : Né dans une famille noble du Périgord, emprisonné sous la Terreur, il refuse de se rallier à l'Empire. Nommé maître des requêtes en 1820, il est député ultra-royaliste de la Marne de 1824 à 1827. Il est l'auteur de plusieurs ouvrages hostiles au romantisme, dont *L'anti-romantique* (1816), et à l'économie politique classique, dont *Du système d'impôt fondé sur les principes de l'économie politique* (1820).

PIERRE DE SAINT-CRICQ (1772-1854) : Noble du Béarn entré dans l'administration des Douanes en 1801, il en devient le directeur général de 1814 à 1824, sauf pendant les Cent Jours. Royaliste modéré, il est député de Seine-et-Marne de 1815 à 1820 et des Basses-Pyrénées de 1820 à 1833. Ministre du Commerce de 1828 à 1829, il se rallie à la Monarchie de Juillet en 1830. Il est élevé à la pairie en 1833.

PIERRE-HENRI SAINTE-BEUVE (1819-1855) : Riche propriétaire et directeur d'usine, il est représentant conservateur de l'Oise sous la Seconde République. En 1851, il dépose une proposition de loi en faveur de l'établissement du libre-échange, qui est rejetée par l'Assemblée législative.

MARC GIRARDIN, dit SAINT-MARC DE GIRARDIN (1801-1873) : Professeur d'histoire à la Sorbonne, auteur d'un rapport élogieux sur l'enseignement secondaire en Allemagne en 1835, il est député conservateur de la Haute-Vienne de 1834 à 1839 et de 1842 à 1848. Elu représentant orléaniste du même département à l'Assemblée nationale en 1871, il s'oppose au gouvernement conduit par Thiers.

CLAUDE-HENRI DE ROUVROY DE SAINT-SIMON (1760-1825) : Aristocrate libéral, il participe à la guerre d'Indépendance américaine et spécule sur les biens nationaux pendant la Révolution. Ruiné sous l'Empire, il se consacre à l'étude des sciences et de la philosophie. Ses écrits – souvent rédigés en collaboration avec ses secrétaires, Augustin Thierry et Auguste Comte – annoncent l'avènement d'une nouvelle société industrielle dominée par les producteurs. Après sa mort, ses disciples fondent une religion dite « saint-simonienne », inspirée de ses idées.

JEAN-BAPTISTE SAY (1767-1832) : Né à Lyon dans une famille protestante originaire de Nîmes, il s'initie au commerce à Londres. Au début de la Révolution, il collabore au *Courrier de Provence*, journal dans la mouvance de Mirabeau. Sous le Directoire, il est l'un des principaux rédacteurs de *La Décade philosophique*, revue proche des « Idéologues » (philosophes sensualistes). Nommé au Tribunat en l'an VIII, il en est écarté en l'an XII en raison de son opposition à la dérive autoritaire du Consulat. Sous l'Empire, il dirige une manufacture textile dans le Pas-de-Calais. Figure majeure de l'opposition libérale sous la Restauration, il est nommé professeur d'économie politique au Collège de France au lendemain de la Révolution de Juillet. Il a beaucoup œuvré à la diffusion des principes économiques libéraux à travers plusieurs ouvrages à succès dont le *Traité d'économie politique* (1803), le *Catéchisme d'économie politique* (1815) et le *Cours complet d'économie politique* (1828-1829).

LOUIS SAY (1774-1840) : Frère du précédent, raffineur de canne à sucre établi à Nantes, il publie plusieurs ouvrages hétérodoxes d'économie politique, dont *Principales causes de la richesse et de la misère des peuples* (1818) et *Considérations sur l'industrie et la législation* (1822).

CHARLES-HENRI SCHATTENMANN (1785-1869) : Industriel protestant du Bas-Rhin, il dirige à partir de 1828 trois usines chimiques à Bouxwiller.

PIERRE DE SCHAUENBOURG (1793-1878) : Député conservateur du Bas-Rhin de 1834 à 1846 et pair de France de 1846 à 1848.

AUGUST-WILHELM SCHLEGEL (1767-1845) : Critique littéraire et orientaliste allemand, il fait partie de l'entourage de Madame de Staël de 1803 à la mort de cette dernière en 1817.

JEAN-CHARLES SISMONDE DE SISMONDI (1773-1841) : Fils de pasteur protestant, d'origine italienne et citoyen suisse, il publie en 1803 *De la richesse commerciale*, ouvrage inspiré par *La richesse des nations* d'Adam Smith. Il fait l'éloge des institutions républicaines dans son *Histoire des républiques italiennes* (1812-1818). Ses *Nouveaux principes d'économie politique* (1819) font date en soulignant les dangers du nouvel ordre économique libéral et industriel, dont l'absence de protection des ouvriers contre les aléas du marché et le risque de déséquilibre entre l'offre et la demande de produits.

GERMAINE DE STAËL (1766-1817) : Fille du banquier genevois et contrôleur général des finances Jacques Necker (1732-1804), elle est une figure majeure des débuts du romantisme en France. D'opinions libérales en politique, elle doit s'exiler en Russie, en Suède et en Grande-Bretagne sous l'Empire. Elle est l'auteur de *De l'Allemagne* (1813) et de *Considérations sur les principaux événements de la Révolution française* (1818).

ADOLPHE THIERS (1797-1877) : Avocat d'origine marseillaise, journaliste et historien libéral, il joue un rôle clé dans la Révolution de Juillet en soutenant l'accession au trône de Louis-Philippe. Après 1830, il se range dans le camp de la Résistance puis dirige sa propre tendance parlementaire dite de « centre-gauche ». Principal rival de Guizot dans les années 1840, il est l'un des chefs du parti de l'ordre sous la Seconde République et un opposant libéral à Napoléon III sous le Second Empire. Il est député des Bouches-du-Rhône de 1830 à 1848, de la Seine-Inférieure de 1848 à 1851 et de la Seine de 1863 à 1877. Appelé à diriger le gouvernement au lendemain de la défaite de 1870, il négocie la paix de Francfort avec le nouvel Empire allemand, écrase dans le sang la Commune de Paris et contribue à établir un régime républicain conservateur. Spécialiste des questions financières et commerciales, il est l'un des principaux défenseurs du système protecteur depuis 1830 jusqu'à sa chute du pouvoir en 1873.

THOMAS PERRONET THOMPSON (1783-1869) : Officier et homme politique britannique, influencé par les idées de Jeremy Bentham et proche du parti démocratique, il sert en Amérique latine et en Espagne pendant les guerres napoléoniennes, comme gouverneur du Sierra Leone de 1808 à 1810, et en Inde de 1815 à 1822. Auteur de plusieurs brochures favorables au libre-échange, dont *Catechism on the Corn Laws* (1827), il joue un rôle important dans la campagne de l'*Anti-Corn Law League* dans les années 1840.

CHARLES POULETT THOMSON (1799-1841) : Homme politique britannique proche du parti whig et influencé par la philosophie utilitariste de Jeremy Bentham, il est vice-président du *Board of Trade* de novembre 1830 à juin 1834, président du même organisme de juin à novembre 1834 et d'avril 1835 à septembre 1839, et gouverneur en chef des possessions britanniques en Amérique du Nord de septembre 1839 à sa mort en septembre 1841.

ALEXIS DE TOCQUEVILLE (1805-1859) : Né dans l'aristocratie normande, il devient magistrat et se distingue très tôt par une œuvre majeure de philosophie politique : *De la démocratie en Amérique* (1834-1839). Député réformiste (conservateur après 1848) de la Manche de 1839 à 1851, il est ministre des Affaires étrangères de juin à octobre 1849. Hostile au coup d'Etat du 2 décembre 1851, il publie *L'Ancien Régime et la Révolution* en 1856.

VINCENT-MARIE VIÉNOT DE VAUBLANC (1756-1845) : Conspirateur royaliste pendant la Révolution, il se rallie à l'Empire en 1804 et devient l'un des chefs du parti ultra après 1814. Ministre de l'Intérieur pendant la Terreur blanche, il est député du Calvados de 1820 à 1827.

FRANÇOIS VIDAL (1812-1872) : Saint-simonien puis fouriériste, il publie plusieurs ouvrages en faveur des coopératives ouvrières avant d'être nommé secrétaire de la Commission du Luxembourg sur la législation sociale en 1848. Il se retire des affaires publiques après le coup d'Etat du 2 décembre 1851.

JEAN-BAPTISTE-GUILLAUME-JOSEPH DE VILLÈLE (1773-1854) : Officier de marine arrêté comme suspect à l'île de France (Maurice) pendant la Terreur, il devient un notable de la région toulousaine sous l'Empire. Député ultra-royaliste de la Haute-Garonne de 1815 à 1828, il dirige le gouvernement de 1821 à 1828. Les tendances réactionnaires de sa politique effraient l'opinion libérale. Elevé à la pairie en 1828, il se retire de la vie politique après la Révolution de 1830.

ALBAN VILLENEUVE DE BARGEMONT (1784-1850) : Préfet sous l'Empire et la Restauration, il est député légitimiste du Var de 1830 à 1831 et du Nord de 1840 à 1848. Soucieux des conséquences sociales de la Révolution industrielle, il est l'auteur d'un ouvrage analysant les causes du paupérisme et les moyens d'y remédier, *Economie politique chrétienne* (1834).

LOUIS-RENÉ VILLERMÉ (1782-1863) : Médecin et critique social, membre de l'Académie des sciences morales et politique dès sa réorganisation en 1832, il est l'auteur d'une enquête sur la misère du prolétariat employé par la grande industrie textile, *Tableau de l'état physique et moral des ouvriers* (1840).

GEORGE VILLIERS (1800-1870) : Diplomate britannique et homme politique du parti whig, il effectue plusieurs missions en France et en Espagne dans les années 1830. Président du *Board of Trade* de 1846 à 1847 et vice-roi d'Irlande de 1847 à 1852, il est ministre des Affaires étrangères de 1852 à 1858, de 1865 à 1866 et de 1868 à 1870.

LOUIS WOLOWSKI (1810-1876) : Réfugié en France après l'échec de l'insurrection polonaise de 1831, il épouse la sœur de Léon Faucher et devient professeur de législation industrielle au Conservatoire des arts et métiers. Membre de la Société d'économie politique, il participe à la fondation de l'ALE en 1846. Sous la Seconde République, il est représentant républicain modéré de la Seine et s'oppose au coup d'Etat du 2 décembre 1851. Il est représentant du même département et siège au centre-gauche de l'Assemblée nationale de 1871 à 1875.

JACQUES-HENRI WUSTEMBERG (1790-1865) : Négociant et plusieurs fois président de la chambre de commerce de Bordeaux, il est député conservateur de la Gironde de 1834 à 1846 et pair de France de 1846 à 1848.

SOURCES ET BIBLIOGRAPHIE

SOURCES

ARCHIVES FRANCAISES

ARCHIVES NATIONALES, CENTRE HISTORIQUE DES ARCHIVES NATIONALES

Ministère de la Justice

BB18 970-1179 : affaires criminelles, y compris affaires de contrebande armée (1817-1829).

Chambres parlementaires

C*2395-2406, 2412, 2414-2415, 2427-2428 : registres des pétitions adressées à la Chambre des députés (1814-1818, 1829, 1834-1835, 1846-1847).

C 2035-2039, 2092-2098, 2134-2136, 2141-2142 : pétitions à la Chambre des députés (1814-1818, 1829, 1834-1835).

C 2737-2745, C 2755-2764, C 2774-2777 : brochures et mémoires imprimés adressés à la Chambre des députés (1815-1818, 1828-1836, 1844-1847).

Ministère de l'Intérieur (police)

F7 6741, 6742, 6768, 6769, 6771, 6931 : situation politique des départements (1815-1830).

F7 6776, 6780, 6782 : rapports de gendarmerie (1830-1848).

F7 6849 : « smogleurs » et affaires de contrebande dans les régions côtières (1819-1823).

Ministère du Commerce

F12*196 : procès-verbaux du Conseil général des manufactures (1819).

F12 501 A, 502 : balance du commerce (1815-1825).

F12 512 : divers mémoires sur le commerce (1805-1825).

F12 518, 519, 520 A : organisation de l'administration du commerce au ministère de l'Intérieur (1810-1829).

F12 616-617 : union douanière avec la Belgique (1830-1831).

F12 633-638 : mémoires et pétitions (1814).

F12 1834 B : mémoires sur les importations (1792-1826).

F12 1941 : mémoires et pétitions (1814-1818).

F12 1944 : contrebande (1814-1815).

F12 1973-1996 : saisies de produits textiles prohibés (1816-1837).

F12 1997-2006 : décisions du jury assermenté saisies de produits textiles prohibés (1816-1844).

F12 2194 : mémoires sur le commerce (1814-1820).

F12 2401 : mémoires sur l'industrie (1792-1833).

F12 2417 : mémoires et observations (an III-1841).

F12 2475 : documents parlementaires sur les douanes et sur les tarifs (1811-1834).

F12 2476 : documents parlementaires sur les douanes et sur les tarifs (1835-1843).

F12 2477 : documents parlementaires sur les douanes et sur les tarifs (1814-1846).

F12 2478 : documents parlementaires sur les douanes et sur les tarifs (1830-1845).

F12 2490 : vœux des conseils généraux sur les douanes (1830-1845).

F12 2491 A, B, C et D : organisation du ministère du Commerce et des Conseils généraux des manufactures, du commerce et de l'agriculture.

F12 2493, A, B, C et D : Conseil supérieur du commerce, y compris procès-verbaux de l'enquête relative à diverses prohibitions de 1834.

F12 2498-2500 : lettres, pétitions et mémoires sur le commerce (1814-1849).

F12 2502-2506 : pétitions sur les tarifs et sur les prohibitions (1814-1833).

F12 2515-2516 : documents et pétitions sur les importations de tissus de coton (1815-1860).

F12 2519 : documents et statistiques sur le tarif des lins (1835-1843).

F12 2529 : documents, statistiques et pétitions sur le tarif des fers.

F12 2535 : statistiques et procès-verbaux de l'enquête sur le tarif des lins (1838).

F12 2536-2537 : pétitions sur le tarif des lins (1837- 1843).

F12 2540-2550 : documents, statistiques et pétitions sur la question des sucres (1816-1873).

F12 2594-2597 : documents et pétitions sur les entrepôts (1790-1840).

F12 2613 : saisies par les Douanes (1829-1849).

F12 2713 : mémoires sur le commerce (1823-1831).

F12 5694-5705 : registres de décisions du jury assermenté sur les saisies de produits textiles prohibés (1816-44).

F12 5706-5707 : procès-verbaux du jury assermenté (1821-1841).

F12 5708-5709 : registres des affaires traitées par le jury asserme nté (1816-1844).

F12 6442 : relations commerciales avec la Belgique (1839-1849).

F12 6918 : pétitions sur les douanes (1825-1918).

Ministère de l'Intérieur (imprimerie et librairie)

F18*II 1-7 : registres de déclarations des imprimeurs (mars 1815 à décembre 1821).

F18*II 14-22 : registres de déclarations des imprimeurs (janvier 1827 à décembre 1833).

F18*II 23-24 : registres de déclarations des imprimeurs (juillet 1833 à décembre 1834).

F18*II 30-35 : registres de déclarations des imprimeurs (janvier 1843 à mars 1849).

F18*II 42 : registres de déclarations des imprimeurs (30 avril 1851 au 22 juillet 1851).

F18 176 A, 178, 187 : procès-verbaux d'importations de livres en France (1817-1818, 1821, 1830).

F18 378, 388 : journaux, y compris dossiers sur *Le Libre-Echange* et *Le Moniteur industriel*.

ARCHIVES DÉPARTEMENTALES

Archives départementales de l'Hérault

5 P 1 : Douanes, correspondance (1800-1840).

5 P 2 : Douanes, correspondance (1840-1851).

5 P 86 : registres de la direction des Douanes de Montpellier (1813 -1846).

Archives départementales de la Meurthe-et-Moselle

P 1 : registre de la direction des Douanes de Nancy (1812-1815).
P 2 : registre de correspondance de la direction des Douanes de Strasbourg (1816-1817).
P 8 : contrebande (1814-1846).

Archives départementales de la Moselle

6 P 3-4 : Douanes (1800-1820).
6 P 5-6 : Douanes (1820-1835).
6 P 7 : Douanes (1836-49).
6 U 227 : tribunal correctionnel de Sarreguemines, jugements en matière douanière (1823).

Archives départementales du Nord

76 J b 13, d. 42 : Association pour la défense du travail national; correspondance, brochures.
79 J 36 : chambre consultative des arts et manufactures de Roubaix, lettres reçues (1836-1848).
79 J 86 : chambre consultative des arts et manufactures de Roubaix, lettres envoyées (1843-1850).
P 52 10-12 : saisies, répression de la fraude, visites domiciliaires (1816-1832).
P 52 18 : cour prévôtale de Valenciennes (1816-1818).
P 52 20 : Douanes, correspondance.
P 52 21-22 : contrebande (an IX-1889)
P 55 1 : Association pour la défense du travail national, comité de Lille (1846-1850).
3 U 259 : tribunal correctionnel de Hazebrouck, jugements en matière douanière (1818-1819).

Archives départementales du Bas-Rhin

79 J 70 : correspondance de la chambre de commerce de Strasbourg avec ses délégués à Paris (1814-1819).
79 J 71 : lettres de Georges Humann à la chambre de commerce de Strasbourg (1814-1830).
79 J 107 : chambre de commerce de Strasbourg, contrebande (1815-1850).
79 J 112-113 : chambre de commerce de Strasbourg, transit des marchandises.
P 312 : répression de la contrebande (1811-1870).
P 318 : plaintes contre l'administration des Douanes (1810-1870).
P 319 : contrebande (1816-1870).

Archives départementales du Haut-Rhin

5 P 66 : répression de la contrebande (1814-1848).
5 P 68 : mise en œuvre de la loi du 28 avril 1816 (saisies de produits textiles prohibés).
5 P 72-73 : émeutes et rébellions contre l'administration des Douanes (1814-1848).
5 P 77 : contrebande, saisies, visites domiciliaires (1815-1855).

Archives départementales de la Gironde

1 M 351 : rapports du préfet sur l'esprit public (1830-1836).
5 P 200-204 : registres du bureau des Douanes de Libourne (XIXe siècle).
5 P 205, 215 : registres de la direction des Douanes de La Rochelle (XIXe siècle).
5 P 213 : registre du bureau des Douanes de La Rochelle (XIXe siècle).
5 P 218 : affaires douanières (1814-1850).
Fonds « chambre de commerce de Bordeaux » (classification provisoire : ce fonds sera prochainement intégré à la série U) :

02/081/276-281 : lettres envoyées (1805-1850).
02/081/305-308 : procès-verbaux de la chambre de commerce (1805-1852)

Archives départementales du Var

5 P 78 : Douanes (XIXe siècle).
2 U 180 : cour prévôtale de Draguignan (1817-1818).
52 U 2/5 : affaires de contrebande (1817-1818).

AUTRES FONDS PUBLICS

Archives de l'Institut

Archives de l'Académie des sciences morales et politiques
2D 1-2 : procès-verbaux (1832-1840).
386 : mémoires reçus pour le concours d'économie politique sur « la liberté du commerce » (1re session, 1835).
389 : mémoires reçus pour le concours d'économie politique sur « la liberté du commerce » (2e session, 1837).
326A : mémoires reçus pour le concours d'économie politique sur « l'Association commerciale allemande » (1839).

Musée des Douanes (Bordeaux)

2B 3 : Hôtel des douanes de Bordeaux, correspondance (1831-1927).
3B 9 : registre de la direction des Douanes de Belley (1828-1838).
3B 21 : registre du bureau des Douanes de Bordeaux (1817-1827).
3B 180 : registre de la brigade des Douanes de Brault (1830-1851).
1N 9 : contrebande, contentieux (1839).
2N 11 : répression de la fraude, Nancy (1844-1898).
Fonds Leducq
1R 21 : suites données à une plainte d'un voyageur anglais face aux excès de la douane (1821).

Centre rhénan d'archives et de recherches économiques (Mulhouse)

Fonds Société Industrielle de Mulhouse
96/A/1901 : écrits et correspondance sur la législation commerciale (XIXe siècle).
96/B/1533 : séances du comité de commerce (1830-1852).
96/A/1902 : brochures et documents au sujet de la proposition de réforme commerciale par Jean Dollfus (1851-1853).
96/A/1904 : brochures et documents sur le transit et les importations de denrées coloniales par voie de terre (1817-1831).
99/A/732-735 : Comité de Mulhouse de l'Association pour la défense du travail national (1846-1851).

Fonds chambre de commerce et d'industrie de Mulhouse
543 : Comité de l'industrie cotonnière de l'Est (1839-1841).
558, 559, 561, 563, 800 : brochures et documents sur l'entreposage des marchandises à Mulhouse (1819-1848).
679-680 : procès-verbaux des réunions des manufacturiers de l'Est attachés à l'industrie cotonnière (1839-1846).
799 : Comité de Mulhouse de l'Association pour la défense du travail national (1850).

Archives privées

Jean et Emile Dollfus *(Archives municipales de Mulhouse)*
66 TT 4 : Jean Dollfus, correspondance et documents.
66 TT 10 : Emile Dollfus, correspondance et documents.
66 TT 51 : Jean Dollfus, correspondance et documents.
66 TT 63 : Jean Dollfus, correspondance et documents.

Théodore Ducos *(Archives nationales – CARAN)*
46 AP 2 : correspondance.

Charles Dupin *(Archives départementales de la Nièvre)*
4 J 2 : correspondance et documents.
20 J 31 : mémoires pour l'Académie des sciences morales et politiques.

Théophile Foisset *(Archives départementales de la Côte-d'Or)*
34 J 41 : comité des propriétaires de vignes ; catalogue de la bibliothèque de Théophile Foisset (1830).
34 J 93-94 : correspondance avec Brugnot.
34 J 101 : correspondance avec Lamartine.
34 J 102-124 : correspondance.

Henri Fonfrède *(Bibliothèque municipale de Bordeaux, fonds réuni par Charles-Alcée Campan)*
MS 1085-1086 : lettres de Fonfrède ; notes et manuscrits.
MS 1087-1088 : lettres de Fonfrède.
MS 1089 : « mélanges Fonfrède » (documents divers).
MS 1090 : lettres de Fonfrède.
MS 1091-1094 : lettres à Fonfrède (1ʳᵉ copie).
MS 1095-1096 : lettres à Fonfrède (2ᵉ copie).
MS 1960 : articles sur la politique française.
MS 1961 : articles sur la politique étrangère.
MS 1964 : Fonfrède, articles sur les questions économiques.

Pierre-François Guestier *(Archives municipales de Bordeaux)*
Fonds de la famille Guestier, non classé.

Jean-Baptiste Say *(Bibliothèque nationale de France)*
NAF, MS 26236-26237 : divers écrits sur l'économie politique.
NAF, MS 26238 : notes et brouillons sur l'économie politique.
NAF, MS 26239-26240 : écrits sur les finances.
NAF, MS 26241 : divers documents, y compris sur les tarifs de douane.
NAF, MS 26248 : cours d'économie politique donné à l'Athénée.
NAF, MS 26249 : cours donnés au Conservatoire des arts et métiers.
NAF, MS 26250 : cours d'économie politique donné au Collège de France.
NAF, MS 26252 : lettres adressées à Say.
NAF, MS 26253 : correspondance, copies.

Adolphe Thiers *(Fondation Dosne-Thiers)*
I-2 : catalogue de la bibliothèque d'Adolphe Thiers.
I-555 : notes prises par M. Thiers, financières, politiques, commerciales et maritimes (1860-1870).
I-576 : lettres adressées à M. et Mme Thiers (1839-1879).
I-582 : Recueil de mémoires, principalement sur des questions économiques et financières (XVIIIᵉ siècle).

Adolphe Thiers *(Bibliothèque nationale de France)*
NAF, MS 20601-20605 : correspondance (1830-1836).
NAF, MS 20618 : correspondance (1850-1861).

Jacques-Henri Wustemberg *(Archives municipales de Bordeaux)*
28 S 3 : correspondance.

ARCHIVES BRITANNIQUES

National Archives, Londres-Kew

FO 27/454, 27/469, 27/472, 27/491-492 : rapports consulaires, France (1832-1834).
FO 27/446, 27/474, 27/481-482, 27/488 : correspondance avec l'ambassade de Grande-Bretagne à Paris (1832-1834).
FO 97/326 : correspondance de John Bowring pendant sa mission en Allemagne (1839).
FO 148/14-16 : correspondance entre l'ambassade de Grande-Bretagne à Paris et le gouvernement français (1830-1834).

Archives privées

George Eden, Earl of Auckland *(British Library)*
Add MS 34459-34460 : lettres de John Bowring à Auckland (1833-1834).

Charles Kay Ogden *(University College London)*
MS 62 : lettres autographes collectionnées par John Bowring.

Henry Temple, Viscount Palmerston *(Hartley Library à Southampton)*
CG/BO/44-49 : lettres de John Bowring à Palmerston (1835).

Thomas Perronet Thompson *(Brynmore Jones Library à Hull)*
MS 4/4 : correspondance (1830-1832).
MS 4/5 : correspondance (1833-1835).

George Villiers, Earl of Clarendon *(Bodleian Library à Oxford, fonds cité avec la permission de l'actuel Earl of Clarendon)*
MS 544 : correspondance et documents relatifs au commerce franco-britannique (1825-1833).
MS 545 : correspondance et documents relatifs aux négociations commerciales en France (1832-1834).
MS 546 : correspondance de George Villiers et John Bowring pendant .eur mission en France (1831-1834).

ARCHIVES ALLEMANDES

Archives privées

Friedrich List *(Stadtarchiv Reutlingen)*
Fasc 23.3 : manuscrit inachevé d'un traité d'économie politique en français (1838).

SOURCES IMPRIMÉES

Livres

Agoult (Charles d'), *Des impôts indirects et des droits de consommation* , Paris, 1817.

Balzac (Honoré de), *La comédie humaine*, 12 vol., édition sous la direction de Pierre-Georges Castex, Paris, Gallimard, 1976-1996.

Barbet (Auguste), *Mélanges d'économie sociale,* Paris, 1832.

— , *Causes et effets*, 2 vol., Paris, 1847.

Bastiat (Frédéric), *Œuvres complètes de Frédéric Bastiat*, mises en ordre, revues et annotées par Prosper Paillotet et Robert de Fontenay, 7 vol., Paris, 1854-1855, rééd. 1862-1864.

— , *Protectionisme et communisme*, Paris, 1849.

Béranger (Pierre-Jean de), *Chansons nouvelles et dernières de P.J. de Béranger*, Paris, 1833.

Blanc (Louis), *Organisation du travail*, Paris, 1841, 2ᵉ éd., pp. 138-143 (1ʳᵉ éd. en 1840).

Blanc de Volx (J.), *L'état commercial de la France au commencement du XIXᵉ siècle*, Paris, 1803.

Blanqui (Adolphe), *Précis d'économie politique*, Paris, 1826.

— , *Histoire de l'économie politique en Europe*, Paris, 1837, rééd. 1842, 1845, 1860.

Boislandry (François-Louis de), *Examen des principes les plus favorables aux progrès de l'agriculture, des manufactures et du commerce en France,* 2 vol., Paris, 1815.

Bonald (Louis de), *Œuvres complètes de M. de Bonald*, texte établi par l'Abbé Migne, 2 vol., Paris, 1864.

Bosc (Joseph), *Considérations sur l'accumulation des capitaux,* Paris, 1801.

Boucher de Perthes (Jacques), *Opinion de M. Christophe sur les prohibitions et la liberté du commerce*, Paris, 1830, rééd. 1831.

— , *Petit glossaire. Traduction de quelques mots financiers. Esquisse de mœurs administratives*, 2 vol., Paris, 1835.

Bray (Eugène de), *Essai sur la force, la puissance et la richesse nationales,* Paris, 1814.

Cabet (Etienne), *Voyage en Icarie*, Paris/Genève, Slatkine, 1979, pp. 9-10 (1ʳᵉ éd. en 1840).

Cazaux (L.F.G. de), *Eléments d'économie privée et publique,* Paris, 1825.

— , *Bases fondamentales de l'économie politique,* Paris, 1826.

Chaptal (Jean-Antoine), *De l'industrie française,* Paris, 1819.

— , *Des douanes et des prohibitions* , Philadelphie, 1819.

Chevalier (Michel), *Des intérêts matériels en France,* Paris, 1836.

— , *Cours d'économie politique,* 2 vol., Paris, 1842-1844.

— , *Examen du système commercial connu sous le nom de système protecteur*, Paris, 1852.

Cobbett (William), *Rural Rides,* Londres, 1830, rééd. Penguin, 2001.

Comte (Charles), *Traité de législation,* 4 vol., Paris, 1826-1827.

Constant (Benjamin), *Ecrits politiques,* texte établi et présenté par Marcel Gauchet, Paris, Gallimard, 1997, pp. 545-562.

Coquelin (Charles), *Essai sur la filature mécanique de lin et de chanvre,* Paris, 1840.

Coquelin (Charles), Guillaumin (Gilbert-Urbain), *Dictionnaire de l'économie politique,* 2 vol., Paris, 1854.

Costaz (Claude-Anthelme), *Essai sur l'administration de l'agriculture, du commerce et des manufactures,* Paris, 1818.

Coudert (François), *Recueil d'économie politique,* Bordeaux, 1833.

Coux (Charles de), *Essais d'économie politique,* Paris, 1832.

Destutt de Tracy (Antoine), *Eléments d'idéologie*, 4 vol., Paris, 1815.

— , *Traité d'économie politique,* Paris, 1822.

Droz (Joseph), *Economie politique, ou principes de la science des richesses*, Paris, 1829, rééd. 1846, 1854, 1874.

Dunoyer (Charles), *L'industrie et la morale considérées dans leurs rapports avec la liberté*, Paris, 1825.

Dupin (Charles), *Voyages dans la Grande-Bretagne*, 5 vol., Paris, 1821-1824.

— , *Forces commerciales et productives de la France*, 2 vol., Paris, 1827.

— , *Le petit producteur français*, 6 vol., Paris, 1827-1828.

Dutens (Joseph), *Analyse raisonnée des principes fondamentaux de l'économie politique*, Paris, 1804.

Ecrement (A.-L.), *Entretiens et vues sur l'économie politique*, Paris/Lille, 1817, rééd. 1818.

Estancelin (Louis), *De l'importation en France des fils et tissus de lin et de chanvre d'Angleterre*, Paris, 1842.

Fasquel (M.), *Recueil raisonné de tous les moyens de fraude et de contrebande déjoués par les douanes*, Paris, 1816.

Faucher (Léon), *L'Union du Midi, association commerciale de la France avec la Belgique, l'Espagne et la Suisse*, Paris, 1842.

— , *Etudes sur l'Angleterre*, Paris, 1845.

— , *Correspondance*, Paris, 1867.

Ferrier (François), *Du gouvernement dans ses rapports avec le commerce*, Paris, 1805, rééd. 1821, 1822.

— , *De l'entrepôt de Paris*, Paris/Lille, 1828.

— , *Du système maritime et commercial de l'Angleterre au dix-neuvième siècle*, Paris, 1829.

— , *De l'enquête commerciale*, Paris/Lille/Dunkerque, 1829.

Fiévée (Joseph), Ferrier (François), *Correspondance de Joseph Fiévée et de François Ferrier (1803-1837)*, texte établi, annoté et commenté par Etienne Hofmann, Berne/Paris, P. Lang, 1994.

Flaubert (Gustave), *L'éducation sentimentale*, Paris, Garnier-Flammarion, 2001 (1ʳᵉ éd. en 1869).

— , *Dictionnaire des idées reçues. Edition diplomatique des trois manuscrits de Rouen*, texte établi et présenté par Lea Laminiti, Naples/Paris, Liguori/Nizet, 1966.

— , *Correspondance*, 4 vol., texte établi, présenté et annoté par Jean Bruneau, Paris, Gallimard, 1991-1997.

Fonfrède (Henri), *Œuvres de Henri Fonfrède*, recueillies et mises en ordre par Charles-Alcée Campan, 10 vol., Bordeaux, 1844-1847.

— , *Du système prohibitif*, Paris, 1846.

Fourier (Charles), *La fausse industrie morcelée, répugnante, mensongère et l'antidote*, Paris, 1835.

Ganilh (Charles), *Systèmes d'économie politique*, Paris, 1809, rééd. 1821.

— , *Théorie de l'économie politique*, 2 vol., Paris, 1815, rééd. 1822.

— , *Principes d'économie politique et de finance*, Paris, 1835.

Garnier (Germain), *Abrégé élémentaire des principes de l'économie politique*, Paris, 1796.

Garnier (Joseph), *Eléments de l'économie politique*, Paris, 1846.

Godard-Desmarest (Emile-Aristide), *De l'économie politique en matière commerciale et de l'enquête de 1834*, Paris, 1835.

Guépin (Ange), *Traité d'économie sociale*, Paris, 1833.

Hauterive (Alexandre-Maurice d'), *De l'état de la France à la fin de l'an VIII*, Paris, 1800.

— , *Eléments d'économie politique*, Paris, 1817.

Hugo (Victor), *Œuvres complètes*, 18 tomes, édition publiée sous la direction de Jean Massin, Paris, Le club français du livre, 1967-1971.

Lamennais (Félicité de), *Le livre du peuple*, Paris, 1838.

La Nourais (Prosper-Alexis de), *De l'association douanière entre la France et la Belgique*, Paris, 1842.

Lebastier (Jules), *Défense du travail national*, Paris, 1847.
Ledru-Rollin (Alexandre-Auguste), *De la décadence de l'Angleterre*, 2 vol., Paris, 1850.
Lestiboudois (Thémistocle), *Economie pratique des nations*, Paris, 1847.
List (Friedrich), *Werke : Schriften, Reden, Briefe*, édition sous la direction d'Erwin von Beckerath et al., 10 vol., Berlin, Reimar Hobbing, 1927-1935.
— , *Outlines of American Political Economy/Grundriβ der amerikanischen politischen Okonomie*, Wiesbaden, Böttiger, 1996, p. 57 (1ʳᵉ éd. américaine en 1827).
— , *Système national d'économie politique*, trad. H. Richelot, Paris, 1851, rééd. Gallimard, 1998 (1ʳᵉ éd. allemande en 1841).
Magnien (Vivent), *De l'influence que peuvent avoir les douanes sur la prospérité de la France*, Paris, 1801.
Magnier-Grandprez (Jean-Charles), *De la prospérité de l'agriculture et du commerce en France*, Paris, 1833.
Maistre (Joseph de), *Œuvres complètes de Joseph de Maistre*, 14 vol., Lyon, 1884-1886.
Marcet (Jane), *Entretiens sur l'économie politique dégagée de ses abstractions d'après Adam Smith, Say, Malthus, Mill*, Paris, 1825.
Marx (Karl), *Les luttes de classes en France*, Paris, Editions sociales, 1964, p. 57 (1ʳᵉ parution en allemand in *Neue Rheinische Zeitung* en 1850).
Mathieu de Dombasle (Christophe-Joseph-Alexandre), *Economie politique et agricole*, Paris, 1860.
Michelet (Jules), *Le peuple*, Paris, 3ᵉ éd., 1846, p. 68, p. 121 (1ʳᵉ éd. en 1846).
— , *Voyage en Angleterre*, texte présenté par Jean-François Durand, Arles, Sulliver, 2005.
Mill (John Stuart), *Autobiography*, Londres, 1873, rééd. Londres, Penguin, 1989.
Molinari (Gustave de), *Histoire du tarif*, 2 vol., Paris, 1847.
Montesquieu, *De l'esprit des lois*, 2 vol., Paris, GF-Flammarion, 1979 (1ʳᵉ éd. en 1748).
Pautet (Jules), *Manuel d'économie politique*, Paris, 1835.
Proudhon (Pierre-Joseph), *Système des contradictions économiques ou philosophie de la misère*, 2 vol., Paris, 1846.
Raymond (Daniel), *Thoughts on Political Economy*, Baltimore, 1820.
Robert-Guyard (J.-A.), *De la richesse, ou essais de ploutonomie*, Paris, 1829.
Rossi (Pellegrino), *Cours d'économie politique*, Paris, 1840.
Rubichon (Maurice), *De l'Angleterre*, 2 vol., Paris, 1815-1819.
Saint-Chamans (Auguste de), *L'anti-romantique ou examen de quelques ouvrages nouveaux*, Paris, 1816.
— , *Du système d'impôt fondé sur les principes de l'économie politique*, Paris, 1820.
— , *Nouvel essai sur la richesse des nations*, Paris, 1824.
Saint-Simon (Claude-Henri de), *Œuvres de Claude-Henri de Saint-Simon*, 6 vol., Paris, Anthropos, 1966.
Say (Horace), *Rapport sur le commerce entre la France et l'Angleterre*, Paris, 1835.
Say (Jean-Baptiste), *Traité d'économie politique*, Paris, 1803, rééd. 1814, 1817, 1819, 1826.
— , *Catéchisme de l'économie politique*, Paris, 1815, rééd. 1821, 1826.
— , *Cours complet d'économie politique pratique*, 6 vol., Paris, 1828-1829.
— , *Mélanges et correspondance d'économie politique*, texte établi et présenté par Charles Comte, Paris, 1833.
— , *Œuvres diverses de Jean-Baptiste Say*, texte établi, annoté et commenté par Charles Comte, Eugène Daire et Horace Say, Paris, 1848.
— , *Cours d'économie politique et autres essais*, texte établi et présenté par Philippe Steiner, Paris, Flammarion, 1996.
Say (Louis), *Considérations sur l'industrie et la législation sous le rapport de leur influence sur la richesse des Etats*, Paris, 1822.
Sismonde de Sismondi (Jean-Charles), *De la richesse commerciale*, Paris, 1803.
— , *Nouveaux principes d'économie politique*, 2 vol., Paris, 1819, rééd. 1827.
Skarbek (Fryderyk), *Théorie des richesses sociales, suivi d'une bibliographie de l'économie politique*, Paris, 1829.

Staël (Germaine de), *Considérations sur les principaux événements de la Révolution française*, 3 vol., Paris, 1818.

Stendhal, *D'un nouveau complot contre les industriels*, texte établi et commenté par Pierre Chartier, Paris, Flammarion, 1972 (1ʳᵉ éd. en 1825).

— , *Mémoires d'un touriste*, texte présenté et annoté par Victor Del Litto, 3 vol., Paris, La Découverte, 1981(1ʳᵉ éd. en 1838).

Thiers (Adolphe), *Discours parlementaires de M. Thiers*, texte établi par Antoine Calmon, 16 vol., Paris, 1879-1889.

Tocqueville (Alexis de), *Œuvres complètes*, 18 tomes, Paris, Gallimard, 1951-1983.

— , *Textes économiques. Anthologie critique*, textes présentés par Jean-Louis Benoît et Eric Keslassy, Paris, Pocket, 2005.

Tollenare (Louis-François de), *Essai sur les entraves que le commerce éprouve en Europe*, Paris, 1820.

Viénot de Vaublanc (Vincent-Marie), *Du commerce de la France*, Paris, 1822, rééd. 1824.

Villeneuve-Bargemont (Alban de), *Economie politique chrétienne*, 3 vol. Paris, 1834.

Villermé (Louis-René), *Tableau de l'état physique et moral des ouvriers*, Paris, 1840.

Vitrolles (Eugène de), *De l'économie politique réduite à un principe*, Paris, 1801.

Principales brochures

Agriculteurs-fabricants de sucre des arrondissements de Valenciennes et Avesnes, *Observations sur la question des sucres*, Valenciennes, 1839.

Anonyme, *Conséquences désastreuses de l'adoption du libre-échange*, Reims, 1847.

Anonyme, *Considérations sur l'application du principe de la liberté commerciale à la France*, Paris, 1829.

Anonyme, *Considérations sur le voyage du docteur Bowring en France. Doit-on laisser tout faire, doit-on laisser tout passer ?*, Montpellier, 1835.

Anonyme, *Coup d'œil sur la politique manufacturière, commerçante et maritime de l'Angleterre depuis 1789*, Paris, 1835.

Anonyme, *De la nécessité de l'entrepôt à Paris*, Paris, 1824.

Anonyme, *De l'influence de la démocratie dans les questions du libre-échange et de l'octroi*, Lyon, 1847.

Anonyme (A. G* et A. P*), *De l'influence désastreuse de la fraude sur l'industrie française et sur les finances de l'Etat*, Paris, 1829.

Anonyme (G.), *De l'influence du système maritime de l'Angleterre sur le repos de l'Europe, son commerce et son industrie*, Paris, 1815.

Anonyme, *Des moyens de réduire à son minimum le prix des denrées*, Paris, 1815.

Anonyme (Messieurs M.B. et D.P. de L.), *Du système prohibitif et des fers français*, Paris, 1829.

Anonyme, *Le libre-échange apprécié par l'agriculture à sa juste valeur*, Caen, 1847.

Anonyme, *Le pour et le contre, ou réplique de plusieurs négociants de Paris au mémoire des manufacturiers de coton*, Paris, 1817.

Anonyme, *Mémoire sur la prohibition des mousselines*, Paris, 1816.

Anonyme, *Mémoire au roi et aux deux chambres, sur l'effet rétroactif du titre 6 de la loi du 28 avril 1816*, Paris, 1816.

Anonyme, *Observations à l'appui de la supplique présentée au Roi pour l'obtention d'un entrepôt réel de marchandises*, Paris, 1825.

Anonyme, *Observations à Messieurs les députés contre les articles 59 et suivants du titre 6 de la loi sur les douanes*, Paris, 1816.

Anonyme, *Observations pour et contre le projet de loi sur les douanes : budget de 1816*, Paris, 1816.

Anonyme, *Observations sur le projet de loi sur les douanes, amendé par la commission de la Chambre des députés*, Paris, 1816.

Anonyme (L.N.D.), *Observations sur le traité de commerce projeté entre la France et l'Angleterre*, Paris, 1814.

Anonyme (Bn. G.), *Observations sur les deux projets de loi de douanes présentés le 3 et le 31 décembre 1832*, Paris, 1833.

Anonyme, *Observations sur les douanes*, Paris, 1819.

Anonyme, *Observations sur l'importance de supprimer l'article 4 du titre Ier du projet de loi sur les douanes*, Paris, 1816.

Anonyme, *Paroles d'un négociant*, Paris, 1834.

Anonyme, *Pétition par les propriétaires du vignoble blanc des coteaux de la Loire*, Paris, 1828.

Anonyme, *Quelques notes sur le discours prononcé à la chambre des députés par M. de Saint-Cricq*, Paris, 1818.

Anonyme, *Questions commerciales entre la France et l'Angleterre*, Paris, 1832.

Anonyme (A.B.), *Question des sucres examinée d'un point de vue moral*, Douai, 1843.

Anonyme, *Questions sur les prohibitions*, Paris, 1817.

Anonyme, *Réclamations des entrepreneurs des manufactures de draperies de Louviers, contre la contrebande et la sortie des laines*, Paris, 1816.

Anonyme, *Réflexions d'un ancien commerçant sur l'industrie agricole, commerciale et manufacturière et particulièrement sur l'ouvrage récemment publié par M. de Dombasle*, Nantes, 1834.

Anonyme, *Réflexions d'un cultivateur sur la liberté illimitée du commerce*, Reims, 1848.

Anonyme, *Réflexions sur l'article 61 du projet de loi de budget de 1816*, Paris, 1816.

Anonyme, *Réflexions sur les articles 58, 59, 61, 62 et 63 du projet de loi sur le budget de 1816*, Paris, 1816.

Anonyme, *Réfutation du mémoire intitulé : mémoire sur la prohibition des mousselines*, Paris, 1816.

Anonyme (D.B.), *Commerce. Résultat du système prohibitif des douanes*, Paris/Marseille, 1832.

Anonyme, *Sur les douanes*, Paris, 1816.

Anisson-Dupéron (Alexandre), *De l'affranchissement du commerce et de l'industrie*, Paris, 1829.

—, *De l'enquête sur les fers*, Paris, 1829.

—, *Examen de l'enquête commerciale sur les sucres*, Paris, 1829.

—, *Essai sur les traités de commerce de Methuen et de 1786 dans leurs rapports avec la liberté commerciale*, Paris, 1847.

Arlès-Dufour (François-Barthélemy), Dervieu (André), *Un mot sur les fabriques étrangères de soieries*, Lyon, 1834.

Association belge pour la liberté commerciale, *Congrès des économistes de Bruxelles*, Bruxelles, 1847.

Association pour la défense du travail national, *Réunion annuelle du comité central. Séance du 17 janvier 1848*, Paris, 1848.

—, *Réponse au mémoire de la chambre de commerce de Bordeaux*, Paris, 1847.

—, *Examen des théories du libre-échange et des résultats du système protecteur*, Paris, 1847.

Association pour la défense du travail national de Mulhouse, *Première publication*, Mulhouse, 1846.

—, *Association pour la défense du travail national, formée à Mulhouse le 4 novembre 1846*, Mulhouse, 1848.

—, *Enquête industrielle dans les départements de l'Est*, Mulhouse, 1848.

—, *Compte rendu à l'assemblée générale des membres de l'Association pour la défense du travail national*, Mulhouse, 1850.

Association pour la défense du travail national de Nantes, *Réforme commerciale*, Nantes, s.d., 1847.

Association pour la liberté des échanges, *Déclaration*, Paris, 1846.

—, *Première séance publique*, Paris, 1846.

—, *Deuxième séance publique*, Paris, 1846.

—, *Cinquième séance publique*, Paris, 1847.

— , *Sixième séance publique,* Paris, 1847.

— , *Programme de réforme douanière,* Paris, 1847.

— , *Septième séance publique,* Paris, 1848.

Association pour la liberté des échanges de Bordeaux, *Fondation de la société, 23 février 1846 : Manifeste,* Bordeaux, 1846.

— , *Publications mensuelles de l'association formée à Bordeaux pour la liberté des échanges,* Paris/Bordeaux, 1846.

Association pour la liberté des échanges de Lyon, *Liberté des échanges. Association lyonnaise,* Lyon, 1846.

— , *Liberté des échanges. Le libre-échange à Lyon,* Lyon, 1847.

Audouin (Xavier), *Quelques idées sur les prohibitions commerciales,* Paris, 1816.

Avril (Jean-Baptiste), *La question du libre-échange mise à la portée de toutes les intelligences,* Nevers, 1847.

Bastiat (Frédéric), *Réflexions sur les pétitions concernant les douanes,* Mont-de-Marsan, 1834.

— , *Le fisc et la vigne,* Paris, 1841.

— , *Mémoire sur la question vinicole,* Mont-de-Marsan, 1843.

Bella (François), *La protection et le libre-échange,* Paris, 1847.

Benard (M.), *De la liberté du commerce,* Arras, 1834.

Bentham (Jeremy), *Observations on the Restrictive and Prohibitory System,* texte établi et introduit par John Bowring, Londres, 1821.

Bigot de Morogues (Pierre-Marie-Sébastien), *De la production agricole considérée comme base du commerce et application de ce principe à la solution de la question des laines,* Orléans, 1829.

— , *Recherche des causes de la richesse et de la misère des peuples civilisés,* Paris, 1834.

Blanqui (Adolphe), Girardin (Emile de), *De la liberté du commerce et de la protection de l'industrie,* Paris, 1846.

Bonaparte (Napoléon-Louis), *Des idées napoléoniennes,* Paris, 1839.

— , *Analyse de la question des sucres,* Paris, 1842, rééd. 1843.

Bowring (John), *Details of the Arrest, Imprisonment and Liberation of an Englishman by the Bourbon Government of France,* Londres, 1823.

Bray de Valfresne (A.-J.), *Mémoire sur les manufactures, les corporations et les moyens de réprimer la contrebande,* Paris, 1816.

Bureau (Allyre), *Plus de droits réunis ! Plus d'exercice ! Plus d'octroi ! Révision des lois de douanes,* Paris, 1848.

Canard (Nicolas-François), *Mémoire sur les causes qui produisent la stagnation et le décroissement du commerce en France,* Paris, 1826.

Cazaux (L.F.G. de), *La balance du commerce est-elle un vain mot, comme le disent les économistes ?,* Paris, 1829.

Chambre consultative des arts et manufactures de Bar-le-Duc, *Délibérations,* Bar-le-Duc, s.d., 1846.

Chambre de commerce de Bordeaux, *Lettre adressée au ministre de l'Agriculture et du Commerce sur le traité de commerce avec la Belgique,* Bordeaux, 1841.

— , *Des intérêts maritimes et de la protection,* Bordeaux, 1847.

Chambre de commerce de Dunkerque, *Lettre sur la question du libre-échange,* Dunkerque, 1847.

Chambre de commerce de La Rochelle, *Observations sur le projet de loi de douanes,* Paris, 1816.

Chambre de commerce de Morlaix, *Rapport de la commission chargé d'examiner la question du libre-échange, dans ses rapports avec les intérêts agricoles et commerciaux du Finistère,* Morlaix, 1847.

Chambre de commerce de Nantes, *Nouvelles observations de la chambre de commerce de Nantes sur la question de l'entrepôt réel à Paris,* Nantes, 1828.

— , *Un dernier mot sur les entrepôts intérieurs,* Nantes, 1831.

Chambre de commerce de Rouen, *Mémoire sur la nécessité de maintenir le système prohibitif,* Rouen, 1814.

Chambre de commerce de Strasbourg, *Pétition aux fins de l'établissement du transit général par la France et subsidiairement du transit de l'Allemagne en Suisse, par l'ancienne Alsace,* Strasbourg, 1817.

Chambre de commerce de Toulouse, *Rapport fait à la Chambre de commerce de Toulouse, sur la loi des douanes,* Toulouse, 1834.

— , *Lettre sur la question du libre-échange,* Toulouse, 1847.

Chapelle (Victor), *Pétition adressées à MM. les membres de la Chambre des députés relativement à la filature du lin,* Paris, s.d., 1841.

Chedeaux (Pierre-Joseph), *Lettre sur le transit et l'entrepôt,* Paris, 1828.

Comice agricole de Jussey, *Etat de l'industrie agricole en France, Ce qu'elle doit redouter de la concurrence étrangère,* Vesoul, 1847.

Comité central des propriétaires de vignes, *Discours de M. Tachouzin,* Paris, 1829.

— , *Observations en réfutation du projet de loi sur les boissons,* Paris, 1829.

Comité des intérêts métallurgiques, *Compte rendu,* Paris, 1842.

— , *Compte rendu,* Paris, 1843.

Comité de l'industrie cotonnière des départements de l'Est, *Pétition présentée à la Chambre des députés,* Paris, 1839.

Comité des lins, *Des modifications de tarif réclamées par la filature du lin et la fabrication des toiles en France,* Paris, s.d., vers 1838.

— , *Résumé de la question des fils et des toiles de lin et de chanvre,* Paris, s.d., vers 1838.

— , *Réclamations de l'industrie française des toiles de lin et de chanvre,* Paris, 1842.

— , *Compte rendu,* Paris, 1845.

Comité des propriétaires de vignes de la Gironde, *Pétition des propriétaires de vignes de la Gironde et mémoire à l'appui,* Bordeaux, 1828.

Comité des propriétaires de vignes des Bouches-du-Rhône, *Pétition des propriétaires de vignes et des négociants en vins du département des Bouches du Rhône,* Marseille, 1829.

Commerce de Nantes, *Pétition à MM. les membres de la Chambre des députés,* Nantes, 1831.

Commerce du Havre, *Pétition à la Chambre des députés contre l'établissement projeté des entrepôts intérieurs,* Le Havre, 1831.

Commission d'agriculture de Draguignan, *Libre-échange. Défense du travail national,* Draguignan, 1847.

Commission commerciale de Bordeaux, *Adresse des négociants de Bordeaux aux chambres législatives,* Bordeaux, 1834.

Commission des délégués du commerce maritime, *Mémoire sur la question des sucres,* Paris, 1839.

— , *Question des sucres,* Paris, 1839.

Considérant (Victor), *De la politique générale et du rôle de la France en Europe,* Paris, 1840.

Defontenay, *Considérations sur les douanes et notamment en ce qui concerne l'introduction des laines,* Paris, s.d., 1833.

Delaunay (Jean-Baptiste), *Dialogue entre un Parisien et un Havrais sur l'établissement d'un entrepôt de denrées coloniales à Paris,* Le Havre, 1827.

— , *Lettre à M. Tanneguy Duchatel,* Le Havre, 1834.

Defitte (Xavier), Feray (Ernest), *Nécessité d'une prompte et efficace modification à notre tarif de douanes, relativement aux fils et aux toiles de lin et de chanvre,* Corbeil, 1838.

Dollfus (Jean), *Communication sur l'opportunité d'une réforme dans le système protecteur des douanes,* Mulhouse, 1851.

Doris (junior), *Considérations sur l'état du commerce et de l'industrie en France,* Bordeaux, 1832.

Duchatel (Tanneguy), *Mémoire sur le système actuel des douanes,* Paris, 1829.

Dufaur-Montfaur, *Du libre-échange en matière d'agriculture,* Foix, 1847.

Dupin (Charles), *Effets de l'enseignement populaire sur les prospérités de la France,* Paris, 1827.

— , *Conclusion sur les rapports de l'instruction populaire avec la moralité des diverses parties de la France*, Paris, 1827.

Dupin (Charles), *Défense du système protecteur*, Paris, 1836.

— , *Tableau des intérêts de la France*, Paris, 1836.

— , *Faits et calculs relatifs au projet de loi pour réduire les droits d'entrée du sucre français des colonies et des sucres étrangers*, Paris, 1837.

— , *La vérité des faits sur les cultures comparées des colonies et de la métropole*, Paris, 1842.

— , *Observations exposées au Conseil général d'agriculture*, Paris, 1842.

— , *Mémoire adressé par le conseil des délégués des colonies aux ministres du Roi sur la question des sucres*, Paris, 1842.

— , *Appel au bon sens*, Paris, 1843.

Faucher (Léon), *De la liberté commerciale*, Reims, s.d., 1846.

Feray (Ernest), *Réponse sur les négociations commerciales ouvertes entre la France et l'Angleterre*, Paris, 1839.

Ferrier (François), *Mémoire sur la demande d'un entrepôt de denrées coloniales à Paris*, Paris, 1819.

Fonfrède (Henri), *Observations à l'appui des réclamations du commerce de Bordeaux sur le privilège colonial et sur la surtaxe des sucres étrangers*, Bordeaux, 1832.

— , *La liberté protège mieux que la prohibition*, Paris, 1835.

Gaillard (Emmanuel-Pierre), *Du traité de commerce et de la prohibition*, Paris, 1814.

Garnier (Joseph), *Richard Cobden, les ligueurs et la ligue*, Paris, 1846.

Garonne (M.), *Des entrepôts de denrées coloniales et d'un nouveau mode de législation commerciale*, Paris, 1828.

Gaugier (Charles), *Quelques lettres sur la question des douanes*, Paris, 1834.

Guibal (Armand), *Le libre-échange et l'organisation du travail*, Paris, 1848.

Guillemot (Jean-Baptiste), *Esquisse au sujet de l'association des propriétaires de vignes*, Dijon, 1833.

Godineau, *Discours prononcé à la société royale d'agriculture de La Rochelle*, La Rochelle, 1847.

Goldenberg (Gustave), *Libre-échange et protection*, Paris, 1847.

Grar (Edouard), *Question des sucres. Solution proposée par la société d'agriculture, sciences et arts, de l'arrondissement de Valenciennes*, Valenciennes, 1843.

Hantute, *Du libre-échange*, Paris, 1847.

Harcourt (Emmanuel d'), *Réflexions sur la richesse future de la France, et sur la direction qu'il convient de donner à la prospérité du royaume*, Paris, 1826.

Harcourt (Eugène d'), *Trois discours en faveur de la liberté du commerce*, Paris, 1846.

Hecquet d'Orval (E.), *Quelques mots contre le libre-échange*, Abbeville, 1848.

Hiller (Christian), Schott (J.), *Transit par l'Alsace. Transit durch das Elsaß*, Strasbourg, 1819.

Homon (Charles), *Question des lins et des chanvres*, Morlaix, 1842.

Humann (Georges), Saum l'aîné, Schattenmann (Charles), *Du transit d'Alsace*, Paris, 1818.

— , *Quelques observations présentées à la Chambre des députés en faveur du transit d'Alsace*, Paris, 1818.

— , *Encore un mot sur le transit d'Alsace*, Paris, 1818.

Hummel (Jean), *Pétition concernant le transit de Strasbourg et l'Alsace*, Strasbourg, 1826.

— , *Lettre à MM. les membres de la chambre de commerce*, Strasbourg, 1829.

Huzard, *Ce qu'il adviendrait de l'agriculture en France avec le libre-échange*, Paris, 1847.

Jaenger (Pierre-Paul), *Mémoire sur le libre échange*, Colmar, 1847.

Kermellec, *De l'établissement d'entrepôts pour les denrées coloniales dans les villes de l'intérieur*, Paris, 1825.

Koechlin (Nicolas), *Enquête commerciale. Interrogatoire de M. Nicolas Koechlin*, Strasbourg, 1835.

— , *Réplique de M. Nicolas Koechlin,* Paris, 1835.

Kolb-Bernard (Charles), *Association contre le libre-échange. Comité provisoire de Lille,* Lille, s.d., 1846.

Lamartine (Alphonse de), *Discours de M. de Lamartine à la réunion publique de l'association pour la liberté des échanges à Marseille,* Paris, 1847.

Lamothe (Alexandre de), *De l'abolition des droits de douane sur les houilles étrangères et des effets de cette mesure sur l'avenir industriel de la France,* Clermont-Ferrand, 1834.

Langlois (André-Gabriel), *De l'industrie nationale au moment où nous sommes,* Paris, 1817.

Larréguy (François), *Des entrepôts intérieurs,* Paris, 1825.

— , *Des entrepôts intérieurs d'après le droit commun et l'intérêt général,* Paris, 1829.

Lebaillif (Jean-Jacques), *Essai sur la question de la liberté du commerce entre tous les peuples,* Falaise, s.d., 1834.

Le Mesl (Pierre-Marie), *Mémoire sur la nécessité de prohiber l'importation des fils de lin de provenances étrangères,* Saint-Brieuc, 1838.

Le Picquier (Pierre-Louis), *Du projet d'établissement de l'entrepôt à Paris et autres villes de l'intérieur,* Le Havre, 1827.

Leroy (Alphonse), *De l'état du commerce en France avant et depuis la Révolution,* Paris, 1815.

Le Roy de Neufvillette, *Lettre-consultation sur la liberté du commerce et de l'industrie,* Paris, 1829.

Lestiboudois (Thémistocle), *Des colonies sucrières et des sucreries indigènes,* Lille, 1839.

Lherbette (Armand-Jacques), *De la liberté commerciale et de la réforme de nos lois de douane,* Paris, 1835.

List (Friedrich), *Idées sur des réformes économiques, commerciales et politiques, applicables à la France,* Paris, 1831.

Louvet (Charles), *Dialogue sur la liberté du commerce,* Saumur, 1834.

Maître (Charles), *Richard Cobden, ou l'esprit anglais contre l'esprit munichois, à propos de la liberté des échanges,* Paris, 1846.

Manufacturiers de coton de Paris, *Mémoire des manufacturiers de coton de Paris,* Paris, 1816.

Manufacturiers de Paris, *Pétition des manufacturiers, banquiers, négociants et commerçants de la place de Paris,* Paris, 1827.

Marx (Karl), *Discours sur la question du libre-échange,* Bruxelles, 1848.

Mathieu de Dombasle (Christophe-Joseph-Alexandre), *Observations sur le tarif des douanes,* Nancy, 1814.

— , *Des intérêts respectifs du Midi et du Nord dans les questions de douanes,* Paris, 1834, rééd. sous le titre *De l'avenir industriel de la France en 1834 et 1835.*

— , *Du sucre indigène,* Nancy, 1835.

— , *De l'impôt sur le sucre indigène : nouvelles considérations,* Nancy, 1837.

— , *De l'avenir de l'Algérie,* Paris, 1838.

— , *Question des sucres,* Nancy, 1838.

— , *Question des sucres : abaissement du rendement,* Nancy, 1839.

— , *Question des sucres,* Nancy, 1840.

— , *La question des sucres en 1843,* Nancy, 1843.

Mimerel (Auguste), *Du paupérisme dans ses rapports avec l'industrie en France et en Angleterre,* Lille, s.d., 1842.

Moret de Moy, *Misère des classes laborieuses et ses causes, démontrées par les faits, par l'abandon de l'intérêt agricole, et notamment de l'industrie des lins,* Saint-Quentin, 1840.

Morlot (Charles), *La Comédie du libre-échange, dialogues sur la liberté commerciale,* Le Havre, 1847.

Négociants de Strasbourg, *Pétition adressée à la Chambre des députés par 115 négociants de Strasbourg,* Strasbourg, 1828.

Nollet (Ponce), *Libre-échange, apologie du Cobden de Rheims*, Épernay, 1847.

Pichault de La Martinière (Alexandre-Hyacinthe-Numa), *Mémoire sur la nécessité de modifier la législation des douanes*, Paris, s.d., vers 1832.

Pochard (F.), *Exposé de la situation critique du commerce à Paris*, Paris, 1827.

Praire (A.-P.), *Discours en opposition aux principes du libre-échange*, Saint-Etienne, 1847.

Rodet (D.-L.), *Du commerce extérieur et de la question d'un entrepôt à Paris*, Paris, 1825.

— , *Questions commerciales*, Paris, 1828.

Roederer (Antoine-Marie), *Des droits d'entrée sur les produits étrangers*, Paris, 1847.

— , *Les douanes et l'industrie en 1848*, Paris, 1847.

— , *Etudes sur les deux systèmes opposés de la protection et du libre-échange*, Paris, 1851.

Rumilly (Gaulthier de), *Protection du travail national*, Amiens, 1846.

Saint-Ferréol, *Exposition du système des douanes en France*, Marseille, 1835.

Say (Horace), *De la question des sucres et du projet de loi pour l'interdiction de la fabrication des sucres indigènes*, Paris, 1843.

Schlegel (August-Wilhelm von), *Sur le système continental et ses rapports avec la Suède*, Hambourg, 1813.

Schweich (aîné), *Etat de l'industrie commerciale de la France comparée à celle de l'Angleterre*, Paris, 1836.

Société d'agriculture de l'Ain, *Opinion et vote de la société sur la question du libre-échange*, Bourg-en-Bresse, 1847.

Société d'agriculture de l'Aube, *Rapport sur la théorie du libre-échange*, Paris, 1847.

Société d'agriculture de Haute-Garonne, *Question du libre-échange*, Toulouse, 1847.

Société royale académique de Saint-Quentin, *Rapport de M. Bauchart sur la question du libre-échange, au point de vue agricole*, Saint-Quentin, 1848.

Tempier (Charles), *Essai sur les avantages qui résulteraient pour la France de la liberté absolue du commerce*, Paris, 1816.

Thiers (Adolphe), *Law. Encyclopédie progressive*, Paris, 1826.

— , *Discours prononcé par M. Thiers, le jour de sa réception à l'Académie française*, Paris, 1834.

— , *De la propriété*, Paris, 1848.

— , *Discours sur le régime commercial de la France*, Paris, 1851.

Thompson (Thomas Perronet), Laroche (Benjamin), *Contre-enquête, par l'homme aux quarante écus*, Paris, 1834.

Union vinicole, *Compte rendu des séances de l'assemblée générale des départements vinicoles*, Bordeaux, 1843.

— , *Assemblée générale des délégués des départements*, Bordeaux, 1843.

Wood (J.), *De la liberté du commerce considérée comme nécessaire à la prospérité de l'industrie et de l'agriculture*, Paris, 1836.

Publications officielles

Bowring (John), Villiers (George), *First Report on the Commercial Relations between France and Great Britain*, Londres, 1834.

Bowring (John), *Second Report on the Commercial Relations between France and Great Britain*, Londres, 1835.

— , *Report on the Prussian Commercial Union*, Londres, 1840.

Ministère du Commerce, *Enquête sur les fers*, Paris, 1829.

— , *Enquête sur les sucres*, Paris, 1829.

— , *Enquête relative à l'établissement d'entrepôts de douanes pour certaines villes de la frontière de l'est, de l'intérieur et particulièrement pour Paris*, Paris, 1831.

— , *Enquête sur les houilles étrangères*, Paris, 1833.

— , *Enquête relative à diverses prohibitions,* 3 vol., Paris, 1835.
— , *Enquête sur les fils de laine,* Paris, 1836.
— , *Enquête sur les fils et tissus de lin et de chanvre,* Paris, 1838.
— , *Statistique de la France,* 10 vol., Paris, 1838-1848.
Lois et règlements des douanes françaises, 98 vol., Lille/Paris, 1819-1960.

Journaux et périodiques

France :
L'*Atelier, Le Commerce, Le Constitutionnel, Le Courrier de Bordeaux, Le Courrier de la
Gironde, Le Courrier français, La Démocratie pacifique, L'Époque, L'Esprit public,
L'Européen, La Fraternité, La Gazette de France, Le Globe, La Guienne, L'Indicateur
bordelais, L'Industriel alsacien, Le Journal de Paris, Le Journal des Débats, Le
Journal des économistes, Le Journal des travaux publics, Le Journal du commerce, Le
Journal général de France, Le Libre-Echange, Le Mémorial bordelais, Le Moniteur
industriel, Le Moniteur universel, Le National, Le Populaire, La Presse, La Quotidi-
enne, Le Réformateur, La Réforme, La Réforme industrielle, La Revue des Deux
Mondes, La Revue encyclopédique, La Revue indépendante, La Revue nationale, La
Revue mensuelle d'économie politique, Le Siècle, Le Spectateur de Dijon, Le Temps,
La Tribune, L'Univers.*

Grande-Bretagne :
The Times, Westminster Review.

Allemagne :
Die Allgemeine Zeitung, Die Neckar Zeitung, Das Zollvereinsblatt.

Instruments de travail

Balteau (Jules), Barroux (Marius), Lobies (Jean-Pierre), Prevost (Michel), Roman d'Amat
(Jean-Charles), Tribout de Morembert (Henri) (dir.), *Dictionnaire de biographie
française,* 17 vol., Paris, Letouzey et Ané, 1933.
Bourloton (Edgar), Cougny (Gaston), Robert (Adolphe) (dir.), *Dictionnaire des parlemen-
taires français,* 5 vol., Paris, Bourloton, 1889-1891.
Dautry (Jean) et al., *Dictionnaire biographique du mouvement ouvrier français,* 1789-
1864, 3 vol., Paris, Les éditions ouvrières, 1964-1966.
Fédération des sociétés d'histoire et d'archéologie d'Alsace, *Nouveau dictionnaire de
biographie alsacienne,* 44 vol., Strasbourg, 1983-2004.
Feret (Edouard), *Statistique de la Gironde,* 3 vol., Bordeaux, 1889.
Harrison (Brian H.), Matthew (Henry C.) (dir.), *Oxford Dictionary of National Biography,*
60 vol. Oxford, 2004.
Hoefer (Ferdinand) (dir.), *Nouvelle biographie universelle,* 46 vol., Paris, 1852-1866.
Killy (Walther) (dir.), *Deutsche biographische Enzyklopädie,* 12 vol., Munich, K.G. Saur,
1995-2000.
Mackensen (Lutz), *Ursprung der Wörter,* Wiesbaden, VMA, 1998.
Mavidal (Jérôme), Colombey (Emile) (dir.), *Archives parlementaires, recueil complet des
débats législatifs et politiques des chambres françaises de 1800 à 1860,* 126 vol.,
Paris, P. Dupont, 1862-1912.
Michaud (Louis-Gabriel) (dir.), *Biographie universelle ancienne et moderne,* 85 vol.
Paris, 1811-1862.
Pfeifer (Wolfgang), *Etymologisches Wörterbuch des Deutschen,* 2 vol., Berlin, Akademi-
Verlag, 1993.

Rey (Alain) (dir.), *Dictionnaire historique de la langue française,* 2 vol., Paris, Le Robert, 1992.

Simpson (John A.) (dir), *Oxford English Dictionary*, 20 vol., Oxford, Clarendon, 1989.

Vapereau (Gustave), *Dictionnaire universel des contemporains,* Paris, 1858.

Hansard's Parliamentary Debates, troisième série, Londres, Baldwin and Cradock, 1829-1891.

BIBLIOGRAPHIE

Agulhon (Maurice), Le Men (Ségolène) (dir.), *Les Révolutions de 1848, l'Europe des images*, 2 vol., Paris, Assemblée nationale, 1998.

Allix (Edgard), « Jean-Baptiste Say et les origines de l'industrialisme », *Revue d'économie politique*, n° 24, 1910, pp. 303-313 et pp. 341-363.

—, « La déformation de l'économie politique libérale après Jean-Baptiste Say : Charles Dunoyer », *Revue d'histoire des doctrines économiques et sociales*, n° 4, 1911, pp. 115-147.

—, « Destutt de Tracy économiste », *Revue d'économie politique*, n° 26, 1912, pp. 424-451.

Amé (Léon), *Etude sur les tarifs de douanes et sur les traités de commerce*, 2 vol., Paris, 1876.

Asselain (Jean-Charles), « Croissance, dépression et récurrence du protectionnisme français », in Lassudrie-Duchêne (Bernard), Reiffers (Jean-Louis) (dir.), *Le protectionnisme : croissance, limites, voies alternatives*, Paris, Economica, 1985, pp. 29-53.

Ayçoberry (Pierre), « Freihandelsbewegungen in Deutschland und Frankreich in den 1840er und 1850er Jahren », in Langewiesche (Dieter) (dir.), *Liberalismus im 19. Jahrhundert*, Göttingen, Vandenhoeck & Ruprecht, 1988.

Bagge (Dominique), *Les idées politiques en France sous la Restauration*, Paris, PUF, 1952.

Bairoch (Paul), *Commerce extérieur et développement économique de l'Europe*, Paris, Mouton, 1976.

—, « European Trade Policy, 1815-1914 », in Habakkuk (Hrothgar) et al. (dir.), *The Cambridge Economic History of Europe*, 8 vol., Cambridge, Cambridge University Press, 1966-1989, t. 8, pp. 1-160.

Baker (Keith) « Representation », in Baker (Keith) (dir.), *The Political Culture of the Old Regime*, Oxford, Pergamon, 1987, pp. 469-492.

—, « Public Opinion as Political Invention », in Baker (Keith), *Inventing the French Revolution. Essays on French Political Culture in the Eighteenth Century*, Cambridge, Cambridge University Press, 1990, pp. 167-199.

Ballot (Charles), *L'introduction du machinisme dans l'industrie française*, Lille, Marquant, 1923, rééd. Genève, Slatkine, 1978.

Barbier (Frédéric), « The Publishing Industry and Printed Output in Nineteenth-Century France », in Carpenter (Kenneth E.) (dir.), *Books and Society in History*, New York, Bowker, 1983, pp. 199-230.

Bartle (George F.), *An Old Radical and his Brood : a Portrait of Sir John Bowring and his Family*, Londres, Janus, 1994.

Bellanger (Claude) et al. (dir.), *Histoire générale de la presse française*, 5 vol., Paris, PUF, 1969-1976.

Bellos (David), « Le marché du livre à l'époque romantique : recherches et problèmes », *Revue française d'histoire du livre*, n° 20, 1978, pp. 647-659.

Benot (Yves), *La démence coloniale sous Napoléon*, Paris, La Découverte, 1992, rééd. 2006.

Berlière (Jean-Marc), *Le monde des polices en France, XIXe-XXe siècles*, Bruxelles, Complexe, 1996.

Bertier de Sauvigny (Guillaume), « Liberalism, Nationalism and Socialism : the Birth of Three Words », *Review of Politics*, n° 32, 1970, pp. 147-166.

—, *La Restauration*, Paris, Flammarion, 1974, rééd. 1998.

Biagini (Eugenio), *Liberty, Retrenchment and Reform : Popular Liberalism in the Age of Gladstone, 1860-1880*, Cambridge, Cambridge University Press, 1992.

Bloomfield (Alan I.), « Aspects of the Theory of International Trade in France : 1800-1914 », *Oxford Economic Papers*, n° 41, 1989, pp. 619-639.

Boizard (E.), *Histoire de la législation des sucres*, Paris, 1891.

Bourguinat (Nicolas), *Les grains du désordre. L'Etat face aux violences frumentaires dans la première moitié du XIXe siècle*, Paris, EHESS, 2002.

Bordas (Jean), *Les directeurs généraux des Douanes. L'administration et la politique douanière, 1801-1939*, Paris, Comité pour l'histoire économique et financière de la France, 2004.

Bosher (John F.), *The Single Duty Project : a Study of the Movement for a French Customs Union in the Eighteenth Century*, Londres, Athlone, 1964.

Bouillon (Jacques), « Les démocrates-socialistes aux élections de 1849 », *Revue française de science politique*, n° 5, 1956, pp. 70-95.

Bouton (Cynthia), « Les mouvements de subsistances et le problème de l'économie morale sous l'Ancien Régime et la Révolution française », *Annales historiques de la Révolution française*, n° 319, 2000, pp. 71-100.

Boyé (Michel), *La douane de Bordeaux : un lieu, des hommes*, Bordeaux, Fédération historique du Sud-Ouest, 1999, pp. 155-159.

Bradley (Margaret), Perrin (Fernand), « Charles Dupin's Visits to the British Isles, 1816-1824 », *Technology and Culture*, n° 32, 1991, pp. 47-68.

Branda (Pierre), Lentz (Thierry), *Napoléon, l'esclavage et les colonies*, Paris, Fayard, 2006.

Braudel (Fernand), Labrousse (Ernest) (dir.), *Histoire économique et sociale de la France*, 4 tomes, Paris, PUF, 1976-1982, t. 3, *L'avènement de l'ère industrielle*.

Breton (Yves), « Les économistes, le pouvoir politique et l'ordre social en France entre 1830 et 1851 », *Histoire, économie et société*, n° 4, 1985, pp. 233-252.

Breton (Yves), Lutfalla (Michel) (dir.), *L'économie politique en France au XIXe siècle*, Paris, Economica, 1991.

Broder (Albert), *L'économie française au XIXe siècle*, Paris, Ophrys, 1993.

Brown (Lucy), *The Board of Trade and the Free Trade Movement*, Oxford, Clarendon, 1958.

Bullen (Roger), *Palmerston, Guizot and the Collapse of the Entente Cordiale*, Londres, Athlone, 1974.

Bury (John), Tombs (Robert), *Adolphe Thiers, 1797-1877 : a Political Life*, Londres, Allen and Unwin, 1986.

Butel (Paul), « Crise et mutation de l'activité économique à Bordeaux sous le Consulat et l'Empire », *Revue d'histoire moderne et contemporaine*, n° 17, 1970, pp. 540-558.

—, *Les négociants bordelais, l'Europe et les îles au XVIIIe siècle*, Paris, Aubier, 1974.

—, « Succès et déclin du commerce colonial français de la Révolution à la Restauration », *Revue économique*, n° 40, 1989, pp. 1079-1096.

—, *Les dynasties bordelaises*, Paris, Perrin, 1990.

—, *Histoire de l'Atlantique*, Paris, Perrin, 1997.

—, *Histoire des Antilles françaises, XVIIe-XXe siècle*, Paris, Perrin, 2002.

Cadier-Rey (Gabrielle), *Bordeaux et le libre-échange sous le Second Empire*, thèse de doctorat d'histoire, Université Bordeaux III, 1972.

—, « Les conséquences du traité de 1860 sur le commerce franco-britannique », *Histoire, économie et société*, n° 7, 1988, pp. 355-380.

Cahen (Georges), « L'économie sociale chrétienne et la colonisation agricole sous la Restauration et la Monarchie de Juillet », *Revue d'économie politique*, n° 17, 1903, pp. 511-546.

Caillemer (Robert), Schatz (Albert), « Le mercantilisme libéral à la fin du XVIIᵉ siècle. Les idées économiques et politiques de M. de Belesbat », *Revue d'économie politique*, n° 20, 1906, pp. 559-574, pp. 630-642 et pp. 791-816.

Cain (Peter J.), Hopkins (Anthony G.), *British Imperialism, 1688-2000*, Londres, Longman, 1993, rééd. 2002.

Cameron (Rondo), La *France et le développement économique de l'Europe*, Paris, Le Seuil, 1971, rééd. 1987 (1ʳᵉ éd. américaine en 1961).

Canton-Debat (Jacques), *Un homme d'affaire lyonnais : Arlès-Dufour (1797-1872)*, thèse de doctorat d'histoire, Université Lyon II, 2000.

Carpenter (Kenneth E.), *The Dissemination of the Wealth of Nations in French and in France, 1776-1843*, New York, The Bibliographical Society of America, 2002.

Cavignac (Jean), *Les vingt-cinq familles : les négociants à Bordeaux sous Louis-Philippe*, Bordeaux, Institut aquitain d'histoire sociale, 1985.

Centre d'étude et de documentation du sucre, *Le Sucre : Mémo statistique, décembre 2005*, Paris, 2006.

Cercler (René), *Mathieu de Dombasle, 1777-1843*, Paris, Berger-Levrault, 1946.

Charle (Christophe), *Histoire sociale de la France au XIXᵉ siècle*, Paris, Le Seuil, 1991.

Charles (Albert), *La révolution de 1848 et la Seconde République à Bordeaux*, Bordeaux, Delmas, 1945.

Chartier (Roger), Martin (Henri-Jean) (dir.), *Histoire de l'édition française*, 4 vol., Paris, 1983, rééd. 1990.

Chartier (Roger), *Les origines culturelles de la Révolution française*, Paris, Le Seuil, 1990, rééd. 2000.

Clinquart (Jean), *L'administration des Douanes sous la Révolution*, Neuilly-sur-Seine, Association pour l'histoire de l'administration des Douanes, 1978, rééd. 1989.

—, *L'administration des Douanes sous le Consulat et l'Empire*, Neuilly-sur-Seine, Association pour l'histoire de l'administration des douanes, 1979.

—, *L'administration des Douanes sous la Restauration et la Monarchie de Juillet*, Neuilly-sur-Seine, Association pour l'histoire de l'administration des Douanes, 1981.

—, « L'administration des Douanes et le contrôle du commerce extérieur », in Clinquart (Jean), Bruguière (Michel), Guillaume-Hofnung (Micheline), Machelon (Jean-Pierre) (dir.), *Administration et contrôle de l'économie, 1800-1914*, Genève, Droz, 1985.

—, « Le rôle de l'administration des Douanes dans la conception et la mise en œuvre de la politique protectionniste de 1815 à 1860 », in *Frédéric Bastiat et le libéralisme. Actes du congrès de Bayonne octobre 1995*, Bayonne, SSLA, 1997, pp. 151-173.

Clout (Hugh D.), *Agriculture in France on the Eve of the Railway Age*, Londres, Croom Helm, 1980.

Cobban (Alfred), *Le sens de la Révolution française*, Paris, Julliard, 1984 (1ʳᵉ éd. britannique en 1964).

Cole (Charles W.), *Colbert and a Century of French Mercantilism*, Londres, Frank Cass, 1939, rééd. 1964.

Collingham (Hugh A.), *The July Monarchy : a Political History of France, 1830-1848*, Londres, Longman, 1988.

Collini (Stefan), « Particular Polities : Political Economy and the Historical Method », in Burrow (John W.), Collini (Stefan), Winch (Donald), *That Noble Science of Politics*, Cambridge, Cambridge University Press, 1983, pp. 249-275.

Conrad (Sebastian), *Globalisierung und Nation im Deutschen Kaiserreich*, Munich, C.H. Beck, 2006.

Corbaux (Roger), « Ernest Fort : Peintre de l'uniforme douanier », in *Cahiers d'histoire des douanes*, n° 19, 1998, pp. 54-65.

Crouzet (François), *L'économie britannique et le Blocus continental, 1806-1813*, Paris, PUF, 1958, rééd. Economica, 1987.

—, « Les origines du sous-développement du Sud-Ouest », *Annales du Midi*, n° 71, 1959, pp. 71-79.

—, « Essai de construction d'un indice annuel de la production industrielle française au dix-neuvième siècle », *Annales ESC*, n° 25, 1970, pp. 56-99.

—, *De la supériorité de l'Angleterre sur la France*, Paris, Perrin, 1985.

—, « The Historiography of French Economic Growth in the Nineteenth Century », *Economic History Review*, n° 56, 2003, pp. 215-242.

Courteault (Henri), « La formation commerciale d'un jeune Bordelais il y a cent ans », *Revue philomatique de Bordeaux*, n° 26, 1923, pp. 62-70.

Cuvillier (Armand), *Un journal d'ouvriers : « L'Atelier », 1840-1850*, Paris, Editions ouvrières, 1954.

Darriulat (Philippe), *Les patriotes : la gauche républicaine et la nation, 1830-1870*, Paris, Le Seuil, 2001.

Daunton (Martin), *Trusting Leviathan : the Politics of Taxation in Britain, 1799-1914*, Cambridge, Cambridge University Press, 2001.

Delattre (Frédéric), « Pierre-Auguste Mimerel », *Mémoires de la société d'émulation de Roubaix*, n° 35, 1961, pp. 81-85.

Démier (Francis), *Adolphe Blanqui, 1798-1854. Un économiste libéral face à la révolution industrielle*, thèse de doctorat d'histoire, Université Paris X, 1979.

—, *Nation, marché et développement dans la France de la Restauration*, thèse de doctorat d'histoire, Université Paris X, 1990.

Derainne (Pierre-Jacques), *Le travail, les migrations et les conflits en France : représentations et attitudes sociales sous la Monarchie de Juillet et la Seconde République*, thèse de doctorat d'histoire, Université de Bourgogne, 1999.

Deschamps (Henry-Thierry), *La Belgique devant la France de Juillet*, Paris, Les Belles Lettres, 1956.

De Vries (Jan), van der Woude (Adrianus M.), *The First Modern Economy*, Cambridge, Cambridge University Press, 1997.

Deyon (Pierre), *Le mercantilisme*, Paris, Flammarion, 1969.

—, « L'industrie amiénoise au XIXe siècle et les séductions du protectionnisme », *Revue du Nord*, n° 82, 2000, pp. 91-102.

Digeon (Claude), *La crise allemande la pensée française (1870-1914)*, Paris, PUF, 1959, rééd. 1992.

Dionnet (Georges), *Le néomercantilisme au XVIIIe siècle et au début du XIXe siècle*, Paris, Giard et Brière, 1901.

Donaghay (Marie), « The Exchange of Products of the Soil and Industrial Goods in the Anglo-French Commercial Treaty of 1786 », *Journal of European Economic History*, n°19, 1990, pp. 377-401.

Dormois (Jean-Pierre), *L'économie française face à la concurrence britannique à la veille de 1914*, Paris, L'Harmattan, 1997.

Dubois (Laurent), *Les esclaves de la République. L'histoire oubliée de la première émancipation (1789-1794)*, Paris, Calmann-Lévy, 1998.

Dunan (Marcel), *Napoléon et l'Allemagne : le système continental et les débuts du royaume de Bavière, 1806-1810*, Paris, Plon, 1943.

Dunham (Arthur), *The Anglo-French Treaty of Commerce and the Industrial Revolution in France*, Ann Arbor, University of Michigan Press, 1930.

Dupuch (Robert), « Le parti libéral à Bordeaux et dans la Gironde sous la deuxième Restauration », *Revue philomathique de Bordeaux*, n° 5, 1902, pp. 21-31, pp. 77-86, pp. 172-188.

Durand (Yves), *Les fermiers généraux au XVIIIe siècle*, Paris, PUF, 1971, rééd. Maisonneuve et Larose, 1996.

Duroselle (Jean-Baptiste), *Les débuts du catholicisme social en France (1822-1870)*, Paris, PUF, 1951.

—, « Michel Chevalier et le libre-échange avant 1860 », *Bulletin de la société d'histoire moderne*, deuxième série, n° 5, 1956, pp. 2-5.

Ellis (Geoffrey J.), *Napoleon's Continental Blockade : the Case of Alsace*, Oxford, Clarendon, 1981.

Epsztein (Léon), *L'économie et la morale aux débuts du capitalisme industriel en France et en Grande-Bretagne*, Paris, A. Colin, 1966.

Faccarello (Gilbert), Steiner (Philippe) (dir.), *La pensée économique pendant la Révolution française 1789-1799*, Grenoble, Presses universitaires de Grenoble, 1991.

Finer (Samuel E.), « The Transmission of Benthamite Ideas, 1820-1850 », in Sutherland (Gillian) (dir.), *Studies in the Growth of Nineteenth-Century Government*, Londres, Routledge, 1972, pp. 11-32.

Francis (Alan D.), « John Methuen and the Anglo-Portuguese Treaties of 1703 », *The Historical Journal*, vol. 3, 1960, pp. 103-124.

Furet (François), *La Révolution*, 2 vol., Paris, Hachette, 1988, rééd. 1997.

Furner (Mary O.), Supple (Barry), « Ideas, Institutions and State in the United States and Britain : an Introduction », in Furner (Mary O.), Supple (Barry) (dir.), *The State and Economic Knowledge*, Cambridge, Cambridge University Press, 1990, pp. 3-39.

Gallagher (John), Robinson (Ronald), « The Imperialism of Free Trade », *Economic History Review*, n° 6, 1953, pp. 1-15.

Gambles (Anna), *Protection and Politics : Conservative Economic Discourse, 1815-1852*, Woodbridge, Royal Historical Society, 1999.

Garrier (Gilbert), *Histoire sociale et culturelle du vin*, Paris, Bordas, 1995, rééd. Larousse, 2002.

Gehrig (Hans), *Friedrich List und Deutschlands politisch-ökonomosiche Einheit*, Leipzig, Kœhler & Amelang, 1956.

Gehring (Paul), *Friedrich List : Jugend und Reifejahre, 1789-1825*, Tübingen, J.C.B. Mohr, 1964.

Gille (Bertrand), *Recherches sur la formation de la grande entreprise capitaliste*, Paris, SEVPEN, 1959.

— , *Le Conseil général des manufactures. Inventaire analytique des procès-verbaux*, Paris, SEVPEN, 1961.

Girard (Louis), *Le libéralisme en France de 1814 à 1848 : doctrine et mouvement*, Paris, Centre de documentation universitaire, 1966-1967.

— , *Les libéraux français, 1814-1875*, Paris, Aubier, 1985.

Goblot (Jean-Jacques), *La jeune France libérale : « Le Globe »*, Paris, Plon, 1995.

Goldstein (Judith), *Ideas, Interests, and American Trade Politics*, Ithaca, Cornell University Press, 1993.

Golob (Eugene O.), *The Méline Tariff : French Agriculture and Nationalist Economic Policy*, New York, Columbia University Press, 1944.

Gonnet (Paul), « Esquisse de la crise économique en France de 1827 à 1832 », *Revue d'histoire économique et sociale*, n° 31, 1955, pp. 249-291.

Gordon (Barry), *Political Economy in Parliament, 1819-1823*, Londres, Macmillan, 1976.

— , *Economic Doctrine and Tory Liberalism*, Londres, Macmillan, 1979.

Grantham (George), « The French Cliometric Revolution : a Survey of Cliometric Contributions to French Economic History », *European Review of Economic History*, n° 1, 1997, pp. 353-405.

Grimmer-Solem (Erik), *The Rise of Historical Economics and Social Reform in Germany, 1864-1894*, Oxford, Oxford University Press, 2003.

Gueslin (André), *Gens pauvres, pauvres gens dans la France du XIXᵉ siècle*, Paris, Aubier, 1998.

Guyot (Raymond), *La première entente cordiale*, Paris, Rieder et Cie, 1926.

Hahn (Hans-Werner), *Geschichte des Deutschen Zollverein*, Göttingen, Vandenhoeck & Ruprecht, 1984.

Halévy (Elie), *La formation du radicalisme philosophique*, édité sous la direction de Monique Canto-Sperber, 3 vol., Paris, PUF, 1995 (1ʳᵉ éd. en 1901-1904).

Harismendy (Patrick) (dir.), *La France des années 1830 et l'esprit de réforme*, Rennes, Presses universitaires de Rennes, 2006.

Harpaz (Ephraïm), « *Le Censeur européen* : histoire d'un journal industrialiste », *Revue d'histoire économique et sociale*, n° 37, 1959, pp. 185-219, pp. 328-357.

Harte (Negley B.), « The Rise of Protection and the English Linen Trade, 1690-1790 », in Harte (Negley B.), Ponting (Kenneth G.) (dir.), *Textile History and Economic History*, Manchester, Manchester University Press, 1973.

Hau (Michel), *L'industrialisation de l'Alsace*, Strasbourg, Associations des publications près les universités de Strasbourg, 1987.

— , *Histoire économique de l'Allemagne, XIXᵉ-XXᵉ siècle*, Paris, Economica, 1994.

Hau (Michel), Stoskopf (Nicolas), *Les dynasties alsaciennes : du XVIIᵉ siècle à nos jours*, Paris, Perrin, 2005.

Haudrere (Philippe), *La Compagnie française des Indes au XVIIIᵉ siècle*, 2 vol., Paris, Les Indes savantes, 2005.

Hazareesingh (Sudhir), *La légende de Napoléon*, Paris, Tallandier, 2005 (1ʳᵉ éd. britannique en 2004).

Heckscher (Eli), *The Continental System : an Economic Interpretation*, Oxford, Clarendon, 1922.

— , *Mercantilism*, Londres, Routledge, 1994 (1ʳᵉ éd. suédoise en 1931).

Hémardinquer (Jean-Jacques), « Henri Fonfrède ou l'homme du Midi révolté (1827-1838) », *Annales du Midi*, n° 88, 1976, pp. 451-464.

Henderson (William O.), *The Zollverein*, Londres, Frank Cass, 1959.

— , « Friedrich List and the Social Question », *Journal of European Economic History*, n° 10, 1981, pp. 697-708.

— , « Friedrich List and the French Protectionists », *Zeitschrift für die gesamte Staatswissenschaft*, n° 138, 1982, pp. 262-275.

— , *Friedrich List : Economist and Visionary*, Londres, Franck Cass, 1983.

Heywood (Colin), « The Launching of an "Infant Industry"? The Cotton Industry of Troyes under protectionism, 1793-1860 », *Journal of European Economic History*, n° 10, 1981, pp. 553-581.

Higounet (Charles) (dir.), *Histoire de Bordeaux*, 7 vol., Bordeaux, Fédération historique du Sud-Ouest, 1962-1972.

Hilton (Boyd), *Corn, Cash and Commerce : the Economic Policies of Tory Governments, 1815-1830*, Oxford, Oxford University Press, 1977.

— , *The Age of Atonement : the Influence of Evangelicalism on Social and Economic Thought*, Oxford, Clarendon, 1988.

— , *A Mad, Bad and Dangerous People ? : England, 1783-1846*, Oxford, Clarendon, 2006.

Hirsch (Jean-Pierre), *Les deux rêves du commerce. Entreprise et institution dans la région lilloise (1780-1860)*, Paris, EHESS, 1991.

Hirschman (Albert O.), *Les passions et les intérêts : justifications politiques du capitalisme avant son apogée*, Paris, PUF, 1997 (1ʳᵉ éd. américaine en 1977).

Hont (Istvan), *The Jealousy of Trade : International Competition and the Nation-State in Historical Perspective*, Cambridge, Mass., Harvard University Press, 2005.

Horn (Jeff), *The Path not taken : French Industrialization in the Age of Revolution, 1750-1830*, Cambridge, Mass., MIT Press, 2006.

Hornbogen (Jens-Peter), *Travail national. Nationale Arbeit : die handelspolitische Gesetzgebung in Frankreich und Deutschland vor dem Hintergrund der Debatte über Freihandel und Schutzzoll, 1818-1892*, Berlin, Dunkler & Humblot, 2002.

Howe (Anthony), *Free Trade and Liberal England*, Oxford, Clarendon, 1997.

Iliasu (A.A.), « The Cobden-Chevalier Commercial Treaty of 1860 », *Historical Journal*, n° 14, 1971, pp. 67-98.

Israël (Jonathan I.), *Dutch Primacy in World Trade, 1585-1740*, Oxford, Clarendon, 1989.

Irwin (Douglas A.), *Against the Tide : an Intellectual History of Free Trade*, Princeton, Princeton University Press, 1996.

Joachim (Benoît), « L'indemnité coloniale de Saint-Domingue et la question des rapatriés », *Revue historique*, n° 246, 1971, pp. 359-376.

Jouvenel (Bertand de), *Napoléon et l'économie dirigée*, Bruxelles/Paris, Editions de la Toison d'Or, 1942.

Kaiser (Wolfram), « Cultural Transfers of Free Trade at the World Exhibitions, 1851-1862 », *Journal of Modern History*, n° 77, 2005, pp. 563-590.

Kaplan (Steve L.), *Bread, Politics and Political Economy in the Reign of Louis XV*, La Haye, Nijhoff, 1976.

Kaplan (Steven L.), Minard (Philippe) (dir.), *La France, malade du corporatisme ? (XVIIIᵉ-XXᵉ siècle)*, Paris, Belin, 2004.

Kent (Sherman), *The Election of 1827 in France*, Cambridge, Mass., Harvard University Press, 1975.

Kindleberger (Charles P.), « The Rise of Free Trade in Western Europe, 1820-75 », *Journal of Economic History*, n° 35, 1975, pp. 20-55.

Koslowski (Peter) (dir.), *The Theory of Ethical Economy in the Historical School*, Berlin, Springer, 1995.

Kwass (Michael), *Privilege and the Politics of Taxation in Eighteenth-Century France*, Cambridge, Cambridge University Press, 2000.

Labrousse (Ernest), « How Revolutions are Born 1789 – 1839 – 1848 », in Crouzet (François), Chaloner (William H.), Stern (Walter M.) (dir.), *Essays in European Economic History, 1789-1914*, Londres, Edward Arnold, 1969, pp. 1-14.

Lachiver (Marcel), *Vins, vignes et vignerons français*, Paris, Fayard, 1988, rééd. 1997.

Laquièze (Alain), *Les origines du régime parlementaire en France (1814-1848)*, Paris, PUF, 2002.

Larrère (Catherine), *L'invention de l'économie au XVIIIᵉ siècle. Du droit naturel à la physiocratie*, Paris, PUF, 1992.

Laue (Theodore H. von), *Sergei Witte and the Industrialization of Russia*, New York, Columbia University Press, 1963.

Laurent (Robert), *Les vignerons de la Côte-d'Or*, 2 vol., Dijon, 1957.

Leclerc (Yves), *Le réseau impossible (1820-1852)*, Genève, Droz, 1987.

Legendre (Pierre), « Essai sur la pensée économique de Lamennais », *Revue d'histoire économique et sociale*, n° 32, 1954, pp. 54-78.

Lermercier (Claire), *Un si discret pouvoir. Aux origines de la chambre de commerce de Paris, 1803-1853*, Paris, La Découverte, 2003.

Leuilliot (Paul), *L'Alsace au début du XIXᵉ siècle*, 3 vol., Paris, SEVPEN, 1959-1960.

Levan-Lemesle (Lucette), « La promotion de l'économie politique en France au XIXᵉ siècle », *Revue d'histoire moderne et contemporaine*, n° 27, 1980, pp. 270-294.

—, « Guillaumin, éditeur d'économie politique, 1801-1864 », *Revue d'économie politique*, n° 95, 1985, pp. 134-149.

—, *Le Juste ou le Riche : l'enseignement de l'économie politique*, Paris, Comité pour l'histoire économique et financière de la France, 2004.

Levasseur (Emile), *Histoire du commerce de la France*, 2 vol., Paris, A. Rousseau, 1911-1912.

Lévêque (Pierre), *Une société provinciale : la Bourgogne sous la Monarchie de Juillet*, Paris, EHESS, 1983.

Lévy-Leboyer (Maurice), *Les banques européennes et l'industrialisation internationale dans la première moitié du XIXᵉ siècle*, Paris, PUF, 1964.

Lévy-Leboyer (Maurice), Bourguignon (François), *L'économie française au XIXᵉ siècle : analyse macroéconomique*, Paris, Economica, 1985.

Liesse (André), « Un professeur d'économie politique sous la Restauration : Jean-Baptiste Say, au Conservatoire des arts et métiers », *Journal des économistes*, cinquième série, n° 44, 1901, pp. 3-22, pp. 161-174.

Liu (Tessie P.), *The Weaver's Knot : the Contradictions of Class Struggle and Family Solidarity in Western France, 1750-1914*, Ithaca, Cornell University Press, 1994.

Livesey (James), « Agrarian Ideology and Commercial Republicanism in the French Revolution », *Past and Present*, n° 157, 1997, pp. 94-121.

Livet (Georges), Oberlé (Raymond) (dir.), *Histoire de Mulhouse des origines à nos jours*, Strasbourg, Istra, 1977.

Lutfalla (Michel), « Aux origines du libéralisme économique en France : le *Journal des*

Economistes, analyse de la première série 1841-1853 », *Revue d'histoire économique et sociale*, n° 50, 1972, pp. 494-517.

Magnusson (Lars), *Mercantilism : the Shaping of an Economic Language*, Londres, Routledge, 1994

— , *Free Trade : 1793-1886 : Early Sources in Economics*, 4 vol., Londres, Routledge, 1997.

Mantel (René), *La balance du commerce et ses bureaux, 1664-1825*, thèse de droit, Université de Paris, 1969.

Markoff (John), Shapiro (Gilbert), *Revolutionary Demands : a Content Analysis of the Cahiers de Doléances of 1789*, Stanford, Stanford University Press, 1998.

Marquant (Robert), *Thiers et le baron Cotta : étude sur la collaboration de Thiers à la « Gazette d'Augsbourg »*, Paris, PUF, 1959.

Marrison (Andrew) (dir.), *Free Trade and its Reception 1815-1960*, Londres, Routledge, 1998.

Marsh (Peter), *Bargaining on Europe : Britain and the First Common Market, 1860-1892*, New Haven, Yale University Press, 1999.

Maunier (René), « Les économistes protectionnistes en France de 1815 à 1848 », *Revue internationale de sociologie*, n° 19, 1911, pp. 485-514.

McCord (Norman), *The Anti-Corn Law League, 1838-1846*, Londres, Allen and Unwin, 1958.

Meyssonier (Simone), *La balance et l'horloge. La genèse de la pensée libérale en France au XVIIIᵉ siècle*, Montreuil, Editions de la Passion, 1989.

Miller (Judith A.), *Mastering the Market : the State and the Grain Trade in Northern France, 1700-1860*, Cambridge, Cambridge University Press, 1999.

Milward (Alan S.), « Tariffs as Constitutions », in Strange (Susan), Tooze (Roger) (dir.), *The International Politics of Surplus Capacity*, Londres, Allen and Unwin, 1981, pp. 57-68.

Minard (Philippe), *Etat et industrie : la fortune du colbertisme dans la France des Lumières*, Paris, Fayard, 1998.

Minart (Gérard), *Frédéric Bastiat (1801-1850) : le croisé du libre-échange*, Paris/Dunkerque, L'Harmattan/Innoval, 2004.

Mitchell (Alan), *The Divided Path : the German Influence on Social Reform in France after 1870*, Chapel Hill, University of North Carolina Press, 1991.

Morieux (Renaud), *Une mer pour deux royaumes : la Manche, frontière franco-anglaise (XVIIᵉ-XVIIIᵉ siècle)*, Rennes, Presses universitaires de Rennes, 2008.

Newman (Edgar L.), « What the Crowd Wanted in the French Révolution of 1830 », in John M. Merriman (dir.), *1830 in France*, New York, New Viewpoints, 1975.

Nicolet (Claude), *L'idée républicaine en France, 1789-1924*, Paris, Gallimard, 1982, rééd. 1995.

Nye (John V.), « Changing French Trade Conditions : National Welfare and the 1860 Anglo-French Treaty of Commerce », *Explorations in Economic History*, n° 28, 1991, pp. 460-477.

— , « The Myth of Free-Trade Britain and Fortress France : Tariffs and Trade in the Nineteenth Century », *Journal of Economic History*, n° 51, 1991, pp. 23-46.

— , « Guerre, commerce, guerre commerciale », *Annales ESC*, n° 47, 1992, pp. 613-632.

O'Brien (Patrick), Keyder (Cağlar), *Economic Growth in Britain and France, 1780-1914 : Two Paths to the Twentieth Century*, Londres, Allen and Unwin, 1978.

O'Brien (Patrick), Winch (Donald) (dir.), *The Political Economy of British Historical Experience, 1688-1914*, Oxford, Oxford University Press, 2002.

Oechslin (Jean-Jacques), *Le mouvement ultra-royaliste sous la Restauration : son idéologie et son action politique*, Paris, Librairie générale de droit et de jurisprudence, 1960.

Ott (Florence), *La Société industrielle de Mulhouse, 1826-1876 : ses membres, son action, ses réseaux*, Strasbourg, Presses universitaires de Strasbourg, 1999.

Paillère (Fernand), *La lutte en Gironde pour l'amélioration des échanges entre les nations, 1842-1937*, Bordeaux, 1937.

Pange (Pauline de), *Auguste-Guillaume Schlegel et Madame de Staël*, Paris, Albert, 1938.

Papy (Michel), « Les arguments protectionnistes dans la premières moitié du XIXᵉ siècle d'après les discours parlementaires du comte de Saint-Cricq », in *Frédéric Bastiat et le libéralisme. Actes du congrès de Bayonne octobre 1995*, Bayonne, SSLA, 1997, pp. 175-201.

Perrin (Fernand), *La vie et l'œuvre de Charles Dupin (1784-1873), mathématicien, ingénieur et éducateur*, thèse de doctorat d'histoire, EHESS, 1983.

Perronet (Michel) (dir.), *Chaptal*, Toulouse, Privat, 1988.

Perrot (Jean-Claude), *Une histoire intellectuelle de l'économie politique (XVIIᵉ-XVIIIᵉ siècle)*, Paris, EHESS, 1992.

Piat (Jean), *Quand Mimerel gouvernait la France*, Roubaix, Maison du livre, 1992.

Pickering (Paul A.), Tyrrell (Alex), *The People's Bread : a History of the Anti-Corn Law League*, Londres, Leicester University Press, 2000.

Pilbeam (Pamela), « The Economic Crisis of 1827-1832 and the 1830 Revolution in Provincial France », *Historical Journal*, n° 32, 1989, pp. 319-338.

—, *The 1830 Revolution in France*, Londres, Macmillan, 1991.

—, *Republicanism in Nineteenth-Century France, 1814-1871*, Londres, Macmillan, 1995.

Pincus (Jonathan J.), *Pressure Groups and Politics in Antebellum Tariffs*, New York, Columbia University Press, 1977.

Pinkney (David H.), *Decisive Years in France 1840-1847*, Princeton, Princeton University Press, 1986.

Piuz (Anne-Marie), « Note sur l'acception ancienne de Free Trade (XVIᵉ-XVIIᵉ siècle) », in Schneider (Jürgen) (dir.), *Wirtschaftskräfte und Wirtschaftswege. Festschrift für Hermann Kellenbenz*, 4 vol., Wiesbaden, Steiner, 1978-1981, t. 4, pp. 585-597.

Pollard (Sydney), *Peaceful Conquest : the Industrialisation of Europe*, Oxford, Oxford University Press, 1981.

Ponteil (Félix), *Les institutions de la France de 1814 à 1870*, Paris, PUF, 1966.

—, *Un type de grand bourgeois sous la monarchie parlementaire, Georges Humann (1780-1842)*, Paris, Ophrys, 1977.

Price (Roger), *The French Second Empire : An Anatomy of Political Power*, Cambridge, Cambridge University Press, 2001.

Procacci (Giovanna), *Gouverner la misère. La question sociale en France, 1789-1848*, Paris, Le Seuil, 1993.

Pyle (Kenneth B.), « Advantages of followership : German Economics and Japanese Bureaucrats, 1890-1925 », in Kornicki (Peter) (dir.), *Meiji Japan*, 4 vol., Londres/New York, Routledge, 1998, t. 4, pp. 210-240.

Rader (Daniel L.), *The Journalists and the July Revolution in France*, La Haye, Nijhoff, 1973.

Ratcliffe (Barrie M.), « Great-Britain and Tariff Reform in France, 1831-1836 », in Chaloner (William H.) et Ratcliffe (Barrie M.) (dir.), *Trade and Transport : Essays in Economic History in Honour of T.S. William*, Manchester, Manchester University Press, 1977, pp. 98-135.

—, « The Tariff Reform Campaign in France, 1831-1836 », *Journal of European Economic History*, n° 7, 1978, pp. 61-138.

Reddy (William M.), *The Rise of a Market Culture : the Textile Trade and French Society, 1750-1900*, Cambridge/Paris, Cambridge University Press/EHESS, 1984.

Renouard (Alfred), *Etudes sur le travail des lins*, Lille, Robbe, 1874.

Resnick (Daniel P.), *The White Terror and the Political Reaction after Waterloo*, Cambridge, Mass., Harvard University Press, 1966.

Roberts (James), *The Counter-Revolution in France, 1787-1830*, Londres, Macmillan, 1990.

Rodgers (Daniel T.), *Atlantic Crossings : Social Politics in a Progressive Age*, Cambridge, Mass., Belknap, 1998.

Rogowski (Ronald), *Commerce and Politics : How Trade Affects Domestic Political Alignments*, Princeton, Princeton University Press, 1989.

Romani (Roberto), *National Character and Public Spirit in Britain and France, 1750-1914*, Cambridge, Cambridge University Press, 2002.

—, « Political Economy and other Idioms : French Views on English Development, 1815-1848 », *European Journal of the History of Economic Thought*, n° 9, 2002, pp. 359-383.

Root (Hilton L.), *The Fountain of Privilege : Political Foundations of Markets in Old Regime France and England*, Berkeley, University of California Press, 1994.

Rosanvallon (Pierre), *Le moment Guizot*, Paris, Gallimard, 1985.

—, *L'Etat en France*, Paris, Le Seuil, 1990, rééd. 1992.

—, *La monarchie impossible. Les chartes de 1814 et 1830*, Paris, Fayard, 1994.

Rothkrug (Lionel), *Opposition to Louis XIV : the Political and Social Origins of French Enlightenment*, Princeton, Princeton University Press, 1965.

Rothschild (Emma), *Economic Sentiments : Adam Smith, Condorcet, and the Enlightenment*, Cambridge, Mass., Harvard University Press, 2001.

—, « An Alarming Commercial Crisis in Eighteenth-Century Angoulême : Sentiments in Economic History », *Economic History Review*, n° 51, 1998, pp. 268-293.

Schaeper (Thomas J.), *The French Council of Commerce, 1700-1715 : a Study of Mercantilism After Colbert*, Colombus, Ohio State University Press, 1983.

Schelle (Gustave), « Un adversaire de la théorie des débouchés : Mathieu de Dombasle », *Revue d'histoire des doctrines économiques et sociales*, n° 7, 1914, pp. 87-99.

Schnerb (Robert), « La politique fiscale de Thiers », *Revue historique*, n° 201, 1949, pp. 186-211, et n° 202, pp. 184-220.

Schonhardt-Bailey (Cheryl), *From the Corn Laws to Free Trade : Interests, Ideas and Institutions in Historical Perspective*, Cambridge, Mass., MIT Press, 2006.

Schui (Florian), *Early Debates about Industry : Voltaire and his Contemporaries*, Londres, Palgrave Macmillan, 2005.

Schumpeter (Joseph A.), in *Histoire de l'analyse économique*, 3 vol., Paris, Gallimard, 1983 (1re éd. britannique en 1954).

Schyler (Guy), *Guestier : souvenirs et documents*, Bordeaux, Art & Arts, 1993.

Sherman (Dennis), « The Meaning of Economic Liberalism in Mid-Nineteenth-Century France », *History of Political Economy*, n° 6, 1974, pp. 171-199.

Shionoya (Yuichi) (dir.), *The German Historical School*, Londres/New York, Routledge, 2001.

Shovlin (John), *The Political Economy of Virtue : Luxury, Patriotism, and the Origins of the French Revolution*, Ithaca/Londres, Cornell University Press, 2006.

Smith (Michael S.), *Tariff Reform in France, 1860-1900 : the Politics of Economic Interest*, Ithaca, Cornell University Press, 1980.

Soleymani (Dagmar), *Les échanges commerciaux entre la France et les Etats allemands (1834-1869)*, Bonn, Bouvier, 1996.

Sprietsma (Cargill), *Lamartine et Théophile Foisset*, Paris, Boivin, 1936.

Staum (Martin S.), « French Lecturers in Political Economy, 1815-1848 : Varieties of Liberalism », *History of Political Economy*, n° 30, 1998, pp. 95-120.

Stearns (Peter), « British Industry through the Eyes of French Industrialists (1820-1848) », *Journal of Modern History*, n° 37, 1965, pp. 50-61.

Stedman Jones (Gareth), *Languages of Class : Studies in English Working-Class History*, Cambridge, Cambridge University Press, 1983.

—, « Industrie, Pauperism, and the Hanoverian State : the Genesis and Political Context of the Original Debate about the "Industrial Révolution" in England and France, 1815-1840 », Centre for History and Economics, Working paper, Cambridge, 1997.

Steiner (Philippe), « Jean-Baptiste Say et l'enseignement de l'économie politique en France, 1816-1832 », *Cahiers de l'ISMEA*, Série PE, n° 6, 1986, pp. 63-95.

—, « Marchands et princes. Les auteurs dits "mercantilistes" », in Béraud (Philippe), Facarello (Gilbert) (dir.), *Nouvelle histoire de la pensée économique*, 3 vol., Paris, La Découverte, 1992-2000, t. 1, pp. 95-140.

Szporluk (Roman), *Communism and Nationalism : Karl Marx versus Friedrich List*, New York/Oxford, Oxford University Press, 1988.

Tanguy (Jean), *Quand la toile va : l'industrie toilière bretonne du XVIe au XVIIIe siècle*, Rennes, Apogée, 1994.

Tarrade (Jean), *Le commerce colonial de la France à la fin de l'Ancien Régime : l'évolution du régime de « l'Exclusif » de 1763 à 1789*, 2 vol., Paris, PUF, 1972.

Taylor (Miles) (dir.), *The European Diaries of Richard Cobden, 1846-1849*, Aldershot, Scolar Press, 1994.

Thompson (Edward P.), « The Moral Economy of the English Crowd in the Eighteenth Century », in Thompson (Edward P.), *Customs in Common*, Londres, Merlin Press, 1991, pp. 185-258.

Todd (David), « Before Free Trade : Commercial Discourse and Politics in Early Nineteenth-Century France », in Daunton (Martin), Trentmann (Frank) (dir.), *Worlds of Political Economy*, Basingstoke, Palgrave, 2004, pp. 47-68.

—, « John Bowring and the Global Dissemination of Free Trade », *Historical Journal*, n° 51, 2008, pp. 373-397.

—, « La liberté, la nation et les colonies dans la pensée économique de Charles Dupin », in Christen (Carole), Vatin (François) (dir.), *Charles Dupin (1784-1873) : ingénieur savant, économiste, pédagogue et parlementaire du Premier au Second Empire*, Rennes, Presses universitaires de Rennes, à paraître en 2009.

Tombs (Robert), Tombs (Isabelle), *That Sweet Enemy : the French and the British from the Sun King to the Present*, Londres, Heinemann, 2006.

Torp (Cornelius), *Die Herausforderung der Globalisierung. Wirtschaft und Politik in Deutschland, 1860-1914*, Göttingen, Vandenhoeck & Ruprecht, 2005.

Trentmann (Frank), « Political Economy and Political Culture : Interest, Ideology and Free Trade », *Review of International Political Economy*, n° 5, 1998, pp. 217-251.

—, *Free Trade Nation : Consumption, Civil Society and Commerce in Modern Britain*, Oxford, Oxford University Press, 2008.

Tribe (Keith), *Strategies of Economic Order : German Economic Discourse, 1750-1950*, Cambridge, Cambridge University Press, 1995.

Tudesq (André-Jean), *Les grands notables en France, 1840-1849*, 2 vol., Paris, PUF, 1964.

Turner (Michael J.), « The "Bonaparte of Free Trade" and the Anti-Corn Law League », *Historical Journal*, n° 41, 1998, pp. 1011-1034.

Tyrrell (Alex), « "La Ligue Française", The Anti-Corn Law League and the Campaign for Economic Liberalism in France during the Last Days of the July Monarchy », in Howe (Anthony), Morgan (Simon) (dir.), *Rethinking Nineteenth-Century Liberalism. Richard Cobden Bicentenary Essays*, Aldershot, Ashgate, 2006, pp. 99-116.

Verley (Patrick), « Exportations et croissance économique dans la France des années 1860 », *Annales ESC*, n° 43, 1988, pp. 73-110.

Villermé (Louis), *L'agriculture française : Mathieu de Dombasle, sa vie, ses œuvres, son influence*, Paris, 1864.

Villiers (George), *A Vanished Victorian : Being the Life of George Villiers, Fourth Earl of Clarendon, 1800-1870*, Londres, Eyre & Spottiswoode, 1938.

Wahnich (Sophie), *L'impossible citoyen : l'étranger dans le discours de la Révolution française*, Paris, Albin Michel, 1997.

Wallerstein (Immanuel), *Le mercantilisme et la consolidation de l'économie-monde européenne, 1600-1750*, Paris, Flammarion, 1984 (1ʳᵉ éd. américaine en 1980).

Walton (Whitney), « Political Economists and Specialized Industrialization during the French Second Republic, 1848-1852 », *French History*, n° 3, 1988, pp. 293-311.

Waresquiel (Emmanuel de), Yvert (Benoît), *Histoire de la Restauration*, Paris, Perrin, 1996.

Webster (Anthony), « The Political Economy of Trade Liberalization : the East India Company Charter Act of 1813 », *Economic History Review*, n° 43, 1990, pp. 404-419.

Wellington (Donald C.), « The Anglo-French Commercial Treaty of 1786 », *Journal of European Economic History*, n° 21, 1992, pp. 325-338.

Wendler (Eugen), *Friedrich List : Politische Wirkungsgeschichte des Vordenkers der europäischen Integration*, Munich, R. Oldenbourg, 1989.

Wendler (Eugen) (dir.), „Die Vereinigung des europäischen Kontinents" : Friedrich Lists – Gesamteuropäischen Wirkungsgeschichte seines ökonomischen Denkens, Stuttgart, Schäffer-Poeschel, 1996.

Whatmore (Richard), *Republicanism and the French Revolution : an Intellectual History of Jean-Baptiste Say's Political Economy,* Oxford, Oxford University Press, 2000.
— , « The Politics of Political Economy in France from Rousseau to Constant », in Bevir (Mark), Trentmann (Frank) (dir.), *Markets in Historical Context : Ideas and Politics in the Modern World,* Cambridge, Cambridge University Press, 2004, pp. 46-69.
White (Eugen N.), « Making the French Pay : the Costs and Consequences of the Napoleonic Reparations », *European Review of Economic History,* n° 5, pp. 337-365.
Whiteman (Jeremy J.), « Trade and the Regeneration of France, 1789-1791 : Liberalism, Protectionism, and the Commercial Policy of the Constituent Assembly », *European History Quarterly,* n° 31, 2001, pp. 171-204.
Winch (Donald), *Riches and Poverty : an Intellectual History of Political Economy in Britain, 1750-1843,* Cambridge, Cambridge University Press, 1996.
Wolff (Jacques), *Napoléon et l'économie,* Paris, JAS éditions, 2006.
Woolf (Stuart J.), *Napoleon's Integration of Europe,* Londres, Routledge, 1991.
Actes du colloque Mathieu de Dombasle, *Annales de l'Est,* n° 56, 2006.

INDEX DES NOMS

INDEX DES LIEUX

REMERCIEMENTS

Ce livre est issu d'une thèse de doctorat en histoire soutenue en 2005 à l'université de Cambridge. Il tient compte des remarques et des critiques formulées à cette occasion par les membres du jury.

Emma Rothschild a été ma directrice de thèse. Ma dette intellectuelle envers sa conception de l'histoire économique et de l'histoire des idées est considérable. Cet ouvrage, comme la thèse, doit beaucoup à ses relectures attentives et à ses encouragements.

Depuis mon arrivée à Cambridge, l'orientation de mes recherches a été aussi très influencée par les travaux de Martin Daunton, mon directeur de recherche en *master*. Je le remercie de son soutien indéfectible.

Sans l'énergie communicative, les encouragements et les conseils de Patrick Weil, ce livre n'aurait pas vu le jour.

Je tiens à remercier tous les historiens qui, des deux côtés de la Manche, m'ont aidé par leurs remarques, conseils, commentaires et critiques. Je ne peux pas tous les citer, mais je dois mentionner les noms de David Armitage, Edward Castleton, François Crouzet, Nicolas Delalande, Richard Drayton, Christophe Gracieux, Hermann Grampp, Istvan Hont, Julian Hoppit, Antony Howe, Joanna Innes, François Jarrige, Georges Liébert, Philippe Minard, Renaud Morieux, Gabriel Paquette, Victor Pereira, Jennifer Pitts, Pierre Rosanvallon, Florian Schui, Pierre Singaravelou, Michael Sonenscher, Gareth Stedman Jones, Robert Tombs, Frank Trentmann, Richard Tuck et Julien Vincent.

A quelques personnes je dois des remerciements spéciaux. Paula Beegan et Claudia Schrag m'ont aidé à résoudre des problèmes de traduction posés par certaines citations de textes originaux en anglais et en allemand. L'assistance technique d'Olivier Dufau m'a permis de réaliser les cartes. Inga Huld Markan m'a aidé à surmonter bien des obstacles pratiques au cours de mes années d'études et de recherches à Cambridge. Christophe Bataille a supervisé avec rigueur la mise en forme et la fabrication.

Je remercie les institutions dont le soutien financier m'a permis de poursuivre mes recherches : le British Council, Trinity College, le Centre for History and Economics à Cambridge et Trinity Hall.

J'ai bénéficié de l'assistance, de la patience et de la gentillesse des personnels de nombreuses bibliothèques et centres d'archives. Je souhaite remercier en particulier Martine Hillaire, responsable de la section du XIXe siècle aux Archives nationales, qui m'a accordé de nombreuses autorisations exceptionnelles de consultation.

Je suis reconnaissant à Lord Clarendon, à la Hartley Library de Southampton et à la chambre de commerce et d'industrie de Mulhouse pour leur permission expresse de citer certains documents.

Enfin, je remercie ma famille et Anne-Sophie Kaloghiros pour leur soutien moral au cours de mes recherches et de la rédaction de cet ouvrage.

TABLE

Première partie
PROHIBITIONS (1814-1824)

Quatrième partie

PROTECTIONNISME (1845-1851)

ANNEXES